Bernard J. F. Lonergan SJ · Methode in der Theologie

BERNARD J. F. LONERGAN SJ

METHODE IN DER THEOLOGIE

Übersetzt und herausgegeben von
JOHANNES BERNARD †
mit einem Nachwort von
Giovanni B. Sala SJ

Die englische Originalausgabe erschien unter dem Titel
»Method in Theology«
© 1971 Bernard J. F. Lonergan SJ
Darton, Longman & Todd Limited, London

Kirchliche Druckerlaubnis: Dresden, den 27. November 1987,
H. J. Weisbender, Diözesanadministrator

Lonergan, Bernard J. F.:
Methode in der Theologie / Bernard J. F. Lonergan.
Übers. Johannes Bernard. – 1. Aufl. – Leipzig:
St. Benno, 1991.
EST: Method in Theology ‹dt.›
ISBN 3-7462-0361-9

ISBN 3-7462-0361-9

© Deutschsprachige Rechte: St. Benno Buch- und Zeitschriftenverlagsgesellschaft mbH Leipzig 1991

INHALT

Vorwort zur deutschen Ausgabe 9
Vorwort 10
Einführung 11

ERSTER TEIL: HINTERGRUND

I. METHODE 15
   1. Ein vorläufiger Methodenbegriff 16
   2. Die Grundstruktur der Vollzüge 19
   3. Transzendentale Methode 26
   4. Funktionen der transzendentalen Methode 32

II. DAS MENSCHLICH GUTE 38
   1. Fertigkeiten 38
   2. Gefühle 41
   3. Die Notion des Wertes 45
   4. Werturteile 47
   5. Glauben als Bestandteil menschlicher Erkenntnis 52
   6. Die Struktur des menschlich Guten 58
   7. Fortschritt und Niedergang 63

III. SINN UND BEDEUTUNG 67
   1. Intersubjektivität 67
   2. Intersubjektiver Sinn 69
   3. Kunst 71
   4. Symbole 74
   5. Sprachliche Bedeutung 80
   6. Verkörperte Bedeutung 83
   7. Elemente der Bedeutung 83
   8. Funktionen der Bedeutung 86
   9. Bereiche der Bedeutung 91
  10. Stadien der Bedeutung 95

IV. RELIGION 116
   1. Die Gottesfrage 110
   2. Selbst-Transzendenz 112
   3. Religiöse Erfahrung 114
   4. Ausdrucksweisen religiöser Erfahrung 116
   5. Die Dialektik der religiösen Entwicklung 118
   6. Das Wort 120
   7. Glaube in der Religion 123
   8. Religiöse Glaubensüberzeugung 126
   9. Eine praktische Anmerkung 128

V. FUNKTIONALE SPEZIALISIERUNGEN 134
   1. Drei Arten von Spezialisierung 134
   2. Eine achtfache Einteilung 136
   3. Gründe der Einteilung 141
   4. Die Notwendigkeit der Einteilung 144
   5. Dynamische Einheit 146
   6. Ergebnis 153

ZWEITER TEIL: VORDERGRUND

VI. FORSCHUNG 157

VII. INTERPRETATION 160
   1. Exegetische Grundvollzüge 162
   2. Den Gegenstand verstehen 162
   3. Die Worte verstehen 165
   4. Den Autor verstehen 166
   5. Sich selbst verstehen 167
   6. Die Richtigkeit der eigenen Interpretation beurteilen 169
   7. Eine Klarstellung 171
   8. Den Sinngehalt des Textes ausdrücken 174

VIII. GESCHICHTE 180
   1. Natur und Geschichte 180
   2. Geschichtliche Erfahrung und geschichtliches Wissen 185
   3. Kritische Geschichtswissenschaft 189

IX. GESCHICHTE UND HISTORIKER 202
   1. Drei Handbücher 203
   2. Daten und Fakten 206
   3. Drei Historiker 208
   4. Verstehen 213
   5. Perspektivismus 218
   6. Horizonte 225
   7. Heuristische Strukturen 229
   8. Wissenschaftler und Gelehrte 238

X. DIALEKTIK 239
   1. Horizonte 239
   2. Bekehrung und Zusammenbruch 241
   3. Dialektik: Die Aufgabe 248
   4. Dialektik: Das Problem 251
   5. Dialektik: Die Struktur 253
   6. Dialektik als Methode 254
   7. Die Dialektik der Methoden: erster Teil 257
   8. Die Dialektik der Methoden: zweiter Teil ... 261
   9. Die Dialektik der Methoden: dritter Teil ... 266
   10. Eine ergänzende Bemerkung 269

XI. FUNDAMENTE 271
   1. Die grundlegende Realität 271
   2. Das Genügen der grundlegenden Realität 273
   3. Der Pluralismus im Ausdruck 275
   4. Der Pluralismus in der religiösen Sprache .. 279
   5. Kategorien 285
   6. Allgemeine theologische Kategorien 289
   7. Spezielle theologische Kategorien 291
   8. Die Anwendung der Kategorien 295

XII. LEHRE 297
   1. Verschiedenartigkeit der Lehren 297
   2. Funktionen der Lehren 300
   3. Variationen der Lehren 301
   4. Differenzierungen des Bewußtseins 304
   5. Die fortschreitende Entdeckung des Geistes: erster Teil .. 307
   6. Fortschreitende Kontexte 314
   7. Die fortschreitende Entdeckung des Geistes: zweiter Teil . 316
   8. Die Entwicklung der Lehren 320

9. Die Beständigkeit der Dogmen 321
10. Die Geschichtlichkeit der Dogmen 325
11. Pluralismus und die Einheit des Glaubens 327
12. Die Eigenständigkeit der Theologie 332

XIII. SYSTEMATIK 335
1. Die Funktion der Systematik 335
2. Ausgeschiedene Optionen 340
3. Geheimnis und Problem 343
4. Verstehen und Wahrheit 347
5. Kontinuität, Entwicklung und Revision 350

XIV. KOMMUNIKATION 353
1. Bedeutung und Ontologie 354
2. Gemeinsame Bedeutung und Ontologie 354
3. Gesellschaft, Staat, Kirche 356
4. Die christliche Kirche und ihre gegenwärtige Situation ...359
5. Die Kirche und die Kirchen 365

Nachwort zur deutschen Ausgabe von Giovanni B. Sala SJ 367
Register 380
Lonergans Hauptwerke 420

VORWORT ZUR DEUTSCHEN AUSGABE

Zur Person und zur Bedeutung des Lebenswerks von Bernard Lonergan hat Giovanni B. Sala SJ im Nachwort Wichtiges zu sagen, das aus jahrzehntelanger Arbeit und Kenntnis erwachsen ist. So bleibt mir nur die angenehme und ehrenvolle Pflicht, zweifach Dank zu sagen.

Ein Dank gebührt dem St. Benno-Verlag Leipzig und Herrn Hubertus Staudacher für die Anregung, »Method in Theology« durch Übersetzung auch im deutschen Sprachraum leichter zugänglich zu machen. Diesen Vorschlag habe ich sofort mit Freude aufgenommen, obwohl ich der Feststellung Lonergans nur zustimmen kann: »Die beste Übersetzung vermag nicht die genaue Bedeutung des Originals wiederzugeben, sondern erreicht nur die größte Annäherung, die in einer anderen Sprache überhaupt möglich ist« (vgl. hier III,5). Deswegen bleibt das Original für die wissenschaftliche Arbeit maßgebend und unverzichtbar.

Ein zweiter, ganz besonderer Dank richtet sich an P. Giovanni B. Sala SJ, der auf meine Bitte um guten Rat in Zweifelsfällen nicht nur hierzu bereit war, sondern die gesamte Übersetzung mit größter Sorgfalt durchgesehen und wo nötig korrigiert hat. Überdies verdanke ich ihm generelle wertvolle Hinweise, die ebenfalls der Übersetzung zugute kamen.

An einigen Stellen wurde zur Verdeutlichung der englische Terminus in Klammern oder eine ausführlichere Erklärung als Anmerkung des Übersetzers in einer Fußnote beigefügt. Die Literaturangaben sind, wo die Möglichkeit gegeben ist, nach dem deutschen Original oder nach der deutschen Übersetzung zitiert.

Bernard Lonergan hätte sich – lebte er noch – auch für die deutsche Ausgabe seines Werkes aufmerksame, einsichtige, vernünftige und verantwortungsvolle Leser gewünscht, die auf diese Weise den transzendentalen Vorschriften entsprechen und entdecken, was Methode letztlich bedeutet, um sie nicht nur in der Theologie, sondern auch interdisziplinär zum Wohl der Menschen einzusetzen.

Erfurt,
im Juli 1987   *Johannes Bernard*

VORWORT

Dies Buch war lange im Entstehen. Die Entwicklung meiner Forschungsarbeit bis zum Jahr 1965 hat David Tracy untersucht: The Achievement of Bernard Lonergan. In jenem Jahr schied ich von der Gregoriana-Universität aus Gesundheitsgründen aus und genieße seither die Gastfreundschaft des Regis College (Toronto), das mir jede Unterstützung gewährt und freie Zeit zum Denken und Schreiben läßt, ohne eine Gegenleistung zu fordern. Daher gilt dem Regis College für die mitbrüderliche Haltung seiner Leitung und der Studenten in den vergangenen sechs Jahren mein tiefempfundener Dank.[1]

Auch schulde ich Dank den Freunden, die beim Korrekturlesen, beim Stellenregister und Namensverzeichnis halfen: Timothy Fallon, Matthew Lamb, Philip McShane, Conn O'Donovan, William Reiser, Richard Roach, William Ryan und Bernard Tyrrell.

Harvard Divinity School
15. November 1971
Bernard Lonergan

---

[1] Meine Vorlesungen und Aufsätze der letzten Jahre finden im Inhalt dieses Buches unvermeidlich ihren Widerhall, doch ausdrücklich möchte ich auf folgende hinweisen: Kapitel V erschien in »Gregorianum« 50 (1969) 485–505. Kapitel XII lieferte einen großen Beitrag zu »Doctrinal Pluralism« The Père Marquette Theology Lecture for 1971, erschienen bei Marquette University Press. Kapitel VII soll in der ersten Ausgabe einer neuen Zeitschrift erscheinen, »Cultural Hermeneutics« die wahrscheinlich im Herbst 1971 am Boston College herausgegeben wird. Die Kapitel IV und XII habe ich selbst bei einem Symposion, das an der Villanova-Universität vom 14. bis 19. Juni 1971 stattfand, angeführt. Die Beiträge des Symposions werden von *Joseph Papin* unter dem Titel »The Pilgrim People« herausgegeben.

EINFÜHRUNG

Eine Theologie vermittelt zwischen einem kulturellen Grundgefüge und der Bedeutung wie auch dem Stellenwert einer Religion innerhalb dieses Grundgefüges. Der klassische Begriff der Kultur war normativ: zumindest *de jure* gab es nur eine Kultur, die zugleich universal und beständig war. Nach ihren Normen und Idealen sollten die »Unkultivierten« trachten, ob die Jugend oder das einfache Volk, ob die Eingeborenen oder die Barbaren. Außer diesem klassischen gibt es noch den empirischen Kulturbegriff, der das Ganze jener Sinngehalte und Werte umfaßt, die eine Lebensart prägen. Diese Kultur kann für Generationen unwandelbar gültig bleiben, mag sich in langsamer Entwicklung befinden oder in rascher Auflösung.

Wenn der klassische Kulturbegriff dominiert, wird die Theologie als eine Errungenschaft von Dauer verstanden, und dann spricht man über ihr Wesen. Stellt man sich die Kultur jedoch empirisch vor, dann wird die Theologie als ein fortschreitender Prozeß erkannt, und man schreibt über ihre Methode.

Methode ist aber nicht bloß ein Regelwerk, dem jeder peinlich genau zu folgen hat. Sie ist vielmehr der Rahmen für schöpferische Zusammenarbeit. Sie hat die verschiedenen Bündel von Arbeitsgängen herauszustellen, die von den Theologen bei ihren unterschiedlichen Aufgaben auszuführen sind. Eine Methode unserer Zeit hätte diese Aufgabe im Kontext der modernen Natur- und Geisteswissenschaften, der zeitgenössischen Philosophie, der Geschichtlichkeit, des gemeinschaftlichen Praxisbezugs und gemeinsamer Verantwortlichkeit zu konzipieren.

Innerhalb einer solchen Theologie der Gegenwart stehen wir vor acht ganz bestimmten Aufgaben: Forschung, Interpretation, Geschichte, Dialektik, Fundamente, Lehre, Systematik und Kommunikation.

Wie jede dieser Aufgaben zu bewältigen ist, wird mehr oder weniger detailliert in den neun Kapiteln behandelt, die den zweiten Teil dieses Buches bilden. Der erste Teil befaßt sich mit allgemeineren Themen, die die Voraussetzung für den zweiten Teil bilden. Dazu gehört die Methode, das menschlich Gute, der Sinngehalt, die Religion sowie funktionale Spezialisierungen. Von diesen Themen erklärt das letztgenannte, wie wir zu unserer Liste der acht unterschiedlichen Aufgaben gekommen sind.

Was wir zu sagen haben, ist ganz allgemein als Modell zu verstehen. Mit Modell meinen wir nicht etwas, das kopiert oder imitiert werden müßte. Unter einem Modell ist weder eine Beschreibung der Wirklichkeit noch eine Hypothese über die Wirklichkeit zu verstehen. Es ist einfach ein verständlicher, ineinandergreifender Verbund von Begriffen und Beziehungen, den man zweckmäßigerweise zur Hand haben sollte, wenn es darum geht, die Wirklichkeit zu beschreiben oder Hypothesen aufzustellen. Wie ein Sprichwort, so ist auch ein Modell etwas, das man im Sinn behalten sollte, wenn man eine Situation bestehen oder eine Aufgabe anpacken will.

Dennoch meine ich nicht, daß ich bloß Modelle anbiete. Ganz im Gegenteil hoffe ich, daß der Leser in dem, was ich sage, mehr als bloße Modelle finden wird; doch liegt es an ihm, das zu befinden. Das erste Kapitel über die Methode stellt heraus, was jeder bei sich selbst als dynamische Struktur des eigenen kognitiven und ethischen Seins entdecken kann. Soweit er diese Struktur findet, wird er auch etwas entdecken, das einer radikalen Revision *nicht* offensteht; denn diese dynamische Struktur ist die Bedingung der Möglichkeit jeglicher Revision. Überdies sind die folgenden Kapitel in der Hauptsache Weiterführungen des ersten Kapitels und setzen dieses voraus. Sie ergänzen es, indem sie die Aufmerksamkeit auf weitere Aspekte, umfassendere Implikationen oder zusätzliche Anwendungen lenken. Wie jedoch jeder die im ersten Kapitel aufgezeigte dynamische Struktur in sich selbst finden muß, so hat er sich auch über die Gültigkeit der weiteren Zusätze in den folgenden Kapiteln selbst zu vergewissern. Wie ich schon sagte, bietet die Methode keine Regeln, denen man blind zu folgen hätte, sondern einen Rahmen für eigene Kreativität.

Wenn ich auch hoffe, daß viele Leser in sich selbst jene dynamische Struktur, die ich beschreibe, entdecken werden, wird dies anderen vielleicht nicht gelingen. Ich möchte diese Leser bitten, nicht daran Anstoß zu nehmen, daß ich die Heilige Schrift, die Ökumenischen Konzilien, päpstliche Enzykliken und andere Theologen so selten und sparsam zitiere. Ich schreibe keine Theologie, sondern über die Methode in der Theologie. Ich befasse mich hier nicht mit den Inhalten, die von Theologen dargelegt werden, sondern mit den Arbeitsgängen, die Theologen ausführen.

Die Methode, die ich aufzeige, ist meiner Ansicht nach nicht nur für römisch-katholische Theologen bedeutsam; doch überlasse ich den Mitgliedern anderer Glaubensgemeinschaften die Entscheidung darüber, ob und in welchem Maße sie die hier vorgelegte Methode anwenden wollen.

ERSTER TEIL

Hintergrund

I.

METHODE

Das Nachdenken über die Methodenfrage verläuft zumeist auf einer von drei Bahnen. Auf der ersten wird Methode eher als Kunst denn als Wissenschaft verstanden. Man lernt sie nicht aus Büchern oder durch Vorlesungen, sondern im Laboratorium oder im Seminar. Was zählt, ist das Vorbild des Lehrers, die Bemühung, es ihm gleichzutun, und seine Bemerkungen über das, was man geleistet hat. So muß meiner Meinung nach der Ursprung allen Nachdenkens über Methode sein, denn solches Denken ist Reflexion über zuvor Erreichtes. Das wird wohl auch jener Weg bleiben, auf dem die Finessen und Subtilitäten, die den jeweiligen Spezialgebieten eigen sind, vermittelt werden können.

Es gibt jedoch auch kühnere Geister. Sie wählen die auffallend erfolgreiche Wissenschaft ihrer Zeit und untersuchen deren Verfahrensweisen. Sie formulieren Regeln und legen schließlich eine Analogie der Wissenschaft vor. Die rechtens so genannte Wissenschaft ist die erfolgreiche Naturwissenschaft, die sie analysiert haben. Andere Wissensgebiete sind wissenschaftlich nur in dem Maß, wie sie den Verfahrensweisen dieser Wissenschaft konform sind, und soweit sie das nicht sind, sind sie auch weniger wissenschaftlich. So bemerkte Sir David Ross zu Aristoteles: »In seinem Gesamtwerk vertritt er die Ansicht, allen anderen Wissenschaften außer der Mathematik käme die Bezeichnung Wissenschaft nur aus Höflichkeit zu, da sie mit Dingen befaßt sind, bei denen die Kontingenz eine Rolle spielt.«[1] So bezeichnet auch heute das englische Wort für Wissenschaft *(science)* die Naturwissenschaft *(natural science)*. Man steigt eine Sprosse oder gar mehr die Leiter hinab, wenn man von Verhaltens- oder Humanwissenschaften spricht. Theologen schließlich müssen sich oft damit abfinden, daß ihre Thematik nicht in die Reihe der Wissenschaften, sondern nur in die der akademischen Disziplinen aufgenommen wird.

Offensichtlich leistet dieser Zugang zum Methodenproblem nicht viel, um die weniger erfolgreichen Disziplinen voranzubringen. Denn in der weniger erfolgreichen Disziplin besteht, gerade weil sie weniger erfolgreich ist, ein Mangel an herausragenden Meistern, denen man folgen, und

---

[1] W. D. Ross, Aristotle's Prior and Posterior Analytics, Oxford 1949, 14; vgl. 51ff.

an Modellen, die man nachahmen könnte. Auch nutzt der Rekurs auf die Analogie der Wissenschaft nicht, denn diese Analogie bietet der weniger erfolgreichen Wissenschaft keineswegs eine hilfreiche Hand, sondern begnügt sich damit, ihr einen niedrigeren Rang in der »Hackordnung« zuzuweisen. Daher sollte ein dritter Weg gefunden werden, und obwohl dies schwierig und mühsam ist, muß man es in Kauf nehmen, damit die weniger erfolgreiche Disziplin nicht in Mittelmäßigkeit stecken bleibt, in Verfall gerät und aus dem Gebrauch kommt.

Die Grundlage für solch einen dritten Weg zu erarbeiten ist das Ziel dieses Kapitels. Zunächst wenden wir uns den erfolgreichen Wissenschaften zu, um uns einen vorläufigen Methodenbegriff zu bilden. Sodann gehen wir hinter die Verfahrensweisen der Naturwissenschaften zu etwas allgemeinerem und grundlegenderem, nämlich zur Verfahrensweise des menschlichen Geistes. An dritter Stelle werden wir innerhalb der Verfahrensweise des menschlichen Geistes eine transzendentale Methode entdecken, d. h. eine Grundstruktur von Vollzügen (*operations*), die bei jedem Erkenntnisvorgang beteiligt ist. Viertens werden wir die Bedeutung der transzendentalen Methode bei der Formulierung anderer, speziellerer Methoden, die den besonderen Fachgebieten angepaßt sind, aufzeigen.

1. Ein vorläufiger Methodenbegriff

Eine Methode ist eine normative Struktur wiederkehrender und aufeinander bezogener Vollzüge*, die kumulative und weiterführende Ergebnisse liefert. Demnach ist Methode da, wo es genau unterschiedene Vollzüge gibt, wo jeder einzelne Vollzug zu den anderen in Beziehung steht, wo das Gesamt der Beziehungen eine Struktur bildet, wo diese Struktur als der richtige Weg beschrieben wird, die Arbeit auszuführen, wo Vollzüge in Übereinstimmung mit der Struktur unbegrenzt wiederholt werden können und wo die Früchte solcher Wiederholung sich nicht bloß wiederholen, sondern kumulieren und weiterführen.

So schärft Methode in den Naturwissenschaften den Geist des Forschens, und Forschungen kehren immer wieder. Diese Methode verlangt

---

Anm. des Übersetzers: Es ist schwierig, *operation(s)* – ein Terminus, der immer wieder verwendet wird – mit einem einzigen Wort präzise und unmißverständlich zu übersetzen. Giovanni B. Sala hat sich als Herausgeber von *B. Lonergan*, Theologie im Pluralismus heutiger Kulturen, Herder, Freiburg-Basel-Wien 1975 (= QD 67) mit der Übersetzerin Elisabeth Darlap für »Handlung(en)« entschieden. Ich habe zumeist mit »Vollzug / Vollzüge« übersetzt, da man als »Handlung« normalerweise nur verantwortliches oder verantwortungsloses Handeln bezeichnet, nicht aber jene sinnlichen und geistigen Vollzüge, die solchem Handeln vorausgehen und es ermöglichen.

genaue Beobachtung und Beschreibung; sowohl Beobachtungen als auch Beschreibungen kehren immer wieder. Vor allem aber lobt sie die Entdeckung, und Entdeckungen kehren immer wieder. Sie verlangt die Formulierung der Entdeckungen in Hypothesen, und Hypothesen kehren immer wieder. Sie fordert die Schlußfolgerung der Implikationen dieser Hypothesen, und Schlußfolgerungen kehren wieder. Sie drängt unablässig, Experimente zu ersinnen und auszuführen, um die Implikationen der Hypothesen an beobachtbaren Fakten zu überprüfen, und solche Prozesse des Experimentierens kehren immer wieder.

Diese genau unterschiedenen und wiederkehrenden Vollzüge stehen in Beziehung zueinander. Die Untersuchung macht ein bloßes Erfahren zu einem Erforschen dessen, was beobachtet wurde. Was beobachtet wurde, wird durch Beschreibung festgehalten. Gegensätzliche Beschreibungen lassen Probleme auftauchen, Probleme aber werden durch Entdeckungen gelöst. Was man entdeckt hat, wird in einer Hypothese zum Ausdruck gebracht. Aus der Hypothese werden ihre Implikationen abgeleitet, und diese wiederum regen zu Experimenten an, die auszuführen sind. So sind die zahlreichen Vollzüge aufeinander bezogen. Die Beziehungen bilden eine Struktur, und die Struktur bestimmt den richtigen Weg der Durchführung einer wissenschaftlichen Untersuchung.

Die Ergebnisse der Untersuchungen sind kumulativ und weiterführend, denn der Prozeß des Experimentierens liefert neue Daten, neue Beobachtungen und neue Beschreibungen, die die hierdurch überprüfte Hypothese entweder bestätigen oder nicht bestätigen. Sofern sie bestätigend sind, zeigen sie zumindest, daß die Untersuchung nicht völlig in falschen Bahnen verläuft. Sofern sie nicht bestätigend sind, führen sie zu einer Modifizierung der Hypothese und schließlich zu neuen Entdeckungen, neuen Hypothesen, neuen Schlußfolgerungen und neuen Experimenten. Das Rad der Methode dreht sich nicht nur, sondern rollt auch weiter. Das Gebiet beobachteter Daten erweitert sich ständig. Neue Entdeckungen kommen zu den alten hinzu. Neue Hypothesen und Theorien bringen nicht nur neue Einsichten zum Ausdruck, sondern auch all das, was an den alten gültig war, um der Methode ihren kumulativen Charakter zu verleihen und die Überzeugung hervorzurufen, daß wir, obwohl noch immer vom Ziel einer vollständigen Erklärung aller Phänomene weit entfernt, ihr jetzt zumindest näher sind, als wir es vorher waren.

So ist, in Kurzform, die Methode der Naturwissenschaft. Die Darstellung ist in der Tat längst nicht genügend detailliert, um den Naturwissenschaftler in seiner Arbeit anzuleiten. Zugleich ist sie jedoch zu spezifisch, um auf andere Disziplinen übertragbar zu sein. Zumindest gibt sie aber einen vorläufigen Begriff der Methode als *einer normativen Struktur wie-*

derkehrender und auf einander bezogener Vollzüge, die kumulative und weiterführende Ergebnisse liefert.

Hier sind noch einige Anmerkungen am Platz:

Erstens wird Methode oft als ein Regelwerk verstanden, das, selbst wenn es von jemandem nur blind befolgt wird, nichtsdestoweniger befriedigende Ergebnisse liefert. Ich würde zugeben, daß eine so verstandene Methode möglich ist, wenn dasselbe Ergebnis immer und immer wieder wie am Fließband reproduziert wird, wie etwa bei einer »Wäscherei nach neuer Methode«. Das gilt aber nicht, wenn man weiterführende und kumulative Ergebnisse erwartet. Ergebnisse sind nur dann weiterführend, wenn es eine ununterbrochen aufrechterhaltene Abfolge von Entdeckungen gibt; und sie sind nur dann kumulativ, wenn eine Synthese jeder neuen Einsicht mit allen vorhergehenden gültigen Einsichten zustandegebracht wird; aber weder Entdeckung noch Synthese lassen sich durch irgendein Regelwerk herbeizwingen. Ihr Auftreten folgt statistischen Gesetzen; sie lassen sich zwar wahrscheinlicher machen, nicht aber sicherstellen durch einen Komplex von Vorschriften.

Zweitens konzipiert unser vorläufiger Methodenbegriff die Methode nicht als Regelwerk, sondern als eine vorgängige, normative Struktur von Vollzügen, von der die Regeln erst abgeleitet werden können. Überdies sind die hier angezielten Handlungen nicht auf streng logische Operationen begrenzt, d. h. auf Vollzüge, die sich auf Aussagen, Begriffe und Relationen richten. Der Methodenbegriff schließt solche Vollzüge selbstverständlich ein, denn er spricht vom Beschreiben, vom Formulieren von Problemen und Hypothesen sowie von der Ableitung von Implikationen. Doch er zögert auch nicht, aus dieser Gruppe herauszugehen und von Untersuchung, Beobachtung, Entdeckung, Experiment, Synthese und Verifikation zu sprechen.

Drittens wird uns das, was diese nicht-logischen Operationen genaugenommen sind, im nächsten Abschnitt beschäftigen. Doch schon jetzt weise ich darauf hin, daß die moderne Wissenschaft ihre auszeichnende Eigenart von dieser Zusammenordnung logischer und nicht-logischer Operationen herleitet; die logischen zielen auf eine Konsolidierung dessen, was schon erreicht wurde; die nicht-logischen halten alles Erreichte für einen weiteren Fortschritt offen. Die Verbindung beider hat einen offenen, fortschreitenden, weiterführenden und kumulativen Vorgang zur Folge. Dieser Vorgang steht in scharfem Gegensatz nicht nur zur statischen Fixiertheit, die aus Aristoteles' Konzentration auf das Notwendige und Unwandelbare herstammt, sondern auch zu Hegels Dialektik, die eine Bewegung darstellt, die in ein vollständiges System eingeschlossen ist.

2. Die Grundstruktur der Vollzüge

Vollzüge innerhalb der Struktur sind Sehen, Hören, Fühlen, Riechen, Schmecken, Untersuchen, Sich-vorstellen, Verstehen, Konzipieren (Begriffe bilden), Formulieren, Reflektieren, Einordnen und Abwägen des Belegmaterials, Urteilen, Überlegen, Auswerten, Entscheiden, Reden und Schreiben.

Man kann voraussetzen, daß jeder wenigstens mit einigen dieser Handlungen vertraut ist und eine gewisse Vorstellung von dem hat, was die anderen Begriffe bedeuten. Unser Ziel ist es, die Struktur ins Licht zu rükken, innerhalb derer diese Vollzüge erfolgen; doch wie die Dinge liegen, wird uns das ohne ein erhebliches Maß an Mühe und Mitarbeit des Lesers nicht gelingen. Er wird sich mit unserer Terminologie vertraut machen müssen. Er wird die betreffenden Handlungen in seinem eigenen Bewußtsein hervorrufen und in eigener Erfahrung die dynamischen Beziehungen entdecken müssen, die vom einen Vollzug zum nächsten führen. Er würde sonst nicht bloß dieses Kapitel, sondern das ganze Buch etwa so erhellend finden wie ein Blinder eine Vorlesung über Farbe.[2]

Erstens sind die aufgezählten Vollzüge transitiv. Sie haben Objekte. Sie sind transitiv nicht bloß im grammatischen Sinne, weil sie durch transitive Verben bezeichnet werden, sondern auch im psychologischen Sinn: Man wird im Vollzug des Gegenstands gewahr. Dieser psychologische Sinn wird durch das Verb »intendieren«, das Adjektiv »intentional« und durch das Substantiv »Intentionalität« zum Ausdruck gebracht. Wenn man sagt, daß die Vollzüge Gegenstände »intendieren«, so bezieht man sich auf folgende Tatsachen: Durch das Sehen wird das, was gesehen wird, präsent; durch das Hören wird das Gehörte präsent; durch das Sich-vorstellen wird das Vorgestellte präsent – und so fort –, wobei in jedem Einzelfall die in Frage kommende Präsenz ein psychologisches Geschehen ist.

---

[2] Ich habe diese Struktur der Vollzüge ausführlich in meinem Buch »Insight« London, Longman Group 1957, und New York, Philosophical Library, zuletzt Darton, Longman and Todd 1983, dargestellt, und kurzgefaßt in dem Artikel »Cognitional Structure«: Continuum 2 (1964) 530–542, abgedruckt in »Collection« Papers by Bernard Lonergan, hrsg. von *F. E. Crowe*, New York, Herder and Herder, 1967. Die Materie ist jedoch für das vorliegende Unternehmen so entscheidend, daß hier eine Zusammenfassung aufzunehmen war. Man sollte bitte beachten, daß ich nur eine Zusammenfassung biete, die als solche nur eine allgemeine Vorstellung vermitteln kann, daß der Prozeß der Selbst-Aneignung nur langsam vor sich geht und für gewöhnlich nur durch die Auseinandersetzung mit einem Buch wie etwa »Insight« erfolgt.

Zweitens werden die genannten Tätigkeiten von einem Handelnden ausgeführt, und diesen Operator nennt man das Subjekt; der Operator ist Subjekt nicht bloß im grammatischen Sinn, insofern er durch ein Substantiv bezeichnet wird, welches Subjekt der Verben ist, die sich im Aktiv auf die Tätigkeiten beziehen. Er ist ebenso Subjekt im psychologischen Sinn, da er bewußt handelt. In der Tat kann keine der genannten Tätigkeiten im traumlosen Schlaf oder im Koma ausgeführt werden. Wann immer irgendeine der Tätigkeiten ausgeführt wird, ist sich das Subjekt seines Tätigseins bewußt, ist sich seiner selbst im Tun gegenwärtig und erfährt sich in seiner Tätigkeit.

Überdies wechselt, wie sich bald herausstellen wird, auch der qualitative Bewußtseinszustand, je nachdem das Subjekt unterschiedliche Tätigkeiten ausführt.

Die Handlungen zielen demnach nicht nur auf Objekte; ihnen kommt eine weitere psychologische Dimension zu. Sie vollziehen sich bewußt, und gerade durch sie ist das tätige Subjekt bewußt. So wie die Vollzüge durch ihre Intentionalität die Objekte dem Subjekt präsent machen, so machen sie durch Bewußtsein das tätige Subjekt sich selbst präsent.

Ich habe das Adjektiv »präsent« sowohl beim Objekt wie beim Subjekt gebraucht, aber ich habe es in zweifachem Sinn gebraucht, denn die Präsenz des Objekts ist von der Präsenz des Subjekts ganz verschieden. Das Objekt ist präsent als das, auf was man hinschaut, worauf man aufmerksam ist, was man intendiert, während die Präsenz des Subjekts im Hinschauen, im Aufmerksamsein, im Intendieren liegt. Aus diesem Grund vermag das Subjekt bewußt zu sein, indem es aufmerksam ist, und wendet doch seine ganze Aufmerksamkeit dem Objekt zu, mit dem es sich befaßt.

Ich sprach vom Subjekt, das sich in seinem Tätigsein selbst erfährt. Es wäre jedoch falsch zu meinen, daß diese Erfahrung eine weitere Tätigkeit sei, die man unserer Liste hinzufügen müßte, denn diese Erfahrung ist kein Intendieren, sondern ein Sich-bewußt-Sein. Sie ist keine weitere Tätigkeit, die zusätzlich zu jener hinzukäme, die man erfährt. Sie ist nichts anderes als jene Tätigkeit, die ihrem Wesen nach sowohl intentional als auch bewußt ist.

Drittens gibt es das Wort Introspektion, das insofern irreführend ist, als es die Vorstellung von einer inneren Anschauung nahelegt. Innere Anschauung ist aber nur ein Phantom, dessen Ursprung in der irrtümlichen Analogie zu suchen ist, alle erkenntnismäßigen Ereignisse seien dem okularen Sehen analog: Bewußtsein ist eine Art kognitives Ereignis, daher sei es auch nach Analogie des okularen Sehens zu verstehen, und da es nicht äußerlich inspiziere, müsse es um eine innere Anschauung gehen.

Unter »Introspektion« ist jedoch nicht das Bewußtsein selbst, sondern der Vorgang des Objektivierens der Bewußtseinsinhalte zu verstehen. So wie wir von den Daten der Sinneswahrnehmung durch Untersuchung, Einsicht, Reflexion und Urteil zu Aussagen über sinnlich wahrnehmbare Dinge übergehen, so auch von den Daten des Bewußtseins durch Untersuchung, Verstehen, Reflexion und Urteil zu Aussagen über bewußte Subjekte und Ihre Tätigkeiten. Dies ist natürlich genau das, was wir tun und wozu wir auch den Leser jetzt auffordern. Der Leser aber wird dies nachvollziehen, nicht indem er nach innen schaut, sondern indem er in unseren Formulierungen die Objektivierung seiner subjektiven Erfahrung wiedererkennt.

Viertens schließlich sind verschiedene Ebenen des Bewußtseins und der Intentionalität zu unterscheiden. In unseren Traumzuständen sind Bewußtsein und Intentionalität gewöhnlich fragmentarisch und unzusammenhängend. Wenn wir erwachen, nehmen sie eine andere Färbung an, um sich auf vier sukzessiven, aufeinander bezogenen, aber qualitativ unterschiedlichen Ebenen zu entfalten. Da ist zunächst die *empirische Ebene*, auf der wir etwas empfinden, wahrnehmen, vorstellen, fühlen, sprechen und uns bewegen. Dann die *intellektuelle Ebene*, auf der wir untersuchen, zum Verstehen gelangen, zum Ausdruck bringen, was wir verstanden haben, sowie die Voraussetzungen und Implikationen unserer Formulierungen ausarbeiten. Danach kommt die *rationale Ebene*, auf der wir überlegen, das Belegmaterial ordnen und ein Urteil fällen über die Wahrheit oder Falschheit, Gewißheit oder Wahrscheinlichkeit einer Aussage. Schließlich gibt es noch die *Ebene der Verantwortlichkeit*, auf der wir uns mit uns selbst befassen, mit unseren eigenen Handlungen, unseren Zielen, und so die möglichen Handlungsabläufe überdenken, sie bewerten, entscheiden und unsere Entscheidungen ausführen.

Sämtliche Operationen auf diesen vier Ebenen sind intentional und bewußt. Dennoch differieren Intentionalität und Bewußtseinszustand von Ebene zu Ebene, und auf jeder einzelnen Ebene bringen die vielen Handlungen weitere Unterschiede mit sich. Unser Bewußtsein erweitert sich in eine neue Dimension, wenn wir uns von der reinen Erfahrung nun der Mühe des Verstehens dessen zuwenden, was wir da erfahren haben. Eine dritte Dimension, die der Rationalität, taucht auf, wenn der Inhalt unserer Verstehensakte *per se* bloß als brillante Idee betrachtet wird und wir bestrebt sind auszumachen, was nun *wirklich* ist. Eine vierte Dimension kommt zum Vorschein, wenn auf das Urteil über die Fakten die Überlegung folgt, was wir mit ihnen anfangen sollen. Auf allen vier Ebenen sind wir uns unserer selbst bewußt, doch indem wir von Ebene zu Ebene emporsteigen, ist es ein volleres Selbst, das uns bewußt wird, wobei die Bewußtheit selbst unterschiedlich ist.

Als empirisch bewußt scheinen wir uns nicht von den höheren Tieren zu unterscheiden. Doch sind bei uns empirische Bewußtheit und Intentionalität lediglich eine Grundlage für weitere Aktivitäten. Die Daten der Sinneswahrnehmung rufen die Untersuchung hervor, Untersuchung führt zum Verstehen, und Verstehen drückt sich selbst in Sprache aus. Ohne die Daten gäbe es für uns nichts zu untersuchen und nichts zu verstehen. Doch was durch die Untersuchung gesucht wird, ist niemals bloß ein weiteres Datum, sondern die Idee oder Form, die intelligible Einheit oder Relation, welche die Daten zu intelligiblen Ganzheiten zusammenfügt. Und weiter, ohne die Anstrengung des Verstehens wiederum und ohne seine sich widersprechenden Ergebnisse hätten wir keine Gelegenheit zum Urteilen. Solche Gelegenheiten kehren aber immer wieder, und damit zeigt das intelligente Zentrum des Erfahrens seine überlegende und kritische Rationalität. Nochmals gibt es ein volleres Selbst, das uns bewußt wird, und nochmals ist die Bewußtheit selbst unterschiedlich. Das Subjekt als intelligentes sucht Einsicht, und indem sich die Einsichten akkumulieren, zeigt das Subjekt sie in seinem Verhalten, in seiner Sprache, im Erfassen der Situation und in der Beherrschung theoretischer Bereiche.

Als nachdenkend und kritisch selbstbewußt verkörpert das Subjekt inneres Freisein und Uneigennützigkeit, liefert sich selbst den Kriterien der Wahrheit und Gewißheit aus und macht die Bestimmung dessen, was so ist oder was so nicht ist, zu seinem einzigen Anliegen; und damit liegt jetzt – wie das Selbst – so auch die Selbstbewußtheit in jener Verkörperung, in jener Selbsthingabe, in jener zielstrebigen Sorge um die Wahrheit. Es gibt aber noch eine weitere Dimension, die dem Menschsein zukommt, und in dieser treten wir als Personen hervor, treffen einander in gemeinsamer Sorge um Werte, suchen die Organisation menschlichen Lebens auf der Basis eines konkurrierenden Egoismus abzuschaffen und durch eine Organisation auf der Grundlage der Empfindung und der Intelligenz des Menschen, seiner Vernunft und seines verantwortlichen Gebrauchs der Freiheit zu ersetzen.

Fünftens, wie unterschiedliche Handlungen auch qualitativ unterschiedliche Weisen des bewußten Subjektseins hervorrufen, so bringen sie auch qualitativ verschiedene Weisen des Intendierens hervor. Das Intendieren unserer Sinne ist ein aufmerksames Beachten; es ist normalerweise selektiv, nicht aber kreativ. Das Intendieren unserer Phantasie kann darstellend oder auch kreativ sein. Was durch Einsicht erfaßt wird, ist weder ein aktuell gegebenes Datum der Sinneswahrnehmung noch ein Produkt der Einbildungskraft, sondern eine intelligible Organisation, die für die Daten relevant oder nicht relevant sein kann. Das Intendieren, das ein

Konzipieren (d. h. Begriffsbildung) ist, bringt den Inhalt der Einsicht und so viel vom Bild zusammen, wie für das Zustandekommen der Einsicht erforderlich ist; das Ergebnis ist das Intendieren irgendeines Konkreten, das durch einen unvollständig bestimmten (und in diesem Sinne abstrakten) Inhalt ausgewählt wird.

Der wichtigste Unterschied bei den Arten des Intendierens besteht jedoch zwischen dem kategorialen und dem transzendentalen Intendieren. Kategorien sind Bestimmungen. Sie haben einen begrenzten Umfang. Sie variieren je nach kulturellen Veränderungen. Sie können z. B. durch den mit dem Totemismus verbundenen Klassifizierungstyp veranschaulicht werden, von dem unlängst behauptet wurde, er sei im wesentlichen eine Klassifizierung durch Homologie.[3] Sie können thematisch als Kategorien erkannt werden, wie die aristotelischen Kategorien Substanz, Quantität, Qualität, Relation, Tun, Leiden, Ort, Zeit, Lage und Sichverhalten. Sie brauchen nicht als Kategorien bezeichnet zu werden, wie etwa die vier Ursachen, die Finalursache, Wirkursache, Material- und Formalursache, oder die logischen Distinktionen von Gattung, Differenz, Art, Proprium und Akzidenz. Auch können sie schöne Ergebnisse wissenschaftlicher Forschung sein, wie etwa die Begriffe moderner Physik, das periodische System des Chemikers oder der Evolutions-Stammbaum des Biologen.

Im Gegensatz hierzu sind die transzendentalen Arten des Intendierens in ihrem Inhalt umfassend, in ihrem Umfang uneingeschränkt und bleiben auch bei kulturellen Veränderungen invariant. Während man Kategorien braucht, um bestimmte Fragen zu stellen und bestimmte Antworten zu geben, sind die transzendentalen Arten des Intendierens in Fragen enthalten, die den Antworten vorausgehen. Sie sind das radikale Intendieren, das uns vom Nichtwissen zum Wissen voranbringt. Sie sind *a priori*, weil sie über das Gewußte hinausgehen, um das zu suchen, was wir noch nicht kennen. Sie sind uneingeschränkt, weil Antworten niemals vollständig sind und daher weitere Fragen aufkommen lassen. Sie sind umfassend, weil sie das unbekannte Ganze oder die unbekannte Totalität intendieren, von der unsere Antworten nur einen Teil enthüllen. So führt uns der Verstand über die Erfahrung hinaus und läßt uns fragen: Was, Warum, Wie und Wozu? Die Vernunft wiederum führt uns über die Antworten des Verstandes hinaus und läßt uns fragen, ob die Antworten wahr sind und ob das, was sie meinen, wirklich so ist. Die Verantwortung geht sodann noch über die Fakten, Wünsche und Möglichkeiten hinaus, um zu unterscheiden zwischen dem, was wirklich gut, und dem, was nur scheinbar gut ist. Wenn wir daher den Inhalt des intelligenten Intendierens ob-

---

[3] *Claude Lévi-Strauss*, La pensée sauvage, Paris 1962.

jektivieren, so bilden wir den transzendentalen Begriff *(transcendental concept)* des Intelligiblen. Wenn wir den Inhalt des rationalen Intendierens objektivieren, bilden wir die transzendentalen Begriffe des Wahren und des Wirklichen. Wenn wir den Inhalt des verantwortlichen Intendierens objektivieren, erhalten wir den transzendentalen Begriff des Wertes, des wahrhaft Guten. Doch ganz verschieden von solchen transzendentalen Begriffen, die falsch verstanden werden können – was auch oft geschieht – sind die voraufgehenden transzendentalen Notionen *(transcendental notions)*, die die eigentliche Dynamik unseres bewußten Intendierens darstellen, indem sie uns vom bloßen Erfahren zum Verstehen voranbringen, vom bloßen Verstehen zur Wahrheit und Wirklichkeit, und von der Erkenntnis von Fakten zum verantwortlichen Handeln. Diese Dynamik ist, weit entfernt davon ein Produkt kulturellen Fortschritts zu sein, die Bedingung seiner Möglichkeit; und jede Unwissenheit oder jeder Irrtum, jede Unachtsamkeit oder Bosheit, die diese Dynamik entstellen oder blockieren, ist Obskurantismus in seiner radikalen Form.

Sechstens: Wir begannen, indem wir von Handlungen sprachen, die Objekte zu intendieren. Nun müssen wir zwischen elementaren und zusammengesetzten Objekten unterscheiden, wie auch zwischen elementarem und zusammengesetztem Erkennen. Mit elementarem Erkennen ist jeder kognitive Vollzug gemeint, wie Sehen, Hören, Verstehen und dergleichen. Mit elementarem Objekt ist das gemeint, was beim elementaren Erkennen intendiert wird. Mit zusammengesetztem Erkennen ist die Verbindung mehrerer Einzelfälle von elementarem Erkennen zu einem einzigen Erkennen gemeint. Mit zusammengesetztem Objekt ist das Objekt gemeint, das durch Vereinigung mehrerer elementarer Objekte konstruiert wird.

Der Vorgang des Zusammensetzens ist nun das Werk der transzendentalen Notionen, die von Anfang an das Unbekannte intendieren, das schrittweise immer besser bekannt wird. Infolge dieses Intendierens kann das, was erfahren wird, das gleiche sein wie das, was verstanden wird; was erfahren und verstanden wird, kann das gleiche sein wie das, was konzipiert wird, und was erfahren, verstanden und konzipiert wird, kann das gleiche sein wie das, was als wirklich bejaht wird. Was erfahren, verstanden, konzipiert und bejaht wird, kann das gleiche sein wie das, was als wahrhaft gut Zustimmung erhält. So werden die vielen elementaren Objekte zu einem einzigen zusammengesetzten Objekt zusammengefügt, und die vielen zusammengesetzten Objekte werden ihrerseits in ein einziges Universum eingeordnet.

Siebentens haben wir viele bewußte und intentionale Handlungen unterschieden und sie in einer Aufeinanderfolge verschiedener Bewußtseinsebenen geordnet. Doch wie die vielen elementaren Objekte zu größeren Ganzheiten zusammengefaßt werden, und wie die vielen Vollzüge zu einem einzigen zusammengesetzten Erkennen verbunden werden, so sind auch die vielen Bewußtseinsebenen bloß aufeinanderfolgende Stufen in der Entfaltung einer einzigen Stoßkraft, dem Eros des menschlichen Geistes. Um das Gute zu erkennen, muß er das Wirkliche kennen; um das Wirkliche zu erkennen, muß er das Wahre kennen; um das Wahre zu erkennen, muß er das Intelligible kennen; um das Intelligible zu erkennen, muß er die Daten beachten. So erwachen wir vom Schlummer zur Aufmerksamkeit. Das Beobachten läßt den Verstand rätseln – und dann untersuchen wir. Die Untersuchung führt zur Freude der Einsicht, aber Einsichten sind billig zu haben, und daher zweifelt, prüft und versichert sich die kritische Vernunft. Alternative Handlungsabläufe bieten sich an, und wir fragen uns, ob der attraktivere auch wirklich gut ist. Die Beziehung zwischen den sukzessiven transzendentalen Notionen ist in der Tat so innig, daß wir uns nur durch eine besondere Differenzierung des Bewußtseins von der gewöhnlichen Lebensweise distanzieren, um uns einem sittlichen Streben nach Güte, einem philosophischen Streben nach Wahrheit, einem wissenschaftlichen Streben nach Verstehen und einem künstlerischen Streben nach der Schönheit zu widmen.

Um diesen Abschnitt nun abzuschließen, möchten wir letztlich anmerken, daß die Grundstruktur bewußter und intentionaler Operationen dynamisch ist. Sie ist material dynamisch, insofern sie eine Struktur von Vollzügen ist, so wie ein Tanz eine Struktur körperlicher Bewegungen oder eine Melodie eine Struktur von Tönen. Sie ist aber auch in formaler Hinsicht dynamisch, insofern sie die passenden Tätigkeiten auf jeder Stufe des Vorgangs hervorruft und miteinander verknüpft, so wie ein wachsender Organismus seine eigenen Organe hervorbringt und durch ihr Funktionieren lebt. Und schließlich ist diese doppelte dynamische Struktur nicht etwa blind – sie sieht vielmehr mit offenen Augen; sie ist aufmerksam, einsichtig, vernünftig und verantwortlich; sie ist ein bewußtes Intendieren, das immer über das hinausgeht, was jeweils gegeben ist oder erkannt wird, das immer nach einem volleren und reicheren Begreifen der noch unbekannten oder unvollständig bekannten Totalität des Ganzen und des Universums strebt.

3. Transzendentale Methode[4]

Was wir als die Grundstruktur von Vollzügen beschrieben haben, ist transzendentale Methode. Sie ist eine Methode, weil sie eine normative Struktur wiederkehrender und aufeinander bezogener Vollzüge ist, die kumulative und weiterführende Ergebnisse liefert. Sie ist eine transzendentale Methode, weil die angezielten Ergebnisse nicht auf irgendein besonderes Feld oder Subjekt kategorial eingeschränkt sind, sondern jedes Ergebnis betreffen, das durch die völlig offenen transzendentalen Notionen überhaupt intendiert werden kann. Wo andere Methoden darauf abzielen, den Erfordernissen zu entsprechen und die den Spezialgebieten eigentümlichen Möglichkeiten auszuschöpfen, geht es in der transzendentalen Methode darum, jenen Erfordernissen zu entsprechen und jene Möglichkeiten auszuschöpfen, die der menschliche Geist selbst bietet. Das ist ein Anliegen von grundlegender und universaler Bedeutung und Relevanz.

In gewissem Sinne kennt und beachtet jedermann die transzendentale Methode. Jeder tut dies genau in dem Maße, wie er aufmerksam, einsichtig, vernünftig und verantwortlich ist. In einem anderen Sinne ist es aber recht schwierig, in transzendentaler Methode heimisch zu werden, weil dies nicht durch Lektüre von Büchern, Anhören von Vorlesungen oder durch Sprachanalyse zu erreichen ist. Es ist vielmehr eine Angelegenheit der Steigerung des eigenen Bewußtseins, indem man es objektiviert, und das ist etwas, was jeder einzelne letztlich in sich und für sich selbst tun muß.

Worin besteht nun diese Objektivierung? Sie ist eine Sache der Anwendung der Operationen als intentionale auf ebendiese als bewußte. Wenn wir der Kürze halber die verschiedenen Operationen auf den genannten vier Ebenen nach dem Hauptgeschehen auf der jeweiligen Ebene be-

---

[4] In seinem Buch »Die transzendentale Methode« Innsbruck 1964, erarbeitet *Otto Muck* einen generellen Begriff von transzendentaler Methode, indem er die gemeinsamen Merkmale im Werk derer, die diese Methode anwenden, bestimmt. Obwohl ich keinen Einwand gegen dieses Verfahren erhebe, halte ich es doch für ein Verständnis meiner eigenen Intentionen für wenig hilfreich. Ich verstehe Methode konkret. Ich verstehe sie nicht im Sinne von Prinzipien und Regeln, sondern als eine normative Struktur von Vollzügen mit kumulativen und weiterführenden Ergebnissen. Ich unterscheide einerseits Methoden, die für bestimmte Fachgebiete angemessen sind, und andererseits den gemeinsamen Kern und das Fundament dieser Methoden, was ich als transzendentale Methode bezeichne. Hier wird das Wort »transzendental« in einem dem scholastischen Gebrauch analogen Sinn verwendet, da es dem kategorialen (oder prädikamentalen) Gebrauch gegenübersteht. Mein tatsächliches Vorgehen ist aber auch im kantischen Sinne transzendental, als es die Möglichkeitsbedingungen der Erkenntnis eines Gegenstands ans Licht bringt, insofern diese Erkenntnis *a priori* ist.

zeichnen, so können wir von diesen Vollzügen als Erfahren, Verstehen, Urteilen und Entscheiden sprechen. Diese Tätigkeiten sind zugleich bewußt und intentional. Was aber bewußt ist, kann intendiert werden. Die Vollzüge als intentionale auf ebendiese als bewußte anzuwenden, ist ein Vorgang, der sich in vier Stufen vollzieht: (1.) Die Erfahrung des eigenen Erfahrens, Verstehens, Urteilens und Entscheidens; (2.) das Verständnis der Einheit und der Beziehungen des eigenen erfahrenen Erfahrens, Verstehens, Urteilens und Entscheidens; (3.) die Bejahung der Realität des eigenen erfahrenen und verstandenen Erfahrens, Verstehens, Urteilens und Entscheidens; (4.) die Entscheidung, in Übereinstimmung mit den Normen zu handeln, die den natürlichen Beziehungen des eigenen erfahrenen, verstandenen und bejahten Erfahrens, Verstehens, Urteilens und Entscheidens innewohnen.

Demnach ist erstens das eigene Erfahren, Verstehen, Urteilen und Entscheiden zu erfahren. Doch diese vierfache Erfahrung ist einfach Bewußtsein. Wir haben es immer, wenn wir etwas erfahren, verstehen, urteilen oder entscheiden. Doch unsere Aufmerksamkeit konzentriert sich auf den Gegenstand, während unser bewußtes Handeln peripher bleibt. Daher müssen wir unser Interesse erweitern und uns in Erinnerung rufen, daß ein und dieselbe Handlung nicht nur ein Objekt intendiert, sondern auch ein intendierendes Subjekt erkennen läßt, und müssen in unserer eigenen Erfahrung die konkrete Wahrheit dieser allgemeinen Aussage entdecken. Diese Entdeckung ist natürlich keine Sache des Sehens, Inspizierens oder Anstarrens. Sie ist ein Gewahrwerden nicht dessen, was intendiert wird, sondern des Intendierenden selbst. Sie besteht darin, daß man in sich selbst das bewußte Ereignis Sehen entdeckt, wann immer ein Objekt gesehen wird, und wiederum das bewußte Ereignis Hören, wann immer ein Gegenstand gehört wird – und so fort.

Da Sinneswahrnehmungen willentlich hervorgebracht oder beseitigt werden können, ist es eine recht einfache Sache, sich ihnen zuzuwenden und mit ihnen vertraut zu werden. Andererseits braucht man nicht wenig Vorbedacht und Einfallsreichtum, wenn man darauf aus ist, das eigene Bewußtsein zu steigern, das man von seiner Untersuchung, Einsicht und Formulierung, vom kritischen Reflektieren, vom Abwägen des Beweismaterials (Suche nach Evidenz) sowie vom Urteilen, Erwägen und Entscheiden hat. Man muß die genaue Bedeutung jedes dieser Worte kennen. Man muß in sich selbst die entsprechende Tätigkeit vollziehen. Man muß sie solange vollziehen, bis man über den intendierten Gegenstand hinausgelangt und zum bewußt operierenden Subjekt vorstößt. Und man muß all dies innerhalb des passenden Kontextes tun, was nicht eine Sache der Innenschau ist, sondern der Untersuchung, des erweiterten Interesses, der Wahrnehmungskraft, des Vergleichs, der Unterscheidung, des Identifizierens und Benennens.

Diese Operationen sind nicht nur einzeln, sondern auch in ihren Beziehungen zu erfahren, denn sie sind nicht bloß bewußte Vollzüge, sondern auch bewußte Prozesse. Während die Sinneswahrnehmung keine intelligiblen Relationen aufdeckt, so daß man, wie Hume behauptete, nicht Kausalität, sondern nur Sukzession wahrnehmen könne, ist unser Bewußtsein etwas ganz anderes. Auf der empirischen Ebene, das ist richtig, ist der Vorgang nur spontane Empfindungsfähigkeit; er ist intelligibel nur in dem Sinne, daß er verstanden wird. Doch mit der Untersuchung taucht das intelligente Subjekt auf, und der Vorgang wird einsichtig; es ist nicht bloß ein Intelligibles, das verstanden werden kann, sondern das aktive Korrelat der Intelligibilität, die Intelligenz, die auf intelligente Weise das Verstehen sucht, diese kommt zum Verstehen und operiert nun im Licht ihres eigenen Verstanden-Habens.

Wenn die Untersuchung zum Abschluß kommt oder in eine Sackgasse gerät, überläßt die Intelligenz intelligenterweise der kritischen Reflexion das Feld; als kritisch reflektierendes steht das Subjekt in bewußter Relation zu einem Absoluten – zu dem Absoluten, das uns den positiven Gehalt der Wissenschaften nicht als wahr und sicher, sondern nur als wahrscheinlich erachten läßt. Schließlich gibt das rationale Subjekt, nachdem es Kenntnis von dem erlangt hat, was ist und was sein könnte, der bewußten Freiheit und der gewissenhaften Verantwortung Raum.

Die Operationen gehen also innerhalb eines Prozesses vor sich, der formal dynamisch ist, der seine eigenen Komponenten hervorruft und zusammenfügt, und der dies auf intelligente, rationale und verantwortliche Weise tut. So also ist die Einheit und Bezogenheit der verschiedenen Vollzüge. Es ist eine Einheit und Bezogenheit, die besteht und funktioniert, bevor es uns gelingt, auf sie ausdrücklich zu achten, sie zu verstehen und zu objektivieren. Es ist eine Einheit und Bezogenheit, die sich völlig von intelligiblen Einheiten und Beziehungen unterscheidet, durch die wir die Daten der Sinneswahrnehmung organisieren, denn diese sind bloß intelligibel, während die Einheit und Bezogenheit des bewußten Prozesses einsichtig, rational und verantwortlich ist.

Wir haben uns erstens mit dem Erfahren der Operationen befaßt und zweitens mit dem Verstehen ihrer Einheit und Bezogenheit. Da erhebt sich die Frage nach der Reflexion. Ereignen sich diese Vollzüge wirklich? Ereignen sie sich nach dem beschriebenen Schema? Ist diese Struktur nicht bloß hypothetisch, unterliegt sie nicht früher oder später der Revision, und danach noch weiteren Revisionen?

Zunächst ist zu sagen, daß die Operationen existieren und stattfinden.

Trotz aller Zweifel und Verneinungen seitens der Positivisten und Behavioristen wird niemand behaupten – es sei denn er hätte einige defekte Organe –, er habe niemals in seinem Leben die Erfahrung des Sehens oder Hörens, des Berührens, Riechens oder Schmeckens, des Vorstellens oder Wahrnehmens, des Gefühls oder der Bewegung gemacht; oder daß, wenn er solche Erfahrungen anscheinend gemacht habe, es dennoch bloß der Anschein war, da er sein ganzes Leben lang wie ein Schlafwandler umherginge, ohne jede Bewußtheit seiner eigenen Aktivitäten. Und wie selten wird man jemanden finden, der seine Vorlesung mit der Erklärung einleitet, er habe niemals auch nur die flüchtigste Erfahrung intellektueller Neugier gemacht, oder die des Untersuchens, des Strebens nach Verstehen oder der erreichten Einsicht und des Ausdrucks dessen, was er durch Verstehen begriffen hat. Seltenheitswert hat auch jener Mann, der seine Beiträge in wissenschaftlichen Zeitschriften damit beginnt, seine möglichen Leser daran zu erinnern, er habe niemals in seinem Leben etwas erfahren, was man als kritische Reflexion bezeichnen könnte, er habe niemals bezüglich der Wahrheit oder Falschheit irgendeiner Aussage gezögert, und daß, wann immer er seine Rationalität durch Fällen eines Urteils streng in Übereinstimmung mit der vorhandenen Evidenz auszuüben schien, dies dem bloßen Anschein zuzuschreiben sei, da er sich solch eines Ereignisses oder auch nur solch einer Tendenz in keiner Weise bewußt sei. Und wenige schließlich sind es, die ihren Büchern die Warnung voranstellen, sie hätten keine Vorstellung davon, was unter Verantwortung zu verstehen sei, und hätten niemals im Leben die Erfahrung gemacht, verantwortlich zu handeln, und das am allerwenigsten beim Schreiben der Bücher, die sie hiermit dem Publikum übergeben. Kurz gesagt, es gibt bewußte und intentionale Vollzüge; und jeder, der ihre Existenz in Abrede stellen möchte, disqualifiziert sich nur selbst als ein nicht-verantwortlicher, nicht-vernünftiger und nicht-intelligenter Schlafwandler.

Sodann stellt sich die Frage, ob die Operationen wirklich nach jenem Schema verlaufen, das hier nur skizziert, ausführlicher aber in meinem Buch »Insight« beschrieben wird. Natürlich lautet die Antwort darauf, daß wir die Vollzüge nicht isoliert erfahren und dann erst, durch einen Prozeß der Untersuchung und Entdeckung, zu der Struktur der Beziehungen kommen, die die Handlungen miteinander verbindet. Ganz im Gegenteil ist die Einheit des Bewußtseins selbst gegeben. Die Struktur der Vollzüge ist Teil der Erfahrung der Vollzüge; und Untersuchung und Entdeckung sind nötig, nicht um die Synthese eines Mannigfaltigen zu bewirken, das, als Gegebenes, ohne Bezug wäre, sondern um eine funktionale und funktionierende Einheit zu analysieren. Ohne Analyse, das ist wahr, können wir die einzelnen Operationen nicht herausfinden und unterscheiden; und solange die Operationen noch nicht unterschieden sind, können wir die Beziehungen, die sie verbinden, nicht formulieren. Doch der springende Punkt der Aussage, daß die Struktur selbst bewußt ist, besteht darin, daß, wenn die Beziehungen einmal formuliert sind, sie nicht überraschende Neuheiten ausdrücken, sondern sich einfach als Objektivierungen der Routineabläufe unseres bewußten Lebens und Handelns erweisen. Ehe die Untersuchung die Struktur ans Licht bringt, und ehe der Methodologe seine Vorschriften aufstellt, ist die Struktur bereits bewußt und tätig. Spontan gehen wir vom Erfahren zur Bemühung um ein Verstehen über; und diese Spontaneität ist nicht etwa unbewußt oder blind; sie ist im Gegenteil Bestandteil unserer bewußten Intelligenz, so wie das Fehlen der Bemühung um Verstehen Bestandteil des Stumpfsinns ist. Spontan gehen wir vom Verstehen mit seinen vielfältigen und widerstreitenden Ausdrucksweisen zur kritischen Reflexion über; und wiederum ist die Spontaneität nicht unbewußt oder blind. Sie ist vielmehr Bestandteil unserer kritischen Rationalität, unseres Verlangens nach zureichendem Grund, ein Verlangen, das vor jeder Formulierung des Prinzips vom zureichenden Grund wirksam ist; und es ist die Vernachlässigung oder das Fehlen dieses Verlangens, was die Dummheit ausmacht. Spontan gehen wir vom Urteil über Fakten oder Möglichkeiten zum Werturteil und zur Erwägung der Entscheidung und des Engagements über; und wieder ist die Spontaneität nicht unbewußt oder blind, denn sie macht uns zu gewissenhaften, zu verantwortungsbewußten Menschen, und ihr Fehlen würde uns zu Psychopathen machen. Auf unterschiedlich detaillierte Weise verlangt die Methode von uns aufmerksam, einsichtig, vernünftig und verantwortlich zu sein. Die Einzelheiten ihrer Vorschriften leiten sich von der jeweiligen Art der Aufgabe her und verändern sich mit dieser. Doch die normative Kraft ihrer Imperative liegt nicht einfach in ihrem Anspruch auf Autorität, nicht bloß in der Wahrscheinlichkeit, daß das, was in der Vergangenheit stattfand, auch in Zukunft stattfinden wird, sondern an der Wurzel in den natürlichen Spontaneitäten und Unvermeidlichkeiten unseres Bewußtseins, das seine eigenen konstituierenden Teile zusammensetzt und sie zu einem abgerundeten Ganzen auf eine Weise verbindet, die wir nicht beiseite schieben können, ohne sozusagen unsere eigene sittliche Persönlichkeit, unsere Vernunft, unseren Verstand und unsere eigene Sensitivität zu amputieren.

Ist aber diese Struktur nicht doch nur eine Hypothese, von der zu erwarten steht, daß sie immer wieder revidiert werden wird, so wie sich auch die Selbsterkenntnis des Menschen immer weiter entwickelt?

Hier ist eine Unterscheidung angebracht zwischen der normativen

Struktur, die unseren bewußten und intentionalen Operationen innewohnt, und andererseits den Objektivierungen dieser Struktur in Begriffen, Sätzen und Worten. Offensichtlich kann eine Revision nur die Objektivierungen betreffen. Sie kann nicht die dynamische Struktur des menschlichen Bewußtseins verändern. Sie kann höchstens eine angemessenere Darstellung dieser Struktur herbeiführen.

Überdies müssen bestimmte Bedingungen erfüllt sein, damit eine Revision überhaupt stattfinden kann. Denn jede mögliche Revision wird sich an erster Stelle auf Daten berufen, die von der nun kritisch untersuchten Ansicht entweder übersehen oder mißdeutet wurden, und daher muß jede mögliche Revision zumindest eine empirische Vollzugsebene *(level of operations)* voraussetzen. Zweitens wird jede mögliche Revision eine bessere Erklärung der Daten bieten, und daher muß jede mögliche Revision eine intellektuelle Vollzugsebene voraussetzen. Drittens wird jede mögliche Revision den Anspruch erheben, daß die bessere Erklärung wahrscheinlicher ist, und daher muß jede mögliche Revision eine rationale Vollzugsebene voraussetzen. Viertens ist eine Revision nicht bloß eine Möglichkeit, sondern eine vollbrachte Tatsache nur als das Ergebnis eines Werturteils und einer Entscheidung. Denn man unterzieht sich dieser Mühe mit all ihren Risiken von Fehlschlägen und Enttäuschungen nur deswegen, weil man es nicht nur in Theorie, sondern auch in Praxis für wert hält, die Dinge in den Griff zu bekommen, etwas mit Exaktheit zu wissen und zur Förderung der Wissenschaft beizutragen. Demnach ist an der Wurzel aller Methode eine Vollzugsebene vorauszusetzen, auf der wir zumindest die Methode unserer Handlungen bewerten und verantwortungsbewußt auswählen.

Daraus folgt, daß in einem bestimmten Sinn die Objektivierung der normativen Struktur unserer bewußten und intentionalen Vollzüge keine Revision zuläßt. Der gemeinte Sinn liegt darin, daß die Aktivität des Revidierens in solchen Vollzügen besteht, die in Übereinstimmung mit einer solchen Struktur stehen, so daß eine Revision, die die Struktur zurückweist, sich selbst zurückweisen würde.

Es gibt also einen Felsen, auf den man bauen kann. Doch möchte ich die genaue Art des Felsens nochmals angeben.[5] Jede Theorie, Beschreibung oder Darstellung unserer bewußten und intentionalen Vollzüge wird unvermeidlich unvollständig sein und weitere Klärungen und Ausweitungen zulassen. Aber alle diese Klärungen und Ausweitungen sind von den bewußten und intentionalen Vollzügen selbst herzuleiten. Als im

---

[5] Im Kapitel IV wird deutlich werden, daß der wichtigere Teil des Felsens noch gar nicht entdeckt ist.

Bewußtsein gegeben sind sie der Fels; sie bestätigen jede exakte und widerlegen jede ungenaue oder unvollständige Darstellung. Der Fels ist also das Subjekt in seiner bewußten, aber noch nicht objektivierten Aufmerksamkeit, Intelligenz, Vernunft und Verantwortung. Das Entscheidende bei der Bemühung, das Subjekt und seine bewußten Vollzüge zu objektivieren, liegt darin, daß man dadurch zu lernen beginnt, was diese sind und daß sie sind.

4. Die Funktionen der transzendentalen Methode

Wir hatten den Leser gebeten, in sich selbst die ursprüngliche normative Struktur wiederkehrender und aufeinander bezogener Vollzüge, die kumulative und weiterführende Ergebnisse liefern, zu entdecken. Wir haben nun zu überlegen, welchen Anwendungen oder Funktionen diese Grundmethode dient.

An *erster Stelle* steht die *normative Funktion*. Alle besonderen Methoden bestehen letztlich darin, die transzendentalen Vorschriften »Sei aufmerksam; sei einsichtig; sei vernünftig; sei verantwortlich!« näher zu bestimmen. Doch ehe sie überhaupt in Begriffen formuliert und in Worten ausgedrückt werden, haben diese Vorschriften eine vorgängige Existenz und Realität in der spontanen, strukturierten Dynamik des menschlichen Bewußtseins. Außerdem, wie die transzendentalen Vorschriften einfach auf einer Untersuchung der Vollzüge selbst beruhen, so beruhen die spezifisch kategorialen Vorschriften auf einer Untersuchung des Geistes, der sich auf einem gegebenen Feld betätigt. Die letzte Grundlage beider, der transzendentalen und der kategorialen Vorschriften, besteht in der Beachtung des Unterschieds zwischen Aufmerksamkeit und Unaufmerksamkeit, Verstand und Dummheit, Vernunft und Unvernünftigkeit sowie Verantwortung und Verantwortungslosigkeit.

Zweitens gibt es die *kritische Funktion*. Noch immer besteht das Ärgernis, daß Menschen, die in naturwissenschaftlichen Fragen zur Übereinstimmung neigen, bezüglich grundlegender philosophischer Themen auf unglaubliche Weise uneinig sind. So sind sie uneins über jene Aktivität, die man Erkennen nennt, über die Beziehung dieser Aktivität zur Realität und über die Realität selbst. Jedoch können die Meinungsverschiedenheiten über das dritte, die Realität, auf Meinungsverschiedenheiten über das erste und zweite, nämlich Erkenntnis und Objektivität, zurückgeführt werden. Meinungsverschiedenheiten über das zweite, die Objektivität, können auf Differenzen bezüglich des ersten reduziert werden, auf die Erkenntnistheorie. Und schließlich können die Differenzen in der Erkenntnistheorie dadurch gelöst werden, daß man den Widerspruch zwischen einer verfehlten Erkenntnistheorie und dem tatsächlichen Vollzug durch den im Irrtum befangenen Theoretiker aufdeckt.[6] Um das einfachste Beispiel anzuführen: Hume dachte den menschlichen Verstand als eine Sache von Eindrücken, die durch Gewohnheit miteinander verbunden sind. Doch Humes eigener Verstand war durchaus originell. Daher war Humes eigener Geist nicht das, wofür Hume den menschlichen Verstand hielt.

Drittens gibt es die *dialektische Funktion*. Der kritische Gebrauch der transzendentalen Methode kann auf jede verfehlte Erkenntnistheorie angewendet werden, ob sie in philosophischer Allgemeinheit vorgetragen oder ob sie vorausgesetzt wird durch eine Methode der Hermeneutik, der historischen Forschung, der Theologie oder der Entmythologisierung. Überdies lassen sich diese Anwendungen auf begleitende Ansichten zur Epistemologie und Metaphysik ausdehnen. Auf diese Weise kann man die dialektische Reihe von Grundpositionen bestimmen, die die Kritik bestätigt, sowie von grundsätzlichen Gegenpositionen, die die Kritik verwirft.

Viertens gibt es die *systematische Funktion*. In dem Maße wie die transzendentale Methode objektiviert wird, wird ein Komplex von Grundtermini und -relationen festgelegt, nämlich die Termini, die sich auf die Operationen des Erkenntnisvorgangs beziehen, und die Relationen, die diese Operationen miteinander verbinden. Solche Termini und Relationen bilden das Kernstück der Erkenntnistheorie. Sie zeigen die Grundlage der Epistemologie.* Sie sind isomorph[7] den Termini und Relationen, die die ontologische Struktur jeder Realität bezeichnen, die im ausgeglichenen Verhältnis zum menschlichen Erkenntnisprozeß steht.

Fünftens sichert die vorhergehende systematische Funktion die *Kontinuität*, ohne Starrheit aufzuerlegen. Kontinuität wird durch die Quelle der Grundtermini und -relationen gewährleistet, da diese Quelle der menschliche Erkenntnisprozeß in seiner konkreten Realität ist. Eine Starrheit wird nicht auferlegt, da eine vollständigere und genauere Kenntnis des menschlichen Erkenntnisprozesses keineswegs ausgeschlossen ist, und in dem Maße, wie sie erreicht wird, folgt daraus eine vollstän-

---

[6] Nähere Einzelheiten vgl. »Insight« 387ff; »Collection« 203ff.

* Anm. des Übersetzers: G. Sala weist darauf hin, daß Lonergan unter Epistemologie die zweite der drei oben im Zusammenhang mit der kritischen Funktion genannten philosophischen Grunddisziplinen versteht, die die Beziehung unserer Erkenntnisvollzüge zur Wirklichkeit untersucht. Vgl. die drei Fragen am Ende dieses Kapitels.

[7] Diese Isomorphie beruht auf der Tatsache, daß ein und derselbe Vorgang elementare Erkenntnisakte zu einer zusammengesetzten Erkenntnis konstruiert, wie auch elementare Erkenntnisgegenstände zu einem zusammengesetzten Gegenstand.

digere und genauere Bestimmung der Grundtermini und -relationen. Und schließlich stellt der Ausschluß der Starrheit keine Bedrohung der Kontinuität dar, denn, wie wir gesehen haben, setzen die Möglichkeitsbedingungen der Revision der Möglichkeit selbst Grenzen, die Erkenntnistheorie zu revidieren, und je aufwendiger die Revision, desto strenger und detaillierter werden diese Grenzen sein.

Sechstens gibt es die *heuristische Funktion*. Jede Untersuchung zielt darauf, etwas Unbekanntes in etwas Bekanntes zu überführen. Demnach ist die Untersuchung selbst etwas zwischen Unwissenheit und Wissen. Sie ist weniger als Wissen, sonst bestünde keine Notwendigkeit zum Untersuchen. Sie ist mehr als reine Unwissenheit, denn sie macht die Unwissenheit offenkundig und strebt danach, sie durch Wissen zu ersetzen. Dieses Vermittelnde zwischen Unwissenheit und Wissen ist ein Intendieren, und das, was intendiert wird, ist ein Unbekanntes, das bekannt werden soll.

Alle Methode ist nun im Grunde die Ausnutzung solchen Intendierens, da dies die Schritte angibt, die zu unternehmen sind, wenn man vom anfänglichen Intendieren der Frage bis zum endlichen Wissen dessen, was die ganze Wegstrecke über intendiert wurde, vorankommen möchte. Überdies ist innerhalb der Methode die Anwendung heuristischer Hilfsmittel von grundlegender Bedeutung. Sie bestehen im Bezeichnen und Benennen des intendierten Unbekannten, im sofortigen Festlegen all dessen, was darüber ausgesagt werden kann, und im Gebrauch dieses ausdrücklichen Wissens als eines Führers, eines Kriteriums und/oder einer Prämisse beim Bemühen, zu einem umfassenderen Wissen zu gelangen. Solcherart ist die Funktion der Unbekannten X in der Algebra bei der Lösung von Problemen. Derart ist auch der Zweck unbestimmter oder generischer Funktionen in der Physik und jener Klassen von Funktionen, die durch Differentialgleichungen näher bestimmt werden.

Die transzendentale Methode erfüllt also eine heuristische Funktion. Sie zeigt das Wesentliche dieser Funktion, indem sie die Tätigkeit des Intendierens und sein Korrelat, das Intendierte, das, obwohl unbekannt, zumindest intendiert ist, zum Vorschein bringt. Und da die systematische Funktion bestimmte Komplexe von Grundtermini und -relationen geliefert hat, sind deshalb Grundbestimmungen zur Hand, die sofort angesetzt werden können, wenn immer das Unbekannte ein menschliches Subjekt oder ein dem menschlichen Erkenntnisprozeß proportioniertes Objekt ist, d. h. ein Objekt, das durch Erfahrung, Einsicht und Urteil erkannt werden kann.

Siebentes gibt es die *gründende Funktion*. Besondere Methoden leiten ihre besonderen, eigenen Normen aus der angesammelten Erfahrung der Forscher in ihren einzelnen Forschungsgebieten her. Doch außer den besonderen Normen gibt es auch allgemeine Normen. Außer den Aufgaben in jedem einzelnen Forschungsgebiet gibt es noch interdisziplinäre Probleme. Unter der Oberfläche des Konsenses von Wissenschaftlern schwelt ihr Dissens in Fragen, die den letzten Sinn und den Endzweck betreffen. In dem Maße, wie besondere Methoden ihren gemeinsamen Kern in der transzendentalen Methode anerkennen, werden Normen anerkannt, die allen Wissenschaften gemeinsam sind, wird eine sichere Grundlage erreicht, um interdisziplinäre Probleme anzugehen, und werden die Wissenschaften innerhalb einer höheren Einheit der Terminologie, des Denkens und der Orientierung mobilisiert, in der sie in der Lage sein werden, ihren bedeutsamen Beitrag zur Lösung fundamentaler Probleme zu leisten.

Achtens ist transzendentale Methode *relevant für die Theologie*. Diese Relevanz wird natürlich durch die der Theologie eigene Methode vermittelt und durch die Reflexion der Theologen über Erfolg und Mißerfolg ihrer Anstrengungen in Vergangenheit und Gegenwart entwickelt. Doch diese besondere Methode, die zwar ihre eigenen Sonderformen und Kombinationen von Tätigkeit hat, ist nichtsdestoweniger das Werk des menschlichen Geistes, der die gleichen Grundoperationen in den gleichen Grundrelationen vollzieht, die auch bei anderen Spezialmethoden zu finden sind. Mit anderen Worten ist die transzendentale Methode ein Bestand-Teil der Spezialmethode, die der Theologie eigen ist, genau so wie sie Bestand-Teil der Spezialmethoden ist, die den Natur- und Geisteswissenschaften eigen sind. So richtig es ist, daß man in den Naturwissenschaften, den Geisteswissenschaften und in der Theologie auf unterschiedliche Weise aufmerkt, versteht, urteilt und entscheidet, so implizieren diese Unterschiede in keiner Weise einen Übergang von der Aufmerksamkeit zur Unaufmerksamkeit, vom Verstand zum Stumpfsinn, von der Vernunft zur Dummheit und von der Verantwortung zur Verantwortungslosigkeit.

Neuntens ist zu sagen, daß die *Gegenstände der Theologie nicht außerhalb des transzendentalen Bereichs liegen*. Denn dieser Bereich ist unbeschränkt, und daher gibt es außerhalb von ihm überhaupt nichts. Zudem ist er nicht unbeschränkt in dem Sinne, als wären die transzendentalen Notionen abstrakt – am geringsten dem Inhalt nach und am größten im Umfang; die transzendentalen Notionen sind eben nicht abstrakt, sondern umfassend; sie intendieren alles über alles. Weit entfernt davon abstrakt zu sein, sind gerade sie es, durch die wir das Konkrete intendieren, d. h. alles, was man über ein Ding wissen kann. Es ist natürlich wahr, daß menschliches Wissen begrenzt ist, doch sind die transzendentalen Notionen keine Sache des Wissens, sondern des Intendierens. Sie intendierten alles, was jeder von uns zu lernen vermochte, und sie intendieren jetzt alles, was uns noch unbekannt geblieben ist. Mit anderen Worten wird der transzendentale Bereich nicht durch das definiert, was der Mensch weiß, und auch nicht durch das, was er wissen kann, sondern durch das, wonach er fragen kann. Und nur weil wir mehr Fragen stellen, als wir beantworten können, wissen wir um die Grenzen unserer Erkenntnis.

Zehntens: Der transzendentalen Methode eine Rolle in der Theologie zuzuweisen heißt nicht, der Theologie eine neue Hilfsquelle zu erschließen, sondern lenkt einfach die Aufmerksamkeit auf *ein Mittel, das schon immer gebraucht wurde.* Denn transzendentale Methode ist das konkrete und dynamische Entfalten der Aufmerksamkeit, des Verstandes, der Vernunft und der Verantwortung des Menschen. Dieses Entfalten geschieht immer dann, wenn jemand seinen Geist auf angemessene Weise gebraucht. Daher erschließt die Einführung der transzendentalen Methode kein neues Mittel in der Theologie, denn Theologen hatten immer schon Verstand und haben ihn auch immer gebraucht. Wenn auch die transzendentale Methode kein neues Mittel erschließt, so bringt sie doch ein beträchtliches Maß an Licht und Genauigkeit zur Bewältigung theologischer Aufgaben, und dies, so hoffe ich, wird sich zur rechten Zeit herausstellen.

Elftens: Die transzendentale Methode bietet den *Schlüssel zur Vereinigung der Wissenschaften.* Die Unbeweglichkeit des aristotelischen Ideals gerät in Konflikt mit der Entwicklung der Naturwissenschaften, der Entfaltung der Geisteswissenschaften, der Entfaltung des Dogmas und der Theologie. In Übereinstimmung mit aller Entwicklung befindet sich der menschliche Geist selbst, der ja die Entwicklung bewirkt. In Einheit mit allen Forschungsbereichen, wie disparat sie auch sind, ist wiederum der menschliche Geist, der auf allen Gebieten am Werk ist, und zwar auf grundsätzlich gleiche Weise in jedem einzelnen. Durch die Selbst-Erkenntnis, die Selbst-Findung und den Selbst-Besitz, die sich aus der Thematisierung der normativen Grundstruktur der wiederkehrenden und aufeinander bezogenen Operationen des menschlichen Erkenntnisvorgangs ergeben, wird es möglich, sich eine Zukunft vorzustellen, in der alle auf allen Gebieten Tätigen in der transzendentalen Methode gemeinsame Normen, Grundlagen und systematische Verfahrensweisen, wie auch gemeinsame kritische, dialektische und heuristische Verfahren entdecken werden.

Zwölftens: Die Einführung der transzendentalen Methode schafft jene alte Metapher ab, die die Philosophie als Magd der Theologie bezeichnete, und ersetzt sie durch eine sehr präzise Tatsache: *Transzendentale Methode ist kein Eindringen von fremder Materie aus fremder Quelle in die*

Theologie. Ihre Funktion besteht darin, auf die Tatsache hinzuweisen, daß Theologien von Theologen hervorgebracht werden, daß Theologen einen Verstand haben und ihn gebrauchen und daß dieses ihr Tun nicht ignoriert oder übergangen, sondern ausdrücklich in sich selbst und in seinen Implikationen anerkannt werden sollte. Die transzendentale Methode koinzidiert zwar mit einem großen Teil dessen, was man als Philosophie bezeichnet, nicht aber mit aller und jeder Philosophie. In einem sehr genauen Sinn ist sie eine Erhöhung des Bewußtseins, die unsere bewußten und intentionalen Operationen erhellt und dadurch zu Antworten auf drei Grundfragen führt. Was tue ich, wenn ich erkenne? Warum ist dieses Tun Erkennen? Was erkenne ich, wenn ich dies tue? Die erste Antwort ist eine Erkenntnistheorie, die zweite eine Epistemologie und die dritte eine Metaphysik, wobei jedoch diese Metaphysik transzendental ist, eine Integration heuristischer Strukturen, nicht aber irgendeine kategoriale Spekulation, die zeigen soll, alles sei letztlich Wasser, oder Materie, oder Geist, oder Prozeß oder was immer man will.

Es bleibt jedoch dabei, daß transzendentale Methode nur ein Teil der theologischen Methode ist. Sie liefert die grundlegende anthropologische Komponente, nicht aber die spezifisch religiöse. Daher ist es notwendig, wenn man von transzendentaler zu theologischer Methode übergeht, die Religion in Erwägung zu ziehen. Doch bevor wir über Religion sprechen können, müssen wir zuerst etwas über das menschlich Gute und über Sinn und Bedeutung sagen.

II.

DAS MENSCHLICH GUTE

Was gut ist, das ist auch immer konkret. Definitionen sind aber abstrakt. Wenn man daher versucht, das Gute zu definieren, läuft man Gefahr, den Leser irrezuführen. Das vorliegende Kapitel soll daher die verschiedenen Elemente, die zum menschlich Guten gehören, zusammenstellen. So wird die Rede sein von Fertigkeiten, Gefühlen, Werten und Überzeugungen, von Kooperation, Fortschritt und Niedergang.

1. Fertigkeiten

Jean Piaget analysiert den Erwerb einer Fertigkeit und zerlegt ihn in seine Elemente. Jedes neue Element besteht in einer Anpassung an irgendein neues Objekt oder an eine neue Situation. Bei jeder Anpassung werden zwei Teile unterschieden: Assimilation und Angleichung *(adjustment)*. Die Assimilation bringt die spontan oder früher erlernten Tätigkeiten ins Spiel, die mit Erfolg bei ähnlichen Objekten oder in ähnlichen Situationen angewandt wurden. Die Angleichung modifiziert und ergänzt schrittweise durch den Vorgang von *Trial and Error* die früher erlernten Tätigkeiten.

Während die Anpassung an immer mehr Objekte und Situationen stattfindet, kommt ein zweifacher Prozeß in Gang. Es kommt zu einer zunehmenden Differenzierung der Tätigkeiten, so daß man mehr und mehr verschiedene Tätigkeiten in seinem Repertoire hat. Auch gibt es eine immer stärkere Vermehrung verschiedener Kombinationen unterschiedlicher Tätigkeiten. So entwickelt der Säugling nach und nach orale, visuelle, manuelle und körperliche Fähigkeiten und kombiniert sie in zunehmendem Maße in immer neuen Varianten.

Fertigkeit führt zur Meisterschaft, und um sie zu definieren, beruft sich Piaget auf den mathematischen Begriff der Menge. Das Hauptcharakteristikum einer Menge von Handlungen besteht darin, daß jeder Handlung in dieser Menge eine entgegengesetzte Handlung entspricht, und jeder Kombination von Handlungen eine entgegengesetzte Kombination. Daher kann der Handelnde, soweit die Tätigkeiten einer Menge angehören, immer zu seinem Ausgangspunkt zurückkehren, und wenn er dies ohne jedes Zögern vermag, hat er auf einer bestimmten Entwicklungsstufe die Meisterschaft erreicht. Indem er verschiedene Mengen von Handlungen und aufeinanderfolgende Mengen von Mengen unterschied und definierte, war Piaget in der Lage, Stufen in der Entwicklung des Kindes abzugrenzen und vorauszusagen, welche Handlungen Schulkinder verschiedenen Alters ausführen oder nicht ausführen könnten.

Sodann gibt es den Begriff der Vermittlung. Handlungen nennt man unmittelbar, wenn ihre Objekte anwesend sind. So ist das Sehen dem unmittelbar, was gesehen wird, das Hören dem, was gehört wird, das Berühren dem, was berührt wird. Aber durch die Imagination, die Sprache und durch Symbole handeln wir in einer zusammengesetzten Weise; unmittelbar hinsichtlich des Bildes, des Wortes, des Symbols, mittelbar hinsichtlich dessen, was dargestellt oder gemeint ist. So werden wir nicht nur im Hinblick auf das Gegenwärtige und Tatsächliche tätig, sondern auch hinsichtlich des Abwesenden, des Vergangenen, des Zukünftigen, des bloß Möglichen, Idealen, Normativen oder rein Phantastischen. Wenn das Kind sprechen lernt, geht es über die Welt seiner unmittelbaren Umgebung hinaus zur viel größeren Welt, die sich durch die Erinnerung anderer Menschen enthüllt, durch den gesunden Menschenverstand der Gemeinschaft, durch die Schriften der Literatur, durch die Arbeiten der Gelehrten und die Untersuchungen der Wissenschaftler, durch die Erfahrungen der Heiligen und durch das Nachdenken von Philosophen und Theologen.

Diese Unterscheidung von unmittelbaren und vermittelten Handlungen hat eine recht weitgespannte Bedeutung. Sie setzt die Welt der Unmittelbarkeit des Kindes ab von der sehr viel größeren Welt, die durch Sinn und Bedeutung vermittelt wird. Sie liefert weiterhin eine Grundlage für die Unterscheidung von niedrigeren und höheren Kulturen. Die niedrigere betrachtet zwar eine Welt, die durch Sinn vermittelt ist, doch fehlt es ihr an Kontrollmöglichkeiten über den Sinngehalt, weswegen sie sich leicht in Mythos und Magie verstrickt. Die höhere Kultur entwickelt reflexive Techniken, die auf die mittelbaren Handlungen selbst einwirken, mit dem Ziel, die Bedeutung sicherzustellen. So ersetzt das Alphabet die stimmlichen Zeichen durch visuelle, hält das Wörterbuch die Bedeutung von Wörtern fest, kontrolliert die Grammatik Flexion und Wortverbindungen, fördert die Logik die Klarheit, die Kohärenz und die Strenge der Rede, untersucht die Hermeneutik die sich wandelnden Beziehungen zwischen Bedeutung und Bedeutetem, und erkunden die Philosophien die grundlegenden Unterschiede zwischen den Welten, die durch Bedeutung vermittelt sind. Schließlich kann man bei den Hochkulturen je nach dem allgemeinen Typ, wie sie die Bedeutung kontrollieren, zwischen klassischen und modernen Kulturen unterscheiden: die klassische erachtet diese Kontrolle als eine universale, für alle Zeiten festgelegte; die moderne dagegen sieht die Kontrollen der Bedeutung selbst in einen fortlaufenden Prozeß miteinbezogen.

Entsprechend den verschiedenen Entwicklungsstufen und den verschiedenen Welten, die durch Bedeutung vermittelt werden, gibt es ähnliche Unterschiede in der Differenzierung des Bewußtseins. Nur im Entwicklungsprozeß wird sich das Subjekt seiner selbst und seiner Unterschiedenheit von seiner Welt bewußt. Wenn sich die Wahrnehmung seiner Welt und sein Verhalten in ihr entwickeln, geht es durch verschiedene Erfahrungsschemata. Wenn Kinder etwas nachmachen oder spielen, leben sie in einer Welt, die durch ihre eigenen Bedeutungsgehalte vermittelt ist; es geht nicht ums »Wirkliche«, sondern nur um den Spaß. Wenn ihre älteren Angehörigen von der durch Bedeutung vermittelten Welt auf die reflexiven Techniken umschalten, in denen sie auf die vermittelnden Handlungen einwirken, gehen sie vom »wirklichen« Leben zu einer Welt der Theorie über, oder, wie viele sagen würden, zu einer Welt der Abstraktionen, die trotz der dünnen Höhenluft von geheimnisvoller Relevanz für ein erfolgreiches Handeln in der »wirklichen« Welt ist. Wenn sie der Musik lauschen, auf einen Baum oder eine Landschaft schauen, oder wenn ihnen beim Anblick jedweder Schönheit der Atem stockt, dann lösen sie ihre Sensitivität aus der Routine, die ihnen die Entwicklung auferlegt, und lassen sie einem neuen und tieferen Rhythmus der Wahrnehmung und des Gefühls folgen. Wenn schließlich der Mystiker sich in die *ultima solitudo* zurückzieht, läßt er die Konstrukte der Kultur und die ganze komplizierte Menge von vermittelnden Handlungen fallen, um zu einer neuen, vermittelten Unmittelbarkeit seiner Subjektivität, die nach Gott auslangt, zurückzukehren.[1]

Die Bedeutung der Analyse Piagets geht demnach weit über das Feld der Erziehungspsychologie hinaus. Sie ermöglicht uns, Stufen in der kulturellen Entwicklung zu unterscheiden und das Ausbrechen des Menschen aus ihr im Spiel, im Höhepunkt des Liebesvollzugs, im Erleben der Kunst und im kontemplativen Gebet zu charakterisieren. Überdies kann jede technische Fertigkeit als eine Menge von Kombinationen differenzierter Tätigkeiten analysiert werden. Dies erklärt natürlich nicht die Fä-

---

[1] Zu den Schemata der Erfahrung vgl. »Insight« 181ff. Zu Gipfelerfahrungen: *A. H. Maslow*, Toward a Psychology of Being, Princeton, N. J., 1962; *A. Reza Arasteh*, Final Integration in the Adult Personality, Leiden 1965; *William Johnston*, The Mysticism of the Cloud of Unknowing, New York 1967; Christian Zen, New York 1971; *A. H. Maslow*, Religions, Values, and Peak-Experiences, New York 1970.

higkeit des Konzertpianisten, eine Sonate gestaltend zu interpretieren, sagt aber, worin seine technische Fertigkeit besteht. Ebensowenig enthüllt es den großartigen Plan, den der Aquinate seinem Werk »Contra Gentiles« zugrunde gelegt hat. Aber wenn man eine Reihe von Kapiteln nacheinander liest, findet man die gleichen Argumente in leicht veränderter Form immer wieder; was während der Abfassung von »Contra Gentiles« stattfand, war die Differenzierung der Tätigkeiten und ihre Verbindung zu immer neuen Kombinationen. Schließlich, so wie es die technische Meisterschaft des Individuums gibt, so gibt es auch die technische Meisterschaft eines Teams, seien es Spieler, Künstler oder Facharbeiter, und damit die Möglichkeit, daß sie neue Tätigkeiten erlernen und daß der Trainer, der Impresario und der Meister sie in neuer Kombination zu neuen Zielen zusammenbringt.

2. Gefühle

Von der Entwicklung unserer Handlungen unterscheidet sich die Entwicklung des Gefühls. Bei diesem Thema möchte ich Dietrich von Hildebrand folgen und nicht-intentionale Zustände und Tendenzen von intentionalen Antworten unterscheiden. Erstere kann man durch Zustände wie Ermüdung, Reizbarkeit, schlechte Laune oder Angst veranschaulichen, letztere durch Neigungen oder Antriebe wie Hunger, Durst oder sexuelles Unbehagen. Die Zustände haben ihre Ursachen. Die Tendenzen haben ihre Ziele. Doch die Beziehung des Gefühls zur Ursache oder zum Ziel ist einfach die der Wirkung zur Ursache, der Neigung zum Ziel. Das Gefühl selbst setzt das Wahrnehmen, Einbilden und Vorstellen der Ursache oder des Ziels weder voraus noch entsteht es daraus. Vielmehr fühlt man sich zuerst müde und entdeckt dann, vielleicht recht spät, daß man eine Ruhepause braucht, oder man fühlt sich hungrig und diagnostiziert dann erst das Übel als Nahrungsmittelmangel.

Intentionale Antworten dagegen antworten auf das, was intendiert, wahrgenommen und vorgestellt wird. Das Gefühl setzt uns in Beziehung nicht bloß zu einer Ursache oder einem Ziel, sondern zu einem Objekt. Solche Gefühle geben dem intentionalen Bewußtsein seine Masse, sein Moment, seinen Antrieb und seine Kraft. Ohne diese Gefühle wäre unser Wissen und Entscheiden hauchdünn wie Papier. Wegen unserer Gefühle, unserer Sehnsüchte und Ängste, unserer Hoffnung oder Verzweiflung, unserer Freuden und Leiden, unserer Begeisterung und Entrüstung, unserer Hochschätzung und Verachtung, unseres Vertrauens und Mißtrauens, unserer Liebe und unseres Hasses, unserer Sanftmut und unseres Zorns, unserer Bewunderung, Verehrung und Ehrerbietung, unseres Grauens, Entsetzens und unserer schrecklichen Furcht bekommt unsere Orientierung innerhalb einer durch Sinn und Bedeutung vermittelten Welt ihre Macht und Dynamik. Wir haben unsere Gefühle bezüglich anderer Menschen, wir fühlen uns ein, wir haben Mitgefühl. Wir haben Gefühle zu unserer jeweiligen Situation, zur Vergangenheit und Zukunft, über Mißstände, die zu beklagen oder zu beseitigen sind, und hinsichtlich des Guten, das getan werden kann, ja getan werden muß.[2]

Gefühle, die intentionale Antworten sind, betreffen zwei Hauptklassen von Objekten: einerseits das Angenehme oder Unangenehme, das Befriedigende oder Unbefriedigende; andererseits Werte, ob den ontischen Wert der Person oder den qualitativen Wert der Schönheit, des Verstehens, der Wahrheit, der tugendhaften Handlungen und der edlen Taten. Ganz allgemein gesagt bringt uns die Wertantwort zur Selbst-Transzendenz und wählt zugleich ein Objekt aus, eine Person oder einen Gegenstand, um dessentwillen wir uns selbst transzendieren. Dagegen ist die Antwort auf das Angenehme oder Unangenehme mehrdeutig. Was angenehm ist, kann sehr wohl auch ein echtes Gut sein. Doch kommt es ebenso vor, daß das, was ein echtes Gut ist, uns unangenehm erscheint. Die meisten guten Menschen müssen unerfreuliche Arbeiten, wie auch Entbehrungen und Schmerzen akzeptieren, und ihre Tugend besteht darin, das ohne übertriebenes Selbstmitleid zu tun.[3]

Gefühle sind nicht bloß eine Antwort auf Werte. Sie antworten vielmehr in Übereinstimmung mit einer gewissen Prioritätenskala. So können wir vitale, soziale, kulturelle, personale und religiöse Werte in dieser aufsteigenden Ordnung unterscheiden. Vitalwerte wie Gesundheit und Stärke, Anmut und Vitalität werden normalerweise vorgezogen, um der Mühe, den Entbehrungen und Leiden zu entgehen, die mit ihrem Erwerb, ihrer Erhaltung und Wiederherstellung verbunden sind. Sozialwerte wie das Gut der Ordnung, das die Vitalwerte der ganzen Gemeinschaft mitbedingt, sind den Vitalwerten der einzelnen Mitglieder dieser Gemeinschaft vorzuziehen. Kulturwerte existieren nicht ohne den Unterbau der Vital- und Sozialwerte, sind aber dennoch von höherem Rang. Der Mensch lebt nicht vom Brot allein. Über das bloße Leben und Arbeiten hinaus muß der Mensch in seinem Leben und Arbeiten Sinn und Wert

---

[2] In *Dietrich von Hildebrand*, Christliche Ethik, Düsseldorf 1959, findet man zahlreiche Analysen der Gefühle. Engl. Original: Christian Ethics, New York, David McKay, 1953. Vgl. auch *Manfred Frings*, Max Scheler, Pittsburgh 1965.
[3] Die beiden nächsten Abschnitte dieses Kapitels werden versuchen, den Wertbegriff und die Werturteile zu klären.

finden. Die Funktion der Kultur besteht darin, solchen Sinn und Wert zu entdecken, zum Ausdruck zu bringen, zu bestätigen, zu kritisieren, zu korrigieren, zu entwickeln und zu verbessern. Personwert ist die Person in ihrer Selbst-Transzendenz als Liebende und Geliebte, als Urheber von Werten in sich selbst sowie in ihrer Umgebung, und als Anregung und Aufforderung für andere, ähnliches zu tun. Und schließlich bilden die religiösen Werte die Herzmitte von Sinn und Wert des menschlichen Lebens und der Welt des Menschen, doch auf dieses Thema werden wir im vierten Kapitel zurückkommen.

Wie bei den Fertigkeiten gibt es auch bei Gefühlen eine Entwicklung. Ohne Frage gilt der Satz: Gefühle sind grundlegend spontan. Sie unterliegen nicht dem Befehl einer Entscheidung wie die Bewegung unserer Hand. Doch wenn sie erst aufgekommen sind, können sie durch Beachtung und Zustimmung verstärkt oder durch Ablehnung und Ablenkung abgeschwächt werden. Solch eine Verstärkung oder Abschwächung wird nicht nur manche Gefühle bestärken und andere schwächen, sondern auch die eigene spontane Prioritätenskala modifizieren. Sodann werden Gefühle bereichert und verfeinert durch aufmerksame Untersuchung der reichen Fülle und Vielfalt der Objekte, von denen sie hervorgerufen werden, und daher ist kein geringer Teil der Erziehung darauf gerichtet, ein Klima der Einsicht und des Geschmacks, des differenzierten Lobes und einer sorgfältig formulierten Mißbilligung zu pflegen und zu entwickeln, das mit den Fähigkeiten und Neigungen des Schülers oder Studenten harmoniert, seine Wertauffassung erweitert und vertieft und ihm zum Transzendieren seiner selbst verhilft.

Gefühle wurden als intentionale Antworten aufgefaßt, doch muß man hinzufügen, daß sie nicht bloß flüchtig und auf jene Zeit begrenzt sind, in der wir einen Wert oder dessen Gegenteil wahrnehmen, und die verschwinden, sobald unsere Aufmerksamkeit sich anderem zuwendet. Natürlich gibt es Gefühle, die leicht zu wecken sind, die aber ebenso leicht wieder schwinden. Auch gibt es Gefühle, die durch Verdrängung abgebrochen wurden, um danach ein unglückliches unterirdisches Dasein zu fristen. Doch gibt es auch Gefühle, die mit vollem Bewußtsein so tief und stark sind, besonders wenn sie mit Bedacht verstärkt werden, daß sie unsere Aufmerksamkeit in feste Bahnen lenken, unseren Horizont formen und unser ganzes Leben leiten. Die Liebe ist hierfür das erhabenste Beispiel. Ein Mann oder eine Frau, die sich verliebt haben, sind zu jeder Zeit ihrer Liebe verpflichtet und nicht nur, wenn sie sich mit dem Geliebten befassen. Außer besonderen Taten der Liebe gibt es den voraufgehenden Zustand des In-Liebe-Seins, und dieser voraufgehende Zustand ist gleichsam die Quelle all unserer Handlungen. So ist gegenseitige Liebe die Verflechtung zweier Leben. Sie verwandelt ein »Ich« und ein »Du« in ein »Wir«, und zwar so innig, so sicher und so dauerhaft, daß jeder in Sorge um beide achtgibt, sich etwas vorstellt, denkt, plant, fühlt, spricht und handelt.

Wie es eine Entwicklung von Gefühlen gibt, so gibt es auch Gefühlsverirrungen. Vielleicht ist die bekannteste das »Ressentiment«, ein Lehnwort aus dem Französischen, das durch Friedrich Nietzsche in die Philosophie eingeführt und später in veränderter Gestalt von Max Scheler verwendet wurde.[4] Nach Scheler ist Ressentiment das stete Wieder-Fühlen eines besonderen Zusammenpralls mit den Wert-Qualitäten eines anderen Jemand. Dieser Jemand ist der physisch, intellektuell, moralisch oder spirituell Überlegene. Dieses Wieder-Fühlen ist weder aktiv noch aggressiv, erstreckt sich aber über lange Zeiträume und kann sogar ein Leben lang andauern. Es ist ein Gefühl der Feindschaft, des Unwillens und der Entrüstung, das weder zurückgewiesen noch direkt zum Ausdruck gebracht wird. Wogegen es sich richtet, ist jene Wert-Qualität, die der Überlegene besitzt, die aber dem Unterlegenen nicht nur fehlt, sondern der er sich auch nicht gewachsen fühlt. Daher zielt sein Angriff auf eine ständige Herabsetzung des betreffenden Wertes und kann sich bis zum Haß, ja sogar bis zur Gewalt gegen jene steigern, die diese Wert-Qualität besitzen. Doch das Schlimmste ist vielleicht, daß die Ablehnung dieses einen Wertes eine Verzerrung der ganzen Wertskala mit sich bringt und dann auf eine ganze soziale Schicht, auf ein ganzes Volk, ja auf eine ganze Epoche übergreifen kann. So dürfte sich eine Analyse des Ressentiments als brauchbares Werkzeug ethischer, sozialer und geschichtswissenschaftlicher Kritik erweisen.

Im allgemeinen ist es weit besser, seine Gefühle voll zur Kenntnis zu nehmen, mögen sie auch noch so beklagenswert sein – als sie beiseite zu schieben, sie niederzustimmen oder zu ignorieren. Nimmt man sie aber zur Kenntnis, wird es möglich, sich selbst zu erkennen, die Unaufmerksamkeit, Stumpfheit, Dummheit und Verantwortungslosigkeit aufzudecken, die das unerwünschte Gefühl aufkommen ließen, und die irrige Einstellung zu korrigieren. Nimmt man sie nicht zur Kenntnis, so läßt man sie im Zwielicht dessen, was zwar bewußt ist, nicht aber objektiviert wird.[5]

[4] Zu den verschiedenen Anwendungen der Analyse des Ressentiments vgl. *Manfred Frings*, Max Scheler, Chapter Five, Pittsburgh und Louvain 1965; vgl. *M. Scheler*, Das Ressentiment im Aufbau der Moralen, GW 3, 33–147, Bern, München 1972; zum »Wieder-Fühlen« vgl. 36.

[5] Das Zwielicht dessen, was bewußt, nicht aber objektiviert ist, scheint der Sinn von dem zu sein, was manche Psychiater das Unbewußte nennen. Vgl. *Karen Horney*, The Neurotic Personality of Our Time, New York 1937, 68f; Neurosis and Human Growth, New York 1950, 162f. *Raymond Hostie,* Religion and the Psychology of Jung, New York 1957, 72. *Wilhelm Stekel,* Compulsion and Doubt, New York 1962, 252.256.

Auf lange Sicht entsteht daraus ein Konflikt zwischen dem Ich als bewußtem, und dem Ich als objektiviertem. Diese Selbstentfremdung führt zur Annahme verfehlter Gegenmittel, die ihrerseits noch weitere Mißgriffe verursachen, bis der Neurotiker in seiner Verzweiflung sich an den Psychoanalytiker oder Berater wendet.[6]

3. Die Notion des Wertes

Wert ist eine transzendentale Notion. Sie ist das, was in Fragen nach Entscheidung intendiert wird, so wie das Intelligible das ist, was in Fragen nach Einsicht intendiert wird, und Wahrheit und Sein das sind, was in Fragen nach Reflexion intendiert wird. Solches Intendieren ist nicht Wissen. Wenn ich frage »Was, Warum, Wie oder Wozu?« kenne ich noch nicht die Antworten, intendiere aber schon das, was bekannt wäre, wenn ich die Antworten wüßte. Wenn ich frage, ob dies oder das so ist, dann weiß ich noch nicht, ob es so ist oder nicht, doch intendiere ich bereits das, was gewußt würde, wenn ich die Antwort wüßte. Wenn ich daher frage, ob dies wirklich und nicht bloß scheinbar gut ist, ob das der Mühe wert ist oder nicht, kenne ich noch nicht den Wert, intendiere aber den Wert.

Die transzendentalen Notionen sind die Dynamik der bewußten Intentionalität. Sie fördern das Subjekt von niedrigeren auf höhere Bewußtseinsebenen, von der Ebene der Erfahrung zur intellektuellen, von der intellektuellen zur rationalen und von der rationalen Ebene zur existentiellen. Im Hinblick auf die Objekte wiederum sind sie Vermittler zwischen Unwissenheit und Wissen; sie beziehen sich in der Tat unmittelbar und direkt auf Objekte, während Antworten sich nur mittelbar auf Objekte beziehen, insofern sie nämlich Antworten auf Fragen sind, die Objekte intendieren.

Die transzendentalen Notionen bringen das Subjekt nicht nur zu vollem Bewußtsein und lenken es zu seinen Zielen; sie liefern auch Kriterien, die aufzeigen, ob die Ziele erreicht sind. Der Drang zum Verstehen

---

[6] Zur Entwicklung der Krankheit vgl. *Karen Horney*, Neurosis and Human Growth; zum therapeutischen Prozeß vgl. *Carl Rogers*, On Becoming a Person, Boston 1961. Wie transzendentale Methode auf einer Selbst-Aneignung beruht, auf Achtgeben, Untersuchen, Verstehen, Konzipieren, Bejahen des eigenen Achtgebens, Untersuchens, Konzipierens und Behauptens, so ist auch die Therapie eine Aneignung der eigenen Gefühle. Wie die erstgenannte Aufgabe durch falsche Auffassungen von menschlicher Erkenntnis blockiert wird, so wird letztere durch falsche Auffassungen über das blockiert, was man spontan selber ist.

ist gestillt, wenn das Verstehen erreicht ist, doch ist es mit jeder unvollständigen Errungenschaft unzufrieden und wird so zur Quelle immer weiterer Fragen. Der Drang zur Wahrheit zwingt die Vernunft zur Zustimmung, wenn die Beweise ausreichend sind, verweigert aber die Zustimmung und weckt Zweifel, sobald die Evidenz unzureichend ist.[7] Der Drang zum Wert belohnt den Erfolg beim Selbst-Transzendieren mit einem guten Gewissen, stimmt aber bei Versagen durch ein unfrohes Gewissen traurig.

Selbst-Transzendenz ist die Errungenschaft bewußter Intentionalität, und wie diese viele Teile hat und einer langen Entwicklungszeit bedarf, so auch jene. Der erste Schritt ist das Beachten der Daten der Sinneswahrnehmung und des Bewußtseins. Als nächstes liefern Untersuchung und Verstehen das Erfassen einer hypothetischen Welt, die durch Bedeutung vermittelt ist. Drittens erreichen Reflexion und Urteil ein Absolutes: Durch sie erkennen wir das, was wirklich so ist, was unabhängig ist von uns und unserem Denken. Viertens können wir durch Überlegung, Bewertung, Entscheidung und Tat nicht bloß das erkennen und tun, was uns gefällt, sondern was wahrhaft gut und wertvoll ist. So können wir Ursprung und Prinzip der Güte und Wohltätigkeit sein und werden fähig zu echter Zusammenarbeit und wahrer Liebe. Dies dann und wann einmal zu tun, ist eines, etwas anderes aber ist es, dies regelmäßig, leicht und spontan zu tun. Letztlich wird man erst mit dem Erreichen der beständigen Selbst-Transzendenz des tugendhaften Menschen ein guter Kenner nicht bloß dieser oder jener Tat, sondern der ganzen Spannweite menschlichen Gutseins.[8]

Wenn auch die transzendentalen Notionen weiter sind als jede Kategorie, wäre es doch verkehrt zu folgern, sie seien auch abstrakter. Sie sind im Gegenteil äußerst konkret. Denn das Konkrete ist das Wirkliche nicht bloß unter diesem oder jenem Aspekt, sondern unter jeglichem Aspekt und in allen seinen Fällen. Die transzendentalen Notionen sind aber Ursprung nicht nur der anfänglichen, sondern auch der weiteren Fragen. Und obwohl die weiteren Fragen nur eine nach der anderen kommen, so hören sie doch nicht auf zu kommen. Es gibt immer weitere Fragen nach Einsicht, die zu einem volleren Verständnis vordringen, und immer weitere Zweifel, die uns zur umfassenderen Wahrheit drängen. Die einzige Grenze findet dieser Prozeß an dem Punkt, da sich keine weiteren Fragen mehr stellen, und dieser Punkt wäre erst erreicht, wenn wir alles über

---

[7] Zur genauen Bedeutung von zureichender und unzureichender Evidenz vgl. »Insight« Kap. 10 und 11.
[8] Auf diesen Punkt kommen wir im nächsten Abschnitt über Werturteile zurück.

jedes richtig verstünden, erst wenn wir die Wirklichkeit in jedem ihrer Aspekte und in jeder ihrer Realisierungen kennen würden.

Gleichermaßen ist mit dem Guten niemals irgendeine Abstraktion gemeint. Nur das Konkrete ist gut. Und wie die transzendentalen Notionen des Intelligiblen, des Wahren und des Wirklichen auf eine vollständige Intelligibilität, auf alle Wahrheit und auf das Wirkliche in jedem seiner Teile und Aspekte zielen, so zielt die transzendentale Notion des Guten auf ein Gutes, das über alle Kritik erhaben ist. Denn diese Notion ist unser Fragen nach Entscheidung. Sie läßt uns mit jener Ernüchterung innehalten, die sich fragt, ob das, was wir tun, der Mühe wert ist. Diese Ernüchterung bringt die Begrenztheit jeder endlichen Errungenschaft ans Licht, den Makel, der jeder brüchigen Perfektion anhaftet, die Ironie, die im Kontrast von hochfliegendem Ehrgeiz und holpriger Ausführung liegt. Sie stürzt uns in die Höhen und Tiefen der Liebe, macht uns aber auch bewußt, wie sehr unser Lieben hinter dem Ziel zurückbleibt. Kurz, die transzendentale Notion des Guten fordert uns ein, ja drängt und verfolgt uns derart, daß wir erst in der Begegnung mit einem Guten zur Ruhe kommen könnten, das völlig jenseits ihrer kritischen Kraft liegt.

4. Werturteile

Werturteile sind einfach oder vergleichend. Sie bejahen oder bestreiten, daß irgend etwas wirklich oder nur scheinbar gut ist. Oder sie vergleichen bestimmte Fälle des wahrhaft Guten, um zu bejahen oder zu bestreiten, daß der eine besser oder wichtiger oder dringender als der andere ist.

Solche Urteile sind objektiv oder bloß subjektiv in dem Maße, wie sie aus einem selbst-transzendierenden oder nicht-selbsttranszendierenden Subjekt hervorgehen. Dementsprechend hat ihre Wahrheit oder Falschheit ihr Kriterium in der Authentizität oder im Fehlen dieser Authentizität des Subjekts. Doch das Kriterium ist eines, die Bedeutung des Urteils aber etwas anderes. Sagt man, daß ein bejahendes Werturteil wahr ist, so sagt man, was objektiv gut oder besser ist oder sein würde. Sagt man, daß ein bejahendes Werturteil falsch ist, so sagt man, was objektiv nicht gut oder besser ist oder sein würde.

Werturteile unterscheiden sich dem Inhalt, nicht aber der Struktur nach von Tatsachenurteilen. Sie unterscheiden sich dem Inhalt nach, denn man kann etwas gutheißen, was nicht existiert, und kann etwas mißbilligen, was es gibt. Sie unterscheiden sich aber nicht in der Struktur, insofern es bei beiden die Unterscheidung zwischen Kriterium und Bedeutung gibt. Bei beiden ist das Kriterium die Selbst-Transzendenz des

Subjekts, die jedoch bei Tatsachenurteilen nur kognitiv ist, bei Werturteilen aber auf moralische Selbst-Transzendenz zielt. Bei beiden ist die Bedeutung unabhängig vom Subjekt oder beansprucht es zu sein: Tatsachenurteile sagen aus oder beanspruchen, das auszusagen, was so ist oder nicht ist; Werturteile sagen aus oder beanspruchen, das auszusagen, was wahrhaft gut oder wirklich besser ist oder nicht ist.

Wahre Werturteile gehen über eine bloß intentionale Selbst-Transzendenz hinaus, ohne jedoch die Fülle moralischer Selbst-Transzendenz zu erreichen. Diese Fülle ist nicht bloß Wissen, sondern auch Tun, und der Mensch kann sehr wohl wissen, was recht ist, ohne es zu tun. Wenn er es aber weiß und nicht danach handelt, muß er entweder demütig genug sein, sich als Sünder zu bekennen, oder er beginnt sein sittliches Wesen durch nachträgliche Rationalisierung zu zerstören, indem er behauptet, daß das, was wahrhaft gut ist, in Wirklichkeit überhaupt nicht gut sei. Das Werturteil ist demnach selbst eine Wirklichkeit innerhalb der moralischen Ordnung. Durch das Werturteil geht das Subjekt über das bloße Wissen hinaus. Durch das Werturteil konstituiert sich das Subjekt selbst als unmittelbar fähig der moralischen Selbst-Transzendenz, der Güte, des Wohltuns und der wahren Liebe.

Zwischen den Tatsachenurteilen und den Werturteilen liegen die Wertwahrnehmungen. Solches Erfassen ist in Gefühlen gegeben. Die hier angesprochenen Gefühle sind nicht jene schon beschriebenen nichtintentionalen Zustände, Neigungen und Antriebe, die auf Wirk- und Finalursachen bezogen sind, nicht aber auf Objekte. Und ebensowenig sind sie intentionale Antworten auf solche Objekte wie das Angenehme oder Unangenehme, das Erfreuliche oder Schmerzhafte, das Befriedigende oder Unbefriedigende. Denn obwohl dieses alles Objekte sind, sind es doch mehrdeutige Objekte, die sich als wahrhaft gut oder schlecht, oder als scheinbar gut oder schlecht erweisen können. Wertwahrnehmungen ereignen sich in einer weiteren Kategorie intentionaler Antwort, die entweder den ontischen Wert einer Person bejaht oder den qualitativen Wert der Schönheit, des Verstehens, der Wahrheit, der edlen Taten, des tugendhaften Handelns oder großer Errungenschaften. Denn wir sind so beschaffen, daß wir nicht nur Fragen stellen, die zur Selbst-Transzendenz führen, und nicht nur richtige Antworten, die für die intentionale Selbst-Transzendenz konstitutiv sind, anerkennen können, sondern auch mit der Erregung unseres ganzen Seins reagieren, wenn wir die Möglichkeit oder die Tatsächlichkeit moralischer Selbst-Transzendenz erblicken.[9]

---

[9] Zu Werten, Prioritätenskalen, Gefühlen und ihrer Entwicklung vgl. oben S. 41ff.

Im Werturteil vereinigen sich demnach drei Komponenten. Da ist erstens die Erkenntnis der Wirklichkeit, insbesondere der menschlichen Realität; zweitens die intentionalen Antworten auf die Werte, und drittens der Initial-Antrieb zur moralischen Selbst-Transzendenz, der im Werturteil selbst besteht. Das Werturteil setzt Kenntnis des menschlichen Lebens voraus, wie auch der näheren und entfernteren menschlichen Möglichkeiten sowie der möglichen Konsequenzen geplanter Handlungsweisen. Wenn diese Kenntnis mangelhaft ist, äußern sich schöne Gefühle wohl im sogenannten »moralischen Idealismus«, d. h. in liebenswerten Vorschlägen, die aber nicht praktikabel sind und oft mehr Schaden anrichten als Gutes bewirken. Doch Kenntnis allein ist nicht genug, und wenn auch jeder irgendein Maß an moralischem Gefühl hat – wie das Wort von der »Ganovenehre« zeigt – so müssen moralische Gefühle dennoch kultiviert, erhellt, gestärkt, geläutert, kritisiert und von Verschrobenheiten befreit werden. Letztlich zielen die Entfaltung des Wissens und die Entfaltung des moralischen Gefühls auf die existentielle Entdeckung, nämlich auf die Entdeckung seiner selbst als eines moralischen Wesens, auf die Erkenntnis, daß man nicht nur unter verschiedenen möglichen Handlungsweisen seine Auswahl trifft, sondern dadurch auch sich selbst zu einem echten menschlichen Wesen macht oder eben dieses verfehlt. Mit dieser Entdeckung taucht im Bewußtsein zugleich die Bedeutung des Personwertes auf, sowie der Sinn personaler Verantwortung. Die eigenen Werturteile erweisen sich als das Tor zur eigenen Erfüllung oder zum Selbstverlust. Die Erfahrung, insbesondere die wiederholte Erfahrung der eigenen Schwäche oder Bosheit führt zur Frage nach dem eigenen Heil, und auf einer tieferen Ebene stellt sich die Gottesfrage.

Die Tatsache der Entwicklung und die Möglichkeit des Versagens implizieren, daß Werturteile in unterschiedlichen Kontexten vollzogen werden. So im Kontext mit dem Wachstumsprozeß, in dem die eigene Kenntnis des menschlichen Lebens und Handelns an Ausmaß, Genauigkeit und Subtilität zunimmt und in dem die eigenen Antworten vom bloß Angenehmen zu den vitalen Werten, von den vitalen zu den sozialen, von den sozialen zu den kulturellen, von den kulturellen zu den personalen und von diesen zu den religiösen Werten weiterentwickelt werden. In diesem Kontext herrscht Offenheit für immer weitere Leistung und Vollendung.[10] Gewinne aus der Vergangenheit werden zusammengestellt und konsolidiert, nicht aber zu einem geschlossenen System abgerundet; sie bleiben vielmehr unvollständig und damit offen für immer weitere Ent-

---

[10] Zum Wachstum, zur Wachstumsmotivierung und zu neurotischen Zwängen vgl. *A. Maslow*, Toward a Psychology of Being, Princeton, N. J., 1962.

deckungen und Entwicklungen. Der freie Antrieb des Subjekts, in neue Gebiete vorzustoßen, kehrt immer wieder, und bis hierher gibt es noch keinen höchsten Wert, der alle anderen nach sich zieht. Doch auf dem Gipfel des Aufstiegs, beginnend beim anfangs infantilen Bündel von Bedürfnissen, Geschrei und Befriedigung, findet man die tiefe Freude und den dauerhaften Frieden, die Kraft und die Stärke, mit Gott in Liebe verbunden zu sein. In dem Maße wie dieser Gipfel erreicht wird, ist der höchste Wert Gott, und andere Werte sind dann Ausdruck seiner Liebe in dieser Welt mit all ihrem Verlangen und ihrem letzten Ziel. In dem Maße wie die eigene Liebe zu Gott vollkommen ist, sind die Werte all das, was man liebt, und das Böse all das, was man haßt, so daß der, der Gott liebt, tun kann, was ihm gefällt. Wie Augustinus sagt: *Ama Deum et fac quod vis.* Dann ist die Affektivität wie aus einem Guß. Weitere Entwicklungen ergänzen dann nur noch das früher Erreichte. Ein Sturz aus der Gnade wird immer seltener, und der Gefallene wird schneller wieder aufgerichtet.

Beständiges Wachstum scheint aber selten zu sein.[11] Da sind Verirrungen, die durch neurotische Zwänge verursacht werden. Da ist die Weigerung, den Sprung aus der eingefahrenen Routine in eine bislang unbekannte, aber reichere Lebensform zu wagen. Da ist das verfehlte Bemühen, das unruhige Gewissen zu beschwichtigen, indem man höhere Werte ignoriert, verkleinert, bestreitet oder ablehnt. Die Prioritätenskala wird verzerrt, das Gefühlsleben verdrossen, das Vorurteil dringt in die eigene Lebensanschauung ein, die Rationalisierung in die eigene Moral und die Ideologie in das eigene Denken. So kann es dahin kommen, daß man das wahrhaft Gute haßt und das wirklich Böse liebt. Dieses Unheil bleibt nicht auf das einzelne Individuum beschränkt; es kann Gruppen widerfahren, Nationen, Machtblöcken, ja sogar der ganzen Menschheit.[12] Es kann unterschiedliche, sogar entgegengesetzte und kriegerische Formen annehmen, so daß die Menschheit gespalten und die Zivilisation mit Zerstörung bedroht wird. Das ist das Ungeheuer, das sich in unserer Zeit erhoben hat.

In seiner sorgfältigen und eindringenden Untersuchung menschlichen Handelns unterscheidet Joseph de Finance zwischen horizontaler und vertikaler Freiheit.[13] Horizontale Freiheit ist Ausübung von Freiheit innerhalb eines bestimmten Horizonts, ausgehend von der Basis einer ent-

---

[11] A. *Maslow* (aaO. 190) findet Selbstverwirklichung bei weniger als einem Prozent der erwachsenen Bevölkerung.
[12] Über Ressentiment und die Verzerrung der Prioritätenskalen vgl. *Manfred Frings*, Max Scheler, Kap. V, und oben Anm. 4.
[13] J. *de Finance*, Essai sur l'agir humain, 287ff.

sprechend existentiellen Haltung. Vertikale Freiheit ist Ausübung von Freiheit, die diese Haltung und den entsprechenden Horizont selbst auswählt. Solch vertikale Freiheit kann implizit sein; dann ereignet sie sich in positiver Antwort auf die Motive, die zu immer umfassenderer Authentizität führen, oder im Ignorieren solcher Motive, und dadurch im Abdriften in ein immer weniger authentisches Ich. Sie kann aber auch explizit sein: Dann antwortet man auf die transzendentale Notion des Wertes, indem man festlegt, was sich lohnen würde, aus sich selbst zu machen, und was sich lohnen würde, für seine Mitmenschen zu tun. Man schafft sich ein Ideal menschlicher Wirklichkeit und Vollendung und weiht sich diesem Ideal. Nimmt unser Wissen zu, wird unsere Erfahrung reicher und unsere Leistungsfähigkeit stärker oder schwächer, dann kann auch unser Ideal revidiert werden, und solche Revision kann sich vielmals wiederholen.

Diese vertikale Freiheit, ob implizit oder explizit, ist die Grundlage der Werturteile, die man fällt. Diese Urteile fühlt man als wahr oder falsch, insofern sie ein gutes oder schlechtes Gewissen bewirken. Doch erlangen sie ihren rechten Zusammenhang, ihre Klarheit und Feinheit erst durch die geschichtliche Entwicklung des Menschen und durch das Individuum in der persönlichen Aneignung seines sozialen, kulturellen und religiösen Erbes. Die transzendentale Notion des Wertes und ihr Ausdruck im guten oder schlechten Gewissen ist das, wodurch sich der Mensch moralisch entwickeln kann. Ein ausgewogenes moralisches Urteil ist jedoch immer das Werk eines voll entwickelten und selbsttranszendierenden Subjekts, oder wie Aristoteles sagen würde, eines tugendhaften Menschen.[14]

---

[14] Obwohl Aristoteles nicht von Werten, sondern von Tugenden sprach, setzt seine Darstellung der Tugend die Existenz tugendhafter Menschen voraus, wie meine Darstellung des Wertes die Existenz selbsttranszendierender Subjekte voraussetzt. Vgl. *Aristoteles*, Nikomachische Ethik II,III,4; 1105 b 5–8: »Man bezeichnet also Handlungen als gerecht und besonnen, wenn sie so sind, wie sie der gerechte und besonnene Mensch vollbringen würde. Indes, gerecht und besonnen ist nicht ohne weiteres jeder, der solche Handlungen vollbringt: er muß sie auch im selben Geiste vollbringen wie die gerechten und besonnenen Menschen.«
Ähnlich aaO. II,VI,15; 1106 b 36ff: »So ist also sittliche Werthaftigkeit eine feste, auf Entscheidung hingeordnete Haltung, sie liegt in jener Mitte, die die Mitte in bezug auf uns ist, jener Mitte, die durch den richtigen Plan festgelegt ist, d. h. durch jenen, mit dessen Hilfe der Einsichtige (die Mitte) festlegen würde.« Übersetzung von *F. Dirlmeier* in: *Aristoteles*, Nikomachische Ethik, Frankfurt/Main Hamburg 1957, 48 und 51.

5. Glauben als Bestandteil menschlicher Erkenntnis[15]

Die Aneignung des eigenen sozialen, kulturellen und religiösen Erbes ist weithin eine Sache des Glaubens *(matter of belief)*. Natürlich gibt es vieles, das man selbst herausfindet, das man weiß einfach aufgrund der eigenen inneren und äußeren Erfahrung, der eigenen Einsichten, der eigenen Tatsachen- und Werturteile. Doch solch immanent hervorgebrachte Erkenntnis ist nur ein kleiner Bruchteil dessen, was jeder zivilisierte Mensch zu wissen meint. Seine unmittelbare Erfahrung wird aufgefüllt durch einen riesigen Kontext, der aus Berichten über die Erfahrung anderer Menschen an anderen Orten und zu anderen Zeiten besteht. Sein Verstehen beruht nicht nur auf seiner eigenen Erfahrung, sondern auch auf der der anderen, und die Entwicklung seines Verstehens verdankt in der Tat nur wenig der eigenen persönlichen Originalität, viel aber dem Umstand, daß er in sich selbst die zuerst von anderen gesetzten Verstehensakte nachvollzogen hat; am meisten aber verdankt er den Voraussetzungen, die er als erwiesen angesehen hat, weil sie allgemein angenommen sind, und er sowieso weder Zeit noch Neigung, vielleicht auch nicht die Fähigkeit hat, sie selbst nachzuprüfen. Schließlich hängen die Urteile, durch die er Tatsachenwahrheiten und Wahrheiten über Werte zustimmt, nur selten ausschließlich von seiner eigenen immanent gewonnenen Erkenntnis ab, denn solche Kenntnis steht nicht isoliert für sich, sozusagen in einem Sonderabteil, sondern ist nur in symbiotischer Vereinigung mit einem weitaus größeren Zusammenhang von Glaubenssachen gegeben.

So kennt man z. B. die relative Lage bedeutender Städte der Vereinigten Staaten. Man hat ja Karten studiert und die Namen dieser Städte klar gedruckt neben kleinen Kreisen gesehen, die ihre Lage bezeichnen. Ist aber die Karte genau? Das weiß man zwar nicht, glaubt es aber. Nicht einmal der Hersteller dieser Karte weiß es, denn aller Wahrscheinlichkeit nach ist seine Karte nur eine Zusammenstellung vieler Karten viel kleinerer Gebiete, die von Landmessern angefertigt wurden, die wirklich an Ort und Stelle waren. Also ist das Wissen um die Genauigkeit der Karte aufgeteilt; ein Teil ist im Kopf jedes beteiligten Landmessers, aber die Genauigkeit des Ganzen ist nicht eine Sache des Wissens, sondern des Glaubens, und zwar der Landmesser, die einander glauben, und aller anderen, die den Landmessern glauben. Man könnte dagegen einwenden, daß die Ge-

---

[15] Das Thema »Glaube« *(belief)* habe ich ausführlicher in »Insight« 703–718, behandelt. Die gleichen Fakten werden von Soziologen unter der Bezeichnung »Wissenssoziologie« behandelt.

nauigkeit von Karten auf zahllose Weise verifiziert wird. Auf der Grundlage von Karten fliegen Flugzeuge und segeln Schiffe, werden Landstraßen gebaut und Städte geplant, reisen Leute umher und wird Eigentum erworben und verkauft. Auf tausendfache Weise erweisen sich Transaktionen aufgrund von Karten immer wieder als erfolgreich. Doch nur ein winziger Bruchteil solcher Verifikationen ist Angelegenheit einer eigenen immanent hervorgebrachten Erkenntnis. Nur im Glauben kann man zur Unterstützung der eigenen Meinung an die Wolke von Zeugen appellieren, die ebenfalls die Landkarte zufriedenstellend finden. Dieser Glaube und dieses Vertrauen auf zahllose andere Menschen bildet die wirkliche Grundlage dafür, daß wir uns auf Landkarten verlassen.

Wissenschaft wird oft als Gegensatz zum Glauben (belief) angesehen. Tatsache aber ist, daß der Glaube in der Wissenschaft eine ebenso große Rolle spielt wie auf den meisten anderen Gebieten menschlicher Aktivität. Die eigenständigen Beiträge eines Wissenschaftlers zu seinem Forschungsgegenstand sind nicht Glauben, sondern Wissen; und wenn er die Beobachtungen und Experimente eines anderen wiederholt, wenn er sich selbst die Theoreme erarbeitet, die er braucht, um seine Hypothese und deren Voraussetzungen und Implikationen zu formulieren, wenn er die Beweisgründe erfaßt, um andere Ansichten auszuschalten, dann glaubt er nicht, dann weiß er. Doch wäre es falsch sich einzubilden, die Wissenschaftler verbrächten ihr Leben damit, die Arbeiten anderer zu wiederholen. Sie leiden keineswegs an der witzlosen Manie, immanent hervorgebrachte Erkenntnis auf ihren Gebieten zu erlangen. Ganz im Gegenteil – das Ziel des Wissenschaftlers ist die Förderung der Wissenschaft, und dieses Ziel erreicht man durch Arbeitsteilung. Neue Ergebnisse werden im allgemeinen, falls nicht angezweifelt, in die weitere Arbeit einbezogen. Wenn die weitere Arbeit gelingt, begegnet man ihnen mit Vertrauen. Gerät jedoch die weitere Arbeit in Schwierigkeiten, kommen sie in Verdacht, werden einer Kontrolle unterzogen und in diesem oder jenem offenbar schwachen Punkt getestet. Dieser indirekte Prozeß der Verifizierung und Falsifizierung ist übrigens weitaus wichtiger als der anfangs direkte Prozeß. Denn der indirekte Prozeß ist kontinuierlich und kumulativ. Er betrachtet die Hypothese in all ihren Annahmen und Konsequenzen. Er wiederholt sich jedesmal, wenn eine von diesen vorausgesetzt wird. Er liefert eine stets wachsende Menge an Beweismaterial dafür, daß die Hypothese wirklich zufriedenstellend ist. Und wie die Beweise für die Genauigkeit der Landkarten, so ist dieser indirekte Prozeß nur geringfügig als ein immanent hervorgebrachtes Wissen wirksam, in überwältigendem Ausmaß aber als Glaube.

Wir haben bisher die soziale Dimension des menschlichen Wissens herausgestellt und müssen nun die Aufmerksamkeit auf den geschichtlichen Charakter des Wissens lenken. Arbeitsteilung gibt es nicht erst unter den heutigen Forschern, sie erstreckt sich vielmehr über die Jahrhunderte. Einen Fortschritt im Wissen gibt es von den Ursprüngen bis zur Gegenwart nur deshalb, weil nachfolgende Generationen dort begannen, wo ihre Vorgänger aufgehört hatten. Die nachfolgenden Generationen konnten das aber nur tun, weil sie bereit waren zu glauben. Ohne diesen Glauben und einzig auf ihre eigenen Einsichten und Urteile vertrauend hätten sie immer wieder von neuem beginnen müssen, so daß entweder die Errungenschaften der frühen Menschheit nie überboten worden wären, oder falls doch, dieser Nutzen nie weitergegeben worden wäre.

Menschliches Wissen ist daher nicht irgendein individueller Besitz, sondern vielmehr ein gemeinsamer Fundus, auf den jeder durch Glauben zurückgreifen und zu dem jeder beisteuern kann in dem Maß, wie er seine kognitiven Vollzüge richtig ausführt und deren Ergebnisse präzise berichtet. Der Mensch lernt nicht, ohne seine eigenen Sinne, seinen Verstand und sein Herz zu gebrauchen, er lernt aber auch nicht exklusiv nur durch diese. Er lernt von anderen, und nicht allein durch Wiederholen der Handlungen, die sie vollzogen haben, sondern größtenteils dadurch, daß ihm für das Ergebnis ihr Wort genügt. Durch Kommunikation und Glauben kommt es zu einem *common sense*, zu einem gemeinsamen Wissen, gemeinsamer Wissenschaft, gemeinsamen Werten und einem gemeinsamen Meinungsklima. Zweifellos mag dieser öffentliche Fundus blinde Flecken haben und unter Versehen, Irrtümern und Vorurteilen leiden. Aber wir haben ihn dennoch, und die Abhilfe für seine Schwächen besteht nicht in der Ablehnung des Glaubens und damit im Rückfall in Primitivismus, sondern in einer kritischen und selbstlosen Haltung, die hier wie in anderen Fällen den Fortschritt fördert und dem Niedergang wehrt.

Man fördert den Fortschritt, indem man aufmerksam, einsichtig, vernünftig und verantwortungsbewußt nicht nur bei all seinen kognitiven Vollzügen ist, sondern auch in allem Reden und Schreiben. Man wehrt dem Niedergang am besten dadurch, daß man die eigenen Entdeckungen konsequent weiterverfolgt. Denn wenn man eine Entdeckung macht, wenn man zu einem Wissen kommt, was man vorher nicht wußte, so schreitet man oft genug nicht bloß vom Nichtwissen zur Wahrheit voran, sondern vom Irrtum zur Wahrheit. Einer solchen Entdeckung weiter nachzugehen, heißt den Irrtum genau zu untersuchen und andere mit ihm verbundene Ansichten aufzudecken, die ihn auf diese oder jene Weise stützten und verfestigten. Solche Bundesgenossen des Irrtums können selbst Irrtümer sein. Sie werden einer Prüfung unterzogen, und in dem Maß, wie sie in Verdacht geraten und sich als irrig erweisen, kann man sich nun auch deren Helfershelfern zuwenden und so die Entdeckung eines einzigen Irrtums zum Anlaß der Beseitigung vieler Irrtümer machen. Es genügt jedoch nicht, Irrtümer einfach abzuweisen. Neben falschen Glaubensüberzeugungen gibt es den falsch Glaubenden. Man muß untersuchen, wieso man zur Annahme irriger Überzeugungen kam, und man muß versuchen, die Nachlässigkeit, die Leichtgläubigkeit und das Vorurteil, die uns das Falsche für das Wahre halten ließen, aufzudecken und zu korrigieren. Und schließlich genügt es auch nicht, falsche Glaubensüberzeugungen auszuräumen und den falsch Glaubenden zu bekehren. Man muß ebenso ersetzen wie beseitigen, ebenso aufbauen wie niederreißen. Die bloße Jagd nach dem Irrtum würde uns personal und kulturell zu einem Wrack machen, ohne jede Überzeugung und ohne jedes Engagement. Das weitaus bessere Vorgehen ist in erster Linie positiv und konstruktiv: Was wahr ist, das erfüllt mehr und mehr unseren Geist, und was falsch ist, das fällt ab, ohne eine Lücke oder Narbe zu hinterlassen.

So also ist der Glaube - ganz allgemein gesagt. Nun wäre der Vorgang kurz zu beschreiben, wie man zum Glauben kommt. Der Vorgang ist deshalb möglich, weil das, was wahr ist, an sich nicht privat, sondern öffentlich ist, und nicht etwas, das auf den Verstand zu beschränken wäre, der es erfaßt, sondern etwas, das von diesem Verstand unabhängig und somit in gewissem Sinne ablösbar Bund kommunikabel ist. Diese Unabhängigkeit besteht, wie wir schon betonten, in der kognitiven Selbst-Transzendenz, die beim wahren Tatsachenurteil zum Tragen kommt, und der moralischen Selbst-Transzendenz, die beim wahren Werturteil im Spiel ist. Ich kann einem anderen nicht meine Augen geben, damit er mit ihnen sieht, aber ich kann ihm wahrheitsgemäß berichten, was ich sehe, und er kann das glauben. Ich kann einem anderen nicht meinen Verstand geben, aber ich kann wahrheitsgemäß berichten, zu welchem Verständnis ich gekommen bin, und er kann das glauben. Ich kann meine Urteilskraft nicht auf einen anderen übertragen, aber ich kann berichten, was ich bejahe und was ich bestreite, und er kann mir glauben. Das ist der erste Schritt, und den unternimmt nicht jener, der glaubt, sondern die Person, der er glaubt.

Der zweite Schritt besteht in einem allgemeinen Werturteil. Es billigt die Arbeitsteilung beim Wissenserwerb sowohl in ihrer geschichtlichen als auch in ihrer sozialen Dimension. Diese Anerkennung ist nicht unkritisch. Sie ist sich der Fehlbarkeit des Glaubens voll bewußt. Aber sie hält es auch für offenkundig, daß durch einen Rückfall in Primitivismus die Irrtümer viel stärker anwachsen würden, als daß sie sich vermindern. Daher entscheiden wir uns für die Zusammenarbeit der Menschen zwecks Entwicklung des Wissens, zur Förderung der Wahrheit und im Kampf gegen den Irrtum.

Der dritte Schritt besteht in einem besonderen Werturteil. Dieses zielt auf die Vertrauenswürdigkeit eines Zeugen, einer Quelle, eines Berichts, auf die Kompetenz eines Experten, auf das gesunde Urteil eines Lehrers, eines Beraters, eines Führers, eines Staatsmannes oder einer Autorität. Worum es in jedem einzelnen Falle geht, ist die Frage, ob unsere Quelle wiederum ihre Quellen kritisch untersucht hat, ob unser Zeuge die kognitive Selbst-Transzendenz in seinen Tatsachenurteilen und die moralische Selbst-Transzendenz in seinen Werturteilen erreicht hat und ob er in seinen Aussagen wahrhaft und genau ist. Normalerweise können solche Fragen nicht mittels direkter Methoden beantwortet werden, und man wird auf indirekte zurückgreifen müssen. So kann es mehr als eine Quelle, mehr als einen Experten oder eine Autorität geben; sie können unabhängig voneinander sein und dennoch übereinstimmen. Sodann kann die Quelle, der Experte oder die Autorität bei verschiedenen Gelegenheiten sprechen; ihre oder seine Aussagen können ihrer inneren Natur nach wahrscheinlich und miteinander, sowie mit allem, was man von anderen Quellen, Experten und Autoritäten weiß, vereinbar sein. Ferner können andere Forscher sich häufig auf dieselbe Quelle, denselben Experten und die gleiche Autorität berufen und auf die Verläßlichkeit der Quelle, die Kompetenz des Experten und auf das gesunde Urteil der Autorität geschlossen haben. Und wenn schließlich alles für die Glaubwürdigkeit spricht, ausgenommen die innere Wahrscheinlichkeit der zu glaubenden Aussage, dann sollte man sich fragen, ob der Fehler nicht bei einem selbst liegt und ob es nicht die Begrenztheit des eigenen Horizonts ist, die einen daran hindert, die innere Wahrscheinlichkeit der fraglichen Aussage zu begreifen.

Ein vierter Schritt besteht in der Entscheidung zu glauben. Sie ist eine Wahl, die auf das allgemeine und besondere Werturteil folgt. Wir waren bereits zu dem Urteil gekommen, daß kritisch kontrollierter Glaube wesentlich zum menschlich Guten gehört; er hat seine Risiken, ist aber fraglos besser als der Rückfall in Primitivismus. Jetzt kommen wir zu der Einschätzung, daß die und die Aussage glaubwürdig ist und von einer vernünftigen und verantwortungsbewußten Person geglaubt werden kann. Die Verbindung des allgemeinen und des besonderen Urteils ergibt die Schlußfolgerung, daß die Aussage geglaubt werden sollte, denn, wenn Glauben etwas Gutes ist, dann sollte das, was geglaubt werden kann, auch geglaubt werden. Schließlich: Was so sein sollte, das wird tatsächlich so durch eine Entscheidung oder eine Wahl.

Der fünfte Schritt ist der Akt des Glaubens. In meinem eigenen Verstand urteile ich, daß das mitgeteilte Tatsachen- oder Werturteil wahr ist. Ich tue das nicht wegen meiner eigenen, immanent hervorgebrachten Erkenntnis, denn die besitze ich nicht in der fraglichen Angelegenheit, sondern aufgrund der von anderen immanent hervorgebrachten Erkenntnis. Überdies ist mein Wissen um die immanent hervorgebrachte Erkenntnis anderer – wie klar aus dem dritten Schritt hervorgeht – nicht ausschließlich eine Sache meiner eigenen immanent erzeugten Erkenntnis; wie beim größten Teil des menschlichen Wissens hängt auch dieses in beträchtlichem Ausmaß von weiteren Akten des Glaubens ab.

Diese Analyse kann allerdings irreführend sein. Ohne eine konkrete Erläuterung könnte sie Verdacht wecken, ja sogar bei manchem den Gedanken aufkommen lassen, man sollte lieber niemals etwas glauben. So stelle man sich einen Ingenieur vor, der seinen Rechenschieber aus der Tasche zieht und in wenigen Augenblicken eine lange und schwierige Rechnung ausführt. Er weiß genau, was er tut. Er kann erklären, wieso die Bewegungen des Schiebers die Ergebnisse liefern. Dennoch sind die Ergebnisse nicht ausschließlich die Frucht der immanent hervorgebrachten Erkenntnis des Ingenieurs. Denn die Markierungen auf dem Rechenschieber stellen logarithmische und trigonometrische Tabellen dar. Der Ingenieur hat solche Tabellen niemals selbst ausgearbeitet. Er weiß nicht, aber er glaubt, daß diese Tabellen richtig sind. Und weiter hat der Ingenieur auch niemals die Markierungen auf seinem Rechenschieber anhand der Tabellen nachgeprüft. Er zweifelt nicht an ihrer Übereinstimmung, aber das Fehlen des Zweifels geht nicht auf eine immanent hervorgebrachte Erkenntnis zurück, sondern auf Glauben. Handelt er uneinsichtig, unvernünftig oder unverantwortlich? Wäre jemand willens, die These zu verteidigen, daß alle Ingenieure, die Rechenschieber benutzen, davon Abstand nehmen sollten, bis jeder einzelne für sich selbst die immanent hervorgebrachte Erkenntnis der Genauigkeit der logarithmischen und trigonometrischen Tabellen erworben und die Übereinstimmung der Markierungen auf ihren Rechenschiebern mit den Tabellen, die jeder selbst erarbeitet, nachgeprüft hat?

Vielleicht findet der Leser unsere Darstellung des Glaubens recht ungewöhnlich. Vielleicht überrascht ihn sowohl das Ausmaß des Glaubens im menschlichen Wissen, wie auch der Wert, den wir ihm beimessen. Falls er aber dennoch unserer Position zustimmt, so könnte seine Zustimmung ein Weiterkommen anzeigen, das nicht bloß von der Unwissenheit, sondern sogar vom Irrtum zur Wahrheit führt. In diesem Falle sollte er sich fragen, ob der Irrtum ein irriger Glaube war, ob derselbe Irrtum mit anderen Glaubensüberzeugungen verbunden war, ob auch diese irrig waren, und falls sie es waren, ob sie mit noch weiteren irrigen Glaubensüberzeugungen verknüpft waren. Wie der Leser leicht bemerkt, greift dieses kritische Vorgehen nicht den Glauben im allgemeinen an; es verlangt von uns nicht zu glauben, daß unsere Glaubensüberzeugungen irrig sind; es nimmt seinen Ausgang bei einem Glauben, den wir als irrig entlarvt haben, und tastet sich weiter voran entlang jener Linien, die die Glaubensüberzeugungen untereinander verbinden, um auszumachen, wie weit sich die Ansteckung ausgebreitet hat.

6. Die Struktur des menschlich Guten

Das menschlich Gute ist zugleich individuell und sozial, und wir wollen nun versuchen, die Art und Weise darzustellen, wie sich die beiden Aspekte verbinden. Hierzu haben wir achtzehn Begriffe ausgewählt und werden sie schrittweise miteinander in Beziehung setzen.

Unsere achtzehn Begriffe betreffen (1.) Individuen mit ihren Möglichkeiten und Realisierungen, (2.) kooperierende Gruppen und (3.) Ziele. Eine Dreiteilung der Ziele erlaubt es, eine Dreiteilung in den anderen Kategorien durchzuführen, so daß sich folgendes Schema ergibt:

INDIVIDUELLES GUT		SOZIALES GUT	ZIELE
Möglichkeit	*Realisierung*		
Fähigkeit Bedürfnis	Tätigkeit	Kooperation	Einzelgut
Plastizität Vervollkommnungsfähigkeit	Entwicklung Fertigkeit	Institution Rolle Aufgabe	Ordnungsgut
Freiheit	Orientierung Bekehrung	personale Beziehungen	Zielwert

In einem ersten Schritt beziehen wir vier Begriffe der ersten Zeile aufeinander: Fähigkeit, Tätigkeit, Einzelgut und Bedürfnis. Individuen besitzen die Fähigkeit zum Tätigsein. Durch Tätigkeit verschaffen sie sich Einzelgüter. Unter solch einem Einzelgut ist jede Entität zu verstehen,

Objekt oder Handlung, welche das Bedürfnis eines bestimmten Individuums an einer gegebenen Raum-Zeitstelle befriedigt. Der Begriff Bedürfnisse ist im weitesten Sinn zu verstehen und sollte nicht auf Notwendigkeiten eingeschränkt, sondern auf Erfordernisse jeglicher Art ausgedehnt werden.

Sodann stehen vier Begriffe der dritten Spalte in Beziehung zueinander: Kooperation, Institution, Rolle und Aufgabe. Individuen leben in Gruppen. In bemerkenswertem Ausmaß ist ihr Tätigsein ein Kooperieren. Es folgt einem etablierten Verhaltensmuster, und dieses Muster ist festgelegt durch eine Rolle oder Aufgabe, die innerhalb eines institutionellen Rahmens auszufüllen beziehungsweise auszuführen ist. Solche institutionellen Rahmen sind Familie und Sitte, Gesellschaft und Erziehung, Staat und Gesetz, Ökonomie und Technologie, Kirche oder religiöse Gemeinschaft. Sie bilden die allgemein verstandene und immer schon akzeptierte Basis und Art der Kooperation. Sie wandeln sich im allgemeinen nur langsam, denn jeder Wandel, der nicht einem Zusammenbruch gleichkommt, schließt ein neues gemeinsames Verständnis und neuen Konsens mit ein.

Drittens sind die übrigen Begriffe der zweiten Zeile in Beziehung zu setzen: Plastizität, Vervollkommnungsfähigkeit, Entwicklung, Fertigkeit und Ordnungsgut. Die Fähigkeit der Individuen zur Ausführung von Tätigkeiten erlaubt – weil Individuen formbar und perfektibel sind – die Entwicklung von Fertigkeiten, und zwar von solchen Fertigkeiten, die durch institutionelle Rollen und Aufgaben gefordert sind. Doch neben der institutionellen Basis der Kooperation gibt es noch die konkrete Art und Weise, wie sich die Kooperation auswirkt. Das gleiche Wirtschaftssystem ist vereinbar mit Prosperität und Rezession. Die gleichen verfassungsmäßigen und gesetzgeberischen Ordnungen lassen große Unterschiede im politischen Leben und in der Gerichtsbarkeit zu. Gleiche Regelungen für Ehe und Familie können in einem Falle zum häuslichen Glück beitragen, im anderen Falle aber ins Elend führen.

Die konkrete Art und Weise, wie sich Kooperation tatsächlich auswirkt, ist das, was wir Ordnungsgut nennen. Es unterscheidet sich von den Einzelgütern, ist aber nicht von ihnen zu trennen. Es betrifft sie, jedoch nicht jeweils einzeln und auf das durch sie befriedigte Individuum bezogen, sondern in ihrer Gesamtheit und als wiederkehrend. Meine Hauptmahlzeit heute ist z. B. für mich ein Fall des Einzelgutes, während die Hauptmahlzeit an jedem Tag für alle Mitglieder einer Gruppe, denen sie zusteht, ein Teil des Ordnungsgutes ist. So war auch meine Erziehung für mich selbst ein Einzelgut; doch die Erziehung für jeden, der nach ihr verlangt, ist wiederum ein Teil des Ordnungsgutes.

Das Ordnungsgut ist jedoch nicht bloß eine beständige Abfolge wiederholter Fälle von Einzelgütern verschiedener Art. Außer dem wiederkehrenden Mannigfaltigen gibt es die Ordnung, wodurch jenes aufrecht erhalten wird. Diese Ordnung besteht grundlegend (1.) im Ordnen der Tätigkeiten, so daß sie zu Kooperationen werden und die Wiederkehr aller wirklich erwünschten Einzelgüter sicherstellen, und (2.) in der Interdependenz effektiver Wünsche oder Entscheidungen mit einer angemessenen Ausführung durch kooperierende Individuen.[16]

Es muß betont werden, daß das Ordnungsgut kein Entwurf für Utopia und keine theoretische Idealvorstellung ist, auch kein Komplex ethischer Vorschriften, kein Gesetzeskodex und ebensowenig irgendeine Super-Institution. Das Ordnungsgut ist vielmehr ganz konkret: es ist der wirklich funktionierende oder schlecht funktionierende Komplex von »WENN-DANN«-Beziehungen, der die Handelnden leitet und die Tätigkeiten koordiniert. Das Ordnungsgut ist der Grund, aus dem sämtliche Fälle des Einzelgutes wiederkehren bzw. ihre Wiederkehr mißlingt, wenn sie sich wiederholen oder wenn dies mißlingt. Das Ordnungsgut hat zwar eine Grundlage in den Institutionen, ist jedoch ein Produkt von sehr viel mehr, nämlich das Produkt aller Fertigkeiten und des Know-how, allen Fleißes und aller Findigkeit, des Ehrgeizes und des Zusammengehörigkeitsgefühls eines ganzen Volkes, das sich jedem Wechsel der Umstände anpaßt, jeder neuen Notlage begegnet und gegen jede Tendenz ankämpft, die die Ordnung stört.[17]

So bleibt nun die dritte Zeile mit den Begriffen Freiheit, Orientierung, Bekehrung, personale Beziehungen und Zielwerte. Freiheit bedeutet natürlich nicht Bestimmungslosigkeit, sondern Selbst-Bestimmung. Jeder Verlauf einer individuellen oder Gruppen-Aktion ist nur ein endliches Gut, und weil endlich, auch offen für mögliche Kritik. Er hat seine Alternativen, seine Grenzen, seine Risiken und seine Schattenseiten. Demzufolge führt der Vorgang des Überlegens und Auswertens von sich allein nicht zu einer Entscheidung, und so erfahren wir unsere Freiheit als den aktiven Drang des Subjekts, das den Überlegungsprozeß beendet, indem es sich auf eine der möglichen Handlungsweisen festlegt und daran geht, sie auszuführen. Soweit nun dieser Drang des Ich regelmäßig nicht einfach für das scheinbar Gute, sondern für das wahrhaft Gute optiert, erlangt das Ich dadurch moralische Selbst-Transzendenz; es existiert dann

[16] Zum Allgemeinfall solcher Beziehungen vgl. »Insight« über »aufsteigende Wahrscheinlichkeit« *(emergent probability)*, 115–128.
[17] Eine ausführlichere Darstellung bietet »Insight« zum Ordnungsgut 596, zum Allgemeinverstand *(common sense)* 173–181, 207–216, zu »Glaube« *(belief)* 703–718, und zum Vorurteil *(bias)* 218–242.

auf echte, authentische Weise; es konstituiert sich als ein Ursprungswert *(originating value)* und bringt Zielwerte hervor, nämlich ein Ordnungsgut, das wahrhaft gut ist, sowie Einzelgüter, die ebenfalls wahrhaft gut sind. Sofern dagegen die eigenen Entscheidungen ihr Hauptmotiv nicht in den Werten haben, die auf dem Spiele stehen, sondern in einem Kalkül der Freuden und Leiden, die hiermit verbunden sind, versagt man in der Selbst-Transzendenz, in authentisch menschlicher Existenz und im Hervorbringen von Werten in sich selbst wie auch in seiner eigenen Gemeinschaft.

Die Freiheit wird innerhalb eines Grundgefüges personaler Beziehungen verwirklicht. In der kooperierenden Gemeinschaft sind die Personen durch ihre Bedürfnisse und durch das gemeinsame Ordnungsgut, das ihren Bedürfnissen entspricht, miteinander verbunden. Sie stehen in Beziehung zueinander durch die Verpflichtungen, die sie freiwillig eingegangen sind, durch die Erwartungen, die in anderen durch diese Verpflichtungen geweckt werden, sowie durch die Rollen, die sie übernommen haben, und durch die Aufgaben, die sie gemeinsam erfüllen. Diese Beziehungen sind normalerweise gefühlsmäßig besetzt. Da gibt es gemeinsame oder entgegengesetzte Gefühle über qualitative Werte und Prioritätenskalen. Es gibt wechselseitige Gefühle, durch die man auf einen anderen entweder wie auf einen ontischen Wert oder bloß wie auf eine Quelle der Befriedigung reagiert. Außer den Gefühlen gibt es die Substanz der Gemeinschaft. Menschen werden durch gemeinsame Erfahrungen, durch gemeinsame oder komplementäre Einsichten, durch ähnliche Tatsachen- und Werturteile, sowie durch gleichlaufende Lebensorientierung aneinander gebunden. Sie werden getrennt, entfremdet und einander feindlich, wenn sie nicht mehr zusammentreffen, wenn sie sich gegenseitig mißverstehen, wenn sie auf entgegengesetzte Art urteilen oder für gegensätzliche soziale Ziele eintreten. So variieren personale Beziehungen vom vertrauten Umgang bis zum Nichtkennen, von der Liebe bis zur Ausbeutung, vom Respekt bis zur Verachtung, von der Freundlichkeit bis zur Feindschaft. Sie binden eine Gemeinschaft zusammen, teilen sie in Parteiungen oder reißen sie gar auseinander.[18]

Zielwerte sind Werte, die man auswählt; z. B. echte Fälle des Einzelgutes, ein wahres Ordnungsgut, eine richtige Prioritätenskala hinsichtlich

---

[18] Zu den interpersonalen Beziehungen als fortschreitenden Prozessen gibt es in *Hegels* »Phänomenologie« die Dialektik von Herr und Sklave, und in *Gaston Fessards* De l'actualité historique, Vol.I, eine parallele Dialektik von Jude und Grieche. Weit konkreter wird *Rosemary Haughton*, The Transformation of Man: A Study of Conversion and Community. Beschreibung, Praxis und etwas Theorie bietet *Carl Rogers*, On Becoming a Person.

der Werte und Befriedigungen. In Korrelation zu den Zielwerten stehen die Ursprungswerte, die selbst die Auswahl treffen: die echten, authentischen Personen, die durch ihre gute Wahl zur Selbst-Transzendenz gelangen. Da der Mensch die Authentizität und Selbst-Transzendenz kennen und wählen kann, können Ursprungswerte und Zielwerte koinzidieren. Wenn jedes Glied der Gemeinschaft sowohl die Authentizität bei sich selbst anstrebt und sie, soweit wie möglich, bei anderen fördert, dann überlappen und verflechten sich die Ursprungswerte, die auswählen, und die Zielwerte, die ausgewählt werden.

Wir werden gleich über die Orientierung der Gemeinschaft als einer Ganzheit sprechen, doch im Augenblick gilt unsere Aufmerksamkeit der Orientierung des Individuums innerhalb der orientierten Gemeinschaft. In ihrer Wurzel besteht diese Orientierung in den transzendentalen Notionen, die uns ermöglichen und zugleich von uns verlangen, im Verstehen voranzukommen, wahrheitsgemäß zu urteilen und auf die Werte zu antworten. Doch diese Möglichkeit und dieses Erfordernis werden nur durch Entwicklung wirksam. Man muß die Fertigkeiten und das Wissen eines kompetenten Menschen erst in irgendeinem Beruf erwerben. Man muß in seiner Sensitivität und Empfänglichkeit für Werte wachsen, wenn die eigene Menschlichkeit echt werden soll. Die Entwicklung erfolgt aber nicht zwangsläufig, und daher sind die Ergebnisse unterschiedlich. Da gibt es menschliches Versagen und Mittelmäßigkeiten, aber auch Menschen, die sich ihr ganzes Leben lang entwickeln und wachsen und deren Leistung variiert – je nach ursprünglichem Hintergrund, nach Gelegenheit und dem Glück, Fallgruben und Rückschläge zu meiden, und je nach dem Tempo ihrer Fortschritte.[19]

Wie die Orientierung sozusagen die Richtung der Entwicklung ist, so ist die Bekehrung ein Wechsel der Richtung, und in der Tat ein Wechsel zum Besseren. Man befreit sich hierdurch selbst vom Unechten. Man nimmt zu an Authentizität. Schädliche, gefährliche und in die Irre führende Befriedigungen läßt man fallen. Die Furcht vor Unbequemlichkeit, Schmerz und Entbehrung hat nun weniger Macht, uns vom eigenen Kurs abzubringen. Werte werden erfaßt, wo man sie zuvor übersah. Die Skala der Prioritäten verschiebt sich. Irrtümer, Rationalisierungen und Ideologisierungen fallen und bersten, um uns für die Dinge, so wie sie sind, und für den Menschen, so wie er sein sollte, zu öffnen.

Das menschlich Gute ist demnach zugleich individuell und sozial. Individuen handeln nicht bloß, um ihre eigenen Bedürfnisse zu stillen, son-

---

[19] Zu verschiedenen Aspekten des Wachstums vgl. *A. H. Maslow*, Toward a Psychology of Being.

dern kooperieren, um gegenseitig ihren Bedürfnissen zu entsprechen. Wie die Gemeinschaft ihre Institutionen entwickelt, um die Kooperation zu erleichtern, so entwickeln die Individuen Fertigkeiten, um ihren Rollen gerecht zu werden und die Aufgaben auszuführen, die ihnen vom institutionellen Rahmen her gestellt sind. Obwohl die Rollen übernommen und die Aufgaben ausgeführt werden, um den Bedürfnissen zu entsprechen, wird all dies nicht blindlings, sondern wissend, nicht notwendigerweise, sondern frei getan. Dieser Prozeß ist nicht bloß der Dienst des Menschen; er ist vor allem die »Menschwerdung« und das Vorankommen des Menschen in seiner Authentizität, die Erfüllung seines Gefühlslebens und die Ausrichtung seiner Arbeit auf die jeweiligen Einzelgüter und auf ein Ordnungsgut, die der Mühe wert sind.

7. Fortschritt und Niedergang

Unsere Darstellung der Struktur des menschlich Guten ist mit jeder Stufe der technologischen, ökonomischen, politischen, kulturellen und religiösen Entwicklung vereinbar. Wie aber Individuen sich nicht nur entfalten, sondern auch Zusammenbrüche erleiden, so auch Gesellschaften. Demzufolge müssen wir nun eine Skizze des sozialen Fortschritts und Niedergangs anfügen, soweit sie für die Darstellung der sozialen Funktion der Religion von Bedeutung ist.

Der Fortschritt geht vom Ursprungswert aus, von Subjekten, die ihr wahres Selbst sind, indem sie die transzendentalen Vorschriften beachten: »Sei aufmerksam; sei einsichtig; sei vernünftig; sei verantwortlich!« Aufmerksamsein schließt die Aufmerksamkeit ein, die man den menschlichen Verhältnissen widmet. Einsichtigsein schließt ein Erfassen bislang nicht bemerkter oder nicht verwirklichter Möglichkeiten ein. Vernünftigsein beinhaltet die Ablehnung dessen, was wahrscheinlich nicht praktikabel wäre, aber auch die Anerkennung dessen, was wahrscheinlich ginge. Und Verantwortlichsein umfaßt das Gründen der eigenen Entscheidungen und Auswahl auf eine sachliche Einschätzung der Kurz- und Langzeit-Kosten und -Nutzen für sich selbst, für die eigene Gemeinschaft und für andere Gruppen.

Der Fortschritt besteht natürlich nicht in irgendeiner einzelnen Verbesserung, sondern ist ein kontinuierlicher Strom von Vervollkommnungen. Die transzendentalen Vorschriften gelten aber permanent. Aufmerksamkeit, Einsicht, Vernunft und Verantwortlichkeit sind nicht nur im Hinblick auf die bestehende Situation zu üben, sondern auch hinsichtlich der folgenden, veränderten Situation. Durch sie werden die Unzulänglichkeiten und Auswirkungen eines früheren Wagnisses geortet, um noch zu verbessern, was gut, und dem abzuhelfen, was defekt ist. Noch allgemeiner gesagt: Die einfache Tatsache der Veränderung macht es *per se* wahrscheinlich, daß sich neue Möglichkeiten eröffnet haben und alte Möglichkeiten wahrscheinlicher geworden sind. So zieht jeder Wandel weitere Wandlungen nach sich, und die ständige Beobachtung der transzendentalen Vorschriften macht diese kumulativen Wandlungen zu einem Moment des Fortschritts.

Vorschriften können aber übertreten werden. Eine Bewertung kann durch die egoistische Geringschätzung anderer ebenso schief werden, wie durch eine Loyalität zur eigenen Gemeinschaft, die sich mit Feindschaft gegenüber anderen Gruppen verbindet, oder durch eine Konzentration auf Kurzzeitnutzen, wobei man die Langzeitkosten übersieht.[20] Zudem werden solche Verirrungen leicht beibehalten, sind aber nur schwer zu korrigieren. Egoisten verwandeln sich nicht über Nacht in Altruisten. Verfeindete Gruppen vergessen nicht leicht ihre Beschwerden, geben nicht leicht ihre Ressentiments auf und überwinden nicht leicht ihre Ängste und Verdachtsmomente. Der gesunde Menschenverstand hält sich normalerweise in praktischen Angelegenheiten für alles zuständig und kompetent, ist aber meistens blind für Langzeitkonsequenzen der eigenen Verfahrens- und Handlungsweisen, und merkt gewöhnlich bei seinen favorisierten Überzeugungen und Schlagworten gar nicht die Beimischung von Unsinn.

Das Ausmaß solcher Abweichungen ist natürlich eine Variable. Doch je größer sie ist, desto schneller wird sie den Vorgang kumulativer Wandlung entstellen und eine Unzahl sozialer und kultureller Probleme schaffen. Egoismus steht im Widerspruch zum Ordnungsgut. Bis zu einem gewissen Punkt kann dem Egoismus durch Gesetz, Polizei, Justiz und Gefängnis begegnet werden. Doch gibt es eine Obergrenze für den Bevölkerungsanteil, den man ins Gefängnis bringen kann, und wenn der Egoismus diese Grenze überschreitet, dann müssen die Gesetzeshüter und letztlich das Gesetz selbst toleranter und nachsichtiger werden. So verkommt das Ordnungsgut. Es ist dann nicht nur weniger wirkungsvoll, sondern führt auch zur Schwierigkeit, unparteiisch Gerechtigkeit zu üben bezüglich der Entscheidung, bei welchen Ungerechtigkeiten man ein Auge zudrücken sollte. Die praktische Frage ist dann die, wessen Sünden gegen die Gemeinschaft zu vergeben und wessen zu bestrafen sind, womit das Gesetz zur Disposition gestellt wird. Es stimmt dann nicht mehr mit der Gerechtigkeit überein; aller Wahrscheinlichkeit nach wird es mehr oder weniger zum Instrument einer Klasse.

---

[20] Diese Punkte habe ich in »Insight« 218–242, näher ausgearbeitet.

Denn neben dem Egoismus des Individuums gibt es auch noch Gruppenegoismus. Während der individuelle Egoist sich die öffentliche Kritik an seiner Handlungsweise gefallen lassen muß, lenkt der Gruppenegoismus die Entwicklung nicht bloß zur eigenen Machtvergrößerung, sondern sorgt überdies für einen Markt an Meinungen, Lehren und Theorien, die seine Methoden rechtfertigen und gleichzeitig die Mißgeschicke anderer Gruppen durch deren Schlechtigkeit als selbstverschuldet zeigen sollen. Solange der erfolgreichen Gruppe der Erfolg treu bleibt, solange sie jeder neuen Herausforderung mit einer kreativen Antwort begegnet, fühlt sie sich natürlich als Lieblingskind des Schicksals und ruft mehr Bewunderung und Nachahmung hervor als Empörung und Opposition. Eine Entwicklung aber, die vom Gruppenegoismus gesteuert ist, wird unvermeidlich einseitig sein. Der Gruppenegoismus spaltet die Sozialgemeinschaft nicht bloß in solche, die besitzen, und jene, die nichts haben, sondern macht auch noch die ersteren zu Repräsentanten der kulturellen Blüte ihrer Zeit, während letztere augenscheinlich nur Überlebende einer längst vergessenen Epoche bleiben. In dem Maße, wie die Gruppe eine Ideologie fördert und akzeptiert, um ihr eigenes Verhalten zu rationalisieren, wird sie im gleichen Maße blind für die wirkliche Situation, und wird verwirrt durch das Auftauchen einer gegenteiligen Ideologie, die einen entgegengesetzten Gruppenegoismus ins Bewußtsein heben möchte.

Der Niedergang vollzieht sich auf einer noch niedrigeren Ebene. Nicht nur, daß er den Fortschritt gefährdet und entstellt, nicht nur, daß Unaufmerksamkeit, Stumpfsinn, Unvernunft und Verantwortungslosigkeit sachlich absurde Situationen heraufbeschwören, nicht nur, daß Ideologien den Verstand irreführen, bringen darüber hinaus Kompromiß und Verzerrung den Fortschritt in Verruf. Objektiv absurde Situationen lassen sich keiner Behandlung unterziehen. Irregeleitete Geister haben eine besondere Begabung dafür, die falsche Lösung aufzugreifen und zu behaupten, daß diese allein einsichtsvoll, vernünftig und gut sei. Unmerklich breitet sich die Verderbnis von der rauhen Sphäre des materiellen Vorteils und der Macht aus und greift über auf die Massenmedien, auf modische Zeitschriften, literarische Bewegungen, auf den Erziehungsprozeß und herrschende Philosophien. Eine Zivilisation im Niedergang schaufelt sich mit unbarmherziger Folgerichtigkeit ihr eigenes Grab. Sie läßt sich auch nicht mit Argumenten von ihren selbstzerstörerischen Verhaltensweisen abbringen, denn das Argument hat eine logische Hauptprämisse, wobei von logischen Prämissen Übereinstimmung mit den Tatsachen verlangt wird, die Tatsachen in der vom Niedergang heraufbeschworenen Situation jedoch mehr und mehr jene Absurditäten sind, die sich aus der Unaufmerksamkeit, dem Nicht-Verstehen, der Unvernünftigkeit und Verantwortungslosigkeit ergeben.

Der Begriff Entfremdung wird in vielfältig verschiedenem Sinn gebraucht, doch nach der hier vorgelegten Analyse besteht die Grundform der Entfremdung in der Nichtbeachtung der transzendentalen Vorschriften: Sei aufmerksam; sei einsichtig; sei vernünftig; sei verantwortungsbewußt! Die Grundform der Ideologie ist demnach eine Lehre, die solche Entfremdung zu rechtfertigen sucht. Von diesen Grundformen können alle anderen abgeleitet werden, da die Grundformen das Sozialgut verderben. Wie die Selbst-Transzendenz den Fortschritt fördert, so wendet die Verweigerung der Selbst-Transzendenz den Fortschritt in kumulativen Niedergang.

Abschließend möchten wir anmerken, daß eine Religion, die die Selbst-Transzendenz nicht nur bis zur Gerechtigkeit, sondern bis zur sich-selbst-aufopfernden Liebe vorantreibt, in der Menschengemeinschaft eine Erlösungsrolle spielen wird, insofern eine solche Liebe das Unheil des Niedergangs rückgängig machen und den kumulativen Prozeß des Fortschritts wiederherstellen kann.[21]

---

[21] Diesen Punkt habe ich im Kapitel XX meines Buches »Insight« ausgeführt. Das praktische Problem der Entscheidung, wer entfremdet und wer nicht entfremdet ist, kommt in diesem Buch im Kapitel »Dialektik« zur Sprache.

III.

SINN UND BEDEUTUNG

Der Sinngehalt* wird in menschlicher Intersubjektivität verkörpert oder getragen – in der Kunst, in Symbolen, in der Sprache sowie im Leben und in den Taten von Personen. Er kann durch Rückführung auf seine Grundelemente geklärt werden. Er erfüllt im menschlichen Leben verschiedene Funktionen und eröffnet ganz unterschiedliche Bereiche. Seine Verfahrensweisen ändern sich auf sukzessiven Stufen der geschichtlichen Entwicklung des Menschen. Wenn wir nun zu jedem dieser Themen etwas sagen, so bereiten wir nicht nur den Weg für eine Darstellung funktionaler Spezialisierungen wie Interpretation, Geschichte, Systematik und Kommunikation, sondern werden auch manche Einsicht in die vielfältigen Ausdrucksweisen religiöser Erfahrung vermitteln.

1. Intersubjektivität

Noch vor dem »Wir«, das sich aus der gegenseitigen Liebe eines »Ich« und eines »Du« ergibt, gibt es das frühere »Wir«, das der Unterscheidung der Subjekte vorausgeht und ihr Vergessenwerden überdauert. Dieses vorgängige »Wir« ist lebensnotwendig und funktional. So wie man seinen Arm spontan hochreißt, um einen Schlag gegen den Kopf abzuwehren, so greift man mit gleicher Spontaneität zu, um einen anderen vor dem Sturz zu bewahren. Wahrnehmung, Gefühl und Körperbewegung sind hierbei beteiligt, doch die Hilfe, die man dem anderen leistet, ist nicht überlegt, sondern spontan. Man merkt sie, nicht bevor sie geschieht, sondern während sie geschieht. Es ist, als wären »Wir« einer des anderen Glieder, noch ehe wir uns einer vom anderen unterscheiden.

Intersubjektivität erscheint aber nicht nur bei spontaner gegenseitiger Hilfe, sondern auch bei manchen Formen der Mitteilung von Gefühlen. Hierbei beziehen wir uns auf Max Scheler, der Miteinanderfühlen, Mitgefühl, Gefühlsansteckung und Einfühlen unterschied.[1]

---

* Der englische Ausdruck, der mit Bedeutung, aber auch mit Sinn, Sinngebung, Sinngehalt wiedergegeben wird, ist *meaning*. (Anm. d. Herausgebers).
[1] M. *Scheler*, Wesen und Formen der Sympathie, GW 7,23–29.48; vgl. M. *Frings*, Max Scheler, Pittsburgh und Louvain 1965, 56–66.

Sowohl Miteinanderfühlen als auch Mitgefühl sind intentionale Antworten, die die Wahrnehmung von Objekten voraussetzen, die Gefühle auslösen. Im Miteinanderfühlen antworten zwei oder mehrere Personen in gleichgerichteter Weise auf dasselbe Objekt. Im Mitgefühl antwortet eine erste Person auf ein Objekt, und eine zweite reagiert auf das kundgetane Gefühl der ersten. So läßt sich das Miteinanderfühlen am Beispiel der Trauer erläutern, die beide Eltern um ihr totes Kind empfinden, das Mitgefühl dagegen wird von einem Dritten empfunden, der von ihrer Trauer tief bewegt wird. Und beim Gemeindegebet wiederum gibt es ein Miteinanderfühlen insofern, als die Beter in gleicher Weise auf Gott ausgerichtet sind; es gibt aber auch Mitgefühl, sofern manche durch die andächtige Haltung anderer zur Frömmigkeit angeregt werden.

Im Gegensatz hierzu beruhen Gefühlsansteckung und Einfühlung mehr auf einer vitalen als intentionalen Grundlage. Gefühlsansteckung ist Teilhabe an der Emotion eines anderen, ohne daß man auf das Objekt der Emotion achtgibt. Man grinst, wenn andere lachen, obwohl man gar nicht weiß, was sie so lustig finden. Man wird traurig, wenn andere weinen, obwohl man den Grund ihres Kummers gar nicht kennt. Ein Zuschauer – ohne das Leiden eines anderen selbst zu tragen – wird von den furchtbaren Schmerzen, die das Gesicht des Leidenden zeichnen, gefühlsmäßig eingefangen. Auf solcher Ansteckung beruht wohl auch der Mechanismus der Massen-Erregung bei Panik, Revolten, Demonstrationen und Streiks, wobei im allgemeinen ein Schwinden persönlicher Verantwortung zu konstatieren ist, sowie die Herrschaft von Antrieben über das Denken, ein Absinken des Verstandesniveaus und die Bereitschaft, sich einem Führer zu unterwerfen. Man muß nicht eigens betonen, daß eine solche Ansteckung absichtlich hervorgerufen und durch politische Demagogen ebenso wie durch die Unterhaltungsindustrie, aber auch durch religiöse, vor allem durch pseudoreligiöse Führer aufgebaut und ausgebeutet werden kann.

Bei der Einfühlung ist entweder die persönliche Differenzierung noch nicht voll ausgebildet, oder es liegt ein Rückzug von persönlicher Differenzierung auf vitale Einheit vor. Noch unentwickelte Differenzierung zeigt sich am einfachen Beispiel der Einfühlung von Mutter und Kind. Sie erscheint jedoch auch in den Identifikationen archaisch ursprünglicher Mentalität, und wiederum im Ernst des Spiels eines kleinen Mädchens mit seiner Puppe; das Kind identifiziert sich mit seiner Mutter und versetzt sich selbst zugleich in die Puppe. Dieser Rückzug aus der Differenzierung wird von Scheler auf verschiedene Weise erläutert. Er dient ihm zur Erklärung von Hypnose. Er ereignet sich beim Geschlechtsverkehr, wenn beide Partner eine Aufhebung ihrer Individualität erfahren und in einen einzigen Lebensstrom zurückfallen. Im Gruppengeist identifizieren sich die Mitglieder der Gruppe mit ihrem Anführer – und die Zuschauer mit ihrer Mannschaft; in beiden Fällen verschmilzt die Gruppe zu einem einzigen Strom von Instinkt und Gefühl. In den antiken Mysterien wurde der Myste im Zustand der Ekstase göttlich; und in den Schriften späterer Mystiker werden Erfahrungen mit pantheistischer Implikation nicht selten beschrieben.

2. Intersubjektiver Sinn

Neben der Intersubjektivität der Handlung und des Gefühls gibt es auch intersubjektive Kommunikation des Sinngehalts. Dies möchte ich erläutern anhand einer »Phänomenologie des Lächelns« aus meinem eigenen Notizbuch, indirekt jedoch aus Quellen, die ich leider nicht weiter zurückverfolgen konnte.

Das Lächeln hat wirklich einen Sinn. Es ist nicht bloß eine bestimmte Bewegungskombination von Lippen, Gesichtsmuskulatur und Augen – es ist eine Verbindung all dessen mit einer Bedeutung. Weil diese Bedeutung verschieden ist von der Bedeutung, die einem Stirnrunzeln, einem finsteren Blick, einem Anstarren, einem durchbohrenden Blick, einem Kichern oder einem Lachen zukommt, wird es ein Lächeln genannt. Weil wir alle wissen, daß es diese Bedeutung hat, gehen wir nicht auf die Straße und lächeln jeden an, dem wir begegnen, denn wir wissen, daß man uns mißverstehen würde.

Sodann ist ein Lächeln sehr leicht wahrzunehmen. Unser Wahrnehmen ist nicht bloß eine Funktion der Eindrücke, die unsere Sinne empfangen. Das Wahrnehmen hat seine eigene Ausrichtung und selektiert aus Myriaden anderer Eindrücke gerade die, die einer Struktur mit einer bestimmten Bedeutung eingefügt werden können. Dadurch kann man sich mit einem Freund auch auf lärmerfüllter Straße unterhalten, den umgebenden bedeutungslosen Tumult unbeachtet lassen und jene Bandbreite von Schallwellen herausgreifen, die eine Bedeutung tragen. So ist auch ein Lächeln wegen seiner Bedeutung leicht wahrzunehmen. Das Lächeln kommt in einer enormen Variationsbreite an Minenspiel, Lichtverhältnissen und Blickrichtungen vor; doch selbst ein eben entstehendes und sofort unterdrücktes Lächeln entgeht einem nicht, denn das Lächeln ist eine Gestalt, eine strukturierte Einheit variabler Bewegungen und wird daher als ein Ganzes erkannt.

Sowohl die Bedeutung des Lächelns wie auch der Akt des Lächelns sind natürlich und spontan. Wir lernen das Lächeln keineswegs so, wie wir das Gehen, Sprechen, das Schwimmen oder das Schlittschuhlaufen lernen. Normalerweise denken wir gar nicht ans Lächeln – und dann lächeln wir; wir tun es einfach. Wir lernen auch nicht die Bedeutung des Lächelns, wie wir die Bedeutung von Worten lernen. Die Bedeutung des Lächelns ist eine Entdeckung, die wir ganz selbständig machen, und diese Bedeutung scheint sich von Kultur zu Kultur nicht zu ändern, wogegen sich die Bedeutung von Gesten ändert.

Das Lächeln hat etwas Nicht-Rückführbares. Es läßt sich nicht aus Ursachen erklären außerhalb der Bedeutung. Es kann auch nicht durch andere Arten von Bedeutung erklärt werden. Dies kann man in etwa durch einen Vergleich der Bedeutung des Lächelns mit der der Sprache veranschaulichen.

Sprachliche Bedeutung tendiert zur Eindeutigkeit, das Lächeln aber verfügt über eine breite Vielfalt unterschiedlicher Bedeutungen. Da gibt es das Lächeln der Anerkennung, des Willkommens, der Freundlichkeit, der Freundschaft, der Liebe, der Freude, des Entzückens, der Zufriedenheit, der Befriedigung, des Vergnügens, der Verweigerung, ja der Verachtung. Das Lächeln kann ironisch höhnisch, rätselhaft, froh oder traurig, frisch oder müde, lebhaft oder resigniert sein.

Sprachliche Bedeutung kann auf zweifache Weise wahr sein: wahr im Gegensatz zu gelogen und wahr im Gegensatz zu falsch. Ein Lächeln kann allerdings simuliert werden und wäre dann verlogen im Gegensatz zu einem wahren Lächeln, doch gibt es hier nicht den Gegensatz von wahr und falsch.

Sprachliche Bedeutung enthält Unterscheidungen zwischen dem, was wir fühlen, was wir wünschen, was wir fürchten, was wir denken, was wir wissen, was wir wollen, was wir anordnen und was wir intendieren. Die Bedeutung eines Lächelns ist dagegen global; ein Lächeln bringt zum Ausdruck, was eine Person einer anderen bedeutet; es hat die Bedeutung einer Tatsache, und nicht die einer Aussage.

Sprachliche Bedeutung ist objektiv. Sie bringt zum Ausdruck, was objektiviert wurde. Die Bedeutung des Lächelns dagegen ist intersubjektiv. Sie setzt die interpersonale Situation mit ihren voraufgegangenen Ereignissen bei früheren Begegnungen voraus. Sie ist ein Erkennen und ein Anerkennen dieser Situation und zugleich eine Determinante der Situation, ein Element in der Situation, die ein Vorgang ist, ein Sinn mit seinem Bedeutungsinhalt im Zusammenhang vorhergehender und nachfolgender Bedeutungen. Überdies betrifft diese Bedeutung nicht irgendein Objekt. Sie offenbart oder verrät eher das Subjekt – und diese Enthüllung ist unmittelbar und augenblicklich. Sie ist nicht Grundlage irgendeiner Schlußfolgerung, vielmehr wird im Lächeln ein einzelnes leibhaftiges Subjekt transparent oder aber für ein anderes verborgen, und diese Transparenz oder Verborgenheit geht aller folgenden Analyse voraus, die von Leib und Seele oder von Zeichen und Bezeichnetem spricht.

Vom Lächeln kann man nun auf alle Bewegungen und auf alles Innehalten in Gesichts- und Körperausdruck übergehen, auf alle Veränderungen der Stimme, in Tonfall, Lautstärke und Volumen und beim Schweigen auf all die Weisen, wie wir unsere Gefühle selbst kundtun oder verraten, oder wie sie von Schauspielern auf der Bühne dargestellt werden. Wir haben jedoch nicht die Absicht, dieses Thema weiter zu vertiefen, sondern wollten nur auf das Vorhandensein eines besonderen Bedeutungsträgers oder einer Sinn-Verkörperung hinweisen, nämlich auf menschliche Intersubjektivität.

3. Kunst

Hier beziehe ich mich auf Susanne Langers »Feeling and Form« mit ihrer Definition von Kunst als Objektivierung einer rein erfahrungsmäßigen Struktur, wobei jeder Terminus dieser Definition sorgfältig erklärt wird.

Eine Struktur kann abstrakt oder konkret sein. Eine abstrakte Struktur gibt es z. B. in einer Partitur oder beim Einschnitt der Rillen einer Schallplatte. Eine konkrete Struktur dagegen gibt es bei diesen Klangfarben, bei diesen Tönen, dieser Klangfülle und diesen Tempi. Die konkrete Struktur besteht in den inneren Beziehungen der Klangfarben und Tonhöhen, der Klangfülle und der Tempi. Sie besteht nicht etwa in Klangfarben, die auf nichts anderes bezogen wären, und sie besteht auch nicht in den Klangfarben, insofern diese für etwas anderes stehen.

Nun ist die Struktur des Wahrgenommenen auch die Struktur des Wahrnehmenden, und die Struktur des Wahrnehmenden ist eine Erfahrungsstruktur. Aber alles Wahrnehmen ist ein Auswählen und Organisieren. Eben weil das Wahrgenommene strukturiert ist, wird es leicht wahrgenommen. So kann man ein Lied oder eine Melodie wiederholen, kaum aber eine Abfolge von Straßengeräuschen. Daher kann man sich auch eine Information, die in Versen erfolgt, leichter merken. Die Dekoration macht eine Fläche sichtbar. Strukturen erreichen vielleicht eine besonders intensive Wahrnehmbarkeit dadurch, daß sie sich von organischen Analogien herleiten. Die Bewegung geht von der Wurzel durch den Stamm zu den Zweigen, Blättern und Blüten. Sie wird in Variationen wiederholt, die sich stets ändern. Die Kompliziertheit nimmt zu, und doch wird die Vielfalt zu einem Ganzen gefügt.

Eine Struktur nennt man rein, sofern sie fremde Strukturen, die sich der Erfahrung als Mittel bedienen, ausschließt. Unsere Sinne können zu einem bloßen Apparat werden, um Signale zu empfangen und zu übermitteln: Bei rotem Licht wird auf die Bremse und bei grünem auf das Gaspedal getreten. So ergibt sich das Verhalten eines »Fertig-Subjekts« in seiner »Fertig-Welt«. Sodann können die Sinne bloß in den Dienst des wissenschaftlichen Verstehens genommen werden. Sie unterwerfen sich den fremden Strukturen begrifflicher Gattungen und Arten, theoretischer Schemata und Modelle, sowie dem Urteils-Interesse an der Evidenz, die eine Ansicht entweder stützt oder widerlegt. Und schließlich können die Sinne von einer *a priori* vorgefaßten Theorie der Erfahrung überformt sein. Anstatt ihr Eigenleben zu führen, werden sie irgendeiner Ansicht untergeordnet, die der Physik, der Physiologie oder Psychologie entlehnt ist. Die Sinne werden durch eine Epistemologie aufgespalten, die die Sinneseindrücke für objektiv und deren Struktur für subjektiv hält. Sie werden durch ein utilitaristisches Denken überfremdet, das sich den Objekten nur in dem Maße zuwendet, wie in ihnen etwas steckt, das man für sich aus ihnen herausholen kann.

Nicht nur sind fremde Strukturen bei der Kunst auszuschließen, die Struktur muß auch rein erfahrungsmäßig sein. Es ist die Struktur der Farben, die sichtbar sind, nicht der Klischees, die vorweggenommen werden. Es ist die Struktur der Formen, insofern sie sichtbar sind und daher in einer Perspektive stehen, nicht aber der Formen, die wirklich konstruiert und vielleicht dem Tastsinn, nicht aber dem Sehen zugänglich sind. Es ist die Struktur der Klänge in ihrem tatsächlichen Ton, ihrer Tonhöhe, Klangfülle, in ihren Obertönen, Harmonien und Dissonanzen. Zu ihnen kommt ihr Gefolge von Assoziationen, Affekten, Emotionen und aufkeimenden Neigungen hinzu. Aus ihnen kann sich wohl eine Lektion ergeben, doch sollte diese Lektion nicht schulmeisterlich oder moralisierend in sie hineingelegt werden. Zu ihnen kommt auch das erfahrende Subjekt mit seiner Fähigkeit zum Staunen, zur Erfurcht und Faszination, mit seiner Offenheit für Abenteuer und Kühnheit, für Größe, Güte und Erhabenheit hinzu.

Die geforderte Reinheit der erfahrungsmäßigen Struktur zielt nicht auf eine Verarmung, sondern auf Bereicherung. Sie beschneidet, was fremd ist, um der Erfahrung zu ihrer vollen Gefühlsergänzung zu verhelfen. Sie läßt die Erfahrung in ihre eigenen angemessenen Strukturen einsinken und ihre eigene Richtung der Ausdehnung, Entwicklung, Organisation und Erfüllung übernehmen. So wird die Erfahrung rhythmisch, wobei die eine Bewegung die andere notwendig macht, und die andere ihrerseits die erste erfordert. Spannungen werden aufgebaut, um wieder gelöst zu werden; Variationen vervielfachen sich und werden immer komplexer, um doch innerhalb einer organischen Einheit zu bleiben, die sich schließlich selbst zur Abrundung bringt.

Bedeutung, wenn voll entfaltet, intendiert etwas, das gemeint ist. Doch die Bedeutung einer Erfahrungsstruktur ist elementar. Sie ist der bewußte Vollzug eines verwandelten Subjekts in seiner verwandelten Welt. Diese Welt kann als Illusion betrachtet, aber auch als wahr und real angesehen werden. Wir werden aus dem Raum, in dem wir uns bewegen, in den Raum innerhalb eines Bildes entrückt, aus der Zeit des Schlafens und Wachens, des Arbeitens und Ruhens, in die Zeit der Musik, aus den Zwängen und Festsetzungen von Heim und Büro, von Wirtschaft und Politik, in jene Mächte, die der Tanz abbildet, und aus dem Gesprächs- und Mediengebrauch der Sprache zu dem stimmlichen Instrumentarium geführt, das bewußt sich darauf konzentriert, formt und weiterwächst. Wie seine Welt, so wird auch das Subjekt verwandelt. Der Mensch wird befreit und ist nicht mehr ein austauschbares Rädchen, das einer Fertig-Welt angepaßt und integriert ist. Er hat aufgehört, ein verantwortungsbewußter Forscher zu sein, der irgendwelche Aspekte des Universums erforscht oder nach einer Sicht des Ganzen sucht. Er ist einfach er selbst geworden: entstehende, ekstatische, schöpferische Freiheit.

Es ist möglich, diese elementare Bedeutung des verwandelten Subjekts in seiner verwandelten Welt in das Begriffsfeld einzubringen. Doch dieser Vorgang reflektiert lediglich, ohne die elementare Bedeutung zu reproduzieren. Kunstkritik und Kunstgeschichte sind den thermodynamischen Gesetzen vergleichbar, nach denen wir die Wärme unter Kontrolle halten, die uns aber als solche weder wärmen noch kühlen können.

Der eigentliche Ausdruck elementarer Bedeutung ist das Kunstwerk selbst. Jene Bedeutung liegt im Bewußtsein des Künstlers, ist aber zunächst nur implizit, eingefaltet, verschleiert, unenthüllt und nicht objektiviert. Obwohl er sich ihrer bewußt ist, muß der Künstler sie erst noch in den Griff bekommen. Er fühlt sich gedrängt, sie klar zu erblicken, zu untersuchen, zu zerlegen, sich ihrer zu freuen und sie zu wiederholen, und das heißt Objektivieren, Entfalten, Ausdrücklich-machen, Enthüllen und Kundtun.

Der Vorgang des Objektivierens schließt seelische Distanz mit ein. Während die elementare Bedeutung nur im Erfahren besteht, involviert ihr Ausdruck Loslösung, Unterscheidung und Trennung von der Erfahrung. Während das Lächeln oder der finstere Blick intersubjektiv das Gefühl so zum Ausdruck bringt, wie man es fühlt, ruft die künstlerische Komposition die Emotion in der Stille zurück. Das ist eine Sache der Einsicht in die elementare Bedeutung, ein Ergreifen der beherrschenden

Form, die erst ausgeweitet, ausgearbeitet, entwickelt werden muß, sowie des nachfolgenden Vorgangs der Ausarbeitung und Anpassung, des Korrigierens und des Ergänzens der anfänglichen Einsicht. Daraus ergibt sich eine Idealisierung der ursprünglichen Erfahrungsstruktur. Kunst ist nicht Autobiographie; ist nicht, seine Lebensgeschichte dem Psychiater zu erzählen. Kunst besteht vielmehr im Ergreifen dessen, was für den Menschen von Belang, von Interesse und Tragweite ist oder zu sein scheint. Sie ist wahrer als die Erfahrung, karger, wirksamer, zielgerichteter. Sie ist das Zentralmoment mit ihren ganz eigenen Implikationen, und diese entfalten sich ohne die Verzerrungen, Störungen und zufälligen Beeinträchtigungen der ursprünglichen Struktur.

Wie der eigentliche Ausdruck der elementaren Bedeutung das Kunstwerk selber ist, so ist auch die eigentliche Wahrnehmung und Würdigung des Kunstwerks nicht irgendeine begriffliche Klärung oder Abwägung der in Begriffe gefaßten Evidenz im Hinblick auf ein Urteil. Das Kunstwerk ist eine Einladung, Anteil zu nehmen, es zu erproben und selber zu sehen. Wie sich der Mathematiker von den Naturwissenschaften zurückzieht, die nachprüfen, um Möglichkeiten der Datenzusammenstellung zu erkunden, so lädt das Kunstwerk ein, uns aus dem praktischen Alltagsleben zurückzuziehen und Möglichkeiten eines erfüllteren Lebens in einer reicheren Welt zu entdecken.[2]

4. Symbole

Ein Symbol ist Bild eines wirklichen oder vorgestellten Objektes, das ein Gefühl hervorruft oder von einem Gefühl hervorgerufen wird.

Gefühle sind auf Objekte, aufeinander und auf ihr Subjekt bezogen. Sie sind auf Objekte bezogen: Man verlangt nach Nahrung, fürchtet den Schmerz, genießt eine Mahlzeit, bedauert die Krankheit eines Freundes. Sie sind aufeinander bezogen durch Veränderungen im Objekt: Man wünscht das Gut, das nicht vorhanden ist, hofft auf das Gut, das gesucht wird, erfreut sich des Guts, das vorhanden ist; man fürchtet noch nicht vorhandenes Übel, wird bei seinem Nahen entmutigt und traurig bei seiner Präsenz. Ferner sind Gefühle durch personale Beziehungen aufeinan-

---

[2] Nochmals möchte ich betonen, daß ich keine erschöpfende Darstellung anstrebe. Eine Anwendung der oben angeführten Analyse auf unterschiedliche Kunstformen wie Zeichnen, Malerei, Bildhauerei und Architektur, Musik und Tanz, Epik, Lyrik und dramatische Dichtung bietet dem Leser *S. K. Langer*, Feeling and Form, New York 1953. Hier geht es mir um den Aufweis, daß es ganz bestimmte Sinnträger oder Verkörperungen von Sinngehalt gibt.

der bezogen: So gehören Liebe, Güte, Zärtlichkeit, Vertrautheit und Eintracht zusammen; und ähnlich bilden Entfremdung, Haß, Härte, Gewalt und Grausamkeit eine Gruppe. So gibt es auch solche Sequenzen wie Beleidigung, Kontumaz, Urteil und Strafe, oder aber Beleidigung, Reue, Entschuldigung und Vergebung. Überdies können Gefühle einander widerstreiten und doch zueinander finden: man kann etwas wünschen, obwohl man es fürchtet, man kann wider alle Hoffnung hoffen, Freude mit Traurigkeit mischen, Liebe mit Haß, Güte mit Härte, Zärtlichkeit mit Gewalt, Vertrautheit mit Grausamkeit, Eintracht mit Entfremdung. Und schließlich sind Gefühle auf ihr Subjekt bezogen: sie bilden die Masse, den Schwung und die Kraft seines bewußten Lebens, die Verwirklichung seiner affektiven Fähigkeiten, Veranlagungen und Gewohnheiten, die wirksame Orientierung seines ganzen Seins.

Gleiche Objekte müssen nicht gleiche Gefühle in verschiedenen Subjekten hervorrufen, und umgekehrt müssen gleiche Gefühle nicht gleiche symbolische Bilder heraufbeschwören. Diesen Unterschied in der affektiven Antwort kann man den Unterschieden in Alter, Geschlecht, Erziehung, Lebenslage, Temperament und existentiellem Interesse zuschreiben. Doch noch grundlegender ist wohl, daß es beim Menschen eine Entwicklung der Affekte gibt, die Abweichungen, ja Verirrungen, unterliegen kann. Es ist die Geschichte des Entwicklungsprozesses, der in der Person mit ihrer bestimmten Lebensorientierung und mit bestimmten affektiven Fähigkeiten, Veranlagungen und Gewohnheiten zum Abschluß gelangt. Worin solche affektiven Fähigkeiten, Veranlagungen und Gewohnheiten bei einem konkreten Individuum bestehen, läßt sich durch die Symbole, die bestimmte Affekte wecken, näher belegen, und umgekehrt durch die Affekte, die bestimmte Symbole hervorrufen. Und von dem ausgehend, was wir unter Normalität verstehen, kann man darauf schließen, ob die Antworten eines konkreten Individuums normal sind oder nicht.

Symbole der gleichen affektiven Ausrichtung und Disposition sind affektiv undifferenziert. Daher sind sie untereinander austauschbar und lassen sich kombinieren, wodurch ihre Intensität gesteigert und ihre Mehrdeutigkeit verringert wird. Eine derartige Kombination und Anordnung läßt den Unterschied zwischen dem Ästhetischen und dem Symbolischen deutlich werden: Die Ungeheuer der Mythologie sind einfach grotesk. Sodann verlangen zusammengesetzte Affekte nach zusammengesetzten Symbolen, wobei jeder Bestandteil dieser Zusammensetzung ein Konglomerat undifferenzierter oder nur wenig differenzierter Symbole sein kann. So zeigen St. Georg und der Drache zugleich alle Werte einer Aufstiegs-Symbolik und alle Unwerte ihres Gegenteils. St. Georg sitzt noch hoch zu Roß; er ist im Licht und kann seine Arme frei gebrauchen; eine Hand zügelt das Pferd, und mit der anderen handhabt er die Lanze. Er könnte aber stürzen, durch das schuppige Ungeheuer zu Boden gedrückt, durch seinen Rauch blind, von seinem Feuer verbrannt, von den Zähnen zermalmt und von seinem Rachen verschlungen werden.

Affektive Entwicklung – aber auch Abweichung und Verirrung – schließt eine Umwertung und Umformung der Symbole ein. Was uns früher bewegte, bewegt uns nun nicht mehr; was uns früher nicht bewegte, bewegt uns aber jetzt. So wandeln sich die Symbole selbst, um die neuen affektiven Fähigkeiten und Veranlagungen zum Ausdruck zu bringen. So kann, wenn Angst und Schrecken überwunden sind, der Drache ins Reich bedeutungsloser Wahngebilde verbannt, dafür aber nun die Bedeutung von Jonas Wal herausgestellt werden: Das Ungeheuer, das einen ertrinkenden Mann verschluckt, um ihn nach drei Tagen unverletzt an der Küste wieder auszuspeien. Umgekehrt scheinen Symbole, die keiner Umwertung und Umformung unterliegen, auf eine Entwicklungshemmung hinzudeuten. Vor der Dunkelheit Angst zu haben, ist für ein Kind etwas anderes als für einen Erwachsenen.

Symbole gehorchen nicht den Gesetzen der Logik, sondern denen des Bildes und des Gefühls. Anstelle der logischen Klasse verwendet das Symbol repräsentative Gestalten. An die Stelle der Univozität setzt das Symbol einen Reichtum vielfältiger Bedeutungen. Es führt keine Beweise, überwältigt aber durch eine Vielfalt von Bildern, die in ihrer Bedeutung konvergieren. Das Symbol beugt sich nicht dem Prinzip vom ausgeschlossenen Dritten, sondern läßt die *coincidentia oppositorum* zu, die Koinzidenz von Liebe und Haß, von Mut und Furcht und so fort. Es leugnet nicht, sondern überwindet das, was es ablehnt, indem es alles aufhäuft, was dem entgegensteht. Das Symbol bewegt sich nicht eingleisig und nicht nur auf einer einzigen Ebene, sondern verdichtet all seine gegenwärtigen Anliegen zu einer seltsamen Einheit.

Das Symbol hat daher die Macht, das anzuerkennen und auszusagen, was die logische Abhandlung verabscheut: das Vorhandensein innerer Spannungen, Unvereinbarkeiten, Konflikte, Kämpfe und Zerstörungen. Ein dialektischer oder methodischer Gesichtspunkt kann selbstverständlich umgreifen, was konkret, was widersprüchlich und dynamisch ist. Doch dem Symbol gelang dies schon lange, bevor Logik und Dialektik konzipiert wurden. Es tut dies für jene, die mit Logik und Dialektik nicht vertraut sind. Und schließlich vollbringt das Symbol dies auf eine Weise, wodurch Logik und Dialektik ergänzt und aufgefüllt werden, denn es kommt einem Bedürfnis nach, dem jene raffinierten Methoden nicht nachkommen können.

Es ist das Bedürfnis nach innerer Kommunikation. Organische und psychische Vitalität haben sich im intentionalen Bewußtsein zu zeigen, und umgekehrt hat das intentionale Bewußtsein das Zusammenwirken von Organismus und Psyche zu sichern. Unsere Wertwahrnehmungen erfolgen in intentionalen Antworten, in Gefühlen; auch hier ist es für die Gefühle wichtig, ihre Objekte zu zeigen, und umgekehrt für die Objekte, Gefühle zu wecken. So geschieht es durch Symbole, daß Geist und Leib, Geist und Herz, Herz und Leib miteinander in Verbindung treten.

Bei dieser Kommunikation haben Symbole ihre eigene Bedeutung. Dies ist eine elementare Bedeutung, noch nicht objektiviert, ähnlich der Bedeutung des Lächelns, die früher ist als eine Phänomenologie des Lächelns, oder wie die Bedeutung in der reinen Erfahrungsstruktur früher ist als deren Ausdruck in einem Kunstwerk. Es ist eine Bedeutung, die ihre Funktion im vorstellenden oder wahrnehmenden Subjekt erfüllt, wenn sich seine bewußte Intentionalität entfaltet, abschweift oder beides, wenn es seine Stellung zur Natur, mit seinen Mitmenschen und vor Gott einnimmt. Es ist eine Bedeutung, die ihren eigentlichen Kontext im Vorgang der inneren Kommunikation hat, in welchem sie geschieht; und auf diesen Kontext mit seinen begleitenden Bildern und Gefühlen, Erinnerungen und Neigungen hat sich der Interpret zu berufen, wenn er das Symbol erklären möchte.

Ein Symbol zu erklären heißt natürlich, über es hinauszugehen. Man hat den Übergang von einer elementaren Bedeutung, die in einem Bild oder in einem Gegenstand der Wahrnehmung enthalten ist, zu einer sprachlichen Bedeutung zu vollziehen. Überdies ist der Kontext der sprachlichen Bedeutung als Arsenal möglicher Beziehungen, Anhaltspunkte und Anregungen bei der Aufstellung des elementaren Kontexts des Symbols zu gebrauchen. Solche interpretativen Kontexte sind jedoch zahlreich, und vielleicht ist diese Vielfalt nur die Widerspiegelung der vielen Wege, auf denen der Mensch sich entwickeln oder Abirrungen erleiden kann.

So gibt es drei ursprünglich interpretative Systeme: die Psychoanalyse Freuds, die Individualpsychologie Adlers und die Analytische Psychologie von Jung. Doch die anfänglichen Härten und Gegensätze werden von ihren Nachfolgern immer weniger beibehalten.[3] Charles Baudouin hat eine Psychagogie eingeführt, die Freud und Jung nicht als gegensätzlich,

---

[3] Natürlich gibt es bemerkenswerte Ausnahmen. Ich erwähne nur Antoine Vergote, der sich recht eng an Freuds genetische Psychologie anschließt, obwohl er Freuds philosophische Spekulationen nicht übernimmt. Vgl. *Winfrid Huber, Herman Piron, Antoine Vergote,* La Psychanalyse, science de l'homme, Bruxelles 1964.

sondern als komplementär betrachten: Er übernimmt Freud, wenn er auf kausale Gegenstände zurückkommt, und Jung, wenn er sich mit subjektiver Entwicklung befaßt;[4] und diese Komplementarität scheint durch die umfangreiche Untersuchung Paul Ricoeurs gestützt zu werden, der zu dem Schluß kommt, das Freudsche Denken sei eine Archeologie des Subjekts, die eine vorwärts drängende Teleologie notwendig einschließt, wenn auch nicht ausdrücklich anerkennt.[5] Zudem gibt es unter den Therapeuten deutliche Tendenzen, ihr eigenes Interpretationssystem zu entwickeln,[6] oder Interpretation als eine Kunst zu behandeln, die zu lernen ist.[7] Schließlich gibt es noch jene, die der Ansicht sind, therapeutische Ziele könnten wirksamer erreicht werden, wenn man von der Deutung der Symbole weitgehend Abstand nimmt. So setzt sich Carl Rogers das Ziel, seinen Patienten in eine interpersonale Situation zu bringen, in welcher der Patient schrittweise zur Selbstfindung kommen kann.[8] Am Gegenpol steht Frank Lake, der seine Theorie von Pawlow herleitet und seinen Patienten LSD 25 verordnet, um sie zu befähigen, sich an Traumata, die sie in der Kindheit erlitten, zu erinnern und sich mit ihnen auseinanderzusetzen.[9]

Die vorstehend skizzierte Bewegung begleitend gab es eine Parallelentwicklung außerhalb des therapeutischen Umfeldes.[10] Freud legte nicht bloß eine Therapiemethode vor, sondern auch hochspekulative Erklärungen der inneren Struktur des Menschen sowie des Wesens der Zivilisation und der Religion. Dieser Ausweitung des therapeutischen Kontextes auf das Gesamt aller menschlichen Anliegen wurde aber durch Aufstellung nicht-therapeutischer Zusammenhänge entsprochen, in denen Symbole untersucht und gedeutet werden. Gilbert Durand ging von der physiolo-

[4] *Charles Baudouin,* L'oeuvre de Jung, Paris 1963. *Gilberte Aigrisse,* Efficacité du symbole en psychothérapie, in: Cahiers internationaux de symbolisme, no.14,3–24.
[5] *P. Ricoeur,* De l'interprétation, Essai sur Freud, Paris 1965; deutsch: Die Interpretation, Ein Versuch über Freud, Frankfurt/Main 1969.
[6] *Karen Horneys* Bücher zeigen eine kumulative Entwicklung. The Neurotic Personality of our Time, 1937; New Ways in Psychoanalysis, 1939; Self-analysis, 1942; Our Inner Conflicts, 1945; Neurosis and Human Growth, 1950, alle erschienen bei W. W. Norton, New York.
[7] *E. Fromm,* The Forgotten Language, Chapter VI, The Art of Dream Interpretation, New York 1957.
[8] *C. Rogers,* On Becoming a Person, Boston 1961.
[9] *F. Lake,* Clinical Theology, London 1966. Auf ähnliche Art, aber ohne jede Anwendung von Drogen, ermutigt *Arthur Janov* seine Patienten, sich von ihren Spannungen zu befreien, indem sie das Bewußtsein der Leiden, das sie bisher verdrängt haben, annehmen. Vgl. sein Buch: The Primal Scream, New York 1970.
[10] Unterschiedliche Ansichten findet man bei *G. Sarason,* ed., Science and Theory in Psychoanalysis, Princeton, N. J., 1965.

gischen Basis bei drei dominierenden Reflexen aus – Gleichgewichtsreflex, Schluckreflex und Paarung –, um riesige Mengen von Daten über Symbole zu ordnen, diese Ordnung sodann durch eine Gegen-Ordnung auszugleichen und eine Synthese durch Alternieren der beiden Ordnungen zu erreichen.[11]

In einer großen Anzahl von Arbeiten hat Mircea Eliade die Symbole von Ur-Religionen gesammelt, verglichen, zusammengestellt und erklärt.[12] Northrop Frye hat sich auf die Zyklen von Tag und Nacht, auf die vier Jahreszeiten und auf den Verlauf von Wachstum und Verfall eines Organismus berufen, um eine Matrix zu konstruieren, aus der man die symbolischen Erzählungen der Literatur ableiten kann.[13] Psychologen haben sich von den Kranken ab- und den Gesunden zugewandt, in der Tat denen, die in langer Lebenszeit stets weiterwachsen,[14] und man hat sogar die Frage aufgeworfen, ob Geisteskrankheit wirklich bloß in einen medizinischen Kontext gehört, ob das Leiden an wirklicher Schuld liegt und nicht bloß an irrigen Schuldgefühlen.[15] Schließlich gibt es noch – höchst bedeutsam unter grundsätzlichem Aspekt – den existentiellen Ansatz, der den Traum nicht als Abenddämmerung des Lebens versteht, sondern als dessen Morgenröte, als Beginn des Übergangs vom impersonalen Dasein zur Präsenz in der Welt, zur Konstitution des eigenen Ich in seiner eigenen Welt.[16]

---

[11] G. Durand, Les structures anthropologiques de l'imaginaire, Introduction a l'archtéypologie générale, Paris ²1963.
[12] M. Eliade, Methodologische Anmerkungen zur Erforschung der Symbole in den Religionen, in M. Eliade und J. Kitagawa (Hrsg.), Grundfragen der Religionswissenschaft, Salzburg 1963. Titel der Originalausgabe: The History of Religions, Essays in Methodology, Chicago 1959.
[13] N. Frye, Fables of Identity, Studies in Poetic Mythology, New York 1963.
[14] Es gibt etwas, das in der Psychologie »Dritte Kraft« genannt wird. Sie wird von A. Maslow, Toward a Psychology of Being, p.VI, beschrieben.
[15] O. H. Mowrer, The Crisis in Psychiatry and Religion, Princeton, N. J., 1961.
[16] L. Binswanger, Le Réve et l'existence, Paris 1954, Introduction (128pp.) et notes de M. Foucault. R. May, E. Angel, H. F. Ellenberger, ed., Existence, A New Dimension in Psychiatry and Psychology, New York 1958. R. May, ed., Existential Psychology, Random House 1961. R. May, The Significance of Symbols, in: Symbolism in Religion and Literature, New York 1961. V. E. Frankl, Ärztliche Seelsorge, Wien ⁶1952; Der Mensch vor der Frage nach dem Sinn, München ²1980; Der Wille zum Sinn, Berlin 1978. V. E. Frankl u. a., Psychotherapy and Existentialism, New York 1967.

5. Sprachliche Bedeutung

Bedeutung gelangt zu ihrer größten Freiheit durch ihre Verkörperung in der Sprache, in einer Gesamtheit konventioneller Zeichen. Denn konventionelle Zeichen lassen sich fast unbegrenzt vermehren. Sie können bis zu äußerster Verfeinerung differenziert und spezialisiert werden. Sie können reflexiv bei der Analyse und Kontrolle der sprachlichen Bedeutung selbst eingesetzt werden. Im Gegensatz hierzu erscheinen intersubjektive und symbolische Bedeutungen auf die spontanen Äußerungen jener Menschen begrenzt, die zusammen leben, und obwohl die sichtbaren und hörbaren Kunstformen Konventionen entwickeln können, sind doch die Konventionen selbst von den Materialien her begrenzt, in denen sich Farben und Gestalten, feste Formen und Strukturen, Klänge und Bewegungen verkörpern.

Was die Sprache für die Entwicklung des Menschen bedeutet, zeigt sich am deutlichsten an Helen Kellers Entdeckung, daß die Abfolge von Berührungen, die ihre Lehrerin ihr in die Hand tastete, die Bezeichnung von Gegenständen übermittelte. Der Augenblick, in dem sie das erstmals begriff, war von tiefer Gemütsbewegung geprägt, und diese Emotion trug sogleich ihre Frucht in einem so ungestümen Interesse, daß sie ihren Wunsch zum Lernen signalisierte und tatsächlich die Bezeichnung von etwa zwanzig Gegenständen in kürzester Zeit erlernte. Das war der Anfang eines unglaublichen Lernprozesses.

Aus Helen Kellers Emotion und ihrem Interesse läßt sich der Grund erahnen, weshalb antike Zivilisationen Namen so hochschätzten. Das lag nicht daran, wie manchmal zu hören ist, daß für sie der Name das Wesen des benannten Dinges war. Die Beschäftigung mit Wesenheiten war ein späteres Anliegen Sokrates', der allgemeine Definitionen suchte. Die Namen hochzuschätzen ist eine Hochschätzung der menschlichen Errungenschaft, die bewußte Intentionalität scharf auf den Brennpunkt einzustellen und dadurch die Doppelaufgabe zu bewältigen, die eigene Welt zu ordnen und sich in ihr zurechtzufinden. So wie man vom Traum bei Tagesanbruch sagen kann, er sei der Anfang des Übergangs vom impersonalen Dasein zur Präsenz der Person in ihrer Welt, so sind Hören und Sprechen ein Hauptbestandteil beim Erreichen dieser Präsenz.

Daher kommt es, daß die bewußte Intentionalität sich innerhalb der eigenen Muttersprache entwickelt und von ihr geformt wird. Wir lernen nicht bloß die Namen dessen, was wir sehen, sondern auch, daß wir uns mit den Dingen, die wir benennen, befassen und über sie sprechen können. Die uns zur Verfügung stehende Sprache übernimmt daher die Führung. Sie greift die Aspekte der Dinge heraus, die in den Vordergrund gestellt werden, die Beziehungen der Dinge untereinander, die man besonders hervorheben möchte, sowie die Bewegungen und Veränderungen, die Aufmerksamkeit verlangen. So entwickeln sich die verschiedenen Sprachen auf unterschiedliche Weise, und die beste Übersetzung vermag nicht die genaue Bedeutung des Originals wiederzugeben, sondern erreicht nur die größte Annäherung, die in einer anderen Sprache überhaupt möglich ist.

Die Wirkung ist wechselseitig. Die Sprache prägt nicht nur das sich entwickelnde Bewußtsein, sondern strukturiert auch die Welt, die das Subjekt umgibt. Raum-Adverbien und -Adjektive beziehen Stellen des Raumes auf den Standort des Sprechers, und die Zeitformen der Verben beziehen die Zeiten auf seine Gegenwart. Die Modi entsprechen seiner Intention, etwas zu wünschen, zu ermahnen, zu befehlen oder auszusagen. Das Genus macht das Verb bald aktiv, bald passiv und läßt gleichzeitig Subjekte zu Objekten und Objekte zu Subjekten werden. Die Grammatik liefert uns beinahe schon die aristotelischen Kategorien Substanz, Quantität, Qualität, Relation, Tun, Leiden, Ort, Zeit, Lage und Sichverhalten, während die aristotelische Logik und Wissenschaftstheorie beide tief in der grammatischen Funktion der Aussage verwurzelt sind.[17]

Im Lauf der Entwicklung der Sprache kommt es zur Unterscheidung zwischen gewöhnlicher, technischer und literarischer Sprache. Die gewöhnliche Sprache ist das Hilfsmittel, durch das die menschliche Gemeinschaft ihre Zusammenarbeit beim tagtäglichen Streben nach dem menschlich Guten leistet. Sie ist die Sprache von Heim und Schule, von Industrie und Handel, von Vergnügen und Unglück, die Sprache der Massenmedien und der beiläufigen Unterhaltung. Solche Sprache ist vorübergehend; sie bringt das Denken des Augenblicks im Augenblick und für den Augenblick zum Ausdruck. Sie ist elliptisch. Sie weiß, daß unter Umständen ein kurzer Wink genügt, daß eine vollständige Aussage überflüssig sein kann, vielleicht sogar nur irritieren würde. Ihre Grundlage ist der Allgemeinverstand *(common sense)*, wobei wir unter Allgemeinverstand einen Kern gewohnter Einsichten meinen, derart daß ein oder zwei zusätzliche Einsichten zum Verstehen jeder Situation einer offenen Reihe konkreter Situationen verhelfen. Durch dieses Verstehen begreift man, wie man sich in einer jeweils auftauchenden Situation zu verhalten hat, was und wie man etwas sagt, was man tut und wie man es tut. Solch ein Kern von Einsichten ist in dem Subjekt zentriert, und daher sieht es seine

---

[17] In der mathematischen Logik macht die Prädikation der Satzverbindung Platz. An anderer Stelle habe ich nachzuweisen versucht, daß die Grundform der Schlußfolgerung die »wenn-dann«-Beziehung zwischen Sätzen ist: Collection. Papers by Bernard Lonergan. Ed. by F. E. Crowe, London-New York 1967.

Welt auf sich bezogen, als Feld seines Verhaltens, seines Einflusses und Handelns, als gefärbt von seinen Wünschen, Hoffnungen, Ängsten, Freuden und Leiden. Wird solch ein Kern von Einsichten von einer ganzen Gruppe geteilt, so ist dies der Allgemeinverstand dieser Gruppe; ist dieser Kern jedoch bloß rein persönlich, so hält man ihn für überspannt; gehört er zum Allgemeinverstand einer anderen Gruppe, so erscheint er merkwürdig fremd.[18]

Die Entwicklung des Allgemeinverstandes der menschlichen Intelligenz liefert nicht nur allgemeine, sondern auch komplementäre Ergebnisse. Ur-Sammler differenzierten sich in Anpflanzer, Jäger und Fischer. Neue Gruppen, Ziele, Aufgaben und Werkzeuge verlangen neue Worte. Die Arbeitsteilung setzt sich fort, und mit ihr die Spezialisierung der Sprache. Schließlich kommt es zu einer Unterscheidung zwischen Worten des Allgemeingebrauchs einerseits, die sich auf das beziehen, was generell über besondere Aufgaben bekannt ist, und technischen Begriffen andererseits, die Handwerker, Experten oder Spezialisten verwenden, wenn sie miteinander sprechen. Dieser Vorgang wird sehr viel weiter vorangetrieben, wenn die menschliche Intelligenz vom Allgemeinverstand zur theoretischen Entwicklung übergeht, wenn die Forschung um ihrer selbst willen betrieben wird, wenn Logik und Methoden formuliert werden, wenn eine Tradition der Gelehrsamkeit etabliert wird, verschiedene Sparten unterschieden werden und die Spezialisierungen sich vervielfachen.

Die literarische Sprache bildet eine dritte Art. Während die normale Sprache vorübergehend und vergänglich ist, zeichnet sich die literarische durch Beständigkeit aus. Sie ist der Träger eines Werks, eines *poiema*, das man auswendig lernen oder niederschreiben muß. Während die normale Sprache elliptisch ist und sich damit begnügt, das gemeinsame Verstehen und Fühlen, das das gemeinsame Leben bereits leitet, zu ergänzen, zielt die literarische Sprache nicht nur auf eine umfassendere Aussage, sondern sucht auch nach einem Ausgleich für den Mangel an wechselseitiger Präsenz. Sie möchte, daß der Hörer oder Leser nicht nur versteht, sondern auch fühlt. Wo also die technische Abhandlung auf eine Übereinstimmung mit den Gesetzen der Logik und den Vorschriften der Methoden zielt, neigt die literarische Sprache dazu, irgendwo zwischen Logik und Symbol dahinzugleiten. Wenn man sie mit den Mitteln der Logik analysiert, findet man sie voller sogenannter Sprachfiguren. Doch erst das Eindringen nicht-literarischer Kriterien in die Literaturwissenschaft bewirkt, daß die Sprachfiguren einen Beigeschmack von Künstlichkeit haben. Der Ausdruck des Gefühls ist ja symbolhaft, und wenn Worte sich der Logik

---

[18] Zum Allgemeinverstand vgl. »Insight« Kap. VI u. VII *(common sense)*.

verdanken, so folgen Symbole den Gesetzen von Bild und Affekt. Daher behaupten wir mit Giambattista Vico die Priorität der Poesie. Eine wortgetreue Bedeutung literarisch auszudrücken ist eine spätere Idealvorstellung, die nur mit enormer Mühe und Sorgfalt zu verwirklichen ist, wie wohl die unermüdlichen Anstrengungen der Sprachanalytiker zeigen.

6. Verkörperte Bedeutung

Cor ad cor loquitur. Verkörperte Bedeutung kombiniert alle oder zumindest viele der anderen Bedeutungsträger. Sie kann zugleich intersubjektiv, künstlerisch, symbolisch und sprachlich sein. Sie ist die Bedeutung einer Person, ihrer Lebensart, ihrer Worte und Taten. Sie kann die Bedeutung sein, die eine Person nur für eine einzige andere hat, oder für eine kleine Gruppe, oder auch für eine ganze nationale, soziale, kulturelle oder religiöse Tradition.

Eine solche Bedeutung kann der Leistung einer bestimmten Gruppe anhaften, ob den Thermopylen oder Marathon, ob christlichen Märtyrern oder einer ruhmreichen Revolution. Sie kann auf einen Charakter oder auf Charaktere einer Erzählung oder eines Bühnenstücks übertragen werden, auf einen Hamlet, Tartuffe oder Don Juan. Sie kann von der ganzen Persönlichkeit und der Gesamtdarbietung eines Redners oder eines Demagogen ausgehen.

Wie die Bedeutung leibhaftig verkörpert werden kann, so schließlich aber auch das Bedeutungslose, Ausdruckslose, Leere, Geschmacklose, Fade und Stumpfsinnige.

7. Elemente der Bedeutung

Zu unterscheiden sind (1.) Quellen des Sinngehalts, (2.) Sinngebungsakte und (3.) das, worauf sich die Bedeutung bezieht.

Quellen des Sinngehalts sind alle bewußten Akte und alle intendierten Inhalte, sei es im Traumzustand oder auf einer der vier Ebenen des Wachbewußtseins. Die Hauptunterscheidung trennt transzendentale und kategoriale Quellen. Die transzendentalen Quellen sind die eigentliche Dynamik des intentionalen Bewußtseins: eine Fähigkeit, die bewußt und unaufhörlich auf Daten, Intelligibilität, Wahrheit, Wirklichkeit und Wert hinsteuert und diese anerkennt. Die kategorialen Quellen sind jene Bestimmungen, die durch Erfahren, Verstehen, Urteilen und Entscheiden erreicht wurden. Die transzendentalen Notionen sind letzter Grund des Fragens, während Antworten die kategorialen Bestimmungen entwickeln.

Sinngebungsakte sind (1.) potentiell, (2.) formal, (3.) vollständig, (4.) konstitutiv oder effektiv und (5.) instrumental. Im *potentiellen Akt* ist die Bedeutung elementar. Hier ist die Unterscheidung zwischen Bedeutung und Bedeutetem noch nicht erreicht. Dieserart ist die Bedeutung des Lächelns, das einfach als eine zwischenmenschliche Determinante wirkt; solcherart ist auch die Bedeutung des Kunstwerks vor seiner Deutung durch einen Kritiker und ebenso die Bedeutung des Symbols, das seinen Dienst innerer Kommunikation leistet, und zwar ohne die Hilfe eines Therapeuten. Sodann kommt Akten des Empfindens und Verstehens als solchen nur potentielle Bedeutung zu. Wie Aristoteles sagt, sind das Wahrnehmbare der Wirklichkeit nach und die Wahrnehmung der Wirklichkeit nach ein und dasselbe. So sind Klingen und Hören eine Identität: Denn ohne das Ohr gibt es in der Atmosphäre zwar Schallwellen, aber keinen Klang. Ähnlicherweise sind Daten potentiell intelligibel, während ihre Intelligibilität der Wirklichkeit nach mit einem Verstehensakt koinzidiert.

Der formale Sinngebungsakt ist ein Akt des Konzipierens, des Denkens, Betrachtens, Definierens, des Annehmens und Formulierens. Hier taucht nun die Unterscheidung zwischen Bedeutung und Bedeutetem (= Gemeintem) auf, denn das Gemeinte ist ja das, was konzipiert, gedacht, betrachtet, definiert, angenommen und formuliert wird. Aber was diese Unterscheidung genau bedeutet, ist noch nicht geklärt. Man meint genau das, was man denkt, muß aber noch bestimmen, ob der Gegenstand des eigenen Denkens bloß ein reines Denkobjekt oder etwas mehr als das ist.

Der vollständige Sinngebungsakt ist ein Akt des Urteilens. Man legt den Status des Denkobjektes fest, das entweder bloß ein reines Denkobjekt oder eine mathematische Entität oder ein wirkliches Ding innerhalb der Welt menschlicher Erfahrung oder eine transzendente Realität jenseits dieser Welt ist.

Aktive Sinngebungen finden mit Werturteilen, Entscheidungen und Handlungen statt. Dies ist ein Thema, auf das wir zurückkommen, wenn wir in einem späteren Abschnitt die *effektiven* und *konstitutiven* Funktionen des Sinngehalts im Individuum und in der Gemeinschaft erörtern werden.

Instrumentale Sinngebungsakte sind Ausdrücke. Sie verleihen den potentiellen, formalen, vollständigen, konstitutiven oder effektiven Sinngebungsakten des Subjekts eine äußere Form und stellen sie für die Interpretation durch andere heraus.[19] Da der Ausdruck wie auch die Deutung

[19] Performative Bedeutung ist konstitutive oder effektive Bedeutung, sprachlich zum Ausdruck gebracht. Sie wurde von den Analytikern untersucht, insbesondere von *D. Evans*, The Logic of Self-involvement, London 1963.

angemessen oder verkehrt sein kann, liefern die instrumentalen Bedeutungsakte das Material für ein eigenes Kapitel zur Hermeneutik.

Das, *worauf sich die Bedeutung* bezieht, ist das, was gemeint ist. Bei potentiellen Sinngebungsakten sind Bedeutung und Bedeutetes noch nicht voneinander getrennt. Bei formalen Akten taucht die Unterscheidung bereits auf, doch der genaue Status des Gemeinten bleibt noch unbestimmt. Bei vollständigen Sinngebungsakten erfolgt die wahrscheinliche oder sichere Bestimmung des Status dessen, was gemeint ist; man stellt fest, ob A ist oder nicht ist oder ob A B ist oder nicht. Bei konstitutiven oder effektiven Sinngebungsakten legt man seine Haltung zu A fest, was man für B zu tun beabsichtigt, ob man sich dafür einsetzen wird, C herbeizuführen.

Im Hinblick auf das, worauf sich die vollständigen Sinngebungsakte beziehen, muß man verschiedene Sphären des Seins unterscheiden. Wir sagen: Der Mond existiert. Wir sagen aber auch: Der Logarithmus der Quadratwurzel von minus eins existiert. In beiden Fällen verwenden wir das gleiche Verb »existieren«. Wir meinen damit aber nicht, der Mond sei bloß eine Schlußfolgerung, die aus geeigneten mathematischen Postulaten abzuleiten sei, und wir meinen damit ebensowenig, daß man den fraglichen Logarithmus durch eine Weltraumfahrt besichtigen könnte. Demzufolge muß man zwischen der Sphäre realen Seins und anderen, begrenzten Sphären wie der mathematischen, der hypothetischen, der logischen und dergleichen unterscheiden.

Obwohl sich diese Sphären enorm voneinander unterscheiden, sind sie nicht einfach disparat. Die Inhalte jeder Sphäre werden rational bejaht. Die Bejahung ist rational, weil sie aus einem Akt reflexiven Verstehens hervorgeht, in welchem das virtuell Unbedingte erfaßt wird, d. h. ein Bedingtes, dessen Bedingungen erfüllt sind.[20] Die Sphären weisen aber deshalb so riesige Unterschiede auf, weil sich die zu erfüllenden Bedingungen unterscheiden. Die Erfüllungsbedingungen zur Bejahung von wirklich Seiendem sind geeignete Daten der Sinneswahrnehmung oder des Bewußtseins, während die Erfüllungsbedingung für das Vorlegen einer Hypothese eine mögliche Relevanz für ein richtiges Verstehen von Daten ist und die Erfüllungsbedingungen für eine richtige mathematische Aussage nicht einmal eine mögliche Bedeutung für irgendwelche Daten ausdrücklich einschließen. Schließlich liegt jenseits der begrenzten Sphären und der Sphäre des wirklich Seienden die transzendente Seinssphäre; transzendentes Sein ist jenes Sein, das zwar von uns durch Erfassen des virtuell Unbedingten erkannt wird, selbst aber ohne jegliche Bedingung ist; es ist formal unbedingt, absolut.

[20] Zum virtuell Unbedingten vgl. »Insight« Kap. X.

Das Vorstehende ist selbstverständlich die realistische Erklärung dessen, worauf sich die vollständigen Sinngebungsakte beziehen. Wollte man die Darstellung auf die Position eines Empiristen übertragen, hätte man vom virtuell Unbedingten abzusehen und das Wirkliche mit dem zu identifizieren, was durch Zeigegesten herausgestellt wird. Was ist ein Hund? Schau nur hin, da ist einer! Geht man vom Empirismus zum Idealismus über, so wäre auf den blinden Fleck des Empiristen zu verweisen, wodurch dieser all die Strukturelemente nicht bemerken kann, die für menschliche Erkenntnis konstitutiv, in der Sinneswahrnehmung aber nicht gegeben sind. Doch obwohl der Idealist zu Recht die empiristische Darstellung menschlicher Erkenntnis ablehnt, irrt er sich bei der Übernahme der empiristischen Realitätsauffassung und folgert daher, daß der Gegenstand menschlicher Erkenntnis nicht das Reale, sondern das Ideale sei. Wenn man demzufolge über den Idealismus hinaus zum Realismus vorstoßen will, so muß man erst entdecken, daß die intellektuellen und rationalen Handlungen des Menschen eine Transzendenz des handelnden Subjekts einschließen und daß das Reale das ist, was wir durch ein Erfassen einer bestimmten Art des virtuell Unbedingten erkennen.

8. Funktionen der Bedeutung[21]

Die erste Funktion der Bedeutung ist *kognitiv*. Sie führt uns aus der Kindeswelt der Unmittelbarkeit und versetzt uns in die Welt der Erwachsenen, die eine durch Sinngebung vermittelte Welt ist. Die Welt des Kindes ist nicht größer als die Kinderstube; eine Welt dessen, was gefühlt, berührt, ergriffen, gesaugt und gelutscht, gesehen und gehört wird. Es ist eine Welt unmittelbarer Erfahrung, des Gegebenen einfach als des Gegebenen, eine Welt des Bildes und des Affekts, ohne jedes wahrnehmbare Eindringen von Einsicht oder Begriff, Reflexion oder Urteil, Erwägung oder Wahl. Es ist die Welt von Freude und Leid, Hunger und Durst, Essen und Trinken, Austoben, Befriedigung und Schlaf.

Sobald sich jedoch Beherrschung und Gebrauch der Sprache entwickeln, erweitert sich die Welt enorm. Denn Worte bezeichnen nicht nur das, was gegenwärtig, sondern auch was abwesend, vergangen oder zukünftig ist, nicht nur das Faktische, sondern auch das Mögliche, das Ideale und das Normative. Sodann bringen Worte nicht bloß das zum Ausdruck, was wir selbst herausgefunden haben, sondern auch all das, was wir aus den Erinnerungen anderer Menschen, aus der Alltagserkennt-

---

[21] Dieses Thema habe ich in den beiden letzten Kapiteln in »Collection« behandelt.

nis der Gemeinschaft, aus der Literatur, aus den Arbeiten der Gelehrten, aus den Untersuchungen der Wissenschaftler, aus den Erfahrungen der Heiligen und aus den Überlegungen der Philosophen und Theologen lernen möchten.

Diese umfassendere, durch Bedeutung vermittelte Welt liegt nicht im Bereich der unmittelbaren Erfahrung. Sie ist nicht einmal die Summe, das Integral der Totalität aller Welten der unmittelbaren Erfahrung. Denn Sinngebung ist ein Akt, der nicht einfach das Erfahren wiederholt, sondern es überschreitet. Was gemeint ist, ist das, was im Fragen intendiert und nicht nur durch die Erfahrung, sondern auch durch das Verstehen und gewöhnlich auch noch durch das Urteil bestimmt wird. Diese Hinzufügung von Verstehen und Urteil macht erst die durch Sinngebung vermittelte Welt möglich, gibt ihr ihre Struktur und ihre Einheit, gliedert sie ein in eine geordnete Ganzheit fast endloser Verschiedenheiten, die uns teilweise bekannt und vertraut sind, teilweise in einem sie umgebenden Halbschatten jener Dinge liegen, von denen wir zwar wissen, die wir jedoch nie untersucht oder erforscht haben und die teilweise einem unermeßlichen Bereich angehören, der uns gänzlich unbekannt ist.

In dieser umfassenderen Welt führen wir unser Leben. Auf sie beziehen wir uns, wenn wir von der realen Welt sprechen. Weil sie aber durch Bedeutung vermittelt ist und weil Bedeutung in die Irre gehen kann, weil es den Mythos ebenso gibt wie die Wissenschaft, die Fiktion ebenso wie das Faktum, den Betrug wie die Ehrlichkeit, den Irrtum wie die Wahrheit – deshalb ist diese umfassendere Welt unsicher.

Außer der unmittelbaren Welt des Kindes und der durch Bedeutung vermittelten Welt der Erwachsenen gibt es noch die Vermittlung der Unmittelbarkeit durch Bedeutung, wenn man den Erkenntnisprozeß durch transzendentale Methode objektiviert und wenn man seine verdrängten Gefühle durch Psychotherapie entdeckt, identifiziert und annimmt. Und schließlich gibt es noch den Rückzug aus der Objektivierung durch eine vermittelte Rückkehr zur Unmittelbarkeit in der Vereinigung Liebender und in der »Wolke des Nichtwissens« des Mystikers im Gebet.

Die zweite Funktion der Bedeutung ist *effektiv*. Menschen arbeiten, doch ihre Arbeit ist nicht geistlos. Was wir machen, das intendieren wir zuerst. Wir stellen uns etwas vor, wir planen, wir untersuchen Möglichkeiten, wägen das Für und Wider, gehen Verträge ein und haben zahllose Aufträge gegeben und ausgeführt. Vom Anfang bis zum Ende dieses Prozesses setzen wir sinngebende Akte; und ohne diese würde der Vorgang nicht stattfinden oder zu seinem Ziel gelangen. Die ersten Siedler Amerikas fanden Küste und Binnenland, Berge und Ebenen vor, haben aber das Land mit Städten bebaut, mit Straßen überzogen und industriell ausgebeutet, bis die vom Menschen geschaffene Welt nun zwischen uns und der Natur steht. Nun ist die Gesamtheit dieser hinzugefügten, vom Menschen gemachten, künstlichen Welt das kumulative, bald geplante, bald chaotische Produkt menschlicher Akte der Sinngebung.

Eine dritte Funktion der Bedeutung ist *konstitutiv*. So wie die Sprache durch artikulierte Laute und Bedeutung konstituiert ist, so haben auch soziale Institutionen und ganze Kulturen Sinngehalte als innere Komponenten. Religionen und Kunstformen, Sprache und Literatur, Wissenschaft, Philosophie und Geschichte sind alle unentwirrbar in Sinngebungsakte involviert. Was für kulturelle Leistungen gilt, gilt nicht weniger für soziale Institutionen. Familie, Staat, Gesetz und Wirtschaft sind keine für immer festgelegten und unwandelbaren Entitäten. Sie passen sich veränderten Umständen an; sie können im Licht neuer Ideen neu bedacht und konzipiert werden; sie können auch revolutionärem Wandel unterworfen werden. Doch all dieser Wandel ist mit Bedeutungswandel verbunden – einem Wandel der Idee oder Konzeption, einem Wandel des Urteils oder der Einschätzung, einem Wandel der Ordnung oder Anforderung. Der Staat kann sich wandeln durch Neuformulierung seiner Verfassung. Subtiler, doch nicht weniger wirksam kann er durch eine Neuinterpretation der Verfassung verändert werden, oder indem man Herz und Sinn der Menschen beeinflußt, die Dinge zu wechseln, die ihnen Achtung abverlangen, ihre Treue gewinnen und ihre Loyalität beflügeln.

Eine vierte Funktion der Bedeutung ist *kommunikativ*. Was der eine Mensch meint, das wird dem anderen intersubjektiv, künstlerisch, symbolisch, sprachlich und leibhaftig verkörpert mitgeteilt. So wird individueller Sinngehalt zum gemeinsamen Sinngehalt. Ein reicher Vorrat an gemeinsamer Bedeutung ist aber nicht das Werk isolierter Individuen, ja nicht einmal einzelner Generationen. Gemeinsamer Sinngehalt hat seine Geschichte. Er entsteht im Geist eines einzelnen und wird gemeinsam nur durch erfolgreiche und weitverbreitete Kommunikation. Er wird nachfolgenden Generationen nur durch Einübung und Erziehung weitergegeben. Langsam und schrittweise wird er geklärt, zum Ausdruck gebracht, formuliert und definiert, nur um bereichert, vertieft und transformiert, nicht selten aber auch verarmt, entleert und deformiert zu werden.

Die Verbindung der konstitutiven und kommunikativen Funktionen der Bedeutung liefert die drei Schlüsselbegriffe: *Gemeinschaft, Existenz* und *Geschichte*.

Eine Gemeinschaft ist nicht bloß eine Anzahl von Menschen innerhalb einer geographischen Grenze. Sie ist das Ergebnis gemeinsamer Sinngebung, und hierbei gibt es verschiedene Arten und Grade der Verwirklichung. Gemeinsamer Sinngehalt ist *potentiell*, wenn ein gemeinsamer Erfahrungsbereich vorhanden ist; zieht man sich aus diesem gemeinsamen Erfahrungsfeld zurück, so verliert man den Kontakt. Gemeinsamer Sinngehalt ist *formal*, wenn es ein gemeinsames Verstehen gibt; dem entzieht man sich aber durch Mißverstehen, durch Unverständnis und gegenseitige Verständnislosigkeit. Gemeinsamer Sinngehalt ist *aktuell*, soweit es gemeinsame Urteile gibt, Bereiche, in denen alle auf gleiche Weise bejahen und verneinen; man entzieht sich aber diesem gemeinsamen Urteil, wenn man ihm nicht zustimmt, wenn man das für wahr hält, was andere für falsch halten, und für falsch, was sie als wahr ansehen. Gemeinsamer Sinngehalt wird durch Entscheiden und Wählen verwirklicht, besonders durch permanente Hingabe – in der Liebe, die Familien bildet, in der Loyalität, die Staaten bildet, und im Glauben, der Religionen bildet. Eine Gemeinschaft hält zusammen oder trennt sich, beginnt oder endet gerade da, wo der gemeinsame Erfahrungsbereich, das gemeinsame Verständnis, das gemeinsame Urteil und das gemeinsame Engagement beginnen oder enden. Daher gibt es Gemeinschaften vielfacher Art: Sprach- und Kulturgemeinschaften ebenso wie soziale, politische, häusliche und religiöse Gemeinschaften. Sie verändern sich in ihrem Umfang und Alter, in ihrem Zusammenhalt und in den Gegensätzen untereinander.

Wie die Menschen nur innerhalb von Gemeinschaften empfangen, geboren und aufgezogen werden, so wächst das Individuum auch nur im Bezug auf die vorhandenen gemeinsamen Sinngehalte in seiner Erfahrung, seinem Verständnis und Urteil, und entdeckt dadurch selber, daß es auch selbst zu entscheiden hat, was es aus sich machen soll. Dieser Vorgang ist aus der Sicht des Lehrers die Erziehung und Bildung, für den Soziologen ist es die Sozialisation und für den Kulturanthropologen die Akkulturation. Doch für das Individuum, das sich in diesem Prozeß befindet, ist es seine Menschwerdung, seine Existenz als Mensch im vollsten Sinne des Wortes.

Diese Existenz kann echt oder unecht sein, und das kann auf zwei verschiedene Weisen geschehen. Es gibt die geringere Echtheit oder Unechtheit des Menschen bezüglich der Überlieferung, die ihn trägt und erhält, und es gibt die große Authentizität, die die Überlieferung selbst rechtfertigt oder verwirft. Im ersten Fall wird ein menschliches Urteil über das Subjekt gefällt. Im zweiten Fall spricht die Geschichte, und letztlich die göttliche Vorsehung, ihr Urteil über die Überlieferungen.

Wie Kierkegaard sich fragte, ob er ein Christ sei, so können sich manche Menschen fragen, ob sie echte Katholiken oder Protestanten, Muslims oder Buddhisten, Platoniker oder Aristoteliker, Kantianer oder Hegelianer, Künstler oder Naturwissenschaftler usw. sind. Sie könnten nun darauf antworten, daß sie es sind, und ihre Antworten können richtig sein. Sie könnten aber auch bejahend antworten und doch im Irrtum sein. In diesem Falle wird eine Reihe von Punkten vorhanden sein, in denen sie wirklich sind, was die Ideale der Überlieferung von ihnen verlangen, doch wird es eine andere Reihe geben, in der es zu mehr oder weniger großen Abweichungen kommt. Diese Punkte der Abweichung werden von einer selektiven Unaufmerksamkeit oder von einem Mangel an Verständnis oder von einer unentdeckten Rationalisierung übersehen. Was ich bin, ist eines, was ein echter Christ oder Buddhist ist, ist etwas anderes, und ich bemerke gar nicht den Unterschied. Dieses Nichtbemerken kommt auch nicht zum Ausdruck. Da ich keine Sprache habe, um auszudrücken, was ich bin, so bediene ich mich der Sprache der Überlieferung, die ich mir aber in unechter Weise aneigne, und eben dadurch entwerte, entstelle, verwässere und verfälsche ich diese Sprache.

Eine derartige Entwertung, Entstellung und Verfälschung kann bei verstreuten Individuen auftreten. Sie kann sich aber auch auf breiterer Ebene vollziehen, und dann werden zwar noch Worte wiederholt, doch deren Bedeutung ist dahin. Der Stuhl war nach wie vor der Stuhl des Mose, aber er war von den Schriftgelehrten und Pharisäern besetzt (Mt 23,2). Die Theologie war immer noch scholastisch, aber die Scholastik war dekadent. Die Ordensgemeinschaft verlas noch immer ihre Regel, aber man fragt sich, ob das Herdfeuer noch brannte. Der geheiligte Name der Wissenschaft mag immer noch angerufen werden, aber – wie Edmund Husserl zeigte – alle bedeutenden wissenschaftlichen Ideale können schwinden, um durch die Konventionen einer Clique ersetzt zu werden. So wird die Unechtheit von Individuen zur Unechtheit einer Überlieferung. In diesem Fall kann ein Subjekt, das die Überlieferung als sein Richtmaß übernimmt, so wie sie faktisch ist, in eben diesem Maße nicht mehr tun, als auf echte Weise die Unechtheit zu verwirklichen.

Die Geschichte unterscheidet sich daher völlig von der Natur. Die Natur entfaltet sich in Einklang mit dem Naturgesetz. Doch Form und Gestalt des menschlichen Wissens, der Arbeit, der sozialen Organisation, der kulturellen Leistung, der Kommunikation, der Gemeinschaft und der personalen Entwicklung hängen von der Sinngebung ab. Der Sinngehalt hat zwar seine unveränderlichen Strukturen und Elemente, doch die Inhalte dieser Strukturen sind kumulativer Entwicklung und kumulativem Verfall unterworfen. Darin unterscheidet sich der Mensch von der ganzen übrigen Natur, daher ist er ein geschichtliches Wesen, daher gestaltet jeder Mensch sein eigenes Leben, tut dies aber nur durch Interaktion mit den Überlieferungen der Gemeinschaften, in die er hineingeboren wurde, und umgekehrt sind diese Überlieferungen selbst nur das Depositum, das ihm von seinen Vorgängern hinterlassen wurde.

Letztlich folgt daraus, daß die Hermeneutik und das Studium der Geschichte die Grundlage aller Humanwissenschaften sind. Der Sinngehalt durchdringt das gesamte Gefüge des menschlichen Lebens, ändert sich aber von Ort zu Ort und von einem Zeitalter zum anderen.

9. Bereiche der Bedeutung

Unterschiedliche Erfordernisse lassen verschiedenartige Modi bewußter und intentionaler Vollzüge entstehen, und verschiedenartige Modi solcher Vollzüge führen wiederum zu unterschiedlichen Bereichen der Bedeutung.

Es gibt ein Bedürfnis nach Systematik, das den Bereich des Allgemeinverstands vom Bereich der Theorie trennt. Diese beiden Bereiche befassen sich im großen ganzen mit den gleichen realen Objekten. Die Objekte werden aber von so unterschiedlichen Standpunkten aus betrachtet, daß man sie nur dadurch in Beziehung setzen kann, indem man vom einen Standpunkt zum anderen übergeht. Der Bereich der Alltagserkenntnis ist der Bereich der Personen und Sachen in ihrer Beziehung zu uns, also unsere sichtbare Welt, die von Verwandten, Freunden, Bekannten, Mitbürgern, ja von der ganzen Menschheit bevölkert ist. Wir lernen diese Welt kennen, aber nicht durch Anwendung irgendeiner wissenschaftlichen Methode, sondern durch einen selbst-korrigierenden Lernprozeß, in welchem die Einsichten schrittweise akkumulieren, verschmelzen und sich gegenseitig näher bestimmen und korrigieren, bis ein Punkt erreicht ist, an dem wir Situationen, so wie sie sich ergeben, richtig einzuschätzen vermögen, indem wir einige neue Einsichten unserem bereits erworbenen Bestand hinzufügen und so mit den Situationen auf angemessene Weise fertig werden. Über die Objekte in diesem Bereich sprechen wir in der Alltagssprache, in der die Worte die Funktion haben – nicht etwa die inneren Eigenschaften der Dinge zu bezeichnen – sondern die Zielstellung unserer bewußten Intentionalität auf die Dinge zu vollenden, unsere Einstellungen, Erwartungen und Absichten herauszukristallisieren und all unsere Handlungen zu leiten.

Das Eindringen der Forderung nach Systematik in den Bereich des Allgemeinverstands wird sehr schön durch Platons frühe Dialoge veranschaulicht. Er läßt Sokrates nach der Definition dieser oder jener Tugend fragen. Niemand konnte sich leisten zuzugeben, er habe keine Ahnung, was mit Mut, Mäßigkeit oder Gerechtigkeit gemeint sei. Niemand konnte bestreiten, daß solche Allgemeinbezeichnungen auch irgendeine gemeinsame Bedeutung haben müßten, die in jedem Einzelfall von Mut, Mäßigkeit oder Gerechtigkeit zu finden ist. Und niemand, nicht einmal Sokrates, war in der Lage, genau festzulegen, was denn dieser gemeinsame Sinngehalt sei. Geht man von den Dialogen Platons zur »Nikomachischen Ethik« des Aristoteles über, so findet man dort Definitionen zu Tugend und Laster im allgemeinen sowie zu einer Reihe von Tugenden, von denen jede einzelne von zwei entgegengesetzten Lastern flankiert wird, wobei das eine durch Übermaß und das andere durch einen Mangel sündigt. Doch diese Antworten auf Sokrates' Fragen sind nun nicht mehr das einzige Ziel. Das systematische Bedürfnis stellt nicht bloß Fragen, die der Allgemeinverstand nicht beantworten kann, sondern verlangt auch einen Kontext für seine Antworten, einen Kontext, den der Allgemeinverstand weder liefern noch begreifen kann. Dieser Kontext ist die Theorie, und die Objekte, auf die sie sich bezieht, liegen im Bereich der Theorie. Zu diesen Objekten kann man zwar von allgemeinverständlichen Ausgangspunkten her aufsteigen, doch erkennt man sie eigentlich nicht durch diesen Aufstieg, sondern durch ihre inneren Beziehungen, ihre Übereinstimmungen und Unterschiede, sowie durch die Funktionen, die sie bei ihren Interaktionen erfüllen. Wie man Objekte der Theorie von einem allgemeinverständlichen Ausgangspunkt angehen kann, so kann man sich auch auf den Allgemeinverstand berufen, um eine Theorie zu korrigieren. Die Korrektur wird aber nicht in der gemeinverständlichen, sondern in der Sprache der Theorie vorgenommen, und ihre Implikationen sind nicht etwa die Folge der gemeinverständlichen Fakten, auf die man sich beruft, sondern Folge der vollzogenen Theoriekorrektur.

Meine Erläuterung ging von Platon und Aristoteles aus, doch könnte man eine beliebige Anzahl anderer Beispiele anfügen. Masse, Temperatur und das elektromagnetische Feld sind nicht Objekte der Welt des Allgemeinverstands. Masse ist weder Gewicht noch Impuls. Ein Metallgegenstand fühlt sich kälter an als ein Holzgegenstand, der neben ihm liegt, obwohl beide die gleiche Temperatur haben. Maxwells Gleichungen für das elektromagnetische Feld sind großartig in ihrer Schwerverständlichkeit. Wenn ein Biologe seinen kleinen Sohn in den Zoo mitnimmt und beide sich eine Giraffe ansehen, wird sich der Junge fragen, ob sie beißt oder tritt; der Vater aber sieht die andere Weise, wie sich bei diesem Tier das Skelettsystem mit dem Fortbewegungs-, Verdauungs-, Gefäß- und Nervensystem verbindet und wie sie ineinandergreifen.

Es gibt also einen Bereich des Allgemeinverstands und einen Bereich der Theorie. Um über sie zu sprechen, bedienen wir uns unterschiedlicher Sprachen. Der Unterschied in den Sprachen schließt soziale Unterschiede ein: Spezialisten können mit ihren Frauen über vieles sprechen, nicht aber über die Spezialisierungen ihres Fachgebiets. Was aber letztlich zu diesen ganz unterschiedlichen Standpunkten, Erkenntnismethoden, Sprachen und Gemeinschaften führt, ist das Bedürfnis nach Systematik.

Dem Bedürfnis nach Systematik voll zu entsprechen, verstärkt jedoch nur das kritische Bedürfnis. Ist Allgemeinverstand bloß primitive Unwissenheit, die durch die begeisterte Anrufung der Wissenschaft als der Morgenröte der Intelligenz und Vernunft einfach beiseite geschoben wird? Oder hat die Wissenschaft bloß pragmatischen Wert, indem sie uns lehrt wie man die Natur beherrscht, vermag uns aber nicht zu sagen, was die Natur ist? Oder gibt es diesbezüglich überhaupt so etwas wie menschliches Wissen? So sieht sich der Mensch den drei Grundfragen konfrontiert: Was tue ich, wenn ich erkenne? Warum ist dieses Tun Erkennen? Was erkenne ich, wenn ich dies tue? Mit diesen Fragen wendet man sich von den äußeren Bereichen des Allgemeinverstands und der Theorie nun der Aneignung seiner eigenen Interiorität, seiner Subjektivität, seiner Handlungen und deren Strukturen, Normen und innewohnenden Möglichkeiten zu. Eine solche Aneignung ähnelt in der Art, wie sie technisch ausgedrückt wird, der Theorie. Aber an sich ist es eine Erhöhung des intentionalen Bewußtseins, ein Achten nicht bloß auf die Objekte, sondern auch auf das intendierende Subjekt und seine Akte. Und da dieses erhöhte Bewußtsein die Evidenz für den eigenen Erkenntnisbericht konstituiert, unterscheidet sich eine solche Darlegung durch die unmittelbare Nähe der Evidenz von jeder anderen Äußerung.

Der Rückzug auf die Interiorität ist kein Ziel an sich. Von dort kehrt man zu den Bereichen des Allgemeinverstands und der Theorie zurück, nun fähig, dem Bedürfnis nach Methode zu entsprechen. Die Selbstaneignung ist von sich aus ein Erfassen der transzendentalen Methode, und dieses Begreifen gibt uns das Werkzeug in die Hand, nicht nur die Verfahrensweisen des Allgemeinverstands zu analysieren, sondern auch zur Differenzierung der Wissenschaften und zur Ausbildung ihrer Methoden.

Abschließend sprechen wir von der Forderung nach Transzendenz. Im menschlichen Untersuchen liegt unbegrenztes Verlangen nach Intelligibilität. Im menschlichen Urteil liegt ein Verlangen nach dem Unbedingten. In der überlegten Entscheidung liegt ein Kriterium, das jedes endliche Gut der Kritik unterzieht. Daher kommt es, daß der Mensch – wie wir im nächsten Kapitel zu zeigen versuchen – die tiefste Erfüllung, den Frieden und die Freude, nur dadurch erreichen kann, daß er über die Bereiche des Allgemeinverstands, der Theorie und der Interiorität hinaus in jenes Reich gelangt, in dem Gott erkannt und geliebt wird.

Natürlich kann die Unterscheidung zwischen den verschiedenen Sinnbereichen nur in einem ziemlich hochentwickelten Bewußtsein vollzogen werden. Ein undifferenziertes Bewußtsein bedient sich unterschiedslos der Verfahrensweisen des Allgemeinverstands, und daher sind seine Erklärungen, seine Selbsterkenntnis und seine Religion rudimentär. Das klassische Bewußtsein gebraucht den Allgemeinverstand ebenso wie die Theorie, doch ist die Theorie noch nicht genügend ausgebildet, um den scharfen Gegensatz zwischen diesen beiden Sinnbereichen adäquat zu erfassen. Das Bewußtsein wird verwirrt, wenn z. B. ein Eddington seine beiden Tische einander gegenüberstellt; den großen, soliden, farbigen Tisch, an dem er arbeitete, und die Vielfalt farbloser »Wellenteilchen« die so winzig sind, daß der Tisch eigentlich überwiegend leerer Raum ist. Das differenzierte Bewußtsein entsteht, wenn das kritische Bedürfnis die Aufmerksamkeit auf das Innere lenkt, wenn die Selbstaneignung erreicht wird, wenn das Subjekt seine unterschiedlichen Verfahrensweisen zu den einzelnen Bereichen in Beziehung setzt, die einzelnen Bereiche sodann aufeinander bezieht und bewußt von einem Bereich zum anderen übergeht, indem es bewußt seine Verfahrensweisen entsprechend ändert.

Die Einheit des differenzierten Bewußtseins ist also nicht die Homogenität des undifferenzierten Bewußtseins, sondern jene Selbst-Kenntnis, die die verschiedenen Bereiche versteht und weiß, wie man von einem jeden auf jeden anderen umschaltet. Dennoch bleibt es dabei, daß das, was für ein differenziertes Bewußtsein leicht zu vollziehen ist, dem undifferenzierten oder verwirrten Bewußtsein sehr rätselhaft und undurchschaubar erscheint. Das undifferenzierte Bewußtsein besteht auf Homogenität: Wenn die Verfahrensweisen des Allgemeinverstands richtig sind, dann muß die Theorie falsch sein. Wenn aber die Theorie recht hat, dann muß wohl der Allgemeinverstand bloß ein überholtes Relikt aus vorwissenschaftlichen Tagen sein. Ist aber der Übergang vom undifferenzierten zum verwirrten Bewußtsein unvermeidlich, sobald klar wird, daß der Allgemeinverstand wie auch die Theorie, obwohl disparat, dennoch beide akzeptiert werden müssen, so hat man eine ganz andere Reihe von Verfahrensweisen zu lernen, ehe die Interiorität aufgezeigt und die Selbstaneignung des differenzierten Bewußtseins erreicht werden kann.

Zweifellos müssen wir alle beim undifferenzierten Bewußtsein anfangen, bei den kognitiven Verfahrensweisen des Gemeinverstands, bei irgendeiner der zahlreichen »Alltagssprachen«, durch die die endlose Vielfalt des Allgemeinverstands zum Ausdruck kommt. Zweifellos kann man nur durch einen bescheidenen, fügsamen Lernprozeß über seine ursprüngliche Alltagssprache und ihren Allgemeinverstand hinauskommen und zum Verständnis anderer Alltagssprachen mit ihren Varianten des *common sense* vordringen. Erst wenn die Erkenntnis ihren großen Auftritt hat, kann man vom Reich der Alltagssprachen ins Reich der Theorie und damit zum gänzlich anderen wissenschaftlichen Begreifen der Wirklichkeit übergehen. Nur durch ein lange währendes, verwirrendes Zwielicht philosophischer Initiation vermag man endlich seinen Weg in die Interiorität zu finden und bekommt durch diese Selbstfindung eine Grundlage, die sich von Allgemeinverstand und Theorie unterscheidet, diese Verschiedenartigkeit auch anerkennt, sich über beide Bereiche Rechenschaft gibt und eben darum beide kritisch begründet.

10. Stadien der Bedeutung

Die hier zur Debatte stehenden Stadien sind Idealgebilde, und der Schlüssel zu ihrer Konzeption ist in der Undifferenziertheit oder Differenziertheit des Bewußtseins zu suchen. Wir befassen uns hauptsächlich mit der Tradition des Westens und unterscheiden drei Stadien. Im ersten Stadium finden bewußte und intentionale Vollzüge im Modus des Allgemeinverstandes statt. Im zweiten Stadium gibt es neben dem Modus des Allgemeinverstandes auch noch den der Theorie, wobei die Theorie von der Logik kontrolliert wird. Im dritten Stadium bleiben die Modi des Allgemeinverstandes und der Theorie erhalten, erhebt die Wissenschaft ihren Autonomieanspruch gegenüber der Philosophie und bilden sich Philosophien aus, die die Theorie der Wissenschaft überlassen und eine Position der Interiorität beziehen.

Soviel zur theoretischen Gliederung. Sie ist in dem Sinne zeitlich, als man nur von der ersten Ebene auf die zweite, und nur von der zweiten auf die dritte übergehen kann. Sie ist aber nicht chronologisch: Große Teile einer Bevölkerung können ein noch undifferenziertes Bewußtsein haben, obwohl sich die entsprechende Kultur bereits im zweiten oder gar dritten Stadium befindet; und viele studierte Leute können im zweiten Stadium bleiben, wenn eine Kultur bereits das dritte erreicht hat.

Dementsprechend folgt unsere Abhandlung nicht der theoretischen Gliederung. Bezüglich des ersten Stadiums befassen wir uns in zwei Abschnitten mit »Frühe Sprache« und »Die griechische Entdeckung des Geistes«. Ein dritter Abschnitt wird das zweite und dritte Stadium gemeinsam behandeln; ein vierter befaßt sich mit undifferenziertem Bewußtsein im zweiten und dritten Stadium.

10.1 Frühe Sprache

Im ersten Stadium vollzieht sich die Entwicklung der Sprache. Auch wenn wir die Sprache als einen instrumentalen Sinngebungsakt bezeichnen und sie den potentiellen, formalen, vollständigen und aktiven Akten gegenübergestellt haben, soll das nicht heißen, daß Sprache bloß eine beliebige Zugabe sei, die andere Akte begleiten oder auch nicht begleiten kann. Im Gegenteil – irgendein sinnlicher Ausdruck ist der Struktur unserer bewußten und intentionalen Vollzüge zuinnerst eigen. Wie jede Untersuchung sinnliche Daten voraussetzt, wie sich Einsicht im Hinblick auf eine bestimmte schematische Vorstellung einstellt, wie der reflexive Verstehensakt im Hinblick auf eine überzeugende Summierung des relevanten Belegmaterials vollzogen wird, so erfordern umgekehrt die inneren Akte des Konzipierens, des Urteilens und des Entscheidens jenes sinnliche und passende Substrat, das wir Ausdruck nennen. Dieses Verlangen nach Ausdruck ist in der Tat so heftig, daß Ernst Cassirer eine Pathologie des Symbolbewußtseins zusammenstellen konnte: Motorische Störungen, die zu Sprachverlust *(Aphasie)* führen, sind von Störungen in der Wahrnehmung, im Denken und im Handeln begleitet.[22]

Die Entwicklung eines passenden Ausdrucks erfolgt in drei Hauptschritten. Der erste Schritt besteht in der Entdeckung der Zeige-Bedeutung. So versucht man beispielsweise etwas zu ergreifen, verfehlt es aber. Das Verfehlen zeigt aber zumindest in die Richtung. Wird das Zeigen dann als Zeigen verstanden, so versucht man nicht mehr, das Objekt zu ergreifen.[23] Man zeigt bloß noch. Der zweite Schritt ist eine Verallgemeinerung. Nicht allein entsteht Einsicht auf der Grundlage schematischer Vorstellung, sie kann auch jene Struktur verwenden, die sie in dem Bilde erkennt, um Körperbewegung einschließlich stimmlicher Artikulation zu steuern.[24] Solche Bewegungen können bloße Imitation der Bewegungen eines anderen sein, aber Nachahmung *(Mimesis)* kann zum Bezeichnen verwendet werden und bedeutet dann die Bewegungen des anderen. Von der Mimesis kann man zur Analogie übergehen: Man wiederholt die Struktur, doch die Bewegungen, die sie verkörpern, sind nun ganz andere; und wie man die Mimesis verwenden kann, um das zu bezeichnen, was nachgeahmt wird, so läßt sich die Analogie anwenden, um ihr Ursprüngliches zu bezeichnen.[25] Der dritte Schritt besteht in der Entwicklung der Sprache. Sie ist das Werk der Gemeinschaft, die gemeinsame Einsichten in gemeinsame Bedürfnisse und gemeinsame Aufgaben hat und die selbstverständlich schon durch intersubjektive, indikative, mimetische und analoge Ausdrucksweise in Kommunikation steht. Wie die

[22] E. *Cassirer,* Philosophie der symbolischen Formen, 3 Bde. 1923, 1924, 1929, Darmstadt 1954, ⁸1982, III 238–325.
[23] Ebd. I, 128f. Noch treffender bei G. *Winter,* Elements for a Social Ethic, New York 1968, 99ff, vgl. 17ff.
[24] Ebd. I, 17ff.
[25] Ebd. I, 131ff.

Mitglieder einer Gemeinschaft gegenseitig ein Lächeln oder einen finsteren Blick verstehen, ebenso wie ihre Gesten, ihre Nachahmungen und Analogien, so können sie auch die Stimmlaute mit einer Bedeutung versehen. Auf diese Weise beziehen sich Worte auf Erfahrungsdaten, Sätze auf die Einsichten, die die Erfahrungen prägen, wobei sich der Modus des Satzes jeweils ändert, um Aussagen, Befehle und Wünsche zum Ausdruck zu bringen.

Diese Darstellung der Entstehung von Sprache hat den Vorteil, sowohl die Stärken wie auch die Schwächen der frühen Sprache zu erklären.[26] Denn Gesten macht man im Hinblick auf wahrnehmbare Darbietungen und imaginative Vorstellungen. Daher hat frühe Sprache kaum Schwierigkeiten, all das auszudrücken, worauf man zeigen kann, was unmittelbar wahrzunehmen oder direkt vorzustellen ist. Doch eine Gattung kann man nicht zeigen oder unmittelbar wahrnehmen oder direkt vorstellen. So gibt es bei Homer Worte für derart spezifische Tätigkeiten wie »Blicken«, »Spähen« und »Starren«, aber kein Gattungswort für »Sehen«.[27] In verschiedenen amerikanischen Indianersprachen läßt sich nicht einfach sagen, daß dieser Mann krank ist; man muß vielmehr konkret berichten, ob er nahe oder fern ist, ob er sichtbar ist oder nicht; und häufig zeigt schon die Satzgestalt auch seinen Aufenthaltsort, seine Lage und Stellung.[28] Da die Zeit überdies eine Synthese einschließt, die alle Ereignisse zu einem einzigen Kontinuum von früher und später ordnet, ist sie nicht unmittelbar wahrzunehmen und kann nur durch ein hochdifferenziertes geometrisches Bild vorgestellt werden. So kann frühe Sprache eine Fülle von Zeitformen haben, doch entdeckt man, daß diese nur verschiedene Aktionsarten oder -modi ausdrücken, nicht aber eine Synthese zeitlicher Beziehungen.[29] Überdies sind das Subjekt und seine innere Erfahrung nicht auf der Seite des Wahrgenommenen, sondern des Wahrnehmenden. Wer auf sich selbst zeigt, der zeigt auf seinen Kopf, Nacken, Brust oder Bauch, auf seine Arme, Beine, Füße oder Hände oder auf seinen ganzen Körper. Man sollte daher nicht überrascht sein, daß Possessivpronomen, die auf sichtbare Besitzstände bezogen sind, sich schon vor den Personalpronomen entwickeln.[30] Wiederum bei Homer werden innere geistige Vorgänge durch personalisierte Zwiegespräche vorgestellt. Wo wir einen Bericht über die Gedanken und Gefühle des Helden erwarten würden,

---

[26] Ebd. I, 149–212; II 93–182.
[27] *J. Russo, B. Simon,* Homeric Psychology and the Oral Epic Tradition: Journal of the History of Ideas, 29 (1968) 484.
[28] *E. Cassirer,* aaO. I, 151.
[29] Ebd. I, 170–174.
[30] Ebd. I, 226ff.

läßt ihn Homer mit einem Gott oder einer Göttin, mit seinem Pferd oder mit einem Fluß, oder auch mit einem Teil seiner selbst, etwa seinem Herz oder seinem Temperament Zwiesprache halten.[31] Und bei den Hebräern wurde der sittliche Defekt zuerst als eine Befleckung erfahren, später als Verletzung des Gottesbundes durch das Volk verstanden, und schließlich als persönliche Schuld vor Gott empfunden, wobei jedoch die späteren Stufen nicht etwa die früheren beseitigten, sondern sie übernahmen, um sie zu korrigieren und zu ergänzen.[32] Schließlich ist das Göttliche das Ziel der transzendentalen Notionen in ihren uneingeschränkten und absoluten Aspekten. Es kann zwar nicht wahrgenommen und auch nicht vorgestellt werden, aber es läßt sich in Verbindung bringen mit jenem Gegenstand oder Ereignis, mit einem Ritual oder einer Rezitation, die religiöse Erfahrung zeitigen;[33] so kommen die Hierophanien zustande.[34]

Der Sinngehalt erfüllt bereits im ersten Stadium seine vierfache Funktion: Er ist kommunikativ, konstitutiv, effizient und kognitiv. Diese Funktionen werden jedoch nicht klar erfaßt, scharf definiert und sorgfältig abgegrenzt. Die Einsichten in die Gebärden und in das Wahrgenommene führen leicht auf die Namen verschiedener Pflanzen und Tiere. Einsichten in zwischenmenschliche Beziehungen führen zur Konstituierung von Stämmen, Clans und anderen Gruppierungen; doch die Gruppen zu benennen, die sich nicht merklich voneinander unterscheiden, verlangt einen gewissen Einfallsreichtum. Wie amerikanische Sportjournalisten bestimmte Mannschaften als Braunbären, Falken, Robben, Bären, Fohlen oder Löwen ansprechen, so wurden auch archaische Gruppen mit Namen von Pflanzen und Tieren in Verbindung gebracht.

Wie die konstitutive so kommt auch die kognitive Funktion des Sinngehalts zum Zuge. Der Mensch geht aus der Kinder-Welt der Unmittel-

---

[31] J. Russo, B. Simon, aaO. 487.
[32] P. Ricoeur, Finitude et culpabilité, II, La symbolique du mal, Paris 1960.
[33] Vgl. E. Benz über den Shintoismus als einen lebendigen, sich immer noch entwickelnden Polytheismus, in seinem Beitrag »Über das Verstehen fremder Religionen« in: Grundfragen der Religionswissenschaft, hrsg. von M. Eliade und J. Kitagawa, Salzburg 1963, 22–27. Vgl. auch im gleichen Sammelband: M. Eliade, Methodologische Anmerkungen zur Erforschung der Symbole in den Religionen. Zur Gottesvorstellung bei den Patriarchen des Alten Testaments vgl. N. Lohfink, Bibelauslegung im Wandel, Frankfurt/Main 1967, 107–128.
[34] Man beachte, daß wir hier das Wesen der Projektion berühren, d. h. die Übertragung subjektiver Erfahrung in den Bereich des Wahrgenommenen oder Vorgestellten. Die Übertragung geschieht, um Einsicht in die Erfahrung möglich zu machen. Auf einer höheren Ebene sprachlicher Entwicklung wird die Möglichkeit der Einsicht durch sprachliche Rückkoppelung erreicht, indem die subjektive Erfahrung in Worten und als subjektive zum Ausdruck gebracht wird.

barkeit in eine Welt über, die durch Bedeutung vermittelt ist. Die vermittelnde Bedeutung ist jedoch nicht rein kognitiv. Sie verschmilzt unmerklich mit der konstitutiven, und das Ergebnis ist der Mythos. Der Mensch konstituiert nicht bloß seine sozialen Institutionen und deren kulturelle Bedeutsamkeit, sondern auch die Erzählung von der Gestalt, vom Ursprung und vom Schicksal der Welt.

Wie die konstitutive Funktion des Sinngehalts in das Feld »spekulativer« Erkenntnis eindringt, so dringt die effiziente in das der »praktischen« Erkenntnis ein. Das Ergebnis ist die Magie. Worte führen hier nicht bloß dadurch zu Ergebnissen, daß sie menschliche Handlungen dirigieren, sondern durch ihre eigene Kraft, die der Mythos erklärt.

Malinowski betonte, daß Mythos und Magie zwar das ganze Gefüge des frühzeitlichen Lebens einhüllen und durchdringen, keineswegs aber das gründliche Verständnis der praktischen Aufgaben des täglichen Lebens behindern.[35] Überdies trägt die Entwicklung des praktischen Verstehens den Menschen über die engen Grenzen des Früchte-Sammelns, des Jagens, Fischens und des Gartenbaus hinaus zu einer Landwirtschaft im großen Stil, verbunden mit der sozialen Organisation der Tempelstaaten, und später der Reiche der antiken Hochkulturen in Ägypten, Mesopotamien, Kreta, in den Flußtälern des Indus und des Hoang-ho, in Mexiko und Peru. Dort tauchen erstmals große Bewässerungssysteme auf, riesige Stein- oder Ziegelbauten, Heere und Flotten, komplizierte Vorgänge der Buchhaltung, sowie die Anfänge von Geometrie, Arithmetik und Astronomie. Doch ob auch die Armut und Schwäche der Ureinwohner durch den Wohlstand und die Macht großer Staaten ersetzt wurde, ob auch das Gebiet, über das der Mensch mit seiner praktischen Intelligenz herrschte, sich enorm erweiterte, – die ganze Leistung beruhte dennoch auf dem kosmologischen Mythos, der die Ordnung der Gesellschaft, die kosmische Ordnung und das göttliche Wesen als kontinuierlich und zusammengehörig beschrieb.[36]

10.2. Die griechische Entdeckung des Geistes

In dem Maße wie die Technik voranschreitet, entlarvt sie durch Kontrast die Unwirksamkeit der Magie, und so geht der Mensch in seiner Schwäche von der magischen Beschwörung zur religiösen Bitte über. Soll je-

---

[35] B. *Malinowski*, Magic, Science and Religion, New York 1954, 17ff.
[36] Zum kosmologischen Symbolismus vgl. *E. Voegelin*, Order and History, I., Israel and Revelation, Louisiana State University Press, 1956. Eine Definition des Symbolismus findet man auf S. 27, seine Verbreitung S. 14. Vgl. auch *F. H. Borsch*, The Son of Man in Myth and History, London 1967.

doch der Mythos überwunden werden, so bedarf es noch weiterer Schritte. Der Mensch muß den Geist entdecken. Er muß Fühlen und Tun, Erkennen und Entscheiden sortieren und irgendwie voneinander trennen. Er muß erst klären, was das Erkennen überhaupt ist, und im Licht dieser Klärung die kognitive Funktion des Sinngehalts von seinen konstitutiven und effizienten Funktionen und von seiner Rolle in der Kommunikation des Gefühls getrennt halten.

Die Entdeckung des Geistes durch die Griechen hat Bruno Snell dargestellt. Auf einer ersten Stufe gab es eine literarische Offenbarung des Menschen für ihn selbst. Der ausgeführte homerische Vergleich nahm Bezug auf die Wesensmerkmale der unbelebten Natur und der Pflanzen und Tiere, um die verschiedenen Handlungsmotive der epischen Helden zu beleuchten, zu objektivieren und voneinander abzuheben. Die lyrischen Dichter schufen den Ausdruck des persönlichen, menschlichen Gefühls. Die Tragödiendichter stellten menschliche Entscheidungen, deren Konflikte und Wechselspiel und die Folgen in den Vordergrund.[37]

Innerhalb dieser literarischen Tradition kam es zur Reflexion über die Erkenntnis.[38] Für Homer kommt Wissen entweder durch Wahrnehmung oder vom Hörensagen zustande. Das Wissen des Menschen ist immer bruchstückhaft und unvollkommen; die Musen aber sind allgegenwärtig, und sie nehmen alles wahr. Sie sind es, die es dem Barden möglich machen, so zu singen und sagen, als wäre er dabei gewesen oder hätte die Geschichte von einem Augenzeugen gehört. Nach Hesiod aber inspirieren die Musen nicht – sie lehren; und sie sind weit weniger vertrauenswürdig, als Homer behauptet hatte. Sie können die Wahrheit lehren, aber auch plausible Falschheit. Sie erwählten Hesiod auf dem Helikon und lehrten ihn, nicht die Torheiten und Lügen seiner Vorgänger zu wiederholen, sondern die Wahrheit über den Kampf zu berichten, wie sich der Mensch durchs Leben schlägt.

Xenophanes war noch kritischer. Er lehnte die Vielzahl anthropomorpher Götter ab; für ihn war Gott Einheit, in Weisheit vollkommen und ohne jede Mühe – lediglich durch das Denken seines Geistes – am Werk. Im Gegensatz hierzu blieb menschliche Weisheit unvollkommen, dem äußeren Schein verfallen, und doch die beste aller Tugenden, die tatsächlich durch langes Suchen auch zu erreichen war. Ähnlich waren für Hekataios die Geschichten der Griechen ebenso zahlreich wie töricht. Das Wissen des Menschen ist nicht Gabe der Götter; Geschichten der Vergangenheit

---

[37] B. *Snell*, Die Entdeckung des Geistes. Studien zur Entstehung des europäischen Denkens bei den Griechen, Hamburg 1946, Kap. I, III, V, IX.
[38] Ebd. Kap. VII.

sind von der alltäglichen Erfahrung her zu beurteilen. Im Wissen kommt man durch Nachforschung und Suche voran, und die Suche ist nicht bloß zufällig, wie bei Odysseus, sondern überlegt und geplant.

Dieses empirische Interesse setzte sich fort bei Herodot, bei den Ärzten und bei den Physikern. Zu einer neuen Wende aber kam es mit Heraklit. Er behauptete, daß man durch bloße Anhäufung von Information nicht intelligenter würde. Während seine Vorgänger gegen die Unwissenheit stritten, bekämpfte er die Torheit. Er rühmte das Auge und das Ohr, hielt sie aber für schlechte Zeugen bei Menschen von roher Seele. Es gibt einen Verstand, einen *logos*, der durch alles hindurchsteuert. Er findet sich in Gott, im Menschen und im Tier und ist der gleiche in allen, wenn auch in unterschiedlichen Graden. Ihn zu erkennen ist Weisheit.

Während Heraklit den Prozeß betonte, bestritt Parmenides die Vielheit und die Bewegung. Obwohl seine Ausdrucksweise den Offenbarungsmythos wiederbelebte, war seine Position im Kern eine Gesamtheit von Argumenten. Wenn man von ihm auch nicht die Formulierung des Prinzips vom ausgeschlossenen Dritten und des Identitätsprinzips erwarten darf, so kam er doch zu analogen Schlußfolgerungen. Denn er bestritt die Möglichkeit des »Werdens« als eines Zwischendings zwischen Sein und Nichts; und ebenso bestritt er eine Unterscheidung zwischen »Seiendem« und »Seiendem« und schloß dadurch eine Vielheit von Seienden aus. Obwohl seine eigenständige Leistung sich als ein Irrtum erwies, sorgte sie doch für einen Durchbruch. Das sprachlich formulierte Argument war als unabhängige Kraft aufgetaucht und wagte es, die Evidenz der Sinne in Frage zu stellen.[39] Die Unterscheidung zwischen den Sinnen und dem Verstand war vollzogen und aufgestellt. Der Weg war frei für die Paradoxa des Zeno, für die Eloquenz und den Skeptizismus der Sophisten, für Sokrates' Forderung nach Definition, für Platons Unterscheidung von Eristik und Dialektik sowie für das »Organon« des Aristoteles.

Weiter oben hatten wir Gelegenheit, die Begrenztheit der frühen Sprache zu erwähnen. Weil die Entwicklung des Denkens und der Sprache von Einsichten abhängt und weil Einsichten unter Bezugnahme auf sinnliche Vorstellungen und auf Vorstellungen der Einbildungskraft erfolgen, kann die frühe Sprache recht leicht das räumliche Feld beherrschen, bleibt jedoch unfähig, die Gattung, das Zeitliche, das Subjektive und das Göttliche adäquat zu behandeln. Doch diese Einschränkungen schwinden in dem Maße, wie sprachliche Erklärungen und Aussagen die sinnlichen Vorstellungen für die Einsichten liefern, die weitere Entwicklungen

---

[39] Vgl. *F. Copleston*, A History of Philosophy, Vol. I, Chapter VI, London 1946, zahlreiche Auflagen.

des Denkens und der Sprache bewirken. Überdies kann sich ein solcher Fortschritt eine Zeitlang sogar exponentiell vollziehen: Je mehr sich die Sprache entwickelt, desto mehr kann sie sich noch weiterentwickeln. Schließlich kommt es zu jener reflexiven Bewegung, in der die Sprache den sprachlichen Vorgang selbst zu vermitteln, zu objektivieren und zu überprüfen beginnt. Die Alphabete machen Wörter sichtbar. Wörterbücher stellen deren Sinngehalt zusammen, Grammatiken untersuchen ihre Flexion und Syntax. Die Literaturkritik deutet und wertet die Kompositionen. Die Logik fördert Klarheit, Kohärenz und Strenge. Die Hermeneutik untersucht die sich ändernden Beziehungen der Sinngebungsakte zu dem, worauf sie sich beziehen, und Philosophen denken nach über die Welt der Unmittelbarkeit und über die vielen durch Sinngebung vermittelten Welten.

Um die Funktion dieses Überbaus zu erfassen, muß man auf die Grenzen des mythischen Bewußtseins zurückkommen. Wie Ernst Cassirer sagt, fehlt diesem Bewußtsein jede klare Trennlinie zwischen dem bloß »Vorgestelltem« und »wirklicher« Wahrnehmung, zwischen Wunsch und Erfüllung, zwischen Bild und Sache. Sodann erwähnt er gleich die Kontinuität von Traum und Wachbewußtsein und setzt später hinzu, daß ebenso wie das Bild auch der Name dazu neigt, mit dem Ding zu verschmelzen.[40] Trotz seiner späteren Zurücknahme scheint es das gleiche Fehlen der Unterscheidung zu sein, das Lucien Lévy-Bruhl beschreiben wollte, als er von einem Gesetz der Partizipation sprach, das die gemeinsamen Vorstellungen und Institutionen der Naturvölker beherrscht, einer Partizipation, die den Inhalt ihrer Vorstellungen mystisch erscheinen läßt, während sie die Beziehungen der Vorstellungen untereinander weithin tolerant für Widersprüche macht.[41]

Diese Merkmale des frühzeitlichen Geistes erscheinen sehr geheimnisvoll, doch man sollte nicht daraus schließen, daß sie auf einen Mangel an Intelligenz oder Vernünftigkeit seitens der Naturvölker deuten. Denn schließlich ist das Aufstellen von Unterscheidungen keine einfache Angelegenheit, ebensowenig wie die Erkenntnis der Tragweite von Unterscheidungen. Was ist eine Unterscheidung? Sagen wir, daß A und B unterschieden sind, wenn wahr ist, daß A nicht B ist. Setzen wir hinzu, daß A und B entweder für bloße Worte stehen können, oder für den Sinngehalt von Worten, oder für die durch Worte gemeinten Realitäten, so daß Unter-

---

[40] E. Cassirer, aaO. II, 48 und 53f.
[41] L. Lévy-Bruhl, Les fonctions mentales dans les sociétés inférieures, Paris ^{9}1951, 78ff, deutsch: Das Denken der Naturvölker, Wien-Leipzig 1921, 57ff. E. E. Evans-Pritchard, Theories of Primitive Religion, Oxford 1965, 78–99, erörtert den Wert der Arbeit von Lévy-Bruhl.

scheidungen entweder bloß verbal, oder notional oder real sein können. Und merken wir an, daß die Realität, um die es hier geht, jene Realität ist, die nicht durch die Sinneswahrnehmung allein, sondern durch Sinne, Verstehen und rationales Urteil erkannt wird.

10.3. Das zweite und dritte Stadium

Die Entdeckung des Geistes markiert den Übergang vom ersten Stadium der Bedeutung zum zweiten. Im ersten Stadium ist die durch Sinngehalt vermittelte Welt schlicht die Welt des Allgemeinverstandes. Im zweiten Stadium teilt sich die durch Sinngehalt vermittelte Welt in den Bereich des Allgemeinverstands und den der Theorie. Dieser Teilung entsprechend und sie fundierend, gibt es eine Differenzierung des Bewußtseins. Bei seinem Streben nach dem konkreten Gut ist der Mensch auch aufmerksam, und er versteht und beurteilt auch. Er macht jedoch aus diesen Aktivitäten kein Spezialgebiet. Er formuliert kein theoretisches Ideal im Sinne von Wissen, Wahrheit, Realität und Kausalität. Er formuliert nicht sprachlich ausdrücklich einen Normen-Kodex, um dieses ideale Ziel zu erreichen. Er führt nicht einen bestimmten ökonomischen, sozialen oder kulturellen Kontext ein, innerhalb dessen das Streben nach dem idealen Ziel durch menschliche Lebewesen auszuführen wäre. Im zweiten Bedeutungsstadium handelt der Mensch im Umgang mit dem Besonderen und Konkreten nach Art und Weise des Allgemeinverstands weiter, doch hat er neben dieser Vollzugsweise noch eine weitere, eben die theoretische. Bei der theoretischen Vollzugsweise ist das angestrebte Gut die Wahrheit, und obwohl dieses Streben gewollt ist, besteht das Streben selbst nur aus Vollzügen auf den ersten drei Ebenen des intentionalen Bewußtseins: Es ist die Spezialisierung des Beachtens, Verstehens und Urteilens.

So wie das zweite Stadium sich aus den Entwicklungen ergibt, die im ersten stattfinden, so ergibt sich das dritte Stadium aus den Entwicklungen, die im zweiten stattfinden. Daher ist es für die Klärung dessen, was dem zweiten Stadium eigen ist, hilfreich, wenn wir zugleich das dritte charakterisieren. Im dritten Stadium werden die Wissenschaften zu fortschreitenden Prozessen. Anstatt die Wahrheit über diese oder jene Art der Realität auszusagen, besteht ihr Ziel in einer immer größeren Annäherung an die Wahrheit, und dies wird durch ein immer umfassenderes und genaueres Verstehen aller relevanten Daten erreicht. Im zweiten Stadium war die Theorie eine Spezialisierung, um die Wahrheit zu erlangen; im dritten Stadium wird die wissenschaftliche Theorie zu einer Spezialisierung, um das Verstehen voranzutreiben. Zudem sind die Wissenschaften autonom. Sie betrachten Fragen nur dann als wissenschaftlich, wenn sie durch eine Berufung auf Sinnesdaten zu beantworten sind. Als sich die Wissenschaften ausbildeten, entwickelten sie immer effektivere Verfahren, dieses Kriterium bei der Lösung von Problemen anzuwenden. Mit anderen Worten, sie haben sich ihre je eigenen Methoden ausgearbeitet, und es gibt keine übergeordnete Disziplin, die diese ihre eigenen Methoden für sie entdecken könnte. Und weil die Wissenschaften fortschreitende Prozesse sind, kann auch ihre Vereinigung nur ein fortschreitender Prozeß sein; sie kann nicht durch irgendeine einzelne wohlgeordnete Formel erfolgen; es muß sich vielmehr um eine Folge verschiedener Formeln handeln. Mit anderen Worten: Vereinigung der Wissenschaften wird keine Leistung der Logik, sondern der Methode sein.

Nun hat aber das Auftauchen der autonomen Naturwissenschaften Rückwirkungen auf die Philosophie. Da die Naturwissenschaften die Erklärung aller Sinnesdaten selbst übernehmen, könnte man mit den Positivisten zu dem Schluß kommen, die Funktion der Philosophie bestünde in der Feststellung, daß die Philosophie nichts mehr zu sagen habe. Da die Philosophie keine theoretische Funktion hat, könnte man mit den Sprachanalytikern folgern, ihre Funktion bestünde darin, eine Hermeneutik zur Klärung der örtlichen Verschiedenheit der Alltagssprache auszuarbeiten. Es bleibt aber auch die Möglichkeit – und das ist unsere Option –, daß Philosophie weder eine Theorie nach Art der Naturwissenschaft, noch eine sozusagen technische Form des Gemeinverstands ist, oder gar eine Rückkehr zur vorsokratischen Weisheit. Die Philosophie findet ihre eigenen Daten im intentionalen Bewußtsein. Ihre Hauptfunktion ist die Förderung der Selbstfindung, die bis zu den Wurzeln philosophischer Differenzen und Unverständnisse vordringt. Sodann sind ihre sekundären Funktionen darin zu sehen, daß sie die einzelnen Bedeutungsbereiche unterscheidet, aufeinander bezieht und fundiert, und daß sie – was ebenso wichtig ist – auch die Methoden der Naturwissenschaften fundiert und dadurch deren Vereinigung fördert.

Was aber im dritten Stadium differenziert und spezialisiert ist und sich auf eine Integration zubewegt, das ist im zweiten Stadium mehr oder weniger undifferenziert. Wir sprachen von der durch Bedeutung vermittelten Welt, die sich in eine Welt der Theorie und eine Welt des Allgemeinverstands teilt. Auf einer bestimmten Stufe in Platons Denken werden anscheinend zwei real verschiedene Welten behauptet, eine transzendente Welt ewiger Formen und eine vergängliche Welt der Erscheinung.[42] Bei Aristoteles gibt es nicht zwei Mengen von Objekten, wohl aber zwei

---

[42] F. *Copleston,* aaO. Kap. XX, gibt eine sorgfältige Darstellung dieser sehr komplexen Thematik.

Ansätze zur selben Gesamtheit von Objekten. Theorie befaßt sich mit dem, was *prius quoad se*, aber *posterius quoad nos* ist; dem menschlichen Alltagswissen dagegen geht es um das, was zwar *prius quoad nos*, aber *posterius quoad se* ist. Obwohl jedoch Aristoteles durch verlockend einfache Analogien eine eigentlich systematische Metaphysik aufzustellen vermochte, bestand für ihn der Gegensatz nicht zwischen Theorie und Allgemeinverstand, so wie wir diese Termini verstehen, sondern im Gegensatz von *episteme* und *doxa*, *sophia* und *phronesis*, Notwendigkeit und Kontingenz.

Zudem versteht Aristoteles die Wissenschaften nicht als autonom, sondern als Ausweitungen der Philosophie, als weitere Bestimmungen jener Grundbegriffe, die die Philosophie liefert.[43] Daher kommt es, daß – obwohl die aristotelische Psychologie auch tiefe Einsichten in die menschliche Sinneswahrnehmung und Intelligenz aufweist – ihre Grundbegriffe dennoch nicht vom intentionalen Bewußtsein hergeleitet werden, sondern aus der Metaphysik stammen. So bedeutet das Wort »Seele« nicht »Subjekt« sondern »die erste Verwirklichung eines organischen Körpers«, ob einer Pflanze, eines Tieres oder eines Menschen.[44] Ähnlich wird auch der Begriff »Objekt« nicht aus einer Betrachtung der intentionalen Akte abgeleitet; im Gegenteil, so wie Potenzen zu verstehen sind, indem man ihre jeweiligen Akte betrachtet, so sind Akte zu verstehen, indem man ihre Objekte betrachtet, d. h. ihre Wirk- oder Finalursachen.[45] Wie in der Psychologie, so sind auch in der Physik die Grundbegriffe metaphysich. So wie ein Agens das Prinzip der Bewegung im Beweger ist, so ist eine Natur das Prinzip der Bewegung im Bewegten. Aber ein Agens ist Agens, weil es im Akt ist. Die Natur ist Materie oder Form, und eigentlich mehr Form als Materie. Materie ist reine Potenz. Bewegung ist unvollständiger Akt, der Akt dessen, was noch in Potenz ist.

Diese Kontinuität von Philosophie und Naturwissenschaft war oft Gegenstand nostalgischer Bewunderung. Doch wenn ihr auch das Verdienst zukommt, dem Bedürfnis nach Systematik zu entsprechen und den menschlichen Geist an theoretische Untersuchungen zu gewöhnen, so konnte sie doch nicht mehr sein als eine vorübergehende Phase. Die moderne Wissenschaft mußte ihre eigenen Grundbegriffe entwickeln und dadurch ihre Autonomie erlangen. Indem sie das tat, gab sie dem Gegensatz zwischen der Welt der Theorie und der Welt des Allgemeinverstands

---

[43] Vgl. *Aristoteles,* Metaphysik, Theta, 6, 1048 a 25ff. *Thomas v. Aquin,* In IX Metaphys., lect. 5, Nr. 1828ff. *B. Lonergan,* Insight, 432, gibt die Grundlage für die Allgemeinheit der Begriffe Potenz, Form und Akt.
[44] *Aristoteles,* De anima, II, 1, 412 b, 4ff.
[45] Ebd. II, 4, 415 a, 14–20. *Thomas v. Aquin,* In II De anima, lect. 6, Nr. 305.

eine neue Gestalt. Diese neue Gestalt rief nun ihrerseits eine Reihe neuer Philosophien hervor, z. B. Galileis Primärqualitäten, die eine Geometrisierung zuließen und seine der Geometrisierung widerstehenden Sekundärqualitäten, die als bloß scheinbar angesprochen wurden; Descartes' Geist, der sich in einem Maschinenleib befindet; die beiden bekannten Attribute Spinozas; Kants apriorische Formen und aposteriorische Erfüllung durch die Sinnlichkeit.[46] Doch Kants kopernikanische Wende ist eine Trennungslinie. Hegel wandte sich von der Substanz zum Subjekt. Historiker und Philologen erarbeiteten ihre eigenständigen Methoden für die Geisteswissenschaften. Wille und Entscheidung, Handlungen und Ergebnisse traten betont hervor bei Kierkegaard, Schopenhauer, Nietzsche, Blondel, wie auch bei den Pragmatikern. Brentano inspirierte Husserl, und die Intentionalitätsanalyse vertrieb die Psychologie der Seelenvermögen. Das zweite Stadium der Bedeutung schwindet, und ein drittes ist bereit, an seine Stelle zu treten.

10.4. Undifferenziertes Bewußtsein in den späteren Stadien

Unsere Skizze der Entwicklung und des Schwindens des zweiten Stadiums wäre sehr unvollständig, wenn wir nicht auch den Fortbestand des undifferenzierten Bewußtseins in den späteren Stadien erwähnten. Denn es ist ja nicht der philosophische oder naturwissenschaftliche Theoretiker, der die Alltagsarbeit bewältigt, Geschäfte führt, Städte und Staaten regiert, die meisten Schulklassen lehrt und die Schulen leitet. Wie schon vor dem Auftauchen der Theorie, so werden auch danach all diese Aktivitäten nach Art der intellektuellen Vollzüge des Allgemeinverstands ausgeführt, in der Weise, wie bewußte und intentionale Handlungen in Übereinstimmung mit ihren eigenen immanenten und spontanen Gesetzmäßigkeiten erfolgen. Wenn auch der Modus und ein großer Teil des Anwendungsbereichs der Handlungen des Allgemeinverstands die gleichen bleiben, so wird doch schon die bloße Existenz eines anderen Modus die Anliegen und Akzentsetzungen unvermeidlich verschieben.

Es war eine steigende Flut sprachlicher Rückkoppelungen, daß Logik, Philosophie und die frühe Wissenschaft entstanden. Doch solch technische Errungenschaften können unter Umständen eher abstoßend

---

[46] Die Interaktion von Wissenschaft und Philosophie wurde ausführlich untersucht von *Ernst Cassirer*, Das Erkenntnisproblem in der Philosophie und Wissenschaft der neueren Zeit, 3 Bde., Berlin 1906, 1907, 1920; Nachdruck der Bde. I–III (³1922): Darmstadt 1974.

als beeindruckend wirken. Man kann sich damit zufriedengeben, das Faktum der Sprache zu bewundern, jenes Faktum, das den Menschen unter allen Lebewesen einzigartig macht. Man kann mit Isokrates Städte und Gesetze, Künste und handwerkliche Fertigkeiten, ja alle Aspekte der Kultur auf die Fähigkeit des Menschen zur Sprache und Überredungskunst zurückführen. Man mag seine Mitbürger dazu drängen, Beredsamkeit durch Bildung zu erwerben und sich dadurch unter den Menschen auf eben jene Weise auszuzeichnen, auf die sich der Mensch vor den Tieren auszeichnet. So entdeckte man, daß sprachliche Bildung und Menschwerdung austauschbare Begriffe sind. So entstand ein Strang des Humanismus, der sich von Griechenland bis nach Rom und von der Antike bis ins Spätmittelalter erstreckte.[47]

Ein anderer Strang war die Moral, und sein Name war *philanthropia*. Sie war Hochachtung vor dem Menschen und Hingabe an ihn als Menschen. Sie beruhte nicht auf Verwandtschaft oder edlem Geblüt, nicht auf gemeinsamer Staatsbürgerschaft und den Gesetzen, ja nicht einmal auf Bildung und Erziehung, sondern schlicht auf der Tatsache, daß der andere, vor allem der Leidende, ein menschliches Wesen war. Die Praxis der *philanthropia* konnte natürlich sehr bescheiden sein: Man zollte bereits Anerkennung solchen Eroberern, die beim Ausplündern und Versklaven der Besiegten etwas Zurückhaltung bewiesen. Zumindest aber war sie ein Ideal, das die Erziehung inspirierte und die edle Urbanität, die Leichtigkeit und Freundlichkeit, den Charme und Geschmack begünstigte, die sich in Menanders Komödien und deren lateinischen Gegenstücken von Plautus und Terenz bekunden.

Ein dritter Strang kam von der Welt der Theorie. Denn wenn kreatives Denken in Philosophie und Naturwissenschaft für den allgemeinen Gebrauch zu streng und schwierig ist, sind kreative Denker normalerweise selten. Sie haben nur ihre kurze Zeit, um dann als Nachfolger die Kommentatoren, die Lehrer, die Popularisatoren zu haben, die nur noch erläutern, vervollständigen, übertragen und vereinfachen. Auf diese Weise durchdringen sich teils und verschmelzen die Welten der Theorie und des Allgemeinverstands. Die Ergebnisse sind ambivalent. Es kann vorkommen, daß die Übertreibungen des Irrtums eines Philosophen aufgegeben werden, während die Tiefen philosophischer Wahrheit ein Vehikel finden, wodurch der Verlust der unglaubwürdig gewordenen Mythen ausgeglichen wird. Es kann aber auch geschehen, daß sich die Theorie mehr mit allgemeinem Unsinn als mit dem Allgemeinverstand verbindet, so

---

[47] B. *Snell,* aaO. Kap. XI.

daß der Unsinn hohe Ansprüche erhebt und – weil allgemein verbreitet – gefährlich, ja sogar katastrophal wird.

Die Literatur schließlich ging in eine ganz andere Phase über. Bruno Snell stellte die vor-philosophischen den nach-philosophischen Dichtern gegenüber.[48] Die frühere Dichtung, so bemerkt er, war immer darauf bedacht, neue Gebiete des Geistes abzustecken. Die epischen Sagas bahnten den Weg für die Geschichte, die Kosmogonien den Weg der jonischen Spekulation über das Urprinzip, die Lyrik den Weg für Heraklit und das Drama den Weg für Sokrates und Platon.[49] Die spätere Dichtung ist mit der Literaturkritik und mit Theorien zur Dichtkunst vertraut. Die Dichter müssen ihr Genre, ihren Stil und Tonfall wählen. Sie können sich – wie Kallimachos – begnügen, heiter und virtuos zu sein, oder aber wie Vergil in seinen Eklogen versuchen, die Sehnsucht einer überfeinerten Zivilisation nach früheren Tagen und einfacherem Leben zum Ausdruck zu bringen.[50]

Dieses einfachere Leben bestand natürlich weiterhin. Der Humanismus, den wir beschrieben haben, gehört einer gebildeten Schicht. In einem Volk, das durch eine gemeinsame Sprache, gemeinsame Bindungen, gemeinsame moralische und religiöse Überlieferungen ebenso wie durch ökonomische Interdependenz geeint ist, kann die Kultur der Gebildeten auf viele der weniger Gebildeten einwirken, ähnlich wie die Theorie auf den vor-theoretischen Allgemeinverstand einwirkte. So können die Innovationen der Theorie durch sukzessive Anpassungen in immer schwächeren Formen alle Schichten einer Gesellschaft durchdringen, um ihr annähernd jene Homogenität zu verleihen, die für ein gegenseitiges Verständnis unerläßlich ist.

Doch derart ideale Bedingungen gibt es nicht notwendigerweise. Es können Diskontinuitäten auftreten. Die besser Gebildeten werden zu einer in sich geschlossenen Schicht, ohne eine Aufgabe zu erfüllen, die ihrer Ausbildung entspricht. Sie werden steril. Die weniger Gebildeten und die Ungebildeten finden sich nun in einer Tradition vor, die ihre Möglichkeiten übersteigt. Sie können diese Überlieferung nicht aufrechterhalten. Es fehlt ihnen an Begabung, die Tradition zu einem einfacheren, lebendigen und verständlichen Ganzen umzuformen; so gerät sie in Verfall. Sinngehalt und Werte des menschlichen Lebens verarmen. Der Wille zur Leistung erschlafft und wird eingeengt. Wo einst Freude oder Trauer

---

[48] Ebd. 266ff.
[49] In den Vergleichen der Hexameter des Empedokles findet sich eine Vorahnung der Naturwissenschaft, z. B.: »Wie ein Echo wird das Licht der Sonne vom Mond zurückgeworfen; der Mond dreht sich um die Erde wie die Radnabe um die Achse ...« aaO. 189f.
[50] Ebd. Kap. XII und XIII.

herrschten, gibt es nun bloß noch Vergnügungen oder Schmerzen. Die Kultur ist zum Elendsviertel verkommen.

So wie damals philosophische Theorie den Humanismus des Allgemeinverstands ins Leben rief, so hat auch die moderne Naturwissenschaft ihre Nachkommen. Als eine Form des Wissens gehört sie zur Entwicklung des Menschen und schafft die Grundlage für einen neuen und umfassenderen Humanismus. Als eine strenge Form des Wissens bringt sie Lehrer und Popularisatoren hervor und sogar die Phantasie der Science Fiction. Sie ist aber auch ein Handlungsprinzip und erstreckt sich daher auf die angewandten Wissenschaften, auf Technik, Technologie und Industrie. Sie ist eine anerkannte Quelle von Wohlstand und Macht, und diese Macht ist nicht bloß materiell. Es ist die Macht der Massenmedien, für alle zu schreiben, zu allen zu sprechen und von allen Menschen gesehen zu werden. Es ist die Macht eines Erziehungssystems, die Jugend eines Volkes nach dem Bild des Weisen oder nach dem Bild des Toren zu prägen, nach dem Bild des freien Menschen oder nach einem vorgeschriebenen Bild.

Im dritten Stadium differenziert sich der Sinngehalt nicht bloß in die Bereiche des Allgemeinverstands, der Theorie und der Interiorität, sondern erlangt auch die universale Unmittelbarkeit der Massenmedien und der Formkraft allgemeiner Erziehung. Nie war ein adäquat differenziertes Bewußtsein schwieriger zu erlangen. Nie war es nötiger, undifferenziertes Bewußtsein wirkungsvoll anzusprechen.

IV.

RELIGION

1. Die Gottesfrage

Die Tatsache von Gut und Böse, Fortschritt und Niedergang, führt zu Fragen über die Eigenart unserer Welt. Solche Fragen wurden vielfach und auf sehr unterschiedliche Weise gestellt – die Antworten sind sogar noch zahlreicher. Doch hinter dieser Vielfalt gibt es eine grundlegende Einheit, die bei Anwendung der transzendentalen Methode zum Vorschein kommt. Wir können die Möglichkeit fruchtbarer Untersuchung untersuchen. Wir können das Wesen der Reflexion reflektieren. Wir können überlegen, ob unsere Überlegung zwecks einer Entscheidung der Mühe wert ist. In jedem dieser Fälle stellt sich die Frage nach Gott.

Die Möglichkeit der Untersuchung liegt beim Subjekt in seiner Intelligenz, in seinem Drang, das Was, Warum und Wie zu wissen, sowie in seiner Fähigkeit, intellektuell befriedigende Anworten erreichen zu können. Aber warum sollten die Antworten, die die Intelligenz des Subjekts zufriedenstellen, mehr hergeben als eine nur subjektive Befriedigung? Warum sollte man vermuten, daß diese Antworten Bedeutung für die Erkenntnis des Universums haben? Mit Selbstverständlichkeit nehmen wir an, daß sie eine solche Relevanz haben. Wir können auf die Tatsache verweisen, daß unsere Annahme durch ihre Ergebnisse bestätigt wird. Damit geben wir einschlußweise zu, daß das Universum intelligibel ist, und hat man dies erst zugestanden, so erhebt sich die Frage, ob das Universum intelligibel sein könnte, wenn es keinen intelligenten Grund hätte. Das aber ist die Frage nach Gott.

Über Reflexion zu reflektieren heißt fragen, was geschieht, wenn wir das Belegmaterial ordnen und abwägen, um zu behaupten, daß dies wahrscheinlich so und jenes wahrscheinlich nicht so ist. Worauf beziehen sich diese Metaphern des Ordnens und Abwägens? An anderer Stelle habe ich eine ausführliche Antwort auf diese Frage erarbeitet und kann hier meine Schlußfolgerung nur summarisch wiederholen.[1] Das Urteil geht rational aus dem Erfassen eines virtuell Unbedingten hervor. Unter einem Unbe-

---

[1] »Insight« Kap. IX, X und XI.

dingten verstehe ich jedes X, das keine Bedingungen hat; unter einem virtuell Unbedingten jedes X, das keine unerfüllten Bedingungen hat. Mit anderen Worten ist ein virtuell Unbedingtes ein Bedingtes, dessen Bedingungen jedoch alle erfüllt sind. Das Belegmaterial zu ordnen heißt zu ermitteln, ob alle Bedingungen erfüllt sind. Das Belegmaterial abzuwägen heißt zu ermitteln, ob die Erfüllung der Bedingungen mit Sicherheit oder wahrscheinlich die Existenz oder das Geschehen des Bedingten einschließt.

Diese Erklärung des Urteils enthält nun implizit ein weiteres Element. Wenn wir von einem virtuell Unbedingten zu sprechen haben, so müssen wir zuerst von einem Unbedingten sprechen. Das virtuell Unbedingte hat keine unerfüllten Bedingungen. Das Unbedingte im strengen Wortsinn hat überhaupt keine Bedingungen. Nach traditioneller Terminologie ist ersteres ein kontingentes und letzteres ein notwendiges Sein. In einer moderneren Terminologie: Das erstere gehört zu dieser Welt, zu der Welt möglicher Erfahrung, wogegen letzteres diese Welt in dem Sinne transzendiert, daß seine Wirklichkeit von völlig anderer Ordnung ist. In beiden Fällen aber stoßen wir auf die Gottesfrage. Existiert ein notwendiges Sein? Gibt es eine Wirklichkeit, die die Wirklichkeit dieser Welt übersteigt?

Etwas zu erwägen heißt fragen, ob dieses Etwas der Mühe wert ist. Das Erwägen selbst zu erwägen heißt fragen, ob jegliches Erwägen überhaupt der Mühe wert ist. Hat »der-Mühe-wert-sein« irgendeine letzte Bedeutung? Ist die moralische Bemühung mit dieser Welt vereinbar? Wir loben das Subjekt, das sich entfaltet und immer fähiger wird zur Aufmerksamkeit, Einsicht, Vernünftigkeit und Verantwortlichkeit. Wir loben den Fortschritt und brandmarken alles, worin sich ein Niedergang manifestiert. Es fragt sich aber, ob das Universum auf unserer Seite ist oder ob wir nur Glücksspieler sind, und falls Spieler, ob nicht vielleicht auch Narren, insofern wir individuell um Authentizität ringen und gemeinsam versuchen, dem ständig wachsenden Wirrwarr des Niedergangs einen Fortschritt abzuzwingen. Diese Fragen stellen sich, und es wird deutlich, daß unsere Einstellung und Entschlossenheit zutiefst von den entsprechenden Antworten beeinflußt werden kann. Gibt es einen transzendenten, intelligenten Grund des Universums mit Notwendigkeit, oder gibt es ihn nicht? Ist dieser Grund die erste Instanz sittlichen Bewußtseins, oder sind wir es selbst? Sind Kosmogenese, biologische Evolution und der Geschichtsprozeß uns als moralischen Wesen grundlegend verwandt, oder sind sie indifferent und uns somit fremd?

Solcherart ist die Gottesfrage. Sie ist keine Angelegenheit von bildhafter Vorstellung, von Gefühl, Begriff oder Urteil. Diese gehören zu Antworten; sie aber ist eine Frage. Sie erhebt sich aus unserer bewußten Intentionalität, aus jenem *a priori* strukturierten Impuls, der uns vom Erfahren zur Anstrengung des Verstehens führt, vom Verstehen zur Bemühung um das wahre Urteil und vom Urteilen zur Mühe des richtigen Wählens. In dem Maße, wie wir uns unserem eigenen Fragen zuwenden und dazu übergehen, es in Frage zu stellen, erhebt sich die Frage nach Gott.

Sie ist eine Frage, die auf den verschiedenen Stufen der geschichtlichen Entwicklung des Menschen und in den zahlreichen Varianten seiner Kultur auf sehr unterschiedliche Weise zum Ausdruck kommt. Doch solche Unterschiede der Kundgabe und des Ausdrucks sind sekundär. Sie können fremde Elemente einführen, die die reine Frage überlagern, verdunkeln und verzerren: die Frage nämlich, die das Fragen selbst hinterfragt. Nichtsdestoweniger setzen auch ein Verdunkeln und Verzerren ebendas voraus, was sie verdunkeln und verzerren. Daraus folgt, daß – wie stark religiöse oder nicht-religiöse Antworten voneinander abweichen mögen, wie sehr auch die Fragen, die sie ausdrücklich stellen, differieren – dennoch in ihrer tiefsten Wurzel die gleiche transzendentale Tendenz des menschlichen Geistes vorhanden ist, jenes Geistes, der fragt, der ohne Einschränkungen fragt, der die Bedeutung seines eigenen Fragens in Frage stellt und so zur Gottesfrage vordringt.

Die Gottesfrage liegt demnach im Horizont des Menschen. Die transzendentale Subjektivität des Menschen wird verstümmelt oder aufgegeben, wenn er sich nicht nach dem Intelligiblen, nach dem Unbedingten, nach dem Gut des Wertes ausstreckt. Die Reichweite, nicht seines Erreichens, sondern seines Intendierens ist unbegrenzt. Innerhalb seines Horizontes liegt ein Bereich für das Göttliche, ein Tempel für höchste Heiligkeit. Er ist nicht zu übersehen. Der Atheist mag ihn für leer halten; der Agnostiker kann betonen, seine Untersuchungen hätten zu keinem schlüssigen Ergebnis geführt, und der Humanist unserer Gegenwart wird sich weigern, diese Frage überhaupt zuzulassen. Doch all diese Negationen setzen den Funken in unserem Brandscheit voraus, unsere ursprüngliche Ausrichtung auf das Göttliche.

2. Selbst-Transzendenz

Der Mensch erlangt Authentizität durch Selbst-Transzendenz. Man kann in eben dem Maß in einer Welt leben und einen Horizont haben, in dem man nicht in sich selbst verschlossen ist. Ein erster Schritt zu dieser Befreiung ist die Sinnlichkeit, die wir mit den höheren Tieren gemeinsam haben. Diese aber sind in ihren Lebensraum eingeschlossen, während der

Mensch in einem Universum lebt. Über die Sinneswahrnehmung hinaus stellt der Mensch Fragen, und sein Fragen ist unbegrenzt.

Da sind zuerst die Fragen nach Einsicht. Wir fragen »Was, Warum, Wie und Wozu«. Unsere Antworten vereinigen, verbinden miteinander, klassifizieren, konstruieren, reihen ein und verallgemeinern. Von dem schmalen Raum-Zeit-Streifen, der unserer unmittelbaren Erfahrung zugänglich ist, kommen wir allmählich zum Aufbau einer Weltsicht und zur Erforschung dessen, was wir selbst sein sollten und tun könnten.

Auf die Fragen nach Einsicht folgen Fragen nach Reflexion. Wir gehen über Vorstellung und Vermutung, über Idee und Hypothese, Theorie und System hinaus um zu fragen, ob dies tatsächlich so ist oder ob jenes wirklich sein könnte – oder nicht. Nun erhält die Selbst-Transzendenz eine neue Bedeutung. Sie geht nicht bloß über das Subjekt hinaus, sondern sucht auch das, was vom Subjekt unabhängig ist. Denn ein Urteil, daß dies oder jenes so ist, berichtet nicht, was mir erscheint, nicht was ich mir vorstelle, nicht was ich denke, nicht was ich wünsche, nicht was ich geneigt wäre zu sagen, und nicht was mir so scheint, sondern was so ist.

Noch ist solche Selbst-Transzendenz nur kognitiv. Sie gehört nicht der Ordnung des Tuns, sondern nur der des Wissens an. Doch auf der endgültigen Ebene der Fragen nach Entscheidung wird die Selbst-Transzendenz moralisch. Wenn wir fragen, ob dieses oder jenes lohnt, ob es nicht nur scheinbar, sondern wahrhaft gut ist, suchen wir nicht das, was uns Vergnügen oder Schmerz, Behaglichkeit oder Unbehagen bereitet, auch nicht die spontane Empfindungsfähigkeit, weder den individuellen noch den Gruppen-Vorteil, sondern wir suchen den objektiven Wert. Weil wir solche Fragen stellen können, weil wir sie beantworten und gemäß den Antworten leben können, deshalb können wir in unserem Leben eine moralische Selbst-Transzendenz bewirken. Diese moralische Selbst-Transzendenz ist die Möglichkeit von Güte und Wohltätigkeit, von aufrichtiger Zusammenarbeit und wahrer Liebe, und sie ermöglicht uns, aus dem Lebensraum des Tieres völlig auszuscheren und Person in einer menschlichen Gesellschaft zu werden.

Die transzendentalen Notionen – das sind unsere Fragen nach Verstand, nach Reflexion und Entscheidung – machen unsere Fähigkeit zur Selbst-Transzendenz aus. Diese Fähigkeit wird zur Tatsächlichkeit, wenn man zu lieben beginnt. Dann wird unser Sein ein In-Liebe-Sein Solches In-Liebe-Sein hat seine Vorgeschichte, seine Gründe, Bedingungen und Anlässe. Doch ist es einmal erblüht, und solange es dauert, übernimmt es die Leitung. Es wird zum ersten Prinzip, aus dem alles hervorgeht: eigene Wünsche und Befürchtungen, Freuden und Leiden, Werterkenntnisse, Entscheidungen und Taten.

In-Liebe-Sein ist unterschiedlicher Art. Es gibt die Liebe der innigen Vertrautheit von Mann und Frau, von Eltern und Kindern. Es gibt die Nächstenliebe, die ihre Früchte trägt zum menschlichen Wohl. Es gibt die Liebe zu Gott aus »ganzem Herzen und ganzer Seele, mit all deinen Gedanken und all deiner Kraft« (Mk 12,30). Die Liebe Gottes ist »ausgegossen in unsere Herzen durch den Heiligen Geist, der uns gegeben ist« (Röm 5,5). Sie begründet die Überzeugung des hl. Paulus: »Weder Tod noch Leben, weder Engel noch Mächte, weder Gegenwärtiges noch Zukünftiges, weder Gewalten der Höhe oder Tiefe noch irgendeine andere Kreatur können uns scheiden von der Liebe Gottes, die in Christus Jesus ist, unserem Herrn« (Röm 8,38f).

Wie die Gottesfrage in all unserem Fragen eingeschlossen ist, so ist das mit Gott In-Liebe-Sein die grundlegende Erfüllung unserer bewußten Intentionalität. Diese Erfüllung führt zu einer tief verwurzelten Freude, die Demütigung, Versagen, Entbehrung, Leid, Treuebruch und Verlassenheit überdauern kann. Diese Erfüllung führt zu tiefstem Frieden, einem Frieden, den die Welt nicht geben kann. Diese Erfüllung trägt Früchte in der Nächstenliebe, die machtvoll danach strebt, das Gottesreich auf diese Erde zu bringen. Fehlt diese Erfüllung, so ist der Weg frei zur Banalisierung des menschlichen Lebens im Streben nach Vergnügungen, zur Härte des Lebens, die sich aus gnadenloser Machtausübung ergibt, zur Verzweiflung am Wohle des Menschen, die der Überzeugung entstammt, das Universum sei absurd.

3. Religiöse Erfahrung

Mit Gott In-Liebe-Sein, als erlebt, heißt auf unbegrenzte Weise in Liebe zu sein. Jede Liebe ist Selbst-Hingabe, doch mit Gott in Liebe zu sein, ist ohne Einschränkungen oder Qualifikationen oder Bedingungen oder Vorbehalte In-Liebe-Sein. So wie unbegrenztes Fragen unsere Fähigkeit zur Selbst-Transzendenz ist, so ist mit Gott auf unbegrenzte Weise in Liebe zu sein die eigentliche Erfüllung dieser Fähigkeit.

Diese Erfüllung ist nicht das Ergebnis unseres Wissens und unserer Wahl. Ganz im Gegenteil – sie läßt den Horizont, in dem sich unser Wissen und Wählen bisher abspielte, verschwinden und stellt einen neuen Horizont auf, in welchem die Liebe zu Gott unsere Werte umwertet und die Augen dieser Liebe unser Wissen verwandeln.

Obwohl diese Erfüllung nicht Ergebnis unseres Wissens und Wählens ist, ist sie doch ein bewußter und dynamischer Zustand von Liebe, Freude und Friede, der sich in Taten der Freundlichkeit, Güte, Treue, Sanftmut und Selbstbeherrschung zeigt (Gal 5,22).

Sagt man, dieser dynamische Zustand sei bewußt, so sagt man damit noch nicht, er sei auch erkannt. Denn Bewußtsein ist einfach Erfahrung, Wissen dagegen ist zusammengesetzt aus Erfahrung, Verstehen und Urteilen. Weil dieser dynamische Zustand bewußt ist, ohne jedoch erkannt zu sein, ist er eine Erfahrung des Geheimnisses. Weil es ein In-Liebe-Sein ist, ist das Geheimnis nicht nur anziehend, sondern geradezu faszinierend. Man gehört ihm, man wird von ihm besessen. Weil es eine unermeßliche Liebe ist, ruft das Geheimnis auch Ehrfurcht hervor. Daher ist das Geschenk der Liebe Gottes an sich, insofern es bewußt ist, ohne erkannt zu sein, eine Erfahrung des Heiligen, eine Erfahrung dessen, was Rudolf Otto *mysterium fascinans et tremendum* nannte.[2] Paul Tillich nennt es »Das, was uns unbedingt angeht«.[3] Es entspricht dem, was Ignatius von Loyola als »Trost« bezeichnet, der keine Ursache hat, wie Karl Rahner darlegte.[4]

Es ist auf der vierten Ebene des intentionalen Bewußtseins bewußt. Es ist nicht jenes Bewußtsein, das die Akte des Sehens, Hörens, Riechens, Schmeckens und Tastens begleitet; auch nicht das Bewußtsein, das die Akte des Untersuchens, des Einsehens, des Formulierens und Sprechens begleitet. Es ist auch nicht das Bewußtsein, das die Akte der Reflexion, des Ordnens und Abwägens des Belegmaterials, der Tatsachen- und Möglichkeitsurteile begleitet. Vielmehr geht es um jenes Bewußtsein, das überlegt, Werturteile fällt, entscheidet und handelt – verantwortlich und frei. Es ist aber dieses Bewußtsein, insofern es zur Erfüllung gebracht wurde, eine Bekehrung durchgemacht hat, eine Grundlage besitzt, die zwar ausgeweitet, vertieft, erhöht und bereichert, nicht aber ersetzt werden kann, und insofern es bereit ist zu überlegen, zu urteilen, zu entscheiden und zu handeln, und zwar mit der Leichtigkeit und Freiheit derer, die alles Gute tun, weil sie in Liebe sind. So durchdringt das Geschenk der Liebe Gottes den Wurzelgrund der vierten und höchsten Ebene des menschlich intentionalen Bewußtseins. Die Liebe herrscht über die »Seelenspitze«, den *apex animae*.

Dieses Geschenk, das wir beschrieben haben, ist wirklich die heiligmachende Gnade, unterscheidet sich aber begrifflich von dieser. Die begriffliche Differenz ergibt sich aus unterschiedlichen Stadien der Bedeutung. Von heiligmachender Gnade zu sprechen gehört jenem Stadium der Be-

---

[2] R. *Otto*, Das Heilige, Gotha ¹⁶1927. Man beachte, daß sich die Bedeutung des *tremendum* je nach dem Stadium der eigenen religiösen Entwicklung verändert.

[3] D. M. *Brown*, Ultimate Concern: Tillich in Dialogue, New York 1965.

[4] K. *Rahner*, Das Dynamische in der Kirche, Quaestiones disputatae 5, Frankfurt/Main 1958, 115ff. K. Rahner nimmt »Tröstung ohne einen Grund« in der Bedeutung »Tröstung mit einem Inhalt, aber ohne ein Objekt«.

deutung an, in dem die Welt der Theorie und die Welt des Allgemeinverstands zwar voneinander unterschieden, aber noch nicht ausdrücklich von der Welt der Interiorität unterschieden und in ihr fundiert sind. Vom dynamischen Zustand des mit Gott In-Liebe-Seins zu sprechen, gehört jenem Stadium der Bedeutung an, in dem die Welt der Interiorität explizit zur Grundlage der Welten der Theorie und des Allgemeinverstands gemacht worden ist. Daraus folgt, daß in diesem Stadium der Bedeutung das Geschenk der Gottesliebe zuerst als eine Erfahrung beschrieben und nur infolgedessen dann auch in theoretischen Kategorien objektiviert wird.

Abschließend sei angemerkt, daß der dynamische Zustand an sich wirkende Gnade ist; der gleiche Zustand als Urgrund von Akten der Liebe, der Hoffnung, des Glaubens, der Reue und dergleichen aber mitwirkende Gnade. Man kann ergänzend sagen, daß damit die Bekehrung nicht als allzu gewaltsamer Wechsel oder als Bruch der psychologischen Kontinuität stattfindet und dem dynamischen Zustand recht ähnliche vorübergehende Dispositionen, die ebenso wirkend wie auch mitwirkend sind, vorangehen können. Ist der dynamische Zustand einmal hergestellt, wird er noch durch weitere zusätzliche Gnaden bereichert und entfaltet.[5]

4. Ausdrucksweisen religiöser Erfahrung

Religiöse Erfahrung zeigt sich spontan in veränderten Einstellungen, in jener Ernte des Geistes: in Liebe, Freude und Friede, in Freundlichkeit, Güte, Treue, Sanftmut und Selbstbeherrschung. Sie ist aber auch mit ihrer Grundlage und ihrer Mitte im *mysterium fascinans et tremendum* befaßt, und der Ausdruck dieses Anliegens ändert sich sehr, wenn man von den früheren zu späteren Stadien der Bedeutung übergeht.

Im frühesten Stadium ergibt sich der Ausdruck aus der Einsicht in wahrnehmbare Darstellungen und Vorstellungen. Da wird mit einer gewissen Leichtigkeit das Räumliche, nicht aber das Zeitliche herausgestellt, das Besondere, nicht aber die Gattung, das Äußere, nicht aber das Innere, das Menschliche, nicht aber das Göttliche. Nur insofern das Zeitliche, die Gattung, das Innere und das Göttliche auf irgendeine Weise mit dem Räumlichen, dem Besonderen, dem Äußeren und dem Menschlichen assoziiert oder – in der Sprache des naiven Realisten – darauf »proji-

---

[5] Vgl. mein Buch Grace and Freedom: Operative grace in the Thought of St. Thomas Aquinas, London New York 1971. Hier sind in Buchform Beiträge zusammengefaßt, die zuerst in: Theological Studies 2 (1941) 289–324; 3 (1942) 69–88; 375–402; 533–578 veröffentlicht wurden.

ziert« werden kann, kommt eine Einsicht zustande und kann sich daher ein Ausdruck ergeben. So ergibt sich aus der assoziativen Verbindung religiöser Erfahrung mit ihrem äußeren Anlaß, daß die Erfahrung zum Ausdruck gebracht und dadurch für das menschliche Bewußtsein zu etwas Bestimmtem und Deutlichem wird.

Solche äußeren Anlässe nennt man Hierophanien, und sie sind zahlreich. Wenn jede einzelne von den zahlreichen etwas Bestimmtes und zu den anderen nicht in Beziehung Stehendes ist, offenbaren die Hierophanien die sogenannten Götter des Augenblicks. Wenn sie zahlreich sind, aber als mit einer Familienähnlichkeit ausgestattet erkannt werden, dann hat man es mit einem lebendigen Polytheismus zu tun, wie er sich heute in den 800 000 Göttern des Shintoismus darstellt.[6] Wenn bestimmte religiöse Erfahrungen mit einem einzigen Ort in Verbindung gebracht werden, so entsteht der Gott dieses oder jenes Ortes. Geht es um die Erfahrungen einer einzigen Person und sind die Erfahrungen in der Einheit dieser Person vereinigt, dann geht es um den Gott dieser Person, etwa um den Gott Jakobs oder den Gott Labans.[7] Erfolgt aber die Vereinigung der Erfahrungen sozial, erstehen die Götter oder der Gott einer Gruppe.

Vermutlich gibt es kein eindeutiges Beweismaterial dafür, daß solche religiöse Erfahrung dem von mir aufgestellten Modell entspricht – abgesehen von jener vorgängigen Wahrscheinlichkeit, die auf der Tatsache beruht, daß Gott gut ist und allen Menschen hinreichend Gnade zu ihrem Heil gibt. Zumindest einen Gelehrten gibt es, bei dem man eine ausdrückliche Aussage über Gemeinsamkeiten der Weltreligionen – Christentum, Judentum, Islam, zoroastrischer Mazdaismus, Hinduismus, Buddhismus und Taoismus – findet. Friedrich Heiler hat sieben solcher Gemeinsamkeiten recht ausführlich beschrieben.[8] Zwar kann ich hier nicht den ganzen Reichtum seines Denkens wiedergeben, wenigstens aber eine Liste der Themen aufstellen, die er behandelt: Es gibt eine transzendente Wirklichkeit; sie ist dem Menschenherzen immanent; sie ist höchste Schönheit, Wahrheit, Gerechtigkeit und Güte; sie ist Liebe, Barmherzigkeit, Mitleid; der Weg zu ihr ist Reue, Selbstverleugnung und Gebet; derselbe Weg ist Nächstenliebe, ja sogar Feindesliebe; der Weg ist Liebe zu Gott, so daß Seligkeit als Gotteserkenntnis, als Vereinigung mit ihm oder als Auflösung in ihm verstanden wird.

---

[6] Vgl. *E. Benz,* Über das Verstehen fremder Religionen, Grundfragen der Religionswissenschaft, hrsg. von *M. Eliade* und *J. Kitagawa,* Salzburg 1963, 22f.
[7] Zu lokalen und personalen Gottesvorstellungen in der Bibel vgl. *N. Lohfink,* Bibelauslegung im Wandel, Frankfurt/Main 1967.
[8] *F. Heiler,* Die Religionsgeschichte als Wegbereiterin für die Zusammenarbeit der Religionen, in: Grundfragen der Religionswissenschaft, 51–63, (vgl. oben Anm. 6).

Nun ist es nicht schwer einzusehen, so meine ich, wie diese sieben gemeinsamen Züge der Weltreligionen implizit in der Erfahrung eines uneingeschränkten In-Liebe-Seins enthalten sind. In-Liebe-Sein heißt mit jemanden in Liebe zu sein. Ohne Einschränkungen, Bedingungen, Vorbehalte oder Grenzen in Liebe zu sein heißt mit jemand in Liebe zu sein, der transzendent ist. Ist aber jemand, der transzendent ist, mein Geliebter, so ist er in meinem Herzen, so ist er für mich real von innen her. Wenn diese Liebe die Erfüllung meines grenzenlosen Drangs nach Selbst-Transzendenz durch Einsicht, Wahrheit und Verantwortlichkeit ist, so muß derjenige, der diesen Impuls an sein Ziel bringt und erfüllt, der Höchste an Intelligenz, Wahrheit und Güte sein. Da er zu mir kommen will durch das Geschenk der Liebe zu ihm, muß er selbst Liebe sein. Da ihn zu lieben mein Transzendieren meiner selbst ist, so ist es auch ein Verleugnen eben jenes Selbst, das zu transzendieren ist. Da ihn zu lieben heißt, ihm liebend Aufmerksamkeit zu schenken, ist diese Liebe Gebet, Meditation und Kontemplation. Da ihn zu lieben Früchte trägt, fließt diese Liebe über in die Liebe all derer, die er liebt oder lieben könnte. Aus einer Erfahrung der Liebe, die auf das Mysterium ausgerichtet ist, erfließt schließlich ein Verlangen nach Erkenntnis, während die Liebe selbst ein Verlangen nach Vereinigung ist; daher ist für den Liebenden, der den unbekannten Geliebten liebt, Inbegriff der Seligkeit, ihn zu erkennen und mit ihm vereint zu sein, wie immer dies zu erreichen sei.

5. Die Dialektik der religiösen Entwicklung

Religiöse Entwicklung ist nicht einfach die Entfaltung des dynamischen Zustands uneingeschränkten In-Liebe-Seins mit all seinen Konsequenzen. Denn diese Liebe ist das Äußerste an Selbst-Transzendenz, und die Selbst-Transzendenz des Menschen ist immer prekär. Schon *per se* involviert Selbst-Transzendenz die Spannung zwischen dem transzendierenden und dem transzendierten Ich. Daher ist die menschliche Authentizität niemals ein reiner, friedlicher und sicherer Besitz. Sie ist immer nur ein Rückzug aus der Unechtheit, und jeder erfolgreiche Rückzug zeigt bloß die Notwendigkeit weiterer Rückzüge. Unser Fortschritt im Verstehen ist immer auch Beseitigung von Versehen und Mißverstehen. Unser Fortschritt in der Wahrheit ist immer auch eine Korrektur von Fehlern und Irrtümern. Unsere sittliche Entwicklung erfolgt auch durch Reue über unsere Sünden. Echte Religion wird entdeckt und verwirklicht durch eine Befreiung aus den zahlreichen Fallstricken religiöser Verirrung. So ist uns geboten zu wachen und zu beten und unseren Lebensweg in Furcht und

Zittern zu gehen. Daher sind es gerade die größten Heiligen, die sich selbst für die größten Sünder halten, obwohl ihre Sünden den weniger heiligen Leuten, denen es an Unterscheidungsgabe und Liebe fehlt, wirklich leicht erscheinen.

Dieser dialektische Charakter religiöser Entwicklung impliziert, daß den oben genannten sieben gemeinsamen Bereichen oder Zügen in der Geschichte der Religionen auch deren Gegensätze entsprechen. In-Liebe-Sein heißt, wie wir sagten, mit jemanden in Liebe zu sein. Es hat eine personale Dimension. Dies aber kann in einer Schule des Gebets und der Aszetik, die die Ausrichtung der religiösen Erfahrung auf das transzendente Mysterium besonders betont, übersehen werden. Das Transzendente ist nichts in dieser Welt. Das Mysterium ist das Unbekannte. Ohne die transzendentale Notion des Seins als des Zu-Erkennenden kann man dazu kommen, das transzendente Geheimnis das Nichts schlechthin zu nennen.[9]

In einem viel früheren Stadium kann die Transzendenz auch überbetont und die Immanenz übersehen werden: Dann wird Gott weit entfernt, bedeutungslos und fast vergessen.[10] Umgekehrt kann die Immanenz überbetont und die Transzendenz übersehen werden. Dann beraubt der Bezugsverlust zum Transzendenten das Symbol, den Ritus und die Lesung ihres eigentlichen Sinngehalts und macht sie zum bloßen Idol, zur Magie und zum Mythos.[11] Dann kann man das Göttliche auch mit dem Leben als universalem Prozeß identifizieren, von dem der einzelne und die Gruppe ein Teil sind und an dem sie teilhaben.[12]

Ich habe das mit Gott In-Liebe-Sein als letzte Erfüllung menschlicher Fähigkeit zur Selbst-Transzendenz aufgefaßt; diese Sicht der Religion wird gestützt, wenn Gott als die höchste Erfüllung der transzendentalen Notionen, als höchste Intelligenz, Wahrheit, Wirklichkeit, Gerechtigkeit und Güte aufgefaßt wird. Umgekehrt aber wird die Liebe zu Gott, wenn sie nicht streng mit der Selbst-Transzendenz in Verbindung gebracht wird, tatsächlich leicht durch das Erotische, Sexuelle und Orgiastische verstärkt.[13] Andererseits ist die Liebe zu Gott auch von Ehrfurcht durchdrungen. Gottes Gedanken und Wege unterscheiden sich sehr von denen der Menschen, und durch diese Differenz wird Gott erschreckend. Wenn Religion nicht gänzlich auf das Gute ausgerichtet ist, auf echte Nächsten-

---

[9] Zum Buddhismus vgl. *E. Benz*, aaO. 20f und *F. Heiler*, aaO. 47f.
[10] Vgl. *F. M. Bergounioux/J. Goetz*, Prehistoric and Primitive Religions, London 1965, 82–91.
[11] *A. Vergote*, Religionspsychologie, Olten 1970, 68f.
[12] *F. M. Bergounioux/J. Goetz*, aaO. 117–126.
[13] *A. Vergote*, aaO. 69f.

liebe und auf eine Selbstverleugnung, die einer umfassenderen Güte in sich selbst untergeordnet ist, dann kann der Kult eines Gottes, der schrecklich und erschreckend ist, ins Dämonische hinübergleiten, in eine jubelnde Destruktivität seiner selbst und der anderen.[14]

Das also ist gemeint, wenn wir sagen, die religiöse Entwicklung sei dialektisch. Es geht hierbei nicht um den Kampf zwischen irgendwelchen Gegensätzen, sondern um den präzisen Gegensatz von Authentizität und Nicht-Authentizität, von transzendierendem und transzendiertem Ich. Es geht nicht bloß um einen Gegensatz zwischen konträren Aussagen, sondern um einen Widerstreit innerhalb der Realität menschlicher Individuen und Gruppen. Eine solch dialektische Entwicklung läßt sich nicht einfach durch eine apriorische Konstruktion von Kategorien definieren, sondern ist auch durch ein unterscheidungsfähiges Studium der Geschichte *a posteriori* zu entdecken. Sie ist nicht auf die von uns skizzierten Gegensätze beschränkt, sondern erstreckt sich durch die Jahrhunderte auf die endlose Vielfalt institutioneller, kultureller, personaler und religiöser Entwicklung, auf Niedergang und Wiederbelebung. Wir werden darauf zurückkommen, wenn wir als funktionale Spezialisierung die Dialektik behandeln.

6. Das Wort

Unter Wort verstehen wir hier jeden Ausdruck religiösen Sinngehalts oder religiösen Wertes. Dessen Träger kann Intersubjektivität oder Kunst sein, Symbol oder Sprache, aber auch die erinnerten und aufgezeichneten Lebensläufe, Taten oder Leistungen von Individuen, Klassen oder Gruppen. Normalerweise kommen hierbei alle Ausdrucksweisen zur Anwendung; da aber die Sprache jenes Vehikel ist, durch das der Sinngehalt am umfassendsten artikuliert wird, ist das gesprochene und das geschriebene Wort für die Entwicklung und Klärung der Religion besonders wichtig.

Durch ihr Wort tritt die Religion in jene Welt ein, die durch Bedeutung vermittelt und durch Werte geregelt wird. Sie beschenkt diese Welt mit ihrer tiefsten Bedeutung und mit ihrem höchsten Wert. Sie setzt sich in einen Kontext anderer Sinngehalte und anderer Werte. Innerhalb dieses Kontextes gelangt sie zu ihrem Selbstverständnis, setzt sich in Beziehung zu dem, was uns unbedingt angeht, und schöpft so von ihm die Kraft, um die Ziele, die uns als nächste angehen, um so angemessener und um so wirksamer anzustreben.

[14] Ebd. 70ff. Vgl. *R. May*, Love and Will, New York 1969, Kap. V, VI.

Bevor die Religion in die durch Bedeutung vermittelte Welt eintritt, ist sie das voraufgehende Wort, das Gott zu uns spricht, indem er unser Herz mit seiner Liebe überflutet. Dieses vorhergehende Wort gehört nicht zu der durch Bedeutung vermittelten Welt, sondern zur Welt der Unmittelbarkeit, zur unvermittelten Erfahrung des Mysteriums der Liebe und Ehrfurcht. Das äußerlich gesprochene Wort ist geschichtlich bedingt; seine Bedeutung hängt ab vom menschlichen Kontext, in dem es geäußert wird, und solche Kontexte ändern sich von Ort zu Ort und von einer Generation zur anderen. Doch das voraufgehende Wort in seiner Unmittelbarkeit entrückt den Menschen – obwohl es in seiner Intensität differiert, obwohl es bei unterschiedlichen Charakteren und auf verschiedenen religiösen Entwicklungsstufen recht unterschiedliche Resonanz hervorruft – aus der Mannigfaltigkeit der Geschichte, indem es aus der durch Bedeutung vermittelten Welt herausführt und hin zu einer Welt der Unmittelbarkeit, in der Bild und Symbol, Gedanke und Wort ihre Relevanz verlieren und sogar verschwinden.

Daraus sollte man nicht schließen, daß das äußere Wort etwas Nebensächliches sei, denn ihm kommt eine konstituierende Rolle zu. Wenn ein Mann und eine Frau einander lieben, ihre Liebe aber nicht bekennen, so sind sie noch nicht in der Liebe. Gerade ihr Schweigen bedeutet, daß ihre Liebe noch nicht den Punkt der Selbstaufgabe und Selbsthingabe erreicht hat. Erst die Liebe, die jeder freiwillig und völlig dem anderen bekundet, führt zur gänzlich neuen Situation des In-Liebe-Seins und ist der Anfang der Entfaltung ihrer lebenslangen Implikationen.[15]

Was für die Liebe von Mann und Frau gilt, gilt auf seine Weise auch für die Liebe von Gott und Mensch. Für gewöhnlich wird die Erfahrung des Mysteriums der Liebe und Ehrfurcht nicht objektiviert. Sie bleibt innerhalb der Subjektivität als ein Vektor, als ein Sog, als ein schicksalhafter Ruf zu einer gefürchteten Heiligkeit. Vielleicht verliert nach Jahren beständigen Gebetslebens und der Selbstverleugnung die Immersion in der durch Bedeutung vermittelten Welt ihren Totalitätscharakter und wird die Erfahrung des Mysteriums klar und deutlich genug, um Aufmerksamkeit, Staunen und Suche zu wecken. Selbst dann gibt es im individuellen Einzelfall keine sicheren Antworten. Das einzige, was man tun kann, ist sein lassen, was ohnehin ist, und geschehen lassen, was sich sowieso wie-

---

[15] Vgl. *A. Vergote*, La liberté religieuse comme pouvoir de symbolisation, in: L'Herméneutique de la liberté religieuse, hrsg. von *E. Castelli*, Paris 1968, 383ff. Durch die Anwesenheit einer anderen Person wird man aus einem rein epistemologischen Kontext herausgenommen. Die Worte, die sie spricht, fügen der Bedeutung eine neue Dimension hinzu. Vgl. auch *G. Winter*, Elements of a Social Ethic, New York 1968, 99, zu den sozialen Ursprüngen der Bedeutung.

derholt. Dann aber braucht man, mehr denn je, das Wort – das Wort der Überlieferung, das religiöse Weisheit aufgespeichert hat, das Wort der Mitbrüderlichkeit, das jene vereint, die das Geschenk der Liebe Gottes teilen, das Wort des Evangeliums, das verkündet, daß Gott uns zuerst geliebt und in der Fülle der Zeit diese Liebe im gekreuzigten, gestorbenen und auferstandenen Christus uns geoffenbart hat.

Das Wort ist demnach personal. *Cor ad cor loquitur*: Liebe spricht zur Liebe, und ihre Sprache ist machtvoll. Der religiöse Führer, der Prophet, der Christus, der Apostel, der Priester, der Prediger – sie alle verkünden in Zeichen und Symbolen das, was mit dem Geschenk der Liebe, die Gott in uns wirkt, übereinstimmt. Das Wort ist aber auch sozial: Es bringt die versprengten Schafe, die zusammengehören, weil sie in der Tiefe ihres Herzens dem gleichen Mysterium der Liebe und Ehrfurcht antworten, in eine einzige Hürde. Schließlich ist das Wort auch geschichtlich. Es ist nach außen zum Ausdruck gebrachter Sinngehalt. Es muß seinen Ort im Kontext anderer, nicht-religiöser Sinngehalte finden. Es muß eine konkrete Sprache entlehnen und adaptieren, eine Sprache, die viel leichter über diese Welt als über die Transzendenz zu reden vermag. Doch solche Sprachen und Kontexte ändern sich je nach Zeit und Raum; sie geben den Worten wandelnde Bedeutungen und den Aussagen andere Implikationen.

Daraus folgt, daß der religiöse Ausdruck durch die Stadien der Bedeutung hindurchgehen und in ihren verschiedenen Bereichen sprechen wird. Wenn man die Bereiche des Allgemeinverstands, der Theorie, der Interiorität und der Transzendenz unterscheidet und aufeinander bezieht, versteht man leicht die Vielfalt religiöser Äußerungen. Denn deren Quelle und Kern liegt in der Erfahrung des Mysteriums der Liebe und Ehrfurcht, und dies gehört zum Bereich der Transzendenz; die Grundlagen und Grundbegriffe religiöser Äußerungen, ihre Beziehungen und ihre Methode werden aus dem Bereich der Interiorität hergeleitet. Ihre technische Entfaltung finden sie im Bereich der Theorie; gepredigt und gelehrt werden sie im Bereich des Allgemeinverstands.

Hat man diese Bereiche einmal unterschieden und ihre Beziehungen verstanden, so ist es recht einfach, in groben Zügen frühere Stadien und verschiedenartige Entwicklungen zu verstehen. Fernöstliche Religion betonte besonders die religiöse Erfahrung. Semitische Religion betonte den prophetischen Monotheismus. Die Religion der westlichen Hemisphäre pflegte den Bereich der Transzendenz durch ihren Kirchbau und die Liturgie, durch ihren zölibatären Klerus sowie durch ihre religiösen Orden, Gemeinschaften und Bruderschaften. Sie zog ein in den Bereich der Theorie durch ihre Dogmen und ihre Theologie, durch ihre juridischen

Strukturen und gesetzlichen Verfügungen. Sie hat die gemeinsame Grundlage von Theorie und Allgemeinverstand zu legen, die in der Interiorität zu finden ist, und sie muß sich dieser Grundlage bedienen, um die Erfahrung des Transzendenten mit der durch Bedeutung vermittelten Welt zu verbinden.

Rückschau zu halten ist leicht, doch Voraussicht ist recht schwierig. Wenn der Ausdruck auf den Bereich des Allgemeinverstands beschränkt ist, kann er nur gelingen, indem er sich der Kraft der Symbole und Gestalten bedient, um das, was nicht adäquat gesagt werden kann, anzudeuten oder zu evozieren. Wird der Bereich der Theorie expliziert, so kann auch die Religion von ihm profitieren, um eine klare und fest umrissene Skizze ihrer selbst, ihrer Aufgabenbereiche und Ziele aufzuzeichnen. Sofern es aber an intellektueller Bekehrung fehlt, entstehen Kontroversen. Selbst wo diese Bekehrung stattfindet, entsteht der merkwürdige Kontrast und die Spannung zwischen der alten Erfassungsweise, die von Gefühl durchtränkt ist, und der neuen theoretischen Erfassung, die frei von Gefühl ist, von Definitionen und Theoremen aber nur so strotzt. Daher wird der Gott Abrahams, Isaaks und Jakobs dem Gott der Philosophen und der Theologen gegenübergestellt. Die Anbetung der Dreifaltigkeit und das Gefühl der Reue werden der gelehrten Abhandlung über die Trinität und dem Definieren von Reue entgegengesetzt. Innerhalb der Bereiche des Allgemeinverstands und der Theorie läßt sich nun dieser Kontrast nicht verstehen und die Spannung nicht lösen. Man muß über sie hinausgehen und ins Reich der Interiorität vordringen. Denn nur im Bereich der Interiorität vermag sich das differenzierte Bewußtsein selbst zu verstehen und dadurch das Wesen und die komplementären Ziele der verschiedenen Schemata der Erkenntnistätigkeit zu erklären.

7. Glaube in der Religion

Glaube ist Erkenntnis, die aus religiöser Liebe geboren wird.

Es gibt also erstens eine Erkenntnis, die aus der Liebe hervorgeht. Von ihr sprach Pascal in seiner Bemerkung, das Herz habe seine Gründe, die der Verstand nicht kennt. Unter »Verstand« würde ich hier die Zusammensetzung der Aktivitäten auf den ersten drei Ebenen kognitiver Tätigkeit, nämlich des Erfahrens, Verstehens und Urteilens, verstehen. Unter den »Gründen des Herzens« würde ich Gefühle verstehen, die intentionale Antworten auf Werte sind; und ich möchte die beiden Aspekte solcher Antworten in Erinnerung bringen: den absoluten Aspekt, der in der Anerkennung des Wertes besteht, und den relativen Aspekt, nämlich den

Vorzug, den man einem bestimmten Wert vor einem anderen gibt. Und schließlich verstehe ich unter »Herz« das Subjekt auf der vierten, existentiellen Ebene des intentionalen Bewußtseins und im dynamischen Zustand des In-Liebe-Seins. Demnach wäre der Sinn jener Bemerkung Pascals folgender: Neben dem Faktenwissen, das man durch Erfahren, Verstehen und Verifizieren erlangt, gibt es noch eine andere Art der Erkenntnis, die durch die Wertwahrnehmung und die Werturteile einer liebenden Person erreicht wird.

Demzufolge ist der Glaube solch eine erweiterte Erkenntnis, wenn die Liebe Gottes Liebe ist, die unser Herz überflutet. Zu unserer Erfassung der vitalen, sozialen, kulturellen und personalen Werte kommt die Erfassung des transzendenten Wertes hinzu. Diese Erfassung besteht in der erfahrenen Erfüllung unseres unbegrenzten Dranges nach Selbst-Transzendenz, in unserer verwirklichten Ausrichtung auf das Mysterium der Liebe und Ehrfurcht. Da dieser ein Drang der Intelligenz nach dem Intelligiblen ist, ein Drang der Vernunft nach dem Wahren und dem Wirklichen, sowie der Freiheit und Verantwortlichkeit nach dem wahrhaft Guten, kann die erfahrene Erfüllung jenes Dranges in seiner Unbegrenztheit als eine verhüllte Offenbarung der absoluten Intelligenz und Intelligibilität, der absoluten Wahrheit und Wirklichkeit, der absoluten Güte und Heiligkeit objektiviert werden. Mit dieser Objektivierung wiederholt sich die Gottesfrage in neuer Form. Denn jetzt ist sie in erster Linie eine Frage der Entscheidung. Werde ich Gott nun auch meinerseits lieben oder werde ich mich verweigern? Werde ich aus dem Geschenk seiner Liebe leben oder werde ich mich zurückhalten, abwenden und ganz entziehen? Hier erheben sich die Fragen nach Gottes Existenz und Wesen erst in zweiter Linie, und dann sind es entweder die Fragen eines Liebenden, der Gott zu erkennen sucht, oder Fragen eines Ungläubigen, der ihm entkommen möchte. Das ist die Grundoption des existentiellen Subjekts, sobald es einmal von Gott gerufen ist.

Wie andere Wertwahrnehmungen so hat auch der Glaube einen relativen und einen absoluten Aspekt. Er stellt alle anderen Werte in das Licht und in den Schatten des transzendenten Wertes. In den Schatten, weil der transzendente Wert der höchste und unvergleichliche Wert ist. In das Licht, weil sich der transzendente Wert mit allen anderen Werten verbindet, um sie zu verwandeln, groß zu machen und zu verherrlichen. Ohne den Glauben ist der Mensch selbst der Ursprungswert, und Zielwert ist das menschlich Gute, das der Mensch schafft. Im Licht des Glaubens aber ist der Ursprungswert das göttliche Licht und die göttliche Liebe, während der Zielwert das ganze Universum ist. Dadurch wird das menschlich Gute in ein allumfassend Gutes aufgenommen. Während zuvor eine Darstellung des menschlich Guten die Menschen aufeinander und auf die Natur bezog, reicht jetzt das Anliegen des Menschen über die Welt des Menschen hinaus bis zu Gott und seiner Welt. Menschen kommen zusammen, doch nicht nur um beieinander zu sein und menschliche Angelegenheiten zu regeln, sondern auch um anzubeten. Menschliche Entwicklung gibt es nicht nur bei Fertigkeiten und Tugenden, sondern auch in der Heiligkeit. Die Kraft der Gottesliebe bringt eine neue Energie und Wirksamkeit in alles Gutsein, und die menschliche Erwartung geht nun bis über das Grab hinaus.

Gott als Ursprungswert und die Welt als Zielwert zu verstehen schließt ein, daß auch Gott sich selbst transzendiert und die Welt die Frucht seiner Selbst-Transzendenz ist, Ausdruck und Kundgabe seiner Güte und Wohltätigkeit, ja seiner Herrlichkeit. Wie die Vortrefflichkeit des Sohnes die Ehre seines Vaters ist, so ist auch die Vortrefflichkeit der Menschheit die Ehre Gottes. Sagt man, Gott habe die Welt zu seiner Ehre geschaffen, so sagt man, daß er sie nicht um seinetwillen, sondern unseretwegen geschaffen hat.[16] Er schuf uns nach seinem Bilde, denn unsere Authentizität besteht darin, ihm ähnlich zu sein, uns selbst zu transzendieren, Ursprung von Werten und in wahrer Liebe zu sein.

Ohne Glauben, ohne die Augen der Liebe ist die Welt zu böse, als daß Gott gut sein könnte, als daß ein guter Gott existierte. Der Glaube aber anerkennt, daß Gott dem Menschen seine Freiheit gewähret daß er ihn als Person will und nicht bloß als seinen Automaten, und daß er ihn zu jener höheren Authentizität beruft, die das Böse durch das Gute überwindet. So ist der Glaube mit dem menschlichen Fortschritt verbunden und muß der Herausforderung menschlichen Niedergangs begegnen. Denn Glaube und Fortschritt haben eine gemeinsame Wurzel in der kognitiven und moralischen Selbst-Transzendenz des Menschen. Wer eines von beiden fördert, der fördert indirekt auch das andere. Der Glaube versetzt alle menschliche Bemühung in ein freundliches Universum; er enthüllt die letzte Bedeutung aller menschlichen Leistung und stärkt neue Unternehmungen mit Zuversicht. Umgekehrt verwirklicht der Fortschritt die Möglichkeiten von Mensch und Natur; er zeigt, daß der Mensch existiert, um in dieser Welt eine immer vollkommenere Leistung zu vollbringen, und daß diese Leistung, weil sie ein Gut des Menschen ist, auch der Ehre Gottes dient. Vor allem aber hat der Glaube die Kraft, den Niedergang rückgängig zu machen. Der Niedergang zerbricht eine Kultur mit widerstreitenden Ideologien. Er belastet die einzelnen mit sozialen, ökonomischen

---

[16] »... Deus suam gloriam non quaerit propter se sed propter nos« (*Thomas v. Aquin*, S.th. II,II,q.132, a 1 ad 1m.)

und psychologischen Zwängen, die angesichts der menschlichen Schwäche einem Determinismus gleichkommen. Er vervielfacht und häuft die Mißbräuche und Absurditäten, aus denen Empörung, Haß, Wut und Gewalt hervorgehen. Nicht durch Propaganda und nicht durch Argumente wird menschliche Vernunft aus ihren ideologischen Gefängnissen befreit, sondern durch religiösen Glauben. Nicht Versprechungen von Menschen, sondern die religiöse Hoffnung macht den Menschen fähig, den ungeheuren Zwängen des sozialen Verfalls zu widerstehen. Wenn Leidenschaften abklingen und Ungerechtigkeiten sich nicht verschlimmern sollen, wenn sie nicht ignoriert und nicht bloß bemäntelt werden dürfen, sondern zugegeben und beseitigt werden müssen, dann sind menschliche Besitzgier und menschlicher Stolz durch religiöse Nächstenliebe zu ersetzen, durch die Nächstenliebe des leidenden Gottesknechts, durch aufopfernde Liebe. Menschen sind Sünder. Wenn menschlicher Fortschritt nicht für immer entstellt und zerstört werden soll aus Unachtsamkeit, aus Mißverstehen und durch die Irrationalität und Verantwortungslosigkeit des Niedergangs, dann muß der Mensch an seine Sündhaftigkeit erinnert werden. Er muß seine wirkliche Schuld erkennen und eingestehen und muß sich bessern. Er muß in Demut lernen, daß sich die religiöse Entwicklung dialektisch vollzieht und daß die mühevolle Aufgabe der Reue und Umkehr ein Leben lang dauert.

8. Religiöse Glaubensüberzeugung[*]

Unter den Werten, die der Glaube *(faith)* erkennt, ist der Wert, dem Wort der Religion zu glauben, sich die Tatsachen- und Werturteile, die die Religion vorlegt, zu eigen zu machen. Eine solche Glaubensüberzeugung *(belief)* und Annahme ist von gleicher Struktur wie andere Glaubensüberzeugung, die schon im zweiten Kapitel beschrieben wurde. Jetzt aber beruht die Struktur auf einer anderen Grundlage, und diese Grundlage ist der Glaube *(faith)*.

---

[*] Anm. des Herausgebers: G. Sala, S. J., verdanke ich folgende Präzisierung: Lonergan unterscheidet hier zwischen *belief* und *faith*. Von *belief* hat er schon in II, 5 gehandelt (wofür wir meistens den Terminus Glauben verwendet haben). Dort ging es um den Glauben im allgemeinen Sinn als das Sich-zu-eigen-Machen eines Erkenntnis*inhaltes*, zu dem das Subjekt nicht aufgrund eigenen immanent vollzogenen Erkenntnisprozesses gelangt. In diesem Sinne gehört der Glaube zum tatsächlichen Wissensbestand des Menschen, insofern er in einer Gesellschaft und in einer Kultur lebt. Die Wissenssoziologie geht genau auf diesen Vollzug der menschlichen Erkenntnis und auf diese Erkenntnisinhalte ein. *Belief* bezeichnet also im Phänomen des Glaubens seine allgemein menschliche Struktur und insbesondere seine Inhalte. Mit *faith* will jetzt Lonergan den Glauben als spezifisch und grundlegend religiöse Realität bezeichnen, die den ver-

Religiöse Erfahrung mag noch so persönlich und innerlich sein, sie ist dennoch nicht einsam. Die gleiche Gabe kann vielen verliehen werden, und die vielen können untereinander eine gemeinsame Ausrichtung in ihrem Leben und Fühlen, in ihren Maßstäben und Zielen erkennen. Aus der gemeinsamen Communio mit Gott entsteht eine religiöse Kommunität, eine Gemeinschaft.

Gemeinschaft verlangt nach Ausdruck, und der Ausdruck kann verschieden sein. Er kann imperativ sein und gebieten, Gott über alles zu lieben, und seinen Nächsten wie sich selbst. Er kann narrativ sein und die Geschichte des Ursprungs und der Entwicklung der Gemeinschaft erzählen. Er kann asketisch und mystisch sein, den Weg zur völlig überweltlichen Liebe lehren und vor den Gefahren auf diesem Weg warnen. Er kann theoretisch sein und die Weisheit, die Güte und die Macht Gottes lehren und Gottes Absichten und Ziele kundtun. Er kann eine Verbindung aller vier Formen oder ein Verbund von zwei oder drei von ihnen sein. Das Zusammengesetzte kann die Komponenten zu einer einzigen ausgewogenen Synthese verschmelzen, oder es nimmt eine von ihnen als Grundlage und gebraucht diese, um die anderen Komponenten zu deuten und aufzuzeigen. Es kann über lange Zeiträume unverändert bleiben, kann sich aber auch periodisch den unterschiedlichen sozialen und kulturellen Bedingungen anpassen und weiterentwickeln.

Gemeinschaften überdauern die Zeit. Wenn neue Mitglieder an die Stelle der alten treten, wird der Ausdruck zur Tradition. Die Religion wird geschichtlich in jenem allgemeinen Sinne, daß sie die Zeit überdauert und Grundkomponenten beisteuert zum fortschreitenden Prozeß persönlicher Entwicklung, sozialer Organisation sowie kulturellen Sinngehalts und Wertes.

Es gibt aber einen noch viel tieferen Sinn, in dem man eine Religion geschichtlich nennen darf. Der dynamische Zustand des In-Liebe-Seins trägt den Charakter einer Antwort. Er ist die Antwort auf eine göttliche Initiative. Die göttliche Initiative beschränkt sich nicht bloß auf die Schöpfung. Sie ist auch nicht nur das Gottesgeschenk seiner Liebe. Es gibt ein persönliches Eintreten Gottes in die Geschichte, eine Mitteilung Gottes an sein Volk, die Ankunft des Gotteswortes in der Welt des religiösen

---

schiedenen lehrmäßigen Inhalten vorhergeht und sie begründet. *Faith* ist zwar den Inhalten gegenüber nicht gleichgültig, insofern der religiöse Glaube eines Menschen und einer Gemeinschaft auf konkrete und zwar möglichst formulierte Inhalte abzielt, identifiziert sich aber nicht ohne weiteres mit ihnen. Um beide Bedeutungen auch sprachlich zu unterscheiden, verwenden wir im gegenwärtigen Kontext den Terminus Glauben für *faith* und Glaubensüberzeugung für *belief.*

Ausdrucks. Von dieser Art war die Religion Israels. Von derselben Art ist das Christentum.

Deshalb kommt nicht nur das innere Wort, das die Gottesgabe seiner Liebe ist, sondern auch das äußere Wort der religiösen Überlieferung von Gott. Der Gottesgabe seiner Liebe entspricht sein Gebot, uneingeschränkt zu lieben mit ganzem Herzen und mit ganzer Seele, mit allen Gedanken und mit aller Kraft. Die Erzählung religiöser Ursprünge ist die Erzählung der Begegnung Gottes mit seinem Volk. Religiöses Streben nach Authentizität durch Gebet und Buße und religiöse Nächstenliebe, die sich in guten Taten zeigt, wird zum Apostolat, denn »an ihren Früchten werdet ihr sie erkennen« (Mt 7,20). Und letztlich ist das Wort des religiösen Ausdrucks nicht bloß eine Objektivierung der Gottesgabe seiner Liebe; in einem Vorzugsbereich ist es auch die ganz besondere Bedeutung, eben das Wort Gottes selbst.

Damit kommen wir zu Fragen, die nicht mehr methodologischer, sondern theologischer Art sind, Fragen hinsichtlich der Offenbarung und Inspiration, der Schrift und Tradition, der Entwicklung und Autorität, der Schismen und der Häresien. Diese Fragen müssen wir den Theologen überlassen, auch wenn wir in den späteren Kapiteln über »Dialektik« und »Fundamente« einiges zur Methode ihrer Lösung sagen werden.

Wir können jedoch anmerken, daß wir durch die Unterscheidung von Glaube *(faith)* Glaubensüberzeugung *(belief)* eine Grundlage erhalten, die sowohl der ökumenischen Begegnung dient, wie auch einer Begegnung aller Religionen, die ein Fundament in der religiösen Erfahrung haben. Denn in dem Maße, wie jene Erfahrung echt ist, ist sie auf das Mysterium der Liebe und Ehrfurcht ausgerichtet; sie hat die Macht der unbegrenzten Liebe, alles, was wirklich gut ist, zu offenbaren und hochzuhalten; sie bleibt immer das Band, das die religiöse Gemeinschaft verbindet, das ihre gemeinsamen Urteile lenkt und ihre Glaubensüberzeugungen läutert. Überzeugungen weichen freilich voneinander ab, doch hinter dieser Abweichung liegt eine tiefere Einheit. Denn Glaubensüberzeugungen ergeben sich aus Werturteilen, und die für die religiöse Überzeugung maßgeblichen Werturteile stammen aus dem Glauben *(faith)*, jenem Auge religiöser Liebe, das Gottes Selbsterschließungen erkennen kann.

9. Eine praktische Anmerkung

Während wir vier Sinnbereiche unterscheiden, nämlich Allgemeinverstand, Theorie, Interiorität und Transzendenz, unterschied eine ältere Theologie nur zwei: Allgemeinverstand und Theorie, und zwar unter der aristotelischen Bezeichnung der *priora quoad nos* und der *priora quoad se*. Daher sprach die ältere Theologie, wenn sie von innerer Erfahrung oder von Gott sprach, entweder innerhalb des Bereichs des Allgemeinverstands – dann war ihre Sprache bildhaft und mit Symbolen durchsetzt – oder im Theoriebereich – und dann war ihre Sprache grundlegend metaphysisch. Eine Folge dieses Unterschieds wurde bereits angemerkt. Die ältere Theologie verstand die heiligmachende Gnade als einen entitativen Habitus, der absolut übernatürlich und dem Wesen der Seele eingegossen ist. Wir dagegen können, weil wir die Interiorität als einen eigenen unterschiedenen Sinnbereich anerkennen, mit einer Beschreibung der religiösen Erfahrung beginnen, sodann einen dynamischen Zustand des In-Liebe-Seins ohne Einschränkungen anerkennen und dann erst diesen Zustand mit dem Zustand der heiligmachenden Gnade identifizieren.

Es gibt aber auch noch andere Konsequenzen. Die ältere Theologie unterschied, weil ihre Darstellung der Interiorität grundlegend metaphysisch war, sinnliche und intellektuelle Vermögen, Erkenntnis- und Strebevermögen. Daraus ergaben sich verwickelte Fragen hinsichtlich ihrer gegenseitigen Interaktion. Es gab Debatten zur Priorität des Intellekts über den Willen, oder des Willens über den Intellekt, des spekulativen Intellekts über den praktischen, oder des praktischen Intellekts über den spekulativen. Im Gegensatz hierzu beschreiben wir die Interiorität als intentionale und bewußte Akte auf den vier Ebenen des Erfahrens, Verstehens, Urteilens und Entscheidens. Die niedrigeren Ebenen werden von den höheren vorausgesetzt und ergänzt. Die höheren Ebenen heben die niedrigeren auf. Falls man diese Analyse auf metaphysische Begriffe übertragen möchte, dann sind die aktiven Vermögen die transzendentalen Notionen, die sich in Fragen nach Einsicht, in Fragen nach Reflexion und in Fragen nach Entscheidung zu erkennen geben. Die passiven Vermögen sind die niedrigeren Ebenen, die von den höheren vorausgesetzt und ergänzt werden. Diese Beziehungen sind zwar festgelegt, doch entscheiden sie nicht Fragen der Initiative oder des Vorrangs.
Eine bedeutsame Veränderung auf irgendeiner Ebene verlangt Anpassungen auf den anderen Ebenen, und die Reihenfolge, in der die Anpassungen stattfinden, hängt vor allem von der Bereitwilligkeit ab, mit der sie verwirklicht werden können.

Die vierte Ebene, die die anderen drei voraussetzt, ergänzt und aufhebt, ist die Ebene der Freiheit und Verantwortlichkeit, der moralischen Selbst-Transzendenz und in diesem Sinne der Existenz, der Selbst-Ausrichtung und Selbst-Kontrolle. Versagt ihre richtige Funktion, so zeigt sich dies im beunruhigten oder schlechten Gewissen. Ihr Erfolg aber zeigt sich im befriedigenden Gefühl, seine Pflicht getan zu haben.

Da die vierte Ebene das Prinzip der Selbst-Kontrolle ist, ist sie für das rechte Funktionieren der drei anderen Ebenen verantwortlich. Sie erfüllt ihre Verantwortung oder versagt in dem Maße, wie wir im Erfahren aufmerksam oder unachtsam sind, wie wir uns in unseren Untersuchungen einsichtig oder unintelligent verhalten und in unseren Urteilen vernünftig oder unvernünftig sind. Damit verschwinden zwei Begriffe: zum einen der Begriff vom reinen Verstand oder von der reinen Vernunft, die eigenständig ohne Leitung und Kontrolle durch verantwortliche Entscheidung tätig sind; zum anderen der Begriff vom Willen als einer willkürlichen Kraft, die indifferent zwischen Gut und Böse wählt.

Das Auftauchen der vierten Ebene des Überlegens, Wertens und der Wahl ist ein langsamer Vorgang, der sich faktisch zwischen dem dritten und sechsten Lebensjahr vollzieht. In dieser Zeit wird die frühere affektive Symbiose des Kindes mit seiner Mutter durch Beziehungen zum Vater ergänzt, der in seinem Kind eine potentielle Person erkennt und ihm sagt, was es tun oder nicht tun soll, ihm ein Modell menschlichen Verhaltens vor Augen stellt und für gutes Benehmen die späteren Belohnungen des sich-selbst-bestimmenden Erwachsenen in Aussicht stellt. So tritt das Kind Schritt für Schritt in die durch Bedeutung vermittelte und durch Werte geregelte Welt ein, und im Alter von sieben Jahren hat es nach herrschender Meinung den Vernunftgebrauch erlangt.[17] Dennoch ist dies erst der Anfang menschlicher Authentizität. Man muß erst die Unruhe der Pubertät gut hinter sich gebracht haben, ehe man nach dem Gesetz voll verantwortlich wird. Man muß erst selbst herausgefunden haben, daß man selber zu entscheiden hat, was man aus sich machen soll; man muß sich selbst beweisen, daß man diesem Augenblick existentieller Entscheidung gewachsen ist; und man muß dies in allen folgenden Entscheidungen weiterhin unter Beweis stellen, wenn man eine authentisch menschliche Person sein will. Dieses hochkomplizierte Geschäft von Authentizität und Unechtheit ist es, das den allzu einfachen Begriff vom Willen als einer willkürlichen Kraft ersetzen muß. Willkür ist nur ein anderes Wort für Unechtheit oder Nicht-Authentizität. Den Willen als willkürliche Kraft aufzufassen heißt anzunehmen, daß Authentizität nie existiert oder geschieht.

Was wiederum den Begriff vom reinen Verstand oder reiner Vernunft naheliegend erscheinen läßt, ist das Faktum, daß kognitive Selbst-Transzendenz viel leichter zu erreichen ist als moralische Selbst-Transzendenz. Das heißt aber nicht, daß erkenntnismäßige Selbst-Transzendenz leicht sei. Urvölker leben unter der Herrschaft von Mythen

[17] A. *Vergote,* Religionspsychologie, 237ff.

und Magie. Nur langsam und widerstrebend meistern unsere jungen Menschen Grammatik, Logik und Methode. Erst nach wohlüberlegter Entscheidung widmen sich Menschen einem Leben der Gelehrsamkeit oder der naturwissenschaftlichen Forschung, und nur durch ständige Erneuerung dieser Hingabe erreichen sie die Ziele, die sie sich gestellt haben. Ein Leben des reinen Verstandes oder der reinen Vernunft wäre ohne die Kontrolle der Überlegung, der Wertung und der verantworteten Wahl etwas Geringeres als das Leben eines Psychopathen.

Wenden wir uns nun einem weiteren Aspekt der Thematik zu. Man pflegte zu sagen: *Nihil amatum nisi praecognitum* – Erkenntnis geht der Liebe voraus. Die Wahrheit dieser Redewendung liegt in der Tatsache, daß normalerweise Vollzüge auf der vierten Ebene des intentionalen Bewußtseins entsprechende Vollzüge auf den drei anderen Ebenen voraussetzen und ergänzen. Zu dieser Regel gibt es eine kleinere Ausnahme insofern, als Menschen sich verlieben, und dieses Sich-verlieben ist etwas, das in keinem Verhältnis zu seinen Ursachen, Bedingungen, Anlässen und Antezedentien steht. Denn Sich-verlieben ist ein neuer Anfang, ein Vollzug der vertikalen Freiheit, wodurch die eigene Welt einer Neuordnung unterzogen wird. Doch die wichtigere Ausnahme von der Regel dieser lateinischen Sentenz ist das Gottesgeschenk seiner Liebe, die unser Herz überströmt. Dann sind wir im dynamischen Zustand des In-Liebe-Seins.[18] Doch wer es ist, den wir lieben, ist weder einfach gegeben noch bisher verstanden. Unsere Fähigkeit zu moralischer Selbst-Transzendenz hat eine Erfüllung gefunden, die tiefe Freude und vollkommenen Frieden bringt. Unsere Liebe offenbart uns Werte, die wir nicht zu schätzen wußten, Werte des Gebetes und der Anbetung, oder der Reue und der Glaubensüberzeugung. Wenn wir aber wissen möchten, was in uns vorgeht, und lernen, dies in unseren Lebensvollzug einzufügen, müssen wir fragen, nachforschen und Rat suchen. Daher kommt es, daß in religiösen Angelegenheiten die Liebe der Erkenntnis vorangeht; und weil diese Liebe eine Gabe Gottes ist, ist der eigentliche Anfang des Glaubens der Gnade Gottes zu verdanken.

Nach dieser Darstellung ist nicht nur das alte Problem des Heils der Nicht-Christen stark reduziert, sondern auch das wahre Wesen der christlichen Apologetik geklärt. Aufgabe des Apologeten ist es weder, in anderen das Gottesgeschenk der Liebe hervorzurufen, noch, es für sie zu rechtfertigen. Nur Gott kann diese Gabe geben, und die Gabe rechtfertigt sich selbst. Menschen, die in Liebe sind, haben sich nicht durch Vernunft-

---

[18] Gleichwertige aber abweichende Darstellungen dieses Verliebt-Seins findet man bei *A. Richardson*, Religion in Contemporary Debate, London 1966, 113ff; *O. Rabut*, L'expérience religieuse fondamentale, Tournai 1969, 168.

gründe zu ihrem In-Liebe-Sein gebracht. Aufgabe des Apologeten ist es, anderen zu helfen, das Gottesgeschenk dem ganzen Lebensvollzug einzufügen. Jedes bedeutsame Ereignis auf irgendeiner Bewußtseinsebene verlangt Anpassungen auf den anderen Ebenen. Religiöse Bekehrung ist ein außerordentlich bedeutsames Ereignis, und die Anpassungen, die sie verlangt, können groß und zahlreich sein. Wegen einiger wird man Freunde um Rat fragen; wegen anderer sucht man nach geistlicher Leitung. Zwecks allgemein benötigter Information oder Interpretation und zur Formulierung neuer und Überwindung falscher Tatsachen- und Werturteile kann man die Apologeten lesen. Diese können zwar nicht direkt wirksam werden, weil sie ja nicht Gottes Gnade verleihen; sie müssen aber genau, erhellend und überzeugend argumentieren, sonst würden sie dem, der um Brot bittet, Steine geben, und eine Schlange dem, der nach Fisch verlangt.

Hier noch eine Schlußbemerkung terminologischer Art: Wir haben zwischen Glaube und religiösen Glaubensüberzeugungen unterschieden. Wir haben dies in Konsequenz unserer Auffassung getan, daß es einen Bereich gibt, in dem die Liebe der Erkenntnis vorangeht. Wir haben es auch getan, weil diese Redeweise die ökumenische Diskussion erleichtert. Doch obwohl wir unsere Gründe für gültig und unsere Ziele für legitim erachten, müssen wir das Bestehen einer älteren und autoritativeren Überlieferung anerkennen, nach der Glaube und religiöse Glaubensüberzeugung gleichzusetzen sind. Wir machen dieses Eingeständnis um so bereitwilliger, als wir nicht von der älteren Lehre, sondern nur von der älteren Redeweise abweichen. Wir weichen nicht von der älteren Lehre ab, denn mit der Anerkennung religiöser Glaubensüberzeugungen anerkennen wir das, was man auch Glaube genannt hat, und mit der Anerkennung eines Glaubens, der die Glaubensüberzeugung fundiert, anerkennen wir das, was man früher als *lumen gratiae* oder *lumen fidei* oder auch als eingegossene Weisheit bezeichnet hat. Und als letztes sei angemerkt: Ein Vertreter der Klassik *(classicist)** würde darauf bestehen, daß man niemals von einer akzeptierten Terminologie abgehen sollte, wogegen ich

---

* Anm. des Übersetzers: B. Lonergan unterscheidet zwischen klassisch/Klassik *(classical/ classic)* und klassizistisch/Klassizismus *(classicist/classicism)*, sowie zwischen Klassiker und Klassizist, um eine Wiederaufnahme oder Nachahmung klassischer Auffassungen bzw. deren Vertreter zu bezeichnen. Da die Termini Klassizismus, Klassizist und klassizistisch im Deutschen im Zusammenhang mit antikisierenden Stilrichtungen vor allem der Literatur und der bildenden Kunst, der Architektur, Plastik und Malerei verwendet werden, verzichtet die Übersetzung auf eine wörtliche Wiedergabe, um nicht falsche Assoziationen auszulösen. Die Auffassung Lonergans ergibt sich dennoch deutlich aus dem Kontext auch an den anderen Stellen (vgl. Register).

behaupte, daß dieser Klassizismus nur die irrtümliche Vorstellung ist, die Kultur normativ aufzufassen, und daraus zu folgern, es gäbe nur eine einzige Kultur. Die Tatsachen heute zeigen, daß Kultur empirisch aufzufassen ist, daß es viele verschiedene Kulturen gibt und daß neue Distinktionen legitim sind, wenn die Gründe für sie dargelegt werden und die alten Wahrheiten gewahrt bleiben.

V.

FUNKTIONALE SPEZIALISIERUNGEN

Bringt man Methode in die Theologie, so versteht man Theologie als ein Gesamt aufeinander bezogener und wiederkehrender Vollzüge, die sich kumulativ auf ein ideales Ziel hinbewegen. Die Theologie der Gegenwart ist jedoch sehr spezialisiert und daher nicht als ein einziges Gesamt aufeinander bezogener Handlungen zu verstehen, sondern als eine Reihe voneinander abhängiger Gesamtheiten. Um diese Konzeption von Theologie zu formulieren, unterscheiden wir zunächst Feld-, Fach- und funktionale Spezialisierungen. Sodann beschreiben wir die acht funktionalen Spezialisierungen in der Theologie, legen die Gründe für diese Einteilung dar und geben eine erste Erläuterung zu ihrer Nützlichkeit. Abschließend haben wir die dynamische Einheit aufzuzeigen, die diese acht funktionalen Spezialisierungen mit der Religion und untereinander verbindet.

1. Drei Arten von Spezialisierung

Spezialisierungen lassen sich auf dreifache Weise unterscheiden, nämlich (1.) durch Teilen und Unterteilen des Datenfeldes, (2.) durch Klassifizieren der Untersuchungsergebnisse und (3.) durch Unterscheiden und Trennen der Stadien des Vorgangs, der von den Daten zu den Ergebnissen führt.

Die Feldspezialisierung ist am leichtesten zu verstehen. Mit der Zeit und mit der Ausweitung der Studienzentren, mit der wachsenden Zahl der Zeitschriften und der immer gedrängteren Folge von Monographien wird es für die Gelehrten immer schwieriger, mit der ganzen Bewegung in ihrem Fachgebiet Schritt zu halten. Wohl oder übel muß man eine Arbeitsteilung akzeptieren, und man erreicht dies zuerst durch eine Teilung und dann durch weitere Unterteilungen des relevanten Datenfeldes. Dadurch werden biblische, patristische, mediävistische und Reformations-Studien zu Gattungen, die ihrerseits in Arten und Unterarten aufgegliedert werden, wodurch der Spezialist immer mehr von immer weniger weiß.

Die Fach- und Themenspezialisierung ist der bekannteste Typus, denn jeder Student hört Vorlesungen zu bestimmten Themen in einem besonderen Fach. Hier sind nun nicht mehr die zu untersuchenden Daten, sondern die zu vermittelnden Untersuchungsergebnisse einzuteilen. Während im ersteren Fall die Teilung das Material betraf, ist sie nun eine begriffliche Klassifizierung, die die Fächer einer Fakultät und die Themen unterscheidet, die in einem Fach gelehrt werden. Wo also die Feldspezialisierung das Alte Testament in Gesetz, Propheten und die Schriften einteilt, unterscheidet die Fachspezialisierung Semitische Sprachen, Hebräische Geschichte, die Religionen des Nahen Ostens in der Antike und Christliche Theologie.

Funktionale Spezialisierung unterscheidet und trennt aufeinanderfolgende Stadien jenes Vorgangs, der von den Daten zu den Ergebnissen führt. So zielt die Textkritik auf die Bestimmung dessen, was geschrieben wurde. Der Interpret oder Kommentator übernimmt da, wo der Textkritiker aufhört, und sein Ziel ist es, das zu bestimmen, was gemeint war. Auf einer dritten Ebene kommt der Historiker zum Zuge; er stellt interpretierte Texte zusammen und versucht, eine einzige Erzählung oder Anschauung zu konstruieren.

Um ein ganz anderes Beispiel herauszugreifen: Nur der experimentelle Physiker hat die Kenntnisse und die Fertigkeit, mit einem Zyklotron umzugehen. Aber nur der theoretische Physiker kann sagen, welche Experimente sich wirklich lohnen, und nach ihrer Ausführung angeben, worin die Bedeutung der erzielten Ergebnisse liegt. Auch hier wird ein einziger Untersuchungsvorgang in aufeinanderfolgende Stadien eingeteilt, und jedes Stadium wird eine eigene abgesonderte Spezialisierung.

Es ist anzumerken, daß solche funktionalen Spezialisierungen innerlich aufeinander bezogen sind. Sie sind sukzessive Teile ein und desselben Vorgangs. Die früheren Teile sind ohne die späteren unvollständig. Die späteren Teile setzen die früheren voraus und ergänzen sie. Kurz, funktionale Spezialisierungen stehen in funktioneller Wechselwirkung.

Solche Interdependenz ist methodologisch von größtem Interesse. Erstens unterteilt und klärt sie den Vorgang, der von den Daten zum Ergebnis führt – unbeschadet seiner Einheit. Zweitens sorgt sie für eine ordnungsgemäße Verbindung zwischen der Feldspezialisierung, die auf der Daten-Teilung beruht, und der Fachspezialisierung, die auf eine Klassifizierung der Ergebnisse zurückzuführen ist; und drittens wird sich meines Erachtens erweisen, daß die Einheit der funktionalen Spezialisierungen die endlosen Teilungen der Feldspezialisierung überwinden oder wenigstens ausgleichen wird.

2. Eine achtfache Einteilung

In diesem Abschnitt legen wir eine kurze Beschreibung von acht funktionalen Spezialisierungen innerhalb der Theologie vor, nämlich (1.) Forschung, (2.) Interpretation, (3.) Geschichte, (4.) Dialektik, (5.) Fundamente, (6.) Lehre, (7.) Systematik und (8.) Kommunikation. Später werden wir versuchen, die Gründe für die vorstehende Einteilung, ihre genaue Bedeutung und ihre Implikationen anzugeben. Im Augenblick geht es uns jedoch nur um den vorläufigen Hinweis auf die inhaltliche Bedeutung funktionaler Spezialisierungen in der Theologie.

(1.) Die *Forschung* macht die für die theologische Untersuchung einschlägigen Daten verfügbar. Sie ist entweder allgemein oder speziell. Die spezielle Forschung befaßt sich mit der Zusammenstellung jener Daten, die für irgendeine besondere Frage oder für ein Problem relevant sind, z. B. die Lehrmeinung von Herrn X zur Frage Y.
Derart spezielle Forschung arbeitet um so schneller und effektiver, je vertrauter sie im Umgang mit den Werkzeugen ist, die ihr von der allgemeinen Forschung zur Verfügung gestellt werden. Die allgemeine Forschung lokalisiert alte Städte, gräbt sie aus und erfaßt sie kartographisch. Sie füllt die Museen und reproduziert oder kopiert Inschriften, Symbole, Bilder und Statuen. Sie entziffert unbekannte Schriften und Sprachen. Sie sammelt und katalogisiert Manuskripte und bereitet kritische Textausgaben vor. Sie stellt Verzeichnisse, Tabellen, Repertoires, Bibliographien, Auszüge, Bulletins, Handbücher, Wörterbücher und Enzyklopädien zusammen. Vielleicht wird sie uns eines Tages ein vollständiges System zur Informations-Auffindung in die Hand geben.

(2.) Während die Forschung uns zugänglich macht, was geschrieben wurde, versteht die *Interpretation*, was gemeint war. Sie erfaßt diese Bedeutung in ihrem eigenen geschichtlichen Kontext, in Übereinstimmung mit dessen eigener Weise und Ebene des Denkens und des Ausdrucks, sowie im Licht der Umstände und der Intention des Autors. Ihr Ergebnis ist der Kommentar oder die Monographie. Interpretation ist ein Unternehmen voller Fallgruben und heute noch zusätzlich erschwert durch die von der Erkenntnistheorie, Epistemologie und Metaphysik übernommenen Probleme. Wir werden darauf zurückkommen, wenn wir uns später mit der Hermeneutik befassen.

(3.) *Geschichte* ist fundamental, speziell oder allgemein.
Die fundamentale Geschichte sagt uns wo (Ort, Gebiet) und wann

(Daten, Perioden) wer (Personen, Völker) was tat (öffentliches Leben, äußere Taten), welchen Erfolg er erzielt, welche Rückschläge er erlitten und welchen Einfluß er ausgeübt hat. Daher schildert sie die leichter erkennbaren und allgemein anerkannten Züge menschlicher Aktivität je nach ihrer geographischen Erstreckung und zeitlichen Abfolge so spezifisch und präzise wie möglich.

Die spezielle Geschichtsschreibung berichtet über Bewegungen kultureller Art (Sprache, Kunst, Literatur, Religion), institutioneller Art (Familie, Sitten, Gesellschaft, Erziehung, Staat, Gesetz, Kirche, religiöse Gemeinschaften, Wirtschaft, Technologie) oder lehrmäßiger Art (Mathematik, Naturwissenschaften, Geisteswissenschaften, Philosophie, Geschichte, Theologie).

Die allgemeine Geschichte ist vielleicht nur ein Ideal. Sie wäre fundamentale Geschichte, die durch spezielle Geschichtsschreibung erklärt und ergänzt wird. Sie würde eine Gesamtschau bieten oder etwas, das dem nahe kommt. Sie würde die Information, das Verständnis, das Urteil und die Einschätzung des Historikers im Hinblick auf die Summe der kulturellen, institutionellen und lehrmäßigen Bewegungen in ihrer konkreten Umgebung zum Ausdruck bringen.

Geschichte als funktionale Spezialisierung innerhalb der Theologie hat es, unterschiedlich abgestuft und auf verschiedene Weise, mit fundamentaler, spezieller und allgemeiner Geschichte zu tun. In der Hauptsache hat sie die fundamentale Geschichte vorauszusetzen. Ihr wesentliches Anliegen ist die lehrmäßige Geschichte christlicher Theologie mit deren Antezedentien und Konsequenzen in der kulturellen und institutionellen Geschichte der christlichen Religion sowie der christlichen Kirchen und Gemeinschaften. Auch zur allgemeinen Geschichtsschreibung kann sie letztlich nicht auf Distanz bleiben, da man die Unterschiede zwischen den christlichen Kirchen und Gemeinschaften, die Beziehungen der verschiedenen Religionen zueinander sowie die Rolle des Christentums in der Weltgeschichte nur im Rahmen einer vollständigen Gesamtschau begreifen kann.

Auf die Geschichte kommen wir später noch zurück. Nicht weniger als die Hermeneutik wurden auch das historische Denken und die historische Kritik der Gegenwart – über ihre spezifischen Aufgaben hinaus – in die philosophischen Grundprobleme unserer Zeit verwickelt.

(4.) Unsere vierte funktionale Spezialisierung ist die *Dialektik*. Obwohl dieser Terminus sehr unterschiedlich verwendet wird, ist der Sinn, in dem wir ihn hier gebrauchen, recht einfach. Die Dialektik hat es mit dem Konkreten, dem Dynamischen und dem Widersprüchlichen zu tun und findet daher in der Geschichte christlicher Bewegungen reichlich Material. Alle Bewegungen sind zugleich konkret und dynamisch, während christliche Bewegungen ihrerseits durch äußere und innere Konflikte gekennzeichnet sind, ob man das Christentum nun als Ganzes oder auch nur diese oder jene größere Kirche oder Gemeinschaft betrachtet.

Inhalte der Dialektik sind demnach in erster Linie die Konflikte, die ihren Mittelpunkt in christlichen Bewegungen haben, doch sind diesen noch die sekundären Konflikte in den historischen Darstellungen und theologischen Deutungen jener Bewegungen hinzuzufügen.

Neben den Inhalten der Dialektik ist ihr Ziel zu beachten. Dieses ist hoch und weitgesteckt. Wie es der empirischen Naturwissenschaft um eine vollständige Erklärung aller Phänomene geht, so geht es der Dialektik um einen möglichst weiten Blickwinkel. Sie sucht nach einer einzigen Grundlage oder nach einem Gesamt aufeinander bezogener Grundlagen, von dem aus sie zum Verständnis der Eigenart, der Gegensätze und der Beziehungen der vielen Standpunkte gelangen kann, die sich bei widerstreitenden christlichen Bewegung, ihren widerstreitenden Geschichtsdarstellungen und ihren widerstretenden Deutungen zeigen.

Außer den Konflikten unter Christen und dem fernen Ziel eines umfassenden Standpunkts gibt es noch in Vergangenheit und Gegenwart das Faktum der vielen divergierenden Standpunkte, aus denen Konflikte erwachsen. Solche Standpunkte zeigen sich in Glaubensbekenntnissen ebenso wie in den gelehrten Werken der Apologeten. Sie zeigen sich aber auch – oft sogar noch viel lebendiger – in unbemerkten Annahmen und Versehen, in Vorliebe und Aversion sowie in den heimlichen aber sehr bestimmten Entscheidungen der Gelehrten, der Schriftsteller, der Prediger und auch der Männer und Frauen in den Kirchenbänken.

Die Untersuchung dieser Standpunkte führt uns über das reine Faktum hinaus zu den Gründen für den Konflikt. Wenn man diese miteinander vergleicht, so zeigt sich, wo die Differenzen unaufhebbar, wo sie komplementär sind und innerhalb eines größeren Ganzen zusammengebracht und überwunden werden könnten, und wo man sie als sukzessive Stadien eines einzigen Entwicklungsprozesses ansehen kann.

Außer dem Vergleich gibt es die Kritik. Nicht jeder Standpunkt ist kohärent, und diejenigen, die einen nicht kohärenten vertreten, können aufgefordert werden, zu einer folgerichtigen Position überzugehen. Nicht jeder Grund ist ein stichhaltiger Grund, und die Christenheit hat nichts zu verlieren durch das Ablegen von unguten Gründen, von *ad hoc* Erklärungen und Klischees, die nur Verdächtigung, Ressentiment, Abneigung und Bosheit hervorrufen. Nicht jeder irreduzible Unterschied ist ein ernster Unterschied, und die es nicht sind, kann man an zweite, dritte oder vierte Stelle rücken, so daß man Aufmerksamkeit, Studium und Analyse jenen Unterschieden widmen kann, die tatsächlich ernst und tief sind.

Unter Dialektik ist demnach eine verallgemeinerte Apologetik zu verstehen, die im ökumenischen Geist geführt wird, die letztlich auf einen umfassenden Standpunkt zielt und sich diesem Ziel nähert, indem sie die Unterschiede anerkennt, deren wirkliche und offenkundige Gründe sucht und überflüssige Gegensätze beseitigt.

(5.) Wie die Bekehrung für das christliche Leben von grundlegender Bedeutung ist, so gibt eine Objektivierung der Bekehrung der Theologie ihre *Fundamente*.

Unter Bekehrung verstehen wir eine Umwandlung des Subjekts und seiner Welt. Normalerweise handelt es sich hierbei um einen längeren Prozeß, obwohl ihöre ausdrückliche Anerkennung auf wenige gewichtige Urteile und Entscheidungen konzentriert sein kann. Dennoch ist Bekehrung nicht bloß eine Entwicklung oder gar eine Reihe von Entwicklungen. Sie ist vielmehr ein sich ergebender Kurs- und Richtungswechsel. Es ist so, als gingen uns die Augen auf, als schwinde und stürze unsere frühere Welt. Etwas Neues taucht auf und trägt Frucht in ineinandergreifenden kumulativen Entwicklungsfolgen auf allen Ebenen und in allen Räumen des menschlichen Lebens.

Bekehrung ist existentiell, in höchstem Maße personal und ganz innerlich; doch ist sie nicht derart privat, daß sie einsam und allein wäre. Sie kann sich bei vielen ereignen, und diese können eine Gemeinschaft bilden, um sich gegenseitig in ihrer Selbst-Umwandlung zu stützen und einander bei der Ausarbeitung der Implikationen und der Erfüllung der Verheißung ihres neuen Lebens zu helfen. Und was gemeinschaftlich werden kann, das kann auch geschichtlich werden, das kann von Generation zu Generation übergehen, kann von dem einen kulturellen Umfeld auf ein anderes übergreifen. Es kann sich den wandelnden Umständen anpassen, neuen Situationen begegnen, in ein anderes Zeitalter hinein überleben und in einer anderen Periode oder Epoche neu erblühen.

Bekehrung als gelebte Bekehrung beeinflußt alle bewußten und intentionalen Handlungen des Menschen. Sie lenkt seinen Blick, durchdringt seine Vorstellungskraft und löst die Symbole aus, die bis in die Tiefen seiner Seele vordringen. Sie bereichert sein Verstehen, lenkt seine Urteile und verstärkt seine Entscheidungen. Bekehrung aber als gemeinschaftliche und geschichtliche Größe, als eine Bewegung mit ihren eigenen kulturellen, institutionellen und lehrmäßigen Dimensionen, ruft eine Reflexion hervor, die diese Bewegung thematisiert und ausdrücklich ihre Ursprünge, Entwicklungen, Ziele, Errungenschaften und ihr Versagen erforscht.

Insofern als Bekehrung selbst thematisiert und ausdrücklich objektiviert wird, taucht nun die fünfte funktionale Spezialisierung auf: es sind die »Fundamente«. Diese Fundamente unterscheiden sich von der alten Fundamentaltheologie in zweifacher Hinsicht. Erstens war die Fundamentaltheologie ein theologisch Erstes; sie folgte nicht den vier anderen Spezialisierungen, die wir als Forschung, Interpretation, Geschichte und Dialektik bezeichnet haben. Zweitens war die Fundamentaltheologie ein Block von Lehren – *de vera religione, de legato divino, de ecclesia, de inspiratione scripturae, de locis theologicis*. Im Gegensatz hierzu bieten die Fundamente nicht Lehren, sondern nur den Horizont, innerhalb dessen die Bedeutung der Lehren erfaßt werden kann. So wie im religiösen Leben gilt: »Der irdisch gesinnte Mensch läßt sich nicht auf das ein, was vom Geist Gottes kommt. Torheit ist es für ihn, und er kann es nicht verstehen« (1 Kor 2,14), so sind in der theologischen Reflexion über das religiöse Leben die Horizonte zu unterscheiden, innerhalb derer die religiösen Lehren verstanden oder nicht verstanden werden können; diese Unterscheidung ist grundlegend.

Zu gegebener Zeit werden wir uns fragen, wie Horizont zu verstehen und zu definieren ist und wie sich ein Horizont vom anderen unterscheidet. Wir können jedoch sogleich anmerken: Wie die Bekehrung echt oder unecht sein kann, so kann es auch viele christliche Horizonte geben, und nicht alle müssen eine echte Bekehrung repräsentieren. Und obwohl es möglich ist, sich echte Bekehrung auf mehrfache Weise vorzustellen, scheint dennoch die Anzahl möglicher Bekehrungsweisen weit geringer als die Anzahl möglicher Horizonte zu sein. Daraus folgt, daß unsere »Fundamente« eine Verheißung in sich tragen: die Aufhellung der durch die Dialektik aufgedeckten Konflikte und das Auswahlprinzip, das die verbleibenden Spezialisierungen leiten wird, die sich mit der Lehre, der Systematik und der Kommunikation befassen.

(6.) Die *Lehre* bringt Tatsachen- und Werturteile zum Ausdruck. Sie befaßt sich demnach mit den Behauptungen und Verneinungen nicht nur der dogmatischen Theologie, sondern auch der moraltheologischen

Disziplin, der aszetischen und mystischen Theologie, der Pastoraltheologie und ähnlicher Zweige.

Solche Lehren stehen im Horizont der »Fundamente«. Sie erhalten ihre genaue Definition von der Dialektik, ihren positiven Reichtum an Abklärung und Entfaltung aus der Geschichte und ihre Grundlagen durch die Interpretation jener Daten, die der Theologie eigen sind.

(7.) Die Tatsachen und Werte, die durch die Lehren behauptet werden, lassen weitere Fragen entstehen. Denn der Ausdruck der Lehre kann bildhaft oder symbolisch sein. Er kann beschreibend sein und letzten Endes bloß auf der Wortbedeutung beruhen, statt auf einem Verständnis der Realitäten. Er kann, wenn man ihn preßt, schnell vage und unbestimmt werden, ja er kann sich, wenn man ihn genau untersucht, in Widerspruch und Trugschluß verstrickt erweisen.

Die *Systematik* als funktionale Spezialisierung versucht diese Probleme aufzugreifen. Ihr geht es um die Ausarbeitung angemessener Begriffssysteme, um offensichtliche Widersprüchlichkeiten zu beseitigen und zu einem gewissen Begreifen geistlicher Dinge zu gelangen, und dies von ihrer eigenen inneren Kohärenz her, wie auch durch Analogien, die von einer vertrauteren menschlichen Erfahrung angeboten werden.

(8.) Bei der *Kommunikation* geht es um die Theologie in ihren Beziehungen nach außen. Diese sind dreifacher Art. Es gibt interdisziplinäre Beziehungen zur Kunst, zur Sprache und Literatur, zu anderen Religionen, zu den Natur- und Geisteswissenschaften, zur Philosophie und Geschichte. Sodann sind die Übertragungen *(transpositions)* zu nennen, die das theologische Denken entwickeln muß, wenn die Religion ihre Identität behalten und zugleich Zugang zu Geist und Herz der Menschen aller Kulturen und Klassen finden soll. Und schließlich bedarf es der Anpassungen, die nötig sind, um die verschiedenen Kommunikationsmittel, die an verschiedenen Orten und Zeiten jeweils zugänglich sind, voll und angemessen zu nutzen.

3. Gründe der Einteilung

In kurzer Zusammenfassung haben wir acht funktionale Spezialisierungen aufgezeigt. Nun ist zu erläutern, woher diese Liste kommt und welche Grundsätze zu weiterer Klärung der Bedeutung und zu Funktionsabgrenzungen anzuwenden sind.

Der erste Grundsatz dieser Einteilung liegt darin, daß sich die theologischen Vollzüge in zwei grundlegenden Phasen ereignen. Wenn man auf das Wort zu hören hat, muß man es auch bezeugen. Wenn man sich mit der *lectio divina* beschäftigt, dann stellen sich auch *quaestiones*. Wenn man eine Überlieferung aufnimmt, erfährt man, daß man sie weitergeben sollte. Wenn man der Vergangenheit begegnet, muß man auch Stellung zur Zukunft beziehen. Kurz, es gibt eine Theologie *in oratione obliqua*, die uns berichtet, was Paulus und Johannes, Augustinus und Thomas von Aquin und andere Theologen über Gott und die Heilsökonomie zu sagen hatten. Es gibt aber auch eine Theologie *in oratione recta*, in der der Theologe, aufgeklärt durch die Vergangenheit, die Probleme seiner eigenen Zeit angeht.

Der zweite Grundsatz dieser Einteilung wird aus dem Faktum abgeleitet, daß unsere bewußten und intentinalen Vollzüge sich auf vier bestimmten Ebenen ereignen, wobei jede Ebene ihre eigene Leistung und ihr eigenes Ziel hat. So ist die eigene Leistung und das eigene Ziel der ersten Ebene, der Erfahrung, die Erfassung der Daten; auf der zweiten Ebene, dem Verstehen, ist es die Einsicht in die erfaßten Daten; auf der dritten Ebene, dem Urteilen, ist es die Annahme oder Ablehnung der Hypothesen und Theorien, die vom Verstehen vorgelegt werden, um die Daten zu erklären; und auf der vierten Ebene, der Entscheidung, geht es um die Anerkennung von Werten sowie um die Wahl der Methoden oder anderer Mittel, die zur Verwirklichung dieser Werte führen.

Bei ihrem alltäglichen und allgemeinverständlichen Vollzug sind alle vier Ebenen ständig beschäftigt, ohne daß man sie ausdrücklich voneinander unterscheidet. In diesem Falle tritt keine funktionale Spezialisierung ein, denn man sucht nicht das Ziel und Ergebnis einer bestimmten Ebene, sondern das kumulative, zusammengesetzte Ergebnis der Ziele aller vier Ebenen. Bei einer wissenschaftlichen Untersuchung aber kann das Ziel, das einer bestimmten Ebene angehört, zum Gegenstand werden, der durch Vollzüge auf allen vier Ebenen gesucht wird. So wird der Textkritiker die Methode wählen (Entscheidungsebene), die seiner Meinung nach zur Entdeckung dessen führen wird (Verstehensebene), das man vernünftigerweise behaupten kann (Urteilsebene), daß es im Originaltext stand (Erfahrungsebene). Der Textkritiker arbeitet also auf allen vier Ebenen, aber seine Absicht ist das Ziel, das zur ersten Ebene gehört, nämlich die Daten zu ermitteln. Der Interpret verfolgt dagegen ein anderes Ziel. Er will den Text verstehen und wählt daher eine andere Methode. Überdies kann er seine Tätigkeit nicht auf die zweite Ebene, das Verstehen, und auf die vierte, eine Auswahl-Entscheidung, beschränken. Er muß den Text erst einmal genau aufnehmen, ehe er hoffen kann, ihn zu verstehen, und somit muß er auf der ersten Ebene tätig werden; und er muß beurteilen, ob sein Verständnis richtig ist oder nicht, andernfalls er nicht zwischen Verständnis und Mißverständnis unterscheiden kann.

Demnach treten funktionale Spezialisierungen auf, insofern man auf allen vier Ebenen tätig wird, um das Ziel zu erreichen, das einer bestimmten Ebene eigen ist. Da es aber vier Ebenen und somit vier eigene Ziele gibt, so folgt daraus, daß ebendiese Struktur menschlichen Untersuchens vier funktinale Spezialisierungen ergibt, und da in der Theologie zwei bestimmte Phasen zu unterscheiden sind, wir zu der Annahme von acht funktionalen Spezialisierungen in der Theologie kommen. In der ersten Phase der Theologie *in oratione obliqua* finden wir Forschung, Interpretation, Geschichte und Dialektik. In der zweiten Phase der Theologie *in oratione recta* gibt es die Fundamente, die Lehre, die Systematik und die Kommunikation.

Beim Aufnehmen der Vergangenheit steht an erster Stelle die Forschung, die die Daten aufdeckt und zugänglich macht, an zweiter Stelle die Interpretation, durch die man die Bedeutung der Daten versteht, an dritter Stelle die Geschichte, die berichtet und beurteilt, was sich ereignet hat, und an vierter Stelle die Dialektik, die versucht, die Konflikte aufzulösen, die Werte, Fakten, Bedeutungen und Erfahrungen betreffen. Die ersten vier funktionalen Spezialisierungen suchen also die Ziele, die jeweils der Erfahrung, dem Verstehen, Urteilen und Entscheiden eigen sind; und selbstverständlich tut dies eine jede Spezialisierung, indem sie nicht nur auf einer, sondern auf allen vier Ebenen bewußter und intentionaler Vollzüge tätig wird.

Diese vierfache Spezialisierung entspricht den vier Dimensionen der christlichen Botschaft und der christlichen Überlieferung. Denn diese Botschaft und Überlieferung besteht erstens aus einer Reihe von Daten. Zweitens aber wollen die Daten nicht Phänomene von Dingen übermitteln, wie in den Naturwissenschaften, sondern die vom Geist getragenen und weitervermittelten Sinngehalte – wie in den Geisteswissenschaften. Drittens wurden diese Sinngehalte an bestimmten Orten und zu gegebener Zeit geäußert und durch bestimmte Kanäle sowie unter mannigfaltigen Wechselfällen übermittelt. Viertens waren die Äußerungen wie auch die Übermittlung das Werk von Menschen, die Jesus Christus bezeugten und die durch ihre Worte und Taten die gegenwärtige religiöse Situation herbeigeführt haben.

Demnach decken Forschung, Interpretation, Geschichte und Dialektik die religiöse Situation auf. Sie vermitteln die Begegnung mit Personen, die für Christus Zeugnis ablegen. Sie fordern zu einer Entscheidung heraus: Auf welche Weise und in welchem Maße habe ich die Bürde der Kontinuität mitzutragen, oder muß ich das Risiko der Initiative zu einem Wandel übernehmen? Diese Entscheidung ist in erster Linie aber nicht ein theologisches, sondern ein religiöses Ereignis; sie gehört zur vorhergehenden, spontaneren Ebene, auf der die Theologie reflektiert und die sie klärt und objektiviert; sie geht in die Theologie explizit ein nur insofern sie in der fünften Spezialisierung, den Fundamenten, reflektiert und objektiviert wird.

Mit einer solchen Entscheidung wird aber der Übergang von der ersten zur zweiten Phase vollzogen. Die erste Phase ist vermittelnde Theologie. Sie ist Forschung, Interpretation, Geschichte und Dialektik, die uns in die Kenntnis des Leibes Christi einführen. Die zweite Phase aber ist vermittelte Theologie. Sie ist Gotteserkenntnis und Kenntnis aller Dinge in ihrer Hinordnung auf Gott, jedoch weder als unmittelbare Gotteserkenntnis (1 Kor 13,12) noch als durch die geschaffene Natur vermittelte, sondern als eine durch den ganzen Christus, durch Haupt und Glieder, vermittelte Erkenntnis Gottes.

In der zweiten Phase wurden die Spezialisierungen in umgekehrter Reihenfolge genannt. Wie die Dialektik finden sich auch die Fundamente auf der Ebene der Entscheidung. Wie die Geschichte liegt auch die Lehre auf der Ebene des Urteils. Wie die Interpretation, so zielt auch die Systematik auf das Verstehen; und wie die Forschung die Daten der Vergangenheit sichtet und ordnet, so liefert die Kommunikation Daten für Gegenwart und Zukunft.

Der Grund für die umgekehrte Reihenfolge ist recht einfach: In der ersten Phase beginnt man mit den Daten, geht weiter zu den Sinngehalten und Tatsachen, bis man zur personalen Begegnung kommt. In der zweiten Phase dagegen beginnt man mit der Reflexion über die echte Bekehrung, verwendet jene sodann als Horizont, innerhalb dessen die Lehren zu erfassen sind und ein Verständnis ihres Inhalts zu suchen ist, und kommt abschließend zu einer kreativen Untersuchung der Kommunikation, differenziert je nach Medien, Ständen und gemeinsamen kulturellen Interessen.

4. Die Notwendigkeit der Einteilung

Die Notwendigkeit irgendeiner Teilung geht klar genug aus den Aufteilungen hervor, die bereits bestehen und anerkannt sind. So entspricht unsere Einteilung der zweiten Phase – Fundamente, Lehre, Systematik und Kommunikation – im groben Umriß der bekannten Unterscheidung von Fundamentaltheologie, Dogmatik, spekulativer und praktischer oder Pastoraltheologie. Auch die Spezialisierungen der ersten Phase – Forschung, Interpretation, Geschichte und Dialektik – sind nicht als etwas ganz Neues zu bezeichnen. Textkritik und andere Arten von Forschung werden um ihrer selbst willen betrieben. Kommentare und interpretierende Monographien sind eine wohlbekannte literarische Gattung. Zur Kirchengeschichte, zur Dogmengeschichte und Theologiegeschichte kam vor nicht allzu langer Zeit die Heilsgeschichte hinzu. Die Dialektik schließlich ist eine ökumenische Variante der althergebrachten Kontroverstheologie sowie der apologetischen Arten der Theologie.

Neu ist jedoch die Auffassung dieser Zweige theologischer Arbeit als funktionale Spezialisierungen, als verschiedene und voneinander trennbare Stadien innerhalb eines einzigen Vorgangs, der von den Daten bis zu den letzten Ergebnissen führt. Daher ist nun die Notwendigkeit dieses Konzepts der vielen existierenden Zweige der Theologie und der Reorganisierung, die diese Konzeption mit sich bringt, näher zu erläutern.

Erstens ist diese Notwendigkeit nicht bloß eine Sache der Konvenienz. Man kann die Feldspezialisierung rechtfertigen, indem man betont, die relevanten Daten seien zu umfangreich, als daß ein einziger sie untersuchen könnte. Man kann sich für die Fachspezialisierung einsetzen mit der Begründung, die Materie sei zu umfassend, als daß ein einziger Professor sie mit Aussicht auf Erfolg lehren könnte. Aber funktionale Spezialisierung ist ihrem Wesen nach nicht eine Unterscheidung der Spezialisten, sondern eine Unterscheidung der Spezialitäten. Hier geht es nicht darum, die gleiche Art Aufgabe auf viele Hände zu verteilen, sondern darum, verschiedene Aufgaben zu unterscheiden und zu verhindern, daß man sie durcheinander bringt. Verschiedene Ziele verfolgt man, indem man verschiedene Mittel anwendet, verschiedene Mittel werden auf verschiedene Weise gebraucht, und unterschiedliche Anwendungsweisen werden durch verschiedene methodische Vorschriften geregelt.

Zweitens gibt es unterschiedliche Aufgaben. Hat die Theologie erst einmal ein gewisses Entwicklungsstadium erreicht, so wird der grundsätzliche Unterschied zwischen den beiden Phasen deutlich und in beiden Phasen die jeweils vier Ziele, die den vier Ebenen bewußter und intentionaler Vollzüge entsprechen. Wenn aber diese acht Ziele existieren, dann sind acht verschiedene Aufgaben auszuführen und acht verschiedene Gruppen methodischer Vorschriften zu unterscheiden. Ohne solche Unterscheidungen haben die Forscher keine klaren und bestimmten Vorstellungen von dem, was sie genaugenommen tun, wie ihre Tätigkeiten auf deren unmittelbare Ziele bezogen sind und wie diese unmittelbaren Ziele mit dem gesamten Endziel des Gegenstands ihrer Untersuchung in Verbindung stehen.

Drittens braucht man die Unterscheidung und Einteilung, um einseitig totalitäre Ambitionen zu zügeln. Jede einzelne Spezialisierung der genannten acht hat ihre eigenen Vorzüge. Keine kann ohne die anderen sieben bestehen. Wer aber auf einem Auge blind ist, zieht gern den Schluß, daß seine Spezialisierung wegen ihrer Vortrefflichkeit zu fördern sei, während man die anderen sieben nachsichtig belächeln könne, da sie in sich unzureichend sind. Unter solcher Einseitigkeit hat die Theologie seit dem Mittelalter bis auf den heutigen Tag schwer gelitten. Allein eine gut begründete Gesamtschau kann uns vor dem Fortbestehen dieser Einseitigkeit in der Gegenwart und vor ihrer Rückkehr in Zukunft bewahren.

Viertens braucht man die Unterscheidung und Einteilung, um exzessiven Forderungen zu widerstehen. Wenn auch alle acht Spezialisierungen für den vollständigen Prozeß nötig sind, der von den Daten bis zu den Ergebnissen führt, so kann man doch von einer einzelnen Arbeit nicht mehr verlangen, als daß sie einen soliden Beitrag in einer der acht Spezialisierungen leistet.

Worin besteht solch ein Beitrag? Er umfaßt, meiner Meinung nach, zwei Teile. Der Hauptteil besteht darin, die Art von Evidenz zu erreichen, die der jeweiligen Spezialisierung eigen ist. So betreibt der Exeget die Exegese aufgrund exegetischer Prinzipien. Der Historiker treibt Geschichtswissenschaft nach historischen Grundsätzen. Der Fachmann für Lehre ermittelt die Lehren aufgrund lehrmäßiger Prinzipien, und der Systematiker klärt, versöhnt und vereint die Lehren nach systematischen Grundsätzen. Doch neben diesem besonders wichtigen Hauptteil gibt es noch einen geringeren Teil. Jede der Spezialisierungen ist funktional auf die anderen bezogen. Insbesondere bis zu der Zeit, da eine solche Methode in der Theologie allgemein anerkannt ist, dient es der Vermeidung von Mißverständnissen, Mißdeutungen und falschen Darstellungen, wenn der Spezialist die Aufmerksamkeit auf das Faktum der Spezialisierung lenkt und zu erkennen gibt, daß er weiß, was seinen Aussagen im Licht der Evidenz, die den verschiedenen anderen Spezialisierungen zugänglich ist, noch ergänzend hinzuzufügen ist.

5. Dynamische Einheit

Die Einheit einer Thematik im Prozeß der Entfaltung ist dynamisch. Solange ein weiteres Fortschreiten möglich ist, ist die Vollkommenheit völliger Unbeweglichkeit noch nicht erreicht, und daher kann auch das Ideal der Logik noch nicht erreicht werden, nämlich das Ideal festgelegter Begriffe, genau und unwandelbar formulierter Grundsätze und uneingeschränkt rigoroser Ableitung aller nur möglichen Schlüsse. Das Fehlen statischer Einheit schließt jedoch nicht das Vorhandensein dynamischer Einheit aus, und wir haben nun zu überlegen, was das bedeutet.

Die Entwicklung scheint sich also von einem Anfangszustand der Undifferenziertheit über einen Differenzierungs- und Spezialisierungsprozeß auf ein Ziel hinzubewegen, in welchem die differenzierten Spezialisierungen als eine integrierte Einheit funktionieren.

So waren die christliche Religion und die christliche Theologie anfangs nicht voneinander unterschieden. Die Überlieferung wurde aufgenommen. Man bemühte sich, in ihren Sinngehalt einzudringen und ihn zu missionarischen oder apologetischen Zwecken umzugestalten. Nicht alle diese Bemühungen waren glücklich. Neuerer bildeten Schulen, die in verschiedene Richtungen absplitterten und gerade durch ihre Abtrennung und Vielfalt die Aufmerksamkeit auf die eine, unwandelbare Hauptüberlieferung zogen. Die Hauptüberlieferung selbst mußte sich mit immer schwierigeren Themen auseinandersetzen. Mühsam lernte sie von Nikaia die Notwendigkeit, über die biblische Sprache hinauszugehen, um das zu formulieren, was man als biblische Wahrheit ansah. Mühsam lernte sie von Chalkedon die Notwendigkeit, Termini in einem Sinne zu gebrauchen, der sowohl der Bibel als auch der frühen patristischen Überlieferung unbekannt war. Aber durch das Reflektieren solcher Entwicklungen wie der byzantinischen Scholastik und durch die Ausweitung dieser reflektierenden Erwägungen auf das Ganze des christlichen Denkens – so in der Scholastik des Mittelalters – wurde die Theologie zu einem akademischen Fachgebiet, zugleich aufs innigste mit der christlichen Religion verbunden und doch offenkundig von ihr unterschieden.

Die Gültigkeit dieser ersten Differenzierung wird heute natürlich in Frage gestellt. Ist nicht eine derart akademische Theologie bloß ein kultureller Überbau, vom wirklichen Leben abgeschnitten und ihm daher feindlich? Hier ist meiner Meinung nach eine Unterscheidung angebracht. Für Urmenschen und für das undifferenzierte Bewußtsein ganz allgemein ist jede akademische Entwicklung nicht bloß unnütz, sondern auch unmöglich. Die Differenzierung der Vollzüge und Gegenstände erfordert eine Differenzierung im Bewußtsein des tätigen Subjekts. Daher ist einem undifferenzierten Bewußtsein alles Akademische wesentlich fremd, und jeder Versuch, es ihm aufzuzwingen, wäre nicht nur ein unerträgliches und lähmendes Aufdrängen, sondern auch zum Fehlschlag verurteilt. Das ist jedoch noch nicht die ganze Wahrheit. Ist das Bewußtsein erst einmal differenziert, dann wird eine entsprechende Entwicklung in Ausdruck und Darstellung der Religion unumgänglich. Denn in einem gebildeten und wachen Bewußtsein muß eine kindliche Auffassung religiöser Wahrheit entweder in eine gebildete Auffassung aufgehoben werden, oder sie wird einfach als unmodern und überholt abgelegt. Um nun auf den allgemeinen Einwand zurückzukommen, muß man meiner Ansicht nach fragen, wessen »wirkliches Leben« denn zur Debatte steht. Wenn es um das wirkliche Leben von Menschen im Urzustand und um andere Fälle von undifferenziertem Bewußtsein geht, dann ist eine akademische Theologie offenkundig höchst irrelevant. Wenn es aber um das wirkliche Leben von Menschen mit differenziertem Bewußtsein geht, dann ist eine akademische Theologie um so notwendiger, je differenzierter das Bewußtsein ist.

Wenn ich bisher dem individuellen Aspekt des Problems besondere Beachtung schenkte, so leugne ich keineswegs seine sozialen und geschichtlichen Aspekte. Wie wir sahen, wird der größte Teil des menschlichen Lebens durch Sinngehalt konstituiert, und daher ist auch der wichtigste Teil der menschlichen Bewegungen und Strömungen mit Sinngehalt befaßt. Daraus folgt mehr oder weniger unvermeidlich, daß, je weiter eine Bewegung sich ausbreitet und je länger sie andauert, sie desto mehr gezwungen ist, über ihre eigene Bedeutung nachzudenken, sich selbst von anderen Bedeutungen zu unterscheiden und sich vor Verirrungen zu hüten. So wie die Konkurrenten kommen und gehen, wie die Umstände und Probleme sich wandeln, wie Fragen bis auf ihre Voraussetzungen zurückverfolgt und Entscheidungen auf ihre letzten Konsequenzen hin untersucht werden, so erfolgt dadurch auch jene Hinwendung zum System, die Georg Simmel »die Wendung zur Idee« genannt hat. Was aber für Bewegungen allgemein gilt, gilt auch für das Christentum. Der Spiegel, in dem es sich selbst reflektiert, ist die Theologie.

So werden Religion und Theologie in eben dem Maße verschieden und trennen sich, wie sich die Religion selbst entwickelt und die Anhänger der Religion leicht von der einen Bewußtseins-Struktur zu der anderen übergehen. Dennoch muß dieser Rückzug nicht ohne ausgleichende Wiederkehr bleiben. Entwicklung vollzieht sich durch Spezialisierung, muß aber in einer Integration enden. Aber Integration ist nicht durch bloßen Rückschritt zu erreichen. Wenn man Theologie mit Religion, mit Liturgie, mit Gebet und Predigt indentifiziert, so kehrt man zweifellos zur frühesten Periode des Christentums zurück. Man übersieht allerdings auch die Tatsache, daß die Umstände der frühesten Periode längst nicht mehr bestehen. Es gibt wirkliche theologische Probleme, wirkliche Fragen, die den eigentlichen Bestand des Christentums gefährden, wenn man sie vertuscht. Im zwanzigsten Jahrhundert gibt es reale Kommunikationsprobleme, die nicht durch solche Predigten zu lösen sind, wie man sie im alten Antiocheia, in Korinth oder Rom gehalten hat. Diese Gründe haben uns dazu bewegt, einen Unterschied zwischen christlicher Religion und christlicher Theologie anzuerkennen und zugleich eine achte funktionale Spezialisierung, die Kommunikation, zu fordern.

Dies ist unser erstes Beispiel von Differenzierung und dynamischer Einheit. Religion und Theologie werden verschieden und trennen sich. Aber das Getrenntsein der Theologie ist ein Rückzug, der stets eine Wiederkehr intendiert und in seinem letzten Stadium auch bewirkt.

Unser zweites Beispiel von Differenzierung und dynamischer Einheit betrifft die Haupt-Einteilungen innerhalb der Theologie selbst. Dies sind die beiden Phasen, von denen jede vier funktionale Spezialisierungen enthält. Denn innerhalb dieser acht Spezialisierungen finden sämtliche theologischen Vollzüge statt, und so stellen sich Feldspezialisierung einerseits und Fachspezialisierung andererseits als Unterteilungen der acht Spezialisierungen heraus.

In der Tat unterteilt die Feldspezialisierung das Material, das die Spezialisierungen der ersten Phase verarbeiten, während die Fachspezialisierung jene Ergebnisse klassifiziert, die man durch die Spezialisierungen der zweiten Phase erlangt.

Die durch die Feldspezialisierung bewirkten Unterteilungen ändern sich je nach der auszuführenden Aufgabe. Die Spezial-Forschung bedient sich nur eines schmalen Streifens von Daten, wogegen die allgemeine Forschung breite Schneisen schlägt. Die Interpretation wird sich auf ein einziges Werk eines Autors beschränken, oder auf einen Aspekt seines Gesamtwerks, während sich die Geschichtswissenschaft erst durch ein Aufgebot von allgemeinen und speziellen Forschungen, von Monographien und Kommentaren aufbaut. Die Dialektik findet ihre Einheiten in den Metamorphosen dessen, was im Grunde der gleiche Konflikt ist, bald auf der Ebene religiösen Lebens, bald in gegensätzlichen Geschichtsdarstellungen früherer Ereignisse, bald in gegensätzlichen theologischen Deutungen.

Die Einheit dieser ersten Phase ist offensichtlich nicht statisch, sondern dynamisch. Die vier Spezialisierungen stehen zueinander nicht in einer logischen Beziehung wie die Prämisse zur Konklusion, nicht wie das Besondere zum Universalen oder wie etwas anderes dieser Art, sondern als aufeinanderfolgende Teilobjekte in jenem kumulativen Vorgang, den die Untersuchung vom Erfahren zum Verstehen voranbringt, den die Reflexion vom Verstehen zum Urteilen und die abwägende Überlegung vom Urteilen zum Entscheiden weiterführt. Eine solche Struktur ist ihrem Wesen nach offen. Die Erfahrung ist für weitere Daten offen; das Verständnis für ein umfassenderes und eindringenderes Begreifen; das Urteil für eine Anerkennung neuer und angemessenerer Perspektiven, nuancierterer Aussagen und detaillierterer Information. Die Entscheidung schließlich wird nur zum Teil durch die Dialektik erreicht, die darauf zielt, offensichtlich törichte Gegensätze auszuräumen und somit die Streitfragen einzuschränken, von der aber nicht zu erwarten ist, daß sie bis an die Wurzeln aller Konflikte vordringt, da die Konflikte ihren letzten Grund im Menschenherzen haben.

Interdependenz ist reziproke Abhängigkeit. Nicht nur hängt die Interpretation von der Forschung ab, die Forschung hängt auch von der Interpretation ab. Nicht nur hängt die Geschichte von der Forschung und der Interpretation ab, sondern die Geschichte liefert nicht weniger den Kontext und die Perspektiven, innerhalb derer Forschung und Interpretation handeln. Nicht nur hängt die Dialektik von der Geschichte, der Interpretation und der Forschung ab, sondern auch umgekehrt, wie wir sehen werden, ist die Dialektik imstande, insofern sie transzendental begründet ist, der Interpretation und der Geschichte heuristische Strukturen zu liefern, ähnlich wie die Mathematik der Naturwissenschaft solche Strukturen zur Verfügung stellt. Wir werden darauf noch zurückkommen.

Eine solche gegenseitige Abhängigkeit wird am einfachsten erreicht, wenn die vier Spezialisierungen von ein und demselben Spezialisten durchgeführt werden. Denn innerhalb der Grenzen ein und desselben Geistes wird die Interdependenz von Erfahrung, Einsicht, Urteil und Entscheidung spontan und mühelos erreicht. Doch bleibt zu bedenken: Je mehr sich die Spezialisierungen weiterentwickeln, je ausgefeilter ihre Techniken und je feiner die Handlungen werden, die sie vollziehen, desto schwieriger wird es für den einzelnen Spezialisten, alle vier Spezialisierungen zu beherrschen. Dann muß man auf die Team-Arbeit zurückgreifen. Die verschiedenen Spezialisten müssen jedoch die Bedeutung der Arbeit der Kollegen für ihre eigene Arbeit verstehen. Sie müssen mit dem, was schon erreicht wurde, vertraut und dadurch in der Lage sein, jede neue Entwicklung aufzugreifen. Und schließlich müssen sie leicht und schnell miteinander in Verbindung treten können, so daß alle sofort von den Fortschritten eines jeden profitieren und daß jeder sofort die Probleme und Schwierigkeiten darlegen kann, die sich auf dem Gebiet seiner eigenen Spezialisierung durch die Veränderungen ergeben, die auf einem anderen Gebiet vorgelegt werden.

Wie die erste Phase von einer fast endlosen Datenvielfalt zunächst zu einer interpretativen, dann zu einer narrativen und schließlich zu einer dialektischen Einheit aufsteigt, so erfolgt in der zweiten Phase umgekehrt ein Abstieg von der Einheit eines alles fundierend umfassenden Horizonts zu den beinahe unendlich variierenden Sensibilitäten, Mentalitäten, Interessen und Geschmacksrichtungen der Menschheit.

Dieser Abstieg ist eigentlich keine Deduktion, vielmehr eine Reihe von Übertragungen zu immer eindeutiger bestimmten Kontexten. Die »Fundamente« liefern eine Grundorientierung. Diese Orientierung wird, wenn sie auf die Konflikte der Dialektik und auf die Mehrdeutigkeiten der Geschichte angewandt wird, zum Auswahlprinzip der Lehren. Man neigt aber dazu, die Lehren so lange als Ansammlung bloß verbaler Formeln zu betrachten, bis ihr letzter Sinngehalt herausgearbeitet und ihre mögliche Kohärenz durch die Systematik erwiesen ist. Aber diese letzte Klärung reicht nicht aus. Sie legt zwar der Substanz nach fest, was weiterzugeben ist, doch bleibt sowohl das Problem eines kreativen Gebrauchs der zur Verfügung stehenden Medien als auch die Aufgabe, den passenden Ansatz und das richtige Vorgehen bei der Vermittlung der Botschaft an Menschen verschiedenen Standes und unterschiedlicher Kultur zu finden.

Ich sprach bereits von den Fundamenten, die die Lehren selektieren, von den Lehren, die der Systematik die Probleme stellen und von der Systematik, die den Kern der Botschaft festlegt, die auf vielfache Weise mitzuteilen ist. Doch darf darüber nicht das Faktum der Abhängigkeit in der Gegenrichtung übersehen werden. Fragen nach der Systematik können sich aus der Kommunikation ergeben. Systematische Formen der Begriffsbildung können in den Lehren angewandt werden; und die Bekehrung, als Horizont in den Fundamenten formuliert, hat nicht nur persönliche, sondern auch soziale und lehrmäßige Dimensionen.

Demnach gibt es innerhalb der beiden Phasen gegenseitige Abhängigkeit, und das war auch zu erwarten, da die vier Ebenen bewußter und intentionaler Vollzüge – die die vier Spezialisierungen in jeder Phase bestimmen – selbst interdependent sind. Überdies besteht eine Abhängigkeit der zweiten Phase von der ersten, denn die zweite begegnet der Gegenwart und Zukunft im Lichte dessen, was von der Vergangenheit aufgenommen wurde. Doch ist noch zu fragen, ob auch eine gegenseitige Abhängigkeit zwischen der ersten und der zweiten Phase besteht, ob also die erste von der zweiten ebenso abhängig ist, wie die zweite von der ersten.

Die Antwort auf diese Frage ist nur mit einer Einschränkung zu geben. Es besteht zwar, vielleicht sogar unvermeidlich, eine Abhängigkeit der ersten Phase von der zweiten, doch muß man mit größter Sorgfalt vorgehen, daß dieser Einfluß seitens der zweiten Phase weder die eigene Offenheit der ersten Phase für alle bedeutsamen Daten noch ihre eigene Funktion beeinträchtigt, die Ergebnisse durch Berufung auf die Daten zu erzielen.[1] Was unter »eigener Offenheit« und »eigener Funktion« zu ver-

---

[1] Nur konkrete Beispiele können vermitteln, was mit der Umschreibung gemeint ist: »... ihre eigentliche Funktion ..., die Ergebnisse durch Berufung auf die Daten zu er-

stehen ist, wird zu gegebener Zeit näher erläutert werden. Aber schon jetzt ist zu bemerken, daß eine zweite Phase, die die eigene Funktion der ersten beeinträchtigt, sich dadurch selbst ihrer eigenen Quelle und ihres Fundaments beraubt und den Weg der eigenen lebendigen Entwicklung blockiert.

Innerhalb der Grenzen dieser Einschränkung ist jedoch eine Interdependenz der Lehre und der lehrmäßigen Geschichte und ebenso der Fundamente und der Dialektik anzuerkennen. So wäre eine Arbeit von vornherein zum Scheitern verurteilt, wenn jemand versuchte, eine Geschichte der Mathematik, der Chemie oder der Medizin zu schreiben, ohne diese Fachgebiete selbst zu beherrschen. Man würde stets dazu neigen, bedeutsame Ereignisse zu übersehen und geringfügigen Dingen großen Wert beizumessen. Die eigene Redeweise wäre ungenau oder überholt, die Betonungen verfehlt, die Perspektiven verzerrt und die Unterlassungen unerträglich. Was für Mathematik, Chemie und Medizin gilt, gilt auch für Religion und Theologie. Es ist heute ein Gemeinplatz: Wenn man eine Lehre verstehen will, dann sollte man ihre Geschichte studieren. Aber ebenso gilt: Will man ihre Geschichte schreiben, so muß man die Lehre verstehen.

Zwischen der Dialektik und den Fundamenten besteht eine ähnliche Affinität. Die Fundamente objektivieren die Bekehrung. Sie bringen die entgegengesetzten Pole eines Konflikts in der Geschichte einer Person ans Licht. Obwohl wir nicht eine einzige und einheitliche Darstellung echter Bekehrung erwarten können, wird doch jede plausible Darstellung den durch Dialektik erreichten Analysen eine Dimension von Tiefe und Ernsthaftigkeit hinzufügen. Diese Tiefe und Ernsthaftigkeit wird nun ihrerseits den ökumenischen Geist der Dialektik verstärken und gleichzeitig die rein polemischen Tendenzen abschwächen.

Aus den vorstehenden Beispielen von Interdependenz ergibt sich eine allgemeine, wenn auch indirekte, Interdependenz der ersten und zweiten Phase. Denn die vier Spezialisierungen der ersten Phase sind ebenso interdependent wie die vier Spezialisierungen der zweiten Phase. So involvieren die Interdependenz der Dialektik und der Fundamente sowie die der Geschichte und der Lehre alle acht Spezialisierungen in einer zumindest indirekten Interdependenz.

Solcherart ist – im groben Umriß – die dynamische Einheit der Theologie. Sie besteht in der Einheit gegenseitig abhängiger Teile, wobei sich jeder Teil den Veränderungen in den anderen Teilen anpaßt

> zielen«. Dabei bitte ich den Leser, der mit dem, was ich meine, nicht vertraut ist, *St. Neill,* The Interpretation of the New Testament, 1861–1961, London 1964, 36–59, über J. B. *Lightfoots* Ablehnung von F. C. Baurs Datierung der neutestamentlichen Schriften zu lesen.

und das Ganze sich als Ergebnis solcher Veränderungen und Anpassungen entfaltet. Überdies hat dieser innere Vorgang und diese Interaktion auch Beziehungen nach außen. Denn die Theologie als Ganzes hat ihre Funktion innerhalb des größeren Zusammenhangs des christlichen Lebens; das christliche Leben aber vollzieht sich innerhalb des noch umfassenderen Geschichtsprozesses der ganzen Menschheit.

6. Ergebnis

Christliche Theologie wurde als die »Wendung zur Idee« verstanden, als die Wende zum System, die sich innerhalb des Christentums vollzieht. Theologie macht das zum Thema, was immer schon ein Teil des christlichen Lebens ist. Auf die Differenzierung und Entwicklung innerhalb des christlichen Lebens folgen weitere Differenzierungen und Entwicklungen innerhalb der Theologie selbst. Denn die Theologie teilt sich in eine vermittelnde Phase, die der Vergangenheit begegnet, und eine vermittelte Phase, die sich der Zukunft stellt. Beide Phasen sind in vier funktionale Spezialisierungen unterteilt. Diese wirken aufeinander, während die Theologie ihren Beitrag zu leisten versucht, den Bedürfnissen des christlichen Lebens zu entsprechen, dessen Möglichkeiten zu verwirklichen und die Gelegenheiten zu nutzen, die die Weltgeschichte bietet.

Wie diese Konzeption der Theologie von der Idee der funktionalen Spezialisierung ausgeht, so beruhen andere Konzeptionen auf dem Gedanken der Fachspezialisierung oder der Feldspezialisierung. Die Fachspezialisierung ist bei der aristotelischen Einteilung der Wissenschaften nach ihren Formalobjekten vorausgesetzt, und in diesem Kontext wurde Theologie in der Vergangenheit definiert als Wissenschaft von Gott und von allen Dingen in ihrer Beziehung zu Gott, eine Wissenschaft, die im Licht der Offenbarung und des Glaubens betrieben wird. Andererseits ist im Denken unserer Gegenwart, sofern es sich mit biblischer, patristischer und mittelalterlicher Theologie, mit der Theologie der Renaissance und der Neuzeit befaßt, die Feldspezialisierung vorherrschend.

Ich bin wohl nicht im Unrecht, wenn ich darauf hinweise, daß der fachspezifische Ansatz dazu neigte, die vermittelte Phase zu betonen und die vermittelnde Phase zu vernachlässigen, wogegen der Ansatz der Feldspezialisierung zur Betonung der vermittelnden Phase tendiert und die vermittelte Phase zu sehr vereinfacht. Wenn diese Einschätzung richtig ist, muß man dem funktionalen Ansatz zugestehen, daß er beiden Phasen volle Aufmerksamkeit schenkt und ebenso zeigt, wie sie eine dynamische Interdependenz und Einheit besitzen können.

ZWEITER TEIL
Vordergrund

VI.

FORSCHUNG

Im vorhergehenden Kapitel wurden einige der Hauptmerkmale der ersten funktionalen Spezialisierung, der Forschung, skizziert. In diesem Kapitel erwartet den Leser eine Reihe genauerer Anleitungen, wie bei der Forschung vorzugehen ist. Forschung ist jedoch – vielleicht unglücklicherweise – eine überaus vielfältige Kategorie, und zudem ist Forschen weit mehr eine Sache der Praxis als der Theorie. Wenn man sich der allgemeinen Forschung widmen möchte, dann sollte man ausfindig machen, wer und wo die Meister des Fachgebiets sind, auf dem man arbeiten möchte. Zu ihnen sollte man gehen, mit ihnen arbeiten, bis man mit ihrem ganzen Instrumentarium vertraut ist und genau verstanden hat, warum sie jeden ihrer Schritte so und nicht anders setzen. Wenn man dagegen spezielle Forschung treiben will, muß man diejenige funktionale Spezialisierung wählen, der die eigene Forschung dienen soll. Wiederum wäre zu klären, wer und wo ein Fachmann ist, der aufgrund seiner Forschung in dieser weiteren Spezialisierung arbeitet. Zu ihm sollte man gehen, an seinem Seminar teilnehmen und unter seiner Leitung eine Dissertation schreiben. Denn Forschung betreiben – ob allgemeine oder spezielle – ist stets eine konkrete Aufgabe, die nicht durch abstrakte Verallgemeinerungen zu lenken und zu leiten ist, sondern nur durch den praktischen Verstand, der sich im selbst-korrigierenden Lernprozeß herausbildet, wodurch wir auch den sogenannten Allgemeinverstand erwerben.

Wenn wir auch nicht die Absicht haben, Anweisungen zur Forschungsarbeit zu geben, so darf der Leser doch erwarten, daß wir die Bereiche aufzeigen, die theologische Forschung zu untersuchen hat. Solch einen Hinweis wollen wir auch geben, doch wird er nicht theologische, sondern nur methodologische Fragen behandeln.

Wir beginnen mit der Unterscheidung von Humanwissenschaften *(human studies)*, Religionswissenschaften *(religious studies)*, Christliche Studien *(Christian studies)* und Römisch-Katholische Studien. Alle vier Forschungsbereiche befassen sich mit dem Menschen. Jeder dieser vier Bereiche unterscheidet sich von den anderen, insofern er ein breiteres oder schmaleres Datenfeld als relevant für seine Forschung ansieht. Die

Forschungsbereiche, die zu den Geistes- und Religionswissenschaften gehören, brauchen uns hier nicht zu beschäftigen.[1] Uns geht es darum, die Art und Weise zu finden, wie wir die unterschiedlichen Ansichten behandeln sollen, die Christen bezüglich jener Daten vertreten, die für die christliche Theologie von Belang sind.

Das Problem ist nicht neu. Ist die Theologie auf die Schrift allein zu gründen oder auf Schrift und Tradition? Ist die Tradition bloß die ausdrückliche Lehre der Apostel, oder ist sie die ständig weitergehende Lehre der Kirche? Ist sie die weitergehende Lehre der Kirche bis Nikaia, oder bis zum Jahr 1054, oder bis zur Rezeption der scholastischen Lehren, oder bis zum Konzil von Trient, oder bis zu den Tagen von Papst Pius IX. oder gar bis in alle Zukunft?

Nicht alle Antworten können richtig sein. Doch die Ermittlung der richtigen Antwort wird nicht erfolgen, ehe die sechste funktionale Spezialisierung, die Lehre, erreicht ist. Wie aber kann die sechste Spezialisierung je erreicht werden, wenn man nicht weiß, welche Gebiete für die theologische Forschung relevant sind und wie jedes einzelne Gebiet einzuschätzen ist?

Meine Antwort lautet: Laßt die christlichen Theologen dort beginnen, wo sie bereits stehen. Jeder wird ein bestimmtes Gebiet oder auch mehrere für die theologische Forschung relevant erachten. Dort soll er arbeiten. Er wird bald darauf kommen, daß die vorliegende Methode geeignet ist, dieses Problem anzugehen.

Übrigens sind sich christliche Theologen nicht nur über die für theologische Forschung einschlägigen Gebiete uneinig, sondern auch hinsichtlich der Auslegung von Texten, der Wirklichkeit bestimmter Ereignisse wie auch über die Bedeutung religiöser Bewegungen. Solche Unterschiede können sehr verschiedenartige Gründe haben. Einige lassen sich durch weitere Fortschritte der Forschung, der Interpretation oder der Geschichtswissenschaft beseitigen und können daher der heilenden Wirkung der Zeit überlassen bleiben, andere sind wohl aus dem Pluralismus der Entwicklungen entstanden. Es gibt ja sehr ungleichartige Kulturen und sehr verschiedene Differenzierungen des Bewußtseins; solche Unterschiede sind durch Erarbeitung der geeigneten Übertragung von einer Kultur in eine andere oder von einer Bewußtseinsdifferenzierung in eine andere zu überbrücken. Wieder andere Unterschiede entstehen, weil die geistige, sittliche oder religiöse Bekehrung nicht stattgefunden hat, und in den Kapiteln »Dialektik« und »Fundamente« werden wir versuchen

---

[1] Im Schlußkapitel über »Kommunikation« wird einiges über die Beziehung der Theologie zu den Religions- und Humanwissenschaften gesagt.

aufzuzeigen, wie diese Unterschiede ins Offene zu bringen sind, so daß Menschen guten Willens einander entdecken können.

Schließlich ist die Methode natürlich keine Einbahnstraße. Die verschiedenen Spezialisierungen wirken aufeinander. Ändert ein Theologe innerhalb der »Lehre« seine Ansicht über die für die theologische Forschung relevanten Bereiche, so veranlaßt ihn das auch zu einer Änderung seiner Praxis in der Forschung.

VII.

INTERPRETATION

Wir befassen uns nun mit der Interpretation als einer funktionalen Spezialisierung. Sie steht in Beziehung zu Forschung, Geschichte, Dialektik, Fundamente, Lehre, Systematik und Kommunikation. Sie ist von diesen Spezialisierungen abhängig – und diese von ihr. Dennoch hat sie ihr eigenes Ziel und ihre spezifische Arbeitsweise. Sie kann daher gesondert behandelt werden.[1]

Ich folge der allgemein gebräuchlichen Terminologie und verstehe unter »Hermeneutik« die Interpretationsprinzipien und unter »Exegese« die Anwendung dieser Prinzipien bei einer bestimmten Aufgabe. Die Aufgabe, um die es geht, ist die Interpretation eines Textes, doch wird die Darlegung so allgemein gehalten, daß sie auf jede exegetische Aufgabe anzuwenden ist.

Zunächst ist darauf hinzuweisen, daß nicht jeder Text einer Exegese bedarf. Im allgemeinen gilt die Regel: Je stärker ein Text in seiner Konzeption und Ausführung systematisch geprägt ist, desto weniger bedarf er der Exegese. Die »Elemente« des Euklid wurden vor etwa 2300 Jahren verfaßt. Man muß sie studieren, um sie zu verstehen, und diese Arbeit kann durch einen kompetenten Lehrer sehr erleichtert werden. Hier stellt sich zwar die Aufgabe, Euklid zu verstehen, nicht aber ihn zu interpretieren. Hier gibt es nur ein einziges richtiges Verstehen, und jedes unrichtige Verstehen kann als Irrtum nachgewiesen werden. Daher kommt es, daß wenig oder gar keine exegetische Literatur zu Euklid vorhanden ist, wogegen es zu den klaren und einfachen Evangelien endlose Kommentare gibt.

[1] Einer der Vorteile der Vorstellung von funktionaler Spezialisierung ist genau diese Möglichkeit zu getrennter Behandlung von Problemen, die sonst überaus komplex werden. Man betrachte z. B. so monumentale Arbeiten wie *Emilio Betti*, Teoria generale della interpretazione, Mailand 1955, und *Hans-Georg Gadamer*, Wahrheit und Methode, Tübingen 1960. Vgl. auch meine eigene Erörterung der Wahrheit einer Interpretation in »Insight« 562–594, und man beachte, wie Ideen, die dort vorgetragen werden, hier in ganz unterschiedlichen funktionalen Spezialisierungen wiederkehren. Was dort beispielsweise als universaler Gesichtspunkt bezeichnet wird, wird hier durch Eintreten für eine bestimmte funktionale Spezialisierung – Dialektik genannt – verwirklicht. Zum historischen Hintergrund des gegenwärtigen hermeneutischen Denkens vgl. *H. G. Gadamer*, aaO. 162–250.

Jedoch gibt es außer dem systematischen Modus von Erkenntnisvollzügen auch den Modus des Allgemeinverstands. Zudem gibt es sehr viele Arten von Allgemeinverstand. Der Allgemeinverstand ist nicht etwa allen Menschen aller Orte und Zeiten gemeinsam, sondern nur den Mitgliedern einer Gemeinschaft, die miteinander in erfolgreicher Kommunikation stehen. Bei ihnen haben jedermanns Allgemeinverstands-Aussagen eine völlig offenkundige Bedeutung und bedürfen keinerlei Exegese. Solche Aussagen können aber auch zu anderen, räumlich wie zeitlich fernen Gemeinschaften hingelangen. Dort können die Horizonte, Werte und Interessen, die geistige Entwicklung und die Erfahrung ganz anders sein. Der Ausdruck kann intersubjektive, künstlerische und symbolische Komponenten enthalten, die merkwürdig fremd erscheinen. Dann erhebt sich die Frage: Was ist mit diesem Satz, mit diesem Abschnitt, diesem Kapitel, ja mit diesem Buch gemeint? Viele Antworten erscheinen möglich, und keine scheint ganz befriedigend zu sein.

Darin besteht das Problem der Interpretation ganz allgemein. Doch in der Gegenwart treffen überdies vier Faktoren zusammen, die dieses Problem noch enorm verschärft haben. Der erste Faktor ist die Entstehung eines Weltbewußtseins und des Geschichtsbewußtseins: Wir wissen um die vielen sehr unterschiedlichen Kulturen, die gegenwärtig existieren, und wir wissen um die großen Unterschiede, die gegenwärtige und vergangene Kulturen voneinander trennen. Der zweite Faktor liegt in der Arbeit der Geisteswissenschaften, für die der Sinngehalt eine fundamentale Kategorie ist und demzufolge die Interpretation eine grundlegende Aufgabe. Ein dritter Faktor ist die Verwirrung, die in Erkenntnistheorie und Epistemologie herrscht: Interpretation ist ja nur ein Sonderfall des Wissens, nämlich des Wissens, was gemeint ist; daraus folgt, daß jede Verwirrung in Fragen der Erkenntnis auch zu einer Verwirrung in Fragen der Interpretation führt. Der vierte Faktor schließlich ist die Moderne. Der moderne Mensch hat seine moderne Welt geschaffen, er hat sich vom Vertrauen auf Tradition und Autorität gelöst, seine eigene Weltsicht erarbeitet und damit die in der Vergangenheit vertretenen Anschauungen neu interpretiert. So hat man die klassischen griechischen und lateinischen Autoren aus dem Kontext des christlichen Humanismus herausgenommen und als Heiden aufgezeigt. So wurde das Gesetz aus dem Kontext der christlichen Moral und Theologie gelöst und in den Kontext nachchristlicher Philosophie und Lebenseinstellung gestellt. So wurde die Bibel aus dem Kontext christlicher Lehrentwicklung genommen und wieder in den vor-dogmatischen Kontext der Religionsgeschichte gestellt.

In dem Problem der Hermeneutik stecken also noch ganz andere und viel tiefere Probleme. Ihnen ist weder durch eine pauschale Ablehnung noch durch undifferenzierte Annahme der Moderne beizukommen. Meiner Meinung nach sind sie nur durch die Entwicklung und Anwendung der theologischen Methode zu lösen. Nur auf diese Weise lassen sich Probleme der Hermeneutik von Problemen in Geschichte, Dialektik, Fundamenten, Lehre, Systematik und Kommunikation unterscheiden und voneinander trennen. Tatsächlich ist das auffälligste Merkmal vieler Diskussionen über die Hermeneutik gegenwärtig dies, daß sie all diese Fragen so behandeln, als wären es hermeneutische Probleme. Sie sind es nicht.

1. Exegetische Grundvollzüge

Es gibt drei exegetische Grundvollzüge: (1.) Das Verstehen des Textes; (2.) das Beurteilen, wie zutreffend das eigene Verstehen des Textes ist; und (3.) das Ausdrücken dessen, was nach eigenem Urteil das richtige Verständnis des Textes ist.

Das Verstehen des Textes hat vier Hauptaspekte. Man versteht den Gegenstand, auf den sich der Text bezieht. Man versteht die Worte, die im Text verwendet werden. Man versteht den Autor, der die Worte verwendete. Man kommt zu solchem Verständnis durch einen Lernprozeß, bisweilen sogar als das Ergebnis einer Bekehrung. Überflüssig zu betonen, daß die vier Aspekte nur Aspekte eines einzigen Verstehensvorgangs sind.

Die Beurteilung der Richtigkeit des eigenen Textverständnisses wirft Probleme auf: Probleme des Kontextes, des hermeneutischen Zirkels, der Relativität der Gesamtheit der relevanten Daten, der möglichen Bedeutsamkeit entfernterer Untersuchungen und der Grenzen, die dem Umfang der eigenen Interpretation zu setzen sind.

Die Darlegung dessen, was nach eigenem Urteil das richtige Textverständnis ist, führt zur Frage nach der genauen Aufgabe des Exegeten, nach den Kategorien, die er anzuwenden, und nach der Sprache, die er zu sprechen hat.

2. Den Gegenstand verstehen

Man muß zwischen dem Exegeten und einem Forscher unterscheiden. Zwar lernen beide, aber was sie lernen ist verschieden. Der Forscher liest einen Text, um etwas über Gegenstände zu erfahren, die er noch nicht kennt. Man erwartet von ihm, daß er die Bedeutung der Worte gelernt hat und etwas über ähnliche oder analoge Gegenstände weiß, die er bei der

Rekonstruktion jener Gegenstände, über die er etwas in Erfahrung bringen will, als Ausgangspunkt benutzen kann. Andererseits kann der Exeget schon alles über die im Text behandelten Gegenstände wissen, und doch bleibt seine ganze Aufgabe noch auszuführen; denn diese Aufgabe besteht nicht in der Erkenntnis der Gegenstände und auch nicht in der Erkenntnis, ob der Text eine adäquate Kenntnis der Gegenstände zeigt. Seine Aufgabe besteht einfach darin, in Erfahrung zu bringen, was denn eigentlich die wirklichen oder imaginären Gegenstände sind, die vom Autor dieses Textes gemeint wurden.

Natürlich wird die vorstehende Unterscheidung in der Praxis nicht zu einer strengen Trennung der Rolle des Forschers und der des Exegeten führen, sondern eher einen Unterschied der Akzentsetzung anzeigen. Auch der Forscher ist in etwa ein Textausleger, und auch der Exeget lernt manches aus Texten, was er sonst nicht gewußt hätte. Doch obwohl der Unterschied in der Praxis nur auf der Akzentsetzung liegt, bleibt unser Anliegen hier die Theorie, und zwar nicht die allgemeine Theorie des Lernens, die den Forscher betrifft, sondern jene spezielle Lern-Theorie, die den Exegeten angeht.

Ich sagte, daß die ganze exegetische Aufgabe noch auszuführen bleibt, auch wenn der Exeget schon alles über die im Text behandelten Gegenstände weiß. Jetzt muß ich hinzufügen, daß es aber um so besser ist, je mehr der Exeget von diesen Gegenständen schon weiß. Denn er kann nicht mit der Auslegung des Textes beginnen, wenn er nicht die Sprache kennt, in der dieser geschrieben ist; kennt er aber die Sprache, dann kennt er auch die Gegenstände, auf die sich die Worte in jener Sprache beziehen. Natürlich ist solches Wissen nur allgemein und potentiell. Das Lesen des ganzen Textes – wenn seine Bedeutung offenkundig ist – macht dieses allgemeine Wissen detaillierter und jenes potentielle Wissen aktuell. Ist dagegen der Sinngehalt des Textes wegen irgendwelcher Mängel nicht offensichtlich, so gilt dennoch: Je größer die Mittel sind, die dem Exegeten zur Verfügung stehen, desto größer ist auch die Wahrscheinlichkeit, daß er alle möglichen Deutungen aufzählen und jeder einzelnen ihren Grad an Wahrscheinlichkeit beimessen kann.

Die vorstehenden Überlegungen laufen auf eine Ablehnung dessen hinaus, was man auch das »Prinzip des hohlen Kopfes« nennen könnte. Wenn man in einen Text nicht »hineinlesen« will, was dort nicht steht, wenn man nicht *a priori* entscheiden will, was der Text bedeuten muß, gleichgültig was er besagt, und wenn man nicht seine eigenen Vorstellungen und Meinungen in den Text hineinziehen will, dann muß man nach diesem Prinzip alle Vor-Urteile jeder Art fallen lassen, einfach auf den Text achten, muß alles sehen, was dasteht, darf nichts sehen, was nicht dasteht, muß den Autor für sich selbst sprechen lassen und muß ihn sich selbst auslegen lassen. Kurz, je weniger man weiß, um so besser wird man als Exeget sein.

Ich würde sagen, daß diese Behauptungen zugleich richtig und falsch sind. Sie sind richtig, weil sie ein altbekanntes Übel anprangern: Textausleger neigen dazu, Autoren Meinungen zu unterstellen, die sie gar nicht geäußert haben. Sie sind jedoch falsch hinsichtlich der Abhilfe, die sie vorschlagen, denn sie setzen als selbstverständlich voraus, daß der Interpret nur auf den Text zu schauen hätte, um zu sehen, was dasteht. Das ist ein großer Irrtum.

Das »Prinzip des hohlen Kopfes« beruht auf einem naiven Intuitionismus. Es verlangt vom Interpretierenden, seine eigenen Anschauungen zu vergessen, nur auf das zu sehen, was »da draußen« steht, und den Autor sich selbst auslegen zu lassen, ist aber weit davon entfernt, die komplizierte Aufgabe anzupacken, erstens den Gegenstand, die Worte, den Autor und sich selbst zu verstehen, zweitens zu beurteilen, wie zutreffend das eigene Verständnis ist, und drittens, sich den Problemen zuzuwenden, wie man sein eigenes Verständnis und Urteil zum Ausdruck bringt. Was steht eigentlich »da draußen«? Dort steht bloß eine Reihe von Zeichen. Alles, was über eine Neuausgabe der gleichen Zeichen in der gleichen Ordnung hinausgeht, wird durch die Erfahrung, die Intelligenz und das Urteil des Interpreten vermittelt. Je geringer diese Erfahrung, je weniger entwickelt die Intelligenz und je weniger ausgebildet das Urteil ist, desto größer wird die Wahrscheinlichkeit, daß der Interpretierende dem Autor eine Meinung unterstellt, die der Autor nie vertreten hat. Je breiter dagegen die Erfahrung des Auslegers, je tiefer und vollständiger die Entwicklung seines Verständnisses und je ausgewogener sein Urteil ist, desto größer ist auch die Wahrscheinlichkeit, daß er genau das herausfinden wird, was der Autor meinte. Interpretation ist nicht bloß eine Sache der Zeichenbetrachtung. Die ist zwar auch zwingend notwendig. Doch ist es nicht weniger notwendig, daß man – durch die Zeichen geführt – von seinem habituellen Allgemeinwissen zu einem aktuellen und detaillierteren Wissen übergeht; und je größer das ständige Wissen ist, das man besitzt, desto größer ist auch die Wahrscheinlichkeit, daß man von den Zeichen selbst geleitet wird, nicht aber von persönlicher Vorliebe und Vermutung.[2]

[2] In diesem Zusammenhang schrieb *Rudolf Bultmann* in einem Beitrag über »Das Problem der Hermeneutik«: ZThK 47 (1950) 64, nachgedruckt in: Glauben und Verstehen, Tübingen 1952, II, 230: »Die Forderung, daß der Interpret seine Subjektivität zum Schweigen bringen, seine Individualität auslöschen müsse, um zu einer objektiven Erkenntnis zu gelangen, ist also die denkbar widersinnigste. Sie hat Sinn und Recht nur,

3. Die Worte verstehen

Das Verstehen des Gegenstands ergibt den klaren Sinngehalt des Textes, den Sinngehalt, der einleuchtet, weil Autor und Textausleger die gleiche Sache in gleicher Weise verstehen. Doch ähnlich wie beim Gespräch, so kann es auch beim Lesen vorkommen, daß der Autor von P spricht, der Leser hierbei aber an Q denkt. In diesem Fall werden früher oder später Schwierigkeiten auftauchen. Nicht alles, was für P gilt, wird auch für Q gelten, und daher wird es dem Ausleger so erscheinen, als sagte der Autor etwas Falsches oder gar Absurdes.

An dieser Stelle wird der Unterschied zwischen Textausleger und Kontroverstheologe deutlich. Auf seine irrige Annahme, der Autor spreche von Q, stützt der Kontroverstheologe triumphierend seinen Nachweis der Irrtümer und Absurditäten des Autors. Der Textausleger dagegen zieht die Möglichkeit in Betracht, selbst auf der falschen Spur zu sein. Er liest weiter, und er liest nochmals. Schließlich stößt er auf die Möglichkeit, daß der Autor nicht an Q, sondern an P dachte, und mit dieser Korrektur wird die Bedeutung des Textes klar.

Dieser Vorgang kann sich beliebig oft wiederholen. Es ist der selbstkorrigierende Lernprozeß. Auf diese Weise erwerben und entwickeln wir unseren Allgemeinverstand. Er bewegt sich auf eine Grenze zu, in der wir einen Kernbestand an Einsichten besitzen, der uns befähigt, mit jeder Situation oder mit jedem Text einer Textgruppe durch Hinzufügen von ein oder zwei weiteren Einsichten, die für die Situation oder für den vorliegenden Text relevant sind, fertig zu werden.

Solches Verstehen des Allgemeinverstands ist vorbegrifflich. Man darf es nicht mit der eigenen Formulierung der Textbedeutung verwechseln, zu deren Verständnis man gelangt ist. Und diese Formulierung ihrerseits ist nicht mit den Urteilen zu verwechseln, die man über die Wahrheit des Verstehens und der Formulierung fällt. Man muß verstehen, wenn man das formulieren soll, was man verstanden hat. Man muß verstehen und formulieren, wenn man ein Urteil auf explizite Weise abzugeben hat.

sofern damit gemeint ist, daß der Interpret seine persönlichen Wünsche hinsichtlich des Ergebnisses der Interpretation zum Schweigen bringen muß ... Sonst aber verkennt jene Forderung das Wesen echten Verstehens schlechterdings. Denn diese setzt gerade die äußerste Lebendigkeit des verstehenden Subjekts, die möglichst reiche Entfaltung seiner Individualität voraus.«

Mit dieser Ansicht stimme ich bis zu einem gewissen Punkt überein. Ich unterscheide jedoch scharf zwischen Verstehen und Urteilen, zwischen der Entwicklung des einen und der Entwicklung des anderen. Bultmann steht in der Kantischen Tradition, in der der »Verstand« als Urteilsvermögen aufgefaßt wird.

Das Verstehen übersteigt zudem den hermeneutischen Zirkel. Die Bedeutung eines Textes ist eine intentionale Entität. Sie ist eine Einheit, die sich in Hauptteilen, Abschnitten, Kapiteln, Absätzen, Sätzen und Worten entfaltet. Wir können die Einheit, das Ganze, nur durch die Teile erfassen. Zugleich werden die Teile in ihrer Bedeutung durch das Ganze bestimmt, das jeder Teil seinerseits teilweise enthüllt. Dies ist der hermeneutische Zirkel. Logisch gesehen ist er ein Kreis. Doch der Vorgang des Zum-Verstehen-Kommens ist keine logische Deduktion. Er ist vielmehr ein selbst-korrigierender Lernprozeß, der sozusagen spiralförmig in die Bedeutung des Ganzen eindringt, indem er jeden neuen Teil dazu benutzt, das beim Lesen der früheren Teile erreichte Verständnis zu ergänzen, näher zu bestimmen und zu korrigieren.

Die Regeln der Hermeneutik oder der Exegese listen jene Punkte auf, die beim Bemühen um ein Textverständnis Beachtung verdienen. Dazu gehören eine Analyse der Textkomposition, die Bestimmung der Absicht des Autors, die Kenntnis der Kreise, für die er schrieb, des Anlasses, aus dem er schrieb, sowie die Art der sprachlichen, grammatischen und stilistischen Mittel, deren er sich bediente. Der springende Punkt bei all diesen Regeln ist jedoch, daß man den Text nicht deshalb versteht, weil man die Regeln beachtet, im Gegenteil, man beachtet die Regeln, um zu einem Textverständnis zu kommen. Die Regeln zu beachten kann u.U. nicht mehr sein als reine Pedanterie, die zu keinem Verständnis von Belang führt oder gar die Pointe gänzlich verfehlt. Die wirklich wesentliche Beachtung besteht darin, jedes eigene Versagen, etwas klar und genau zu verstehen, zu bemerken und die eigene Lektüre und Relektüre so lange fortzusetzen, bis durch eigene Findigkeit oder glückliche Umstände die eigenen Verständnismängel beseitigt sind.

4. Den Autor verstehen

Wenn die Bedeutung eines Textes klar ist, dann verstehen wir mit dem *Autor* durch seine *Worte* den Gegenstand, auf den sich seine Worte beziehen. Taucht ein einfaches Mißverständnis auf, wenn z. B. der Autor an P dachte, der Leser aber an Q denkt, dann ist die Korrektur die verhältnismäßig einfache Angelegenheit eines ständigen Wieder-Lesens und der Findigkeit. Es kann aber auch notwendig sein, lange und mühevoll den selbst-korrigierenden Lernprozeß anzuwenden. Dann ergibt ein erstes Lesen ein wenig Verständnis und eine Menge von Problemen, und ein zweites Lesen schenkt nur wenig mehr Verständnis, gibt aber noch viel mehr Rätsel auf. Nun liegt das Problem nicht so sehr im Verstehen des

Gegenstandes oder der Worte, sondern im Verstehen des Autors selbst, seiner Nation, Sprache, Zeit, Kultur, Lebensweise und Geistesart.

Der selbst-korrigierende Lernprozeß ist nun nicht nur die Weise, wie wir unseren eigenen Allgemeinverstand erwerben, sondern auch der Weg, der uns zu einem Verständnis des Allgemeinverstands ganz anderer Menschen führt. Selbst bei unseren Zeitgenossen von gleicher Sprache, Kultur und gleichem Stand verstehen wir nicht nur die Dinge mit ihnen, sondern auch manche Dinge auf unsere eigene Weise, und zugleich die abweichende Weise, in der sie die gleichen Dinge verstehen. Wir bemerken etwa, daß ein Ausspruch oder eine Handlung »dir ähnlich sieht«. Dadurch wollen wir sagen, daß der Ausspruch oder die Handlung in das Bild paßt, das wir uns von deiner Art gemacht haben, wie du die Dinge verstehst und mit ihnen umgehst. Aber genau so, wie wir zu einem Verständnis des Verständnisses unserer Mitmenschen kommen, und zwar zu einem Allgemeinverstands-Erfassen der Art und Weise, wie wir nicht nur irgend etwas mit ihnen, sondern sie selbst verstehen, so kann der gleiche Vorgang zu einer weit umfassenderen Entwicklung vorangetrieben werden, so daß uns der selbst-korrigierende Lernprozeß zu einem Verstehen des Allgemeinverstands eines anderen Ortes, einer anderen Zeit, Kultur und Geistesart führt. Das aber ist die riesige Arbeit und Mühsal, ein Gelehrter zu werden.

Die Aussage, den Allgemeinverstand eines anderen zu verstehen, sollte nicht mißverstanden werden. Hierbei geht es nicht um ein Verständnis dessen, was Allgemeinverstand ist: Das bleibt eine Aufgabe des Erkenntnistheoretikers. Es geht auch nicht darum, daß man den Allgemeinverstand eines anderen sich selbst zu eigen macht, so daß man womöglich umherginge, spräche und handelte wie ein Athener des fünften vorchristlichen oder wie ein Christ des ersten Jahrhunderts. Wie der Allgemeinverstand selbst darin besteht, daß man versteht, was man in jeglicher der Situationen, die sich gewöhnlich ergeben, zu sagen und zu tun hat, so ist auch das Verstehen des Allgemeinverstands eines anderen eine Sache des Verstehens, was dieser jeweils in einer Situation, wie sie an seinem Ort und zu seiner Zeit gewöhnlich vorkam, gesagt und getan hätte.

5. Sich selbst verstehen

Die wichtigsten Texte, die klassischen Schriften der Religion, der Literatur, der Philosophie und der Theologie liegen nicht nur jenseits des anfänglichen Horizonts ihrer Ausleger, sondern können wohl auch eine intellektuelle, moralische oder religiöse Bekehrung des Interpreten verlangen, die über seine Horizonterweiterung noch hinausgeht.

In diesem Falle ist das Ausgangswissen des Auslegers um den betreffenden Gegenstand einfach unzureichend. Er wird zu einer Erkenntnis des Gegenstands nur kommen, sofern er den selbst- korrigierenden Lernprozeß bis zu einem Umsturz seiner eigenen Weltsicht vorantreibt. Erst nachdem er sich selbst radikal gewandelt hat, kann es ihm gelingen, jenes habituelle Verstehen eines Autors zu erreichen, das spontan seine Wellenlänge findet und sich darauf einstellt.

Das ist die existentielle Dimension des Problems der Hermeneutik. Sie reicht bis an die Wurzel der ständigen Spaltung der Menschheit hinsichtlich ihrer Anschauungen über Realität, Moral und Religion. Und da die Bekehrung nur der erste entscheidende Schritt ist und immer noch die mühsame Arbeit bleibt, alles unter dem neuen, profunderen Blickwinkel nochmals zu durchdenken, ergibt sich jene Charakterisierung der klassischen Schriften, die Friedrich Schlegel aufgestellt hat: »Eine klassische Schrift muß nie ganz verstanden werden können. Aber die, welche gebildet sind und sich bilden, müssen immer mehr draus lernen wollen.«[3]

Aus dieser existentiellen Dimension ergibt sich eine weitere Grundkomponente der hermeneutischen Aufgabenstellung. Die klassischen Schriften begründen eine Überlieferung, eine Tradition. Sie schaffen das Umfeld, in dem sie untersucht und ausgelegt werden. Sie bringen im Leser durch die kulturelle Überlieferung jene Mentalität, jenes »Vorverständnis« hervor, von dem her sie gelesen, untersucht und ausgelegt werden. Nun kann eine solche Überlieferung echt und authentisch sein, eine lange währende Ansammlung von Einsichten, Anpassungen und Neu-Auslegungen, die die ursprüngliche Botschaft für jede Zeit von neuem wiederholt. In diesem Falle wird der Leser mit den Emmausjüngern ausrufen: »Brannte uns nicht das Herz in der Brust, als er unterwegs mit uns redete und uns den Sinn der Schrift erschloß?« (Lk 24,32). Andererseits kann die Überlieferung aber auch unecht sein. Die ursprüngliche Botschaft kann verwässert werden; sie kann in Termini und Bedeutungen umgeschmolzen werden, die zu den Annahmen und Überzeugungen derer passen, die der Herausforderung einer radikalen Umkehr ausgewichen sind. In diesem Falle wird man einer echten Interpretation mit Ungläubigkeit und Spott begegnen, so wie es Paulus erlebte, als er in Rom predigte und Jesaja zitierte: »Geh zu diesem Volk und sag: Hören sollt ihr, hören, aber nicht verstehen; sehen sollt ihr, sehen, aber nicht erkennen« (Apg 28,26).

An dieser Stelle geht man von der funktionalen Spezialisierung der Interpretation zu den funktionalen Spezialisierungen Geschichte, Dialektik

---

[3] Zitiert von *H. G. Gadamer*, Wahrheit und Methode, 274, Anm. 2.

und Fundamente über. Wenn der Interpret nicht bloß wissen soll, was sein Autor meinte, sondern auch das, was wirklich so ist, dann muß er nicht nur seinen Autor, sondern auch die Überlieferung kritisch betrachten, die seinen eigenen Geist geformt hat. Mit diesem Schritt wird er weit hinausgetragen: Er schreibt nicht mehr nur Geschichte – er macht Geschichte.

6. Die Richtigkeit der eigenen Interpretation beurteilen

Eine solche Beurteilung folgt dem gleichen Kriterium wie jedes andere Urteil über die Richtigkeit von Einsichten des Allgemeinverstands.[4] Das Kriterium besteht darin, ob die eigenen Einsichten unangreifbar sind oder nicht, ob sie den Nagel auf den Kopf treffen oder nicht und ob sie *alle* relevanten Fragen betreffen, so daß es keine weiteren Fragen gibt, die zu weiteren Einsichten führen und dadurch die bereits erreichten Einsichten ergänzen, näher bestimmen und korrigieren.

Die relevanten Fragen sind gewöhnlich nicht die Fragen, die die Untersuchung anregen. Man beginnt mit seiner eigenen Fragestellung, mit dem Standpunkt, den Interessen und Anliegen, die man bereits vor der eingehenden Beschäftigung mit dem Text hatte. Das Studium des Textes ist aber ein Lernprozeß; bei diesem Lernen entdeckt man mehr und mehr die Fragen, die den Autor beschäftigten, die Themen, mit denen er sich auseinandersetzte, die Probleme, die er zu lösen versuchte, sowie das Material und die methodischen Hilfsmittel, die ihm zur Lösung der Probleme zur Verfügung standen. Das veranlaßt einen, die eigenen anfänglichen Interessen und Anliegen beiseite zu legen, jene des Autors zu teilen und den Kontext seines Denkens und Redens zu rekonstruieren.[5]

Was aber ist die genaue Bedeutung des Wortes »Kontext«? Es gibt zwei Bedeutungen: es gibt die heuristische Bedeutung, die das Wort am Anfang der Untersuchung hat, und diese besagt, wo man suchen muß, um den Kontext zu finden. Es gibt die tatsächliche Bedeutung, die das Wort annimmt, wenn man aus seinem anfänglichen Horizont heraustritt und

---

[4] Zu Urteilen des Allgemeinverstands vgl. »Insight« 289–299.
[5] Meine eigene Erfahrung dieses Wandels machte ich beim Schreiben meiner Promotionsdissertation. Ich war zum Molinismus erzogen worden. Nun studierte ich das Denken des hl. Thomas über die *Gratia Operans*, eine Untersuchung, die später in den »Theological Studies« 1941–1942 veröffentlicht wurde. Innerhalb eines Monats etwa war mir völlig klar geworden, daß der Molinismus zum Verständnis von Thomas keinen Beitrag leisten konnte.

sich auf jenen umfassenderen Horizont zubewegt, der einen bedeutenden Teil des Horizonts des Autors einschließt.

Unter heuristischem Aspekt ist der Kontext des Wortes der Satz. Der Kontext des Satzes ist der Abschnitt, der Kontext des Abschnitts ist das Kapitel, der Kontext des Kapitels ist das Buch. Der Kontext des Buches sind des Autors *opera omnia*, sein Leben und seine Zeit, der Stand der Frage zu seiner Zeit, seine Probleme, die Leser, an die er sich wandte, sein Horizont, sein Ziel.

Tatsächlich ist der Kontext die Verflechtung von Fragen und Antworten in begrenzten Gruppen. Beantwortet man irgend *eine* Frage, so tauchen weitere Fragen auf. Beantwortet man diese, so stellen sich noch mehr Fragen. Obwohl sich dieser Vorgang etliche Male wiederholen und sich sogar unbegrenzt fortsetzen kann, wenn man das Thema immer wieder wechselt, so setzt er sich doch über ein und dasselbe Thema nicht unbegrenzt fort. Der Kontext ist also ein Flechtwerk sich gegenseitig durchdringender oder miteinander verflochtener Fragen und Antworten; er ist begrenzt insofern, als alle Fragen und Antworten einen direkten oder indirekten Bezug auf ein einzelnes Thema haben. Und weil der Kontext begrenzt ist, kommt in einer Untersuchung der Punkt, an dem sich keine weiteren einschlägigen Fragen mehr stellen, und dann ist die Möglichkeit des Urteils gegeben. Wenn es keine weiteren relevanten Fragen mehr gibt, dann gibt es auch keine weiteren Einsichten mehr, die die bereits erlangten ergänzen, korrigieren und näher bestimmen würden.

Was aber ist dieses einzelne Thema, das die Gesamtheit der relevanten Fragen und Antworten begrenzt? Wie aus der Unterscheidung zwischen heuristischer und tatsächlicher Bedeutung des Wortes »Kontext« klar hervorgeht, ist das einzelne Thema eben das, was im Verlauf der Untersuchung zu entdecken ist. Durch Ausdauer oder glückliche Umstände, oder auch durch beides, stößt man auf irgendein Element in der verflochtenen Gesamtheit von Fragen und Antworten. Man folgt der eigenen Entdeckung durch weitere Fragen. Früher oder später stößt man auf ein weiteres Element, dann auf einige andere. So gibt es eine Periode, in der sich die Einsichten binnen kurzer Zeit vervielfachen und die eigenen Ansichten dadurch ständig revidiert, erweitert, näher bestimmt und verfeinert werden. Man erreicht einen Punkt, an dem die Gesamtsicht auftaucht, an dem andere Komponenten sich dem Bilde ein- und unterordnen, an dem weitere Fragen immer geringeren Ertrag abwerfen, wo man endlich sagen kann, was eigentlich vor sich ging, und dies durch die Konvergenz vielfachen Beweismaterials abzustützen vermag.

Das einzelne Thema ist demnach etwas, das sich im allgemeinen in ein oder zwei Sätzen sagen läßt, das aber in einer oft ungemein komplexen

Gesamtheit von untergeordneten und miteinander verknüpften Fragen und Antworten entfaltet werden kann. Man erreicht diese Gesamtheit, indem man sich unermüdlich um das Verständnis des Gegenstands, der Worte und des Autors, und falls notwendig auch seiner selbst, bemüht. Den Schlüssel zum Erfolg findet man, wenn man sich ständig dem zuwendet, was man noch nicht verstanden hat, denn dort ist die Quelle weiterer Fragen; und stößt man auf Fragen, so wird die Aufmerksamkeit auf jene Teile oder Aspekte des Textes gelenkt, wo Antworten zu finden sind. So lobte R. G. Collingwood »... den berühmten Ratschlag Lord Actons, ‚studiert Probleme, nicht Perioden'«[6]. So lobte H. G. Gadamer Collingwood, der betonte, daß Erkenntnis nicht einfach in Aussagen besteht, sondern in Antworten auf Fragen, so daß man die Fragen ebenso kennen muß, um die Antworten zu verstehen.[7] Doch worum es mir jetzt geht, ist nicht bloß die Bedeutung von Fragen wie auch von Antworten – obwohl das in vollem Einklang mit meiner Erkenntnistheorie steht –, sondern es betrifft auch die gegenseitige Durchdringung von Fragen und Antworten, daß sich schließlich die aufeinanderbezogene Vielheit von Fragen und Antworten in eine höhere Einheit einfügt. Denn durch das Auftauchen dieser umfassenden Einheit werden wir in die Lage versetzt, die Aufgabe als abgeschlossen anzusehen und die eigene Deutung als wahrscheinlich, als sehr wahrscheinlich, und in mancher Hinsicht vielleicht sogar als sicher zu bezeichnen.

7. Eine Klarstellung

Einige Gegensätze sollen weiter klären, was ich bisher sagte. Collingwood verstand die Geschichtswissenschaft als »Nach-Spielen« *(re-enacting)* der Vergangenheit. Schleiermacher behauptete, daß der Auslegende den Text besser verstehen wird als der Autor selbst. An diesen Aussagen ist etwas Wahres, doch sind sie nicht ganz präzise und können daher irreführend sein. Um die Dinge zu klären, möchte ich ein konkretes Beispiel anführen. Thomas von Aquin brachte eine bemerkenswerte Entwicklung in der Gnadenlehre zustande. Er tat dies nicht mit einem Schlag, sondern in einer Reihe von Schriften, die sich über einen Zeitraum von zwölf oder noch mehr Jahren erstreckte. Obwohl nun kein Zweifel daran besteht, daß Thomas sich dessen durchaus bewußt war, was

---

[6] R. G. *Collingwood*, Autobiography, London 1939, ⁵1967, 130. Vgl. auch The Idea of History, Oxford 1946, 281.
[7] H. G. *Gadamer*, aaO. 352.

er bei jeder einzelnen Gelegenheit tat, wenn immer er auf dieses Thema zurückkam, so war er sich doch bei keiner der früheren Gelegenheiten dessen bewußt, was er bei späteren tun würde, und es gibt auch keinen Beweis dafür, daß er nach der letzten Beschäftigung alle seine Schriften zum Thema nochmals durchging, jede der langen und komplizierten Reihen von Denkschriften, in denen sich die Entwicklung vollzog, besonders beachtete, ihre Wechselbeziehungen erfaßt und gesehen habe, was ihn eigentlich bei jedem Schritt vorangebracht, und was ihn vielleicht zurückgehalten hatte. Solch eine Rekonstruktion des ganzen Vorgangs ist aber genau das, was der Interpret tut. Seine umfassende Sicht und das Gesamt seiner Fragen und Antworten ist ja gerade das Erfassen dieses Aufgebots gegenseitiger Verbindungen und Abhängigkeiten, die für eine einzelne Entwicklung konstitutiv sind.

Daher halte ich an Schleiermachers Behauptung für richtig, daß der Interpret etwas sehr vollständig und genau verstehen kann, was der Autor nur recht vage und auf allgemeine Weise erkannte. Überdies wird diese genaue Kenntnis für die Interpretation des Textes von größtem Wert sein. Daraus folgt aber nicht, daß der Ausleger den Text besser versteht als der Autor selbst, denn während der Ausleger alles, was vor sich ging, fest im Griff haben kann, ist es in der Tat selten, daß er Zugang zu den Quellen und näheren Umständen hat, die man kennen muß, wenn man die zahlreichen Nebensächlichkeiten in diesem Text auch noch erklären soll. Im Hinblick auf Collingwood ist zwar richtig, daß der Interpret oder Historiker rekonstruiert, doch stimmt es nicht, daß er in Gedanken die Vergangenheit reproduziert. In unserem Beispiel war das, was Thomas tat, die Entwicklung der Gnadenlehre. Was aber der Textausleger tat, war das Zusammenstellen der Evidenz für ein Element in der Geschichte der Gnadentheologie, und während er bis zum Erfassen der Hauptbewegung und zum Verständnis vieler Details kommen kann, erreicht er selten ein Verständnis jeden Details, und er braucht das auch gar nicht. Das Urteil ergibt sich bei Ausbleiben weiterer *relevanter* Fragen.

Der Leser könnte jedoch das Gefühl haben, ich hätte von einem sehr speziellen Fall her argumentiert, von dem aus man keine allgemeinen Schlüsse ziehen sollte. Gewiß habe ich keinen Universalfall erörtert, und ich hatte auch schon festgestellt, daß es Fälle gibt, in denen das hermeneutische Problem einfach ist oder gar nicht existiert. Daher stellt sich die Frage, wie allgemeingültig die Hauptlinien des Beispiels sind, von dem mein Argument ausging.

Erstens habe ich mein Beispiel aus der Ideengeschichte gewählt. Diese ist ein ziemlich weites Feld und für die theologische Methode von hohem Interesse. Aber sie ist nicht frei von jener Komplexität, die in der Interpretation von Beispielen intersubjektiven, künstlerischen, symbolischen oder verleiblichten Sinngehalts steckt. In diesen Fällen genügt das Verstehen des Autors nicht, wenn der Ausleger nicht in etwa die Fähigkeit hat, das zu fühlen, was der Autor fühlte, und die Werte zu achten, die der Autor achtete. Das aber ist kein »Nach- Spielen« *(re-enactment)* im Verstehen und Denken, wohl aber im Fühlen und in den Werturteilen.

Zweitens war das gewählte Beispiel, selbst innerhalb der Ideengeschichte, außergewöhnlich klar und eindeutig. Doch während die gleiche Klarheit bei anderen Arten von Beispielen nicht zu haben ist, wiederholen sich die Punkte, die hier besonders klar sind, entweder bei anderen Beispielen, oder sie weisen gewisse Züge auf, die den Mangel ausgleichen. An erster Stelle ist immer zwischen dem Bewußtsein des Autors von seinen Tätigkeiten und seinem Wissen um sie zu unterscheiden. Autoren sind sich ihrer intentionalen Vollzüge immer bewußt, doch um zu deren Erkenntnis zu gelangen, muß überdies introspektive Aufmerksamkeit, Untersuchung und Verständnis, Reflexion und Urteil hinzukommen. Sodann ist dieser Übergang vom Bewußtsein zur Erkenntnis – wenn nicht nur allgemein und vage – schwierig und zeitraubend, und er führt in die Sackgasse einer Untersuchung des sich-selbst-untersuchenden Selbst, ja bis zur Kauzigkeit des Autors, der über sich selbst als Autor schreibt; solche Autoren sind jedoch die Ausnahme. Schließlich zeigte das gewählte Beispiel eine langsame Entwicklung, die man belegen kann. Doch jede bemerkenswerte Entwicklung vollzieht sich langsam. Die Einsicht, die den Freudenschrei Heureka auslöst, ist bloß die letzte Einsicht einer langen Reihe langsam akkumulierender Einsichten. Dieser Vorgang ist zu belegen, wenn der Autor während des Vorgangs immer wieder weiterschreibt. Andererseits wird seine Darstellung – falls er nicht weiterschreibt, bis die Entwicklung abgeschlossen ist – der logischen oder sogar der systematischen Form nahekommen, und diese Form wird das Geflecht der relevanten Fragen und Antworten sichtbar machen.

So viel zur Beurteilung der Richtigkeit einer Interpretation. Wir haben uns auf die Möglichkeit dieser Beurteilung konzentriert. Zum eigentlichen Urteil läßt sich nur wenig sagen. Es hängt von vielen Faktoren ab, und in einer allgemeinen Erörterung können diese Faktoren nicht mehr als hypothetisch sein. Nehmen wir an, ein Exeget habe mit großer Genauigkeit das erfaßt, was vor sich ging, und sein Textverständnis werde durch zahlreiche Einzelheiten bestätigt. Wenn es nun wirklich keine weiteren Fragen gibt, wird seine Auslegung sicher sein. Doch mag es weitere einschlägige Fragen geben, die er übersehen hat, und deswegen wird er seine Aussagen bescheiden formulieren. Sodann kann es andere relevante Fragen geben, denen er sich zwar zuwendet, für deren Lösung er jedoch keine Belege entdecken kann. Solche weiteren Fragen können zahlreich oder nur wenige, von großer oder geringer Wichtigkeit sein. Dieser große Spielraum an Möglichkeiten veranlaßt die Exegeten, je nach den Umständen mit mehr oder weniger Zuversicht oder Zurückhaltung zu sprechen und sehr sorgfältig zwischen den mehr und den weniger wahrscheinlichen Elementen ihrer Interpretation zu unterscheiden.

8. Den Sinngehalt des Textes ausdrücken

Unser Anliegen ist, wie der Exeget *qua* Exeget sich auszudrücken hat. Wie bei den anderen funktionalen Spezialisierungen, so erfährt, versteht, urteilt und entscheidet der Exeget auch in der Interpretation. Er tut dies aber zu einem bestimmten Zweck. Sein Hauptanliegen ist es, zu verstehen, und das Verständnis, das er sucht, ist nicht das Verstehen von Gegenständen, das zur Systematik der zweiten Phase gehört, sondern das Verstehen von Texten, das zur ersten Phase der Theologie gehört, nicht zu der Theologie, die zur Gegenwart spricht, sondern zu jener, die hört und sich anschickt, auf die Vergangenheit zu hören.

Es ist natürlich richtig, daß Texte auch in den sieben anderen funktionalen Spezialisierungen verstanden werden. Sie werden in der Forschung verstanden, dort aber ist das Ziel der Textkritik, nicht das auszumachen, was gemeint war, sondern einfach das, was niedergeschrieben wurde. Texte werden in der Geschichtswissenschaft verstanden, aber dort ist es das Ziel des Historikers festzustellen, was in einer Gruppe oder Gemeinschaft vor sich ging, nicht was ein Autor intendierte. Auch in der Dialektik werden Texte verstanden, doch dort ist das Ziel ein Gegenüberstellen: Textausleger und Historiker sind verschiedener Meinung; ihre Meinungsverschiedenheit ist nicht durch weiteres Datenstudium zu beseitigen, weil sie aus der persönlichen Einstellung und aus dem Horizont der Ausleger und der Historiker hervorgeht. Zweck der Dialektik ist es, den Leser zu einer Begegnung einzuladen, zu einer persönlichen Begegnung mit den Personen der Ursprünge, der Tradition, der Interpretation und der Geschichtsschreibung in der Vergangenheit mit all ihren Divergenzen. Wie das Textverständnis für die Dialektik wichtig ist, die den Theologen zur Bekehrung einlädt oder herausfordert, so ist es auch für die »Fundamente« von Bedeutung, die diese Bekehrung objektivieren, obwohl natürlich das Objektivieren einer Bekehrung eines und das Verstehen eines Textes etwas ganz anderes ist. Von nicht geringerer Bedeutung ist das Textverständnis für die nächste Spezialisierung, die Lehre, dort aber geht es dem Theologen um die Beziehung zwischen den Ursprüngen der Gemeinschaft und den Entscheidungen, zu denen sie in ihren aufeinanderfolgenden Identitätskrisen kam. Gleicherweise ist ein systematisches Verständnis von Gegenständen etwas ganz anderes als ein Textverständnis durch den Allgemeinverstand, selbst wenn man über die Gegenstände aus den Texten erfährt. Letztlich hätte all dieses Hören auf die Vergangenheit und deren Übersetzung in die Gegenwart keinen Zweck, wäre man nicht bereit, den Menschen von heute zu sagen, was es denn für sie impliziert; und damit sind wir bei der achten funktionalen Spezialisierung, der Kommunikation, in der es um die wirksame Darstellung der vom Exegeten aufgeschlüsselten Botschaft geht – wie sie jedem einzelnen in jeder Schicht und Kultur durch alle Medien zu vermitteln ist.

Nun erhebe ich zwar nicht den geringsten Einwand gegen hochbegabte Individuen, die glänzend auf allen acht Gebieten funktionaler Spezialisierungen wirken können. Mir geht es nur darum, daß man anerkennt, daß diese acht Vollzüge aus acht verschiedenen Gruppen von Handlungen bestehen, die auf acht interdependente, aber unterschiedene Ziele gerichtet sind. Dieses Anliegen ist natürlich ein Anliegen der Methode, um jenes blinde Herrschaftsdenken zu unterbinden, das einige der Ziele auswählt, ihre Wichtigkeit betont und die übrigen Ziele vernachlässigt.

Wenn ich nach der Ausdrucksweise des Sinngehalts eines Textes frage, die ein Exeget *qua* Exeget macht, so bestreite oder mißbillige ich daher keineswegs das Vorhandensein oder die Wichtigkeit vieler anderer Ausdrucksweisen. H. G. Gadamer behauptet, man erfasse die Bedeutung eines Textes nur dann wirklich, wenn man seine Implikationen für das Leben der Gegenwart zum Tragen bringt.[8] Das steht natürlich in Parallele zu dem, was Reinhold Niebuhr betont: Geschichte wird verstanden in dem Bemühen, sie zu ändern.[9] Ich habe nicht die Absicht, diese Ansichten zu bestreiten, denn sie erscheinen mir als Musterbeispiele für Newmans Unterscheidung zwischen notionalem und realem Erfassen. Ich will damit nur sagen, daß es verschiedene theologische Aufgaben gibt, die auf ganz verschiedene Weise auszuführen sind, daß die Art der Arbeit, die in den vorstehenden Abschnitten skizziert wurde, nur zu einem Verständnis der Textbedeutung führt und daß ganz verschiedene Tätigkeiten auszuführen sind, ehe man zur Spezialisierung Kommunikation kommt und den Menschen sagt, was denn die Bedeutung dieses Textes für ihr Leben impliziert.

Rudolf Bultmann verwendete Kategorien, die er aus der Philosophie Martin Heideggers abgeleitet hatte, um seine Auffassung der Theologie

---

[8] *H. G. Gadamer*, aaO. 290–324.
[9] Hierbei stütze ich mich auf *C. R. Stinnette, Jr.*, Reflection and Transformation, in: The Dialogue between Theology and Psychology, Studies in Divinity No. 3, The University of Chicago Press 1968, 100.

des Neuen Testaments zum Ausdruck zu bringen. Sein Vorgehen ähnelt dem des hl. Thomas von Aquin, der in seinen Bibelkommentaren aristotelische Kategorien verwendete. Ich bezweifle nicht im mindesten die Angemessenheit einer systematischen Theologie, aber die zu ihrer Entwicklung anzuwendenden Verfahren werden nicht in einer Darlegung der Hermeneutik als einer funktionalen Spezialisierung ausgearbeitet. In gleicher Weise halte ich an einer lehrmäßigen Theologie fest, lehne jedoch die Folgerung ab, die Sprache des Exegeten *qua* Exeget müsse die Sprache von Denzingers »Enchiridion« oder von theologischen Lehrbüchern sein. Und schließlich glaube ich auch an die Berechtigung einer Theologie der Begegnung, möchte aber Theologie und Religion nicht miteinander vermengen. Theologie reflektiert über Religion und fördert die Religion, aber sie konstituiert keine religiösen Ereignisse. Ich halte die religiöse Bekehrung für eine Voraussetzung des Übergangs von der ersten zur zweiten Phase, doch halte ich zugleich daran fest, daß sich diese Bekehrung nicht im Kontext theologischen Arbeitens ereignet, sondern dadurch, daß man religiös wird. Ich betone dem Exegeten gegenüber, daß sein Selbstverständnis, zu dem er kommt, die Bedingung für sein Verständnis des Autors, seiner Worte und dessen sein kann, was dieser Autor meinte. Dennoch sehe ich dieses Sich-selbst-Verstehen nicht als Teil seiner Arbeit als Exeget, sondern als ein Ereignis höherer Ordnung, als ein Ereignis innerhalb seiner eigenen personalen Entwicklung.

Der Exeget *qua* Exeget bringt seine Interpretationen seinen Kollegen gegenüber technisch in Mitteilungen, Beiträgen, Monographien und Kommentaren zum Ausdruck. Dieser Ausdruck ist technisch insofern, als er die von der Forschung zur Verfügung gestellten Instrumente für die Untersuchung voll zur Anwendung bringt: Grammatiken, Lexika, vergleichende Sprachforschung, Landkarten, Chronologien, Handbücher, Bibliographien, Enzyklopädien und dergleichen. Der Ausdruck ist außerdem technisch, sofern er funktional auf vorhergehende Arbeiten auf diesem Gebiet bezogen ist, zusammenfaßt, was geleistet und angenommen wurde, und Gründe dafür angibt, weswegen nun weitere Fragen zu stellen sind, sowie die Ergebnisse dem früher Erreichten einordnet.

Der Exeget spricht aber auch zu seinen Schülern: zu ihnen muß er auf andere Weise sprechen. Denn Mitteilungen, Artikel, Monographien und Kommentare lassen weder die Art der Arbeit noch das Ausmaß an Arbeit erkennen, die in ihre Niederschrift eingegangen ist. Das kommt nur in einem Seminar zum Vorschein. In hohem Maße kann dies erreicht werden, wenn man unter einem Leiter an einem Projekt arbeitet, das noch in Gang ist. Ich bin aber auch der Meinung, daß sich viel über den Wert eines Seminars sagen läßt, das frühere Entdeckungen wiederholt. Man kann ein solches Seminar halten, indem man eine komplexe, grundlegend überzeugende Monographie auswählt, in den Originalquellen die Hinweise und Spuren aufsucht, die den Autor zu seinen Entdeckungen geführt haben, und seinen Studenten Aufgaben stellt, die auf diesen Hinweisen und Spuren basieren, so daß die Studenten die Entdeckungen des Autors wiederholen können. Wenn es auch nur eine Wiederentdeckung ist, so ist es doch für Studenten eine aufmunternde Erfahrung, und es tut ihnen auch gut, sich in einem ihrer Seminare mit einem vollendeten Stück Arbeit auseinanderzusetzen und zu begreifen, weshalb und in welchem Sinne diese Arbeit vollendet ist.

Der Exeget hat aber nicht nur zu seinen Kollegen auf eigenem Gebiet und zu seinen Schülern zu sprechen, sondern auch zur Gemeinschaft der Theologen, zu Exegeten auf anderen Gebieten und zu Theologen, die hauptsächlich in anderen funktionalen Spezialisierungen engagiert sind. Hierbei gibt es meiner Ansicht nach zwei Verfahrensweisen, eine grundlegende und eine ergänzende.

Die grundlegende Verfahrensweise leite ich aus einer Beschreibung ab, die Albert Descamps vom Bibeltheologen *qua* Exeget gegeben hat. Er behauptete, daß die Bibeltheologie ebenso vielfältig und verschiedenartig sein müsse wie – für den wachen Exegeten – die zahllosen biblischen Autoren. So gäbe es ebenso viele biblische Theologien wie es inspirierte Autoren gab, und der Exeget wird vor allem darauf aus sein, die Originalität eines jeden zu achten.

Er wird froh sein, langsam vorzugehen, und oftmals wird er sogar die Wege der Anfänger beschreiten. Seine Beschreibungen vermitteln ein Gefühl für längst vergangene Dinge; sie geben dem Leser einen Eindruck vom Fremden, Seltsamen und Archaischen; sein Bemühen um Echtheit zeigt sich in der Wahl eines Vokabulars, das so biblisch wie möglich ist; und er vermeidet sorgfältig jede voreilige Übertragung in eine spätere Sprachform, selbst wenn diese Sprachform durch theologische Tradition approbiert ist.

Jede allgemeine Darstellung muß auf der Chronologie und der Literargeschichte der biblischen Bücher beruhen. Falls möglich wird sie ihrer Struktur nach genetisch sein, und aus diesem Grund sind Fragen der Datierung und der Authentizität, die man in der Bibeltheologie für zweitrangig halten könnte, wirklich von entscheidender Bedeutung.

Zudem werden allgemeine Darstellungen nicht allzu allgemein ausfallen. Wenn sie die ganze Bibel betreffen, werden sie auf ein sehr präzise formuliertes Thema beschränkt sein. Ist ihr Gegenstand komplexer, so werden sie auf eine einzelne Schrift oder auf eine Gruppe von Schriften eingegrenzt. Würde eine Bibeltheologie darauf abzielen, das Ganze oder einen sehr großen Teil der Bibel darzustellen, so könnte sie das nur, wenn sie sich damit zufriedengibt, so vielfältig und inhaltlich differenziert zu sein wie eine »Allgemeingeschichte« Europas oder der Welt.

Bischof Descamps gibt zu, daß es manche gibt, die von einer Art Luftlinie träumen, von einer Darstellung des göttlichen Heilsplans, die sich durch die Geschichte beider Testamente zieht; und viele von diesen behaupten sogar, daß dies fast schon die eigentliche Funktion der Bibeltheologie sei. Er selbst ist jedoch anderer Ansicht. Eine Skizze des göttlichen Heilsplans gehört nur soweit in die Bibeltheologie, daß sich der Historiker in ihr noch zu Hause fühlen kann; nicht einmal der Gläubige erreicht den Heilsplan anders als durch die vielfältigen Intentionen der zahlreichen inspirierten Schriftsteller.[10]

Die vorstehende Darstellung der Ausdrucksweise, die dem Exegeten angemessen ist, wenn er zur Gemeinschaft der Theologen spricht, erscheint mir in hohem Maße bedeutsam, richtig und solide. Vielleicht werden viele zögern, einer Ablehnung allgemeiner Darstellungen des durch die biblische Geschichte laufenden Heilsplans zuzustimmen. Aber auch sie werden zustimmen können, meine ich, wenn eine Unterscheidung eingeführt wird: Derartige Allgemeindarstellungen sind äußerst wichtig in der funktionalen Spezialisierung »Kommunikation«; sie sind aber nicht das Mittel, durch das der Exeget seine Ergebnisse der Gemeinschaft der Theologen mitteilt.

Es bleibt jedoch, daß die soeben beschriebene grundlegende Ausdrucksweise noch zu ergänzen ist. Obwohl jeder Theologe einige Übung in Exegese haben muß, kann er doch nicht Spezialist auf allen Gebieten werden; und während der Exeget alter Texte durchaus zu Recht einen Eindruck vom Fremden, vom Seltsamen und Archaischen gibt, werden seine Leser sich nicht zufriedengeben, es dabei zu belassen. Dieses Verlangen ist wohl die Wurzel aller Bemühungen, das hebräische Denken, den Hellenismus, den Geist der Scholastik und dergleichen abzubilden. Doch diese Porträts führen allzu leicht zum Auftauchen okkulter Wesenheiten. Wenn man nicht selbst ein Spezialist auf diesem Gebiet ist, weiß man nicht, wie ihre Verallgemeinerungen näher zu bestimmen, Vereinfachungen zu korrigieren und irrtümliche Folgerungen zu vermeiden sind. Bloße Beschreibung genügt nicht – es bedarf der Erklärung. Wenn man den Leuten zeigte, wie sie in ihrer eigenen Erfahrung Elemente des Sinngehalts finden können, wie sich diese Elemente zu antiken Sinngebungsweisen zusammenfügen lassen, und weswegen in der Antike diese Ele-

---

[10] A. *Descamps,* Réflexions sur la méthode en théologie biblique, in: Sacra Pagina, I, 142f, Paris 1959.

mente auf diese Weise zusammengefügt wurden, dann hätten sie ein sehr präzises Instrumentarium, sie würden es in all seinen Voraussetzungen und Implikationen kennen und könnten sich dann selbst eine genaue Vorstellung bilden und nachprüfen, wie gut dieses Instrumentarium die fremden, seltsamen und archaischen Dinge zu erklären vermag, die von den Exegeten vorgelegt werden.

Ist dies ein mögliches Unternehmen? Darf ich darauf hinweisen, daß der Abschnitt über die »Stadien der Bedeutung« im dritten Kapitel einen ersten Anfang bietet? Wenn transzendentale Methode in Verbindung mit einigen wenigen Büchern von Cassirer und Snell ein erster Anfang ist, weshalb sollte dann die transzendentale Methode in Verbindung mit der umfangreichen und genauen Kenntnis zahlreicher Exegeten, die auf vielen Gebieten arbeiten, nicht noch weit mehr ergeben? Die Vorteile wären enorm. Die Leistungen der Exegeten würden nicht nur besser bekannt und gewürdigt, auch die Theologie als Ganzes wäre von jenen okkulten Entitäten befreit, die durch methodisch inadäquate Untersuchungen und ebensolches Denken erzeugt werden.

VIII.

GESCHICHTE

Das Wort Geschichte wird in zweifachem Sinn gebraucht. Es gibt (1.) Geschichte, über die geschrieben wird, und es gibt (2.) Geschichte, die geschrieben wird (Geschichtsschreibung, opus historicum). Die Geschichte (2) zielt darauf, das Wissen um die Geschichte (1) zum Ausdruck zu bringen.

Was genau der Gegenstand historischer Untersuchung und was genau das Wesen historischer Forschung ist, bleibt vielfach ziemlich im dunklen. Das ist nicht etwa deshalb so, weil es keine guten Historiker gäbe; auch nicht, weil gute Historiker nicht im großen ganzen gelernt hätten, was zu tun ist. Es liegt hauptsächlich daran, daß Geschichtskenntnis ein Fall der Erkenntnis ist, und nur wenige über eine zufriedenstellende Erkenntnistheorie verfügen.[1]

1. Natur und Geschichte

In einem ersten Schritt werden wir die grundlegenden Unterschiede zwischen Geschichts- und Naturwissenschaft herausstellen und beginnen mit einigen Überlegungen zur Zeit.

An die Zeit denkt man im Zusammenhang mit Fragen wie diesen: Wieviel Uhr ist es; wie ist das Datum; wie bald; vor wie langer Zeit? Auf sol-

---

[1] Eine ähnliche Ansicht wurde von Gerhard Ebeling geäußert. Er hält es für unstreitig, daß die moderne Geschichtswissenschaft noch weit davon entfernt ist, eine theoretisch einwandfreie Darstellung der historisch-kritischen Methode bieten zu können, und daß es der Zusammenarbeit mit der Philosophie bedarf, um dieses Ziel zu erreichen (vgl. Die Bedeutung der historisch-kritischen Methode: ZThK 47 (1950) 34, auch in: Wort und Glaube, Bd. I, 1–49, Tübingen 1960.

Eine konkrete Veranschaulichung dieser Materie bietet sich bei der Lektüre der »Epilegomena« in *R. G. Collingwood*, The Idea of History, Oxford 1946. Die ersten drei Abschnitte über »Nature and History« »The Historical Imagination« und »Historical Evidence« treffen genau das Problem. Der vierte Abschnitt über »History as Reenactment« wird durch die Probleme des Idealismus kompliziert. Vgl. ebd. Editor's Preface pp. VII–XX. Vgl. auch *A. Donagan*, The Later Philosophy of R. G. Collingwood, Oxford 1962.

cher Basis kommt man zur aristotelischen Definition: Zeit ist die Zahl oder das Maß, bestimmt durch sukzessiv gleiche Abschnitte einer Ortsbewegung. Sie ist eine Zahl, wenn die Antwort lautet: Drei Uhr – oder 26. Januar 1969. Sie ist ein Maß, wenn die Antwort lautet: Drei Stunden oder 1969 Jahre. Man kann diesen Gedankengang weiterführen und fragen, ob es nur eine einzige Zeit für das ganze Universum gibt, oder etwa ebensoviele verschiedene Zeiten wie verschiedene Ortsbewegungen. Nun gab es im ptolemäischen System nur eine einzige Standard-Zeit für das gesamte Universum, da die äußerste der Himmelssphären, das *primum mobile*, das materielle Universum enthielt und die erste Quelle aller Ortsbewegung war. Mit der Annahme der kopernikanischen Theorie verschwand zwar das *primum mobile*, doch blieb jene einzige Standard-Zeit erhalten, deren Fortbestand Newton durch eine Unterscheidung von wahrer und scheinbarer Bewegung erklärte, wobei er die wahre Bewegung als relativ zum absoluten Raum und zur absoluten Zeit verstand. Schließlich verschwand mit Einsteins Entdeckung auch Newtons absolute Zeit, und es tauchten so viele Standard-Zeiten auf, als es Trägheits-Bezugssysteme gibt, die in relativer Bewegung sind.[2]

Die vorstehende Zeitvorstellung ist für den Historiker zweifellos von großer Bedeutung, da er die Geschichtsereignisse datieren muß. Diese Auffassung von Zeit ist jedoch keine adäquate Darstellung dessen, was Zeit ist, denn sie beschränkt sich darauf, in einer umfassenden Sicht alle möglichen Fälle des Zählens und Messens eben zu zählen, zu messen und miteinander in Beziehung zu setzen. Überdies suggeriert uns dieser Aspekt der Zeit das Bild der Zeit als einer Art Strom unteilbarer Augenblicke, ein Bild, das nicht recht mit unserer Zeiterfahrung in Einklang zu bringen ist.

Gücklicherweise gibt es außer solchen Fragen nach der Zeit, die durch Zahlen und Messungen zu beantworten sind, eine weitere andersartige Fragengruppe, in der es um das »Jetzt« geht. Aristoteles fragte, ob es eine Folge von »Jetzten« oder bloß ein einziges »Jetzt« gibt. Er antwortete mit einem Vergleich. So wie »Zeit« das Maß der Bewegung ist, so entspricht das »Jetzt« dem Körper, der sich bewegt. Sofern es Folge gibt, gibt es auch Differenz im »Jetzt«. Aber solchen Differenzen liegt die Identität des Substratum zugrunde.[3]

Diese Aufmerksamkeit auf die Identität des Substratum, auf den Körper, der sich bewegt, beseitigt aus unserer Zeitvorstellung die völlige Äußerlichkeit eines jeden Augenblicks gegenüber dem nächsten. Zweifellos

---

[2] Mehr zu dieser Thematik in »Insight« 155–158.
[3] *Aristoteles*, Physik V, II, 219b 12.

ist jeder folgende Augenblick verschieden, aber in der Verschiedenheit gibt es auch eine Identität.

Mit diesem Anhaltspunkt können wir zu unserer Zeiterfahrung übergehen. Im Fluß der bewußten und intentionalen Akte gibt es Sukzession; Identität ist im bewußten Subjekt dieser Akte; in dem Objekt, das durch die Akte intendiert wird, kann entweder Identität oder Sukzession gegeben sein. Die Analyse kann zeigen, daß das, was tatsächlich sichtbar ist, eine Abfolge verschiedener Umrisse ist; die Erfahrung aber zeigt, daß das, was wahrgenommen wird, die Gestalt, die Synthese der Umrisse zu einem einzelnen Objekt ist. Die Analyse kann zeigen, daß die erzeugten Klänge eine Abfolge von Tönen und Akkorden sind; die Erfahrung aber zeigt, daß das, was man hört, ihre Synthese zu einer Melodie ist. Daraus ergibt sich die sogenannte psychologische Gegenwart, die nicht ein Augenblick, nicht ein mathematischer Punkt ist, sondern eine Zeitspanne, so daß unsere Zeiterfahrung nicht die eines Flusses von Augenblicken ist, sondern eine bald gemächliche, bald rasche Abfolge sich überschneidender Zeitspannen. Die Erfahrungszeit ist langsam und langweilig, wenn sich die Gegenstände der Erfahrung langsam und auf vorhergesehene Weise verändern. Doch die Zeit wird zu einem Wirbel, wenn die Objekte der Erfahrung rasch und auf ungewöhnliche und unerwartete Weise wechseln.

Die psychologische Gegenwart – ob nun langsam und breit oder rasch und kurzweilig – reicht durch Erinnerungen in die Vergangenheit, und durch Erwartungen in die Zukunft. Erwartungen beziehen sich nicht bloß auf voraussehbare Gegenstände unserer Ängste oder Wünsche, sondern können auch in der klugen Abschätzung eines erfahrenen Menschen oder in scharf kalkulierten Vorhersagen angewandter Wissenschaft zum Ausdruck kommen. Außer den Erinnerungen eines jeden Individuums gibt es die vereinten Erinnerungen der Gruppe, die Feier solcher Erinnerungen in Lied und Erzählung, ihre Aufbewahrung in schriftlich fixierten Erzählungen, auf Münzen und Denkmälern sowie durch jede andere Spur dieser Gruppe, die in Wort und Tat der Nachwelt überliefert wird. Das alles gehört zum Bereich historischer Forschung.

Die Besonderheit dieses Bereichs liegt in der Eigenart der Handlungsweise der Individuen und Gruppen. Der Handlung kommt eine bewußte und eine unbewußte Seite zu. Abgesehen von neurotischen und psychotischen Zuständen übt die bewußte Seite die Kontrolle aus. Die bewußte Seite besteht aber aus jenem Fluß bewußter und intentionaler Akte, von denen wir schon seit dem ersten Kapitel dieses Buches sprechen. Was jeden dieser Akte von den anderen unterscheidet, das liegt an den vielfältigen Bedeutungen der Bedeutung, die wir im dritten Kapitel herausgestellt haben. Der Sinn ist demnach ein konstitutives Element in jenem Bewußtseinsfluß, der normalerweise die kontrollierende Seite menschlicher Handlung ist. Diese konstitutive Rolle der Bedeutung bei der kontrollierenden Seite menschlicher Handlung begründet die Besonderheit des historischen Untersuchungsfeldes.

Der Sinngehalt kann zwar das Allgemeine oder das Universale betreffen, doch befaßt sich der größte Teil menschlichen Denkens, Redens und Handelns mit dem Besonderen und dem Konkreten. Sodann gibt es bei der Bedeutung strukturelle und inhaltliche Invarianten, aber auch Veränderungen, die die Verwendung der Bedeutungsträger betreffen, und die Weise, in der Elemente der Bedeutung zusammengesetzt, Funktionen der Bedeutung unterschieden und entwickelt, Bedeutungsbereiche ausgeweitet werden und Stadien der Bedeutung aufkommen, auf Widerstand stoßen, Kompromisse schließen und untergehen. Und letztlich gibt es noch die weiteren Veränderungen der Bedeutung als gemeinsamer Bedeutung. Denn Bedeutung ist in dem Maße gemeinsam, wie Gemeinschaft besteht und funktioniert, in dem Maße, wie es einen gemeinsamen Erfahrungsbereich gibt, gemeinsames und komplementäres Verständnis, gemeinsame Urteile oder zumindest eine Übereinstimmung darin, daß man anderer Ansicht ist, sowie gemeinsame und komplementäre Verpflichtungen. Menschen können sich aber auch auseinanderleben, sich gegenseitig mißverstehen, radikal entgegengesetzte Ansichten vertreten und sich widerstreitenden Zielen widmen. Dann schrumpft der gemeinsame Sinngehalt, beschränkt sich auf Banalitäten und führt zum weltanschaulichen Streit.

In diesem Bereich bedeutungsvoller Rede und Handlung ist der Historiker engagiert. Natürlich gehört die Bestimmung dessen, was gemeint war, zu den Aufgaben des Exegeten, nicht des Historikers. Der Historiker zielt auf einen ganz anderen Gegenstand ab. Ihm genügt es nicht zu verstehen, was die Leute damals meinten. Er möchte begreifen, was in bestimmten Gruppen an bestimmten Orten und Zeiten vor sich ging. Durch die Wendung »Was vor sich ging« möchte ich die bloße Wiederholung von Routine-Vorgängen ausschließen. Ich meine den Wandel, der solche Routine und ihre Verbreitung hervorbrachte. Ich meine den Prozeß und die Entwicklung, nicht minder aber auch den Niedergang und Zusammenbruch. Wenn Dinge eine unerwartete Wendung nehmen, sagen fromme Leute: »Der Mensch denkt, Gott aber lenkt.« Der Historiker möchte sehen, wie Gott die Sache lenkte – doch nicht mit Hilfe theologischer Spekulation oder weltgeschichtlicher Dialektik, sondern durch bestimmte konkrete Vertreter der Menschheit. In literarischen Begriffen gesagt, geht es in der Geschichte um das Drama des Lebens, um das, was die Charaktere durch ihre Entschlüsse und ihre Handlungen, und nicht nur durch diese, sondern auch durch ihre Mängel, ihre Versehen und Unterlassungen zustande bringen oder anrichten. In militärischer Terminologie formuliert, befaßt sich die Geschichte nicht bloß mit den Schlachtplänen der gegnerischen Kommandeure und nicht nur mit den Kampferfahrungen der Soldaten und Offiziere, sondern auch mit dem tatsächlichen Verlauf der Schlacht, als dem Endergebnis widerstreitender Pläne, die bald mit, bald ohne Erfolg zur Ausführung kamen. Kurz, wo die Exegese ermitteln möchte, was eine bestimmte Person meinte, will die Geschichte das ermitteln, was die Zeitgenossen in den meisten Fällen gar nicht wissen. Denn in den meisten Fällen wissen die Zeitgenossen nicht, was vor sich geht, weil erstens ihre Erfahrung individuell ist, während die für die Geschichte wichtigen Daten in den Erfahrungen vieler liegen, weil zweitens der tatsächliche Ablauf der Ereignisse nicht nur davon abhängt, was Menschen beabsichtigen, sondern ebenso von ihren Versehen, Fehlern und Unterlassungen, weil drittens die Geschichte nicht voraussagt, was geschehen wird, sondern zu ihren Schlußfolgerungen erst durch das kommt, was geschehen ist, und weil viertens die Geschichte nicht bloß eine Sache des Sammelns und Prüfens aller erreichbaren Zeugnisse ist, sondern auch eine Anzahl ineinandergreifender Entdeckungen einschließt, die die bedeutsamen Elemente und Triebkräfte ans Licht bringen.

So unterscheidet sich das Studium der Geschichte vom naturwissenschaftlichen Studium der Physik, der Chemie und der Biologie. Es gibt einen Unterschied in ihrem jeweiligen Gegenstand, denn die Gegenstände der Physik, Chemie und Biologie sind nicht zum Teil durch Sinngebungsakte konstituiert. Es gibt eine Ähnlichkeit insofern, als beide Studienarten in einem voranschreitenden Prozeß kumulativer Entdeckungen bestehen, d. h. in einem Prozeß ursprünglicher Einsichten, ursprünglicher Verstehensakte, wobei mit »Einsicht« und »Verstehensakt« ein vor-satzhaftes, vor-verbales und vor-begriffliches Ereignis gemeint ist in dem Sinne, daß Sätze, Worte und Begriffe den Inhalt des Ereignisses zum Ausdruck bringen und daher diesem Ereignis nicht vorausgehen, sondern erst aus ihm folgen. Dennoch gibt es einen Unterschied im Ausdruck der jeweiligen Entdeckungen. Die Entdeckungen der Physik, Chemie und Biologie werden in universalen Systemen zum Ausdruck gebracht und werden verworfen, wenn sie sich mit einem relevanten Einzelfall als unvereinbar erweisen. Dagegen werden die Entdeckungen des Historikers in Berichten und Beschreibungen zum Ausdruck gebracht, die besondere Personen, Orte und Zeiten betreffen. Sie erheben keinen Anspruch auf Allgemeingültigkeit. Natürlich können sie für das Verständnis anderer Personen, Orte und Zeiten von Bedeutung sein; ob sie aber tatsächlich von Bedeutung sind und wie groß ihre Relevanz ist, kann nur durch eine historische Untersuchung jener anderen Personen, Orte und Zeiten ermittelt werden. Und weil sie keinen Anspruch auf Allgemeingültigkeit haben, sind die Entdeckungen der Historiker nicht in der Weise verifizierbar, die den Naturwissenschaften eigen ist; in der Geschichtswissenschaft verläuft die Verifizierung in Parallele zu den Verfahrensweisen, durch die eine Interpretation als richtig beurteilt wird.

Wenden wir uns nun den Humanwissenschaften wie Psychologie und Soziologie zu. Hier sind zwei Fälle zu beachten. Diese Wissenschaften können nach den Verfahrensweisen der Naturwissenschaften ausgebildet sein. Sofern dieser Ansatz rigoros ausgeführt wird, bleibt der Sinngehalt in menschlicher Rede und Handlung unbeachtet, und die Wissenschaft betrachtet nur den unbewußten Aspekt des menschlichen Vorgangs. In diesem Falle sind die Beziehungen zwischen Geschichtswissenschaft und Humanwissenschaft ziemlich die gleichen wie die zwischen Geschichts- und Naturwissenschaft. Ein großer Teil der Psychologie und Soziologie anerkennt jedoch Bedeutung als ein konstitutives und normalerweise kontrollierendes Element in menschlicher Handlung. Ihrem Studium überläßt der Historiker alles, was zur Wiederholung der Routine-Abläufe in menschlicher Rede und Handlung gehört, und alles, was an der Entstehung, Entwicklung und am Zusammenbruch solcher Routine-Abläufe allgemein ist. Überdies, je mehr der Historiker von Psychologie und Soziologie versteht, desto mehr wachsen auch seine interpretativen Kräfte; und umgekehrt, je größer die Leistungen der Historiker, desto weiter das Feld der Zeugnisse über menschliche Rede- und Handlungsweise, das der psychologischen und soziologischen Untersuchung eröffnet und zugänglich gemacht wird.[4]

2. Geschichtliche Erfahrung und geschichtliches Wissen

Nach meiner Konzeption ist menschliches Wissen nicht bloß ein Erfahren, sondern ein Zusammengesetztes aus Erfahren, Verstehen und Urteilen. Wenn es daher historische Erkenntnis gibt, muß es auch historische Erfahrung, historisches Verstehen und historisches Urteilen geben. An dieser Stelle möchte ich nun etwas zur historischen Erfahrung und dann

---

[4] Eine umfangreiche Anthologie und 20 Seiten Bibliographie zu den vorstehenden und verwandten Themen bietet P. *Gardiner*, ed., Theories of History, New York 1959. Wo Autoren dort von dem hier vorgelegten Ansatz abweichen, wird der Leser meiner Meinung nach den Grundunterschied in der Erkenntnistheorie finden.

einiges über den Denkprozeß sagen, der von der historischen Erfahrung zur geschriebenen Geschichte führt.

Das Subjekt in der Zeit wurde bereits beschrieben. Es ist identisch mit sich, ist immer es selbst; aber seine bewußten und intentionalen Akte verlagern sich ständig auf die eine oder andere Weise und lassen sein »Jetzt« aus der Vergangenheit in die Zukunft hinübergleiten, wobei sich die Gegenstandsbereiche, die seine Aufmerksamkeit fesseln, stark oder nur leicht, schnell oder langsam verändern können. Nicht nur ist die psychologische Gegenwart des Subjekts kein Augenblick, sondern eine Zeitspanne, sondern in ihr kann das Subjekt durch Erinnerungen, Erzählungen und durch die Geschichte die Vergangenheit erreichen, sowie durch Voraussicht, Schätzungen und Vorhersagen die Zukunft.

Gelegentlich hört man, der Mensch sei ein geschichtliches Wesen. Die Bedeutung dieser Aussage ist am besten in einem Gedankenexperiment zu erfassen. Nehmen wir an, daß jemand einen völligen Gedächtnisausfall, Amnesie, erleidet. Er weiß nicht mehr, wer er ist, kann Verwandte und Freunde nicht mehr wiedererkennen, erinnert sich nicht seiner Verpflichtungen oder seines rechtmäßigen Anspruchs auf eine Erbschaft, weiß nicht wo er arbeitet und wie er sein Geld verdient, und hat sogar die Informationen eingebüßt, die er braucht, um seine zuvor gewohnten Aufgaben zu erfüllen. Wenn er weiterleben soll, muß offenbar seine Amnesie geheilt werden, andernfalls er ganz von vorn beginnen müßte. Denn unsere Vergangenheit hat uns zu dem gemacht, was immer wir sind; von diesem Kapital leben wir, oder wir müssen von neuem anfangen. Aber nicht nur das Individuum ist ein geschichtliches Wesen, das von seiner Vergangenheit lebt; das gleiche gilt für die Gruppe. Wenn wir annehmen, alle Mitglieder einer Gruppe würden eine totale Amnesie erleiden, so gäbe es einen ebenso vollständigen Zusammenbruch aller Gemeinschaftsfunktionen wie bei jedem einzelnen in dieser Gruppe. Auch Gruppen leben von ihrer Vergangenheit, und ihre Vergangenheit lebt sozusagen in ihnen weiter. Das gegenwärtige Funktionieren des Ordnungsguts ist größtenteils auf sein Funktionieren in der Vergangenheit zurückzuführen, und nur zu einem kleinen Teil auf Mühen, die heute dazu nötig sind, die Dinge in Gang zu halten und wenn möglich zu verbessern. Wollte man völlig von neuem beginnen, müßte man in ferne Zeiten zurückkehren.

Mir geht es nicht um eine medizinische Darstellung der Amnesie; ich versuche lediglich, die Bedeutung der Vergangenheit für die Gegenwart zu schildern, um dadurch die Aussage zu verdeutlichen: »Der Mensch ist ein geschichtliches Wesen.« Geschichtlich-sein meint aber die Geschichte, über die geschrieben wird. Man kann sie, wenn man sie als eine innere betrachtet, auch existentielle Geschichte nennen – die lebendige

Tradition, die uns prägte und uns dadurch bis zu jenem Punkt führte, an dem wir uns selbst zu bilden begannen.[5] Diese Tradition enthält zumindest individuelle Erinnerungen und Erinnerungen der Gruppe an die Vergangenheit, an Geschichten von Heldentaten und Legenden über Helden, kurz, genug an Geschichte für diese Gruppe, so daß sie ihre Identität als Gruppe besitzt, aber auch für die Individuen, damit sie ihre einzelnen Beiträge zur Aufrechterhaltung und Förderung des gemeinsamen Ordnungsguts leisten können. Doch von dieser rudimentären Geschichte aus, die in jeder existentiellen Geschichte und in jeder lebendigen Tradition enthalten ist, müssen wir nun versuchen, die Reihe von Schritten aufzuzeigen, durch die man im Denken zur Auffassung der wissenschaftlichen Geschichte übergehen kann.[6]

Im allgemeinen handelt es sich hierbei um einen Vorgang der Objektivierung, und wir beginnen mit den einfacheren Beispielen der Autobiographie und der Biographie, ehe wir uns mit der komplexeren Geschichte von Gruppen befassen.

Der erste Schritt zur Autobiographie ist ein Tagebuch. Tag für Tag schreibt man zwar nicht jedes Ereignis auf – man hat andere Dinge zu tun –, aber doch das, was einem wichtig, bedeutsam, außergewöhnlich und neu erscheint. So trifft man eine Auswahl, kürzt ab, skizziert und macht Anspielungen; man übergeht das meiste, was zu vertraut ist, um vermerkt, zu offenkundig, um erwähnt zu werden, und was sich zu oft wiederholt, als daß man es für berichtenswert hielte.

Wie nun die Jahre vergehen und das Tagebuch immer umfangreicher wird, weitet sich auch die Rückschau. Was einst bloß ferne Möglichkeiten waren, ist jetzt verwirklicht worden. Frühere Ereignisse, die man für unbedeutend hielt, haben sich als sehr wichtig erwiesen, wogegen andere, die man für wichtig hielt, sich als von minderer Bedeutung herausstellen. Übergangene frühere Ereignisse sind ins Gedächtnis zurückzurufen und einzufügen, um einen ausgelassenen Kontext der früheren Periode nachzutragen und um spätere Ereignisse verständlicher zu machen. Schließlich sind frühere Urteile noch zu ergänzen, näher zu bestimmen und zu berichten. Wenn man aber all dies unternommen hat, ist man vom Führen eines Tagebuchs schon zum Schreiben seiner Memoiren übergegangen. Man erweitert seine Quellen aus dem Tagebuch, indem man all die Briefe und anderes Material, an das man herankommt, beifügt. Man

---

[5] Bezüglich einer zeitgenössischen Reaktion auf die destruktiven Aspekte der Aufklärung und einer Rehabilitierung der Tradition als der Möglichkeitsbedingung einer Interpretation vgl. H. G. *Gadamer*, Wahrheit und Methode, 250–290.
[6] Vom *vécu* zum *thématique*, vom *existenziell* zum *existenzial*, vom *exercite* zum *signate*, vom fragmentarisch Erfahrenen zum methodisch Erkannten.

durchstöbert sein Gedächtnis. Man stellt sich Fragen, und um sie zu beantworten, beginnt man in seiner Vorstellung die eigene Vergangenheit zu rekonstruieren und malt sich bald diesen, bald jenen früheren Sitz im Leben aus, um Antworten zu finden und weitere Fragen zu stellen, die sich aus diesen Antworten ergeben. Wie bei der Interpretation werden auch hier schrittweise Kontexte aufgebaut, begrenzte Komplexe von Fragen und Antworten, von denen eine jede auf ein facettenreiches, aber bestimmtes Thema bezogen ist. Auf diese Weise wird der alte Tag-für-Tag-Aufbau des Tagebuches recht unwichtig. Vieles, das man übersehen hatte, ist nun nachgetragen worden. Was man bloß nebeneinander gestellt hatte, wird nun verbunden. Was man bloß unklar spürte und erinnerte, das steht nun scharf profiliert innerhalb vielleicht bislang ungeahnter Perspektiven. Da entsteht ein neues Gefüge, das Perioden durch weite Unterschiede in der eigenen Lebensweise, im dominierenden Anliegen und in den eigenen Aufgaben und Problemen unterscheidet, und in jeder Periode wiederum Kontexte unterscheidet, d. h. Geflechte von Fragen und Antworten, die auf verschiedene, aber verwandte Themen bezogen sind. Die Perioden bestimmen die Hauptabschnitte, die Themen bestimmen die Kapitel der eigenen Autobiographie.

Die Biographie hat im Grunde das gleiche Ziel, muß jedoch einen anderen Weg einschlagen. Der Autobiograph gibt eine Wiedererzählung dessen, was »ich sah, hörte, erinnerte, voraussah, vorstellte, fühlte, begriff, urteilte, entschied, tat ... «. In der Biographie wechseln die Aussagen zur dritten Person. Anstatt darzulegen, an was er sich erinnert oder sich ins Gedächtnis zurückgerufen hat, muß der Biograph Nachforschungen anstellen, Belege sammeln, in seiner Vorstellungskraft jeden sukzessiven Sitz im Leben rekonstruieren, bestimmte konkrete Fragen stellen, um so seine Gesamtheit der Lebensabschnitte aufzubauen, wobei jeder einzelne einen mehr oder weniger großen Komplex verwandter Kontexte enthält. In der Hauptsache gibt es drei Unterschiede zwischen Autobiographie und Biographie. Der Biograph ist frei von jener Verlegenheit, die den Autobiographen bei seiner Selbst-Offenbarung beunruhigen kann. Der Biograph kann sich auch auf spätere Ereignisse berufen, die die Urteile, Entscheidungen und Taten seiner Gestalt in ein neues Licht stellen, um ihn dadurch mehr, aber auch weniger tiefgründig, weise, weitsichtig und scharfsinnig darzustellen, als man sonst gedacht hätte. Und weil der Biograph seine Gestalt einer späteren Generation verständlich machen muß, hat er nicht bloß ein »Leben« sondern ein »Leben und Zeitalter« zu schreiben.

Während das »Zeitalter« in einer Biographie nur eine untergeordnete Erläuterung des »Lebens« ist, ist diese Perspektive in der Geschichtswissenschaft umgekehrt. Die Aufmerksamkeit zentriert sich auf das gemeinsame Feld, das teils auch in jeder der Biographien erforscht wird, die geschrieben worden sind oder noch geschrieben werden könnten. Doch dieses gemeinsame Feld ist nicht bloß ein Gebiet, auf dem sich Biographien überschneiden können. Dort gibt es einen sozialen und kulturellen Prozeß, der nicht bloß eine Summe individueller Worte und Taten ist. Da existiert eine sich entwickelnde und zerfallende Einheit, die durch Kooperationen, durch Institutionen, durch personale Beziehungen, durch ein funktionierendes und/oder funktionsgestörtes Ordnungsgut, durch eine gemeinschaftliche Verwirklichung von Ursprungs- und Zielwerten und Unwerten konstituiert wird. Innerhalb solcher Prozesse leben wir unser Leben. Gewöhnlich begnügt sich jeder von uns damit, über diese Prozesse gerade so viel zu erfahren, um seinen eigenen Geschäften nachzugehen und seine öffentlichen Pflichten erfüllen zu können. Einen Überblick über die tatsächliche Wirkungsweise des Ganzen oder eines bedeutenden Teils während einer längeren Periode zu suchen – das ist die Aufgabe des Historikers.

Wie der Biograph, so geht auch der Historiker (1.) von den Daten aus, die durch Forschung zugänglich gemacht werden, und kommt (2.) über vorstellungsmäßige Rekonstruktion und kumulatives Fragen und Antworten (3.) zu verwandten Komplexen begrenzter Kontexte. Nun aber ist die inhaltliche Grundlage dem Umfang nach viel größer, weit komplexer und in ihrer Relevanz abgerundeter. Das Zentrum des Interesses hat sich vom Individuum auf die Gruppe, vom privaten auf das öffentliche Leben, von einem einzelnen Lebensverlauf auf den Verlauf der Angelegenheiten in einer Gemeinschaft verlagert. Die Bandbreite der betreffenden Themen hat sich enorm erweitert, und für viele Themen wird Spezialwissen zur notwendigen Vorbedingung historischer Untersuchungen. Schließlich wird Geschichte selbst zu einer Spezialisierung; Historiker werden zu einer Berufsgruppe; das Feld historischer Untersuchungen wird geteilt und untergeteilt; und die Forschungsergebnisse werden auf Kongressen mitgeteilt und in Zeitschriften und Büchern gesammelt.

3. Kritische Geschichtswissenschaft

Ein erster Schritt zum Verstehen kritischer Geschichtswissenschaft führt über eine Darstellung vorkritischer Geschichtsschreibung. Denn für diese ist Gemeinschaft die zunächst deutlich sichtbare Gemeinschaft, eben die eigene. Ihr Mittel ist die Erzählung, der geordnete Vortrag von Ereignissen. Sie berichtet, wer was tat, wann, wo, unter welchen Umständen, aus welchen Motiven und mit welchem Ergebnis. Ihre Funktion ist durchaus praktisch: Eine Gruppe kann als Gruppe nur bestehen und handeln, wenn sie eine Identität besitzt, sich selber kennt und sich ihren Anliegen widmet, im schlimmsten Falle dem eigenen Überleben, andernfalls der Verbesserung. Die Funktion der vorkritischen Geschichtsschreibung besteht in der Förderung dieses Wissens und solcher Hingabe. Daher geht es ihr niemals bloß um eine Schilderung nackter Tatsachen. Sie ist vielmehr *künstlerisch*, denn sie wählt aus, ordnet und beschreibt; sie möchte das Interesse des Lesers wecken und wachhalten; sie möchte überreden und überzeugen. Ebenso ist sie *ethisch*: sie erzählt nicht nur, sondern verteilt auch Lob und Tadel. Sie ist *erklärend*: sie gibt Rechenschaft über bestehende Institutionen, indem sie über deren Ursprünge und Entwicklung berichtet und sie mit alternativen Institutionen anderer Länder kontrastiert. Sie ist *apologetisch*, denn sie korrigiert falsche oder tendenziöse Darstellungen der Vergangenheit des eigenen Volkes und widerlegt falsche Anschuldigungen seitens benachbarter Völker. Und schließlich ist sie *prophetisch*: Zur Rückschau auf die Vergangenheit kommt ein Ausblick auf die Zukunft mit den Empfehlungen eines Menschen von großer Belesenheit und besonnener Weisheit.

Nun kann eine derart vorkritische Geschichtsschreibung, die zwar sehr konkreten Bedürfnissen innerhalb der funktionalen Spezialisierung »Kommunikation« durchaus dienlich sein kann, selbst wenn von ihren Mängeln gereinigt, sich nicht als die funktionale Spezialisierung Geschichte ausgeben. Denn diese Spezialisierung, obwohl sie auf allen vier Ebenen des Erfahrens, Verstehens, Urteilens und Entscheidens tätig ist, legt auf den drei anderen Ebenen den Hauptakzent auf das Urteil und auf das Feststellen von Tatsachen. Es geht ihr nicht um die hochwichtige Erziehungsaufgabe, den Mitbürgern oder den Kirchengemeindemitgliedern eine richtige Würdigung ihres Erbes und den rechten Eifer zu dessen Bewahrung, Entfaltung und Verbreitung zu vermitteln. Ihr geht es darum, das darzulegen, was sich wirklich ereignete, oder mit Rankes ständig zitierten Worten, »wie es eigentlich gewesen«. Wofern schließlich diese Arbeit nicht mit innerer Freiheit und völlig losgelöst von politischen oder apologetischen Zielen geleistet wird, versucht sie zwei Herren zu dienen und leidet dann gewöhnlich unter den Folgen, von denen im Evangelium die Rede ist.[7]

Zweitens besteht diese Arbeit nicht bloß im Auffinden von Zeugnissen, im Überprüfen ihrer Glaubwürdigkeit und in der Zusammenstellung des-

---

[7] Vgl. z. B. *G. P. Gooch*, History and Historians in the Nineteenth Century, London 1913, ²1952, Kap. VIII über die Preussische Schule.

sen, was man als glaubwürdig befunden hat. Sie ist nicht bloß *das*, weil geschichtliche Erfahrung eines, und geschichtliches Wissen etwas ganz anderes ist. Die Zusammenstellung glaubwürdiger Zeugnisse gibt einfach die geschichtliche Erfahrung wieder. Sie dringt aber nicht zum geschichtlichen Wissen vor, das begreift, was vor sich ging und was die Zeitgenossen zum größten Teil nicht wußten. Viele Christen der Frühzeit dürften wohl eine recht fragmentarische Erfahrung des Vorgangs gehabt haben, in welchem die Elemente der synoptischen Evangelien geprägt wurden; dagegen ging es Rudolf Bultmann um die Darlegung dieses Vorgangs als eines Ganzen, und obwohl er seine Belege in den synoptischen Evangelien fand, setzten eben diese Belege dennoch nicht den Glauben an die Wahrheit der Aussagen der Evangelisten voraus.[8]

Drittens kann nur eine Reihe von Entdeckungen den Historiker von den fragmentarischen Erfahrungen, die die Quelle seiner Daten sind, zur Erkenntnis des gesamten Prozesses als eines Ganzen voranbringen. Ähnlich einem Detektiv, der eine Reihe von Anhaltspunkten hat, die ihn zunächst ratlos lassen, hat auch der Historiker in seinen Anhaltspunkten Stück für Stück jene Evidenz zu entdecken, die eine überzeugende Darstellung dessen liefert, was sich ereignete.

Da die Evidenz erst zu entdecken ist, ist eine Unterscheidung zwischen potentieller, formaler und aktueller Evidenz notwendig. *Potentielle Evidenz* sind alle Daten, die hier und jetzt wahrnehmbar sind. *Formale Evidenz* sind die Daten, insofern sie zu Fragen und Antworten für ein historisches Verständnis verwendet werden. *Aktuelle Evidenz* ist die formale Evidenz, auf die man sich beruft, um zu einem historischen Urteil zu gelangen. Mit anderen Worten: Insofern die Daten wahrnehmbar sind, sind sie potentielle Evidenz; wahrnehmbare und verstandene Daten sind formale Evidenz; wahrnehmbare, verstandene und ein vernünftiges Urteil begründende Daten sind aktuelle Evidenz.

Dieser Prozeß kommt durch die Frage nach historischem Verständnis in Gang. Im Hinblick auf eine genau umschriebene Situation der Vergangenheit möchte man verstehen, was vor sich ging. Jede derartige Frage setzt offenkundig einige historische Kenntnisse voraus. Ohne sie wüßte man weder um die fragliche Situation noch um die Bedeutung der Frage nach dem, »was vor sich ging«. Die Geschichte erwächst demnach aus der Geschichte. Die kritische Geschichtswissenschaft war ein Sprung

---

[8] R. *Bultmann,* Die Geschichte der synoptischen Tradition, Göttingen 1921, ⁴1958. Zur gleichen Thematik *J. de la Potterie,* ed., De Jésus aux Évangiles, Gembloux 1967, wo »Formgeschichte« eine Zwischenrolle zwischen »Traditionsgeschichte« und »Redaktionsgeschichte« spielt.

nach vorn aus der vorkritischen Geschichtsschreibung; und die vorkritische Geschichtsschreibung war ein Sprung nach vorn aus der Zeit der Geschichten und Legenden. Umgekehrt gilt, je mehr man von der Geschichte kennt, desto mehr Daten liegen im eigenen Blickfeld, desto mehr Fragen kann man stellen und desto intelligenter kann man sie stellen.

Die Frage nach historischem Verständnis stellt sich im Licht eines vorhergehenden Wissens und im Hinblick auf irgendein bestimmtes Datum. Sie kann zu einer Einsicht in dieses Datum führen – oder auch nicht. Wenn sie nicht zur Einsicht führt, geht man zu einer anderen Frage über. Führt sie aber zu einer Einsicht, so wird diese in einer Vermutung zum Ausdruck gebracht, die Vermutung wird imaginativ vorgestellt, und das Bild führt zu einer weiteren verwandten Frage. Dieser Vorgang kann sich wiederholen – oder auch nicht. Wenn nicht, so ist man in eine Sackgasse geraten und muß einen anderen Zugang suchen. Falls er sich wiederholt und man doch nur zu einer Reihe von Vermutungen gelangt, dann verfolgt man eine falsche Spur und muß einen anderen Zugang suchen. Stimmen dagegen die eigenen Vermutungen mit weiteren Daten überein oder kommen ihnen nahe, so ist man auf der richtigen Spur. Die Daten sind nun nicht mehr bloß potentielle Evidenz; sie werden zu formaler Evidenz, und man ist dabei zu entdecken, was die Evidenz sein könnte.

Wenn man lange genug auf der richtigen Spur gewesen ist, kommt es zu einem Wechsel in der eigenen Frageweise, denn die weiteren Fragen kommen nun immer mehr von den Daten her, statt von Bildern aufgrund von Vermutungen. Man hat zwar immer noch Fragen zu stellen und muß immer noch wachsam sein. Aber man ist nun über die Annahmen und Perspektiven hinaus, die man vor seiner eigenen Untersuchung hatte. Man hat genügend Einsicht in den Gegenstand der eigenen Nachforschung, um etwas von den Annahmen und Perspektiven zu begreifen, die diesem Gegenstand eigen sind. Und dieses Begreifen macht den Zugang zu weiteren Daten erheblich kongenialer, so daß die weiteren Daten von sich aus die weiteren Fragen nahelegen. Um diesen Aspekt historischer Forschung zu beschreiben, möchte ich folgendes sagen: Der kumulative Vorgang von Datum, Frage, Einsicht, Vermutung, Bild und formaler Evidenz ist »ekstatisch«. Es ist nicht die heiße Ekstase des Begeisterten, sondern die kühle Ekstase wachsender Einsicht. Sie führt uns über uns selbst hinaus. Sie beseitigt unsere früheren Annahmen und Perspektiven und bringt jene Annahmen und Perspektiven ans Licht, die dem erforschten Gegenstand eigen sind.

Der gleiche Vorgang ist selektiv, konstruktiv und kritisch. Er ist *selektiv*: Nicht alle Daten werden aus dem Status der potentiellen Evidenz in den der formalen überführt. Er ist *konstruktiv*: Denn die ausgewählten

Daten sind durch ein Gesamt untereinander verbundener Fragen und Antworten aufeinander bezogen, oder, anders gesagt, durch eine Reihe von Einsichten, die sich gegenseitig ergänzen, einander korrigieren und schließlich zu einer einzigen Sicht eines Ganzen verschmelzen. Der Vorgang ist schließlich *kritisch*: Denn Einsichten können nicht nur direkt, sondern auch umgekehrt sein. Durch direkte Einsicht begreift man, wie die Dinge zusammenpassen und murmelt sein »Heureka«. Die umgekehrte Einsicht veranlaßt uns zum Ausruf: »Wie konnte ich nur so töricht sein und das als erwiesen ansehen?« Man sieht, daß manches nicht zusammenpaßt, und begreift schließlich durch eine direkte Einsicht, daß irgend etwas nicht in diesen Kontext paßt, wohl aber in einen anderen. So entdeckt man, daß ein Text interpoliert oder verstümmelt wurde. So wird Pseudo-Dionysius aus dem ersten Jahrhundert verbannt und gegen Ende des fünften angesiedelt: Er zitiert Proclus. So gerät ein hochgeschätzter Autor in Verdacht: Die Quelle seiner Information wurde entdeckt. Als Ganzes oder in Teilen wird er nun, falls keine unabhängige Bestätigung vorhanden ist, nicht mehr als Zeugnis für das gebraucht, was er berichtet, sondern nur auf jene indirekte Weise, die auf seiner Darstellungsweise beruht, indem man seinen Intentionen, Lesern, Methoden, Unterlassungen und Fehlern Rechnung trägt.[9]

Nun habe ich dem einen einzigen Vorgang der Entfaltung des Verstehens eine ganze Reihe verschiedener Funktionen beigelegt. Der Vorgang ist *heuristisch*, denn er bringt die relevanten Daten ans Licht. Er ist *ekstatisch*, denn er führt den Forscher von seinen eigenen ursprünglichen Perspektiven zu denen, die seinem Gegenstand angemessen sind. Er ist *selektiv*, da er aus einer Gesamtheit von Daten jene auswählt, die für das erlangte Verständnis bedeutsam sind. Er ist *kritisch*, denn er überträgt die Daten, die anderweitig für gegenwärtige Aufgaben bedeutsam erscheinen, von dem einen Gebrauch oder Kontext in einen anderen. Er ist *konstruktiv*, da die ausgewählten Daten durch das weitverzweigte Netz gegenseitiger Verbindungen verknüpft sind, das desto mehr zum Vorschein kommt, je mehr das eigene Verstehen wächst.

Es ist nun das charakteristische Merkmal kritischer Geschichtswissen-

---

[9] Man beachte, daß das Wort »kritisch« zwei ganz unterschiedliche Bedeutungen hat. In der vorkritischen Geschichtswissenschaft bedeutet es, daß man die Glaubwürdigkeit seiner Quellen geprüft hat, bevor man ihnen glaubt. In der kritischen Geschichtswissenschaft bedeutet es, daß man Daten hinsichtlich ihrer Relevanz von einem Bereich in einen anderen verlegt.
Zu diesem Thema ist R. G. *Collingwood* brillant und überzeugend; vgl. seine beiden Untersuchungen »The Historical Imagination« und »Historical Evidence« in: The Idea of History, Oxford 1946, 231–282.

schaft, daß sich dieser Vorgang zweimal ereignet. Beim ersten Mal kommt man zu einem Verständnis seiner Quellen. Beim zweiten Mal gebraucht man seine verstandenen Quellen auf einsichtige Weise, um den Gegenstand zu verstehen, für den sie relevant sind. In beiden Fällen ist die Entwicklung des Verständnisses heuristisch, ekstatisch, selektiv, kritisch und konstruktiv. Doch im ersten Falle identifiziert man die Autoren, lokalisiert sie und ihr Werk in Raum und Zeit, studiert die Umwelt, ermittelt Zweck und Ziel ihres Schreibens sowie den anvisierten Leserkreis, untersucht ihre Informationsquellen, und wie sie diese gebrauchten. In einem vorstehenden Abschnitt des Kapitels »Interpretation« sprachen wir über das Verstehen des Autors; doch dort war das letzte Ziel, das zu verstehen, was er meinte. In der Geschichte suchen wir auch die Autoren von Quellen zu verstehen, aber nun ist das letzte Ziel, das zu verstehen, worum es ihnen ging, und wie sie es ausführten. Dieses Verständnis ist es, das den kritischen Gebrauch der Quellen begründet und zu jener feinen Beurteilung führt, die die Stärken und Schwächen eines Autors unterscheidet und ihn dementsprechend gebraucht. Hat man dies erst erreicht, so kann man die Aufmerksamkeit seinem Hauptziel zuwenden, nämlich jenen Vorgang zu verstehen, auf den sich die Quellen beziehen. War zuvor die eigene Verstehensentwicklung heuristisch, ekstatisch, selektiv, kritisch und konstruktiv im Bestimmen dessen, worum es den Autoren ging, so ist sie nun heuristisch, ekstatisch, selektiv, kritisch und konstruktiv im Bestimmen dessen, was in der Gemeinschaft vor sich ging.

Man muß nicht eigens betonen, daß die beiden Entwicklungen voneinander abhängig sind. Das Verstehen des Autors trägt nicht bloß zum Verständnis der historischen Ereignisse bei, sondern umgekehrt tauchen beim Verstehen der Ereignisse auch Fragen auf, die zu einer Revision des eigenen Verständnisses der Autoren führen können, und infolgedessen zu einer Revision bei ihrer Verwendung.

Während jede neue Einsicht Belegmaterial aufdeckt, von früheren Perspektiven wegführt, Daten als relevant ansieht und auswählt oder als irrelevant zurückweist, sowie zu dem Bilde beiträgt, das sich noch im Aufbau befindet, ist das, was die Aufmerksamkeit auf sich zieht, dennoch nicht jede einzelne Einsicht, sondern die endgültige Einsicht, die am Ende einer jeden kumulativen Reihe steht. Solche End-Einsichten nennt man Entdeckungen. Mit ihnen kommt die ganze Kraft der kumulativen Reihe zum Tragen, und da die Akkumulation eine besondere Richtung und Bedeutung hat, bestehen Entdeckungen bisweilen in neuem Belegmaterial, bisweilen in neuen Perspektiven, bisweilen in einer anderen Auswahl oder kritischen Ablehnung der Daten, bisweilen in immer komplizierteren Strukturen.

Bisher haben wir unter Struktur das intelligible Schema verstanden, das in den Daten begriffen wird und das die Daten selbst zueinander in Beziehung setzt. In dieser Sache gibt es aber noch einen weiteren Aspekt. Denn was durch das Verstehen in den Daten begriffen wird, wird auch durch das Verstehen in Begriffen und Worten zum Ausdruck gebracht. Somit geht man vom intelligiblen Schema, das in den Daten erfaßt wird, zum intelligiblen Schema über, das im Bericht zum Ausdruck kommt. Zunächst besteht der Bericht einfach darin, daß der Forscher seine Vermutungen vor sich hinmurmelt. Wie aber Vermutungen nach und nach nicht mehr bloß Vermutungen bleiben und immer mehr zur Auffindung weiterer Belege führen, tauchen nun Spuren auf, Verbindungen und miteinander verbundene Ganzheiten. In dem Maße wie der Forschergeist jedes Unverständnis aufspürt, wie er die Aufmerksamkeit auf das lenkt, was noch nicht verstanden ist und daher so leicht übersehen wird, in dem Maße wird eine der miteinander verbundenen Ganzheiten die Rolle eines beherrschenden Themas übernehmen, das sich auch durch andere Ganzheiten zieht, die dadurch zu untergeordneten Themen werden. Während die Untersuchung fortschreitet und sich das unter Kontrolle gebrachte Datenfeld ausdehnt, erweitert sich nicht nur das Ordnungsgefüge der dominierenden und untergeordneten Themen, vielmehr kommen auch immer höhere Ebenen der Organisation zum Vorschein. So werden unter den dominierenden Themen dominierende Motive auftauchen, wodurch andere dominierende Themen zu untergeordneten Motiven werden; und das Schicksal dieser einstmals dominierenden Themen erwartet auch die meisten der dominierenden Motive, wie sich der Organisationsprozeß nach und nach nicht nur auf weitere Gebiete erstreckt, sondern auch immer höhere Ebenen der Organisation erreicht. Man sollte nicht der Vorstellung erliegen, daß dieser fortschreitende Organisationsprozeß ein einziger einförmiger Fortschritt sei. Es ereignen sich Entdeckungen, die frühere Entdeckungen ergänzen und korrigieren, und so muß sich, weil sich das Verstehen wandelt, auch die Organisation wandeln. Themen und Motive werden genauer gefaßt und treffender zum Ausdruck gebracht. Die Reichweite ihrer dominierenden Stellung kann ausgedehnt oder eingeschränkt werden. Dinge, die man einst für besonders wichtig hielt, können auf bescheidenere Plätze zurückgestuft werden, und umgekehrt kann anderes aus relativer Dunkelheit zu beachtlicher Bedeutung aufsteigen.

Die genaue Fassung und treffende Formulierung der Themen und Motive ist eine Sache von großer Tragweite, denn sie prägt die weiteren Fragen, die man stellen wird, und diese Fragen sind es, die zu weiteren Entdeckungen führen. Aber auch das ist noch nicht alles. Stück für Stück kommen historische Untersuchungen ans Ende. Das geschieht, wenn jener Komplex an Einsichten erreicht ist, der »den Nagel auf den Kopf trifft«. Man weiß, daß dies der Fall ist, wenn der Strom weiterer Fragen zu einem bestimmten Thema oder Motiv nach und nach schwächer wird und schließlich versiegt. Die Gefahr ungenauer oder unzutreffender Konzeption und Formulierung besteht entweder darin, daß der Strom der Fragen vorzeitig versiegt oder daß er weiterfließt, obwohl es wirklich keine weiteren Fragen von Bedeutung gibt.

Daraus folgt, daß der kumulative Vorgang der Entfaltung des Verstehens nicht nur heuristisch, ekstatisch, selektiv, kritisch und konstruktiv ist, sondern auch reflexiv und urteilend. Das Verständnis, das über einen bestimmten Punkt erreicht wurde, kann nur dann ergänzt, korrigiert und revidiert werden, wenn weitere Entdeckungen zu eben diesem Punkt möglich sind. Solche Entdeckungen sind aber nur möglich, wenn sich weitere relevante Fragen von Bedeutung stellen. Wenn es tatsächlich keine weiteren relevanten Fragen gibt, dann wäre ein bestimmtes Urteil in der Tat wahr. Wenn es im Licht der Erkenntnis des Historikers keine weiteren Fragen von Wichtigkeit mehr gibt, dann kann der Historiker sagen, daß das Problem – nach dem Stand seines Wissens – abgeschlossen ist.

Demnach gibt es ein Kriterium für das historische Urteil und somit einen Punkt, an dem formale Evidenz zur aktuellen Evidenz wird. Solche Urteile kommen im Laufe einer Untersuchung wiederholt vor, sobald jeder kleinere und dann jeder größere Arbeitsabschnitt vollendet ist. Aber wie in den Naturwissenschaften so erhebt auch in der kritischen Geschichtswissenschaft der positive Inhalt des Urteils keinen größeren Anspruch als den der besten verfügbaren Ansicht. Das ist offenkundig, so lange eine historische Untersuchung noch andauert, denn spätere Entdeckungen können ja eine Korrektur und Revision früherer erzwingen. Was aber für die Untersuchungen gilt, solange sie noch durchgeführt werden, ist auf alle Untersuchungen auszuweiten, die in jeder Hinsicht abgeschlossen sind.

Denn an erster Stelle kann man nicht die Möglichkeit ausschließen, daß neue Informationsquellen entdeckt werden, die dann das folgende Verständnis und Urteil beeinflussen. So ergänzen archäologische Untersuchungen in Nahost das Studium des Alten Testaments, so lieferten die Höhlen von Qumran Dokumente, die sich auf das Studium des Neuen Testaments auswirkten, während die bei Kenoboskion gefundenen noch unveröffentlichen Schriften von gewissen Aussagen zum Gnostizismus abhalten.

Es gibt aber noch eine andere Quelle der Revision: Das Eintreten späterer Ereignisse, wodurch früheres Geschehen in eine neue Perspektive gerückt wird. Der Ausgang einer Schlacht bestimmt die Perspektive, in der man die aufeinanderfolgenden Stadien dieser Schlacht sieht; der militärische Sieg in einem Krieg macht die Bedeutung der verschiedenen Schlachten deutlich, die nacheinander geschlagen wurden; die sozialen und kulturellen Folgen des Sieges und der Niederlage sind das Maß der Auswirkungen des Krieges. So ist Geschichte, ganz allgemein, ein fortschreitender Prozeß. Wie der Prozeß fortschreitet, erweitert sich auch ständig der Kontext, innerhalb dessen die Ereignisse zu verstehen sind; und während sich der Kontext erweitert, verändern sich auch die Perspektiven.

Dennoch wird keine dieser Quellen der Revision eine frühere, kompetent geleistete Arbeit einfach ungültig und wertlos machen. Neue Dokumente vervollständigen das Bild; sie beleuchten, was zuvor im dunklen lag; sie verändern die Perspektiven; sie widerlegen waghalsige Spekulationen; aber sie lösen nicht einfach das ganze Netz von Fragen und Antworten auf, das den ursprünglichen Datenkomplex zum soliden Beweismaterial für die frühere Darstellung machte. Und weiter, Geschichte ist ein fortschreitender Prozeß, und daher erweitert sich der historische Kontext ständig. Aber die Auswirkungen dieser Erweiterung sind weder universal noch einförmig. Denn Personen und Ereignisse haben ihren Platz in der Geschichte durch einen oder mehrere Kontexte, und diese Kontexte können eng und kurz oder weit und dauerhaft sein – und dies in der Vielfalt aller Zwischenstufen. Nur insofern ein Kontext noch offen ist oder geöffnet und ausgeweitet werden kann, werfen spätere Ereignisse neues Licht auf frühere Gestalten, Ereignisse und Vorgänge. Wie Karl Heussi sagte, ist es viel leichter, Friedrich Wilhelm III. von Preußen zu erfassen als Schleiermacher, und während Nero immer Nero bleiben wird, können wir bis heute das gleiche nicht von Luther sagen.[10]

Außer den vom Historiker in seiner Untersuchung erreichten Urteilen gibt es die Urteile, die von seinen Kollegen und von seinen Nachfolgern über seine Arbeit abgegeben werden. Solche Urteile konstituieren kritische Geschichtswissenschaft zweiten Grades. Denn sie sind nicht bloß Pauschalurteile eines Glaubens oder Zweifels. Sie beruhen ja auf einem Verständnis, wie diese Arbeit zustande kam. Wie der Historiker zuerst bezüglich seiner Quellen und dann im Hinblick auf den Gegenstand seiner Untersuchung eine Entwicklung seines Verstehens durchmacht, die zugleich heuristisch, ekstatisch, selektiv, kritisch, konstruktiv und letztlich auch beurteilend ist, so erfahren auch die Kritiker einer historischen Arbeit eine ähnliche Entwicklung bezüglich dieser Arbeit selbst. Dies ge-

---

[10] K. *Heussi*, Die Krisis des Historismus, Tübingen 1932, 58.

lingt ihnen um so leichter und besser, je mehr der Historiker bemüht war, seine Pfade nicht zu verheimlichen, sondern alle Karten auf den Tisch zu legen, und je mehr die Kritiker mit diesem Gebiet, oder wenigstens mit Nachbargebieten, bereits vertraut sind.

Das Ergebnis eines solch kritischen Verstehens einer kritischen Geschichtsschreibung liegt natürlich darin, daß man von dem kritisierten Historiker auf einsichtige und unterscheidende Weise Gebrauch machen kann. Man erfährt, wo er gute Arbeit geleistet hat; man hat seine Grenzen und Schwächen ausgemacht. Es läßt sich sagen, wo man sich nach heutigem Wissensstand auf ihn verlassen kann, wo er revidiert werden muß und wo er vielleicht noch revidiert werden könnte. Wie die Historiker von ihren Quellen intelligenten und wohl unterscheidenden Gebrauch machen, so macht auch die Gemeinschaft der Berufshistoriker einen unterscheidenden Gebrauch von den Arbeiten ihrer eigenen Historiker.

Weiter oben in diesem Abschnitt sagten wir, daß historisches Fragen historisches Wissen voraussetzt und daß man die Fragen um so intelligenter stellen kann, je größer dieses Wissen ist, je mehr Daten man im Blickfeld hat und je mehr Fragen man stellen kann. Unsere Überlegung schließt sich nun zum Kreis, da wir bei der Darstellung jenes vorausgesetzten historischen Wissens angelangt sind. Es ist die kritische Geschichtswissenschaft zweiten Grades. Sie besteht grundlegend aus den kumulativen Arbeiten der Historiker. Aber sie besteht eigentlich nicht in einem bloßen Glauben an jene Arbeiten, sondern in deren kritischer Würdigung. Solch kritische Würdigung erfolgt in kritischen Buchbesprechungen, in kritischen Bemerkungen, die Professoren ihren Studenten gegenüber äußern und durch Erläuterungen und Argumente rechtfertigen, durch informelle Diskussionen im Universitätsgelände ebenso wie in förmlichen Diskussionen auf Kongressen.

Kritische Geschichtswissenschaft zweiten Grades ist etwas Zusammengesetztes. Ihre Grundlage bilden historische Beiträge und Bücher. Auf einer zweiten Ebene finden sich kritische Schriften, die die historischen Schriften vergleichen und auswerten: Ihr Umfang kann variieren von kurzen Rezensionen über lange wissenschaftliche Untersuchungen bis hin zu solch einer Geschichte der Geschichtsschreibung über ein bestimmtes Thema wie Herbert Butterfields »George III and the Historians«.[11]

---

[11] London 1957. Eine Vielfalt von Ansichten über die Geschichte der Geschichtsschreibung bietet *C. Becker*, What is Historiography?: The American Historical Review 44 (1938) 20–28; nachgedruckt in *Phil. L. Snyder*, ed., Detachment and the Writing of History, Essays and Letters of Carl L. Becker, Cornell University Press 1958.

Schließlich gibt es noch die abgewogenen Ansichten professioneller Historiker über andere Historiker und deren Kritiker – Ansichten, die ihr Lehren, ihre Bemerkungen in der Diskussion und ihr Vorgehen beim Schreiben über verwandte Themen beeinflussen.

Bevor wir diesen Abschnitt beschließen, wird es gut sein, uns daran zu erinnern, was genau unser Ziel und Anliegen war: Es war ausdrücklich auf die funktionale Spezialisierung Geschichte begrenzt. Alles, was zur funktionalen Spezialisierung Kommunikation gehört, wurde ausgeschlossen. Ich zweifle nicht daran, daß historisches Wissen nicht bloß an profesionelle Historiker weiterzugeben ist, sondern in gewissem Umfang an alle Glieder der Geschichtsgemeinschaft. Doch ehe diesem Bedürfnis entsprochen werden kann, muß historisches Wissen erst erworben und auf dem neuesten Stand gehalten werden. Der vorliegende Abschnitt hat sich mit dieser vorhergehenden Aufgabe befaßt. Hier ging es darum zu zeigen, welcher Komplex und welche Abfolge von Handlungen die Erfüllung dieser Aufgabe sicherstellen. Wenn man gemeinhin denkt, solch eine Aufgabe sei wohl um so besser zu bewältigen, wenn man an sie herangeht, ohne damit Privatinteressen zu verfolgen, so war das zumindest nicht der Hauptgrund für meine Unterscheidung der beiden funktionalen Spezialisierungen Geschichte und Kommunikation. Mein Hauptgrund lag darin, daß sie verschiedene Aufgaben bezeichnen, die auf ganz unterschiedliche Weise auszuführen sind, und wenn ihre Unterscheidung nicht anerkannt und durchgehalten wird, dann gibt es einfach keine Möglichkeit, zu einem genauen Verständnis dieser beiden Aufgaben zu gelangen.

Für Geschichtstheoretiker gehört es zum Alltäglichen, sich mit den Problemen des historischen Relativismus herumzuschlagen und den Einfluß anzumerken, der durch die Ansichten des Historikers über Möglichkeit sowie durch seine Werturteile, seine Weltanschauung, seine Fragestellung oder seinen Standpunkt auf die historischen Schriften ausgeübt wird. Ich habe hier jede Überlegung zu diesem Problem vermieden, nicht weil es nicht außerordentlich wichtig wäre, sondern weil es erst mit den Methoden unserer vierten Spezialisierung, der Dialektik, unter Kontrolle zu bringen ist – nicht aber mit den Methoden kritischer Geschichtswissenschaft.

Daher ist das Anliegen des gegenwärtigen Abschnitts streng begrenzt. Es setzte voraus, daß der Historiker weiß, wie er seine Forschung betreibt und wie er die Bedeutung der Dokumente zu interpretieren hat. Es überließ gewisse Aspekte des Relativismus-Problems und die große Aufgabe, die Tragweite des historischen Wissens für die zeitgenössische Politik und Handlungsweise aufzuzeigen, späteren Spezialisierungen. Es beschränkte sich darauf, jenen Komplex von Verfahren zu formulieren, die – *caeteris* paribus – historisches Wissen liefern, und zu erklären, wie dieses Wissen entsteht, worin es besteht und was seine inhärenten Begrenzungen sind.

Wenn ich zu der Ansicht gekommen bin, daß die Verfahren der kritischen Geschichtswissenschaft für die Aufgabe einer völligen Überwindung des historischen Relativismus nicht geeignet sind, so behaupte ich doch um so entschiedener, daß sie eine teilweise Überwindung bewirken können und tatsächlich auch herbeiführen. Ich habe behauptet, die Aufgabe kritischer Geschichtswissenschaft bestehe nicht darin, glaubwürdigen Zeugnissen Glauben zu schenken, sondern zu entdecken, was man bisher zwar erfahren, aber nicht eigentlich gewußt hatte. In diesem Entdeckungsvorgang erkannte ich nicht nur dessen heuristische, selektive, kritische, konstruktive und beurteilende Aspekte, sondern auch einen ekstatischen Aspekt, der früher angenommene Perspektiven und Meinungen beseitigt und durch die Perspektiven und Ansichten ersetzt, die aus dem kumulativen Zusammenspiel von Daten, Untersuchung, Einsicht, Vermutung, Bild und Evidenz hervorgehen. Auf diese Weise gelangt kritische Geschichtswissenschaft von selbst zu einer objektiven Erkenntnis der Vergangenheit, obwohl sie durch gewisse Faktoren behindert wird, z. B. durch irrige Auffassungen über Möglichkeit, durch falsche oder irreführende Werturteile, durch Unzulänglichkeit der Weltanschauung, des Standpunkts oder der Fragestellung.

Kurz, dieser Abschnitt versuchte jenen Komplex von Verfahren herauszustellen, der die Historiker auf verschiedene Weisen zur Behauptung führt, daß objektives historisches Wissen möglich ist. So gab zum Beispiel Carl Becker zu, er sei ein Relativist in dem Sinne, daß die Weltanschauung die Arbeit des Historikers beeinflusse, hielt aber zugleich daran fest, daß ein beträchtlicher und in der Tat ständig wachsender Wissensbestand objektiv ermittelbar sei.[12] Erich Rothacker brachte Wahrheit und Weltanschauung in Korrelation, gab zu, daß sie das historische Denken beeinflußten, behauptete aber zugleich das Vorhandensein einer Richtigkeit, die kritischen Verfahrensweisen und angemessenen Folgerungen eigen ist.[13] Auf ähnliche Weise hielt auch Karl Heussi daran fest, daß philosophische Anschauungen die kritischen Verfahren nicht beeinträchtigen, obschon sie sehr wohl Einfluß darauf haben können, auf welche Weise Geschichte geschrieben wird;[14] und er machte geltend, daß obwohl die

[12] Zitiert aus *Carl Becker*, Review of Maurice Mendelbaums »The Problem of Historical Knowledge«: Philosophic Review 49 (1940) 363, von *C. W. Smith*, Carl Becker: On History and the Climate of Opinion, Cornell University Press 1956, 97.
[13] *E. Rothacker*, Logik und Systematik der Geisteswissenschaften (Handbuch der Philosophie), München Berlin 1927, Bonn 1947, 144.
[14] *K. Heussi*, Die Krisis des Historismus, Tübingen 1932, 63.

verhältnismäßig einfache Form, in der ein Historiker sein Material strukturiert, nicht in dem enorm komplexen Verlauf der Ereignisse selbst, sondern nur im Denken des Historikers zu finden ist, dennoch verschiedene Historiker, die vom gleichen Standpunkt her arbeiten, zur gleichen Strukturierung kommen.¹⁵ Gleichermaßen vertrat Rudolf Bultmann die Ansicht, daß bei einer bestimmten zugestandenen Fragestellung kritische Methode zu univoken Ergebnissen führt.¹⁶ Diese Autoren sprechen auf verschiedene Weise von der gleichen Wirklichkeit. Sie meinen, so glaube ich, daß es Verfahren gibt, die – *caeteris paribus* – zu historischem Wissen führen. Unser Ziel und Anliegen in diesem Abschnitt war es, die Eigenart solcher Verfahren aufzuzeigen.

---

¹⁵ Ebd. 56.
¹⁶ R. *Bultmann*, Das Problem der Hermeneutik: ZThK 47 (1950) 64; auch in: Glauben und Verstehen, II, Tübingen 1961, 229.

IX.

GESCHICHTE UND HISTORIKER

Normalerweise begnügen sich Historiker damit, Geschichte zu schreiben, ohne nach der Eigenart des historischen Wissens zu fragen.[1] Das ist auch nicht überraschend, denn historisches Wissen erlangt man durch besondere Anpassung alltäglicher Verfahren des menschlichen Verstandes, und während diese Anpassung selbst zu lernen ist, sind die zugrunde liegenden Vorgänge zu verborgen, zu spontan und zu ungreifbar, als daß man sie ohne langwierige und hochspezialisierte Arbeit objektivieren und beschreiben könnte.[2] So erklärte selbst ein so großer Erneuerer wie Leopold von Ranke, seine Praxis hätte sich aus einer Art Notwendigkeit auf ihre eigene Weise ergeben, und nicht etwa aus dem Bestreben, die Praxis seines bahnbrechenden Vorgängers, Barthold Georg Niebuhr, nachzuahmen.[3]

Bisweilen sind Historiker jedoch gezwungen, mehr zu tun als nur reine Geschichtsschreibung, z. B. wenn sie Geschichte lehren oder sich verpflichtet fühlen, ihre Praxis gegen eindringende Irrtümer zu verteidigen, oder wenn sie veranlaßt werden, ganz oder teilweise darzulegen, was sie eigentlich tun, wenn sie Geschichte treiben. Dann aber verwenden sie, ob gewollt oder nicht, irgendeine mehr oder weniger adäquate Erkenntnistheorie und werden leicht von irgendeiner philosophischen Unterströmung erfaßt, der sie nicht ganz gewachsen sind.

Solche Dialektik kann überaus instruktiv sein, vorausgesetzt natürlich, daß man nicht bloß Logiker ist, der die Klarheit von Begriffen, die Kohärenz von Aussagen und die Strenge von Schlüssen prüft. Denn was der Historiker zu bieten hat, ist nicht eine kohärente Erkenntnistheorie, sondern das Bewußtsein des Wesens seiner eigenen Kunst sowie die Fähigkeit, sie auf konkrete und lebendige Art zu schildern, wie es nur dem Praktiker gegeben ist.

---

[1] The Varieties of History: From Voltaire to the Present, hrsg., ausgewählt und eingeleitet von *Fritz Stern*, New York 1956, 14.

[2] Zum Verstehen und Urteilen des Allgemeinverstands vgl. »Insight« 173–181 und 280 bis 299.

[3] *G. P. Gooch*, History and Historians in the Nineteenth Century, London ²1952, 75.

1. Drei Handbücher

Handbücher zur Methodik der Geschichtswissenschaft sind aus der Mode gekommen. In der zweiten Hälfte des neunzehnten Jahrhunderts waren sie noch allgemein gebräuchlich und einflußreich. Drei von ihnen, die unterschiedliche Tendenzen vertreten, möchte ich nun herausgreifen und nur in einem – meiner Meinung nach aber entscheidenden – Punkt miteinander vergleichen, nämlich zum Verhältnis der historischen Fakten und ihrer intelligiblen Wechselbeziehungen, ihrem »Zusammenhang«.

Fünfundzwanzig Jahre lang überarbeitete Johann Gustav Droysen (1808–1884) ständig seine »Vorlesungen über die Enzyklopädie und Methodologie der Geschichte«. Ebenso schrieb er einen »Grundriß der Historik«, der als »Manuskriptdruck« 1858 und 1862 erschien, und als vollständige Ausgabe in den Jahren 1868, 1875 und 1882. Das Interesse an seiner Arbeit hält an, denn eine Edition, die sowohl die »Vorlesungen« in der Version von 1882 wie auch den »Grundriß« mit all seinen Varianten enthält, erreichte 1960 eine vierte Auflage.[4]

Die Aufgabe des Historikers gliedert sich nach Droysen in vier Teile. Die *Heuristik* entdeckt die bedeutsamen Überreste, Denkmäler und Quellen. Die *Kritik* beurteilt ihre Zuverlässigkeit. Die *Interpretation* bringt die Realitäten der Geschichte in der Fülle ihrer Bedingungen sowie im Prozeß ihrer Entstehung ans Licht. Die *Darstellung* schließlich gibt einem Bericht der Vergangenheit wirklichen Einfluß in der Gegenwart auf die Zukunft.[5]

In einem wichtigen Aspekt unterschied sich Droysens Einteilung von der seiner Vorgänger und Zeitgenossen. Er beschränkte die Kritik auf die Feststellung der Zuverlässigkeit der Quellen; sie dagegen dehnten die Kritik auf die Bestimmung des tatsächlichen Geschehens der Geschichtsfakten aus. Ihre Position, so meinte Droysen, sei auf reine Trägheit zurückzuführen. Ihr Modell historischer Kritik sei die Textkritik der Philologen. Doch Textkritik ist eines, historische Kritik aber etwas anderes. Denn die Textkritik ermittelt objektive Fakten, nämlich den ursprünglichen Zustand des Textes. Die Fakten der Geschichte dagegen gleichen nicht einem Text, sondern der Bedeutung eines Textes. Sie sind so, wie Schlachten, Konzilien oder Aufstände eben sind. Sie sind komplexe Einheiten, die sich aus vielfältigen Handlungen und Interaktionen von Indi-

---

[4] *J. G. Droysen*, Historik. Vorlesungen über die Enzyklopädie und Methodologie der Geschichte, hrsg. von *R. Hübner*, München ⁴1960.
[5] Einen Umriß der Position Droysens gibt *P. Hünermann*, Der Durchbruch geschichtlichen Denkens im 19. Jahrhundert, Freiburg-Basel-Wien 1967, 111–128.

viduen ergeben. Sie erstrecken sich über Raum und Zeit. Sie können nicht als Einzelfaktum herausgehoben und in einem einzelnen Wahrnehmungsakt betrachtet werden. Sie müssen zusammengefügt werden, indem man eine Vielfalt einzelner Ereignisse zu einer einzigen interpretativen Einheit zusammensetzt.[6]

Nach Droysen bestimmt der Historiker also nicht zuerst die Fakten, um dann ihren Zusammenhang zu entdecken. Im Gegenteil – Fakten und Zusammenhang bilden ein einziges Stück, ein Gewand ohne Naht. Zusammen bilden sie die historische Realität in der Fülle ihrer Bedingungen und im Prozeß ihres Entstehens. Sie werden in einem interpretativen Prozeß entdeckt, der dem Leitwort folgt: »Forschend verstehen« – durch Forschung zum Verstehen vorankommen. Die Forschung richtet sich hier auf vier Bereiche: erstens auf den Gang der Ereignisse, z. B. eines Feldzugs; zweitens auf die Bedingungen, die den Kontext der Ereignisse bilden; drittens auf die Eigenart und den Charakter der Beteiligten; und viertens auf die Ziele und Ideen, die verwirklicht wurden.[7] So geht die historische Interpretation auf die historische Realität zu, indem sie die Reihe der Ereignisse erfaßt: erst in ihrem inneren Zusammenhang, dann in ihrer Abhängigkeit von der Situation, drittens im Licht des Charakters oder der Psychologie der handelnden Personen und schließlich als eine Verwirklichung von Zielen und Ideen. Nur durch dieses vierfache Erfassen der Bedeutung und Bedeutsamkeit werden die Ereignisse in ihrer eigenen Realität offenbar.

Droysen setzte sich jedoch nicht durch. In Ernst Bernheims monumentalem »Lehrbuch der historischen Methode und der Geschichtsphilosophie« ist eine ähnliche vierfache Einteilung der Aufgabe des Historikers zu erkennen. Hier aber wird die Kritik in eine »äußere« und eine »innere« unterteilt.[8] Die äußere Kritik untersucht, ob *einzelne* Quellen zuverlässige historische Zeugnisse sind.[9] Die innere Kritik hat die Tatsächlichkeit der Ereignisse, die durch *mehrere* Quellen gemeinsam bezeugt werden, zu bestimmen.[10] So könnte es scheinen, daß die historischen Fakten schon festgestellt sind, ehe die Arbeit der Interpretation beginnt, die Bernheim die »Auffassung« nennt und als Bestimmung des »Zusammenhangs« der Tatsachen definiert.[11]

Es bleibt jedoch dabei, daß Bernheim, auch wenn er die Bestimmung

---

[6] Ebd. 112ff.
[7] Ebd. 118ff.
[8] E. *Bernheim*, Lehrbuch der historischen Methode, München 1905, 294.
[9] Ebd. 300.
[10] Ebd. 429.
[11] Ebd. 522.

der Tatsachen der inneren Kritik zuwies, er dennoch diese Bestimmung nicht für unabhängig davon hielt, wie die Historiker den Zusammenhang erfaßten. Im Gegenteil, er lehrte ausdrücklich, daß die Bestimmung der Ereignisse und das Erfassen ihres Zusammenhangs voneinander abhängig und untrennbar sind. Er fügte sogar noch hinzu, daß man ohne ein objektives Erfassen des Zusammenhangs die für die eigene Untersuchung relevanten Quellen nicht in angemessener Weise feststellen könne.[12]

Von Droysens Position noch weiter entfernt ist die »Introduction aux Études historiques«, die C. Langlois und C. Seignobos schrieben und 1898 in Paris veröffentlichten.[13] Dieses Handbuch umfaßt drei Teile oder Bücher. Buch I behandelt Einleitungsfragen, Buch II die analytischen und Buch III die synthetischen Vollzüge. Die analytischen Vollzüge werden in äußere und innere Kritik unterteilt. Die äußere Kritik liefert kritische Textausgaben, ermittelt die Autoren und klassifiziert historische Quellen. Die innere Kritik bedient sich der Analogien allgemeiner Psychologie, um die aufeinanderfolgenden geistigen Zustände des Autors des jeweiligen Dokuments zu rekonstruieren. Sie bestimmt, (1.) was er meinte, (2.) ob er von dem, was er sagte, selbst überzeugt war und (3.) ob diese seine Überzeugung zu Recht bestand.

Von diesem letzten Schritt versprach man sich, er würde das Dokument auf eine Ebene heben, auf der es den Daten der »objektiven« Wissenschaften gleicht. Dadurch würde es zum Äquivalent einer Beobachtung und sei nun in gleicher Weise zu gebrauchen wie die Beobachtungen der Naturwissenschaftler.[14] Nun aber würden in den Naturwissenschaften Fakten nicht als Ergebnisse einzelner Beobachtungen bestätigt, sondern nur, wenn sie durch mehrere voneinander unabhängige Beobachtungen erhärtet seien. Die Geschichtswissenschaft, die keineswegs von diesem Prinzip ausgenommen sei, müsse gerade wegen ihrer unvollkommenen Informationsquellen diesem Prinzip in um so strengerem Maße unterworfen werden. Daraus folge die Notwendigkeit voneinander unabhängiger und sich gegenseitig stützender Zeugnisse zwecks Bestimmung historischer Fakten.[15]

Die Implikationen einer solchen Analyse waren nicht zu übersehen, denn sie löste die Fakten aus ihrem ursprünglichen Zusammenhang, isolierte sie voneinander und pulverisierte sie sozusagen.[16] Demzufolge

---

[12] Ebd. 701.
[13] Meine Hinweise beziehen sich auf die englische Übersetzung von *G. G. Berry* (New York: Henry Holt, 1925).
[14] *C. Langlois* und *C. Seignobos*, Introduction, 67.
[15] Ebd. 195f.
[16] Ebd. 211 und 214.

waren die analytischen Vollzüge aus Buch II durch die synthetischen Vollzüge des Buches III zu ergänzen. Diese sind unter Überschriften wie Klassifizierung, Frage und Antwort, Analogie, Gruppierung, Folgerung und Ausarbeitung allgemeiner Formeln beschrieben. Doch sie alle enthalten das Risiko zahlreicher Abweichungen, vor denen ständig gewarnt wird. In der Tat gab es so viele Fallen, daß sich Langlois in späteren Jahren auf die Herausgabe ausgewählter Dokumente beschränkte, statt Geschichte zu schreiben.[17]

Bei Langlois und Seignobos zeigt sich also eine scharfe Unterscheidung und Trennung zwischen der Bestimmung historischer Fakten und der Bestimmung ihres Zusammenhangs. Wie es scheint, hat die Unterscheidung und Trennung ihren Grund in Vorstellungen der Naturwissenschaft, die in positivistischen und empiristischen Kreisen des neunzehnten Jahrhunderts verbreitet waren.[18] Aber in eben diesen Kreisen sollten sich weitere Fragen erheben: Warum sollte man den Fakten etwas hinzufügen? Muß nicht jeder Zusatz, der nicht jedem offenkundig ist, bloß subjektive Zutat sein? Warum läßt man nicht die Fakten für sich selbst sprechen?

2. Daten und Fakten

An dieser Stelle dürfte es hilfreich sein, eine Klarstellung einzuschieben, denn Daten und Fakten sind zweierlei.

Es gibt Daten der Sinneswahrnehmung und Daten des Bewußtseins. Beiden ist gemeinsam, daß sie gegeben sind oder gegeben sein können. Man kann ihnen Aufmerksamkeit schenken, sie untersuchen, sie verstehen, sie im Begriff ausdrücken, sie als Beleg für ein Urteil anführen – oder auch nicht. Wenn nicht, dann sind sie lediglich gegeben. Sofern sie aber untersucht werden, sind sie nicht mehr bloß gegeben, sondern gehen eine Verbindung mit noch anderen Komponenten in menschlicher Erkenntnistätigkeit ein.

Im Gegensatz hierzu sind historische Fakten erkannte Ereignisse. Die Ereignisse, die erkannt werden, gehören der Vergangenheit des Historikers an. Die Erkenntnis dieser Ereignisse gehört zur Gegenwart des Historikers. Zudem ist diese Kenntnis menschliches Wissen. Es handelt sich

---

[17] H. I. Marrou, The Meaning of History, Baltimore Dublin 1966, 17. Deutsch: Über die historische Erkenntnis, Freiburg 1973.
[18] Zu dieser Bewegung vgl. E. Bernheim, Lehrbuch der historischen Methode, 648–667; F. Stern, Varieties of History, 16, 20, 120–137, 209–223, 314–328; P. Gardiner, Theories of History, New York 1959, Auszüge aus Buckle, Mill, Comte; B. Mazlish, The Riddle of History, New York 1966, das Kapitel über Comte.

dabei nicht um irgendeine einzelne Tätigkeit, sondern um eine Zusammensetzung von Aktivitäten, die sich auf drei verschiedenen Ebenen ereignen. So hat ein historisches Faktum die Konkretheit eines Gegenstands der äußeren oder inneren Erfahrung. Es hat die Genauigkeit eines Gegenstands des Verstehens und des Begriffs. Es hat die Hartnäckigkeit dessen, was man als virtuell Unbedingtes (oder was dem nahe kommt) und somit als etwas (wahrscheinlich) vom erkennenden Subjekt Unabhängiges erfaßt hat.[19]

Wenn nun eine Untersuchung vorankommt, häufen sich die Einsichten und verringern sich die Versehen. Dieser fortschreitende Prozeß beeinflußt zwar nicht die Daten, insofern sie gegeben sind oder gegeben sein können, betrifft sie aber in höchstem Maße, insofern sie aufgespürt, beachtet und bald auf diese, bald auf jene Weise zu immer größeren und komplexeren Strukturen miteinander verbunden werden. Andererseits beginnen die Fakten erst dann in Erscheinung zu treten, wenn die Strukturen eine bestimmte Gestalt annehmen und der Prozeß immer weiteren Fragens dem Ende zugeht. Denn die Fakten kommen erst zum Vorschein, nachdem die Daten vollständig und zufriedenstellend verstanden sind – nicht ehe sie verstanden wurden.

In der kritischen Geschichtswissenschaft taucht noch eine weitere Komplikation auf, da sich zwei verschiedene, wenn auch voneinander abhängige Prozesse abspielen, die von den Daten zu den Fakten führen. In einem ersten Prozeß sind die Daten hier und jetzt wahrnehmbare Denkmäler, Überreste oder Quellen; von ihnen ausgehend bemüht man sich, den Ursprung auszumachen und die Zuverlässigkeit der Information, die sie vermitteln, einzuschätzen; die Fakten, bei denen der erste Prozeß endet, sind eine Reihe von Aussagen, die man aus den Quellen erhält, und die mit dem Kennzeichen größerer oder geringerer Zuverlässigkeit versehen sind. Soweit sie zuverlässig sind, liefern sie Information über die Vergangenheit. Aber die Information, die sie liefern, ist in der Regel nicht historisches Wissen, sondern historische Erfahrung. Sie betrifft die Fragmente, die Brocken und Stücke, die die Aufmerksamkeit von Tagebuch- und Briefschreibern, Chronisten, Zeitungsleuten und Kommentatoren auf sich gezogen haben. Sie gibt nicht die abgerundete Sicht, was zu gegebener Zeit an einem bestimmten Ort vor sich ging, denn im allgemeinen stehen den Zeitgenossen nicht die Mittel zur Verfügung, sich einen derart abgerundeten Überblick zu verschaffen. Daraus folgt, daß die im kritischen Prozeß ermittelten Fakten nicht historische Fakten sind, sondern einfach Daten, die aber zur Entdeckung historischer Fakten führen

[19] Über Daten siehe »Insight« 73f; über Fakten ebd. 331, 347, 366, 411ff.

können. Auf den kritischen Prozeß muß noch ein interpretativer Prozeß folgen, in welchem der Historiker die Bruchstücke an Information, die er gesammelt und kritisch ausgewertet hat, nun zusammensetzt. Erst wenn dieser interpretative Rekonstruktionsprozeß beendet ist, entsteht, was rechtens »historische Fakten« genannt werden darf.

3. Drei Historiker

In einem berühmten Vortrag, der im Jahre 1926 zweimal vor gelehrten Gesellschaften gehalten, aber erst postum veröffentlicht wurde, erinnerte Carl Becker daran, daß ihm ein hervorragender und hochgeehrter Historiker gesagt habe, der Historiker hätte nichts anderes zu tun, als »alle Fakten darzustellen und sie für sich selbst sprechen zu lassen«. Er fuhr fort und wiederholte, was er seit zwanzig Jahren lehrte, »daß diese Vorstellung verkehrt ist; weil es erstens unmöglich ist, alle Fakten darzustellen; und weil zweitens – selbst wenn man alle Fakten darbieten könnte – die elenden Dinge nichts sagen würden, sie würden überhaupt nichts sagen«.[20]

Becker begnügte sich nicht bloß mit einem Angriff auf das, was er für eine der Lieblings-Illusionen der Historiker des neunzehnten Jahrhunderts hielt.[21] Schon sechzehn Jahre zuvor hatte er mit beträchtlichem Geschick in einem Beitrag für »Atlantic Monthly« im Oktober 1910 den Vorgang beschrieben, der erfolgen muß, falls die Zettelkästen, die die Ergebnisse der historischen Kritik enthalten, den Historiker zum Erfassen der historischen Ereignisabläufe führen sollen.

> »Wenn er seine Zettel oder Karten durchsieht, interessieren ihn einige Aspekte der dort berichteten Wirklichkeit mehr, andere weniger; einige behält er, andere werden vergessen; einige haben die Kraft, einen neuen Gedankengang anzuregen; einige erscheinen kausal verbunden, andere logisch verknüpft, und wieder andere sind ohne erkennbare Verbindung irgendeiner Art. Und der Grund hierfür ist einfach: manche Fakten beeindrucken den Geist als interessant und vielsagend, haben irgendeine besondere Bedeutung, führen zu einem wünschenswerten Ziel, weil sie sich mit Vorstellungen assoziieren, die bereits im Geist vorhanden sind; sie passen irgendwie zur geordneten Erfahrung des Historikers. Diese ursprüngliche Synthese – nicht mit

---

[20] C. Becker, Detachment and the Writing of History, Essays and Letters edited by *Phil Snyder*, Ithaca, N. Y., 1958, 54.
[21] Ebd. 53.

der Herstellung eines Buches für den Drucker zu verwechseln, was etwas ganz anderes ist – erfolgt nur halb mit Bedacht. Sie wird beinahe automatisch zustande gebracht. Der Geist *will* von allem Anfang an auswählen und unterscheiden. Die ganze ›apperzipierende Masse‹ leistet diese Arbeit, ergreift diesen oder jenen neuen Eindruck und fügt ihn ihrem anwachsenden Inhalt ein. Sobald neue Fakten hinzukommen, werden die alten Vorstellungen und Konzeptionen freilich modifiziert, differenziert, ja sogar zerstört; aber die modifizierten Vorstellungen werden zu neuen Anziehungspunkten. So wird dieser Prozeß fortgeführt, vielleicht über Jahre. Die End-Synthese ist zweifellos aus einmaligen Fakten zusammengesetzt, die kausal verbunden sind und eine einmalige Veränderung aufzeigen; doch das einmalige Faktum, ausgewählt wegen seiner Wichtigkeit, wurde auf jeden Fall wegen seiner Wichtigkeit für eine bestimmte Vorstellung ausgewählt, die schon das Feld beherrschte.«[22]

Ich habe diese ziemlich lange Passage zitiert, weil in ihr ein Historiker die Tätigkeiten aufzeigt, die im Nachgang zu den Aufgaben historischer Kritik, aber noch vor der Arbeit historischer Komposition stattfinden. Man kann nicht behaupten, Becker sei ein erfolgreicher Erkenntnistheoretiker gewesen: aus seinen Schriften läßt sich keine genaue und kohärente Theorie der Entstehung historischen Wissens zusammenstellen.[23] Er war aber auch keiner, der sich von gängigen Klischees vereinnahmen ließ, und er war wach und klar genug, um eine treffsichere Beschreibung dessen zu geben, was ich die schrittweise Akkumulation von Einsichten nennen würde, wobei eine jede die vorhergehenden ergänzt, näher bestimmt oder korrigiert, bis – vielleicht erst Jahre später – der Strom weiterer Fragen versiegt, und des Historikers Information über vergangene historische Erfahrung zu historischem Wissen erhoben wird.

Die Fragen, mit denen sich Carl Becker in den Vereinigten Staaten befaßte, bewegten auch R. G. Collingwood in England. Beide betonten die konstruktive Tätigkeit des Historikers. Beide wandten sich gegen das »Prinzip des hohlen Kopfes«, wie ich es weiter oben genannt habe. Das Kernstück der Position, die Becker angriff, war die Ansicht, der Historiker habe lediglich alle Fakten zu präsentieren, um sie dann für sich selbst sprechen zu lassen. Collingwood greift die gleiche Position an, die er »Schere-und-Klebstoff-Geschichte« nennt.[24] Das ist eine naive Auffassung von Geschichte im Sinne von Erinnerung, Zeugnis und Glaubwür-

---

[22] Ebd. 24f.
[23] Auf diesen Punkt verweist *B. T. Wilkins*, Carl Becker, Cambridge 1961, 189–209.
[24] *R. G. Collingwood*, The Idea of History, Oxford 1946, 257–263, 269f, 274–282.

digkeit.[25] Sie sammelt Aussagen von Quellen, entscheidet, ob sie als wahr oder falsch anzusehen sind, klebt wahre Aussagen in einen Sammelhefter, der später zu einem Bericht aufzuarbeiten ist, während falsche Aussagen in den Papierkorb wandern.[26] Das war die Form von Geschichtsschreibung, die in der Antike und im Mittelalter allein bekannt war.[27] Seit den Tagen Vicos ist sie im Schwinden. Collingwood wagt zwar nicht zu behaupten, sie sei völlig verschwunden, erklärt aber doch, daß jede Geschichte, die heute nach solchen Grundsätzen geschrieben würde, zumindest um ein Jahrhundert überholt sei.[28]

Demnach hat es auch in der Geschichtsforschung eine kopernikanische Wende gegeben,[29] insofern die Geschichtswissenschaft sowohl kritisch als auch konstruktiv geworden ist.[30] Dieser Vorgang wird der historischen Imagination zugeschrieben,[31] aber auch einer Logik, in der die Fragen grundlegender als die Antworten sind.[32] Diese beiden Zuschreibungen sind keineswegs unvereinbar. Der Historiker geht von Aussagen aus, die er in seinen Quellen findet. Das Bestreben, ihre Bedeutung imaginativ darzustellen, läßt Fragen entstehen, die zu weiteren Aussagen in den Quellen hinführen. Schließlich hat er ein Netz imaginativer Konstruktion ausgespannt, das die Festpunkte, die von den Aussagen der Quellen herstammen, miteinander verbindet.[33] Diese sogenannten Festpunkte sind jedoch nicht absolut, sondern nur relativ festgelegt.[34] In seiner derzeitigen Untersuchung hat sich der Historiker dafür entschieden, sie als feste Punkte zu übernehmen. Doch ihr Festgelegtsein ist in der Tat nur das Ergebnis früherer historischer Forschung. Wenn auch die Aussagen, von denen der Historiker ausgeht, bei Thukydides zu finden sind, so ist es doch historisches Wissen, das den Historiker befähigt, über die seltsamen Zeichen auf dem Papier hinauszugehen zum Erkennen des griechischen Alphabets, zu den Sinngehalten, die in attischem Dialekt vorliegen, zur Echtheit der Stellen, bis hin zu dem Urteil, daß Thukydides in diesen Fällen wußte, wovon er sprach und auch die Wahrheit sagen wollte.[35]

Daraus folgt: Wenn man unter Geschichtswissenschaft nicht nur dieses

[25] Ebd. 234.
[26] Ebd. 259.
[27] Ebd. 258.
[28] Ebd. 260.
[29] Ebd. 236, 240.
[30] Ebd. 240.
[31] Ebd. 241ff.
[32] Ebd. 269–274.
[33] Ebd. 242.
[34] Ebd. 243.
[35] Ebd. 244.

oder jenes Werk versteht, sondern sie als eine Gesamtheit nimmt, dann ist sie eine autonome Disziplin. Sie ist abhängig von Daten, von den Überresten der Vergangenheit, die in der Gegenwart auffindbar und wahrnehmbar sind. Aber sie ist keine Sache des Glaubens an Autoritäten, und auch keine Sache der Schlußfolgerung aus den Autoritäten. Kritische Verfahren entscheiden darüber, auf welche Weise und in welchem Ausmaß Quellen zu verwenden sind.[36] Konstruktive Verfahren führen zu Ergebnissen, die den Autoren der Quellen unbekannt gewesen sein können.

»Weit davon entfernt, sich auf eine andere Autorität, mit deren Aussagen sein Denken übereinstimmen muß, als auf sich selbst zu verlassen, ist der Historiker seine eigene Autorität, ist sein Denken autonom, selbstautorisierend und einem Kriterium verpflichtet, mit dem seine sogenannten Autoritäten übereinstimmen müssen und durch welches sie der Kritik unterzogen werden.«[37]

Das also ist die kopernikanische Wende, die Collingwood in der modernen Geschichtswissenschaft erkannte. Sie ist eine Sicht, die man sich unter naiv realistischen oder empiristischen Voraussetzungen nicht zu eigen machen kann. Wie sie von Collingwood dargestellt wurde, ist sie unglücklicherweise in einen idealistischen Kontext eingebettet. Führt man aber eine zufriedenstellende Theorie der Objektivität und des Urteils ein, so läßt sich der Idealismus beseitigen, ohne das Wesentliche aufzugeben, was Collingwood über die historische Imagination, die historische Evidenz und über die Logik von Frage und Antwort lehrte.

Die Fragen, die in den Vereinigten Staaten und in England entstanden, traten auch in Frankreich auf. Raymond Aron schilderte im Jahre 1938 das historische Denken von Dilthey, Rickert, Simmel und Max Weber,[38] und stellte in einem anderen Buch seine eigene Weiterentwicklung des deutschen Begriffs »Verstehen« vor, das in Frankreich *compréhension*[39] genannt wurde. Mir geht es jetzt jedoch nicht um Geschichtstheoretiker, sondern um professionelle Historiker, und daher komme ich nun zu Henri-Irénée Marrou, der eine Berufung auf den »Chaire Cardinal Mercier« in Löwen im Jahre 1953 erhielt und diese Gelegenheit nutzte, das Wesen historischen Wissens zu erörtern.

Im Jahr darauf erschien sein Buch »De la connaissance historique«.[40] Es befaßt sich nicht mit theoretischen Fragen, sondern eher mit einer sy-

---

[36] Ebd. 238.
[37] Ebd. 236; vgl. 249; auch *H. I. Marrou*, The Meaning of History, 307–310.
[38] R. Aron, La philosophie critique de l'histoire, Paris 1950.
[39] R. Aron, Introduction a la philosophie de l'histoire, Paris 1948.
[40] Ich beziehe mich hier auf die englische Übersetzung: The Meaning of History, Baltimore-Dublin 1966.

stematischen Bestandsaufnahme, einer vernunftgemäßen und ausgewogenen Synopse der Schlußfolgerungen, die die Historiker bezüglich des Wesens ihrer Aufgabe erreicht hatten.[41] Das Wesen dieser Aufgabe war seiner Meinung nach ebenso gut etabliert wie ehedem die Theorie des Experiments zur Zeit von John Stuart Mill und Claude Bernard.[42] Daher behandelte Marrou die allgemeinen Probleme historischer Forschung, und er tat dies mit Verständnis für theoretische Ansichen sowie mit der ganzen Sensitivität eines Pieter Geyl hinsichtlich der endlosen Komplexität der geschichtlichen Wirklichkeit.[43]

Aus dieser Überfülle greifen wir im Augenblick nur die Beziehung zwischen Faktum und Theorie, Analyse und Synthese, Kritik und Konstruktion heraus. Marrou behandelt dies in aufeinanderfolgenden Kapiteln. Über seine Ansichten zur historischen Kritik würden sich – so meint er – seine alten positivistischen Lehrer im Grabe umdrehen. Wo sie eine unbarmherzig kritische Geisteshaltung forderten, ruft er zu Sympathie und Verständnis auf.[44] Der negativ kritische Ansatz, der sich mit der Ehrlichkeit, der Kompetenz und Genauigkeit der Autoren befaßte, war gut angepaßt an die Erfordernisse der Spezialistenarbeit zur politischen und Kirchengeschichte Westeuropas zur Zeit des Mittelalters, da es fast eine Epidemie von Chroniken aus zweiter Hand, gefälschten Urkunden und Dekretalen sowie vordatierten Heiligenleben gab.[45] Doch die Aufgabe des Historikers beschränkt sich nicht darauf, Irrtümer und Betrügereien zu eliminieren. Dokumente können auf überaus vielfältige Weise benutzt werden, und die eigentliche Aufgabe des Historikers ist es, seine Dokumente gründlich zu verstehen und genau zu erfassen, was sie direkt oder indirekt aufzeigen, um sie so auf intelligente Weise zu gebrauchen.[46]

Wie Marrou für den Übergang von einer reinen Kritik der Dokumente zu ihrem Verstehen eintritt, so betont er auch die Kontinuität und Interdependenz des Vorgangs, der zum Verstehen der relevanten Dokumente und zum Verstehen der Geschehensabläufe führt. Der Historiker beginnt, indem er eine Thematik festlegt, einen Ordner relevanter Dokumente anlegt und bei jedem Dokument Anmerkungen zu seiner Glaubwürdigkeit notiert. Das ist aber bloß abstrakte Planung. Man kommt im Wissen in

---

[41] *H. I. Marrou*, The Meaning of History, 25.
[42] Später mußte Marrou eingestehen, daß Übereinstimmung weniger war als er erwartet hatte. Vgl. den Anhang zu Meaning of History, 301–316.
[43] Komplexität ist ein wiederkehrendes Thema in *Pieter Geyls* Debates with Historians, New York 1965.
[44] *H. I. Marrou*, The Meaning of History, 103ff.
[45] Ebd. 112f.
[46] Ebd. 113f. Vgl. *Collingwood*, Idea of History, 247, 259f; *Becker*, Detachment, 46f.

Form einer Spirale voran. Wenn das Wissen um die Ereignisse wächst, fällt neues Licht auch auf die Eigenart der Dokumente. Die ursprüngliche Frage wird neu formuliert. Dokumente, die erst unwichtig erschienen, gewinnen nun besondere Bedeutung. Neue Fakten kommen zum Vorschein. So lernt der Historiker Schritt für Schritt sein Forschungsgebiet zu beherrschen, gewinnt Zutrauen zum eigenen Verständnis der Bedeutung, der Reichweite und des Wertes seiner Dokumente, und begreift den Verlauf der Ereignisse, den die Dokumente erst verbargen, nun aber deutlich machen.[47]

4. Verstehen

Droysens Vorstellung von historischer Forschung als »forschend verstehen« und Raymond Arons Einführung von deutscher historischer Reflexion in das französische Umfeld erwähnte ich bereits. Auf diese Reflexion wollen wir nun zurückkommen, denn sie war empirisch, ohne empiristisch zu sein. Sie war empirisch, denn sie war der Arbeit der deutschen historischen Schule eng verbunden, und das Manifest dieser Schule war ihr Protest gegen Hegels apriorische Konstruktion des Sinns der Geschichte. Sie war aber nicht empiristisch, denn sie war sich völlig im klaren, daß historisches Wissen nicht bloß eine Sache des genauen Hinschauens ist, sondern darüber hinaus einen geheimnisvoll divinatorischen Vorgang einschließt, durch den der Historiker zum Verstehen kommt.

Die Notwendigkeit von Verstehen zeigt sich hier auf zweifache Weise. Zuerst im hermeneutischen Zirkel. Man begreift zum Beispiel den Sinn eines Satzes, indem man die Worte versteht, doch versteht man die Worte auf angemessene Weise nur im Licht des Satzes als eines Ganzen. Sätze stehen in einer ähnlichen Beziehung zu Abschnitten, Abschnitte zu Kapiteln, Kapitel zu Büchern und Bücher zur Situation und zu den Absichten eines Autors. Nun läßt sich aber dieses kumulative Netz gegenseitiger Abhängigkeit nicht durch irgendein konzeptuelles Gesamt von Verfahrensweisen beherrschen. Was nötig ist, ist der selbst-korrigierende Lernprozeß, in dem sich vorbegriffliche Einsichten akkumulieren, um sich gegenseitig zu ergänzen, näher zu bestimmen und zu korrigieren.

Zweitens zeigt sich die Notwendigkeit von Verstehen auch in der Irrelevanz des Universalen oder Allgemeinen. Je kreativer der Künstler, je origineller der Denker, je größer das Genie, desto weniger läßt sich seine Leistung unter Universalgrundsätze oder allgemeine Regeln subsumieren. Wenn überhaupt etwas, dann ist er die Quelle neuer Regeln, und ob-

---

[47] *H. I. Marrou*, The Meaning of History, 131f.

wohl die neuen Regeln von anderen befolgt werden, befolgt man sie dennoch nicht auf genau dieselbe Weise wie der Meister. Auch kleinere Leuchten haben ihre Originalität, während sklavische Nachahmung nicht Werk des Geistes, sondern Maschinenarbeit ist. Obwohl nun dieser hohe Grad an Individualität, der sich bei Künstlern, Denkern und Autoren findet, die Reichweite allgemeiner Regeln oder universaler Prinzipien übersteigt, ist er doch innerhalb der Reichweite des Verstehens. Denn was zuerst verstanden wird, ist das, was den Sinnen oder dem Bewußtsein gegeben ist oder was in Bildern, Worten, Symbolen und Zeichen dargestellt wird. Was so gegeben ist oder dargestellt wird, das ist individuell. Was durch Verstehen erfaßt wird, ist die Intelligibilität des Individuellen. Abgesehen vom Versagen, den eigenen Sprachgebrauch genau zu kontrollieren, ist die Verallgemeinerung ein späterer Schritt – und bei Werken der Interpretation zumeist überflüssig. Es gibt eben nur eine »Divina commedia«, nur einen »Hamlet« von Shakespeare und nur einen »Faust« in zwei Teilen von Goethe.

Der Horizont des Verstehens und die Reichweite seiner Bedeutung wurden Schritt für Schritt erweitert. Zur grammatischen Auslegung von Texten fügte Schleiermacher (1768–1834) eine psychologische Interpretation hinzu, die auf das Verstehen von Personen zielte, insbesondere auf ein Erahnen des Grundmoments in der Inspiration eines kreativen Autors.[48] August Böckh (1785–1867), ein Schüler von F. Wolf wie auch von F. Schleiermacher, dehnte die Reichweite des Verstehens auf den ganzen Bereich der philologischen Wissenschaften aus. In seiner »Enzyklopädie und Methodologie der philologischen Wissenschaften« konzipierte er die Grundidee der Philologie als die interpretative Nachkonstruktion der Konstruktionen des menschlichen Geistes.[49] Was Böckh für die Philologie getan hatte, sollte Droysen für die Geschichte tun. Er übertrug die Idee des Verstehens aus dem Kontext der Ästhetik und Psychologie auf den umfassenderen Kontext der Geschichte, indem er (1.) den Ausdruck als den Gegenstand des Verstehens bestimmte und (2.) bemerkte, daß sich nicht nur Individuen, sondern auch Gruppen wie Familien, Völker, Staaten und Religionen selber ausdrücken.[50]

Mit Wilhelm Dilthey (1833–1911) vollzog sich noch eine Horizonterweiterung. Er entdeckte, daß die deutsche historische Schule, obwohl sie sich auf das historische Faktum gegen eine apriorisch idealistische Kon-

---

[48] H. G. *Gadamer,* Wahrheit und Methode, 172– 185; R. E. *Palmer,* Hermeneutics, Evanston 1969, 84–97.
[49] P. *Hünermann,* Durchbruch, 64; 63–69 wird Böckhs Denken skizziert.
[50] Ebd. 106ff; *Gadamer,* Wahrheit und Methode, 199–205.

struktion berief, nichtsdestoweniger in ihren tatsächlichen Verfahrensweisen den idealistischen Vorstellungen und Normen weit näher stand als den empiristischen.[51] Mit bemerkenswertem Scharfsinn erkannte er, daß der Erfolg der historischen Schule, wie der schon frühere Erfolg der Naturwissenschaft, ein neues Datum für die Erkenntnistheorie darstellte. Er schlug vor, auf diesem neuen Datum aufzubauen. So wie Kant gefragt hatte, wie universale Prinzipien *a priori* möglich seien, stellte sich Dilthey die Frage nach der Möglichkeit historischen Wissens und, noch allgemeiner, nach der Möglichkeit von Humanwissenschaften, die als Geisteswissenschaften verstanden wurden.[52]

Diltheys grundlegenden Schritt kann man als eine Übertragung des hegelschen Denkens vom idealistischen Geist auf das menschliche Leben verstehen. Hegels objektiver Geist kehrt wieder, jetzt aber ist er nichts anderes als das Ganze der Objektivierung, die im konkreten menschlichen Leben bewirkt wird. Leben bringt sich selbst zum Ausdruck. Im Ausdruck ist das Ausgedrückte gegenwärtig. So sind die Daten der Humanwissenschaften nicht einfach bloß gegeben; in sich selbst, vor jeder Deutung, sind sie Ausdruck, Kundgabe und Objektivierungen des menschlichen Lebens. Sodann wird immer auch, wenn sie ein Interpret versteht, das Leben verstanden, das zum Ausdruck gebracht, kundgetan und objektiviert wird.[53] Schließlich, wie eine Auslegung das Verstehen des Auslegenden ausdrückt und übermittelt, so sind auch die Objektivierungen des Lebens die Auslegung des Lebens durch sich selbst. »Das Leben selbst legt sich aus.«[54]

Demnach ist in der konkreten physikalischen, chemischen und vitalen Realität des menschlichen Lebens auch Sinn enthalten. Er ist zugleich innerlich und äußerlich; innerlich als ausdrückend, äußerlich als ausgedrückt. Er läßt Bedürfnis und Befriedigung deutlich werden. Er antwortet auf Werte. Er intendiert Ziele. Er ordnet Mittel auf Zwecke hin. Er konstituiert soziale Systeme und verleiht ihnen kulturelle Bedeutung. Er überformt die uns umgebende Natur.

Die vielen Ausdrucksweisen individuellen Lebens sind durch ein intelligibles Netz miteinander verknüpft. Diese intelligible Verbundenheit zu erreichen ist aber nicht bloß eine Sache des Zusammensetzens sämtlicher Ausdrucksweisen eines ganzen Lebens. Da ist vielmehr ein sich entwickelndes Ganzes, das in seinen Teilen gegenwärtig ist und in jedem neuen Komplex von Umständen die Werte, die es lobt, und die Ziele, die es ver-

[51] *Gadamer*, Wahrheit, 205.
[52] Ebd. 52; *Palmer*, Hermeneutics, 100ff.
[53] *Gadamer*, Wahrheit, 211, 214.
[54] Ebd. 213; *Palmer*, Hermeneutics, 103–114.

folgt, artikuliert und dadurch seine eigene Individualität und Bestimmtheit erlangt. Wie menschliches Bewußtsein nicht auf den Augenblick beschränkt ist, sondern aus kumulativen Erinnerungen entsteht und in Übereinstimmung mit einer bestimmten Prioritätenskala seiner eigenen Hierarchie von Zielen entgegengeht, so vermögen auch die Ausdrucksweisen des Bewußtseins nicht nur zusammen, sondern sogar einzeln die Richtung und Triebkraft eines Lebens aufzudecken.[55]

Wie es Intelligibilität im Leben des Individuums gibt, so gibt es sie auch in den gemeinsamen Sinngehalten, in den gemeinsamen Werten, in den gemeinsamen Zielen und in den gemeinsamen und komplementären Aktivitäten von Gruppen. Wie diese Aktivitäten gemeinsam oder komplementär sein können, so können sie auch voneinander abweichen, entgegengesetzt und im Widerstreit sein. Damit ist im Prinzip die Möglichkeit historischen Verstehens erreicht. Denn wenn wir einzeln je unser eigenes Leben und das der anderen verstehen können, dann können wir das Leben auch in seinen gegenseitigen Bindungen und in seiner Interdependenz verstehen.[56]

Mehr noch, wie der Historiker von einem intelligiblen Verlauf der Ereignisse berichten kann, so können auch Geisteswissenschaftler zu einer Analyse sich wiederholender oder entwickelnder Strukturen und Abläufe im Leben von Individuen und Gruppen gelangen. Weit davon entfernt entgegengesetzt zu sein, sind Geschichts- und Geisteswissenschaften interdependent. Der Geisteswissenschaftler hat seine Daten im Rahmen ihres passenden historischen Kontextes zu betrachten; und der Historiker kann sein Material nur dann recht bewältigen, wenn er auch die entsprechenden Geisteswissenschaften beherrscht.[57] Meiner Ansicht nach kann man sagen, daß Dilthey viel getan hat, um sein spezielles Problem anzugehen. Er zog die entscheidende Trennungslinie zwischen Natur- und Geisteswissenschaft. Er konzipierte klar die Möglichkeit eines historischen Wissens, das weder den *a priori* Konstruktionen des Idealismus noch den Verfahrensweisen der Naturwissenschaft entspricht. Jedoch gelang es ihm nicht, das Grundproblem zu lösen, wie man über die empiristischen und idealistischen Voraussetzungen hinauskommen könne. Denn seine Lebensphilosophie hat empiristische Tendenzen, während seine Geschichts- und Geisteswissenschaft, die auf dem Verstehen beruht, von einem Empiristen nicht übernommen werden kann.[58]

[55] *Gadamer,* Wahrheit, 212f.
[56] W. *Dilthey,* Pattern and Meaning in History, edited and introduced by H. P. *Rickman,* New York 1962, London 1961, Chapters V and VI.
[57] Ebd. 123.
[58] *Gadamer,* Wahrheit, 218–228.

Seither gab es zwei Weiterführungen von Diltheys Position, die wir nun kurzgefaßt behandeln wollen. Erstens, Edmund Husserl (1859–1938) machte durch seine sorgfältige Intentionalitätsanalyse deutlich, daß menschliches Denken und Urteilen nicht bloß psychologische Ereignisse sind, sondern immer und innerlich Gegenstände intendieren, meinen und sich auf sie beziehen, die von ihnen selbst verschieden sind.[59] Zweitens, wo Dilthey den Ausdruck als Lebensäußerung verstand, versteht Martin Heidegger (1889–1976) alle menschlichen Vorhaben als Produkte des Verstehens; auf diese Weise ist »Verstehen« die »ursprüngliche Vollzugsform des Daseins«, insofern es des Menschen Seinskönnen ist.[60] Daraus folgt die Universalität der hermeneutischen Struktur: Wie die Auslegung aus dem Verstehen eines Ausdrucks hervorgeht, so geht dieser Ausdruck selbst aus dem Verstehen hervor, was es bedeutet, ein Mensch zu sein.

Hierzu sind nun einige Bemerkungen angebracht. Erstens ist unser Gebrauch der Begriffe »Einsicht« *(insight)* und »Verstehen« *(understanding)* genauer und hat einen weiteren Umfang als der Inhalt und der Umfang des deutschen Terminus »Verstehen«. Einsicht erfolgt bei allem menschlichen Wissen, in der Mathematik, in der Naturwissenschaft, im Allgemeinverstand, in der Philosophie, in den Geschichts- und in den Geisteswissenschaften ebenso wie in der Theologie. Sie erfolgt (1.) als Antwort auf eine Untersuchung und (2.) im Hinblick auf sinnliche Darstellungen oder Vorstellungen, einschließlich Worte und Symbole aller Art. Sie besteht in der Erfassung der intelligiblen Einheit oder Relation in den Daten, im Bild oder Symbol. Sie ist der aktive Grund, aus dem die Konzeption, die Definition, die Hypothese, die Theorie und das System hervorgehen. Dieses Hervorgehen, das nicht nur intelligibel, sondern intelligent ist, lieferte das menschliche Modell für die thomanische und augustinische Trinitätstheorie.[61] Und schließlich stammt der einfache und klare Erweis für den vorbegrifflichen Charakter der Einsicht aus der modernen Neuformulierung der euklidischen Geometrie.[62] Euklids »Elemente« hängen von Einsichten ab, die in seinen Definitionen, Axiomen und Postulaten nicht eigens anerkannt werden, die sich leicht einstellen, die die Gültigkeit seiner Schlußfolgerungen begründen, die aber mit streng euklidischem Vokabular gar nicht auszudrücken sind.[63]

[59] Ebd. 230f.
[60] Ebd. 245.
[61] Dies ist die These in meinem Buch »Verbum: Word and Idea in Aquinas« London 1967.
[62] Vgl. z. B. *H. G. Forder*, The Foundations of Euclidean Geometry, Cambridge 1927.
[63] Zum Beispiel löst Euklid das Problem, ein gleichseitiges Dreieck zu konstruieren, indem er zwei Kreise schlägt, die sich überschneiden; aber es gibt keinen euklidischen Beweis, daß sich die Kreise überschneiden müssen. Sodann beweist er das Theorem,

Zweitens ergeben Erfahrung und Verstehen zusammengenommen noch nicht Erkennen, sondern nur Denken. Um vom Denken zum Erkennen überzugehen, muß noch ein reflektierendes Erfassen des virtuell Unbedingten und seine rationale Folge, das Urteil, hinzukommen. Bei den Autoren, die wir erwähnten, ist eine unzureichende Bewußtheit dieser dritten Ebene kognitiver Tätigkeit zu verzeichnen, woraus das Versagen resultiert, sich sauber und logisch kohärent sowohl vom Empirismus als auch vom Idealismus abzusetzen.

Drittens verlangt der Bruch mit dem Empirismus und dem Idealismus über ein klares Erfassen der kognitiven Tatsache hinaus auch noch die Beseitigung der kognitiven Mythe. Es gibt Auffassungen von der Erkenntnis und von der Wirklichkeit, die in der Kindheit gebildet werden und für die Erkenntnis eine Art Sehen ist, und Wirklichkeit das ist, was zu sehen ist. Diese Auffassungen haben jahrhundertelang die unerschütterlichen Grundlagen für den Materialismus, Empirismus, Positivismus, Sensualismus, Phänomenalismus, Behaviorismus und Pragmatismus geliefert und bilden zugleich jene Auffassungen von Erkennen und Wirklichkeit, die Idealisten für unsinnig halten.

5. Perspektivismus

Im Jahre 1932 veröffentlichte Karl Heussi ein kleines Buch mit dem Titel »Die Krisis des Historismus«. Auf den ersten einundzwanzig Seiten gibt er einen Überblick über die verschiedenen Bedeutungen des Terminus »Historismus«. Aus den vielen Anwärtern wählte Heussi den Historismus, der sich in der Krise befand: die um das Jahr 1900 unter Historikern verbreiteten Ansichten zur Geschichte. Diese Ansichten schlossen vier Hauptelemente ein:
(1.) eine bestimmte aber naive Stellung zum Wesen der Objektivität; (2.) die durchgehende Einordnung aller geschichtlichen Größen in umfassende Zusammenhänge; (3.) die Vorstellung durchgängiger Entwicklung und (4.) die Beschränkung der Geschichte auf die Welt der Immanenz.[64]
Von diesen vier Elementen löste das erste die Krise aus.[65] Um 1900 be-

---

daß der äußere Winkel eines Dreiecks größer ist als der innere gegenüberliegende Winkel, indem er innerhalb des äußeren Winkels einen Winkel konstruiert, der dem inneren gegenüberliegenden gleich ist; es gibt aber keinen euklidischen Beweis, daß dieser konstruierte Winkel innerhalb des äußeren Winkels liegen muß. Das »Muß« kann jedoch durch eine Einsicht erfaßt werden, die keine euklidische Formulierung hat.

[64] K. Heussi, Die Krisis des Historismus, Tübingen 1932, 20.
[65] Ebd. 37, 103.

tonten Historiker die Gefahr subjektiver Voreingenommenheit und nahmen dabei an, daß der Gegenstand der Geschichte unveränderlich vorgegeben und eindeutig strukturiert sei. Die Meinungen der Menschen über die Vergangenheit mögen sich ständig wandeln, doch die Vergangenheit selbst bliebe immer das, was sie war. Im Gegensatz hierzu vertrat Heussi die Ansicht, daß die Strukturen nur im Menschengeist vorhanden seien, daß man gleiche Strukturen erhalten würde, wenn die Untersuchungen vom gleichen Standpunkt ausgingen; daß die historische Realität, weit davon entfernt, eindeutig strukturiert zu sein, eher ein unerschöpflicher Anreiz zu immer neuen historischen Auffassungen sei.[66]

Obwohl diese Aussage idealistische Implikationen enthält, wollte zumindest Heussi selbst sie nicht allzu streng ausgelegt wissen. Er fügte sofort hinzu, daß es im menschlichen Leben zahlreiche Konstanten gäbe und eindeutige Strukturen nicht selten seien. Problematisch werden sie mit der Einfügung in größere historische Zusammenhänge. Je weniger und engbegrenzter die Kontexte sind, in die eine Person, eine Gruppe oder eine Bewegung gehört, desto geringer sei auch die Wahrscheinlichkeit, daß später folgende Entwicklungen eine Revision früherer Geschichte einschließen werden.[67] Andererseits könne man dort, wo unterschiedliche Weltanschauungen und Werte im Spiel sind, Übereinstimmung zwar in einzelnen Vorkommnissen und einzelnen Komplexen erwarten, doch Meinungsverschiedenheiten bei umfassenderen Fragestellungen und weiteren Zusammenhängen.[68]

Dem ist jedoch noch eine grundlegendere Qualifikation hinzuzufügen. Nach Heussis Grundauffassung ist historische Realität viel zu kompliziert, als daß eine vollständig ausschöpfende Beschreibung jemals möglich wäre. Niemand wird je alles berichten, was sich bei der Schlacht von Leipzig vom 16. bis 19. Oktober 1813 zutrug. Ganz unvermeidlich wählt der Historiker das aus, was er für bedeutsam hält, und läßt das weg, was ihm unwichtig erscheint. Diese Selektion vollzieht sich bis zu einem gewissen Grade ohne sein Zutun, kraft einer geheimnisvoll anmutenden Funktion in seinem Geiste, die bestimmen kann, was zu erwarten ist, die gruppiert und konstruiert, die den nötigen Takt besitzt, kritisch zu billigen und zu nuancieren, die so vorgeht, als habe der Historiker in seinem Geist ein leitendes und kontrollierendes Gesetz der Perspektive, so daß auf seinem Standpunkt, in seiner Umwelt, unter seinen Voraussetzungen und kraft seiner Schulung mit einer fast gesetzlichen Notwendigkeit in ihm eben dieses historische Gedankengebilde mit eben diesen Betonun-

---

[66] Ebd. 56.
[67] Ebd. 57f.
[68] Ebd. 58.

gen und eben dieser Auswahl entsteht. Schließlich kann dieses Ergebnis nicht als eine bloße Umbildung oder Bearbeitung von altem Material charakterisiert werden. Es ist etwas Neues. Es entspricht nicht der unerschöpflichen Komplexität der historischen Wirklichkeit. Doch durch Auswahl dessen, was von einem gegebenen Standpunkt bedeutsam oder wichtig ist, erhebt es den Anspruch, auf eine unvollständige und approximative Weise die historische Wirklichkeit zu bedeuten und zu vertreten.[69]

Dieser unvollständige und approximative Charakterzug der Geschichtsschreibung erklärt, weswegen die Geschichte für jede neue Generation von neuem geschrieben wird. Historische Erfahrung wird zu historischer Erkenntnis nur dann, wenn der Historiker Fragen stellt. Fragen können aber nur durch Einführung sprachlicher Kategorien gestellt werden. Solche Kategorien bringen jedoch eine Menge von Voraussetzungen und Implikationen mit sich. Sie sind gefärbt durch ein ganzes Gefolge von Anliegen, Interessen, Neigungen, Gefühlen, Anregungen und Beschwörungen. Unvermeidlich arbeitet der Historiker unter dem Einfluß seiner Sprache, seiner Bildung, seiner Umwelt, und diese ändern sich im Lauf der Zeit ebenso unvermeidlich,[70] so daß sie eine Nachfrage und ein Angebot an nochmaliger Geschichtsschreibung hervorrufen. So hatten ausgezeichnete historische Arbeiten, die in den letzten Jahrzehnten des neunzehnten Jahrhunderts verfaßt worden waren, in den dreißiger Jahren unseres Jahrhunderts jeglichen Anklang selbst bei Lesern verloren, die mit den religiösen, theologischen, politischen und sozialen Anschauungen jener älteren Autoren völlig übereinstimmten.[71]

Der Grund, weswegen der Historiker seiner Zeit und seinem Ort nicht entkommen kann, ist darin zu suchen, daß die Entwicklung des historischen Verstehens keine systematische Objektivierung gestattet. Mathematiker unterwerfen sich strenger Formalisierung, um sicher zu sein, daß sie nicht-anerkannte Einsichten nicht verwenden. Naturwissenschaftler definieren ihre Begriffe systematisch, formulieren ihre Hypothesen präzise, erarbeiten in strenger Form die Voraussetzungen und Implikationen dieser Hypothesen und führen aufwendige Programme aus zwecks Verifizierung durch Beobachtung oder Experiment. Philosophen können von

---

[69] Ebd. 47f. Die Passage ist eine ausgezeichnete Beschreibung akkumulierender Einsichten, obwohl Heussi selbst der Meinung ist (aaO. 60), daß »Verstehen« nur die größeren konstruktiven Schritte betreffe und nicht die grundlegende Konstituierung historischen Wissens. Zur Auswahl in der Geschichtswissenschaft vgl. *Marrou*, Meaning in History, 200; auch *Charlotte W. Smith*, Carl Becker: On History and the Climate of Opinion, Ithaca, N. Y., 1956, 125–130.
[70] *Heussi*, Krisis des Historismus, 52–56.
[71] Ebd. 51.

transzendentaler Methode Gebrauch machen. Der Historiker aber findet seinen Weg in der Vielfalt historischer Wirklichkeit durch die gleiche Entwicklungsweise des Verstehens, die alle anderen Menschen im alltäglichen Leben verwenden. Der Ausgangspunkt ist nicht irgendein Komplex von Postulaten oder eine allgemein übernommene Theorie, sondern all das, was der Historiker bereits weiß und glaubt. Je intelligenter und kultivierter er ist, je weiter seine Erfahrung reicht, je offener er allen menschlichen Werten begegnet und je besser und strenger seine Ausbildung war, desto größer wird seine Fähigkeit sein, die Vergangenheit zu entdecken.[72] Wenn eine Untersuchung erfolgreich verläuft, sind die Einsichten so zahlreich und deren Verschmelzen so spontan, die Art und Weise, in der sie sich gegenseitig ergänzen, näher bestimmen oder korrigieren, ist derart unmittelbar und so wendig, daß der Historiker nicht mehr jede einzelne Drehung und Wendung im Entstehen seiner Entdeckung objektivieren kann, sondern nur die Hauptlinien des Bildes, zu dem er schließlich gelangt.[73]

Wenn ich sage, der Historiker könne sich nicht von seinem Hintergrund lösen, so unterstelle ich damit nicht, daß er nicht individuelle, gemeinschaftliche oder allgemeine Vorurteile überwinden[74] oder keine intellektuelle, moralische oder religiöse Bekehrung durchmachen könne. Sodann ziehe ich keineswegs zurück, was ich zuvor über den »ekstatischen« Charakter der Entwicklung historischer Einsicht und über die Fähigkeit des Historikers gesagt habe, aus dem Blickwinkel seines Ortes und seiner Zeit herauszutreten und zum Verständnis und zur Würdigung der Mentalität und der Werte eines anderen Ortes und einer anderen Zeit zu gelangen. Und schließlich sage ich nicht, daß Historiker mit unterschiedlichem Hintergrund nicht dahin gelangen können, sich einander zu verstehen und so von divergierenden zu konvergierenden Ansichten über die Vergangenheit weiterzukommen.[75]

Der Punkt, auf den es mir ankommt, ist der sogenannte Perspektivismus. Wo der Relativismus die Hoffnung aufgibt, jemals bis zur Wahrheit vorzudringen, betont der Perspektivismus die Komplexität dessen, worüber der Historiker schreibt, und ebenso den spezifischen Unterschied zwischen historischem Wissen und mathematischem, naturwissenschaftlichem und philosophischem Wissen. Der Perspektivismus sperrt den Historiker eben nicht in seinen Hintergrund ein, beschränkt ihn nicht auf seine Vorurteile und verwehrt ihm nicht den Zugang zur Entwicklung

---

[72] *Marrou*, Meaning of History, 247.
[73] Ebd. 292f; vgl. *Smith*, Carl Becker, 128, 130.
[74] Über Vorurteile *(bias)* vgl. »Insight« 218– 242.
[75] *Marrou*, Meaning of History, 235.

und Offenheit. Er betont vielmehr, daß Historiker mit unterschiedlichem Hintergrund sich ihrer Vorurteile entledigen und Bekehrungen durchmachen, zum Verständnis der ganz anderen Geistesart anderer Orte und Zeiten, ja sogar zu einem gegenseitigen Verständnis gelangen können, und zwar jeder auf seine eigene bestimmte Weise. Sie mögen das gleiche Gebiet erforschen, aber sie stellen unterschiedliche Fragen; und wo die Fragen ähnlich sind, da sind die impliziten Kontexte der Annahmen und Implikationen, die die Fragen bestimmen, nicht einfach identisch. Einige mögen als erwiesen ansehen, was andere mühsam beweisen wollen. Entdeckungen können gleichwertig sein, wurden aber von unterschiedlichen Komplexen vorhergehender Fragen herangegangen, in unterschiedlichen Begriffen zum Ausdruck gebracht und führen so zu unterschiedlichen Reihenfolgen weiterer Fragen. Selbst wenn die Ergebnisse fast die gleichen sind, werden die Darstellungen doch für verschiedene Leserkreise geschrieben, und jeder Historiker hat besondere Aufmerksamkeit dem zu widmen, was seine Leser leicht übersehen oder falsch einschätzen könnten.

Dies ist der Perspektivismus. In weitem Sinne gebraucht ist dieser Terminus auf jeden beliebigen Fall anzuwenden, in welchem verschiedene Historiker den gleichen Gegenstand unterschiedlich behandeln. Seine eigentliche Bedeutung ist aber eine ganz spezifische. Sie bezieht sich nicht auf Unterschiede, die sich aus menschlicher Fehlbarkeit ergeben, aus falschen Urteilen über Möglichkeit, Wahrscheinlichkeit, Tatsache oder Wert. Sie bezieht sich nicht auf Differenzen, die durch persönliche Unzulänglichkeiten entstehen, durch Mangel an Scharfsinn oder Fähigkeit, aus Versehen oder durch mangelnde Sorgfalt. Sie bezieht sich nicht auf die Geschichte als einen fortschreitenden Prozeß, auf jene schrittweise Eroberung, die immer neue Wege entdeckt, um potentielle Evidenz in formale und schließlich in aktuelle Evidenz umzuwandeln.[76]

In seiner eigentlichen und spezifischen Bedeutung ist Perspektivismus das Ergebnis dreier Faktoren. Erstens hat jeder Historiker seine Grenzen; seine Informationen sind unvollständig; sein Verstehen meistert nicht alle ihm zur Verfügung stehenden Daten; nicht alle seine Urteile sind sicher. Wäre seine Information vollständig, sein Verstehen allumfassend und jedes seiner Urteile sicher, dann gäbe es weder Raum für Selektion noch für Perspektivismus. Dann wüßte man die historische Realität in ihrer Stabilität und ihren eindeutigen Strukturen.

Zweitens wählt der Historiker aus. Der Selektionsprozeß ist seinem Hauptelement nach eine spontane Entfaltung des Verstehens nach dem

---

[76] *Collingwood*, Idea of History, 247; *Marrou*, aaO. 291.

Allgemeinverstand, das zwar in seinen Ergebnissen objektiviert werden kann, nicht aber in seinem aktuellen Geschehen. Seinerseits ist dieser Prozeß durch den gesamten früheren Prozeß der Entwicklung und der Leistungen des Historikers bedingt; und diese Entwicklung ist nicht Gegenstand vollständiger Information und vollständiger Erklärung. Kurz, der Selektionsprozeß ist keinen objektivierten Kontrollen unterworfen, weder in sich selbst noch in seinen Ausgangsbedingungen.

Drittens können wir erwarten, daß Selektionsprozesse und ihre Ausgangsbedingungen Variablen sind. Denn Historiker sind geschichtliche Wesen, eingetaucht in den fortschreitenden Prozeß, in dem sich Situationen ändern, Bedeutungen verschieben und unterschiedliche Individuen auf je eigene Weise darauf reagieren.

Kurz gesagt, der Geschichtsprozeß selbst, und in ihm die persönliche Entwicklung des Historikers läßt eine Reihe verschiedener Standpunkte entstehen. Die verschiedenen Standpunkte führen zu unterschiedlichen Selektionsprozessen. Die verschiedenen Selektionsprozesse führen zu unterschiedlichen Geschichtsdarstellungen, die (1.) nicht kontradiktorisch sind, (2.) nicht vollständige Information und nicht vollständige Erklärung bieten, die aber (3.) unvollständige und approximative Schilderungen einer überaus komplexen Wirklichkeit sind.

Ist also Geschichte nicht Wissenschaft, sondern eine Kunst? Collingwood hat auf drei Unterschiede zwischen historischer Erzählung und literarischer Erfindung hingewiesen. Die historische Darstellung betrachtet Ereignisse, die räumlich lokalisiert und zeitlich datiert sind; in einem Roman können Orte und Daten fiktiv sein und sind es weithin. Zweitens müssen alle historischen Darstellungen miteinander vereinbar sein und letztlich zu einer einzigen Anschauung führen. Drittens ist die historische Erzählung bei jedem Schritt durch Zeugnisse gerechtfertigt; der Roman beruft sich entweder gar nicht auf Zeugnisse, oder wenn doch, so ist diese Berufung normalerweise Teil der Erfindung.[77]

Andererseits unterscheidet sich die Geschichtswissenschaft von der Naturwissenschaft, da ihr Gegenstand zum Teil durch Sinngehalt und Wert konstituiert ist, während die Objekte der Naturwissenschaft dies nicht sind. Sodann unterscheidet sie sich sowohl von den Natur- als auch von den Humanwissenschaften, weil ihre Ergebnisse Beschreibungen und Erzählungen bestimmter Personen, Handlungen und Dinge sind, wogegen die Ergebnisse der Natur- und Humanwissenschaften auf universale Gültigkeit abzielen. Obwohl man letztlich sagen kann, die Geschichtsschreibung sei in dem Sinne eine Wissenschaft, als sie methodisch geleitet

---

[77] *Collingwood*, Idea of History, 246.

betrieben wird und diese Methode univoke Antworten liefert, wenn identische Fragen gestellt werden, und daß die Ergebnisse historischer Untersuchungen kumulativ sind, ist dennoch zuzugeben, daß diese Eigenheiten der Methode in der Geschichtswissenschaft und in den Natur- und Geisteswissenschaften nicht auf die gleiche Weise verwirklicht werden.

Jede Entdeckung ist eine Anhäufung von Einsichten. In den Naturwissenschaften wird diese Anhäufung jedoch in einem wohldefinierten System ausgedrückt, während sie in der Geschichtswissenschaft in einer Beschreibung und Erzählung von Besonderheiten zum Ausdruck kommt. Das naturwissenschaftliche System kann auf endlos unterschiedliche Weise überprüft werden, aber die Beschreibung und Erzählung, die zwar auf verschiedene Weise in Verdacht geraten kann, läßt sich wirklich nachprüfen nur durch eine Wiederholung der ursprünglichen Untersuchung. Naturwissenschaftlicher Fortschritt zeigt sich in der Errichtung eines besseren Systems, historischer Fortschritt dagegen ist ein umfassenderes und eindringenderes Verstehen von noch mehr Einzelheiten. Und schließlich kann der Naturwissenschaftler auf eine vollständige Erklärung aller Phänomene aus sein, weil seine Erklärungen Gesetze und Strukturen sind, die zahllose Fälle abdecken können; der Historiker aber, der nach einer vollen Erklärung aller Geschichte strebte, bräuchte mehr Information als verfügbar ist und müßte dann zahllose Erklärungen geben.

Kehren wir nun für einen Augenblick zu jener Geschichtsauffassung zurück, die zu Beginn dieses Jahrhunderts allgemein gültig war. Aus dem, was gerade gesagt wurde, geht klar hervor, daß ihr Irrtum nicht ganz genau dort lag, wo Karl Heussi ihn geortet hatte. Die Vergangenheit liegt fest, und ihre intelligiblen Strukturen sind eindeutig; aber die Vergangenheit, die derart festgelegt und eindeutig ist, ist eben die überaus komplexe Vergangenheit, die die Historiker nur unvollständig und annäherungsweise kennen. Die unvollständige und nur angenäherte Kenntnis der Vergangenheit ist es, die den Perspektivismus aufkommen läßt.

Einen Perspektivismus zu vertreten läuft letztlich darauf hinaus, die Ansicht abzulehnen, der Historiker habe nur alle Fakten aufzuzählen, um sie dann für sich sprechen zu lassen; die »Schere und Klebstoff«-Konzeption von Geschichte nochmals zu mißbilligen; mit H. I. Marrou die Verheerung nochmals zu beklagen, die durch positivistische Theorien »wissenschaftlicher« Geschichte angerichtet wurde.[78] Er fügt aber auch ein neues Element hinzu. Er zeigt, daß die Geschichtswissenschaft nicht nur von der Vergangenheit spricht, sondern auch von der Gegenwart. Historiker kommen aus der Mode, nur um wiederentdeckt zu werden. Die

---

[78] *Marrou,* Meaning of History, 10f, 23, 54, 138, 161f, 231.

Wiederentdeckung findet sie womöglich mehr denn je als überholt und veraltet. Aber die Bedeutung dieser Wiederentdeckung liegt nicht in der Vergangenheit, über die der Historiker schrieb, sondern in der eigenen Selbst-Offenbarung des betreffenden Historikers. Jetzt wird seine Darstellung hoch gelobt, weil sie so viel von der Menschlichkeit ihres Autors verkörpert und weil sie ein erstklassiges Zeugnis über den Historiker, seine Umwelt und seine Zeit bietet.[79]

6. Horizonte

Sir Lewis Namier beschrieb den historischen Sinn als ein »intuitives Verstehen, wie sich Dinge nicht ereignen«[80]. Er bezog sich natürlich auf den Fall, in dem solch ein intuitives Verstehen die Frucht historischer Forschung ist, doch unsere gegenwärtige Beschäftigung mit Horizonten lenkt unsere Aufmerksamkeit auf das vorhergehende Verstehen, das der Historiker nicht aus der historischen Forschung, sondern aus anderen Quellen herleitet.

Zu dieser Thematik äußerte sich Carl Becker ausführlich in einem Vortrag, den er in Cornell 1937 und in Princeton 1938 hielt. Sein Thema war Bernheims Regel, daß eine Tatsache durch das Zeugnis wenigstens zweier unabhängiger Zeugen, die nicht einer Selbst-Täuschung erlegen sind, bewiesen werden kann. Obwohl er jeden einzelnen Begriff dieser Regel durchging, galt sein besonderes Interesse der Frage, ob Historiker Zeugen wohl deshalb für einer Selbst-Täuschung erlegen hielten, weil man von ihnen wußte, daß sie erregt, emotional beteiligt oder von schwachem Erinnerungsvermögen waren, oder einfach wegen der Ansichten des Historikers selbst über das, was möglich und was unmöglich sei. Seine Antwort bejahte letzteres. Wenn der Historiker überzeugt ist, daß ein Ereignis unmöglich ist, wird er immer sagen, daß die Zeugen einer Selbst-Täuschung erlagen, ob es nur zwei oder gar zweihundert Zeugen waren. Mit anderen Worten, Historiker haben ihre vorgefaßten Meinungen, wenn schon nicht über das, was geschehen sein muß, so doch zumindest über das, was nicht geschehen sein konnte. Solche vorgefaßten Meinungen leiten sich nicht aus der Geschichtsforschung her, sondern aus dem Meinungsklima, in dem der Historiker lebt und durch das er unvermerkt bestimmte feste Überzeugungen über das Wesen des Menschseins und der Welt übernimmt. Haben sich solche Überzeugungen bei ihm erst

[79] Ebd. 296.
[80] Vgl. *Stern*, Varieties, 375.

einmal festgesetzt, fällt es ihm leichter zu glauben, daß jede beliebige Anzahl von Zeugen einer Selbst-Täuschung erlegen ist, als zuzugeben, daß sich das Unmögliche tatsächlich ereignet hat.[81]

Dieses offene Eingeständnis, daß Historiker vorgefaßte Ideen haben und daß diese Ideen ihre Geschichtsschreibung modifizieren, steht völlig im Einklang mit dem, was wir über Beckers Ansichten soeben berichtet, wie auch mit dem, was wir selbst bisher über Horizonte und über Sinngehalt gesagt haben. Jeder von uns lebt in einer durch Bedeutung vermittelten Welt, einer Welt, die über Jahre hindurch aus der Gesamtsumme unserer bewußten, intentionalen Tätigkeiten errichtet wurde. In einer solchen Welt geht es nicht nur um Details, sondern auch um Grundoptionen. Sind solche Optionen erst einmal angenommen, und hat man auf ihnen aufgebaut, dann muß man an ihnen festhalten; andernfalls müßte man zurückgehen, niederreißen und neu aufbauen. Ein derart radikales Verfahren ist kein leichtes Unternehmen; es ist weder bequem auszuführen noch ist es rasch vollendet. Man kann es mit einem schweren chirurgischen Eingriff vergleichen; doch die meisten von uns ergreifen das Skalpell eher zimperlich und führen es ungeschickt.

Der Historiker ist nun damit befaßt, seine durch Bedeutung vermittelte Welt zu erweitern und sie im Hinblick auf das Menschliche, auf die Vergangenheit und auf das Besondere zu bereichern. Seine historischen Fragen richten sich zu einem großen Teil auf Details. Aber selbst diese können Grundsatzfragen berühren, Probleme, bei denen Grundoptionen angenommen werden. Können Wunder geschehen? Falls der Historiker seine Welt auf der Ansicht aufbaut, daß Wunder unmöglich sind, was fängt er dann mit Zeugen an, die Wunder als Tatsachen bezeugen? Offensichtlich muß entweder er selbst zurückgehen und seine Welt in neuen Umrißlinien rekonstruieren, oder er hat herauszufinden, daß diese Zeugen entweder inkompetent oder unehrlich sind, oder aber einer Selbst-Täuschung erlagen. Becker hatte völlig recht: Letzteres ist das Leichtere. Er hatte völlig recht, daß die Anzahl der Zeugen nicht das Entscheidende ist. Der springende Punkt ist vielmehr, daß die Zeugen, seien es wenige oder viele, in der Welt jenes Historikers nur dann existieren können, wenn sie für inkompetent oder unehrlich, zumindest aber einer Selbst-Täuschung erlegen erklärt werden.

Schon mehr als ein Vierteljahrhundert zuvor war sich Becker in seinem Essay über »Detachment and the Writing of History« völlig darüber im klaren, daß, was immer die Historiker an Freisein und Objektivität aufweisen mögen, sie doch von den vorherrschenden Ideen ihrer Zeit nicht

---

[81] *Smith*, Carl Becker, 89f.

frei waren.⁸² Sie wissen recht gut, daß kein noch so großer Bestand an Zeugnissen etwas für die Vergangenheit beweisen kann, was nicht in der Gegenwart zu finden ist.⁸³ Humes Argument bewies nicht wirklich, daß Wunder sich nie ereignet hatten. Seine wahre Schlagkraft lag darin, daß der Historiker sich mit der Vergangenheit nicht intelligent auseinandersetzen kann, wenn er zuläßt, daß ihm die Vergangenheit unintelligibel vorkommt.⁸⁴ Wunder werden ausgeschlossen, weil sie den Naturgesetzen entgegenstehen, die seine Generation als erwiesen betrachtet; falls aber Naturwissenschaftler einen Platz für die Wunder in der Erfahrung finden sollten, dann wird es auch Historiker geben, die sie der Geschichte zurückerstatten.⁸⁵

Was für Tatsachenfragen gilt, das gilt auch für Fragen der Auslegung. Religion bleibt auch dem zwanzigsten Jahrhundert erhalten, aber sie erklärt nicht mehr mittelalterliche Aszese. So bringt man Klöster heute weniger mit dem Seelenheil in Verbindung – schon eher mit der Beherbergung von Reisenden und der Trockenlegung von Sumpfland. Der hl. Symeon Stylites ist keine physische Unmöglichkeit, aber für viele paßt er heute, zusammen mit einäugigen Ungeheuern und fahrenden Rittern, nur noch in die Welt eines Kindes; seine Motive liegen aber außerhalb der gängigen Erfahrung Erwachsener, und daher erklärt man sie am einfachsten als pathologisch.⁸⁶

Beckers Behauptung, Historiker arbeiten im Licht vorgefaßter Ideen, impliziert eine Ablehnung des Ideals der Aufklärung und der Romantik hinsichtlich einer voraussetzungslosen Geschichtswissenschaft.⁸⁷ Dieses Ideal hätte natürlich den Vorteil, von Anfang an alle Irrtümer auszuschließen, die der Historiker von Eltern und Lehrern übernahm und die er selbst durch mangelnde Aufmerksamkeit, fehlenden Scharfsinn und kümmerliches Urteilsvermögen beging. Aber es bleibt die Tatsache, daß Mathematiker, Naturwissenschaftler und Philosophen alle aufgrund von Voraussetzungen arbeiten, die sie ausdrücklich anerkennen können, wogegen der Historiker im Licht seiner ganzen persönlichen Entwicklung arbeitet und diese Entwicklung gar keine vollständige und explizite Formulierung und Anerkennung zuläßt.⁸⁸ Wer sagt, daß der Historiker ohne Voraussetzungen arbeiten sollte, der vertritt damit das »Prinzip des hoh-

---

82 *Becker,* Detachment and the Writing of History, 25.
83 Ebd. 12.
84 Ebd. 13.
85 Ebd. 13f.
86 Ebd. 22f.
87 Vgl. *Gadamer,* Wahrheit, 256ff.
88 Vgl. »Insight« 175.

len Kopfes«, der empfiehlt, der Historiker solle ungebildet sein, und der fordert, ihn aus dem Sozialisations- und Akkulturationsprozeß[89] herauszunehmen und ihn der Geschichtlichkeit zu berauben. Denn die Voraussetzungen des Historikers sind eben nicht nur seine eigenen, sondern auch das In-ihm-Weiterleben von Entwicklungen, die die menschliche Gesellschaft und Kultur langsam im Laufe von Jahrhunderten angesammelt hat.[90]

Newman macht im Zusammenhang mit Descartes' methodischem Zweifel die Bemerkung, es sei besser, alles zu glauben als alles zu bezweifeln. Denn universaler Zweifel läßt uns keine Ausgangsbasis für weiteres Vorankommen, während universaler Glaube *(belief)* etwas Wahrheit enthalten kann, die mit der Zeit nach und nach die Irrtümer austreiben könne. Auf ähnliche Weise müssen wir, meiner Meinung nach, zufrieden sein, daß Historiker gebildete, sozialisierte, akkulturierte und geschichtliche Wesen sind, selbst wenn sie dadurch in manchen Irrtum verstrickt werden. Wir müssen ihnen freistellen, ihre Geschichte im Licht all dessen zu schreiben, was sie tatsächlich wissen oder zu wissen vermeinen oder was sie versehentlich als erwiesen annehmen: Sie können ihre Arbeit anders gar nicht tun, und eine pluralistische Gesellschaft läßt sie tun, was sie können. Wir sollten aber nicht verkünden, daß sie voraussetzungslose Geschichte schreiben, wenn das etwas ist, was niemand leisten kann. Wir haben zuzugeben, daß solche Zulassung von Geschichte, die im Licht vorgefaßter Ideen geschrieben wird, zu unterschiedlichen Vorstellungen von Geschichte, zu verschiedenen Methoden historischer Forschung, widerstreitenden Standpunkten und unvereinbaren Geschichtsdarstellungen führen kann.[91] Wir müssen schließlich Methoden suchen, die den Historikern von Anfang an helfen, inkohärente Annahmen und Verfahrensweisen zu meiden, und wir werden weitere Methoden entwickeln müssen, die dem Ausgleich von Differenzen dienen, wenn unvereinbare Geschichtsdarstellungen bereits geschrieben sind.

Aber die bloße Anerkennung dieser Notwendigkeiten ist auch schon alles, was im vorliegenden Abschnitt zu erreichen ist. Sie aufzugreifen ist nicht Sache der funktionalen Spezialisierung Geschichte, sondern Sache der späteren Spezialisierungen Dialektik und Fundamente. Denn jede bemerkenswerte Veränderung des Horizonts wird nicht auf der Grundlage

---

[89] Vgl. *P. Berger* und *T. Luckmann*, The Social Construction of Reality, Garden City, N. Y., 1966.
[90] *Gadamer,* Wahrheit, 261.
[91] Im Gegensatz hierzu macht der Perspektivismus (wie wir den Begriff verstehen) unterschiedliche – nicht aber unvereinbare – Geschichtsauffassungen erklärlich.

dieses Horizonts vollzogen, sondern dadurch, daß man eine ganz andere und auf den ersten Blick unbegreifliche Alternative ins Auge faßt und dann eine Bekehrung durchmacht.

7. Heuristische Strukturen

Hat der Historiker philosophische Bindungen? Verwendet er Analogien, gebraucht er Idealtypen, folgt er einer bestimmten Theorie der Geschichte? Erklärt er, untersucht er die Ursachen und stellt er Gesetze auf? Widmet er sich sozialen und kulturellen Zielen, erliegt er Vorurteilen oder löst er sich von ihnen? Ist die Geschichtswissenschaft wertfrei oder geht es ihr um Werte? Wissen die Historiker oder glauben sie?

Solche Fragen werden gestellt. Sie betreffen nicht bloß die Geschichtsauffassung des Historikers, sondern haben auch Auswirkungen auf die Praxis seiner historischen Forschung und Geschichtsschreibung. Unterschiedliche Antworten würden dementsprechend diese oder jene heuristische Struktur[92] modifizieren, d. h. dieses oder jenes Element historischer Methode.

Zur ersten Frage: Der Historiker braucht sich überhaupt nicht selber mit Philosophie im gewöhnlichen, ganz allgemeinen Sinn zu befassen, womit der Inhalt von philosophischen Büchern und Lehrveranstaltungen gemeint ist. Es gibt keinen Grund, weswegen ein Historiker sich den Weg durch dieses Labyrinth suchen sollte.

Jedoch besteht eine sehr reale Verbindung zwischen dem Historiker und der Philosophie, wenn man »Philosophie« in einem äußerst begrenzten Sinn versteht, nämlich als den Komplex realer Bedingungen für die Möglichkeit historischer Forschung. Jene realen Bedingungen sind die ganze Menschheit, Überreste und Spuren aus ihrer Vergangenheit, die Gemeinschaft der Historiker mit ihren Überlieferungen und ihrem Instrumentarium sowie ihren bewußten und intentionalen Handlungen, insbesondere soweit sie in historischer Forschung erfolgen. Es ist zu beachten, daß die relevanten Bedingungen hier Möglichkeitsbedingungen sind, und nicht der weit größere und ganz bestimmte Komplex, der in jedem Einzelfall die historische Forschung bedingt.

Also ist, kurz gesagt, die Geschichtswissenschaft auf die Philosophie bezogen, wie historische Methode auf transzendentale Methode bezogen

---

[92] Über heuristische Strukturen vgl. »Insight« Index, Stichwort »Heuristic«. »Heuristisch« hat die gleiche Wurzel wie »Heureka«.

ist, oder wie auch theologische Methode auf transzendentale Methode. Der Historiker kann von dieser Beziehung wissen oder nicht wissen. Wenn er darum weiß, ist es um so besser. Weiß er nicht darum, dann kann er dennoch ein ausgezeichneter Historiker sein, so wie Monsieur Jourdain ausgezeichnetes Französisch sprach, ohne zu wissen, daß seine Rede Prosa war. Aber selbst wenn er ein exzellenter Historiker ist, ist es doch unwahrscheinlich, daß er über angemessene Verfahrensweisen historischer Forschung sprechen kann, ohne in jene Fallen zu treten, über die wir in diesem Kapitel gesprochen haben.

Zur zweiten Frage: Es ist klar, daß der Historiker eine Art Analogie anwenden muß, wenn er von der Gegenwart zur Vergangenheit übergeht. Die Schwierigkeit besteht darin, daß dieser Begriff auf sehr unterschiedliche Verfahren anwendbar ist, die von äußerst zuverlässig bis trügerisch einzustufen sind. Dementsprechend sind Unterscheidungen angebracht.

Im allgemeinen sagt man von Gegenwart und Vergangenheit, sie seien analog, wenn sie teils ähnlich, teils unähnlich sind. Sodann muß man im allgemeinen Vergangenheit und Gegenwart für ähnlich halten, mit Ausnahme dessen, wofür es Beweise der Unähnlichkeit gibt. Soweit nun Zeugnisse für Unähnlichkeit beigebracht werden können, betreibt der Historiker Geschichte; doch sofern er bloß behauptet, daß Ähnlichkeit vorhanden sein müsse oder Unähnlichkeit nicht gegeben sein könne, so hat er das aus dem Meinungsklima, in dem er lebt, oder er vertritt eine bestimmte philosophische Richtung.

Sodann darf man nicht voraussetzen, die Gegenwart sei vollständig und in ihrer Ganzheit bekannt. Im Gegenteil, wir haben die ganze Zeit über nachzuweisen versucht, daß die abgerundete Sicht einer historischen Periode nicht von den Zeitgenossen, sondern erst von den späteren Historikern zu erwarten ist. Und obwohl der Historiker seine Analogien in erster Linie durch ein Zurückgreifen auf seine Kenntnis der Gegenwart aufzustellen hat, so kann er dennoch auf diese Weise die Geschichte kennenlernen und dann die weitere Geschichtsdarstellung aufgrund der Analogie der bekannten Vergangenheit ausarbeiten.

Die Natur bleibt sich gleich, aber soziale Ordnungen und kulturelle Deutungen unterliegen dem Wandel. In gegenwärtiger Zeit existieren äußerst unterschiedliche Gesellschaften und Kulturen. Genügend Zeugnisse stehen zur Verfügung, um noch weitere Unterschiede durch historische Methoden ans Licht zu bringen. Man hört gelegentlich, die Vergangenheit habe der gegenwärtigen Erfahrung zu entsprechen, aber Collingwood reagierte auf diese Meinung ziemlich scharf: Die alten Griechen und Römer kontrollierten ihr Bevölkerungswachstum durch Aussetzen Neugeborener. Die Tatsache wird nicht einfach deshalb zweifelhaft, weil sie außerhalb der gängigen Erfahrung der Mitarbeiter von »Cambridge Ancient History« liegt.[93]

Obwohl die Möglichkeit und das Geschehen von Wundern kein Thema für den Methodologen, sondern für den Theologen ist, möchte ich doch anmerken, daß die Gleichförmigkeit der Natur zu verschiedenen Zeiten recht unterschiedlich verstanden wird. Im neunzehnten Jahrhundert glaubte man, die Naturgesetze seien Ausdruck der Notwendigkeit, und die Ansicht von Laplace über die zumindest theoretische Möglichkeit, den ganzen Verlauf der Ereignisse von einem bestimmten Stadium des Prozesses abzuleiten, wurde ernstgenommen. Jetzt hält man die Naturgesetze des klassischen Typs nicht für notwendig, sondern sieht sie bloß als verifizierte Möglichkeiten an; sie werden verallgemeinert nach dem Prinzip, daß gleichartige Dinge auch gleichartig verstanden werden sie sind Grundlage für Voraussagen oder Ableitungen nicht durch sich selbst, sondern nur dann, wenn sie mit Rekursionsschemata kombiniert sind; solche Schemata funktionieren konkret, nicht absolut, doch nur, wenn andere Dinge gleich sind *(equal)*; ob nun andere Dinge gleich sind, ist eine Sache statistischer Frequenz.[94] Offensichtlich ist das wissenschaftliche Argument hinsichtlich der Wunder schwächer geworden.

Wenn auch jeder Historiker aufgrund der Analogie dessen, was er von der Gegenwart weiß und was er von der Vergangenheit gelernt hat, arbeiten muß, bedarf dennoch die dialektische Vergleichung sich widersprechender Geschichtsdarstellungen einer Grundlage, die allgemein zugänglich ist. Die Grundlage, die wir anbieten möchten, ist transzendentale Methode, ausgedehnt auf Methoden der Theologie und der Geschichtswissenschaft durch Konstruktionen, die von transzendentaler Methode selbst abgeleitet sind. Mit anderen Worten, es handelt sich um das, was wir in diesen Kapiteln erarbeitet haben. Zweifellos würden jene, die andere philosophische Positionen vertreten, Alternativen vorschlagen. Doch solche Alternativen würden lediglich dazu dienen, die Dialektik divergierender Forschung, Interpretation und Geschichte weiter zu klären.

Zur dritten Frage: Gebrauchen die Historiker Idealtypen? Ich möchte gleich darauf hinweisen, daß der Begriff und die Verwendung des »Idealtypus« gewöhnlich mit dem Namen des deutschen Soziologen Max Weber verbunden sind, doch haben sie in streng historischem Kontext auch H. I. Marrou und andere erörtert.

Der »Idealtypus« ist keine Beschreibung der Wirklichkeit und auch keine Hypothese über die Wirklichkeit. Er ist eine theoretische Kon-

---

[93] *Collingwood*, Idea of History, 240.
[94] Zu diesem Wissenschaftsbegriff vgl. »Insight« Kap. II, III und IV.

struktion, in welcher mögliche Ereignisse auf intelligible Weise so aufeinander bezogen sind, daß sie ein innerlich kohärentes System bilden. Er ist zu heuristischen Zwecken ebenso wie zur Erklärung brauchbar, d. h. er kann hilfreich sein, sofern er Hypothesen nahelegt und zu ihrer Formulierung beiträgt, oder – das wäre der andere Fall – wenn eine konkrete Situation dem theoretischen Konstrukt nahekommt, kann er eine Leitfunktion bei der Situationsanalyse übernehmen und zum klaren Verständnis der Situation führen.[95]

Marrou übernahm Fustel de Coulanges' »La cité antique« als einen Idealtypus. Der Stadtstaat wird als ein Bündnis der großen patriarchalischen Familien verstanden, zusammengeschlossen zunächst in Phratrien, dann in Tribus. Dieser Bund wird durch Ahnen- oder Heroenkult zusammengehalten, der an einer gemeinsamen Kultstätte ausgeübt wird. Nun basiert ein solches Schema nicht auf der Auswahl dessen, was jedem Einzelfall der antiken Stadt gemeinsam ist, auch nicht auf der Übernahme dessen, was den meisten Fällen gemeinsam ist, sondern auf einer Konzentration auf die günstigsten Fälle, nämlich auf jene, die mehr zum Verständnis beitragen und mehr Erklärungswert besitzen. Der Nutzen eines solchen Idealtypus ist zweifach. Soweit die historische Situation den Bedingungen des Idealtypus entspricht, wird die Situation dadurch erhellt. Soweit die historische Situation nicht den Bedingungen des Idealtypus entspricht, bringt dieser genaue Unterschiede ans Licht, die sonst unbemerkt geblieben wären, und führt damit zu Fragen, die man sonst nicht gestellt hätte.[96]

Marrou stimmt dem Gebrauch von Idealtypen in der historischen Forschungsarbeit zu, gibt aber zwei Warnungen: Erstens sind sie nur theoretische Konstrukte. Man muß daher der Versuchung des Begeisterten widerstehen, der sie mit Beschreibungen der Wirklichkeit verwechselt; selbst wenn sie Hauptmerkmale einer historischen Wirklichkeit überzeugend darstellen, darf man sich mit ihnen nicht leicht zufriedengeben, nicht leicht über Unzulänglichkeiten hinweggehen und die Geschichte damit auf das reduzieren, was im wesentlichen nur ein abstraktes Schema ist. Zweitens besteht eine Schwierigkeit darin, passende Idealtypen auszuarbeiten. Je reichhaltiger und damit auch erhellender das Konstrukt, desto größer ist seine Anwendungsschwierigkeit; je dünner und lockerer aber das Konstrukt, desto weniger vermag es etwas zur Geschichtswissenschaft beizutragen.[97]

---

[95] *M. Weber,* The Methodology of the Social Sciences, New York 1949, 89ff.
[96] *Marrou,* Meaning of History, 167ff.
[97] Ebd. 170ff.

Schließlich möchte ich vorschlagen, Arnold Toynbees »A Study of History« als ein Quellenbuch der Idealtypen zu betrachten. Toynbee selbst hat eingeräumt, sein Werk sei doch nicht ganz so empirisch, wie er einst dachte. Zugleich aber fand ein so resoluter Kritiker wie Pieter Geyl[98] das Werk überaus anregend und bekannte, daß ein so kühner und imaginativer Geist wie Toynbee eine wesentliche Funktion zu erfüllen habe.[99] Diese Funktion besteht meiner Meinung nach darin, das Material bereitzustellen, aus dem sorgfältig formulierte Idealtypen abgeleitet werden können.

Zur vierten Frage: Folgt der Historiker einer bestimmten Theorie der Geschichte? Mit einer Theorie der Geschichte meine ich nicht die Anwendung einer Theorie, die naturwissenschaftlich, philosophisch oder theologisch erarbeitet wurde, auf die Geschichte. Solche Theorien werden auf eine eigene Weise bestätigt; sie sind nach ihren eigenen Verdiensten zu beurteilen; sie erweitern das Wissen des Historikers und machen sein Erfassen genauer; sie konstituieren nicht historisches Wissen, sondern erleichtern seine Entwicklung.

Unter einer Theorie der Geschichte verstehe ich eine Theorie, die über ihre naturwissenschaftliche, philosophische oder theologische Grundlage hinausgeht, um Aussagen über den tatsächlichen Verlauf menschlicher Ereignisse zu machen. Solche Theorien hat beispielsweise Bruce Mazlish in seiner Erörterung großer Theoretiker von Vico bis Freud dargelegt.[100] Diese Theorien sind im Licht ihrer naturwissenschaftlichen, philosophischen oder theologischen Grundlage zu kritisieren. Soweit sie eine derartige Kritik überstehen, haben sie den Nutzen von Idealtypen großen Maßstabs[101] und können unter den für den Gebrauch von Idealtypen schon genannten Vorsichtsregeln Anwendung finden. Aber sie erfassen nie die volle Komplexität der historischen Wirklichkeit und demzufolge neigen sie dazu, bestimmte Aspekte und Verbindungen scharf zu profilieren und andere, die von gleicher oder gar größerer Bedeutung sein können, zu vernachlässigen. In Marrous Worten gesagt: »Die geistreichste Hypothese ... unterstreicht mit Rotstift bestimmte Linien, die in einem Aufriß von tausend einander in jeder Richtung schneidender Kurven untergehen.«[102] Allgemeine Hypothesen werden leicht, obwohl sie ihren Nutzen haben, zu großen »Maschinen zur Verhinderung des Verstehens«[103].

[98] Vgl. seine kritischen Bemerkungen in seinen »Debates with Historians«.
[99] P. Gardiner, Theories of History, 319.
[100] In seinem Buch »The Riddle of History« New York 1966.
[101] Vgl. B. Mazlish, aaO. 447.
[102] Marrou, Meaning of History, 200.
[103] Ebd. 201.

Zur fünften Frage: Erklärt der Historiker? Nach der deutschen Unterscheidung zwischen »erklären« und »verstehen« erklären die Naturwissenschaftler, während die Historiker verstehen. Diese Unterscheidung ist jedoch etwas künstlich. Sowohl Naturwissenschaftler wie auch Historiker verstehen; beide teilen die Intelligibilität, die sie erfassen, andern mit. Der Unterschied liegt in der Art der erfaßten Intelligibilität und wie sie sich entwickelt. Naturwissenschaftliche Intelligibilität zielt auf ein innerlich kohärentes System, eine innerlich kohärente Struktur, die in jedem Einzelfall eines spezifischen Komplexes oder spezifischen Reihe gültig ist. Sie wird durch eine technische Terminologie zum Ausdruck gebracht und ständig überprüft, indem jede einzelne Implikation mit den Daten verglichen wird, und sie wird angepaßt oder ersetzt, wenn sie der Prüfung nicht standhält. Im Gegensatz hierzu gleicht historische Intelligibilität jener Intelligibilität, die durch den Allgemeinverstand erreicht wird. Sie besteht aus dem Inhalt einer habituellen Anhäufung von Einsichten, die in sich unvollständig sind; bei jeder Situation werden diese Einsichten nie ohne eine Denkpause angewendet, in der man erst erfaßt, wie relevant sie sind, so daß man, falls nötig, einige weitere Einsichten hinzufügen kann, die aus der vorliegenden Situation abgeleitet werden. Solches Verstehen der Alltagserkenntnis ist wie ein anpaßbares Mehrzweck-Werkzeug, bei dem die Anzahl der Zwecke riesengroß ist und dessen Anpassung genau nach der vorliegenden Aufgabe erfolgt. Daher denkt und spricht, plant und handelt der Allgemeinverstand im Hinblick auf das Besondere und Konkrete, nicht auf das Allgemeine. Seine Verallgemeinerungen sind nicht Prinzipien, die für jeden möglichen Fall gelten, sondern Sprichworte, die sagen, was nützlicherweise zu bedenken ist, und die gewöhnlich mit einem direkt entgegengesetzten Ratschlag abgerundet werden. Schau, bevor du springst! Wer zögert, der ist verloren![104]

Historische Erklärung ist eine hoch verfeinerte Ausweitung des Verstehens nach Art des Allgemeinverstands. Ihr Ziel ist eine intelligente Rekonstruktion der Vergangenheit, nicht in ihren gewohnheitsmäßigen Abläufen, sondern in all ihren Aufbrüchen aus früherer Gewohnheit, in den miteinander verknüpften Folgen eines jeden neuen Aufbruchs, in der Entfaltung eines Vorgangs, der sich theoretisch zwar wiederholen könnte, aller Wahrscheinlichkeit nach aber nie wiederholen wird.

Zur sechsten Frage: Forscht der Historiker nach Ursachen und stellt er Gesetze auf? Der Historiker stellt keine Gesetze auf, denn die Aufstellung von Gesetzen ist Sache der Natur- oder der Humanwissenschaftler. Und auch Ursachen erforscht der Historiker nicht, wenn man »Ursache« im

---

[104] Vgl. »Insight« 173–181.

Sinne des technischen Fachausdrucks versteht, der durch den Fortschritt der Naturwissenschaft entwickelt wurde. Wenn jedoch »Ursache« im Sinne normaler Sprache in der Bedeutung von »weil« verstanden wird, dann untersucht der Historiker Ursachen; denn normale Sprache ist einfach die Sprache des Allgemeinverstands, und historische Erklärung ist der Ausdruck der Entfaltungsweise des Verstehens nach Art des Allgemeinverstands. Letztlich entstehen wohl die Probleme hinsichtlich der historischen Erklärung, die gegenwärtig erörtert werden, aus mangelndem Verständnis für die Unterschiede zwischen den naturwissenschaftlichen Entfaltungen menschlicher Intelligenz und denen des Allgemeinverstands.[105]

Zur siebenten Frage: Widmet sich der Historiker sozialen und kulturellen Zielen; erliegt er Vorurteilen, oder ist er frei von ihnen?

Der Historiker kann sich sehr wohl sozialen und kulturellen Zielen widmen, doch insofern er die funktionale Spezialisierung Geschichte ausübt, ist sein Engagement nicht unmittelbar, sondern mittelbar. Sein unmittelbares Ziel ist die Ermittlung dessen, was in der Vergangenheit vor sich ging. Wenn er seine Arbeit angemessen erledigt, wird er das Material liefern, das zur Förderung sozialer und kultureller Ziele verwendet werden kann. Er wird aber seiner Arbeit wahrscheinlich kaum gerecht, wenn er in Ausführung seiner Aufgaben nicht nur durch deren immanente Erfordernisse bestimmt wird, sondern auch noch durch darüber hinausgehende Motive und Zwecke.

Dementsprechend stellen wir eine Unterscheidung auf, die auf gewisse Weise in Parallele zu Max Webers Unterscheidung zwischen Sozialwissenschaft und Sozialpolitik steht.[106] Sozialwissenschaft ist eine empirische Disziplin, die die Zeugnisse über Gruppenverhalten erhebt und ordnet. Sie ist in erster Linie um ihrer selbst willen zu betreiben. Erst wenn sie ihr eigenes angemessenes Ziel erreicht hat, kann sie mit Nutzen bei der Ausarbeitung wirksamer politischer Maßnahmen zur Erreichung sozialer Ziele eingesetzt werden. Auf vergleichbare Weise werden durch unsere zwei Phasen in der Theologie unsere Begegnung mit der Vergangenheit der Religion einerseits, und unser Handeln in der Gegenwart für die Zukunft andererseits auseinandergehalten.

Sodann unterliegt jeder Mensch Vorurteilen *(bias)*. Das Vorurteil ist eine Sperre oder eine Entstellung der intellektuellen Entfaltung, und sol-

---

[105] Das Wachstum an Einsicht im Bereich der Mathematik und Wissenschaft wird in »Insight« Kap. I–V behandelt; das Wachstum im Bereich des Allgemeinverstands in Kap. VI und VII.
[106] M. *Weber*, Methodology of the Social Sciences, 51ff.

che Sperren oder Entstellungen sind hauptsächlich vierfacher Art. Es gibt das Vorurteil unbewußter Motivation, das durch die Tiefenpsychologie ans Licht gebracht wird. Es gibt das Vorurteil des individuellen Egoismus und das noch mächtigere blinde Vorurteil des Gruppenegoismus. Und schließlich gibt es das allgemeine Vorurteil des Allgemeinverstands, der eine Spezialisierung der Intelligenz auf das Partikuläre und Konkrete ist, sich selbst aber gewöhnlich für alles kompetent und zuständig hält. Zu all dem habe ich andernorts ausführlich Stellung genommen und möchte mich hier nicht wiederholen.[107]

Der Historiker sollte von allem Vorurteil losgelöst sein. In der Tat bedarf er dieser Loslösung in höherem Maße als der Naturwissenschaftler; denn wissenschaftliche Arbeit ist adäquat objektiviert und öffentlich kontrolliert, wogegen die Entdeckungen des Historikers nach Art der Entfaltung des Allgemeinverstands akkumulieren, und die einzige adäquate positive Kontrolle darin besteht, daß ein anderer Historiker die gleichen Zeugnisse durcharbeitet.

Wie man sich das Erlangen solcher Loslösungen genauer vorstellt, hängt von der eigenen Theorie des Erkennens und der Sittlichkeit ab. Unsere Formel besteht in der beständigen und immer mehr fordernden Anwendung der transzendentalen Vorschriften: Sei aufmerksam; sei einsichtig; sei vernünftig; sei verantwortungsvoll. Die Empiristen des neunzehnten Jahrhunderts verstanden jedoch Objektivität als eine Sache des Sehens: Alles zu sehen, was da ist, und nichts zu sehen, was nicht da ist. Demzufolge forderten sie vom Historiker reine Rezeptivität, die die Eindrücke von Phänomenen zwar zuließ, aber jede subjektive Aktivität ausschloß. Das war die Anschauung, die Becker in seinem Beitrag »Detachment and the Writing of History« und nochmal in »What are Historical Facts?«[108] angriff. In späteren Jahren, als er den Relativismus in seiner gröbsten Form am Werk gesehen hatte, griff er diesen an und betonte das Streben nach Wahrheit als primären Wert.[109] Wie ich aber bereits anmerkte, hat Becker keine vollständige Theorie erarbeitet.

Zur achten Frage: Ist die Geschichtswissenschaft wertfrei? Die Geschichte als funktionale Spezialisierung ist wertfrei in dem bereits skizzierten Sinne: Sie ist nicht direkt damit befaßt, soziale oder kulturelle Ziele zu fördern. Sie gehört zur ersten Phase der Theologie, die auf eine Begegnung mit der Vergangenheit zielt; je angemessener diese Begegnung ausfällt, desto fruchtbarer kann sie sich erweisen; aber man verfolgt

---

[107] »Insight« 191–206; 218–244.
[108] *Becker*, Detachment, 3–28; 41–64.
[109] *Smith*, Carl Becker, 117.

nicht eine Spezialisierung, wenn man sie auszuüben versucht und gleichzeitig etwas ganz anderes unternimmt. Zudem sind soziale und kulturelle Ziele verkörperte Werte; sie unterliegen den Verzerrungen des Vorurteils, und daher kann die Beschäftigung mit sozialen und kulturellen Zielen nicht nur einen störenden, sondern sogar einen verzerrenden Einfluß auf die historische Forschung ausüben.

Sodann ist die Geschichte wertfrei in dem Sinne, daß sie eine funktionale Spezialisierung ist, die auf die Feststellung von Tatsachen abzielt, indem sie sich auf empirische Evidenz beruft. Nun aber stellen Werturteile weder Tatsachen fest noch konstituieren sie empirische Evidenz. Demnach ist die Geschichtswissenschaft auch in dieser Hinsicht wertfrei.

Schließlich ist die Geschichte nicht wertfrei in dem Sinne, daß sich der Historiker aller Werturteile enthält. Denn die funktionalen Spezialisierungen sind, obwohl sie sich auf jenen Endzweck konzentrieren, der jeweils einer der vier Ebenen bewußter und intentionaler Aktivität eigen ist, nichtsdestoweniger die Leistung von Vollzügen auf allen vier Ebenen. Der Historiker ermittelt Tatsachen nicht dadurch, daß er Daten ignoriert, im Verständnis versagt und Werturteile unterläßt, sondern indem er all dies gerade zum Zweck der Ermittlung von Tatsachen unternimmt.[110]

In der Tat sind ja die Werturteile des Historikers genau das Mittel, durch das seine Arbeit zu einer Auswahl von Dingen wird, die wissenswert sind, wodurch nach Meineckes Worten die Geschichte erst in die Lage versetzt wird, »Inhalt, Lehre und Wegweisung für eigenes Leben« zu sein.[111] Dieser Einfluß der Werturteile ist auch kein Eindringen von Subjektivität. Es gibt wahre und es gibt falsche Werturteile. Erstere sind objektiv in dem Sinne, daß sie das Ergebnis einer moralischen Selbst-Transzendenz sind. Letztere sind subjektiv in dem Sinne, daß sie einen Mangel an moralischer Selbst-Transzendenz darstellen. Falsche Werturteile sind ein Eindringen von Subjektivität. Wahre Werturteile sind die Leistung einer moralischen Objektivität, einer Objektivität, die keineswegs der Objektivität wahrer Tatsachenurteile entgegensteht, sondern diese voraussetzt und vervollständigt, indem sie der bloß kognitiven Selbst-Transzendenz eine moralische Selbst-Transzendenz hinzufügt.

Wenn auch der Historiker Werturteile fällt, so ist das dennoch nicht seine eigentliche Spezialisierung. Die Aufgabe, Urteile über die Werte und Unwerte zu fällen, die uns die Vergangenheit anbietet, gehört zu den weiteren Spezialisierungen Dialektik und Fundamente.

---

[110] Vgl. *Meineckes* Beitrag in *F. Stern*, ed., Varieties, 267–288.
[111] Ebd. 272.

Nun zur letzten Frage: Glauben die Historiker? Sie glauben nicht in dem Sinne, als ob kritische Geschichtswissenschaft eine Ansammlung von Zeugnissen wäre, die als glaubwürdig angesehen werden. Sie glauben aber in dem Sinne, als sie mit der Vergangenheit nicht experimentieren können, wie Naturwissenschaftler mit Gegenständen der Natur experimentieren. Sie glauben in dem Sinne, als sie die Realitäten, von denen sie sprechen, nicht unmittelbar vor Augen haben können. Sie glauben in dem Sinne, als sie gegenseitig von der kritisch ausgewerteten Arbeit anderer abhängig sind und an einer fortschreitenden Zusammenarbeit zur Förderung des Wissens teilhaben.

8. Wissenschaftler und Gelehrte

Ich möchte eine Übereinkunft vorschlagen. Man sollte den Begriff »Wissenschaft« *(science)* jenem Wissen vorbehalten, das in Prinzipien und Gesetzen gefaßt ist und entweder allgemein verifiziert wird oder andernfalls zu revidieren ist. Man sollte den Begriff »Gelehrsamkeit« *(scholarship)* verwenden, um jenes Wissen *(learning)* zu bezeichnen, das darin besteht, das Denken, Reden und Handeln entfernter Orte und/oder Zeiten nach der Art des Allgemeinverstands in der Art des Allgemeinverstands zu erfassen. Literatur- und Sprachwissenschaftler, Exegeten und Historiker würde man dann nicht als Wissenschaftler *(scientists)*, sondern als Gelehrte *(scholars)* bezeichnen. Es würde sich jedoch von selbst verstehen, daß jemand Wissenschaftler und Gelehrter zugleich sein kann. Denn er kann gegenwärtige Wissenschaft anwenden, um antike Geschichte zu verstehen, oder auf historisches Wissen zurückgreifen, um eine gegenwärtige Theorie auszubauen.

X.

DIALEKTIK

Die Dialektik ist die vierte unserer funktionalen Spezialisierungen und befaßt sich mit Konflikten. Konflikte sind entweder offen oder verborgen. Sie können in den religiösen Quellen, in der religiösen Überlieferung, in den Aussagen der Autoritäten oder in den Schriften der Theologen liegen. Sie können entgegengesetzte Forschungsrichtungen ebenso betreffen wie gegensätzliche Deutungen, Geschichtsdarstellungen, Arten der Einschätzung und Beurteilung, gegensätzliche Horizonte, Lehren, Systeme oder Verfahrensweisen.

Doch nicht jeder Gegensatz ist dialektisch. Es gibt Differenzen, die durch die Entdeckung neuer Daten beseitigt werden. Es gibt Unterschiede, die wir als perspektivisch bezeichnet haben und die lediglich die Komplexität der historischen Wirklichkeit bezeugen. Darüber hinaus gibt es aber fundamentale Konflikte, die sich aus einer explizit oder implizit vertretenen Erkenntnistheorie, aus einer ethischen Grundhaltung oder einer religiösen Anschauung ergeben. Sie modifizieren die eigene Mentalität grundlegend und sind nur durch eine intellektuelle, moralische oder religiöse Bekehrung zu überwinden. Die Funktion der Dialektik besteht darin, solche Konflikte zum Vorschein zu bringen und ein Verfahren bereitzustellen, das subjektive Differenzen objektiviert und Bekehrung fördert.

1. Horizonte

Seiner wörtlichen Bedeutung nach bezeichnet Horizont die begrenzende Kreislinie, jene Linie, in der sich Himmel und Erde zu berühren scheinen. Diese Linie ist die Grenze des eigenen Gesichtsfeldes. Bewegen wir uns, so weicht sie vor uns zurück und schließt sich wieder hinter uns, so daß es für verschiedene Standpunkte auch unterschiedliche Horizonte gibt. Zudem gibt es für jeden unterschiedlichen Standpunkt und Horizont unterschiedliche Aufteilungen der Gesamtheit aller sichtbaren Gegenstände. Hinter dem Horizont liegen die Gegenstände, die wenigstens im Augenblick nicht zu sehen sind. Innerhalb des Horizonts liegen die Objekte, die jetzt zu sehen sind.

Wie unser Gesichtsfeld, so ist auch der Bereich unseres Wissens und die Reichweite unserer Interessen begrenzt. Wie sich das Gesichtsfeld je nach dem eigenen Standpunkt verändert, so ändern sich auch der Bereich des eigenen Wissens und die Reichweite eigener Interessen je nach der Periode, in der man lebt, je nach sozialem Hintergrund und eigener Umwelt, je nach Erziehung, Ausbildung und persönlicher Entwicklung. So ist eine metaphorische oder vielleicht analoge Bedeutung des Wortes Horizont entstanden. In diesem Sinne ist das, was jenseits des eigenen Horizonts liegt, einfach außer Reichweite des eigenen Wissens und der eigenen Interessen: Weder weiß man darum, noch kümmert es einen. Was aber innerhalb des eigenen Horizonts liegt, ist in gewissem Ausmaß, groß oder klein, ein Gegenstand des Interesses und des Wissens.

Unterschiede im Horizont können *komplementär*, *genetisch* oder *dialektisch* sein. Zum ersten: Arbeiter, Werkmeister, Inspektoren, Techniker, Ingenieure, Manager, Ärzte, Juristen, Professoren haben unterschiedliche Interssen. Sie leben gewissermaßen in verschiedenen Welten. Jeder ist recht vertraut mit seiner eigenen Welt. Aber jeder weiß auch um die anderen, und jeder anerkennt auch die Notwendigkeit der anderen. So überschneiden sich ihre zahlreichen Horizonte mehr oder weniger, und im verbleibenden Rest ergänzen sie einander. Als einzelne betrachtet können sie sich nicht selbst genügen, aber zusammen genommen repräsentieren sie die Motivationen und Kenntnisse, die für das Funktionieren einer gemeinschaftlichen Welt erforderlich sind. Solche Horizonte sind *komplementär*.

Zweitens können sich Horizonte *genetisch* unterscheiden. Sie sind dann als sukzessive Stufen eines Entwicklungsprozesses aufeinander bezogen. Jede spätere Stufe setzt frühere Stufen voraus, schließt sie teilweise ein und überformt sie zum Teil. Gerade weil die Stadien früher oder später sind, sind niemals zwei Stadien gleichzeitig. Sie sind nicht Teile einer einzigen gemeinschaftlichen Welt, sondern Teile einer einzigen Biographie oder einer einzigen Geschichte.

Drittens können Horizonte *dialektisch* entgegengesetzt sein. Was man in dem einen Horizont verständlich findet, kann in einem anderen unverständlich sein. Was für den einen wahr ist, ist für den anderen falsch. Was für den einen gut ist, ist für den anderen böse. Jeder kann sich in etwa des anderen bewußt sein, und daher kann jeder in gewisser Weise den anderen einschließen. Aber ein solches Einschließen bedeutet auch Negation und Ablehnung. Denn der Horizont des anderen wird zumindest teilweise einem Wunschdenken zugeschrieben oder der Annahme eines Mythos, der Unwissenheit oder dem Irrtum, einer Blindheit oder Illusion, der Rückständigkeit oder der Unreife, dem Unglauben, dem bösen Willen oder der Zurückweisung göttlicher Gnade. Die Ablehnung des anderen kann so leidenschaftlich sein, daß der Vorschlag, Offenheit sei wünschenswert, geradezu wütend macht. Die Ablehnung kann aber auch etwas von der Härte des Eises haben, ohne die geringste Spur von Leidenschaft oder anderweitig bekundetem Gefühl – vielleicht mit Ausnahme eines gezwungenen Lächelns. Astrologie und Völkermord liegen beide jenseits der Grenze – Astrologie aber wird lächerlich gemacht, Völkermord dagegen verabscheut.

Und schließlich sind Horizonte das *strukturierte* Ergebnis früherer Leistung, wie auch die Bedingung und die Begrenzung weiterer Entwicklung. Sie sind strukturiert. Alles Lernen ist nicht bloß reine Addition zu früher Gelerntem, sondern organisches Wachsen aus vorher Gelerntem. So stehen all unsere Intentionen, Aussagen und Handlungen in Kontexten. Auf solche Kontexte berufen wir uns, wenn wir die Gründe für unsere Ziele angeben, wenn wir unsere Aussagen klären, erweitern und näher bestimmen, oder wenn wir unser Handeln erklären. In solche Kontexte muß jeder neue Gegenstand des Wissens und jeder neue Faktor in unseren Einstellungen eingepaßt werden. Was nicht hineinpaßt, wird nicht bemerkt oder – wenn unserer Aufmerksamkeit aufgezwungen – als nebensächlich oder unwichtig erscheinen. Horizonte sind also der Spielraum unserer Interessen und unseres Wissens; sie sind einerseits die ergiebige Quelle weiteren Wissens und Sorgens, andererseits aber auch die Grenze, die unsere Fähigkeit beschränkt, jetzt noch mehr aufzunehmen, als wir schon erreichten.

2. Bekehrung und Zusammenbruch

Joseph de Finance zog eine Trennlinie zwischen dem horizontalen und dem vertikalen Freiheitsvollzug. Der horizontale Freiheitsvollzug ist eine Entscheidung oder Wahl, die innerhalb eines festgelegten Horizonts erfolgt. Der vertikale Freiheitsvollzug ist jener Komplex von Urteilen und Entscheidungen, durch den wir von einem Horizont zu einem anderen übergehen. Nun kann es eine Abfolge solch vertikaler Freiheitsvollzüge geben, bei der in jedem Einzelfall der neue Horizont, obwohl merklich tiefer, breiter und reichhaltiger, dennoch mit dem alten Horizont im Einklang steht und sich aus dessen Möglichkeiten entwickelt hat. Es ist aber auch möglich, daß der Übergang zu einem neuen Horizont einen völligen Umschwung einschließt; er geht aus dem alten Horizont hervor, indem er dessen charakteristische Merkmale verwirft; damit beginnt eine neue Sequenz, die immer größere Weiten, Tiefen und Reichtümer enthüllen kann. Solch ein völliger Umschwung und Neubeginn ist das, was man als Bekehrung bezeichnet.

Die Bekehrung kann *intellektuell, moralisch* und *religiös* sein. Obwohl jede der drei Bekehrungen mit den beiden anderen in Verbindung steht, ist dennoch jede einzelne ein jeweils anderes Ereignis und muß als solches in sich betrachtet werden, ehe man es auf die anderen bezieht.

Intellektuelle Bekehrung ist eine radikale Klärung und infolgedessen die Beseitigung einer äußerst hartnäckigen und irreführenden Mythe hinsichtlich der Wirklichkeit, der Objektivität und der menschlichen Erkenntnis. Die Mythe besagt, daß Erkennen dem Sehen gleicht, daß Objektivität ein Sehen dessen ist, was da ist, um gesehen zu werden, und nicht Sehen, was nicht da ist, und daß das Wirkliche das ist, was jetzt da draußen ist, um angeschaut zu werden. Diese Mythe übersieht nun den Unterschied zwischen der Welt der Unmittelbarkeit, z. B. der Welt des Kindes, und der durch Sinngehalt vermittelten Welt. Die Welt der Unmittelbarkeit ist die Summe dessen, was gesehen, gehört, getastet, geschmeckt, gerochen und gefühlt wird. Sie paßt recht gut zu jener Mythe über die Realität, die Objektivität und die Erkenntnis. Aber sie ist nur ein winziger Bruchteil jener Welt, die durch Sinngehalt vermittelt ist. Denn die durch Sinngehalt vermittelte Welt wird nicht etwa durch die Sinneserfahrung des Individuums erkannt, sondern durch die äußere und innere Erfahrung einer Kulturgemeinschaft und durch die ständig geprüften und nochmals überprüften Urteile derselben Gemeinschaft. Erkennen ist demzufolge eben nicht nur Sehen; es ist Erfahren, Verstehen, Urteilen und Glauben. Die Kriterien der Objektivität sind nicht bloß die Kriterien okularer Sicht; sie sind die miteinander verbundenen Kriterien des Erfahrens, des Verstehens, des Urteilens und des Glaubens. Die erkannte Realität wird nicht bloß angeschaut; sie wird gegeben in der Erfahrung, wird durch Verstehen geordnet und extrapoliert und wird durch Urteil und Glaube *(belief)* gesetzt.

Die Folgen der genannten Mythe sind sehr verschieden. Der naive Realist erkennt die durch Sinngehalt vermittelte Welt, meint aber, er erkenne sie durch Anschauen. Der Empirist beschränkt objektive Erkenntnis auf Sinneserfahrung; für ihn sind Verstehen und Konzipieren, Urteilen und Glauben bloß subjektive Vollzüge. Der Idealist behauptet, daß menschliche Erkenntnis stets sowohl das Verstehen als auch die Sinneswahrnehmung einschließt; aber er bleibt bei der Wirklichkeitsauffassung des Empiristen, und so hält er die durch Sinngehalt vermittelte Welt nicht für real, sondern für ideal. Nur der kritische Realist vermag die Fakten der menschlichen Erkenntnis anzuerkennen und die durch Sinngehalt vermittelte Welt als die reale Welt anzusprechen; und er vermag dies nur insofern er zeigt, daß der Vorgang des Erfahrens, Verstehens und Urteilens ein Vorgang der Selbst-Transzendenz ist.

Wir erörtern nun nicht bloß ein Spezialproblem der Philosophie. Empirismus, Idealismus und Realismus bezeichnen drei völlig verschiedene Horizonte, die keine gemeinsamen identischen Gegenstände haben. Ein Idealist meint niemals das, was ein Empirist meint, und ein Realist meint niemals das, was die beiden anderen meinen. Ein Empirist kann schlußfolgern, daß es in der Quantentheorie nicht um die physikalische Wirklichkeit gehen könne, und zwar deshalb nicht, weil sie nur Beziehungen zwischen Phänomenen behandelt. Ein Idealist würde dem zustimmen und hinzufügen, daß dasselbe natürlich für die ganze Naturwissenschaft, ja in der Tat für die Gesamtheit des menschlichen Wissens überhaupt gelte. Der kritische Realist wird beiden widersprechen: Eine verifizierte Hypothese ist wahrscheinlich wahr; und was wahrscheinlich wahr ist, bezieht sich auf das, was in Wirklichkeit wahrscheinlich so ist. Um das Beispiel zu wechseln: Was sind historische Fakten? Für den Empiristen sind sie das, was da draußen war und was angeschaut werden konnte. Für den Idealisten sind sie geistige Konstruktionen, die sorgfältig auf den in Dokumenten überlieferten Daten fundiert und aufgebaut sind. Für den kritischen Realisten sind sie Ereignisse in der durch wahre Bedeutungsakte vermittelten Welt. Um ein drittes Beispiel anzuführen: Was ist ein Mythos? Es gibt psychologische, anthropologische, geschichtliche und philosophische Antworten auf diese Frage. Es gibt hierauf aber auch reduktionistische Antworten: Mythos ist eine Erzählung über Wirklichkeiten, die innerhalb des Horizonts von Empiristen, Idealisten, Historizisten und Existentialisten nicht zu finden sind.

Genug der Beispiele. Sie lassen sich unbegrenzt vermehren; denn philosophische Probleme sind in ihrer Tragweite universal, und die eine oder andere Form des naiven Realismus erscheint sehr vielen Menschen als völlig unbestreitbar. Sobald sie anfangen, über Erkenntnis, Objektivität und Realität zu sprechen, taucht die Annahme auf, alles Erkennen müsse so etwas wie Sehen sein. Sich von diesem groben Irrtum frei zu machen und die Selbst-Transzendenz zu entdecken, die dem menschlichen Prozeß eigen ist, durch den man zur Erkenntnis gelangt, heißt oft mit tief verwurzelten Denk- und Sprachgewohnheiten zu brechen. Es bedeutet, die Herrschaft im eigenen Hause anzutreten, die nur zu haben ist, wenn man genau weiß, was man tut, wenn man erkennt. Es ist eine Bekehrung, ein neuer Anfang, ein anderer Beginn. Es gibt den Weg frei für immer weitere Klärung und Entwicklung.

Moralische Bekehrung verändert das eigene Entscheidungs- und Wahlkriterium, indem sie es von Befriedigungen auf Werte verlagert. Als Kinder oder Minderjährige werden wir überredet, umschmeichelt, angewiesen oder gezwungen das zu tun, was recht ist. Wenn unsere Kenntnis der menschlichen Wirklichkeit zunimmt und unsere Antworten auf menschliche Werte stärker und differenzierter werden, überlassen uns unsere Mentoren immer mehr uns selbst, damit unsere Freiheit ihren zunehmenden Drang nach Authentizität auch ausüben kann. So gelangen wir zu dem existentiellen Augenblick, wenn wir selber entdecken, daß unser Wählen uns selbst nicht weniger betrifft, als die gewählten oder abgelehnten Gegenstände, und daß es jedem von uns obliegt, selbst zu entscheiden, was er aus sich machen soll. Dann ist die Zeit gekommen, die vertikale Freiheit auszuüben, dann ist moralische Bekehrung die Entscheidung für das wahrhaft Gute, für den Wert und gegen die Befriedigung, wenn Wert und Befriedigung einander widersprechen. Eine solche Bekehrung ist natürlich längst noch keine moralische Vollendung, denn Entscheiden und Tun sind zweierlei. Man muß erst noch das eigene individuelle, das gemeinschaftliche und das allgemeine Vorurteil aufdecken und ausrotten.[1] Man muß seine eigene Kenntnis der menschlichen Wirklichkeit und Möglichkeit, so wie sie in der bestehenden Situation gegeben sind, immer noch vervollkommnen. Man muß in dieser Situation die Elemente des Fortschritts und die Elemente des Verfalls sauber auseinanderhalten. Man muß seine eigenen intentionalen Antworten auf Werte und deren Prioritätenskala ständig überprüfen. Man muß auf Kritik und Protest hören. Man muß sich die Bereitschaft erhalten, von anderen zu lernen. Denn das moralische Wissen ist eigentlicher Besitz nur der sittlich guten Menschen, und bis man diesen Ehrentitel verdient, muß man ständig weiterstreben und immer noch lernen.

Religiöse Bekehrung ist Betroffenwerden von dem, was uns unbedingt angeht. Sie ist Sich-überweltlich-verlieben. Sie ist völlige und dauernde Selbst-Hingabe ohne Bedingungen, Einschränkungen und Vorbehalte. Aber sie ist eine solche Hingabe nicht als ein Akt, sondern als ein dynamischer Zustand, der den folgenden Akten vorgängig und deren Urgrund ist. In der Rückschau enthüllt sich die religiöse Bekehrung als eine Unterströmung des existentiellen Bewußtseins, als die schicksalhafte Annahme einer Berufung zur Heiligkeit, vielleicht auch als eine zunehmende Einfachheit und Passivität des Gebetslebens. Religiöse Bekehrung wird im Kontext unterschiedlicher religiöser Überlieferungen verschieden gedeutet. Für Christen ist sie die Liebe Gottes, die in unsere Herzen ausgegossen ist durch den Heiligen Geist, der uns gegeben ist. Sie ist Geschenk der Gnade, und seit den Tagen des hl. Augustinus wird zwischen wirkender

---

[1] Vgl. »Insight« 218–242.

(*gratia operans*) und mitwirkender Gnade (*gratia cooperans*) unterschieden. Die wirkende Gnade ersetzt das Herz von Stein durch ein Herz aus Fleisch, eine Ersetzung, die über dem Horizont eines Herzens von Stein liegt. Die mitwirkende Gnade ist das Herz aus Fleisch, das in guten Werken durch menschliche Freiheit wirksam wird. Wirkende Gnade ist religiöse Bekehrung. Mitwirkende Gnade ist die Wirksamkeit der Bekehrung, die schrittweise Hinbewegung auf eine völlige und vollständige Umwandlung des gesamten eigenen Lebens und Fühlens, aller Gedanken, Worte, Taten und Unterlassungen.[2]

Wie intellektuelle und moralische Bekehrung ist auch die religiöse Bekehrung eine Modalität der Selbst-Transzendenz. Intellektuelle Bekehrung wendet sich zur Wahrheit, die durch kognitive Selbst-Transzendenz erreicht wird. Moralische Bekehrung wendet sich den Werten zu, die durch eine reale Selbst-Transzendenz erfaßt, behauptet und verwirklicht werden. Religiöse Bekehrung erfolgt zu einem völligen In-Liebe-Sein als dem wirkenden Grund aller Selbst-Transzendenz, ob im Streben nach Wahrheit, ob in der Verwirklichung menschlicher Werte oder in der Ausrichtung auf das Universum und auf dessen Urgrund und Ziel, die ein Mensch annimmt.

Weil intellektuelle, moralische und religiöse Bekehrungen alle mit Selbst-Transzendenz zu tun haben, ist es möglich, wenn sich alle drei innerhalb ein und desselben Bewußtseins ereignen, ihre Relationen als Aufhebung zu verstehen. Ich möchte diesen Begriff eher im Sinne von Karl Rahner[3] als von Hegel gebrauchen, um damit auszudrücken, daß das Aufhebende über das Aufgehobene hinausgeht, etwas Neues und Bestimmtes einführt, alles auf eine neue Grundlage stellt, und dennoch das Aufgehobene keineswegs beeinträchtigt oder gar zerstört, ja im Gegenteil seiner bedarf, es einschließt, all seine ihm eigenen Merkmale und Eigenheiten bewahrt und sie voranbringt zu einer volleren Verwirklichung innerhalb eines reicheren Kontextes.

So geht moralische Bekehrung über den Wert Wahrheit hinaus zu den Werten im allgemeinen. Sie bringt den Menschen von der kognitiven zur moralischen Selbst-Transzendenz voran. Sie versetzt ihn auf eine neue existentielle Bewußtseinsebene und macht ihn zu einem Ursprungswert. Doch beeinträchtigt oder schwächt dies keineswegs seine Liebe zur Wahrheit. Er braucht die Wahrheit immer noch; denn er muß die Wirklichkeit und die reale Möglichkeit erfassen, ehe er auf einen Wert überlegt ant-

---

[2] Über wirkende und mitwirkende Gnade bei Thomas von Aquin, vgl. Theological Studies 2 (1941) 289–324; 3 (1942) 69–88; 375–402; 533–578. In Buchform *B. Lonergan*, Grace and Freedom, London-New York 1971.

[3] *K. Rahner*, Hörer des Wortes, München 1963, 40.

worten kann. Die Wahrheit, die er braucht, ist immer noch die Wahrheit, die in Übereinstimmung mit den Erfordernissen des rationalen Bewußtseins erlangt wird. Jetzt aber strebt er sie um so sicherer an, als er nun gegen Vorurteile gut gerüstet ist; diese Suche nach der Wahrheit ist nun noch bedeutungsvoller und wichtiger, weil sie sich im allumfassenden Kontext des Strebens nach allen Werten ereignet und eine tragende Rolle spielt.

Ähnlich geht religiöse Bekehrung über moralische Bekehrung hinaus. Fragen nach Einsicht, nach Reflexion und nach Entscheidung offenbaren den Eros des menschlichen Geistes, seine Fähigkeit und sein Verlangen nach Selbst-Transzendenz. Doch diese Fähigkeit wird zur Erfüllung gebracht, und dieses Verlangen wandelt sich in Freude, wenn religiöse Bekehrung das existentielle Subjekt in ein liebendes Subjekt verwandelt, in ein Subjekt, das von einer totalen und damit überweltlichen Liebe gehalten, ergriffen und in Besitz genommen ist. Dann gibt es eine neue Grundlage für alles Werten und für alles Gute-Tun. In keiner Weise werden die Früchte intellektueller oder moralischer Bekehrung negiert oder gemindert. Im Gegenteil wird nun alles menschliche Streben nach dem Wahren und Guten in einen kosmischen Zusammenhang gebracht und durch ein kosmisches Ziel noch gefördert, wobei dem Menschen auch die Kraft der Liebe zuwächst, die ihn befähigt, das Leiden anzunehmen, das mit dem Rückgängigmachen der Verfallserscheinungen verbunden ist.

Man sollte jedoch deswegen nicht denken, religiöse Bekehrung sei lediglich eine neue und wirkungsvollere Grundlage für das Streben nach intellektuellen und moralischen Zielen. Religiöse Liebe ist ohne Bedingungen, Einschränkungen und Vorbehalte; sie kommt aus ganzem Herzen, aus ganzer Seele und aus allen Kräften des Geistes. Dieses Fehlen jeder Begrenzung, das zwar dem uneingeschränkten Charakter menschlichen Fragens entspricht, gehört aber nicht dieser Welt an. Heiligkeit hat Wahrheit und sittliche Güte im Überfluß, hat aber auch ihre eigene, ganz bestimmte Dimension. Sie ist überweltliche Erfüllung, Freude, Friede und Glückseligkeit. Nach christlicher Erfahrung sind dieses die Früchte des In-Liebe-Seins mit dem geheimnisvollen und unbegreiflichen Gott. Auf ähnliche Weise unterscheidet sich auch die Sündhaftigkeit vom moralischen Übel; sie ist ein Mangel an völliger Liebe, ja sie ist die radikale Dimension der Lieblosigkeit. Diese Dimension läßt sich überdecken durch ständige Oberflächlichkeit, indem man letzten Fragen ausweicht und in allem aufgeht, was die Welt zu bieten hat, was unsere Wendigkeit reizt, unsern Körper entspannt und unseren Geist zerstreut. Doch diese Flucht ist nicht von Dauer, und dann zeigt sich der Mangel an Erfüllung in Ruhelosigkeit, das Fehlen der Freude im Streben nach Vergnügungen, das Fehlen des inneren Friedens in Ekel und Widerwillen – in einem depressiven Widerwillen gegen sich selbst oder in einem wahnhaften, feindseligen, ja sogar gewalttätigen Widerwillen gegen die Mitmenschen.

Obwohl religiöse Bekehrung die moralische aufhebt, und moralische Bekehrung die intellektuelle, darf man nicht unterstellen, daß die intellektuelle Bekehrung zuerst erfolgt, danach die moralische und schließlich die religiöse. Vom kausalen Standpunkt aus betrachtet, könnte man gerade umgekehrt sagen, daß an erster Stelle das Gottesgeschenk seiner Liebe steht. Sodann sehen wir mit den Augen dieser Liebe die Werte in ihrem Glanz, die wir in der Kraft dieser Liebe auch verwirklichen können – gerade das ist moralische Bekehrung. Und schließlich findet sich unter den Werten, die mit den Augen der Liebe gesehen werden, auch der Wert, die Wahrheiten zu glauben, die die religiöse Überlieferung lehrt, und in solcher Überlieferung und solchem Glauben liegen die Keime intellektueller Bekehrung. Denn das gesprochene und gehörte Wort geht von allen vier Ebenen des intentionalen Bewußtseins aus und dringt zu ihnen allen vor. Sein Inhalt ist nicht bloß ein Erfahrungsinhalt, sondern ein Inhalt der Erfahrung, des Verstehens, des Urteilens und Entscheidens. Die Analogie des Sehens führt zur Erkenntnis-Mythe; aber die Treue zum Wort nimmt den ganzen Menschen in Anspruch.

Neben der Bekehrung gibt es aber auch Zusammenbrüche. Was vom einzelnen, von der Gemeinschaft, von der Kultur langsam und mühselig aufgebaut wurde, kann zusammenbrechen. Kognitive Selbst-Transzendenz ist weder eine Idee, die leicht zu fassen ist, noch ein Datum unseres Bewußtseins, das leicht zugänglich und verifizierbar ist. Werte üben zwar eine gewisse esoterische Herrschaft aus, aber wiegen sie auf Dauer schwerer als Sinnenlust, Reichtum und Macht? Zweifellos hatte die Religion ihre Zeit, aber ist diese Zeit inzwischen nicht vorbei? Ist sie nicht lediglich ein illusorischer Trost für schwächere Seelen, ein Opium, das die Reichen verteilen, um die Armen zu beruhigen, oder die mythische Projektion der eigenen Größe des Menschen auf den Himmel?

Anfangs werden nicht alle Religionen, sondern nur manche als illusorisch erklärt, werden nicht alle, sondern nur einige moralische Vorschriften als ineffektiv und nutzlos verworfen, wird nicht alle Wahrheit, sondern nur manche Form von Metaphysik als bloßes Gerede abgetan. Diese Negationen können wahr sein, dann sind sie ein Versuch, den Niedergang aufzuhalten und auszugleichen. Sie können aber auch falsch sein, und dann sind gerade sie der Anfang vom Niedergang. In diesem Fall wird irgendein Teil der kulturellen Leistung zerstört. Er hört auf, vertrauter Bestandteil der eigenen kulturellen Erfahrung zu sein. Er wird in eine vergessene Vergangenheit entschwinden, um vielleicht einmal von Historikern wiederentdeckt und rekonstruiert zu werden. Überdies bedeutet die Eliminierung eines echten Teils der Kultur die Verstümmelung eines früheren Ganzen, wodurch das Gleichgewicht gestört und der Rest entstellt wird im Bemühen um Kompensation. Zudem wird eine solche Eliminierung, Verstümmelung und Entstellung natürlich als Fortschritt bewundert, wobei die offenkundigen Übel, die sie hervorbringen, nicht etwa durch Rückkehr zur irregeleiteten Vergangenheit behoben werden, sondern durch weitere Eliminierung, Verstümmelung und Entstellung. Hat ein Auflösungsprozeß erst einmal begonnen, so wird er durch Selbstbetrug überdeckt und durch seine innere Folgerichtigkeit weiter erhalten. Das bedeutet aber nicht, daß er auf einen einzigen einförmigen Ablauf festgelegt ist. Verschiedene Nationen, verschiedene Gesellschaftsklassen und verschiedene Altersgruppen können unterschiedliche Teile vergangener Errungenschaften zur Beseitigung auswählen, unterschiedliche Verstümmelungen bewirken und unterschiedliche Entstellungen hervorrufen. Der zunehmenden Auflösung entsprechen dann zunehmende Spaltung, Unverständnis, Verdächtigung, Mißtrauen, Feindseligkeit, Haß und Gewalt. Der Sozialkörper wird dadurch auf vielfache Weise auseinandergerissen, wobei seine kulturelle Seele zu vernünftigen Überzeugungen und verantwortungsbewußten Verpflichtungen unfähig wird.

Denn Überzeugungen und Verpflichtungen beruhen auf Tatsachen- und Werturteilen; solche Urteile wiederum beruhen weithin auf Glaubensüberzeugungen. Es gibt in der Tat nur wenige Menschen, die nicht sehr bald zu dem, was sie bisher geglaubt haben, Zuflucht nehmen müssen, wenn man sie in fast allen Punkten unter Druck setzt. Nun kann aber eine solche Zuflucht nur dann wirksam sein, wenn die Glaubenden eine festgefügte Front bilden, und wenn intellektuelle, moralische und religiöse Skeptiker eine kleine und bislang nicht einflußreiche Minderheit sind. Aber deren Zahl kann wachsen, ihr Einfluß steigen und ihre Stimmen können den Buchmarkt, das Erziehungssystem und die Massenmedien beherrschen. Dann beginnt Glauben nicht mehr für, sondern gegen die intellektuelle, moralische und religiöse Selbst-Transzendenz zu arbeiten. Was einst ein ansteigender, aber allgemein geachteter Kurs war, bricht als Seltsamkeit einer überholten Minderheit in sich zusammen.

3. Dialektik: Die Aufgabe

Die Aufgabe, die sich in der Dialektik stellt, ist eine doppelte, weil unsere funktionalen Spezialisierungen Geschichte, Interpretation und spezielle Forschung auf zweifache Weise defizient sind.

Friedrich Meinecke sagte einmal, es ginge in jeder historischen Arbeit *sowohl* um kausale Verbindung, *als auch* um Werte, daß aber die meisten Historiker dazu neigten, sich hauptsächlich *entweder* mit kausalen Verknüpfungen *oder* mit Werten zu befassen. Überdies behauptete er, die Geschichte, die den Werten Aufmerksamkeit schenkt, »gibt uns ... Inhalt, Lehre und Wegweisung für unser eigenes Leben«.[4] Carl Becker ging sogar noch weiter. Er schrieb: »Der Wert der Geschichte ist ... nicht wissenschaftlich, sondern moralisch: indem sie den Geist befreit, die Sympathien vertieft, den Willen bestärkt, versetzt sie uns in die Lage, nicht die Gesellschaft, sondern uns selbst – was auch wichtiger ist – zu kontrollieren; sie befähigt uns, in der Gegenwart menschlicher zu leben und uns der Zukunft zu stellen, statt sie bloß vorauszusagen.«[5] Doch die funktionale Spezialisierung Geschichte, wie wir sie verstehen, befaßt sich mit Bewegungen, mit dem, was tatsächlich vor sich ging. Sie spezialisiert sich auf das Ziel der dritten Ebene des intentionalen Bewußtseins, auf das, was geschehen ist. Sie sagt nichts über Geschichte als primär mit Werten befaßte, und das zu recht, insofern als Geschichte, die sich hauptsächlich den Werten zuwendet, zu einer Spezialisierung nicht auf der dritten, sondern auf der vierten Ebene des intentionalen Bewußtseins gehört.

In ähnlicher Weise ging es in unserer Darstellung der Interpretation um das Verstehen der Sache, der Worte, des Autors, um das eigene Selbstverständnis, um die Beurteilung der Genauigkeit des eigenen Verstehens und um die Bestimmung, wie man das ausdrücken soll, was man verstanden hat. Doch neben einer derart intellektuellen Hermeneutik gibt es auch noch eine wertende Hermeneutik. Neben den potentiellen, formalen und vollständigen Sinngebungsakten gibt es auch noch konstitutive und effektive Sinngebungsakte. Nun ist aber die Erfassung von Werten und Unwerten nicht eine Aufgabe des Verstehens, sondern der intentionalen Antwort. Eine solche Antwort ist um so vollständiger und um so differenzierender, ein je besserer Mensch man ist, je feiner die Sensibilität und je zarter die eigenen Gefühle sind. Diese wertende Interpretation gehört zu einer Spezialisierung auf das Ziel der vierten Ebene und nicht auf das der zweiten Ebene des intentionalen Bewußtseins.

Dieserart ist eine erste Aufgabe der Dialektik. Sie hat der verstehenden Interpretation eine weitere, nämlich würdigende Interpretation hinzuzufügen. Sie fügt der Geschichte, die das erfaßt, was vor sich ging, jene Geschichte an, die die Leistungen bewertet, die Gut und Böse unterscheidet.

---

[4] F. *Stern,* The Varieties of History, New York 1956, 272.
[5] *Charlotte Smith,* Carl Becker: On History and the Climate of Opinion, Ithaca, N. Y., 1956, 117.

Sie hat die spezielle Forschung zu lenken, die für eine derartige Interpretation und für eine solche Geschichte nötig ist.

Sodann gibt es eine zweite Aufgabe. Unsere Darstellung kritischer Geschichtswissenschaft versprach gleiche Ergebnisse nur für den Fall, daß Historiker vom gleichen Standpunkt ausgehen. Aber es gibt viele Standpunkte, und diese sind von unterschiedlicher Art. Da ist zunächst jene Färbung, die sich aus der Individualität des Historikers ergibt und zum Perspektivismus führt. Da ist die Unzulänglichkeit, die sich zeigt, wenn weitere Daten entdeckt werden und man zu besserem Verstehen kommt. Und schließlich gibt es noch die massiven Differenzen, die sich dann ergeben, wenn Historiker mit entgegengesetzten Verstehenshorizonten versuchen, die gleiche Ereignisfolge sich verständlich zu machen.

Mit derart massiven Differenzen hat es die Dialektik zu tun. Sie sind nicht bloß perspektivisch, denn der Perspektivismus ergibt sich aus der Individualität des Historikers; vielmehr ereignen sich diese massiven Differenzen zwischen gegensätzlichen, ja einander befehdenden Gruppen von Historikern. Sie lassen sich nicht, wie normalerweise, durch Entdeckung weiterer Daten beseitigen, denn weitere Daten werden aller Wahrscheinlichkeit nach ebenso entgegengesetzte Deutungen zulassen, wie die bisher verfügbaren. Die Ursache massiver Differenzen ist ein massiver Unterschied des Horizonts, und die angemessene Abhilfe ist hier nichts Geringeres als eine Bekehrung.

Wie die Geschichtswissenschaft, so verspricht auch die Interpretation keine eindeutigen Ergebnisse. Der Interpret kann die Sache, die Worte, den Autor und sich selbst verstehen. Wenn er aber eine Bekehrung durchmacht, wird er ein anderes Ich verstehen müssen, und das neue Selbstverständnis kann auch sein Verständnis der Dinge, der Worte und des Autors modifizieren.

Spezielle Forschung wird schließlich mit einem Blick auf besondere exegetische oder historische Aufgaben betrieben. Die Horizonte, die die Ausführung dieser Aufgaben leiten, lenken auch die Durchführung der Forschung. Man findet leicht, was in den eigenen Horizont hineinpaßt. Sehr gering aber ist die Fähigkeit, das zu bemerken, was man nie verstanden oder konzipiert hat. Die einleitende spezielle Forschung kann Unterschiede des Horizonts ebenso aufdecken wie die Interpretation und die Geschichtswissenschaft.

Kurz gesagt, die erste Phase der Theologie bleibt unvollständig, wenn man sie auf Forschung, Interpretation und Geschichte beschränkt. Denn so wie wir diese funktionalen Spezialisierungen konzipiert haben, nähern sie sich zwar einer Begegnung mit der Vergangenheit, erreichen sie aber nicht. Sie stellen die Daten zur Verfügung, sie klären, was gemeint war, und sie berichten, was geschah. Begegnung ist jedoch mehr. Sie trifft Menschen, würdigt die Werte, die sie vertreten, kritisiert ihre Mängel und läßt zu, daß unser Leben durch ihre Worte und Taten bis an die Wurzel in Frage gestellt wird. Zudem ist solch eine Begegnung nicht bloß ein freigestellter Zusatz zur Interpretation und Geschichtswissenschaft. Interpretation hängt vom eigenen Selbstverständnis ab, und die Geschichte, die man schreibt, vom eigenen Verstehenshorizont; und die Begegnung ist nun der einzige Weg, auf dem man das Selbstverständnis und den Horizont einer Prüfung unterziehen kann.

4. Dialektik: Das Problem

Vorhandensein oder Fehlen intellektueller, moralischer und religiöser Bekehrung führt zur Entstehung dialektisch entgegengesetzter Horizonte. Während komplementäre oder genetische Differenzen zu überbrücken sind, führen dialektische Differenzen zu gegenseitiger Ablehnung. Jede von ihnen hält die Zurückweisung ihrer Gegner für den einzigen und allein intelligenten, rationalen und zu verantwortenden Standpunkt, und sobald sie genügend ausgearbeitet ist, sucht sie nach einer Philosophie oder Methode, die das untermauern soll, was man unter angemessenen Anschauungen über das Intelligente, das Rationale und das Verantwortliche versteht.

Daraus entsteht eine Verwirrung. Es können entweder alle drei Arten der Bekehrung fehlen, irgendeine kann vorhanden sein, oder zwei von ihnen oder alle drei. Selbst wenn man von den Unterschieden in der Vollkommenheit der Bekehrung absieht, gibt es also acht grundverschiedene Arten. Zudem wird jede Untersuchung innerhalb eines bestimmten Horizonts durchgeführt. Dies gilt auch dann, wenn man gar nicht weiß, daß man innerhalb eines Horizonts tätig ist, oder wenn man annimmt, gar keine Annahmen zu machen. Ob man sie audrücklich anerkennt oder nicht – dialektisch entgegengesetzte Horizonte führen zu entgegengesetzten Werturteilen, zu entgegengesetzten Darstellungen geschichtlicher Bewegungen, zu entgegengesetzten Deutungen der Autoren und zu unterschiedlicher Auswahl relevanter Daten in spezieller Forschung.

Die Naturwissenschaft entgeht diesen Fallstricken zumeist. Sie beschränkt sich auf Fragen, die man unter Berufung auf Beobachtung und Experiment entscheiden kann. Sie bezieht ihre theoretischen Modelle von der Mathematik. Sie ist auf ein empirisches Wissen aus, bei dem Werturteile keine konstitutive Rolle spielen. Dennoch bieten diese Vorteile keine vollständige Immunität. Die Darstellung einer naturwissenschaftlichen Methode verhält sich zur Erkenntnistheorie wie das weniger Allgemeine zum Allgemeineren, so daß keine feste Schranke die Naturwissenschaft von der naturwissenschaftlichen Methode und von allgemeiner Erkenntnistheorie trennt. So war der mechanistische Determinismus früher einmal fester Bestandteil der Naturwissenschaft; jetzt ist er eine aufgegebene philosophische Meinung. Doch an seine Stelle trat Niels Bohrs Lehre von der Komplementarität, die philosophische Ansichten über die menschliche Erkenntnis und über die Wirklichkeit einschließt, und jedes Abrücken von Bohrs Position führt zu noch mehr Philosophie.[6] Und obwohl Physik, Chemie und Biologie keine Werturteile abgeben, hat doch der Übergang von liberalen zu totalitären Systemen die Naturwissenschaftler über den Wert der Wissenschaft und über ihre Rechte als Wissenschaftler nachdenken lassen, während die militärische und anderweitige Verwendung ihrer wissenschaftlichen Entdeckungen sie auf ihre Pflichten hinwies.

In den Humanwissenschaften sind die Probleme noch viel zugespitzter. Reduktionisten haben die Methoden der Naturwissenschaft auf die Erforschung des Menschen ausgedehnt. Ihre Ergebnisse sind dementsprechend nur insoweit gültig, als der Mensch einem Roboter oder einer Ratte ähnelt, und während solche Ähnlichkeit besteht, ergibt ihre ausschließliche Beachtung eine grob verstümmelte und entstellte Sicht.[7] Die allgemeine Systemtheorie lehnt Reduktionismus in all seinen Spielarten ab, ist sich aber dennoch ihrer ungelösten Probleme bewußt; denn die Systemtechnik schließt eine fortschreitende Mechanisierung ein, die darauf hinausläuft, die Rolle des Menschen im System auf die eines Roboters zu reduzieren, wobei Systeme im allgemeinen sowohl für konstruktive als auch destruktive Ziele verwendet werden können.[8] Gibson Winter hat in seinem Buch »Elements for a Social Ethic«[9] jene divergierenden Typen von Soziologie einander gegenübergestellt, die mit den Namen Talcott Parsons und C. Wright Mills verbunden sind. Nach der Feststellung, daß der unterschiedliche Ansatz zu verschiedenen Urteilen über die bestehende Gesellschaft führt, fragt er, ob der Gegensatz wissenschaftlich begründet oder ideologisch sei – eine Frage, die natürlich die Erörterung von der Geschichte des soziologischen Denkens der Gegenwart auf die Philosophie und Ethik verlagert. Gibson Winter gibt eine allgemeine Darstellung der sozialen Wirklichkeit, unterscheidet physikalistische, funktionalistische, voluntaristische und intentionalistische Typen von So-

---

[6] *P. A. Heelan,* Quantum Mechanics and Objectivity, Den Haag 1965, Kap. III.
[7] *F. W. Matson,* The Broken Image, Garden City, N. Y., 1966, Kap. II.
[8] *L. v. Bertalanffy,* General System Theory, New York 1968, 10, 52.
[9] New York 1966.

ziologie und weist jedem Typus seine besondere Sphäre der Relevanz und Effektivität zu. Wo Max Weber zwischen Sozialwissenschaft und Sozialpolitik unterschied, unterscheidet Winter zwischen philosophisch begründeten und gegliederten Typen von Sozialwissenschaft, und andererseits der Sozialpolitik, die sich nicht nur auf die Sozialwissenschaft, sondern auch auf die Werturteile einer Ethik gründet.

Demnach drängen sich in den Natur- und in den Humanwissenschaften Fragen auf, die durch empirische Methoden nicht zu lösen sind. Diese Probleme lassen sich in den Naturwissenschaften mit größerem und in den Humanwissenschaften nur mit geringerem Erfolg eingrenzen oder umgehen. Eine Theologie aber kann methodisch nur dann betrieben werden, wenn sie diese Fragen frontal angeht. Sie frontal anzugehen ist die Aufgabe unserer vierten funktionalen Spezialisierung, der Dialektik.

5. Dialektik: Die Struktur

Die Struktur der Dialektik weist zwei Ebenen auf. Auf der höheren Ebene sind die Operatoren *(operators)*. Auf der unteren Ebene werden die Materialien gesammelt, mit denen operiert werden soll. Die Operatoren sind zwei Vorschriften: Entwickle Positionen! Kehre Gegenpositionen um! Positionen sind Aussagen, die mit der intellektuellen, moralischen und religiösen Bekehrung vereinbar sind; sie werden entwickelt, indem sie mit neuen Daten und weiteren Entdeckungen zu einem Ganzen zusammengefaßt werden. Gegenpositionen sind Aussagen, die mit der intellektuellen oder moralischen oder religiösen Bekehrung unvereinbar sind; sie werden umgekehrt, wenn die unvereinbaren Elemente beseitigt sind.

Bevor man mit den Materialien operiert, müssen sie erst zusammengestellt, vervollständigt, verglichen, reduziert, klassifiziert und selektiert werden. Die *Zusammenstellung* umfaßt die ausgeführten Forschungen, die vorgeschlagenen Deutungen, die Darstellungen der Geschichtsschreibung und die Ereignisse, Aussagen und Bewegungen, auf die sie sich beziehen. Die *Vervollständigung* fügt wertende Deutung und wertende Geschichte hinzu; sie stellt die »hunderteins guten Dinge«*, und das ihnen Entgegengesetzte heraus; sie ist Geschichte eher nach Art von Burck-

---

* Die Aussage »Hunderteins gute Dinge« kommt im Untertitel eines Buches vor, das humorvoll erzählt, wie Schüler die Geschichte verstehen. Der Titel des Buches lautet: »1066 and All That« wo die Zahl sich auf das einzige datierte Ereignis bezieht, nämlich die Schlacht von Hastings: 1066. Die Erzählung eines jeden Ereignisses endet mit der Bemerkung: »und das war ein gutes Ding« oder »und das war ein schlechtes Ding« (Anm. d. Hrsg.).

hardt als von Ranke.[10] Der *Vergleich* untersucht die vervollständigte Zusammenstellung, um Affinitäten und Gegensätze herauszufinden. Die *Reduktion* findet die gleiche Affinität und den gleichen Gegensatz in vielfach unterschiedlicher Weise manifestiert; von den zahlreichen Manifestationen dringt sie zu der Wurzel vor, die ihnen zugrunde liegt. Die *Klassifizierung* bestimmt, welche dieser Quellen der Affinität oder des Gegensatzes aus dialektisch entgegengesetzten Horizonten entspringen und welche andere Ursachen haben. Die *Selektion* schließlich greift die Affinitäten und Gegensätze heraus, die auf dialektisch entgegengesetzten Horizonten beruhen, und übergeht andere Affinitäten und Gegensätze.

Nun aber wird diese Arbeit der Zusammenstellung, der Vervollständigung, des Vergleichs, der Reduktion, der Klassifizierung und der Selektion durch verschiedene Forscher ausgeführt, und diese werden von unterschiedlichen Horizonten aus tätig. Dementsprechend werden die Ergebnisse nicht gleichförmig sein. Aber der Ursprung dieses Mangels an Gleichförmigkeit wird dann offenkundig, wenn jeder einzelne Forscher daran geht, zwischen Positionen zu unterscheiden, die mit der intellektuellen, moralischen und religiösen Bekehrung vereinbar sind, und andererseits den Gegenpositionen, die entweder mit intellektueller oder moralischer oder religiöser Bekehrung unvereinbar sind. Eine weitere Objektivierung des Horizonts wird erreicht, wenn jeder einzelne Forscher mit den Materialien operiert, indem er die Ansicht aufzeigt, die sich aus der Entfaltung dessen ergeben würde, was er als Positionen betrachtet hat, und aus der Umkehrung dessen, was er als Gegenposition angesehen hat. Und es gibt eine abschließende Objektivierung des Horizonts, wenn die Ergebnisse des soeben beschriebenen Vorgangs selbst als Materialien betrachtet werden, wenn sie dann zusammengestellt, vervollständigt, verglichen, reduziert, klassifiziert und selektiert werden, wenn Positionen und Gegenpositionen unterschieden und wenn Positionen entwickelt und Gegenpositionen umgekehrt werden.

6. Dialektik als Methode

Nachdem wir die Struktur einer Dialektik skizziert haben, ist nun zu fragen, ob sie der Definition von Methode genügt. Sie stellt offensichtlich ein Schema aufeinander bezogener und wiederkehrender Vollzüge dar.

---

[10] Über Burckhardt vgl. *E. Cassirer,* The Problem of Knowledge, Philosophy, Science and History since Hegel, New Haven 1950, Kap. XVI; *G. P. Gooch,* History and Historians in the Nineteenth Century, London ²1952, 529– 533.

Aber noch ist zu prüfen, ob die Ergebnisse weiterführend und kumulativ sind. Demzufolge prüfen wir, was geschieht, erstens, wenn die Dialektik von einer Person ausgeführt wird, die die intellektuelle, moralische und religiöse Bekehrung durchgemacht hat, und zweitens, wenn sie von jemandem ausgeführt wird, der noch keine intellektuelle oder moralische oder religiöse Bekehrung durchgemacht hat.

Im ersten Fall weiß der Forscher aus persönlicher Erfahrung, was intellektuelle, moralische und religiöse Bekehrung ist. Es wird ihm nicht schwerfallen, Positionen von Gegenpositionen zu unterscheiden. Wenn er Positionen entwickelt und Gegenpositionen umkehrt, wird er eine idealisierte Version der Vergangenheit bieten, etwas Besseres, als es die Wirklichkeit war. Zudem werden all diese Forscher zu einer Übereinstimmung tendieren und werden darin auch zum Teil von anderen Forschern unterstützt, die auf einem oder zwei, nicht aber auf allen drei Gebieten eine Bekehrung durchgemacht haben.

Im zweiten Fall dürfte der Forscher nur über das verfügen, was Newman notionales Erfassen *(notional apprehension)* der Bekehrung nennen würde, und er mag sich beklagen, daß Dialektik ein recht nebelhaftes Verfahren sei. Doch zumindest würde er radikal entgegengesetzte Aussagen erkennen. Auf dem Gebiet oder den Gebieten, auf denen ihm die Bekehrung fehlt, würde er Gegenpositionen fälschlich für Positionen und Positionen für Gegenpositionen halten. Wenn er daran ginge, das zu entwickeln, was er für Positionen hält, und das umzukehren, was er als Gegenpositionen ansieht, so würde er in Wirklichkeit Gegenpositionen entwickeln und Positionen umkehren. Während die Durchführung der Dialektik im ersten Fall zu einer idealisierten Version der Vergangenheit führte, führt ihr Vollzug im zweiten Fall genau zum Gegenteil; sie stellt die Vergangenheit schlimmer dar, als sie wirklich war. Schließlich gibt es sieben verschiedene Wege, auf denen man dahin gelangen kann, denn der zweite Fall beinhaltet (1.) jene, die überhaupt keine Bekehrungserfahrung haben, (2.) jene, die eine Erfahrung nur intellektueller oder nur moralischer oder nur religiöser Bekehrung haben, und (3.) jene, denen nur die intellektuelle oder nur die moralische oder nur die religiöse Bekehrung fehlt.

Wir möchten diesen Kontrast noch etwas mehr konkretisieren. Unsere vierte funktionale Spezialisierung geht über den Bereich der gewöhnlichen empirischen Wissenschaft hinaus. Sie begegnet Personen. Sie anerkennt die Werte, die jene vertreten. Sie mißbilligt deren Unzulänglichkeiten. Sie untersucht genau deren intellektuelle, moralische und religiöse Annahmen. Sie greift bedeutende Gestalten heraus, vergleicht ihre Grundanschauungen und unterscheidet Prozesse der Entwicklung und

Prozesse der Verirrung. In dem Maße, wie sich die Untersuchung immer weiter ausdehnt, kommen Ursprünge und Wendepunkte ans Licht, Blüte und Verfall religiöser Philosophie, Ethik und Spiritualität. Und wenn auch nicht alle Gesichtspunkte vertreten sein mögen, besteht doch die theoretische Möglichkeit, die vierte funktionale Spezialisierung auf acht ganz unterschiedliche Arten auszuführen.

Solche Divergenz ist jedoch nicht auf künftige Forscher beschränkt. Positionen und Gegenpositionen sind nicht bloß kontradiktorische Abstraktionen. Sie sind konkret zu verstehen als entgegengesetzte Elemente im fortschreitenden Prozeß. Sie müssen in ihrem eigenen dialektischen Charakter erfaßt werden. Menschliche Authentizität ist nicht eine reine Qualität, ist nicht friedliche Freiheit von jeglichem Versehen, von jedem Mißverständnis, von allen Fehlern und Sünden. Sie besteht vielmehr in einem Rückzug aus der Nicht-Authentizität, aus der Unechtheit, und dieser Rückzug ist nie eine permanente Errungenschaft. Er ist immer prekär, muß immer wieder von neuem unternommen werden und bleibt stets zum großen Teil eine Sache der Aufdeckung noch weiterer Versehen, des Eingeständnisses weiterer Verstehensmängel, der Korrektur weiterer Fehler und immer tieferer Reue über verborgene Sünden. Kurz, die menschliche Entwicklung erfolgt weithin durch die Auflösung von Konflikten, und im Bereich des intentionalen Bewußtseins sind die Grundkonflikte durch den Widerstreit von Positionen und Gegenpositionen bestimmt.

Nur durch ein Vorankommen in kognitiver und moralischer Selbst-Transzendenz, wodurch der Theologe seine eigenen Konflikte überwindet, kann er hoffen, die Ambivalenz, die in anderen am Werk ist, zu erkennen, wie auch das Maß, in dem sie ihre Probleme lösten. Nur durch solche Einsicht darf er hoffen, all das recht zu würdigen, was in der Vergangenheit im Leben und Denken selbst von Gegnern intelligent, wahr und gut gewesen ist. Nur durch solche Einsicht kann er zur Anerkennung all dessen kommen, was an Desinformation, Mißverständnis, Irrtum und Bösem selbst in jenen vorhanden war, mit denen er verbunden ist. Zudem beruht ein solches Vorgehen auf Gegenseitigkeit. Wie es unsere eigene Selbst-Transzendenz ist, die uns fähig macht, andere richtig zu erkennen und fair zu beurteilen, so gelangen wir umgekehrt dazu, uns selbst zu erkennen und unsere Wertwahrnehmung auszuweiten und zu verfeinern, indem wir andere erkennen und würdigen.

Soweit also die Forscher zusammenstellen, vervollständigen, vergleichen, reduzieren, klassifizieren und selektieren, bringen sie die dialektischen Gegensätze ans Licht, die in der Vergangenheit bestanden. Sofern sie eine bestimmte Ansicht zur Position erklären und ihr Entgegengesetztes zur Gegenposition und dann dazu übergehen, die Positionen zu entwickeln und die Gegenpositionen umzukehren, liefern sie sich gegenseitig die Evidenz für ein Urteil über ihre eigene persönliche Leistung an Selbst-Transzendenz. Sie enthüllen damit jenes Ich, das die Forschung betrieb, die Deutungen anbot, die Geschichte untersuchte und Werturteile abgab.

Eine derartige Objektivierung der Subjektivität ist so etwas wie eine Probe aufs Exempel. Wenn sie auch nicht automatisch wirkt, so gibt sie den Aufgeschlossenen, den Seriösen und den Aufrichtigen doch eine Gelegenheit, sich selbst einige Grundfragen zu stellen, zuerst über andere, schließlich aber auch über sich selbst. Sie thematisiert die Bekehrung und fördert sie dadurch. Ihre Ergebnisse werden sich weder sofort einstellen noch aufsehenerregend sein, da Bekehrung für gewöhnlich ein langsamer Reifungsprozeß ist. Sie besteht darin, daß man für sich selbst und in sich selbst entdeckt, was es heißt, einsichtig zu sein, rational zu sein, verantwortlich zu sein und zu lieben. Die Dialektik trägt zu diesem Ziel bei, indem sie letzte Differenzen herausstellt, das Beispiel anderer vor Augen führt, von denen man sich völlig unterscheidet, und indem sie uns Gelegenheit zur Reflexion gibt, zu einer Selbstprüfung, die zu einem neuen Verständnis des eigenen Ich und des eigenen Schicksals führen kann.

7. Die Dialektik der Methoden: erster Teil

Wir hatten bereits angemerkt, daß das Vorhandensein und das Fehlen intellektueller, moralischer oder religiöser Bekehrung nicht nur entgegengesetzte Horizonte entstehen läßt, sondern mit dem Aufkommen einer genügenden Differenzierung auch entgegengesetzte Philosophien, Theologien und Methoden hervorbringt, um die verschiedenen Horizonte zu rechtfertigen und zu verteidigen.

Nun ist es aber nicht die Aufgabe der Methodologen, sich mit diesen Konflikten zu befassen, sondern jener Theologen, die im Bereich der vierten funktionalen Spezialisierung arbeiten. Zudem wird die Strategie des Theologen nicht darin bestehen, seine eigene Position zu beweisen oder Gegenpositionen zu widerlegen, sondern die Verschiedenheit herauszustellen und deren Wurzeln ans Licht zu bringen. So wird er diejenigen gewinnen, die volle menschliche Authentizität zu schätzen wissen, und er wird diejenigen überzeugen, die sie erlangt haben. In der Tat beruht die Grundidee der Methode, die wir entwickeln möchten, auf der Entdeckung dessen, was menschliche Authentizität ist, sowie auf dem Aufweis, wie man sich auf sie berufen kann. Es ist keine unfehlbare Methode, denn Menschen sind leicht nicht-authentisch, unecht; dennoch ist es eine machtvolle Methode, denn tiefstes Bedürfnis des Menschen und seine hoch gerühmte Leistung ist die Authentizität.

Der Methodologe kann und darf allerdings den Konflikt der Philosophien oder der Methoden nicht völlig ignorieren. Dies gilt besonders für den Fall weitverbreiteter Anschauungen, die implizieren, daß sein eigenes Vorgehen verfehlt, ja sogar verkehrt sei. Demzufolge habe ich in aller Kürze einige Anmerkungen zu machen, erstens zu gewissen Behauptungen der Sprachanalyse, und zweitens zu bestimmten Schlußfolgerungen, die aus Prämissen idealistischen Denkens gezogen werden.

In einem wertvollen Beitrag, der auf der dreiundzwanzigsten Jahresversammlung der »Catholic Theological Society of America« gehalten wurde, erklärte Edward MacKinnon:

»Seit der Veröffentlichung von Wittgensteins ‚Philosophische Untersuchungen' gibt es einen wachsenden Konsens, daß die Bedeutsamkeit der Sprache wesentlich öffentlich und nur im abgeleiteten Sinne privat sei. Wenn dies nicht so wäre, könnte Sprache nicht als Vehikel intersubjektiver Kommunikation dienen. Folglich wird die Bedeutung eines Terminus hauptsächlich durch Klärung seines Gebrauchs oder der Gruppe seiner Verwendungen erklärt, die mit ihm verknüpft sind. Dies erfordert sowohl eine Analyse, wie Termini innerhalb der Sprache fungieren, oder eine Untersuchung der Syntax, als auch eine Analyse der außersprachlichen Zusammenhänge, in denen ihr Gebrauch angemessen ist, oder der Fragen der Semantik und Pragmatik.

Eine Folge dieser Position ... ist es, daß die Bedeutung eines Wortes nicht durch Verweisung oder Rückführung auf private geistige Akte erklärbar ist. Nach herkömmlicher scholastischer Lehre haben Worte Bedeutung, weil sie Begriffe zum Ausdruck bringen. Bedeutungen liegen primär in Begriffen, in privaten geistigen Akten oder Zuständen, und dann erst abgeleitet in der Sprache, die solch einen Begriff zum Ausdruck bringt. Innerhalb dieser Sicht der Sprache stellt Transzendenz kein allzu schwieriges Sprachproblem dar. Ein Wort wie etwa ‚Gott' kann ein transzendentes Wesen bedeuten, wenn es eben dies ist, was man beim Gebrauch dieses Wortes meint. So tröstend eine derart einfache Lösung sein mag – sie geht leider nicht.«[11]

---

[11] E. *MacKinnon*, Linguistic Analysis and the Transcendence of God, in: Proceedings of the Catholic Theological Society of America 23 (1968) 30.

Ich halte das für eine klare und hilfreiche Diskussionsgrundlage und möchte einige Bemerkungen anfügen, um meine eigene Position klarzumachen.

Erstens glaube ich nicht, daß sich geistige Akte ohne einen tragenden Ausdrucksstrom ereignen. Der Ausdruck muß nicht unbedingt sprachlich sein; er braucht nicht adäquat zu sein; er braucht auch nicht der Aufmerksamkeit anderer vorgelegt zu werden – aber er ereignet sich. In der Tat berichtet Ernst Cassirer, daß Forscher, die die Aphasie, Agnosie und Apraxie untersuchten, diese Störungen der Sprache, des Wissens und des Handelns allgemein miteinander verknüpft fanden.[12]

Zweitens bezweifle ich nicht, daß die gewöhnliche Bedeutsamkeit der normalen Sprache ihrem Wesen nach öffentlich und nur in abgeleitetem Sinne privat ist. Denn Sprache ist ja gerade dann normal, wenn sie in gemeinsamem Gebrauch ist. Sie ist in gemeinsamem Gebrauch aber nicht, weil irgendein isoliertes Individuum zufällig entschieden hat, was sie bedeuten soll, sondern weil alle Individuen der betreffenden Gruppe verstehen, was sie bedeutet. In ähnlicher Weise lernen Kinder und Ausländer eine Sprache, indem sie zum Ausdruck gebrachte geistige Akte nachvollziehen. Aber sie lernen die Sprache, indem sie lernen, wie sie gewöhnlich gebraucht wird, so daß ihre private Kenntnis der normalen Sprache vom allgemeinen Gebrauch abgeleitet wird, der seinem Wesen nach öffentlich ist.

Drittens, was für die gewöhnliche Bedeutsamkeit der normalen Sprache gilt, gilt nicht für die ursprüngliche Bedeutsamkeit jedweder Sprache, ob normal oder literarisch oder fachspezifisch. Denn alle Sprache entwickelt sich, und zu jedem Zeitpunkt besteht jede Sprache jeweils aus den Ablagerungen der Entwicklungen, die bisher erfolgten und nicht veraltet sind. Sprachentwicklungen bestehen nun in der Entdeckung neuer Anwendungen für vorhandene Wörter, in der Erfindung neuer Wörter und in der Verbreitung solcher Entdeckungen und Erfindungen. Alle drei Vorgänge sind Sache zum Ausdruck gebrachter geistiger Akte. Die Entdeckung einer neuen Anwendung ist ein geistiger Akt, der durch den neuen Gebrauch zum Ausdruck kommt. Die Erfindung eines neuen Wortes ist ein geistiger Akt, der durch das neue Wort zum Ausdruck kommt. Die Kommunikation der Entdeckungen und Erfindungen kann technisch erfolgen durch Einführung von Definitionen, oder spontan, wenn z. B. A seine neue Wortkonstellation äußert, B antwortet, A in Bs Antwort erfaßt, wie erfolgreich er bei der Übermittlung des von ihm Gemeinten war, und er, je nach Ausmaß des Mißlingens, weitere Entdeckun-

---

[12] E. *Cassirer,* Philosophie der symbolischen Formen, Bd. III, 256.

gen und Erfindungen sucht und ausprobiert. Durch einen Vorgang von *Trial and Error* nimmt ein neuer Wortgebrauch Gestalt an, und wenn eine genügend weite Verbreitung des neuen Wortgebrauchs erfolgt, dann ist ein neuer normaler Gebrauch eingeführt. Anders als die normale Bedeutsamkeit entsteht die Bedeutsamkeit als solche in ausgedrückten geistigen Akten, wird durch ausgedrückte geistige Akte übermittelt und vervollkommnet, und wird zur Normalsprache, wenn die vervollkommnete Kommunikation auf eine genügend große Zahl von Individuen ausgedehnt wird.

Viertens scheint hinter dieser Verwechselung von normaler Bedeutsamkeit und ursprünglicher Bedeutsamkeit noch eine weitere verborgen zu sein. Denn zwei ganz verschiedene Bedeutungen kann man der Aussage beilegen, alle philosophischen Probleme seien Sprachprobleme. Wenn man Sprache als Ausdruck geistiger Akte versteht, wird man schlußfolgern, daß philosophische Probleme ihren Ursprung eben nicht nur im sprachlichen Ausdruck, sondern auch in geistigen Akten haben, und es könnte geschehen, daß man viel mehr Aufmerksamkeit den geistigen Akten widmet als dem sprachlichen Ausdruck. Man kann aber auch der Meinung sein, geistige Akte seien bloß okkulte Entitäten, oder, falls sie wirklich existieren, sich die Philosophen bloß endlos abarbeiten, wenn sie ihnen besondere Aufmerksamkeit schenken, oder zumindest, wenn sie sie zur Grundlage ihrer Methode machen. Bei einer reduktionistischen Auffassung, oder bei einer mehr oder minder starken methodologischen Option, kann man dafür eintreten, den philosophischen Diskurs, zumindest den grundlegenden philosophischen Diskurs auf den Gebrauch der normalen Sprache zu beschränken, die vielleicht durch die Metasprachen der Syntax, der Semantik und der Pragmatik erhellt wird.

Wenn man sich jedoch diesen Ansatz zu eigen macht, kann man die Bedeutsamkeit der Sprache nicht unter Berufung auf die sie hervorbringenden geistigen Akte erklären. Das wäre eine einfache Lösung. Es wäre eine wahre Lösung. Es ist aber keine zulässige Lösung, denn sie macht geistige Akte wieder zur Grundlage der Bedeutsamkeit der Sprache und tut dadurch gerade das, was die philosophische oder die methodologische Entscheidung verboten hat. Zudem übersieht man leicht innerhalb dieses Horizonts den Unterschied zwischen der Bedeutsamkeit der Sprache, die zur normalen Sprache geworden ist, und der hervorbringenden Bedeutsamkeit, die sie besitzt, wenn sie dabei ist, normale Sprache zu werden. Auf der Basis dieses Übersehens kann man behaupten, daß die Bedeutsamkeit der Sprache ihrem Wesen nach öffentlich und nur in abgeleiteter Weise privat ist.

8. Die Dialektik der Methoden: zweiter Teil

Wir sprachen über geistige Akte und müssen nun dazu anmerken, daß solche Rede in genetisch verschiedenen Horizonten erfolgen kann. In jedem dieser Horizonte kann die Rede korrekt oder unkorrekt sein, doch je differenzierter der Horizont, desto inhaltsreicher, genauer und erhellender wird die Rede sein.

Von den genetisch verschiedenen Horizonten haben wir die wichtigsten bereits in den Abschnitten über »Bereiche der Bedeutung« und »Stadien der Bedeutung« im dritten Kapitel über »Sinn und Bedeutung« aufgezeigt. Im voll differenzierten Bewußtsein sind vier Sinnbereiche. Der Bereich des Allgemeinverstands, der seine Bedeutungen in alltäglicher oder normaler Sprache zum Ausdruck bringt. Der Bereich der Theorie, in welchem die Sprache technisch ist, einfach objektiv in ihrem Bezug, und die sich daher auch auf das Subjekt und seine Tätigkeit nur als Objekte bezieht. Sodann gibt es den Bereich der Interiorität, in welchem die Sprache zwar vom Subjekt und seinen Handlungen als Objekten spricht, nichtsdestoweniger aber auf einer Selbstfindung beruht, die in persönlicher Erfahrung den Operator, die Operationen sowie die Vorgänge verifiziert hat, auf die sich die Grundtermini und -relationen der verwendeten Sprache beziehen. Und schließlich gibt es den Bereich der Transzendenz, in dem das Subjekt in der Sprache des Gebets und des betenden Schweigens auf die Gottheit bezogen ist.

Voll differenziertes Bewußtsein ist die Frucht einer äußerst langen Entwicklung. Im ursprünglich undifferenzierten Bewußtsein sind der zweite und dritte Bereich gar nicht vorhanden, während der erste und vierte einander durchdringen. Sprache verweist primär auf das Räumliche, auf das Besondere, das Äußere, das Menschliche, und wird nur durch spezielle Verfahren auf das Zeitliche, auf die Gattung, auf das Innere und auf das Göttliche ausgedehnt. Seit dem Beginn der Zivilisation kam es zu wachsender Differenzierung der Rollen und Aufgaben, die zu übernehmen und auszuführen sind, zu einer immer aufwendigeren Organisation und Regelung, um diese Übernahme und Ausführung sicherzustellen, zu einer immer dichteren Bevölkerung und immer größerem Überfluß. Bei jeder dieser Wandlungen erweitern sich die kommunikativen, kognitiven, effektiven und konstitutiven Funktionen der Sprache, wobei sich als zusätzliche Segnung die Literatur entwickelt und differenziert, um die menschliche Leistung zu feiern, das Böse zu beklagen, zu hohem Streben zu ermahnen und den Menschen in Stunden der Muße zu unterhalten.

All dies kann vorankommen, obwohl Denken, Reden und Tun innerhalb der Welt des Allgemeinverstands, der auf uns bezogenen Personen und Sachen und der normalen Sprache bleiben. Soll aber die praktische Neigung des Menschen von Magie befreit und zur Entwicklung der Wissenschaft gewendet werden, soll seine kritische Neigung vom Mythos befreit und zur Entwicklung der Philosophie gewendet werden, und soll sein religiöses Anliegen allen Verirrungen widersagen und sich der Läuterung unterziehen, dann ist allen drei Vorgängen mit einer Differenzierung des Bewußtseins und einer Anerkennung der Welt der Theorie gedient. In solch einer Welt versteht und erkennt man die Dinge nicht in ihrer Beziehung zu unserem Sinnesapparat oder zu unseren Bedürfnissen und Wünschen, sondern in den Beziehungen, die durch ihre gleichförmige Interaktion miteinander konstituiert sind. Um von so verstandenen Dingen sprechen zu können, bedarf es der Entwicklung einer besonderen fachspezifischen Sprache, einer Sprache, die von der des Allgemeinverstands ganz verschieden ist. Zweifellos muß man innerhalb der Welt der Wahrnehmung und Sprache nach Art des Allgemeinverstands beginnen. Zweifellos muß man häufig zu dieser Welt Zuflucht nehmen. Es steht aber auch außer Zweifel, daß dieser wiederholte Rückzug und diese Wiederkehr nur für den schrittweisen Aufbau eines ganz anderen Modus der Wahrnehmung und des Ausdrucks sorgen.

Diese Differenzierung des Bewußtseins zeigt sich im platonischen Kontrast zwischen phänomenaler und noumenaler Welt, in der aristotelischen Unterscheidung und Korrelation dessen, was erstes für uns und was absolut erstes ist, in den Hymnen des Thomas von Aquin und seiner systematischen Theologie, in Galileis Sekundär- und Primärqualitäten, oder an Eddingtons zwei Tischen.

Bei dieser Differenzierung, die nur zwei Bereiche kennt, sind technische Naturwissenschaft, technische Philosophie und technische Theologie alle drei im Bereich der Theorie angesiedelt. Alle drei arbeiten grundsätzlich mit Begriffen und Urteilen, mit Termini und Relationen, und mit einer gewissen Annäherung an das logische Ideal der Klarheit, Kohärenz und Strenge. Und schließlich befassen sich alle drei in erster Linie mit Objekten, und wenn sie sich auch dem Subjekt und seinen Handlungen zuwenden, ist doch jede systematische Behandlung des Subjekts und seiner Handlungen – wie bei Aristoteles und bei Thomas – objektiviert, und zwar metaphysisch in Begriffen wie Materie und Form, Potenz, Habitus, Akt, Wirk- und Finalursache konzipiert.[13]

Durch die weitere Entwicklung der Naturwissenschaft ist jedoch die Philosophie gezwungen, aus dem Bereich der Theorie auszuwandern, um

---

[13] Vgl. oben S. 105.

ihre Grundlage nun im Bereich der Interiorität zu finden. Einerseits gibt die Naturwissenschaft jeden Anspruch auf Notwendigkeit und Wahrheit auf. Sie gibt sich mit verifizierbaren Möglichkeiten zufrieden, die eine immer bessere Annäherung an die Wahrheit bieten. Andererseits aber leistet ihr Erfolg totalitären Ansprüchen Vorschub, und die Naturwissenschaft selbst versteht ihr Ziel als die volle Erklärung aller Phänomene.

In dieser Situation bleibt es der Philosophie überlassen, mit den Problemen von Wahrheit und Relativismus ebenso fertig zu werden wie mit der Frage, was unter Wirklichkeit zu verstehen sei, worin der Grund für Theorie und Allgemeinverstand zu suchen ist, welche Beziehungen zwischen beiden bestehen und welches die Grundlagen der spezifischen Humanwissenschaften sind. Die Philosophie ist mit der Tatsache konfrontiert, daß alles menschliche Wissen eine Grundlage in den Daten der Erfahrung hat, und da die Naturwissenschaft anscheinend auf die Sinnesdaten zumindest Okkupantenrechte erworben hat, muß die Philosophie nun auf den Daten des Bewußtseins Position beziehen.

Wie nun die Welt der Theorie von der des Allgemeinverstands ganz verschieden ist und dennoch nur durch einen vielfältigen Gebrauch des Wissens nach Art des Allgemeinverstands und der normalen Sprache aufgebaut wird, so ist auch die Welt der Interiorität ganz verschieden von den Welten der Theorie und des Allgemeinverstands, wird aber dennoch nur durch vielfältige Verwendung von mathematischem, naturwissenschaftlichem und allgemeinverständlichem Wissen und nur durch die normale wie auch durch fachspezifische Sprache aufgebaut. Wie die Welt des Allgemeinverstands und ihre Sprache das Rüstzeug liefern, um in die Welt der Theorie einzusteigen, so liefern die Welten des Allgemeinverstands und der Theorie und ihre Sprachen das Rüstzeug, um in die Welt der Interiorität hineinzukommen. Während jedoch der Übergang vom Allgemeinverstand zur Theorie uns zu Entitäten führt, die wir nicht unmittelbar erfahren, bringt uns der Übergang vom Allgemeinverstand und von der Theorie zur Interiorität vom Selbstbewußtsein zur Selbsterkenntnis. Allgemeinverstand und Theorie haben uns vermittelt, was unmittelbar im Bewußtsein gegeben ist. Durch sie sind wir von bloß gegebenen Vollzügen und Prozessen und Einheiten zu einem Grundsystem von Termini und Beziehungen vorgedrungen, welche die Vollzüge und Prozesse und Einheiten unterscheiden, in Beziehung setzen und benennen und uns dadurch in die Lage versetzen, über sie klar, genau und erklärend zu sprechen.

Solche Sprache wird jedoch nur von denen als klar, genau und erklärend empfunden, die ihre Lehrzeit hinter sich haben. Es genügt nicht, Allgemeinverstand zu haben und die normale Sprache zu sprechen. Man muß auch mit der Theorie und mit der technischen Sprache vertraut sein. Man muß die Mathematik untersuchen und dabei entdecken, was geschieht, wenn man sie studiert, und was geschah, als sie entwickelt wurde. Von der Reflexion über die Mathematik muß man zur Reflexion über die Naturwissenschaft weitergehen, muß ihre Verfahrensweisen kennenlernen, die Beziehungen zwischen aufeinanderfolgenden Stadien, die Verschiedenheit und die Beziehung klassischer und statistischer Methoden sowie die Eigenart jener Welt, die durch solche Methoden enthüllt wird – wobei man die ganze Zeit über nicht bloß den Objekten der Wissenschaft Beachtung schenken muß, sondern ebenfalls, so gut man kann, den bewußten Vollzügen, durch die man die Objekte intendiert. Von der Genauigkeit mathematischen Verstehens und Denkens, wie auch vom weitergehenden kumulativen Voranschreiten der Naturwissenschaft, muß man sich dann wieder den Verfahrensweisen des Allgemeinverstands zuwenden, muß man erfassen, wie er sich von Mathematik und Naturwissenschaft unterscheidet, muß seine eigenen Verfahren ebenso erkennen wie die Reichweite seiner Relevanz und seine ständige Gefahr, mit allgemeinem Unsinn *(common nonsense)* zu verschmelzen. Um es in größter Kürze zu sagen: Man muß Insight nicht nur lesen, man muß sich selbst auch in sich selbst entdecken.

Kehren wir nun zu den Beziehungen zwischen Sprache und geistigen Akten zurück. Erstens muß eine Sprache, die auf geistige Akte hinweist, entwickelt werden. Wie wir bereits festgestellt haben, wird der homerische Held nicht als denkend geschildert, sondern als einer, der mit einem Gott oder einer Göttin, mit seinem Pferd oder einem Fluß, mit seinem Herzen oder seiner eigenen Stimmung spricht. Bruno Snells »Die Entdeckung des Geistes« berichtet, wie die Griechen ihre Erfassung vom Menschen schrittweise entwickelten und schließlich auf die Probleme der Erkenntnistheorie stießen. Bei Aristoteles gibt es eine systematische Darstellung der Seele und ihrer Potenzen, Habitus, Handlungen und ihrer Objekte. In mancher Hinsicht ist diese Darstellung verblüffend genau, aber sie ist unvollständig und setzt durchgängig eine Metaphysik voraus. Sie liegt weder im Bereich des Allgemeinverstands noch in dem der Interiorität, sondern im Bereich der Theorie. Sie wird durch die vollständigere Theorie des Thomas von Aquin ergänzt.

Sobald jedoch das Bewußtsein differenziert und systematisches Denken und Reden über geistige Akte entwickelt ist, erweitert sich die Leistungsfähigkeit der gewöhnlichen Sprache beträchtlich. Augustinus' eindringende Überlegungen zur Erkenntnis und zum Bewußtsein, Descartes' »Regulae ad directionem ingenii«, Pascals »Pensées« und Newmans »Grammar of Assent« bleiben sämtlich im Bereich der Erfassung und

Sprache des Allgemeinverstands und tragen doch enorm zum Verständnis unserer selbst bei. Überdies zeigen sie die Möglichkeit, das bewußte Subjekt und seine bewußten Vollzüge kennenzulernen, ohne eine vorgängig metaphysische Struktur vorauszusetzen. Eben diese Möglichkeit wird verwirklicht, wenn eine Untersuchung der mathematischen, der naturwissenschaftlichen und der Vollzüge des Allgemeinverstands Früchte trägt im Erfahren, Verstehen und Bestätigen der normativen Struktur aufeinander bezogener und sich wiederholender Vollzüge, durch die wir im Wissen vorankommen. Sobald unsere Erkenntnis auf diese Weise erfaßt wird, kann man von der gnoseologischen Frage (Was tun wir, wenn wir erkennen?) zur epistemologischen Frage (Warum ist dieses Tun Erkennen?) übergehen und kommt von beiden dann zur metaphysischen Frage (Was erkennen wir, wenn wir dies tun?).

Innerhalb der Welt der Interiorität sind deshalb geistige Akte als erfahrene und systematisch verstandene ein logisch Erstes. Von ihnen kann man zur Epistemologie und Metaphysik übergehen. Und von diesen dreien ausgehend läßt sich, wie wir es im dritten Kapitel versucht haben, eine systematische Darstellung von Sinn und Bedeutung in ihren Trägern, Elementen, Funktionen, Bereichen und Stadien geben.

Dennoch ist diese Priorität nur relativ. Neben der Priorität, die man mit der Aufstellung eines neuen Bereichs der Bedeutung erreicht, gibt es noch die Priorität dessen, was man braucht, wenn der Vorgang des Aufstellens ausgeführt werden soll. Die Griechen brauchten eine künstlerische, eine rhetorische und eine argumentative Entwicklung der Sprache, ehe ein Grieche eine metaphysische Erklärung des Geistes aufstellen konnte. Die griechische Leistung war nötig, um den Umfang des Wissens und der Sprache des Allgemeinverstands hinreichend auszuweiten, ehe Augustinus, Descartes, Pascal und Newman ihre Beiträge auf der Ebene des Allgemeinverstands zu unserer Selbsterkenntnis leisten konnten. Die Geschichte der Mathematik, der Naturwissenschaft und der Philosophie, wie auch das eigene persönlich reflektierende Engagement in diesen drei Wissensgebieten sind nötig, wenn Allgemeinverstand und Theorie das Rüstzeug für den Einstieg in die Welt der Interiorität liefern sollen.

Die Bedingungen, geistige Akte als ein logisch Erstes zu gebrauchen, sind demnach zahlreich. Wenn man darauf besteht, in der Welt des Allgemeinverstands und der normalen Sprache zu bleiben, oder wenn man sich weigert, die Welten des Allgemeinverstands und der Theorie zu überschreiten, dann wird durch eigene Entscheidung die Möglichkeit ausgeschlossen, die Welt der Interiorität zu betreten. Doch solche Entscheidungen seitens irgendeines Individuums oder einer Gruppe sind für die übrige Menschheit schwerlich bindend.

9. Die Dialektik der Methoden: dritter Teil

Eine apriorische Ablehnung des vorliegenden Ansatzes kann aus idealistischen Tendenzen ebenso erfolgen wie von der Sprachanalyse her. Sie findet ihren vielleicht klarsten Ausdruck in den Schriften von Karl Jaspers, der die Ansicht vertrat, unsere Selbstfindung sei tatsächlich eine Existenzerhellung, eine Klärung der dem Subjekt eigenen Wirklichkeit, sei aber nicht objektives Wissen.

Nun ist es zwar richtig, daß die Selbstfindung durch eine Erhöhung des Bewußtseins erfolgt und daß solche Erhöhung das Subjekt nicht als Objekt, sondern das Subjekt als Subjekt zeigt. Dennoch würde ich meinerseits die These vertreten, daß diese Erhöhung des Bewußtseins zu einer Objektivierung des Subjekts führt, zu einer intelligenten und rationalen Bejahung des Subjekts, und somit zu einem Übergang vom Subjekt als Subjekt zum Subjekt als Objekt. Ein solcher Übergang liefert objektive Erkenntnis des Subjekts genau so wie jeder gültige Übergang von den Sinnesdaten durch Untersuchung und Verstehen, Reflexion und Urteil. Doch diese meine Ansicht ist nicht die Sicht der idealistischen Tradition, der Jaspers verpflichtet ist.

Diese Tradition in ihrer endlosen Komplexität zu verstehen übersteigt das, worum es hier geht. Doch eine grundlegende Klärung ist angebracht, zumindest in Punkten, die wir schon angesprochen haben. So gibt es zwei völlig verschiedene Bedeutungen des Terminus Objekt. Zum einen das Objekt in jener Welt, die durch Bedeutung vermittelt ist: es ist das, was durch die Frage intendiert wird, und es ist das, was durch die Antwort verstanden, bejaht und entschieden wird. Zu dieser Art von Objekt stehen wir in unmittelbarer Beziehung durch unsere Fragen und nur mittelbar durch die für Antworten relevanten Vollzüge, denn die Antworten beziehen sich auf Objekte nur deshalb, weil sie Antworten auf Fragen sind.

Es gibt aber noch eine andere, völlig verschiedene Bedeutung des Terminus Objekt. Denn neben der durch Bedeutung vermittelten Welt gibt es noch die Welt der Unmittelbarkeit. Das ist eine Welt, die mit Fragen und Antworten nichts zu tun hat, eine Welt, in der wir lebten, ehe wir sprechen konnten und während wir sprechen lernten, eine Welt, in die wir uns zurückzuziehen versuchen, wenn wir die durch Bedeutung vermittelte Welt vergessen möchten, wenn wir entspannen, spielen und ruhen. In dieser Welt wird das Objekt weder benannt noch beschrieben. Doch in der durch Bedeutung vermittelten Welt kann man sich auf das Objekt der Welt der Unmittelbarkeit besinnen und es rekonstruieren. Es ist »schon da«, »außerhalb«, »dort«, »jetzt« und »wirklich«. Es ist *schon da*: es ist allen Fragen nach ihm vorgegeben. Es ist *außerhalb*: denn es ist das Objekt des extravertierten Bewußtseins. Es ist *dort*: wie die Sinnesorgane, so sind auch die sinnlich wahrgenommenen Objekte räumlich. Es ist *jetzt*: denn die Zeit der sinnlichen Wahrnehmung verläuft zusammen mit der Zeit des Wahrgenommenen. Es ist *wirklich*: denn es ist mit dem eigenen Leben und Handeln zusammengebunden und muß daher ebenso wirklich wie diese sein.

Wie es zwei Bedeutungen des Wortes Objekt gibt, so auch zwei Bedeutungen des Wortes Objektivität. In der Welt der Unmittelbarkeit besteht die notwendige und zureichende Bedingung der Objektivität darin, ein erfolgreich funktionierendes Lebewesen zu sein. Doch in der durch Sinngehalt vermittelten Welt besteht Objektivität aus drei Komponenten. Da ist die *erfahrungsmäßige* Objektivität, die durch die Gegebenheit der Sinnes- und der Bewußtseinsdaten konstituiert wird. Dann gibt es die *normative* Objektivität, die durch die Erfordernisse der Intelligenz und der Rationalität konstituiert wird, und schließlich die *absolute* Objektivität, die sich aus der Verbindung der Ergebnisse der erfahrungsmäßigen und der normativen Objektivität ergibt, so daß durch die Erfahrungs-Objektivität Bedingungen erfüllt werden, während durch die normative Objektivität die Bedingungen mit dem verknüpft werden, was sie bedingen. Die Verbindung ergibt ein Bedingtes, dessen Bedingungen erfüllt sind; und dies ist in der Erkenntnis eine Tatsache und in der Realität ein kontingentes Seiendes oder Ereignis.

Wir haben zwei Welten unterschieden, zwei Bedeutungen des Wortes Objekt und zwei ganz verschiedene Kriterien von Objektivität. Werden diese Unterscheidungen nicht gemacht, so ergeben sich einige typische Konfusionen. Der naive Realist kennt zwar die durch Bedeutung vermittelte Welt, bildet sich aber ein, er kenne sie dadurch, daß er auf das genau hinschaut, was da draußen jetzt vor sich geht. Der naive Idealist, Berkeley, schlußfolgert: *esse est percipi*. Aber *esse* ist Wirklichkeit, bejaht in der durch Bedeutung vermittelten Welt, während *percipi* die Gegebenheit eines Objekts in der Welt der Unmittelbarkeit ist. Der rigorose Empirist, Hume, eliminiert aus der durch Bedeutung vermittelten Welt alles, was in der Welt der Unmittelbarkeit nicht gegeben ist. Der kritische Idealist Kant sieht, daß eine kopernikanische Wende überfällig ist. Doch statt die erforderlichen Unterscheidungen zu machen, findet er bloß eine noch kompliziertere Art und Weise, die Dinge durcheinander zu bringen. Er verbindet die Vollzüge des Verstandes und der Vernunft nicht mit den Sinnesdaten, sondern mit sinnlicher Anschauung von Phänomenen, wobei die Phänomene die Erscheinung – wenn nicht von nichts – der Dinge selbst sind, von denen es Kant gelingt zu reden, obwohl sie unerkennbar sind, vermittels des Kunstgriffs eines Grenzbegriffes. Der absolute Idealist, Hegel, erforscht glänzend ganze Bereiche der Bedeutung. Den naiven Realisten gibt er schlechte Noten, aber es gelingt ihm nicht, zu einem kritischen Realismus vorzudringen, so daß sich Kierkegaard beklagen kann, daß das, was logisch ist, auch statisch ist, daß Bewegung nicht in eine Logik eingefügt werden kann und daß Hegels System für die Existenz (im Sinne selbstbestimmender Freiheit) keinen Raum läßt, sondern bloß für die Idee der Existenz.

Kierkegaard markiert einen Trend. Wo es ihm um den Glauben ging, ging es Nietzsche um die Macht, Dilthey um das konkrete menschliche Leben, Husserl um die Konstitution unserer Intentionalität, Bergson um seinen *élan vital*, Blondel um Aktion, amerikanischen Pragmatisten um Resultate und europäischen Existentialisten um authentische Subjektivität. Während Mathematiker entdeckten, daß ihre Axiome keine selbstevidenten Wahrheiten sind, und Physiker entdeckten, daß ihre Gesetzte nicht unvermeidliche Notwendigkeiten, sondern nachprüfbare Möglichkeiten sind, ließen Philosophen davon ab, sich selbst für die Stimme der reinen Vernunft zu halten, und begannen, für viel konkretere und menschlichere Dinge einzustehen. Und falls sie noch immer, wie Husserl, objektive Evidenz und Notwendigkeit betonten, führten sie aber auch Reduktionen durch, die die Wirklichkeit aus der Frage ausklammerten, und konzentrierten sich auf das Wesen, um Kontingenz außer acht zu lassen.

Daraus hat sich in der Bedeutung der Termini objektiv und subjektiv nicht so sehr eine Klärung als eine Verschiebung ergeben. Es gibt Gebiete, auf denen die Forscher gewöhnlich übereinstimmen, wie etwa in der Mathematik und der Naturwissenschaft; auf solchen Gebieten ist objektive Erkenntnis erreichbar. Dann aber gibt es andere Gebiete wie Philosophie, Ethik und Religion, wo es gewöhnlich an Übereinstimmung fehlt; solche Meinungsverschiedenheit wird mit der Subjektivität der Philosophen, der Moralisten und der religiösen Menschen erklärt. Ob jedoch die Subjektivität immer irrig, falsch und böse ist, bleibt eine andere Frage. Positivisten, Behavioristen und Naturalisten wären geneigt, die Frage zu bejahen. Andere dagegen würden auf der Unterscheidung zwischen authentischer und nicht-authentischer Subjektivität bestehen. Was sich aus ersterer ergibt, ist weder irrig noch falsch noch böse. Es ist einfach etwas ganz anderes als das objektive Wissen, das in Mathematik und Naturwissenschaft erreichbar ist.

In einem Kontext wie dem oben beschriebenen müßte man Jaspers zustimmen, daß eine Erhellung der Subjektivität – sei diese noch so authentisch – keine objektive Erkenntnis ist. Doch dieser Kontext besteht nicht länger, als die Mehrdeutigkeiten andauern, die dem naiven Realismus, dem naiven Idealismus, dem Empirismus, dem kritischen Idealismus und dem absoluten Idealismus zugrunde liegen. Sobald diese Mehrdeutigkeiten beseitigt sind, sobald eine adäquate Selbstfindung zustande gekommen ist, sobald man zwischen Objekt und Objektivität in der Welt der Unmittelbarkeit, und andererseits zwischen Objekt und Objektivität in der durch Bedeutung vermittelten und durch Werte motivierten Welt unterscheidet, ergibt sich ein völlig anderer Kontext. Denn jetzt wird offensichtlich, daß in der durch Bedeutung vermittelten und durch Werte motivierten Welt Objektivität einfach die Folge von authentischer Subjektivität ist, von echter Aufmerksamkeit, echter Intelligenz, echter Rationalität und echter Verantwortung. Mathematik, Naturwissenschaft, Philosophie, Ethik und Theologie unterscheiden sich auf vielfache Weise, aber sie tragen den gemeinsamen Charakterzug, daß ihre Objektivität die Frucht von Aufmerksamkeit, Intelligenz, Rationalität und Verantwortung ist.

10. Eine ergänzende Bemerkung

Wir haben vier Bereiche der Bedeutung unterschieden: Allgemeinverstand, Theorie, Interiorität und Transzendenz. Wir hatten Gelegenheit, Differenzierungen des Bewußtseins zu unterscheiden wie etwa die Zerlegung des Allgemeinverstands in Allgemeinverstand und Theorie, und die weitere Zerlegung von Allgemeinverstand und Theorie in Allgemeinverstand, Theorie und Interiorität. Unsere Bemerkungen zur Transzendenz als einem differenzierten Bereich blieben aber fragmentarisch.

Worauf ich als auf das Geschenk der Liebe Gottes hingewiesen habe, zeigt sich spontan in Liebe, Freude, Friede, Geduld, Freundlichkeit, Güte, Treue, Sanftmut und Selbstbeherrschung. Im undifferenzierten Bewußtsein wird es seinen Bezug zum Transzendenten sowohl durch heilige Gegenstände, Orte, Zeiten und Handlungen zum Ausdruck bringen als auch durch die heiligen Ämter des Schamanen, Propheten, Gesetzgebers, des Apostels, Priesters, Mönchs und des Lehrers. Sobald sich das Bewußtsein in die beiden Bereiche Allgemeinverstand und Theorie differenziert, kommt es zu besonderen theoretischen Fragen bezüglich der Gottheit, der Ordnung des Weltalls, des Schicksals der Menschheit und was das Los jedes einzelnen Individuums betrifft. Wenn diese drei Bereiche des Allgemeinverstands, der Theorie und der Interiorität differenziert werden, dann führt die Selbstfindung des Subjekts nicht nur zur Objektivierung des Erfahrens, Verstehens, Urteilens und Entscheidens, sondern auch der religiösen Erfahrung.

Ganz verschieden von diesen Objektivierungen des Geschenks der Liebe Gottes in den Bereichen des Allgemeinverstands und der Theorie sowie vom Bereich der Interiorität ist das Hervortreten dieses Geschenks als ein eigener differenzierter Bereich. Dieses Hervortreten, das durch ein Leben des Gebets und der Selbstverleugnung gefördert wird, hat – wenn es sich ereignet – eine doppelte Wirkung, indem es zuerst den Menschen aus den Bereichen des Allgemeinverstands, der Theorie und anderer Interiorität zurückholt und in eine »Wolke des Nichtwissens« führt, dann aber die Objektivierungen, die sich auf das Transzendente beziehen – ob im Bereich des Allgemeinverstands, der Theorie oder anderer Interiorität – intensiviert, läutert und weiter klärt.

Und folgendes ist zu beobachten: Wenn auch für den säkularisierten Menschen des zwanzigsten Jahrhunderts die vertrauteste Bewußtseinsdifferenzierung zwischen Theorie und Allgemeinverstand unterscheidet und beide aufeinander bezieht, so hat doch in der Menschheitsgeschichte sowohl des Ostens als auch des christlichen Westens die vorherrschende Bewußtseinsdifferenzierung den Bereich des Allgemeinverstands und den der Transzendenz einander gegenübergestellt und zur gegenseitigen Bereicherung gebracht.

XI.

FUNDAMENTE

Im fünften Kapitel über die funktionalen Spezialisierungen verstanden wir Theologie als Reflexion über Religion und sagten, sie gehe in zwei Phasen vor. In einer ersten, vermittelnden Phase stellt die theologische Reflexion fest, was die Ideale, die Überzeugungen und Handlungen der Anhänger der Religion waren, die untersucht wird. In einer zweiten, vermittelten Phase bezieht die theologische Reflexion aber einen viel persönlicheren Standpunkt. Sie hat sich nicht länger damit zu begnügen, das zu berichten, was andere darlegten, glaubten und taten. Sie hat nun zu verkünden, welche Lehren wahr sind, wie diese untereinander und mit den Ergebnissen der Naturwissenschaft, Philosophie und Geschichte in Einklang zu bringen und wie sie in angemessener Weise den Mitgliedern jeden Standes in jeder Kultur zu vermitteln sind.

Um die Grundlage dieser vielpersönlicheren Stellung geht es in der fünften funktionalen Spezialisierung Fundamente. Demzufolge suchen wir jetzt die Fundamente der drei letzten Spezialisierungen Lehre, Systematik und Kommunikation, nicht aber die der gesamten Theologie. Wir suchen auch nicht das gesamte Fundament dieser Spezialisierungen – die ja offenkundig von Forschung, Interpretation, Geschichte und Dialektik abhängig sind –, sondern bloß jenes zusätzliche Fundament, das man braucht, um von der indirekten Rede, die die Überzeugungen und Meinungen anderer herausstellt, zur direkten Rede überzugehen, die vorträgt, was wirklich so ist.

1. Die grundlegende Realität

Die grundlegende Realität, im Unterschied zu ihrem Ausdruck, ist Bekehrung: religiöse, moralische und intellektuelle Bekehrung. Normalerweise ist sie intellektuelle Bekehrung als Frucht religiöser und moralischer Bekehrung; sie ist moralische Bekehrung als Frucht religiöser Bekehrung, und sie ist religiöse Bekehrung als Frucht der Gottesgabe seiner Gnade.

Diese Bekehrung ist nicht erst in der funktionalen Spezialisierung Fundamente wirksam, sondern auch schon in der Phase der vermittelnden

Theologie, in Forschung, Interpretation, Geschichte und Dialektik. In dieser früheren Phase ist Bekehrung jedoch keine Vorbedingung, denn jeder kann Forschung betreiben, interpretieren, Geschichte schreiben und entgegengesetzte Positionen auflisten. Wenn aber Bekehrung vorhanden und wirksam ist, so ist ihre Wirksamkeit implizit: sie kann ihre Gelegenheit bei der Interpretation, bei der Beschäftigung mit der Geschichte oder bei der Konfrontation der Dialektik haben; aber sie stellt in diesen Spezialisierungen kein explizites, eingeführtes und allgemein anerkanntes Kriterium richtigen Vorgehens dar. Schließlich, obwohl die Dialektik den Polymorphismus des menschlichen Bewußtseins enthüllt – die tiefen und unüberbrückbaren Gegensätze in religiösen, moralischen und intellektuellen Fragen –, so tut sie doch nicht mehr: sie entscheidet sich nicht für diese oder jene Seite. Die Person ist es, die sich für eine Seite entscheidet; und für welche Seite sie sich entscheidet, hängt davon ab, ob sie sich bekehrt oder nicht bekehrt hat.

Die Fundamente liegen zutiefst auf der vierten Ebene des menschlichen Bewußtseins, auf der Ebene der Überlegung, Wertung und Entscheidung. Hier geht es um die Entscheidung darüber, für wen und für was man ist, und zugleich gegen wen und gegen was. Das ist eine Entscheidung, die von den vielfältigen Möglichkeiten, die sich in der Dialektik gezeigt haben, ihr Licht empfängt. Es geht hier um eine völlig bewußte Entscheidung über den eigenen Horizont, den eigenen Standpunkt, die eigene Weltanschauung. Sie wählt überlegt jenen Rahmen, innerhalb dessen die Lehren ihren Sinn haben, die Systematik den Einklang herstellt und die Kommunikation wirksam wird.

Solch eine überlegte Entscheidung ist alles andere als willkürlich. Willkürlich ist einfach Nicht-Authentizität, während Bekehrung von der Nicht-Authentizität zur Authentizität übergeht. Bekehrung ist völlige Hingabe an die Forderungen des menschlichen Geistes: sei aufmerksam; sei intelligent; sei rational; sei verantwortungsbewußt, sei in Liebe.

Bekehrung ist nicht als ein Willensakt zu verstehen. Hier von einem Willensakt zu sprechen, heißt den metaphysischen Kontext einer Psychologie der Seelenvermögen vorauszusetzen. Wenn wir aber von der vierten Ebene des menschlichen Bewußtseins sprechen, von jener Ebene, auf der das Bewußtsein zum Gewissen wird, dann setzen wir den Kontext der Intentionalitätsanalyse voraus. Entscheidung ist verantwortlich und ist frei, ist aber nicht die Tat eines metaphysischen Willens, sondern des Gewissens, ja die Tat eines guten Gewissens, wenn sie eine Bekehrung ist.

Sodann ist die überlegte Entscheidung über den eigenen Verstehenshorizont eine hohe Leistung. Zumeist driften die Menschen bloß in irgendeinen gegenwärtig aktuellen Horizont. Sie schenken der Vielfalt an Horizonten keine Beachtung. Sie üben nicht ihre vertikale Freiheit aus, indem sie von ihrem ererbten Horizont zu einem anderen übergehen, den sie als besser entdeckt haben.

Obwohl Bekehrung zutiefst persönlich ist, ist sie doch nicht rein privat. Während einzelne Individuen zu den Horizonten Einzelelemente beitragen, akkumulieren diese Elemente nur innerhalb der sozialen Gruppe, und wirklich bemerkenswerte Entwicklungen ereignen sich nur bei jahrhundertealten Überlieferungen. Das Wissen darum, daß Bekehrung religiös, moralisch und intellektuell ist, den Unterschied zwischen echter und unechter Bekehrung wahrzunehmen und an den Früchten zu erkennen – an ihren Früchten sollt ihr sie erkennen –, all das verlangt hohen Ernst und gereifte Weisheit, die eine soziale Gruppe nicht so leicht erlangt oder behält.

Daraus folgt, daß Bekehrung mehr involviert als nur eine Wandlung des Horizonts. Sie kann bedeuten, daß man einer anderen sozialen Gruppe anzugehören beginnt, oder wenn die eigene Gruppe die gleiche bleibt, man ihr auf eine neue Weise angehört. Die Gruppe wird für ihren Gründer, von dem ihr hoher Ernst und ihre reife Weisheit herstammt und bewahrt wird, Zeugnis ablegen. Schließlich wird das Zeugnis, das sie ablegt, in dem Maße wirksam sein, wie sich die Gruppe nicht ihren eigenen Interessen, sondern dem Wohl der Menschheit widmet. Wie aber die Gruppe konstituiert ist, wer ihr Gründer war, für den sie Zeugnis ablegt, und welches die Dienste sind, die sie der Menschheit leistet, all dies sind Fragen, die nicht in der fünften Spezialisierung Fundamente, sondern in der sechsten, der Lehre, zu stellen sind.

2. Das Genügen der grundlegenden Realität

Die Fundamente können auf zwei grundverschiedene Weisen gedacht werden. Die einfache Weise faßt die Fundamente als ein Gesamt von Prämissen, von logisch ersten Sätzen auf. Die komplexe Weise faßt die Fundamente als das auf, was in jedem geordneten Ganzen das Erste ist. Besteht dieses geordnete Ganze aus Sätzen, dann sind die logisch ersten Sätze das Erste. Besteht das geordnete Ganze in einer fortschreitenden und sich entwickelnden Realität, dann ist das Erste der immanente und operativ wirksame Normenkomplex, der jeden Vorwärtsschritt in diesem Prozeß lenkt und leitet.

Will man die Fundamente auf einfache Weise auffassen, dann sind die einzig genügenden Fundamente irgendeine Variation des folgenden Grundmusters: Man hat zu glauben und anzunehmen, was immer die

Bibel oder die wahre Kirche oder beide glauben und annehmen. Nun ist aber »X« die Bibel oder die wahre Kirche oder beides. Also muß man glauben und annehmen, was immer »X« glaubt und annimmt. Nun aber glaubt und nimmt »X« a, b, c, d, ... an. Also muß man a, b, c, d, ... glauben und annehmen.

Will man dagegen die Fundamente für einen fortschreitenden und sich entwickelnden Prozeß, so muß man das statische, deduktivistische Grundmuster – das keine Schlußfolgerungen zuläßt, die nicht implizit in den Prämissen enthalten sind – aufgeben und das methodische Grundmuster übernehmen, das darauf abzielt, die Dunkelheit zu verringern, das Licht zu mehren und immer weitere Entdeckungen zu machen. Dann aber ist die Kontrolle dieses Vorgangs von höchster Bedeutung. Es muß sichergestellt werden, daß Positionen angenommen und Gegenpositionen verworfen werden. Das ist aber nur sicherzustellen, wenn die Forschenden intellektuelle Bekehrung erlangt haben, um den Myriaden falscher Philosophien zu widersagen, und moralische Bekehrung, um sich von individuellen, gemeinschaftlichen und allgemeinen Vorurteilen freizuhalten,[1] sowie religiöse Bekehrung, so daß in der Tat jeder den Herrn, seinen Gott, aus ganzem Herzen, aus ganzer Seele, mit allen Gedanken und all seiner Kraft liebt.

Wir brauchen hier nichts gegen die Wiederbelebung einer Denzinger-Theologie oder einer Konklusions-Theologie zu sagen. Beide bieten notwendige Elemente innerhalb der Theologie, sind aber in sich selbst offenkundig unzureichend. Andererseits ist es wohl notwendig hervorzuheben, daß die dreifache Bekehrung nicht in dem Sinne grundlegend ist, daß sie die Prämissen bietet, aus denen alle wünschenswerten Schlüsse zu ziehen sind. Die dreifache Bekehrung ist nicht ein Gesamt von Sätzen, die ein Theologe äußert, sondern eine fundamentale und folgenschwere Wandlung in der menschlichen Realität, die ein Theologe ist. Sie wirkt sich nicht als simpler Vorgang aus, Schlüsse aus Prämissen zu ziehen, sondern indem sie die Realität (seine eigene) verändert, die der Interpret verstehen muß, wenn er andere verstehen will; indem sie den Horizont verändert, innerhalb dessen der Historiker die Vergangenheit verständlich zu machen sucht; indem sie die grundlegenden Tatsachen- und Werturteile verändert, sofern diese sich nicht als Positionen, sondern als Gegenpositionen erweisen.

Weder der Bekehrte noch der Unbekehrte sind von Forschung, Interpretation, Geschichte oder Dialektik auszuschließen. Weder der Bekehrte noch der Unbekehrte haben in diesen funktionalen Spezialisierun-

---

[1] Über Vorurteile vgl. »Insight« 218–242.

gen unterschiedlichen Methoden zu folgen. Doch die eigene Interpretation anderer ist vom eigenen Selbstverständnis mitbetroffen; nun haben die Bekehrten ein Ich zu verstehen, das von dem Ich, das die Unbekehrten zu verstehen haben, ganz verschieden ist. Ferner hängt die Geschichte, die man schreibt, vom Horizont ab, innerhalb dessen man die Vergangenheit zu verstehen sucht; die Bekehrten und die Unbekehrten haben völlig verschiedene Horizonte, und daher schreiben sie verschiedene Geschichte. Derart verschiedene Geschichte, unterschiedliche Deutungen und die ihnen zugrunde liegenden unterschiedlichen Stilarten in der Forschung geraten in der Dialektik ins Zentrum der Aufmerksamkeit. Dort werden sie auf ihre Wurzeln zurückgeführt. Doch die Rückführung selbst zeigt nur die Bekehrten mit einem Wurzelkomplex und die Unbekehrten mit einer Anzahl verschiedener Wurzelkomplexe. Bekehrung ist eine Sache des Übergangs von einem Wurzelkomplex zu einem anderen – ein Vorgang, der sich nicht auf dem Marktplatz ereignet. Dieser Vorgang kann durch wissenschaftliche Untersuchung veranlaßt werden, aber er ereignet sich nur, sofern der Mensch entdeckt, was an ihm unecht ist, und er sich davon abwendet, und sofern er entdeckt, was die Fülle menschlicher Authentizität sein kann, und sie mit all seinem Wesen umfängt. Sie ist etwas, das dem Ruf der christlichen Botschaft sehr ähnelt: Kehrt um! Das Gottesreich ist nahe.

3. Der Pluralismus im Ausdruck

Wenn sich Bekehrung in Wort und Tat zeigt, so variiert diese Äußerung doch je nach Vorhandensein oder Fehlen des differenzierten Bewußtseins. Daraus ergibt sich ein Pluralismus im Ausdruck derselben fundamentalen Einstellung, und – sobald sich Theologie entwickelt – eine Vielfalt von Theologien, die denselben Glauben zum Ausdruck bringen. Ein solcher Pluralismus oder solche Vielfalt ist von fundamentaler Bedeutung sowohl für das Verständnis der Entwicklung religiöser Überlieferungen als auch für das Verständnis der Sackgassen, die sich aus einer solchen Entwicklung ergeben können.

Rufen wir uns daher die vier grundlegenden Bereiche der Bedeutung in Erinnerung: den Bereich des Allgemeinverstands, den der Theorie, den der Interiorität und den der Transzendenz. Diesen Bereichen können wir für anstehende Zwecke noch den Bereich der Gelehrsamkeit *(scholarship)* und den der Kunst hinzufügen. Jeder Bereich unterscheidet sich von den anderen, sobald er seine eigene Sprache, seinen eigenen Wahrnehmungsmodus und seine eigene kulturelle, soziale oder professionelle Gruppe entwickelt, die in dieser Weise spricht und begreift.

Wenn wir annehmen, daß sich jeder normale Erwachsene im Bereich des Allgemeinverstands betätigt, dann wird undifferenziertes Bewußtsein nur im Bereich des Allgemeinverstands tätig, während alle Fälle von differenziertem Bewußtsein sowohl im Bereich des Allgemeinverstands als auch in einem oder mehreren anderen Bereichen tätig sein werden. Zieht man allein die rechnerisch möglichen Kombinationen in Betracht, so kann man bereits einunddreißig verschiedene Arten von differenziertem Bewußtsein auflisten. Denn es gibt fünf Fälle von einmal differenziertem Bewußtsein; diese werden im Bereich des Allgemeinverstands tätig und zugleich entweder im Bereich der Transzendenz oder der Kunst oder der Theorie oder der Gelehrsamkeit oder der Interiorität. Dann gibt es zehn Fälle doppelt differenzierten Bewußtseins; hierbei kommen zum Bereich des Allgemeinverstands noch hinzu die Bereiche entweder von Religion und Kunst, oder Religion und Theorie, oder Religion und Gelehrsamkeit, oder Religion und Interiorität, oder Kunst und Theorie, oder Kunst und Gelehrsamkeit, oder Kunst und Interiorität, oder Theorie und Gelehrsamkeit, oder Theorie und Interiorität, oder Gelehrsamkeit und Interiorität. Schließlich gibt es noch zehn weitere Fälle von dreifach differenziertem Bewußtsein, fünf Fälle von vierfacher Bewußtseinsdifferenzierung und einen Fall von fünffacher Differenzierung.

Undifferenziertes Bewußtsein entwickelt sich nach Art und Weise des Allgemeinverstands. Es erreicht eine Kumulation von Einsichten, die uns in die Lage setzt, auf eine Weise zu sprechen und zu handeln, die jeder einzelnen der Situationen angemessen ist, die gewöhnlich in unserer Umgebung vorkommen, und andererseits innezuhalten, um uns die Dinge zu überlegen, wenn sich eine ungewöhnliche Situation ergibt.

Als Typ, wie sich Intelligenz entwickelt, ist Allgemeinverstand der ganzen Menschheit gemeinsam. Doch als Inhalt, als ein bestimmtes Verständnis des Menschen und seiner Welt, ist Allgemeinverstand ganz und gar nicht allen Menschen gemeinsam, sondern nur den Einwohnern jeder Ortschaft, so daß Fremde seltsam fremd erscheinen, und je entfernter ihr Heimatland ist, desto sonderbarer scheinen sie zu reden und zu handeln.

In ihrer endlosen Mannigfaltigkeit sind Allgemeinverstand und normale Sprache durchaus nicht ganz ohne Kenntnis der Bereiche der Religion, der Kunst, der Theorie, der Gelehrsamkeit und der Interiorität. Aber ihre Erfassung dieser Bereiche ist rudimentär und ihr Ausdruck nur vage. Solche Mängel werden behoben, wenn das Bewußtsein zu immer vollständigerer Differenzierung gelangt; das aber impliziert, daß jede neue Differenzierung eine gewisse Umgestaltung der eigenen früheren Alltagsanschauungen über die Dinge mit sich bringt, für die der Allgemeinverstand keine Kompetenz besitzt. Das differenziertere Bewußtsein beherrscht nicht allein mehr Bereiche, sondern versteht auch diejenigen Menschen, die auf diesen Gebieten zu Hause sind. Umgekehrt findet ein weniger differenziertes Bewußtsein ein höher differenziertes Bewußtsein jenseits des eigenen Horizonts und kann zur Selbstverteidigung dazu neigen, das höher differenzierte mit jener umfassenden und abschätzigen Feindseligkeit zu betrachten, die Max Scheler »Ressentiment« genannt hat.

Dem religiös differenzierten Bewußtsein nähert sich der Asket, und der Mystiker erreicht es. Im Mystiker sind zwei völlig verschiedene Modi der Erfassung, des Bezogenseins und des bewußten Existierens gegeben, nämlich der Modus des Allgemeinverstands, der in der durch Bedeutung vermittelten Welt tätig ist, und der mystische Modus, durch den er sich aus der durch Bedeutung vermittelten Welt zurückzieht und als Antwort auf das Gottesgeschenk seiner Liebe in die schweigende, alles umfassende Selbst-Hingabe eingeht. Wenn auch dies meiner Meinung nach das Hauptelement ist, bleibt mystische Verwirklichung doch vielgestaltig. Die »Seelenburg« der Theresia von Avila hat viele Wohnungen, und außer den christlichen Mystikern gibt es die Mystiker des Judentums und des Islam, wie auch die Mystiker Indiens und des Fernen Ostens. Mircea Eliade schrieb ein Buch über den Schamanismus mit dem Untertitel »Archaische Ekstasetechniken«.

Das künstlerisch differenzierte Bewußtsein ist ein Spezialist im Reich des Schönen. Es erkennt schöne Objekte sofort und reagiert auf sie ganzheitlich. Seine höhere Verwirklichung ist schöpferisch: es erfindet eindrucksvolle Formen, arbeitet deren Implikationen aus, konzipiert ihre Verkörperung und bringt sie hervor.

Das theoretisch differenzierte Bewußtsein kommt in zwei Phasen vor. In beiden Phasen werden die Objekte nicht in ihren allgemeinverständlichen Beziehungen zu uns begriffen, sondern in ihren verifizierbaren Beziehungen zueinander. Daher werden Grundtermini implizit durch ihre gegenseitigen Beziehungen definiert, und diese Beziehungen ihrerseits werden unter Berufung auf Erfahrung bewiesen. In der ersten Phase gehören die Grundtermini und -beziehungen jedoch zu einer Philosophie, und die Naturwissenschaften werden nur als weitere und vollständigere Bestimmungen der Objekte der Philosophie verstanden – wie im Aristotelismus. In der zweiten Phase haben sich die Naturwissenschaften von der Philosophie emanzipiert; sie entdecken ihre eigenen Grundtermini und -beziehungen. Sobald nun diese Entdeckung reift, taucht in einem neuen Rahmen wieder die alte Unterscheidung auf, die Aristoteles zwischen den *priora quoad nos* und den *priora quoad se* vorgenommen hatte. Eddington beachtete diese Unterscheidung, indem er von seinen zwei

Tischen sprach: einer von ihnen war sichtbar, greifbar, braun, festgefügt und schwer; der andere war zumeist leerer Raum mit einem unvorstellbaren Wellenteilchen hier und da.

Die gelehrte *(scholarly)* Differenzierung des Bewußtseins ist die des Sprachwissenschaftlers, des Literaturwissenschaftlers, des Exegeten, des Historikers. Sie vereint die Eigenart des Allgemeinverstands des eigenen Ortes und der eigenen Zeit mit einem Verstehen im Stil des Allgemeinverstands, das die Bedeutungen und Intentionen in den Worten und Taten begreift, die aus dem Allgemeinverstand eines anderen Volkes, eines anderen Ortes oder einer anderen Zeit hervorgegangen sind. Weil die Gelehrsamkeit in der sich nach Art des Allgemeinverstands entwickelnden Intelligenz arbeitet, versucht sie nicht, die allgemeinen Prinzipien und Gesetze zu erreichen, die das Ziel der Naturwissenschaften und der verallgemeinernden Humanwissenschaften sind. Ihr Ziel besteht einfach darin, die in besonderen Aussagen gemeinte Bedeutung zu verstehen, wie auch die in besonderen Taten verkörperten Absichten. Dementsprechend sind die gelehrten und die theoretischen Bewußtseinsdifferenzierungen ganz verschieden.

Innerlich differenziertes Bewußtsein wird in den Bereichen des Allgemeinverstands und der Interiorität wirksam. Während theoretisch differenziertes Bewußtsein seine Grundtermini und -beziehungen zu bestimmen sucht, indem es bei der Sinneserfahrung anfängt, verläßt das innerlich differenzierte Bewußtsein, obwohl es bei den Sinnen anfangen muß, schließlich diesen Anfang, um seine Grundtermini und -beziehungen dadurch zu bestimmen, daß es unseren bewußten Vollzügen und der dynamischen Struktur, die sie untereinander verbindet, Aufmerksamkeit schenkt. Auf einer derartigen Basis wird die hier vorgelegte Methode aufgebaut. Nach solch einer Basis suchte die moderne Philosophie tastend in ihrer Anstrengung, den Skeptizismus des vierzehnten Jahrhunderts zu überwinden, ihr Verhältnis zu den Natur- und Humanwissenschaften aufzuklären, eine Kritik des Allgemeinverstands, der sich so leicht mit allgemeinem Unsinn vermischt, auszuarbeiten, und um abstrakt begriffene kognitive Tätigkeit in den konkreten und aufhebenden Zusammenhang des menschlichen Fühlens und moralischer Überlegung, Wertung und Entscheidung zu stellen.

Jede der vorstehenden Bewußtseinsdifferenzierungen kann sich im Anfangsstadium befinden, im Reifezustand oder in Rückbildung. In einem Leben der Frömmigkeit kann man schon die Vorstufe mystischer Erfahrung sehen, im Kunstfreund die Anfänge eigener Kreativität, in einer Weisheitsliteratur die Vorahnung philosophischer Theorie, im Antiquar den künftigen Fachgelehrten, in psychologischer Introspektion die Bauelemente innerlich differenzierten Bewußtseins. Doch was erreicht wurde, das muß nicht von Dauer sein. Auf die heroische Spiritualität eines religiösen Führers folgt vielleicht die routinemäßige Frömmigkeit seiner späteren Anhänger. Künstlerisches Genie kann das Feld einem gekünstelten Humbug überlassen. Das differenzierte Bewußtsein eines Platon oder Aristoteles kann einen späteren Humanismus bereichern, obwohl die Schneide echter Theorie ihre Schärfe verliert. Hohe Gelehrsamkeit kann zur Ansammlung beziehungsloser Einzelheiten werden. Moderne Philosophie kann vom theoretischen zum innerlich differenzierten Bewußtsein übergehen, kann aber auch zum undifferenzierten Bewußtsein der Vorsokratiker oder der »Ordinary-Language«-Analytiker zurückkehren.

Ich habe mich damit begnügt, kurze Beschreibungen von jeder der Bewußtseinsdifferenzierungen zu geben. Doch außer solchen Einzeldifferenzierungen gibt es doppelte, dreifache, vierfache und fünffache Differenzierungen. Wie es zehn Arten von Doppeldifferenzierungen gibt, zehn weitere von dreifacher Differenzierung und fünf von vierfacher, so gibt es viele verschiedene Wege, auf denen man zur fünffachen Differenzierung gelangen kann. Sobald sich jede einzelne Differenzierung ereignet, übernimmt sie einen bestimmten Bereich des Ganzen und verlangt spontan vom früher Erreichten eine neue Anpassung früherer Praxis, mit der man bislang in diesem Bereich irgendwie zurechtzukommen versuchte. Insbesondere bereichert theoretisch differenziertes Bewußtsein Religion um eine systematische Theologie, befreit aber auch die Naturwissenschaft von philosophischen Ketten, indem es sie fähig macht, ihre eigenen Grundtermini und -beziehungen zu erarbeiten. Die Gelehrsamkeit errichtet zwischen der systematischen Theologie und ihren historischen religiösen Quellen eine undurchdringliche Mauer; doch diese Entwicklung fordert die Philosophie und Theologie auf, von ihrer Grundlage im Bereich der Theorie zur Grundlage im Bereich der Interiorität überzugehen. Infolge dieses Übergangs kann die Theologie nun eine Methode erarbeiten, die die kritische Geschichtsschreibung ebenso wie Interpretation und Forschung zugleich zugrundelegt und kritisch begleitet.

4. Der Pluralismus in der religiösen Sprache

Neben dem radikalen Pluralismus, der sich aus dem Vorhandensein oder dem Fehlen intellektueller, moralischer und religiöser Bekehrung ergibt, findet man noch eine ungefährlichere, aber dennoch verwirrende Vielfalt, die ihre Wurzeln in der Differenzierung des menschlichen Bewußtseins hat.

Die bei weitem verbreitetste Art ist das undifferenzierte Bewußtsein. Zu dieser Art wird stets die breite Mehrheit der Gläubigen gehören. Weil es undifferenziert ist, wird es durch die Orakelsprüche des religiös differenzierten Bewußtseins nur beunruhigt oder belustigt, sowie durch die Äußerungen der Künstler, durch die Subtilitäten der Theoretiker, durch die mühevollen Arbeiten der Historiker und durch den komplexen Gebrauch vertrauter Worte, der aus einem innerlich differenzierten Bewußtsein kommt. Wenn man daher dieser Mehrheit predigen oder sie lehren will, muß man ihre eigene Sprache sprechen, ihre Verfahren und ihre Mittel benutzen. Leider sind diese nicht gleichförmig. Es gibt so viele eigne Arten des Allgemeinverstands wie es Sprachen, wie es soziale oder kulturelle Unterschiede, ja fast so viele wie es Orts- und Zeitunterschiede gibt. Daher braucht man, wenn das Evangelium allen Menschen gepredigt werden soll, zumindest so viele Prediger, wie es verscheidene Orte und Zeiten gibt, und jeder von ihnen muß die Leute kennen, zu denen er gesandt ist, ihre Art zu denken, ihre Bräuche und ihre Redeweise. Daraus ergibt sich ein vielfältiger Pluralismus. In erster Linie ist es eher ein Pluralismus der Kommunikation als der Lehre. Doch innerhalb der Grenzen des undifferenzierten Bewußtseins gibt es keine andere Kommunikation der Lehre als durch jene Riten, Erzählformen, Hoheitstitel, Gleichnisse und Metaphern, die in der jeweiligen Umgebung wirksam sind.

Eine Ausnahme bezüglich dieser letzten Aussage ist anzumerken. Die gebildeten Schichten einer Gesellschaft, wie etwa der hellenistischen, sind normalerweise ein Beispiel für undifferenziertes Bewußtsein. Aber ihre Bildung umfaßte neben anderen Quellen auch die Werke echter Philosophen, so daß sie mit logischen Prinzipien vertraut waren und Sätze zum Gegenstand ihrer Reflexion und Betätigung machen konnten.

So vermochte Athanasius unter die zahlreichen Erläuterungen zum Begriff »*homoousios*« auch eine Regel bezüglich der Sätze über den Vater und den Sohn aufzunehmen: *eadem de Filio, quae de Patre dicuntur, excepto Patris nomine.*[2]

Neue Fachausdrücke können eingeführt werden, wenn der Kontext ihre Bedeutung klar macht. So werden im zweiten Abschnitt (DS 302) der Definition des Konzils von Chalkedon die Begriffe »Person« und »Natur« eingeführt. Aber der erste Abschnitt läßt keinen Zweifel daran, was gemeint ist. Wiederholt besteht er darauf, daß es ein und derselbe Sohn, unser Herr Jesus Christus ist, der vollkommen der Gottheit und der vollkommen der Menschheit nach ist, wahrer Gott und derselbe wahrer Mensch, wesensgleich dem Vater der Gottheit nach und derselbe wesens-

---

[2] *Athanasius,* Orat. III c. Arianos, MG 26, 329 A.

gleich uns seiner Menschheit nach, gezeugt aus dem Vater vor aller Zeit seiner Gottheit nach und in den letzten Tagen derselbe ... geboren aus Maria, der Jungfrau, der Menschheit nach.³

Nun ist die Bedeutung dieser Erklärung hell und klar, aber für einen logisch geschulten Geist erhebt sich eine Frage. Ist »Menschheit« dasselbe wie »Gottheit«? Wenn nicht, wie kann dann ein und derselbe zugleich menschlich und göttlich sein? Erst nachdem diese Fragen gestellt waren, hatte es einen Sinn zu erklären, daß man eine Unterscheidung zwischen »Person« und »Natur« einführen kann, daß Gottheit und Menschheit zwei verschiedene »Naturen« bezeichnen und daß ein und dieselbe »Person« zugleich Gott und Mensch ist. Eine derart logische Klarstellung liegt im Rahmen des Sinngehalts der Definition. Geht man jedoch darüber hinaus und stellt metaphysische Fragen, wie etwa nach der Realität einer Unterscheidung zwischen Person und Natur, so geht man nicht nur über die von der Definition ausdrücklich angezielte Fragestellung hinaus, sondern wird überdies aus dem undifferenzierten Bewußtsein herausgelockt, um in das theoretisch differenzierte Bewußtsein der Scholastik einzutreten.

Betrachten wir jedoch zuerst religiös differenziertes Bewußtsein. Es kann sich mit den Negationen einer apophatischen Theologie begnügen, denn es befindet sich in Liebe. In seiner Liebe gibt es keine Vorbehalte oder Bedingungen oder Einschränkungen. Durch solche Liebe ist es positiv auf das ausgerichtet, was an der Liebenswürdigkeit transzendent ist. Solch eine positive Ausrichtung und die daraus folgende Selbsthingabe befähigen den Menschen – solange sie wirksam sind –, auf irgendein intellektuell erfaßtes Objekt zu verzichten. Und wenn beide nicht mehr wirksam sind, macht die Erinnerung an sie, daß man sich mit der Aufzählung dessen begnügt, was Gott nicht ist.⁴

Man könnte dagegen einwenden: *Nihil amatum nisi praecognitum.* Doch obwohl das für andere menschliche Liebe gilt, muß es nicht für die Liebe gelten, die Gott in unsere Herzen ausgegossen hat durch den Heiligen Geist, der uns gegeben ist (Röm 5,5). Diese Gnade könnte gerade jenes Finden sein, das unsere Gottsuche durch natürliche Vernunft und positive Religion überhaupt erst begründet. Sie könnte der Prüfstein sein, nach dem wir beurteilen, ob es wirklich Gott ist, den die natürliche Vernunft erreicht⁵ oder den die positive Religion verkündet. Sie könnte jene

---

3 DS 301 = NR 178.
4 Vgl. *K. Rahner*, Das Dynamische in der Kirche, Freiburg Br. 1958, (QD5) 110ff. Ausführlicher bei *W. Johnston*, The Mysticism of the Cloud of Unknowing, New York-Rom-Tournai-Paris 1967.
5 Zum Übergang vom Kontext des Ersten Vatikanischen Konzils zum gegenwärtigen

Gnade sein, die Gott allen Menschen anbietet, die all das unterfängt, was an den Religionen der Menschheit gut ist, und die erklärt, wie jene, die nie das Evangelium gehört haben, dennoch gerettet werden können. Sie könnte das sein, was die einfachen Gläubigen befähigt, ihren himmlischen Vater im verborgenen anzubeten, selbst wenn ihre religiösen Auffassungen fehlerhaft sind. Schließlich ist es in dieser Gnade, daß man die theologische Rechtfertigung des katholischen Dialogs mit allen Christen, mit Nicht-Christen und sogar mit Atheisten finden kann, die Gott in ihrem Herzen lieben können, obwohl ihr Verstand ihn nicht kennt.

Als nächstes erhöht künstlerisch differenziertes Bewußtsein, besonders wenn es sich mit religiöser Sensibilität verbindet, die religiöse Ausdrucksweise. Es macht die Riten feierlich, die Liturgie prachtvoll, die Musik himmlisch, die Hymnen bewegend, die Kunst der Rede wirksam und das Lehren veredelnd.

Drittens gibt es theoretisch differenziertes Bewußtsein. Wie schon erwähnt, gab es eine leichte Färbung davon in den griechischen Konzilien von Nizäa, Ephesus, Chalkedon und Konstantinopel III. Doch in der Periode des Mittelalters wurde an den Universitäten eine riesige systematische Gemeinschafts-Aufgabe in Angriff genommen, all das miteinander in Einklang zu bringen, was in der Kirche aus der Vergangenheit überliefert worden war. Die kühnen spekulativen Bemühungen eines Anselm zielten auf ein Verständnis, noch ehe eine hinreichend breite Grundlage an Kenntnissen vorhanden war. Einen genaueren Ansatz ließ Abaelards *Sic-et-non* erkennen, in dem einhundertachtundfünfzig Aussagen durch Argumente aus der Heiligen Schrift, aus den Vätern, den Konzilien und der Vernunft bewiesen und widerlegt wurden.[6] Aus dieser dialektischen Darlegung entwickelte sich das Verfahren der *quaestio*: Abaelards *Non* wurde zum *Videtur quod non*; sein *sic* wurde *Sed contra est*; diesen Aussagen wurde eine allgemeine Antwort hinzugefügt, die Lösungsprinzipien ausarbeitete, und spezifische Antworten, die die Prinzipien auf jedes der angeführten Beweisstücke anwendete. Parallel zu dieser Entwicklung verlief die gelehrte Tätigkeit, Sentenzenbücher zu verfassen, in denen einschlägige Stellen aus Schrift und Tradition zusammengestellt und geordnet wurden. Wurde das Verfahren der *quaestio* auf die Inhalte der Sentenzenbücher angewandt, so entstanden daraus die Kommentare und mit ihnen ein neues Problem. Denn es wäre ja sinnlos, die divergierenden Materialien der Sentenzenbücher in Einklang zu bringen, wären die Lösun-

---

Kontext der Frage nach der natürlichen Gotteserkenntnis vgl. meinen Beitrag »Natural Knowledge of God« in: Proceedings of the Catholic Theological Society of America 23 (1968) 54–69. Nachdruck in B. Lonergan, A Second Collection, London 1974, 117–133.
[6] ML 178, 1339ff.

gen zu den zahlreichen Fragen selbst inkohärent. Man brauchte daher irgendein Begriffssystem, das den Theologen ermöglichte, auf alle Fragen, die sie stellten, kohärente Antworten zu geben; diesem Bedürfnis suchte man zu entsprechen, indem man das Werk des Aristoteles teils adoptierte, teils adaptierte.

Die scholastische Theologie war eine monumentale Leistung. Ihr Einfluß war in der katholischen Kirche tief und von langer Dauer. Bis zum Zweiten Vatikanum, das eine mehr biblische Redeweise vorzog, stand sie zumeist im Hintergrund päpstlicher Dokumente und konziliarer Entscheidungen. Heute dagegen ist sie im großen ganzen aufgegeben, teils weil die mittelalterlichen Zielstellungen nicht mehr adäquat sind, teils wegen der Mängel des aristotelischen Gesamtwerks.

Das Ziel der Scholastik, alle Elemente des christlichen Erbes in Einklang zu bringen, wies einen schwerwiegenden Mangel auf. Es begnügte sich damit, alles durch logisch und metaphysisch befriedigende Lösungen auszugleichen. Die Scholastik erkannte nicht klar, wie vieles aus der Mannigfaltigkeit des überkommenen Erbes kein logisches oder metaphysisches, sondern grundsätzlich ein geschichtliches Problem war.

Andererseits war das *Corpus aristotelicum* so weit davon entfernt, der historischen Forschung Wegweisung zu geben oder Verständnis für die Geschichtlichkeit der menschlichen Realität zu wecken, daß es den Begriff der Notwendigkeit zu seinem Wissenschaftsideal erhob. Überdies wurde nicht nur die Scholastik, sondern auch ein großer Teil des modernen Denkens von diesem verfehlten Ideal infiziert. Erst durch die Entdeckung und Annahme der Nicht-Euklidischen Geometrie wurden die Mathematiker zu dem Eingeständnis veranlaßt, daß ihre Postulate oder Axiome nicht notwendige Wahrheiten seien. Und erst nach Einführung der Quantentheorie sprechen die Physiker nicht mehr von notwendigen Naturgesetzen. Die Depression der dreißiger Jahre unseres Jahrhunderts zwang dann auch die Ökonomen, von ihrer Betonung »eherner« Wirtschaftsgesetze Abstand zu nehmen.

Man muß jedoch darauf hinweisen, daß Thomas von Aquin vom Ideal der Notwendigkeit ebenso wenig beeinflußt war wie Aristoteles selbst. Seine verschiedenen Kommentare, *Quaestiones Disputatae*, *Summae*, fallen unter den Begriff der Forschung, gefolgt von einer Suche nach Verstehen. Vielleicht erst im Sog der augustinisch-aristotelischen Kontroverse gegen Ende des dreizehnten Jahrhunderts wurden Aristoteles' »Zweite Analytiken« so ernst genommen, was einen Ausbruch von Skeptizismus zur Folge hatte und zum Verfall führte.

Was immer die Ursache war – Thomas behielt in der folgenden Theologie eine überragende Stellung. Kommentare zu den Sentenzen des Petrus

Lombardus wurden bis zum Ende des sechzehnten Jahrhunderts geschrieben. Eine abweichende Überlieferung begann aber mit Capreolus (†1444), der seinen Kommentar über Thomas' Kommentar zu den Sentenzen des Petrus Lombardus schrieb. Ein radikaler Ansatz wurde von Cajetan (†1534) eingeführt, der seinen Kommentar über die *Summa theologiae* des Thomas schrieb, worin ihm Báñez (1604), Johannes von St. Thomas (†1644), die Salmantizenser (1637–1700), Gonet (†1681) und Billuart (†1757) folgten. Doch trotz der Vorzüglichkeit des Thomas und aller Gelehrsamkeit dieser Theologen war ihre Verfahrensweise nicht hieb- und stichfest. Kommentare zu einem systematischen Werk, wie es die *Summa theologiae* war, stehen nur indirekt in Beziehung zu den christlichen Quellen. Die Reformation verlangte eine Rückkehr zum Evangelium, aber die eigentliche Bedeutung dieser Forderung war nur durch das Aufkommen der gelehrten *(scholarly)* Bewußtseinsdifferenzierung zu erfassen.

Es ist natürlich richtig, daß Melchior Cano (†um 1560) in seinen *De locis theologicis* eine Methode der Theologie skizzierte, die eine direkte Untersuchung aller Quellen einschloß. Aber wie die sich daraus ergebende Lehrbuch-Tradition zeigt, ist direkte Untersuchung noch nicht genug. Es muß die Geschichtlichkeit der menschlichen Realität entdeckt werden. Es müssen Verfahren ausgearbeitet werden zur Rekonstruktion divergierender Kontexte, wie sie von unterschiedlichen Menschen, Völkern, Orten und Zeiten vorausgesetzt werden. Beherrscht man solche Verfahren, so wird offenkudnig, daß die herkömmlichen Traktate nicht mehr von einem einzelnen Professor, sondern nur noch von einem Team gelehrt werden können.

Die Komplexität der gelehrten Bewußtseinsdifferenzierung haben wir in den Kapiteln über *Interpretation, Geschichte, Geschichte und Historiker* und *Dialektik* aufgezeigt. Solch eine Darstellung setzt aber ihrerseits ein innerlich differenziertes Bewußtsein voraus, das sich der besonderen Vollzugsweisen und der dynamischen Beziehungen bewußt ist, die diese Mannigfaltigkeit zu einem funktionierenden Ganzen ordnen. Denn nur durch solche Bewußtheit kann man entweder zur genauen Beschreibung dessen kommen, was Gelehrte tun, oder zu einer hinreichenden Beseitigung der Verwirrungen, die durch verfehlte Erkenntnistheorien entstehen.

Wenn auch Elemente moderner Gelehrsamkeit hier und da Jahrhunderte hindurch zu finden sind, kam es zu ihrer stärksten Entfaltung erst durch die deutsche Historische Schule des neunzehnten Jahrhunderts. Zuerst richtete sie ihre Aufmerksamkeit auf das antike Griechenland, auf Rom und auf das moderne Europa. Schrittweise drang sie auch in die biblischen, patristischen, mediävistischen und in noch spätere religiöse Studien ein. Nachdem sie in katholischen Kreisen lange Widerstand erfuhr, hat sie heute keine ernsthafte Opposition mehr. Die von der Scholastik beherrschte Ära ist zu Ende. Katholische Theologie befindet sich in einer Phase der Rekonstruktion.

5. Kategorien

Wir hatten darauf hingewiesen, daß die Theologie des Mittelalters bei Aristoteles Anleitung und Hilfe suchte, um ihr Denken zu klären und es kohärent zu machen. Bei der Methode, die wir vorschlagen, ist die Quelle grundlegender Klärung das innerlich und religiös differenzierte Bewußtsein.

Die transzendentalen Notionen sind unsere Fähigkeit zu suchen, und wenn gefunden, die Einzelfälle des Intelligiblen, des Wahren, des Wirklichen und des Guten anzuerkennen. Daraus folgt, daß sie für jedes Objekt bedeutsam sind, zu dessen Erkenntnis wir durch Fragen und Antworten gelangen.

Während die transzendentalen Notionen Fragen und Antworten möglich machen, bestimmen die Kategorien sie näher. Theologische Kategorien sind entweder allgemein oder speziell. Allgemeine Kategorien betreffen Objekte, die in das Blickfeld anderer Disziplinen ebenso kommen wie in das der Theologie. Spezielle Kategorien betreffen Objekte, die der Theologie eigen sind. Die Aufgabe, allgemeine und spezielle Kategorien auszuarbeiten, kommt nicht dem Methodologen zu, sondern dem Theologen, der in dieser fünften funktionalen Spezialisierung arbeitet. Der Methodologe hat die vorhergehende Aufgabe darauf hinzuweisen, welche Qualitäten in theologischen Kategorien wünschenswert sind, welches Maß an Geltung von ihnen zu fordern ist und wie man zu Kategorien mit den gewünschten Qualitäten und jener Geltung kommt.

Das Christentum ist zunächst eine Religion, die sich seit zwei Jahrtausenden entwickelt. Überdies hat es seine Vorgeschichte im Alten Testament, und es hat die Sendung, allen Völkern zu predigen. Offensichtlich muß eine Theologie, die eine derartige Religion zu reflektieren und ihre Bemühungen auf universale Kommunikation zu richten hat, eine transkulturelle Grundlage haben.

Sodann ist die im ersten Kapitel skizzierte transzendentale Methode in gewissem Sinne transkulturell. So wie sie ausdrücklich formuliert ist, ist sie freilich nicht transkulturell. Sie ist aber transkulturell in jenen Realitäten, auf die sich die Formulierung bezieht, denn diese Realitäten sind nicht Produkt einer bestimmten Kultur, sondern im Gegenteil die Prinzipien, aus denen die Kulturen hervorgehen, Prinzipien, die die Kulturen erhalten und entwickeln. Da wir uns auf diese Realitäten beziehen, wenn wir vom *homo sapiens* sprechen, folgt daraus auch, daß diese Realitäten transkulturell im Hinblick auf alle wahrhaft menschlichen Kulturen sind.

Ähnlich hat auch das Gottesgeschenk seiner Liebe (Röm 5,5) einen transkulturellen Aspekt. Denn wenn auch dieses Geschenk allen Menschen angeboten wird, wenn es sich auch mehr oder weniger authentisch in den vielen und verschiedenartigen Religionen der Menschheit manifestiert, wenn es auch auf ebenso viele unterschiedliche Weisen aufgenommen wird, wie es verschiedene Kulturen gibt, so ist doch das Geschenk als solches – als von seinen Manifestationen unterschiedenes – transkulturell. Von jeder anderen Liebe gilt sehr wohl, daß sie ein Wissen voraussetzt – *nihil amatum nisi praecognitum*. Aber das Gottesgeschenk seiner Liebe ist frei. Es ist nicht durch menschliches Wissen bedingt; es ist vielmehr die Ursache, die den Menschen überhaupt erst veranlaßt, nach Gotteserkenntnis zu suchen. Es ist nicht auf ein bestimmtes Stadium oder auf einen Ausschnitt der menschlichen Kultur beschränkt; es ist vielmehr jenes Prinzip, das eine Dimension der Überweltlichkeit in jede Kultur einbringt. Gleichwohl bleibt es natürlich wahr, daß das Gottesgeschenk seiner Liebe sein eigentliches Gegenstück in jenen Offenbarungsereignissen hat, durch die Gott einem bestimmten Volk oder der ganzen Menschheit die Fülle seiner Liebe erschließt. Denn das In-Liebe-Sein kommt in sein Eigentliches nicht im isolierten Individuum, sondern erst in einer Pluralität von Personen, die sich ihre Liebe gegenseitig eröffnen.

Demnach gibt es Grundlagen, von denen man allgemeine und spezielle Kategorien ableiten kann, die bis zu einem gewissen Grad transkulturell sind. Doch bevor wir zu zeigen versuchen, wie man zu solcher Ableitung kommen kann, möchten wir erst etwas über die Gültigkeit sagen, die bei der Ableitung zu erwarten ist.

Erstens können wir hinsichtlich der Grundlage für allgemeine theologische Kategorien in transzendentaler Methode nur das wiederholen, was bereits gesagt wurde. Die explizite Formulierung dieser Methode ist geschichtlich bedingt, und daher steht zu erwarten, daß sie korrigiert, modifiziert und ergänzt wird, wie die Wissenschaften ständig vorankommen und die Reflexion über sie noch vervollkommnet wird. Transkulturell dagegen ist jene Wirklichkeit, auf die sich diese Formulierung bezieht; und jene Wirklichkeit ist deshalb transkulturell, weil sie nicht das Produkt einer bestimmten Kultur ist, sondern das Prinzip, aus dem blühende Kulturen hervorgehen und sich entwickeln, wie sie auch das Prinzip ist, gegen das verstoßen wird, wenn Kulturen zerbröckeln und verfallen.

Zweitens ist hinsichtlich der Grundlage spezieller theologischer Kategorien zu unterscheiden zwischen dem In-Liebe-Sein auf unbegrenzte

Weise (1.) wie man es definiert und (2.) wie man es erreicht. So wie es definiert wird, ist es die habituelle Verwirklichung der Fähigkeit des Menschen zur Selbst-Transzendenz; es ist jene religiöse Bekehrung, die sowohl die moralische als auch die intellektuelle Bekehrung gründet; es liefert das wirkliche Kriterium, nach dem alles andere zu beurteilen ist; und infolgedessen hat man es nur in sich selbst zu erfahren oder an anderen zu erleben, um in ihm auch seine eigene Rechtfertigung zu finden. Andererseits ist zu sagen: Wie dieser Zustand in jedem Menschen tatsächlich erreicht wird, ist das Erreichte dialektisch. Es ist Authentizität als Rückzug aus der Nicht-Authentizität, und dieser Rückzug ist nie vollständig und stets prekär. Die größten Heiligen haben nicht nur Seltsamkeiten, sondern auch Fehler, und nicht nur mancher von uns, sondern wir alle beten – und dies nicht bloß aus Demut, sondern in Wahrheit[7] – um Vergebung unserer Schuld, wie auch wir vergeben unsern Schuldigern.

Infolgedessen bedarf es keiner kritischen Rechtfertigung der Liebe, die Paulus im dreizehnten Kapitel seines ersten Briefes an die Korinther beschreibt, wohl aber muß man ein kritisches Auge auf jedes religiöse Individuum und jede Gruppe haben, um jenseits der wirklichen Liebe, die ihnen durchaus geschenkt sein mag, die verschiedenen Arten von Vorurteil *(bias)* zu erkennen, die die Ausübung dieser Liebe entstellen oder verhindern können.[8]

Drittens haben wir hinsichtlich der transzendentalen Methode wie auch des göttlichen Gnadengeschenks seiner Liebe zwischen einem inneren Kern, der transkulturell ist, und einer äußeren Erscheinung unterschieden, die der Veränderung unterliegt. Wir brauchen nicht zu betonen, daß theologische Kategorien nur soweit transkulturell sind, als sie auf diesen inneren Kern verweisen. In ihrer aktuellen Formulierung sind sie geschichtlich bedingt und unterliegen daher der Korrektur, der Modifizierung und der Ergänzung. Überdies werden sie um so heikler, je detaillierter sie ausgearbeitet werden und je weiter sie sich vom inneren Kern entfernen. Aus welchen Gründen sind sie dann aber anzunehmen und anzuwenden?

---

[7] DS 230 = NR 766.
[8] Über Vorurteile vgl. »Insight« 191–206, 218–242. Allgemeiner betrachtet vergleiche man die vielfältigen Warnungen vor verschiedenen Formen von Illusion in erbaulichen und aszetischen Schriften. Während diese Tradition mit den Erkenntnissen der Tiefenpsychologie in Verbindung gebracht werden sollte, ist es zugleich von großer Bedeutung, die laufenden Korrekturen früherer Ansichten zur Kenntnis zu nehmen. Vgl. hierzu *L. v. Bertalanffy,* General System Theory, New York 1968, 106ff, 188ff. *A. Maslow,* Toward a Psychology of Being, Princeton 1962, bes. 19–41. *E. Becker,* The Structure of Evil, New York 1968, 154–166. *A. Janov,* The Primal Scream, New York 1970.

Ehe wir auf diese Frage eingehen, müssen wir die Idee des Modells oder des Idealtypus einführen. Modelle verhalten sich zu den Humanwissenschaften, zu Philosophien und Theologien recht ähnlich wie die Mathematik zu den Naturwissenschaften. Denn Modelle wollen nicht Beschreibungen der Wirklichkeit, nicht Hypothesen über die Wirklichkeit sein, sondern einfach ineinandergreifende Komplexe von Termini und Beziehungen. Solche Komplexe erweisen sich in der Tat als nützlich, um Untersuchungen zu leiten, Hypothesen zu entwerfen und Beschreibungen abzufassen. So wird ein Modell die Aufmerksamkeit eines Forschers in eine bestimmte Richtung lenken, und zwar mit einem von zwei möglichen Ergebnissen: es kann ihm eine Grundskizze dessen liefern, was er dann als Sachverhalt herausfindet, oder es stellt sich als weithin irrelevant heraus, wobei die Entdeckung dieser Irrelevanz durchaus Anlaß zur Aufdeckung neuer Anhaltspunkte sein kann, die man sonst übersehen hätte. Ferner, wenn man Modelle zur Verfügung hat, dann reduziert sich die Aufgabe, eine Hypothese zu entwickeln, auf das einfachere Problem, ein Modell zuzuschneiden, damit es zu einem gegebenen Objekt oder Gebiet genauer paßt. Schließlich kann sich die Nützlichkeit des Modells auch erweisen, wenn eine schon bekannte Realität zu beschreiben ist. Denn bekannte Realitäten können äußerst kompliziert sein, und an eine adäquate Sprache, sie zu beschreiben, kann schwer heranzukommen sein. So kann die Formulierung von Modellen und ihre allgemeine Annahme als Modell sowohl die Beschreibung als auch die Kommunikation enorm erleichtern.

Was bisher zu den Modellen gesagt wurde, ist nun auch für die Frage nach der Gültigkeit der allgemeinen und speziellen theologischen Kategorien von Bedeutung. Denn erstens bilden solche Kategorien einen Komplex miteinander verknüpfter Termini und Beziehungen und besitzen daher die Nützlichkeit von Modellen. Sodann werden diese Modelle von Grundtermini und -beziehungen her aufgebaut, die auf transkulturelle Komponenten im menschlichen Leben und Wirken bezogen sind, und besitzen daher in ihren Wurzeln ganz außergewöhnliche Gültigkeit. Ob ihre Bedeutung jedoch über die von Modellen mit außergewöhnlich grundlegender Gültigkeit hinausgeht, das ist keine methodologische, sondern eine theologische Frage. Mit anderen Worten, die Entscheidung bleibt dem Theologen überlassen, ob ein Modell zu einer Hypothese wird oder als Beschreibung zu verstehen ist.

6. Allgemeine theologische Kategorien

Will man Kategorien ableiten, so braucht man eine Grundlage, von der sie abzuleiten sind. Die Grundlage allgemeiner theologischer Kategorien ist das aufmerksame, untersuchende, reflektierende und abwägende Subjekt nebst den Vollzügen, die sich aus dem Aufmerken, Untersuchen, Reflektieren und Abwägen ergeben, sowie jener Struktur, innerhalb derer sich die Vollzüge abspielen. Das hier angesprochene Subjekt ist nicht irgendein allgemeines, abstraktes oder theoretisches Subjekt; es ist in jedem Fall ein bestimmter Theologe, der eben jetzt Theologie treibt. In ähnlicher Weise sind das relevante Aufmerken, Untersuchen, Reflektieren und Abwägen eben jenes Aufmerken, Untersuchen, Reflektieren und Abwägen, das er bei sich selbst im Vollzug vorgefunden hat; die sich ergebenden Vollzüge sind jene Vollzüge, die er bei seinem eigenen Tätigsein entdeckt und identifiziert hat; und die Struktur, innerhalb derer sich die Vollzüge abspielen, ist das Schema dynamischer Beziehungen, die – wie er aus eigener Erfahrung weiß – vom einen Vollzug zum nächsten führen. Schließlich transzendiert das Subjekt sich selbst. Seine Vollzüge enthüllen Objekte: einzelne Vollzüge enthüllen Teilobjekte; eine strukturierte Zusammensetzung von Vollzügen enthüllt zusammengesetzte Objekte; und da sich das Subjekt durch seine Vollzüge seiner selbst als tätig bewußt ist, wird es auch offenbar, zwar nicht als Objekt, aber als Subjekt.

Dies ist das Grundgeflecht von Termini und Relationen. Nun gibt es seit Jahrtausenden eine riesige Anzahl von Individuen, bei denen man solche Grundgeflechte von Termini und Relationen nachweisen kann; denn auch sie sind aufmerksam, verstehen, urteilen und entscheiden. Zudem tun sie das nicht in Isolation, sondern in sozialen Gruppen, und da solche Gruppen sich entwickeln und vorwärtskommen, aber auch verfallen, gibt es nicht bloß Gesellschaft, sondern auch Geschichte.

Sodann läßt sich das Grundgeflecht von Termini und Relationen auf verschiedene Weise differenzieren. So kann man unterscheiden und beschreiben: (1.) jeden einzelnen von den verschiedenen Arten der bewußten Vollzüge, die sich ereignen; (2.) das biologische, ästhetische, intellektuelle, dramatische, praktische oder religiöse Erfahrungsschema, in denen die Vollzüge stattfinden; (3.) die unterschiedliche Bewußtseinsqualität, die der Sinneswahrnehmung, dem intelligenten Handeln, dem rationalen Handeln sowie dem verantwortlichen und freien Handeln innewohnt; (4.) die unterschiedliche Art und Weise, in der sich Vollzüge auf Ziele hinbewegen: nach Art und Weise des Allgemeinverstands, der Naturwissenschaften, der Interiorität und Philosophie sowie des Gebetslebens und der Theologie; (5.) die verschiedenen Bereiche der Bedeutung und die verschiedenen gemeinten Welten als Ergebnis der verschiedenen Verfahrensweisen: die Welt der Unmittelbarkeit, die in unmittelbarer Erfahrung gegeben ist und durch erfolgreiche Antwort bestätigt wird; die Welt des Allgemeinverstands; die Welt der Naturwissenschaften; die Welt der Interiorität und Philosophie; die Welt der Religion und Theologie; (6.) die verschiedenen heuristischen Strukturen, innerhalb derer die Vollzüge zum Erreichen von Zielen akkumulieren: die klassische, statistische, genetische und dialektische heuristische Struktur[9] und, sie alle umgreifend, die integrale heuristische Struktur, die das ist, was ich unter einer Metaphysik verstehe;[10] (7.) den Gegensatz zwischen differenziertem Bewußtsein, das mit Leichtigkeit von der einen Vollzugsweise in einer Welt zu einer anderen Vollzugsweise in einer anderen Welt übergeht, und andererseits dem undifferenzierten Bewußtsein, das in seiner ortstypischen Spielart des Allgemeinverstands zu Hause ist, aber jegliche Botschaft aus den Welten der Theorie, der Interiorität und der Transzendenz ebenso fremd wie unverständlich findet; (8.) den Unterschied zwischen denen, die sich religiös oder moralisch oder intellektuell bekehrt oder nicht bekehrt haben; (9.) die sich ergebenden dialektisch entgegengesetzten Positionen und Gegenpositionen, Modelle und Kategorien.

Eine solche Differenzierung bereichert das anfängliche Geflecht der Termini und Relationen sehr. Von einer derart verbreiterten Basis kann man fortschreiten zur entfalteten Darstellung des menschlich Guten, der Werte, der Glaubensüberzeugungen, zu den Trägern, den Elementen, Funktionen, Bereichen und Stadien der Bedeutung, und schließlich zur Gottesfrage sowie zur Frage religiöser Erfahrung, ihrer Ausdrucksweisen und ihrer dialektischen Entwicklung.

Da das Grundgeflecht von Termini und Relationen eine dynamische Struktur ist, gibt es verschiedene Wege, wie man Modelle der Veränderung aufstellen kann. So hat man beispielsweise das Feuer zuerst als eines der vier Elemente verstanden, hat es dann auf das Phlogiston zurückgeführt und schließlich als Oxydationsprozeß erkannt. Obwohl die Antworten wenig Gemeinsames haben, sind sie doch Antworten auf die gleiche Frage: Was wird man erkennen, wenn man die Daten des Feuers versteht? Allgemeiner gesagt: Das Wesen eines X ist das, was man erkennen wird, wenn man die Daten des X verstanden hat. Indem man sich den heuristischen Notionen hinter den gemeinsamen Namen zuwendet, findet man das einende Prinzip jener sukzessiven Bedeutungen, die dem Namen beigelegt wurden.[11]

[9] »Insight« 33–69, 217–244, 451–487, 530–594.
[10] Ebd. 390–396.
[11] Ebd. 36ff.

Einige Erläuterungen, die ich zumeist meinem Buch »Insight« entnehme, möchte ich hier noch anfügen. Entwicklungen lassen sich als Prozesse analysieren, die von anfänglich globalen Vollzügen geringer Effizienz über Differenzierung und Spezialisierung bis zur Integration der hoch vervollkommneten Spezialisierungen führen. Umwälzende Entwicklungen in einigen Bereichen des Denkens lassen sich als sukzessive, jeweils höhere Gesichtspunkte schematisch erfassen.[12] Ein Universum, in dem sowohl klassische als auch statistische Gesetzmäßigkeiten nachzuweisen sind, ist durch einen Prozeß aufsteigender Wahrscheinlichkeit gekennzeichnet.[13] Es läßt sich zeigen, daß Authentizität Fortschritt hervorbringt, Nicht-Authentizität aber zum Niedergang führt,[14] während das Problem der Überwindung des Niedergangs zur Religion hinführt.[15] Die Interpretationsprobleme lassen die Vorstellung von einem universalen Gesichtspunkt aufkommen, der sich über verschiedene Ausdrucksebenen und -abfolgen fortsetzt.[16]

7. Spezielle theologische Kategorien

Gehen wir nun von der Ableitung der allgemeinen zur Ableitung spezieller theologischer Kategorien über. Hierzu haben wir ein Modell in der theoretischen Theologie, die im Mittelalter entwickelt wurde. Doch dieses Modell kann nur nachgeahmt werden, indem man zu einem neuen Schlüssel übergeht; denn die Kategorien, die wir haben möchten, gehören nicht zu einer theoretischen, sondern zu einer methodischen Theologie.

Um den Unterschied deutlich zu machen, betrachten wir die mittelalterliche Gnadenlehre. Sie setzte eine metaphysische Psychologie voraus, die Begriffe wie »das Wesen der Seele«, deren »Vermögen«, »Habitus« und »Akte« verwendete. Diese Voraussetzung machte die Naturordnung aus. Die Gnade geht jedoch über die Natur hinaus und vervollkommnet sie. Demgemäß verlangt die Gnade spezielle theologische Kategorien, und diese müssen auf übernatürliche Entitäten verweisen, denn die Gnade ist untrennbar mit Gottes liebender Selbst-Hingabe an uns verbunden, und dieses Geschenk ist nicht auf unsere Menschennatur zurückzuführen, sondern auf Gottes freien Willensentschluß. Gleichzeitig müs-

---

[12] Ebd. 13–19.
[13] Ebd. 115–128, 259–262.
[14] Ebd. 207–244.
[15] Ebd. 688–703, 713–730.
[16] Ebd. 562–594.

sen diese Entitäten aber auch Ausweitungen sein, die unsere Natur vervollkommnen. Daher sind sie Habitus und Akte. Übernatürliche Akte gehen für gewöhnlich aus übernatürlich wirksamen Habitus (Tugenden) hervor, und übernatürlich wirksame Habitus gehen aus dem übernatürlich entitativen Habitus (heiligmachende Gnade) hervor, der anders als die wirksamen Habitus, nicht in den Vermögen, sondern im Wesen der Seele verwurzelt ist.

Um nun den Übergang von der theoretischen zur methodischen Theologie zu vollziehen, muß man nicht von einer metaphysischen Psychologie ausgehen, sondern von der Intentionalitätsanalyse, und zwar von der transzendentalen Methode. So bemerkten wir in unserem Kapitel über die Religion, daß das Subjekt intellektuell selbst-transzendent ist, insofern es zur Erkenntnis gelangt, daß es moralisch selbst-transzendent ist, sofern es das sucht, was der Mühe wert ist, was wirklich gut ist, und dadurch selbst zu einem Ursprung von Güte und Wohltätigkeit wird, und daß es affektiv selbst-transzendent ist, wenn es zu lieben beginnt, wenn die Isolierung des Individuums durchbrochen und es spontan nicht bloß für sich selbst, sondern ebenso für andere tätig wird. Sodann unterschieden wir verschiedene Arten von Liebe: die Liebe inniger Vertrautheit, zwischen Mann und Frau, Eltern und Kindern; die Menschenliebe, die sich dem Streben nach menschlicher Wohlfahrt widmet, ob auf lokaler, nationaler oder gar globaler Ebene; und die überweltliche Liebe, die keine Bedingungen, Bestimmungen, Einschränkungen oder Vorbehalte zuläßt. Es ist diese überweltliche Liebe aber weder als dieser oder jener Akt noch als eine Reihe von Akten, sondern als dynamischer Zustand, aus dem die Akte hervorgehen, jene Liebe, die in einer methodischen Theologie das ausmacht, was in einer theoretischen Theologie heiligmachende Gnade genannt wird. Ferner ist es dieser dynamische Zustand, der sich in inneren und äußeren Akten bekundet, der die Grundlage bildet, auf der die speziellen theologischen Kategorien aufgestellt werden.

Nach der Tradition bekundet sich dieser dynamische Zustand auf dreifache Weise: als Weg der Läuterung, auf dem man sich von der Sünde zurückzieht und Versuchungen überwindet; als Weg der Erleuchtung, auf dem die Erkenntnis der Werte verfeinert und die eigene Verpflichtung auf sie gestärkt wird; und schließlich als Weg der Einigung, auf dem die Heiterkeit der Freude und des Friedens jene Liebe offenbaren, die bisher gegen die Sünde kämpfte und in der Tugend Fortschritte machte.

Demnach sind die Daten über den dynamischen Zustand überweltlicher Liebe Daten über einen Vorgang der Bekehrung und Entwicklung. Die inneren Determinanten sind das Gottesgeschenk seiner Liebe und die Zustimmung des Menschen, doch gibt es auch noch äußere Determinanten im Schatz der Erfahrung und in der akkumulierten Weisheit religiöser Überlieferung. Während das Zivilrecht die volle Verantwortlichkeit des Erwachsenen (in manchen Staaten) dem Alter von einundzwanzig Jahren zuerkennt, vertritt ein Professor der Religionspsychologie in Löwen die Ansicht, der Mensch erreiche echten religiösen Glauben und eine eigentlich personale Übernahme seiner ererbten Religion etwa im Alter von dreißig Jahren.[17] Aber genauso wie man ein sehr erfolgreicher Naturwissenschaftler sein und dennoch vage Vorstellungen bezüglich der eigenen intentionalen und bewußten Vollzüge haben kann, so kann ein Mensch auch im religiösen Sinne reif sein und muß sich dennoch sein vergangenes Leben in Erinnerung rufen, es in seinen religiösen Stadien und Eigenheiten untersuchen, ehe er darin eine Richtung, ein Schema, einen Drang oder einen Ruf zur Überweltlichkeit erkennen kann. Selbst dann können seine Schwierigkeiten noch nicht zu Ende sein: er mag außerstande sein, mit den Worten, die ich gebraucht habe, einen genauen Sinn zu verbinden; er könnte sogar mit der Wirklichkeit, von der ich spreche, zu vertraut sein, um sie mit dem, was ich sage, in Verbindung zu bringen; oder er könnte etwas Etikettiertes suchen, während er lediglich das Bewußtsein jener Kraft, die in ihm wirkt, steigern und deren Langzeit-Wirkung beachten sollte.

Aber ich glaube nicht, daß man die Sache als solche in Zweifel ziehen kann. Im Bereich der religiösen Erfahrung hat Olivier Rabut gefragt, ob es irgendeine unanfechtbare Tatsache gäbe. Er fand solch ein Faktum in der Existenz der Liebe. Es ist, als würde ein Raum von Musik erfüllt, obwohl man keine sichere Kenntnis über ihre Quelle hat. Es gibt in der Welt so etwas wie ein Spannungsfeld von Liebe und Sinn: hier und da erreicht es eine besondere Intensität; aber es ist stets unaufdringlich und verborgen und fordert von einem jeden, sich darauf einzulassen. Wir müssen uns darauf einlassen, wenn wir es wahrnehmen wollen, denn dieses Wahrnehmen erfolgt nur durch unser eigenes Lieben.[18]

Die funktionale Spezialisierung Fundamente leitet ihren ersten Komplex von Kategorien aus der religiösen Erfahrung ab. Diese Erfahrung ist etwas sehr Einfaches und mit der Zeit auch außerordentlich Vereinfachendes, aber auch etwas überaus Reiches und Bereicherndes. Es bedarf der Untersuchungen zur religiösen Interiorität: historischer, phänomenologischer, psychologischer und soziologischer Untersuchungen. Und im Theologen selbst muß sich eine spirituelle Entwicklung vollziehen, die ihm ermöglicht, sich in die Erfahrung anderer zu versetzen und die Ter-

---

[17] A. Vergote, Religionspsychologie, Olten 1970, 385.
[18] O. Rabut, L'expérience religieuse fondamentale, Tournai 1969, 168.

mini und Beziehungen zu formulieren, die jene Erfahrung zum Ausdruck bringen.

Zweitens geht man vom Einzelsubjekt zu den Subjekten über, zu ihrem Beisammensein in Gemeinde, Gottesdienst und Zeugnis, zur Heilsgeschichte, die in einem In-Liebe-Sein verwurzelt ist, wie zur Funktion dieser Geschichte, das Reich Gottes unter den Menschen zu fördern.

Der dritte Komplex spezieller Kategorien geht von unserem Lieben zur liebenden Quelle unserer Liebe über. Die christliche Überlieferung macht unser implizites Intendieren Gottes in all unserem Intendieren dadurch explizit, daß sie vom Heiligen Geist spricht, der uns geschenkt ist, vom Sohn, der uns erlöst hat, vom Vater, der den Sohn gesandt hat und mit dem Sohn den Geist sendet, und von unserem künftigen Schicksal, wenn wir nicht mehr dunkel und wie in einem Spiegel, sondern von Angesicht zu Angesicht erkennen werden.

Ein vierter Komplex von Kategorien ergibt sich aus der Differenzierung. Ebenso wie das eigene Menschsein kann auch das eigene Christsein authentisch oder nicht-authentisch oder eine Mischung von beidem sein. Noch schlimmer ist jedoch, daß dem nicht-authentischen Menschen oder Christen das als authentisch erscheint, was nicht-authentisch ist. Hier also liegt die Wurzel der Spaltung, des Widerstreits, der Kontroverse, der Bezichtigung, der Erbitterung, des Hasses und der Gewalt. Hier findet sich auch die transzendentale Grundlage für die vierte funktionale Spezialisierung, die Dialektik.

Ein fünfter Komplex von Kategorien bezieht sich auf Fortschritt, Niedergang und Erlösung. Wie menschliche Authentizität den Fortschritt fördert und die Nicht-Authentizität den Niedergang bewirkt, so ist christliche Authentizität – die Nächstenliebe, die auch vor Selbstaufopferung und Leiden nicht zurückschreckt – das höchste und wirksamste Mittel zur Überwindung des Bösen. Christen führen das Reich Gottes in der Welt nicht nur durch Gutestun herbei, sondern auch dadurch, daß sie das Böse durch das Gute besiegen (Röm 12,21). Es gibt nicht nur den Fortschritt der Menschheit, sondern auch Entwicklung und Fortschritt innerhalb des Christentums selbst; und wie es da Entwicklung gibt, so gibt es auch Niedergang; weil es aber auch Niedergang gibt, besteht das Problem, ihn rückgängig zu machen und das Böse durch das Gute nicht nur in der Welt, sondern auch in der Kirche zu besiegen.

So viel zu unserer Skizze allgemeiner und spezieller theologischer Kategorien. Wie schon gesagt, hat der Methodologe die Aufgabe, die Ableitung solcher Kategorien zu skizzieren, doch der Theologe, der im Bereich der fünften funktionalen Spezialisierung tätig ist, hat nun im einzelnen zu bestimmen, welches die allgemeinen und speziellen Kategorien sein sollen.

8. Die Anwendung der Kategorien

Wie allgemeine und spezielle Kategorien von einer transkulturellen Grundlage her abzuleiten sind, das habe ich zu zeigen versucht. Für allgemeine Kategorien ist die Grundlage der authentische oder nicht-authentische Mensch; der aufmerksame oder unaufmerksame, der intelligente oder beschränkte, der vernünftige oder törichte, der verantwortungsbewußte oder verantwortungslose Mensch mit den sich ergebenden Positionen und Gegenpositionen. Für spezielle Kategorien ist die Grundlage der authentische oder nicht-authentische Christ, der in echter Liebe zu Gott ist oder in dieser Liebe versagt, mit seiner entsprechenden christlichen oder unchristlichen Lebensanschauung und seinem Lebensstil.

Die Ableitung der Kategorien ist eine Sache des menschlichen und des christlichen Subjekts, das zur Selbstfindung kommt und dieses erhöhte Bewußtsein sowohl als Grundlage für die methodische Kontrolle beim Theologie-Treiben verwendet, wie auch als ein Apriori, von dem her es andere Menschen, ihre sozialen Beziehungen, ihre Geschichte, ihre Religion, ihre Riten und ihr Schicksal verstehen kann.

Die Läuterung der Kategorien – die Eliminierung des Nicht-Authentischen – wird durch die funktionale Spezialisierung Dialetik vorbereitet und in dem Maße erreicht, wie die Theologen Authentizität durch religiöse, moralische und intellektuelle Bekehrung erlangen. Man sollte nicht etwa die Entdeckung irgendeines »objektiven« Kriteriums oder Tests oder einer Kontrolle erwarten. Denn eine solche Bedeutung des »Objektiven« ist reine Selbsttäuschung. Echte Objektivität ist die Frucht authentischer Subjektivität und nur zur erreichen, indem man authentische Subjektivität erlangt. Sucht und verwendet man irgendwelche Ersatzstützen oder -krücken, so führt das unweigerlich in irgendeinem Ausmaß zu einem Reduktionismus. Wie Hans-Georg Gadamer in »Wahrheit und Methode« ausführlich dargestellt hat, gibt es keine befriedigenden methodischen Kriterien, die vom Wahrheitskriterium absehen.

Die Anwendung der allgemeinen theologischen Kategorien erfolgt in jeder der acht funktionalen Spezialisierungen. Die Genese der speziellen theologischen Kategorien geschieht keimhaft in der Dialektik und mit ausdrücklicher Stellungnahme in den Fundamenten. Diese Stellungnahme bezieht sich jedoch auf die Kategorien nur als Modelle, als miteinander verknüpfte Komplexe von Termini und Beziehungen. Die Anwendung und Annahme von Kategorien als Hypothesen über die Wirklichkeit oder als Beschreibung der Wirklichkeit erfolgt in der Lehre, in der Systematik und in der Kommunikation.

Besonders zu betonen ist, daß diese Anwendung der speziellen Kategorien in Interaktion mit Daten erfolgt. Die Kategorien werden durch die Daten weiter bestimmt. Zugleich ergibt sich aus den Daten die Notwendigkeit zu weiterer Klärung der Kategorien sowie ihrer Berichtigung und Entwicklung.

Auf diese Weise kommt es zu einer Art Scherenbewegung mit einer oberen Klinge, den Kategorien, und einer unteren Klinge, den Daten. So wie die Grundsätze und Gesetze der Physik weder Mathematik noch Daten, sondern das Ergebnis einer Interaktion von Mathematik und Daten sind, so kann auch eine Theologie weder rein *a priori* noch rein *a posteriori* sein, sondern immer nur die Frucht eines fortschreitenden Prozesses, der einerseits auf einer transkulturellen Grundlage und andererseits auf zunehmend eingeordneten Daten beruht.

Da nun Theologie ein fortschreitender Prozeß ist und da selbst Religion und religiöse Lehre sich entwickeln, wird die funktionale Spezialisierung Fundamente weithin mit den Ursprüngen, mit der Entstehung, dem gegenwärtigen Zustand, den möglichen Entwicklungen und Anpassungen der Kategorien befaßt sein, in denen Christen sich selbst verstehen, miteinander in Verbindung treten und das Evangelium allen Völkern verkünden.

XII.

LEHRE

In unserer sechsten funktionalen Spezialisierung geht es um die Lehre *(doctrines)*. Wir werden über die Verschiedenartigkeit der Lehren sprechen, über ihre Funktionen, ihre Variationen, über die Differenzierung des menschlichen Bewußtseins und die fortschreitende Entdeckung des Geistes mit den sich ergebenden fortschreitenden Kontexten, über die Entwicklung, die Beständigkeit und die Geschichtlichkeit der Dogmen, über kulturellen Pluralismus und die Einheit des Glaubens sowie über die Autonomie der funktionalen Spezialisierung Lehre.

1. Verschiedenartigkeit der Lehren

Wir haben erstens zu unterscheiden: Primärquellen, kirchliche Lehren, theologische Lehren, methodologische Lehre und die Anwendung einer methodologischen Lehre, die zur funktionalen Spezialisierung Lehre führt. Gemeinsam ist allen, daß sie gelehrt werden. Sie sind verschieden und werden unterschieden, weil sich die Lehrer in ihrer Lehr-Autorität unterscheiden.

Bei den Primärquellen ist zu unterscheiden zwischen der Lehre der ursprünglichen Botschaft und den Lehren über diese Lehre. Hinweise auf die ursprüngliche Botschaft finden sich beispielsweise in 1 Kor 15,3ff und Gal 1,6ff. Dann aber ergeben sich aus den Stadien der Verkündigung und aus der Anwendung dieser Botschaft Lehren über die Lehre. So gibt es die göttliche Offenbarung, in der Gott zu uns einst durch die Propheten, in dieser Endzeit aber durch seinen Sohn gesprochen hat (Hebr 1,1f). Es gibt das Apostelkonzil, auf dem die Entscheidung der versammelten Christen mit der Entscheidung des Heiligen Geistes koinzidiert (Apg 15,28). Es gibt die apostolischen Überlieferungen: Irenäus, Tertullian und Origenes berufen sich auf Lehren, die den Kirchen von den Aposteln, die sie gegründet hatten, gegeben und von Generation zu Generation überliefert wurden.[1] Es gibt die Inspiration der kanonischen Schriften, die ein viel

---

[1] *Irenäus*, Adv. Haer. I, 10, 2; III, 1–3; *Harvey*, I, 92; II, 2ff. *Tertullian*, De praescr. haeret. 21. *Origenes,* De princ., praef. 1–2; *P. Koetschau* 7f.

leichter zugängliches Kriterium lieferte, sobald die Kanonbildung abgeschlossen und hermeneutische Grundsätze geklärt waren.[2]

An zweiter Stelle sind die kirchlichen Lehren zu nennen. Sie haben Vorläufer in den neutestamentlichen Glaubensbekenntnissen[3] und in der Entscheidung der versammelten Christen, von der Apg 15,28 berichtet. Im allgemeinen sind sie nicht bloß neuerliche Bestätigung der Schrift oder der Tradition. Wenn es auch als besonders sicher erschien, mit Papst Stephanus darauf zu drängen: »... *nihil innovetur nisi quod traditum est* ...« (DS 110), – so blieb es doch dabei, daß neue Fragen aufkamen, auf die man keine befriedigenden Antworten geben konnte, solange man sich begnügte, alles beim alten zu lassen. Warum dies so sein mußte, das ist ein weites Feld; wir werden auf diese Frage in den Abschnitten über »Variationen der Lehre« und über »Differenzierungen des Bewußtseins« zu antworten versuchen. Man braucht nur eine Sammlung konziliarer und päpstlicher Aussagen wie Denzingers »Enchiridion Symbolorum« durchzulesen um festzustellen, daß jede Aussage ein Produkt ihres Ortes und ihrer Zeit ist und daß jede die Fragen der Zeit für die damals lebenden Menschen aufgreift.

Drittens gibt es theologische Lehren. Etymologisch bedeutet Theologie eine Rede über Gott. Innerhalb des christlichen Kontextes bezeichnet sie die Reflexionen über die in und durch Christus gegebene Offenbarung. In der patristischen Epoche befaßten sich die Autoren hauptsächlich mit speziellen Fragen, die damals erörtert wurden, doch gegen Ende dieser Periode erschienen bereits so umfassende Werke wie »De fide orthodoxa« von Johannes Damascenus. In den Schulen des Mittelalters wurde Theologie methodisch, kooperativ und weiterführend betrieben. Forschung und Klassifizierung erfolgte in den Sentenzenbüchern; Interpretation in Kommentaren zu den Büchern des Alten und Neuen Testaments wie auch zu den Werken hervorragender Autoren. Die Systematische Theologie versuchte, in die Menge des Materials, das aus Schrift und Tradition zusammengetragen wurde, Ordnung und Kohärenz zu bringen. Das begann wahrscheinlich mit Abaelards *Sicet non*, in dem einhundertachtundfünfzig Aussagen durch Argumente aus Schrift, Tradition und Vernunft bewiesen und widerlegt wurden. Auf jeden Fall wurde aus Abaelards *Non* das spätere *Videtur quod non* der Quaestio; sein *Sic* wurde das *Sed contra est*; darauf folgte eine Darlegung der Lösungs- oder Ausgleichs-

---

[2] Man kontrastiere die klaren Prinzipien des *Klemens von Alexandrien* (Strom. VIII, 2ff; *Stählin* III, 81ff) mit den Anstrengungen des *Irenäus* (Adv. haer. I, 3,1.2.6; *Harvey* I, 24 bis 26.31).

[3] V. H. *Neufeld*, The Earliest Christian Confessions, Leiden 1963, Vol. V of New Testament Tools and Studies, ed. by B. M. *Metzger*.

grundsätze, und schließlich wurden diese Grundsätze auf jede der einander widersprechenden Quellen angewendet. Wenn nun das Verfahren der Quaestio auf die Inhalte eines Sentenzenbuches angewendet wurde, tauchte eine weitere Notwendigkeit auf. Die Lösungsantworten zu den endlosen Fragen mußten untereinander kohärent sein. Man brauchte daher irgendeine systematische Gesamtschau. Um dieser Gesamtschau eine Grundstruktur zu geben, wandten sich die Theologen zu Aristoteles.

Viertens: Die methodologischen Probleme tauchten gegen Ende des dreizehnten Jahrhunderts in einer aufsehenerregenden Kontroverse zwischen Augustinianern und Aristotelikern auf. Diese Kontroverse wurde keineswegs beigelegt, sondern ging einfach in eine dauernde Opposition thomistischer und skotistischer Schulen über, ähnlich wie später die Kontroversen zwischen Katholiken und Protestanten, Jesuiten und Dominikanern, oder den Anhängern verschiedener protestantischer Führer. Die Lösung derart fortgesetzter Differenzen ist in einer theologischen Methode zu suchen, die tiefgreifend genug ist, die grundlegenden philosophischen Fragen direkt anzugehen: Was tut man, wenn man erkennt? Warum ist dieses Tun Erkennen? Was erkennt man, wenn man dies tut?

Dies ist zwar notwendig, aber noch nicht genug. Man hat überdies zu fragen, was man tut, wenn man Theologie treibt, und die Antwort muß nicht nur der christlichen Gottesbegegnung Rechnung tragen, sondern auch der Geschichtlichkeit des christlichen Zeugnisses, der Vielfalt menschlicher Kulturen und den Differenzierungen des menschlichen Bewußtseins.

Es gibt also eine methodologische Lehre. So wie Theologie die Offenbarung und die kirchlichen Lehren reflektiert, so reflektiert Methodologie die Theologie und die Theologien. Weil sie die Theologie und die Theologien reflektiert, hat sie auch die Offenbarung und die kirchlichen Lehren zu erwähnen, über welche die Theologien reflektieren. Aber obwohl sie jene erwähnt, versucht sie doch nicht, ihren Inhalt zu bestimmen. Diese Aufgabe überläßt sie den kirchlichen Autoritäten und den Theologen. Ihr geht es um die Bestimmung, wie Theologen arbeiten könnten oder sollten. Ihr geht es nicht darum, die spezifischen Ergebnisse im voraus festzulegen, die alle künftigen Generationen erreichen müßten.

Schließlich gibt es noch eine fünfte Verschiedenartigkeit der Lehren, jene nämlich, die in der Überschrift dieses Kapitels gemeint ist. Es gibt theologische Lehren, die man durch Anwendung einer Methode erlangt, die funktionale Spezialisierungen unterscheidet und die funktionale Spezialisierung Fundamente gebraucht, um bestimmte Lehren aus dem vielfältigen Angebot der funktionalen Spezialisierung Dialektik auszuwählen.

2. Funktionen der Lehren

Im dritten Kapitel über Sinn und Bedeutung unterschieden wir die kommunikative, effektive, konstitutive und kognitive Funktion der Bedeutung. Sodann sprachen wir im vierten Kapitel über Religion von einer inneren Gnade und dem äußeren Wort, das von Jesus Christus zu uns kommt. Seiner autoritativen Quelle wegen ist dieses Wort Lehre. Weil jene Quelle eine einzige ist, ist die Lehre eine gemeinsame Lehre. Schließlich erfüllt eine solch gemeinsame Lehre jeweils die kommunikative, effektive, konstitutive und kognitive Funktion, die der Bedeutung eigen ist.

Sie ist effektiv, insofern sie rät und abrät, befiehlt und verbietet. Sie ist kognitiv, insofern sie sagt, woher wir kommen, wohin wir gehen und wie wir dorthin gelangen. Sie ist für das Individuum konstitutiv, insofern die Lehre ein Gesamt von Bedeutungen und Werten ist, wodurch sein Leben, Erkennen und Handeln geprägt wird. Sie ist für die Gemeinschaft konstitutiv; denn die Gemeinschaft existiert nur, weil es ein allgemein akzeptiertes Gesamt von Bedeutungen und Werten gibt, die von Menschen, die miteinander in Kontakt stehen, geteilt werden. Schließlich ist sie kommunikativ, da sie von Christus auf die Apostel überging, von den Aposteln auf deren Nachfolger und von diesen in jedem Zeitalter auf die Gläubigen, deren Hirten diese Nachfolger waren.

Sodann gibt es die normative Funktion der Lehren. Menschen können intellektuell, moralisch und religiös bekehrt oder nicht bekehrt sein. Sind sie es nicht und ist das Fehlen der Bekehrung bewußt und tiefgehend, so läuft es auf einen Verlust des Glaubens hinaus. Die Unbekehrten können aber gar keine reale Erfassung davon haben, was es bedeutet, bekehrt zu sein. Soziologisch gesehen sind sie Katholiken oder Protestanten, weichen aber auf manche Weise von der Norm ab. Zudem kann ihnen die angemessene Sprache fehlen, um das auszudrücken, was sie wirklich sind, und so bedienen sie sich der Sprache jener Gruppe, mit der sie sich soziologisch identifizieren. Daraus folgt eine Inflation oder Abwertung dieser Sprache und damit auch der Lehre, die sie vermittelt. Termini, die besagen, was der Unbekehrte nicht ist, werden überdehnt, um zu bezeichnen, was er ist. Lehren, die unbequem sind, werden in feiner Gesellschaft nicht erwähnt. Schlußfolgerungen, die unannehmbar sind, zieht man nicht. Solche Nicht-Authentizität kann sich ausbreiten; sie kann zur Tradition werden. Dann können Menschen, die in einer derart unechten Tradition erzogen wurden, nur durch eine Läuterung ihrer Tradition zu echten Menschen und authentischen Christen werden.

Gegen solche Verirrungen richtet sich die normative Funktion der Lehren. Denn die funktionale Spezialisierung Dialektik entfaltet ebenso die in der Vergangenheit erreichte Wahrheit wie auch die verbreiteten Irrtümer. Die funktionale Spezialisierung Fundamente unterscheidet zwischen Wahrheit und Irrtum unter Berufung auf die grundlegende Realität intellektueller, moralischer und religiöser Bekehrung. Das Ergebnis dieser Unterscheidung ist die funktionale Spezialisierung Lehre, und so sind Lehren, die sich auf Bekehrung gründen, den Verirrungen entgegengesetzt, die sich aus mangelnder Bekehrung ergeben. Demnach, wenn auch der Unbekehrte keine reale Vorstellung haben mag, was es bedeutet, bekehrt zu sein, hat er doch in den Lehren zumindest den Beweis, daß ihm zuinnerst etwas fehlt und daß er deshalb um Erleuchtung beten und Unterweisung suchen sollte.

Es sei angemerkt, daß der soeben aufgezeigte normative Charakter der Lehren zu jener funktionalen Spezialisierung gehört, die von den beiden vorhergehenden Spezialisierungen Dialektik und Fundamente abgeleitet ist. Es geht hier um eine Normativität, die sich aus einer bestimmten Methode ergibt. Diese Normativität unterscheidet sich von jener, die den Meinungen von Theologen entweder wegen ihrer persönlich überragenden Bedeutung oder wegen des hohen Ansehens, das sie in der Kirche oder bei deren Amtsträgern genießen, beigelegt wird. Letztlich ist die Normativität jeglicher theologischer Konklusion natürlich von der Normativität, die der göttlichen Offenbarung, der inspirierten Schrift oder der Kirchenlehre zukommt, verschieden und abhängig.

3. Variationen der Lehren

Die anthropologische und historische Forschung hat uns die riesige Vielfalt sozialer Einrichtungen, Kulturen und Mentalitäten bewußt gemacht. Daraus folgt, daß wir heute bei weitem besser als viele unserer Vorgänger in der Lage sind, die Veränderungen zu verstehen, die im Ausdruck christlicher Lehren stattgefunden haben. Denn wenn das Evangelium allen Völkern zu verkünden ist (Mt 28,19), so doch nicht allen auf gleiche Weise.[4] Soll man mit Menschen einer anderen Kultur die Kommunikation aufnehmen, so muß man sich der Mittel und Reichtümer ihrer Kultur bedienen. Einfach die Mittel der eigenen Kultur einzusetzen, führt noch nicht zur Kommunikation mit der anderen Kultur – man bleibt in seiner eigenen abgekapselt. Dennoch ist es nicht genug, einfach die Mittel der anderen Kultur einzusetzen – man muß dies vielmehr auf kreative Weise tun. Man muß die Art und Weise entdecken,

---

[4] Vgl. die Eröffnungsansprache von Papst *Johannes XXIII.* zum Zweiten Vatikanischen Konzil (AAS 54 [1962] 792, Zeilen 8ff).

wie die christliche Botschaft in der anderen Kultur wirksam und genau zum Ausdruck gebracht werden kann.

Da ist noch ein anderer Punkt: Ist die christliche Lehre erst einmal mit Erfolg in eine andere Kultur eingeführt, so wird ihre weitere Entfaltung die Mittel dieser Kultur weiterhin ausschöpfen. Dieser Aspekt ist ausführlich belegt durch Kardinal Deniélous Darstellung eines orthodoxen Judenchristentums, das bei seiner Aneignung der christlichen Geheimnisse die Denkformen und Stilarten des Spätjudentums anwendete. Um den Sohn und den Heiligen Geist als eigenständige Personen aufzufassen, identifizierte sie das Judenchristentum mit Engeln. Solche und andere seltsame Vorstellungen wurden in Form von Exegese, Apokalypse und Vision zum Ausdruck gebracht.[5] So haben sich durch die Jahrhunderte die Idiosynkrasien lokaler und nationaler Kirchen entwickelt. Sind solche fortschreitenden Unterschiede erst einmal verstanden und erklärt, dann bedrohen sie auch nicht die Einheit des Glaubens; sie legen vielmehr Zeugnis für seine Lebendigkeit ab. Lehren, die wirklich assimiliert wurden, tragen den Stempel derer, die sie assimiliert haben, und das Fehlen eines solchen Stempelabdrucks würde auf eine bloß oberflächliche Aneignung hindeuten.

Wenn es auch vor allem der Missionar ist, der das Faktum kultureller Unterschiede erfassen und akzeptieren muß, so gibt es in der Sache noch einen anderen Anwendungsbereich. Dieser entsteht, wenn die eigene Kultur eine Wandlung durchgemacht hat. So ist der gegenwärtige Kulturbegriff ein empirischer. Eine Kultur ist ein Ganzes an Bedeutungen und Werten, die einen gemeinsamen Lebensstil prägen, und es gibt ebensoviele Kulturen, wie es unterschiedliche Komplexe solcher Bedeutungen und Werte gibt.

Diese Art, die Kultur aufzufassen, ist jedoch verhältnismäßig neu. Sie ist das Ergebnis empirischer humanwissenschaftlicher Untersuchungen. Innerhalb eines Zeitraums von nicht einmal hundert Jahren ersetzte sie eine ältere, klassische Auffassung, die mehr als zwei Jahrtausende lang gültig war. Nach der älteren Auffassung wurde die Kultur nicht empirisch, sondern normativ verstanden. Sie war das Gegenteil von Barbarei. Sie war eine Sache der Aneignung und Verarbeitung des Geschmacks und der Fertigkeiten, der Ideale, Tugenden und Ideen, die einem durch ein gutes Zuhause und durch ein Curriculum in den Artes liberales eingeprägt wurden. Sie legte das Schwergewicht nicht auf Fakten, sondern auf Werte. Sie konnte nicht anders, als Anspruch auf Universalität zu erheben. Ihre Klassiker waren unsterbliche Kunstwerke, ihre Philosophie war die *philosophia perennis*, ihre Gesetze und Strukturen waren das Depositum der Weis-

---

[5] J. Daniélou, Théologie du judéo-christianisme, Tournai-Paris 1959; ders., Les symboles chrétiens primitifs, Paris 1961; ders., Études d'exégèse judéo-chrétienne, Paris 1966.

heit und Klugheit des Menschengeschlechts. In klassischer Erziehung und Bildung hatte man Vorbilder nachzuahmen, idealen Charakteren nachzueifern, und man hatte ewige Wahrheiten und universal gültige Gesetze. Diese Kultur suchte nicht reine Spezialisten hervorzubringen, sondern den *uomo universale*, der sich allem zuwenden und alles glänzend vollbringen konnte.

Der »Klassizist« ist kein Pluralist. Er weiß, daß die Umstände jeweils den Fall verändern, doch ist er zutiefst überzeugt, daß die Umstände eher akzidentell sind und sich hinter ihnen irgendeine Substanz, ein Kern oder eine Wurzel verbirgt, was zur klassischen Annahme der Stabilität, Festigkeit und Unwandelbarkeit paßt. Die Dinge haben ihre spezifische Natur; diese Natur läßt sich – zumindest prinzipiell – adäquat erkennen durch die Eigenschaften, die die Dinge besitzen, und durch die Gesetze, denen sie gehorchen. Über die jeweils besondere Natur hinaus gibt es nur noch die Individuation durch die Materie, so daß die Erkenntnis eines einzigen Falles einer Art zugleich die Erkenntnis eines jeden Falles ist. Was für die Art ganz allgemein gilt, gilt auch für die menschliche Art, gilt auch für den einen Glauben, der durch Jesus Christus zu uns kommt, und durch die eine Liebe, die uns durch die Gabe des Heiligen Geistes geschenkt ist. Daraus wurde der Schluß gezogen, daß die Verschiedenheit der Völker, der Kulturen und sozialen Einrichtungen nur einen Unterschied im äußeren Kleid, in dem die Lehren zum Ausdruck gebracht werden, nach sich ziehen könne, nicht aber eine Verschiedenheit der Kirchenlehre selbst.

Später werden wir darauf kommen, daß Lehren, die man als Dogmen bezeichnet, von Dauer sind, doch wird unsere Schlußfolgerung nicht auf den klassischen Annahmen beruhen. Wir sind auch keine Relativisten, und daher anerkennen wir etwas, das der menschlichen Natur und Tätigkeit wesentlich und allgemein zukommt; das aber verlegen wir nicht in ewig gültige Sätze, sondern in die völlig offene Struktur des menschlichen Geistes – in die stets innewohnenden und wirksamen, wenn auch unausgesprochenen transzendentalen Vorschriften: Sei aufmerksam; sei einsichtig; sei rational, sei verantwortungsbewußt. Schließlich unterscheiden sich menschliche Individuen voneinander nicht nur durch eine Individuation mittels der Materie, sondern auch je nach ihrer Mentalität, ihrem Charakter und ihrem Lebensstil. Denn menschliche Begriffe und Handlungsabläufe sind Ergebnis und Ausdruck von Verstehensakten; menschliches Verstehen aber entwickelt sich im Laufe der Zeit, und diese Entwicklung ist kumulativ, wobei jede kumulative Entwicklung den menschlichen und umweltmäßigen Bedingungen ihres Ortes und ihrer Zeit entspricht. Die Klassik selbst war ein sehr bemerkenswerter und in der Tat edler Sonderfall einer derart kumulativen Entwicklung, doch ihr Anspruch, die eine und einzige Kultur der ganzen Menschheit zu sein, ist nicht länger aufrechtzuerhalten.

4. Differenzierungen des Bewußtseins

Um den Ausgangspunkt, den Vorgang und das Endergebnis jeder besonderen Entwicklung der Lehre bestimmen zu können, bedarf es genauer historischer Untersuchung. Um die Legitimität einer Entwicklung festzustellen, bedarf es einer wertenden Geschichtswissenschaft; man muß die Frage stellen, ob sich dieser Prozeß unter Einwirkung einer intellektuellen, moralischen und religiösen Bekehrung vollzog oder nicht. Doch das tiefere Problem ist die allgemeinere Frage, woran es denn liegt, daß Entwicklungen überhaupt möglich sind. Wie kommt es, daß der sterbliche Mensch etwas entwickeln kann, das er gar nicht wüßte, wenn Gott es nicht geoffenbart hätte?

Die Grundlage für eine Antwort auf diese Frage liegt – worauf ich bereits hinwies – in der Differenzierung des Bewußtseins. Im vorliegenden Buch habe ich schon einiges recht ausführlich zu diesem Thema gesagt. Hier aber muß ich darauf zurückkommen, sogar noch eingehender, und ich muß mich entschuldigen, falls ich mich wiederhole.

Eine erste Differenzierung erfolgt im Heranwachsen. Der Säugling lebt in einer Welt der Unmittelbarkeit. Das Kind dringt jubelnd in eine Welt ein, die durch Sinn und Bedeutung vermittelt ist. Der Erwachsene bezweifelt in seinem Allgemeinverstand durchaus nicht, daß die wirkliche Welt die durch Bedeutung vermittelte Welt ist. Aber er mag sich dessen nicht so recht bewußt sein, daß sie durch Bedeutung vermittelt ist; und wenn er sich an die Philosophie heranwagt, findet er es äußerst schwierig, die Kriterien zu objektivieren, durch die er weiß, daß seine Behauptungen wahr sind, und leicht begeht er den groben Fehler zu sagen, er wisse das durch genaues Hinschauen.

Sodann gibt es nicht nur eine einzige durch Bedeutung vermittelte Welt, denn mit der Entwicklung der menschlichen Intelligenz kann diese neue Erkenntnisverfahren entdecken. Es gibt jedoch eine grundlegende Verfahrensweise, die man unwillkürlich und spontan praktiziert. Ich bezeichne sie als Allgemeinverstand *(common sense)*. Da gibt es den spontanen Vorgang des Lehrens und Lernens, der bei den Individuen einer Gruppe ständig weitergeht. Man bemerkt etwas, bewundert es, versucht nachzuahmen, versagt vielleicht, beobachtet oder hört wiederum und versucht es immer wieder, bis einen die Übung vollkommen macht. Das Ergebnis ist eine Kumulation von Einsichten, die einem ermöglichen, mit

wiederkehrenden Situationen erfolgreich fertig zu werden, aber auch zu bemerken, was an einer neuen Situation ungewöhnlich ist, um dann zu einer versuchsweisen Bewältigung dieses Problems überzugehen.
Die Situationen, die sich wiederholen, variieren jedoch je nach Ort und Zeit. So gibt es ebensoviele Arten von Allgemeinverstand, wie es unterschiedliche Orte und Zeiten gibt. Was dem Allgemeinverstand gemeinsam ist, ist nicht sein Inhalt, sondern seine Verfahrensweise. In jeder seiner sehr zahlreichen Arten gibt es einen charakteristischen, selbstkorrigierenden Lernprozeß. Erfahrung läßt Untersuchung und Einsicht entstehen. Einsicht läßt Sprache und Handlung entstehen. Sprache und Handlung zeigen jedoch früher oder später ihre Mängel und führen dadurch zu weiterer Untersuchung und umfassenderer Einsicht.

Drittens: dem Allgemeinverstand geht es um diese Welt, um das Unmittelbare, das Konkrete und das Besondere. Aber das Gottesgeschenk seiner Liebe gibt dem Menschenleben eine Orientierung auf das, was in Liebenswürdigkeit transzendent ist. Diese Orientierung bekundet sich auf zahllose Weise, kann aber auch ebenso häufig entstellt oder zurückgewiesen werden.

Viertens sind menschliches Wissen und Fühlen unvollständig, wenn sie nicht auch zum Ausdruck gebracht werden. Daher gehört die Entwicklung der Symbole, der Künste und der Literatur zuinnerst zum menschlichen Fortschritt. Wir hatten den Leser bereits auf die reichhaltige und prägnante Darstellung dieses Vorgangs in Bruno Snells »Die Entdeckung des Geistes«[6] aufmerksam gemacht.

Fünftens ist die Entstehung systematischer Bedeutung zu nennen. Der Allgemeinverstand kennt die Bedeutung der Worte, die er verwendet, nicht etwa weil er im Besitz von Definitionen ist, die *omni et soli* gelten, sondern weil er – wie ein Analytiker sagen würde – versteht, wie die Worte angemessen verwendet werden können. Daher war es kein Paradox, daß weder Sokrates noch seine Gesprächspartner imstande waren, Worte zu definieren, die sie ständig gebrauchten. Vielmehr eröffnete Sokrates den Weg zur systematischen Bedeutung, die Fachausdrücke *(termini technici)* entwickelt, ihnen ihre Wechselbeziehungen zuweist, Modelle konstruiert und sie anpaßt, bis eine geordnete und erklärende Anschauung über diesen oder jenen Bereich der Erfahrung erreicht ist. Daraus ergeben sich zwei Sprachen, zwei soziale Gruppen, zwei durch Bedeutung vermittelte Welten: die Welt, die durch die Bedeutung des Allgemeinverstands vermittelt ist, und die durch systematische Bedeu-

---

[6] *Bruno Snell,* Die Entdeckung des Geistes. Studien zur Entstehung des europäischen Denkens bei den Griechen, Hamburg 1946.

tung vermittelte Welt. So gibt es Gruppen, die sowohl die normale als auch die Fachsprache verwenden können, und die Gruppe, die nur die normale oder allgemeinverständliche Sprache beherrscht.

Sechstens gibt es eine post-systematische Literatur. Innerhalb der Kultur haben sich systematische Anschauungen in der Logik, der Mathematik, der Naturwissenschaft und in der Philosophie entwickelt, die nun Erziehung und Bildung beeinflussen. Diese systematischen Anschauungen haben eine Kritik des früheren Allgemeinverstands, der früheren Literatur und der früheren Religion grundgelegt. Die gebildeten Schichten akzeptieren eine solche Kritik. Ihr Denken ist von ihrem kulturellen Erbe her beeinflußt, doch sind sie selbst keine systematischen Denker. Sie mögen gelegentlich diesen oder jenen Fachausdruck oder eine bestimmte logische Verfahrensweise anwenden, aber ihre ganze Denkweise ist einfach die des Allgemeinverstands.

Siebentens ist das Aufkommen der Methode zu nennen. Es besteht in der Verlagerung der systematischen Bedeutung aus einem statischen in einen fortschreitend dynamischen Kontext. Ursprünglich wurden Systeme auf Dauer errichtet. Sie zielten auf wahre und sichere Erkenntnis dessen, was mit Notwendigkeit so und nicht anders ist. Doch seit der Moderne bringen Systeme nicht mehr das zum Ausdruck, was mit Notwendigkeit so ist, sondern das, was wesentlich hypothetisch und der Verifikation bedürftig ist. Sodann bringen sie nicht das, was man für dauerhaft hält, zum Ausdruck, sondern das, wovon man erwartet, daß es revidiert und verbessert wird, sobald weitere Daten entdeckt und besseres Verständnis erreicht ist. Jedes gegebene System, ob aus alter oder neuer Zeit, ist der Logik unterworfen. Doch der Prozeß des Übergangs von einem gegebenen System zu seinem Nachfolge-System ist Sache der Methode.

Achtens ist die Entwicklung der Gelehrsamkeit *(scholarship)*, der Fertigkeiten des Sprachwissenschaftler, des Exegeten, des Historikers zu erwähnen. Anders als der Naturwissenschaftler zielt der Gelehrte nicht auf die Errichtung eines Systems, einer Gesamtheit universaler Prinzipien und Gesetze. Ihm geht es darum, den Allgemeinverstand eines anderen Ortes und einer anderen Zeit zu verstehen. Das Verständnis, das er dabei erlangt, ist selbst von gleicher Art und Weise wie sein eigener ursprünglicher Allgemeinverstand, aber der Inhalt ist nicht der Inhalt seines eigenen Allgemeinverstands, sondern der Inhalt des Allgemeinverstands von irgendeinem fernen Land oder einer früheren Zeit.

Neuntens gibt es die Entwicklung einer Literatur der post-Wissenschaft und post-Gelehrsamkeit. Beides verhält sich zur modernen Wissenschaft und zur modernen Gelehrsamkeit in vielem so, wie sich die post-systematische Literatur zum alten System verhielt.

Zehntens ist die Erforschung der Interiorität zu nennen. Sie identifiziert in persönlicher Erfahrung die eigenen bewußten und intentionalen Akte und die dynamischen Beziehungen, die sie miteinander verbinden. Sie bietet eine unveränderliche Grundlage für fortschreitende Systeme, sowie einen Standpunkt, von dem aus alle Differenzierungen des menschlichen Bewußtseins untersucht werden können.

5. Die fortschreitende Entdeckung des Geistes: erster Teil

Wir haben lediglich eine Liste der Differenzierungen des menschlichen Bewußtseins aufgestellt. Doch diese Differenzierungen kennzeichnen auch sukzessive Stadien in der kulturellen Entwicklung, und da jedes frühere Stadium die folgenden Stadien nicht voraussehen kann, läßt sich diese Reihenfolge als Ganzes auch als fortschreitende Entdeckung des Geistes bezeichnen. Schließlich trägt diese Aufeinanderfolge nicht wenig zum Verständnis der Entwicklung der Lehren bei, denn Lehren haben ihre Bedeutung innerhalb von Kontexten; aber die fortschreitende Entdeckung des Geistes verändert die Kontexte, und daher müssen auch die Lehren, wenn sie ihren Sinn innerhalb der neuen Kontexte behalten sollen, neu formuliert werden.

Demzufolge müssen wir nun von der Auflistung der Differenzierungen zur Abfolge der Entwicklungen übergehen. In Erwägung zu ziehen sind (1.) die Neu-Interpretation symbolischer Erfassung, (2.) die philosophische Läuterung des biblischen Anthropomorphismus, (3.) der gelegentliche Gebrauch systematischer Bedeutung, (4.) die systematisch theologische Lehre, (5.) die Lehre der Kirche, die von der systematisch theologischen Lehre abhängig ist, und im zweiten Teil (6.) die Komplexität gegenwärtiger Entwicklung.

Unter symbolischer Erfassung verstehe ich hier jene Auffassung vom Menschen und seiner Welt, wie sie in Mythen, Sagen, Legenden, Magie, Kosmogonie, Apokalypse und Typologie zum Ausdruck kommt. Der Ursprung solcher Auffassung ist, wie bereits gesagt,[7] in dem Umstand zu suchen, daß das vorphilosophische und vorwissenschaftliche Denken, obwohl es Unterscheidungen treffen kann, eine adäquate Erklärung verbaler, notionaler und realer Unterscheidungen nicht entwickeln und ausdrücken kann. Zudem kann es nicht zwischen dem legitimen und illegitimen Gebrauch der konstitutiven und effektiven Funktionen der Be-

---

[7] Vgl. oben S. 94f.

deutung unterscheiden. Dies führt zu dem Ergebnis, daß es seine Welt symbolisch aufbaut.

Ein solcher Aufbau ist – wie auch die Metapher – nicht einfach unwahr. In der Tat waren spätere Vorstellungen von Wahrheit noch gar nicht entwickelt. Der Hebräer dachte Wahrheit als Treue, und wenn er davon sprach, die Wahrheit zu tun, dann meinte er damit ein Tun, das recht war. Für den Griechen war Wahrheit *alētheia*, das, was nicht unbemerkt, was unverborgen, was deutlich war. Für lange Zeit und für viele waren die homerischen Geschichten wirklich deutlich.

Doch selbst in einem Zeitalter, das der symbolischen Erfassung verhaftet war, gab es die Möglichkeit, das Falsche abzulehnen und sich dem anzunähern, was wahr ist. Dies geschah durch ein Neu-Interpretieren des symbolischen Gebildes. Hierbei wurden die annähernd gleichen Materialien verwendet und die gleichen Fragen beantwortet. Aber man machte Zusätze, Streichungen und Neuordnungen, die auf die alten Fragen neue Antworten gaben.

Eine derartige Neu-Interpretation, behauptet man, hätten die Autoren des Alten Testaments unternommen. Sie konnten die Überlieferungen benachbarter Völker nutzen, um sich eigene Ausdrucksmöglichkeiten zu verschaffen. Doch was sie zum Ausdruck brachten, war etwas völlig anderes. Der Gott Israels trat in einer sehr realen menschlichen Geschichte auf. Fragen zur Erschaffung der Welt und zum Jüngsten Tag hatten mit dem Anfang und Ende dieser Geschichte zu tun. Da war keine Rede von einem uranfänglichen Kampf der Götter, von göttlicher Erzeugung von Königen oder von einem erwählten Volk, von Gestirnskult oder einem Kult menschlicher Sexualität, und ebensowenig kam es zur Sakralisierung der Fruchtbarkeit der Natur.

In ähnlicher Weise, so behauptet man wiederum, käme auch im Neuen Testament der Gebrauch symbolischer Darstellungen vor, die ebenfalls im Spätjudentum und im hellenistischen Gnostizismus zu finden sind. Doch diese Darstellungen wurden gerade so verwendet, daß sie christlichen Zielen untergeordnet blieben, und wo solche Unterordnung ausblieb, wurden sie schärfster Kritik unterzogen und abgelehnt.[8]

Wie Neu-Interpretation innerhalb des Kontextes symbolischer Erfassung vorkommt, so kommt sie auch im Kontext philosophischer Anliegen vor. Xenophanes hatte erkannt, daß die Menschen sich ihre Götter nach ihrem eigenen Bilde machten, und bemerkte hierzu, daß Löwen, Pferde und Ochsen ein gleiches tun würden, wenn sie nur schnitzen oder malen könnten. Das war der Anfang eines langen Bemühens, Gott nicht analog

---

[8] Vgl. *K. Frör*, Biblische Hermeneutik, München 1961, ²1964, 71f.

zur Materie, sondern nach Analogie des Geistes zu denken. So kam es, daß Klemens von Alexandria die Christen aufforderte, von anthropomorphen Gottesvorstellungen abzulassen, obwohl solche sogar in der Heiligen Schrift zu finden sind.[9]

Als nächstes markieren die griechischen Konzilien den Anfang einer Bewegung, die systematische Bedeutung auch in der Lehre der Kirche anzuwenden. Im vierten Jahrhundert war die Kirche durch eine Streitfrage gespalten, die in neutestamentlicher Zeit noch nicht formuliert war. Die Kirche entschied diese Streitfrage, indem sie von der Konsubstantialität des Sohnes mit dem Vater sprach. Dies ist natürlich nicht eine hochfliegende Spekulation, der es um eine Erfassung des göttlichen Seins oder Wesens geht. Es bedeutet ganz einfach, daß das, was vom Vater wahr ist, auch vom Sohn wahr ist, außer daß der Sohn nicht der Vater ist. Wie Athanasius formuliert: *eadem de Filio quae de Patre dicuntur excepto Patris nomine.*[10] Oder wie die Präfation der Messe vom Dreifaltigkeitssonntag sagt: *Quod enim de tua gloria, revelante te, credimus, hoc de Filio tuo, hoc de Spiritu sancto sine differentia discretionis sentimus.*

Das Konzil von Chalkedon führte im zweiten Abschnitt seiner Definition die Begriffe »Person« und »Natur« ein. Die nachfolgende Theologie hat aber das, was in der Definition selbst ganz einfach und klar ist, sehr geheimnisvoll gemacht. Denn der erste Abschnitt behauptet, daß es ein und derselbe Sohn, unser Herr Jesus Christus ist, der vollkommen der Gottheit nach und derselbe vollkommen der Menschheit nach ist, wahrer Gott und derselbe wahrer Mensch, wesensgleich dem Vater der Gottheit nach und derselbe wesensgleich auch uns seiner Menschheit nach, gezeugt aus dem Vater vor aller Zeit seiner Gottheit nach und in den letzten Tagen derselbe ... geboren aus Maria, der Jungfrau, der Menschheit nach.[11]

Wenn die Definition im nächsten Abschnitt von Person und Naturen spricht, so besteht kein Zweifel, daß die eine Person der eine und derselbe Sohn, unser Herr, ist und daß die zwei Naturen seine Gottheit und seine Menschheit sind. Dennoch kann diese Aussage entweder in einem logischen Kontext, in einem anfänglich metaphysischen Kontext oder in einem voll ausgebildeten metaphysischen Kontext stehen. Wenn man diese Kontexte nicht unterscheidet, wenn manche von ihnen nicht einmal verstanden werden, dann wird die Rede des Konzils von Chalkedon über Person und Natur allerdings sehr verwirrend.

[9] *Klemens v. A.*, Strom. V, 68, 3; MG 9, 103 B; *Stählin* II, 371, 18ff; auch Strom. V, 71, 4; MG 110 A; *Stählin* II, 374, 15.
[10] *Athanasius*, Orat. III c. Arianos, 4; MG 26, 329 A.
[11] DS 301 = NR 178.

Es gibt einen logischen Kontext. Er arbeitet einfach mit Sätzen. Man kann ihn durch die oben angeführte Darstellung der Bedeutung von »Konsubstantialität« erläutern. Sodann kann er auch am Beispiel der späteren christologischen Lehre von der *communicatio idiomatum* erklärt werden. Bei dieser Darstellung spricht Chalkedon von Person und Natur, weil es weiß, daß man fragen kann, ob Gottheit und Menschheit ein und dasselbe sind, und falls nicht, wie es dann kommt, daß der Sohn, unser Herr Jesus Christus, ein und derselbe ist. Um diesem Zweifel vorzubeugen, spricht das Konzil von Person und Natur: der Sohn, unser Herr, ist eine einzige Person; Gottheit und Menschheit sind zwei Naturen.

Dann gibt es einen anfänglich metaphysischen Kontext. Etwa fünfundsiebzig Jahre nach Chalkedon entdeckten byzantinische Theologen, daß – falls Christus eine Person mit zwei Naturen ist – eine der Naturen ohne Person sein müsse. Daraus ergab sich eine größere Diskussion um die *enhypostasia* und *anhypostasia*, d. h. um ein Natur-sein mit und ohne ein Person-sein.[12]

Schließlich gibt es einen voll ausgebildeten metaphysischen Kontext. Er unterscheidet verbale, notionale und reale Unterscheidungen; ferner unterscheidet er größere (*major*) und kleinere (*minor*) reale Unterscheidungen; und er unterteilt die kleineren realen Unterscheidungen in den gewöhnlichen Fall und den analogen Fall, der sich im Geheimnis der Menschwerdung findet. Schließlich sucht er das unvollkommene, aber sehr fruchtbare Verständnis des Mysteriums, das vom ersten Vatikanischen Konzil empfohlen wurde (DS 3016 = NR 39).

Der voll ausgebildete metaphysische Kontext entsteht erst in einer späten, zu vollem Selbstbewußtsein gelangten Scholastik. Doch ihrer Grundintention und Arbeitsweise nach war die Scholastik eine gründliche Bemühung um eine kohärente und geordnete Aneignung der christlichen Überlieferung. Die riesigen Unterschiede der beiden großen Gestalten Anselm von Canterbury und Thomas von Aquin waren das Ergebnis von anderthalb Jahrhunderten unermüdlicher Arbeit, die Daten zusammenzustellen und zu klassifizieren, in Kommentaren auf ihr Verständnis hinzuarbeiten, sie zu durchdenken, indem man die Existenz von Fragen feststellte, nach Lösungen suchte und die Kohärenz der zahlreichen Lösungen durch Verwendung des aristotelischen Gesamtwerks als Unterbau absicherte.

Der größere Teil dieser Arbeit ähnelt den mittelalterlichen Vorwegnahmen moderner Wissenschaft. Was häufig als ein Übergang vom Implizi-

---

[12] Vor kurzem erschienen und eigenständig: *D. B. Evans*, Leontius of Byzantium, An Origenist Christology, Dumbarton Oaks 1970.

ten zum Expliziten beschrieben wurde, war in Wirklichkeit ein Übergang des christlichen Bewußtseins von geringerer zu vollständigerer Differenzierung. Dieses Bewußtsein wurde zunächst durch einen Allgemeinverstand, durch Religion, durch eine künstlerische und literarische Kultur, wie auch durch jene leichte Dosis systematischer Bedeutung differenziert, die schon in den griechischen Konzilien zu finden war. In der Periode des Mittelalters nahm dieses Bewußtsein eine starke Dosis systematischer Bedeutung in sich auf. Begriffe wurden definiert, Probleme gelöst. Was man bisher auf eine einzige Weise gelebt und gesagt hatte, wurde nun zum Gegenstand des reflexen Denkens, das reorganisierte, Beziehungen herstellte und erklärte. Um die Mitte des zwölften Jahrhunderts erarbeitete Petrus Lombardus einen präzisen und erklärenden Sinngehalt für die alte und mehrdeutige Bezeichnung »Sakrament« und entdeckte im Licht dieser Bedeutung, daß es in christlicher Praxis sieben Sakramente gab. Zu jedem dieser sieben wurden überlieferte Lehren gesammelt, geordnet, geklärt und dargeboten.

Ferner hatte das Mittelalter von Augustinus die Bejahung sowohl der göttlichen Gnade als auch der menschlichen Freiheit übernommen. Lange Zeit war es schwierig zu sagen, es gäbe irgend etwas Endliches, das nicht Gottes freie Gabe sei. Obwohl es offenkundig war, daß Gnade nicht einfach alles, sondern etwas Besonderes bezeichnete, wichen Auflistungen von Gnaden, die korrekt als solche bezeichnet wurden, nicht nur voneinander ab, sondern verrieten sogar ziemliche Willkür. Zur gleichen Zeit war es für einen Theologen sehr schwer zu sagen, was er unter Freiheit verstand. Die Philosophen konnten Freiheit als Freisein von der Notwendigkeit umschreiben. Theologen aber konnten sich Freiheit nicht als Freisein von der Notwendigkeit der Gnade, oder als gut ohne Gnade, geschweige denn als böse mit ihr vorstellen. Doch was das zwölfte Jahrhundert quälte, fand im dreizehnten seine Lösung. Um das Jahr 1230 brachte Philipp der Kanzler eine Entdeckung zum Abschluß, die in den nächsten vierzig Jahren eine ganze Reihe von Entwicklungen auslöste. Die Entdeckung bestand in einer Unterscheidung zweier entitativ nichtproportionierter Ordnungen: Gnade sei über der Natur; Glaube über der Vernunft; Liebe über dem menschlich guten Willen; Verdienst vor Gott über der guten Meinung der eigenen Nachbarn. Diese Unterscheidung und Einordnung ermöglichte es (1.) das Wesen der Gnade zu erörtern, ohne die Freiheit zu diskutieren, (2.) das Wesen der Freiheit zu erörtern, ohne die Gnade zu diskutieren, und (3.) die Beziehung zwischen Gnade und Freiheit auszuarbeiten.[13]

---

[13] Zu diesem Vorgang vgl. mein Buch Grace and Freedom: Operative Grace in the

Bisher habe ich in kurzen Strichen das gezeichnet, was man die lichte Seite der mittelalterlich theologischen Entwicklung nennen kann. Nun muß ich einige Vorbehalte äußern. Es bestehen kaum Zweifel, daß es für die Denker im Mittelalter unumgänglich war, sich nach einer Quelle außerhalb der Theologie umzusehen, wenn sie zu einem systematischen Unterbau kommen wollten. Auch konnten sie wohl kaum etwas Besseres tun, als auf Aristoteles zurückzugreifen. Heute aber wird es sehr deutlich, daß Aristoteles nun abgelöst ist. Großartig repräsentiert er ein frühes Stadium menschlicher Entwicklung – das Entstehen systematischer Bedeutung. Aber er nahm das spätere Aufkommen einer Methode nicht vorweg, die eine fortschreitende Abfolge von Systemen betrachtet. Er nahm die spätere Entstehung einer »Philologie« nicht vorweg, die sich die historische Rekonstruktion von Konstruktionen der Menschheit zum Ziel setzt. Er formulierte nicht das spätere Ideal einer Philosophie, die zugleich kritisch und geschichtsbewußt ist, die bis an die Wurzeln philosophischer Auseinandersetzungen geht und eine Anschauung begründet, die die Differenzierungen des menschlichen Bewußtseins und die Epochen der Menschheitsgeschichte umfaßt.

Aristoteles wurde inzwischen nicht nur abgelöst, es wurden auch gewisse Mängel offenbar. Sein Wissenschaftsideal im Sinne von Notwendigkeit wurde nicht nur von der modernen empirischen Naturwissenschaft, sondern auch von der modernen Mathematik abgelegt. Sodann zeigt sein Denken eine gewisse Tendenz, den Unterschied zwischen den allgemeinen Bezeichnungen, die vom Allgemeinverstand entwickelt, und den Termini technici, die von der erklärenden Wissenschaft erarbeitet werden, zu verwischen. Diese beiden Mängel treten in der Scholastik des vierzehnten und fünfzehnten Jahrhunderts – um mehrfaches verstärkt – wieder in Erscheinung. Das übertrieben strenge Wissenschaftsideal liefert eine gewisse Erklärung für das Entstehen zuerst des Skeptizismus und dann für den Verfall. Die unklare Unterscheidung zwischen allgemeinen Bezeichnungen und Termini technici trägt einige Verantwortung für die Wortklauberei, derentwegen die Scholastik so bitter gescholten wurde.

Kirchenlehren und theologische Lehren gehören zu unterschiedlichen Kontexten. Kirchenlehren sind der Inhalt des Christuszeugnisses der Kirche; sie bringen das Gesamt jener Bedeutungen und Werte zum Ausdruck, die das individuelle und das gemeinschaftliche christliche Leben prägen. Theologische Lehren sind Teil einer akademischen Disziplin, die

Thought of St. Thomas Aquinas, London-New York 1971. Die Bedeutung von Philipps Unterscheidung bestand darin, daß die beiden Ordnungen die Definition von Gnade ausmachten und dadurch die frühere extrinsezistische Ansicht beseitigten, wonach Gnade als die Befreiung der Freiheit verstanden wurde.

sich damit befaßt, die christliche Überlieferung zu erkennen und zu verstehen und ihre Entwicklung zu fördern. Wie die beiden Kontexte auf ganz verschiedene Ziele ausgerichtet sind, so sind sie auch ungleich in ihrem Umfang. Theologen stellen viele Fragen, die in den Kirchenlehren keine Erwähnung finden. Sodann können Theologen voneinander abweichen, obgleich sie zur gleichen Kirche gehören. Und in katholischen Kreisen sind schließlich die Beziehungen theologischer Schulen untereinander und zu den Kirchenlehren ein sorgfältig abgestecktes Terrain. Die sogenannten theologischen Notationen und kirchlichen Zensuren unterscheiden nicht nur Glaubenssachen von theologischen Meinungen, sondern zeigen auch ein ganzes Spektrum von Zwischenpositionen an.[14]

Vom Mittelalter bis zum Zweiten Vatikanum leiteten die Lehren der katholischen Kirche von der Theologie eine Präzision, Prägnanz und Ordnung her, die sie in früheren Zeiten nicht hatten. Im allgemeinen ist der Sinngehalt dieser Lehren nicht systematisch, sondern für gewöhnlich post-systematisch. Man kann nicht aus eigener Kenntnis der Theologie darauf schließen, was ein kirchliches Dokument bedeuten muß. Zugleich aber setzt jede genaue Interpretation eine Kenntnis der Theologie voraus. Sie setzt aber auch noch eine Kenntnis des Kurialstils voraus. Letztlich sind diese Voraussetzungen zwar notwendige, aber nicht hinreichende Bedingungen. Um zu wissen, was kirchliche Dokumente tatsächlich bedeuten, bedarf es der Forschung und Exegese in jedem Einzelfall.

Zweifellos wünschte sich der Leser hier eine Erklärung der Legitimität dieses Einflusses der Theologie auf die Lehre der Kirche. Doch das ist natürlich keine methodologische, sondern eine theologische Frage. Der Methodologe kann jedoch auf die unterschiedlichen Kontexte verweisen, in denen solche Fragen aufgeworfen wurden. Erstens hatte man vor der Entstehung des modernen Geschichtsbewußtseins nur die Alternative von Anachronismus und Archaismus. Der Anachronist schrieb der Heiligen Schrift und den Kirchenvätern ein implizites Erfassen dessen zu, was erst die Scholastiker entdeckten. Der Archaiker dagegen betrachtete jede Lehre, die nicht in der klaren Bedeutung entweder der Schrift allein oder der Schrift und der patristischen Überlieferung zu finden war, als eine Entstellung. Zweitens wurden, als das historische Wissen wuchs, verschiedene Entwicklungstheorien ausgearbeitet und mit mehr oder weniger Erfolg angewendet. Es gibt jedoch noch eine dritte Option: sie behauptet, daß es viele Arten von Entwicklungen geben kann und daß man, um sie zu erkennen, konkrete historische Prozesse zu untersuchen und zu

---

[14] Vgl. E. J. *Fortman*, Art. Notes, theological, in: New Catholic Encyclopedia 10, 523; sowie der systematische Index von DS zu H **1d und** H **1bb**, S. 892 und 891.

analysieren hat, während man, um ihre Legitimität herauszustellen, zur wertenden Geschichtswissenschaft übergehen und ihnen ihren Platz in der Dialektik vorhandener oder fehlender intellektueller, moralischer und religiöser Bekehrung zuweisen muß.

Doch an dieser Stelle ist es notwendig, unsere Skizze der fortschreitenden Entdeckung des Geistes zu unterbrechen, um die Vorstellung von fortschreitenden Kontexten einzuführen.

6. Fortschreitende Kontexte

Wir hatten bereits zwischen materialem und formalem Kontext unterschieden. So ist der Kanon des Neuen Testaments der materiale Kontext eines jeden Buches, das zum Neuen Testament gehört: er besagt, welches die anderen hoch privilegierten Datenbereiche über das frühe Christentum sind. Ein formaler Kontext wird dagegen durch Untersuchung hergestellt: durch Daten werden Fragen aufgeworfen, Fragen führen zu widersprechenden Antworten, widersprechende Antworten zu weiteren Fragen und weiteren entgegengesetzten Antworten. Das Rätsel wird immer größer, bis eine Entdeckung gelingt. Schrittweise beginnen die Dinge nun zusammenzupassen. Es kann zu einer Periode rasch anwachsender Einsicht kommen. Schließlich werfen weitere Fragen immer geringeren Ertrag ab. Man hat einen Standpunkt erreicht, und obwohl weitere Fragen gestellt werden können, würden die Antworten auf sie das, was bereits ermittelt wurde, nicht wesentlich modifizieren. Es wurde ein formaler Kontext aufgebaut: ein Komplex verflochtener Fragen und Antworten, die den Sinn eines Textes aufzeigen.

Ein fortschreitender Kontext entsteht, wenn eine Abfolge von Texten den Geist einer einzelnen geschichtlichen Gemeinschaft zum Ausdruck bringt. Bei solch einem fortschreitenden Kontext ist eine Unterscheidung zwischen früherem und nachfolgendem Kontext erforderlich. So kann eine Aussage sich mit einer bestimmten Thematik befassen und von anderen, weiteren Themen absehen. Das eine Problem zu lösen heißt aber nicht, die anderen zu vertuschen. Gewöhnlich trägt es dazu bei, auch die anderen klarer zu erfassen und noch stärker auf ihre Lösung zu drängen. Laut Athanasius gebrauchte das Konzil von Nicäa einen nicht-biblischen Begriff, nicht um einen Präzedenzfall zu schaffen, sondern um einem Notstand abzuhelfen. Doch der Notstand dauerte etwa fünfunddreißig Jahre an, und etwa zwanzig Jahre, nachdem er sich gelegt hatte, hielt das erste Konzil von Konstantinopel es für notwendig, ohne Verwendung von Fachausdrücken auf die Frage zu antworten, ob nur der Sohn oder auch der Heilige Geist dem Vater wesensgleich sei. Fünfzig Jahre später war es in Ephesus notwendig geworden, Nicäa weiter zu klären durch die Behauptung, daß es ein und derselbe war, der vom Vater gezeugt und von der Jungfrau Maria geboren wurde. Einundzwanzig Jahre danach wurde es notwendig hinzuzufügen, daß ein und derselbe ewig und zeitlich, unsterblich und sterblich sein kann, weil er zwei Naturen besitzt. Und über zweihundert Jahre später wurde die weitere Klarstellung angefügt, daß die göttliche Person mit zwei Naturen auch zwei Wirkweisen und zwei Willen habe.

Dieses ist der fortschreitende Kontext der Kirchenlehren, der vor Nicäa noch nicht vorhanden war, aber nach Nicäa Stück für Stück entstand. Er besagt nicht, was in Nicäa gemeint war. Er besagt, was sich aus Nicäa ergab und was tatsächlich zu dem Kontext wurde, innerhalb dessen Nicäa zu verstehen war.

Wie sich in einem fortschreitenden Kontext frühere und nachfolgende Stadien unterscheiden lassen, so kann auch ein bestimmter fortschreitender Kontext auf einen anderen bezogen werden. Von solchen Relationen sind Ableitung und Interaktion die gewöhnlichsten. So leitet sich der fortschreitende Kontext, der von Nicäa bis zum dritten Konzil von Konstantinopel verläuft, von den Lehren des Christentums der ersten drei Jahrhunderte her, unterscheidet sich von ihnen aber insofern, als er eine postsystematische Denk- und Ausdrucksweise verwendet. Sodann ließ der fortschreitende Kontext konziliarer Lehren einen unterschiedenen, aber abhängigen Kontext theologischer Lehren entstehen. Dieser setzte die Konzilien voraus, unterschied Christus als Gott und Christus als Mensch und stellte folgende Fragen: Konnte Christus als Mensch sündigen? Spürte er Konkupiszenz? War er auf irgendeine Weise unwissend? Hatte er heiligmachende Gnade? In welchem Ausmaß? Hatte er unmittelbare Gotteserkenntnis? Wußte er um alles, was zu seiner Sendung gehörte? Besaß er die Wahlfreiheit?

Der von den griechischen Konzilien abgeleitete theologische Kontext erweiterte sich nochmals in den Schulen des Mittelalters, um nun das Ganze der Schrift und Tradition zu betrachten. Er war nicht nur fortschreitend, kollaborativ und methodisch, sondern auch dialektisch. Er war ein Kontext, der Denkrichtungen und Schulen umfaßte, die sich gegenseitig widersprachen, der zwischen Widerspruch in theologischer Lehre und Widerspruch zur Lehre der Kirche unterschied und gestattete, in theologischen Lehren anderer Meinung zu sein, nicht aber hinsichtlich der Kirchenlehre.

Der Kontext theologischer Lehren und der Kontext der Kirchenlehren repräsentieren beide vom Mittelalter bis zum Zweiten Vatikanum das, was man interagierende Kontexte nennen kann. Die Theologen standen unter dem Einfluß der Kirchenlehren, über die sie reflektierten; und umgekehrt hätten die Kirchenlehren ohne die Theologen nicht ihre postsystematische Präzision, Prägnanz und Ordnung erreicht.

7. Die fortschreitende Entdeckung des Geistes: zweiter Teil

Die im Mittelalter getroffene Entscheidung, das aristotelische Gesamtwerk als Unterbau zu verwenden, involvierte eine Integration der Theologie mit einer Philosophie und einer detaillierten Erklärung des materiellen Universums. Eine solche Integration bot den Vorteil einer einheitlichen Weltsicht, doch weder die klassische Kultur noch das aristotelische Denken schärften den Grundsatz ein, daß einheitliche Weltsichten beachtlichen Veränderungen unterliegen.

Jahrhundertelang fanden Christen das Bild von sich und ihrer Welt in den ersten Kapiteln der Genesis, in der jüdischen Apokalyptik, in der ptolemäischen Astronomie sowie in den theologischen Lehren über die Schöpfung und die Unsterblichkeit jeder menschlichen Seele. Dieses Bild wurde durch neue naturwissenschaftliche Überlieferungen angegriffen, die von Kopernikus, Newton, Darwin, Freud und Heisenberg stammten. Es war das große Verdienst von Teilhard de Chardin, das Verlangen des Christen nach einem kohärenten Bild von sich und seiner Welt erkannt und nicht wenig dazu beigetragen zu haben, daß diesem Bedürfnis entsprochen wurde.

Einst hielt man daran fest, daß Naturwissenschaft ein sicheres Wissen der Dinge aus ihren Ursachen sei. Allzuoft haben Geistliche angenommen, daß diese Definition auf die moderne Naturwissenschaft anwendbar sei. Doch die moderne Naturwissenschaft bringt nicht Sicherheit, sondern Wahrscheinlichkeit. Sie richtet ihre Aufmerksamkeit auf Daten eher als auf die Dinge selbst. Sie spricht von Ursachen, meint aber Korrelationen, und nicht etwa Ziel, Zweck, Wirkursache, Materie, Form.

Einst hielt man auch daran fest, die Naturwissenschaft befasse sich mit dem Allgemeinen und dem Notwendigen. Heute ist die Notwendigkeit in der Mathematik nur ein Randbegriff: Schlußfolgerungen folgen in der Tat notwendig aus ihren Prämissen; doch grundlegende Prämissen sind frei gewählte Postulate, nicht notwendige Wahrheiten. Noch in den ersten Jahrzehnten dieses Jahrhunderts sprachen Wissenschaftler von den notwendigen Gesetzen der Natur, ja sogar von ehernen Gesetzen der Wirtschaft. Die Quantentheorie und Keynes' Ökonomie haben solcher Rede ein Ende bereitet.

Die Gelehrsamkeit hatte sich einst die humanistische Eloquenz zum Ziel gesetzt. Die Philologie des frühen neunzehnten Jahrhunderts setzte sich aber die Rekonstruktion der Menschheitskonstrukte zum Ziel. Ihre Anfangserfolge errang sie auf dem Gebiet der klassischen Studien und der europäischen Geschichte. Aber schon längst arbeitet sie auch auf den Gebieten biblischer, patristischer und mediävistischer Studien. Ihre Arbeiten sind spezialisiert, kollaborativ, fortschreitend und gediegen. Was früher in der Kompetenz eines einzigen Dogmatikers lag, kann heute nur durch ein großes Team bewältigt werden.

Es gab eine Zeit, in der notwendige Grundsätze die anerkannte Grundlage der Philosophie waren, und diese Grundsätze wurden mit den selbstevidenten Sätzen identifiziert, die die Grundprämissen für philosophische Deduktionen waren. Nun ist es wohl wahr, daß es analytische Sätze gibt: Wenn man A durch den Besitz einer Relation R zu B definiert, dann kann es kein A ohne eine Relation R zu B geben. Aber es ist ebenfalls wahr, daß kein A mit einer Relation R zu B existieren muß. Denn endlich Existierendes wird nicht durch Definieren von Begriffen, und nicht durch das Konstruieren analytischer Sätze, sondern durch einen Vorgang erkannt, den man als Verifizierung bezeichnet.

Aristoteles und seine Anhänger anerkannten spezielle Wissenscshaften, die sich mit Seiendem bestimmter Arten befaßten, sowie eine Allgemeinwissenschaft, die sich mit dem Sein als Sein befaßt. Nun zielen die Natur- und Humanwissenschaften darauf, Rechenschaft über alle Sinnesdaten zu geben. Wenn es demzufolge eine Allgemeinwissenschaft geben soll, dann müssen ihre Daten die Daten des Bewußtseins sein. So findet die Wende zur Interiorität statt. Die Allgemeinwissenschaft ist erstens Erkenntnistheorie (was tust du, wenn du erkennst?), zweitens Epistemologie (warum ist dieses Tun Erkennen?), und drittens Metaphysik (was erkennst du, wenn du dies tust?). Eine solche Allgemeinwissenschaft ist der Allgemeinfall der Methoden der speziellen Wissenschaften und nicht – wie im Aristotelismus – der Allgemeinfall des Inhalts der speziellen Wissenschaften.

Diese Wende zur Interiorität wurde auf verschiedene Weise von Descartes über Kant bis zu den deutschen Idealisten des neunzehnten Jahrhunderts versucht. Doch darauf folgte eine noch nachdrücklichere Wende vom Wissen zum Glauben, zum Willen, zum Gewissen, zur Entscheidung und zur Aktion bei Kierkegaard, Schopenhauer, Newman, Nietzsche, Blondel, den Personalisten und Existenzialisten. Die Richtung dieser Wende ist richtig in dem Sinne, daß die vierte Ebene des intentionalen Bewußtseins – die Ebene der Überlegung, Bewertung, Entscheidung und Handlung – die vorhergehenden Ebenen des Erfahrens, Verstehens und Urteilens aufhebt. Sie geht über diese hinaus, stellt ein neues Handlungsprinzip auf und eine neue Art von Handlungen, lenkt diese auf ein neues Ziel, aber weit davon entfernt, sie verkümmern zu lassen, bewahrt sie sie und führt sie zu einer volleren Erfüllung.

Die vierte Ebene hebt nicht nur die vorhergehenden drei auf, auch unterscheiden sich die vorhergehenden drei erheblich vom spekulativen Verstand, der die selbstevidenten und notwendigen Wahrheiten erfassen sollte. Ein derart spekulativer Verstand konnte vollständige Autonomie beanspruchen und tat dies auch: Böser Wille konnte schwerlich die Erfassung selbstevidenter und notwendiger Wahrheiten beeinträchtigen, und ebensowenig die notwendigen Schlußfolgerungen, die sich aus solcher Wahrheit ergeben. Tatsächlich jedoch ist das, was die menschliche Intelligenz in Daten erfaßt und in Begriffen zum Ausdruck bringt, nicht eine notwendig relevante Intelligibilität, sondern nur eine möglicherweise relevante Intelligibilität. Solche Intelligibilität ist wesentlich hypothetisch und daher stets eines weiteren Überprüfungs- und Verifizierungsprozesses bedürftig, ehe sie als *de facto* relevant für die vorliegenden Daten behauptet werden kann. So kam es dazu, daß die moderne Wissenschaft unter Leitung der Methode steht, und die Methode, die man wählt und der man folgt, ergibt sich nicht nur aus dem Erfahren, Verstehen und Urteilen, sondern auch aus einer Entscheidung.

In gedrängter Form habe ich eine Reihe von grundlegenden Wandlungen aufgezeigt, die sich in den letzten viereinhalb Jahrhunderten ereigneten. Sie modifizieren das Bild, das der Mensch von sich und seiner Welt hat, ebenso wie seine Wissenschaft und seine Auffassung von Wissenschaft, seine Geschichte und seine Auffassung von Geschichte, seine Philosophie und seine Auffassung von Philosophie. Die Wandlungen betreffen drei grundlegende Differenzierungen des Bewußtseins, und alle drei liegen völlig außerhalb des Horizonts der griechischen Antike und des mittelalterlichen Europa.

Diesen Wandlungen setzten Geistliche im allgemeinen aus zwei Gründen Widerstand entgegen. Der erste Grund war vielfach der, daß Geistliche das Wesen dieser Wandlungen nicht wirklich erfaßten. Der zweite Grund lag darin, daß diese Wandlungen gewöhnlich von einem Mangel an intellektueller Bekehrung begleitet und daher dem Christentum feindlich gesinnt waren.

Moderne Wissenschaft ist eines, die außerwissenschaftlichen Meinungen der Wissenschaftler sind aber etwas anderes. Unter den außerwissenschaftlichen Meinungen der Naturwissenschaftler war bis zur Übernahme der Quantentheorie ein mechanistischer Determinismus zu finden, der die Natur falsch darstellte und menschliche Freiheit und Verantwortlichkeit ausschloß.[15]

Auch die moderne Geschichtswissenschaft ist eines, und die philosophischen Annahmen der Historiker sind etwas anderes. H. G. Gadamer untersuchte die Annahmen von Schleiermacher, Ranke, Droysen und Dilthey.[16] In etwas gedrängterer Form hat Kurt Frör festgestellt, daß die Arbeit der Historiker in der ersten Hälfte des neunzehnten Jahrhunderts durch eine Mischung von philosophischer Spekulation und empirischer Forschung gekennzeichnet war, daß aber der immer einflußreicher werdende Positivismus die Spekulation in der zweiten Hälfte des Jahrhunderts beseitigte.[17] Der sich daraus ergebende Historismus drang auch in die biblischen Untersuchungen ein, und hier fand er durch die Arbeiten von Barth und Bultmann einen starken Widerhall. Beide anerkannten die Bedeutung moralischer und religiöser Bekehrung. Bei Barth zeigte sich das in seiner Forderung, daß die Bibel zwar historisch, ebenso aber auch geistlich zu lesen sei; und geistliches Lesen sei nicht bloß eine Sache frommer Gefühle im Leser, es habe auch auf jene Realitäten zu achten, von denen die Bibel spricht.[18] Für Bultmann ist die religiöse und moralische Bekehrung die existentielle Antwort auf den Ruf oder auf die Herausforderung des Kerygma. Doch solch eine Antwort sei ein subjektives Ereignis, und seine Objektivierung ende im Mythos.[19] Wenn auch Bultmann kein gewöhnlicher Positivist ist, weil er um das »Verstehen« weiß, zerfällt für ihn das Studium der Bibel aber doch in zwei Teile: den wissenschaftlichen Teil, der von religiösem Glauben unabhängig ist, und den religiösen Teil, der die mythischen Objektivierungen der Bibel tiefer durchdringt bis zu den subjektiven religiösen Ereignissen, von denen sie Zeugnis ablegt.

Bei beiden, Barth und Bultmann, kommt, wenn auch auf unterschiedliche Weise, die Notwendigkeit intellektueller, wie auch moralischer und religiöser Bekehrung deutlich zum Vorschein. Nur eine intellektuelle Bekehrung kann dem Fideismus von Barth abhelfen. Nur eine intellektuelle Bekehrung kann die säkularistische Auffassung von wissenschaftlicher Exegese beseitigen, wie sie von Bultmann vertreten wurde. Dennoch ist

[15] Eine Darstellung, welcher philosophische Nachfolger dem mechanistischen Determinismus bei den Naturwissenschaftlern abgelöst hat, bietet *P. A. Heelan*, Quantum Mechanics and Objectivity, Den Haag 1965.
[16] *H. G. Gadamer*, Wahrheit und Methode, 162ff.
[17] *K. Frör*, Biblische Hermeneutik, 28.
[18] Ebd. 31f.
[19] Ebd. 34ff. Zum Dualismus in Bultmanns Exegese vgl. *P. Minear*, The Transcendence of God and Biblical Hermeneutics: Proceedings of the Catholic Society of America 23 (1968) 5f.

intellektuelle Bekehrung allein nicht genug. Sie muß noch in eine philosophische und theologische Methode expliziert werden, und eine derart explizite Methode muß eine Kritik der Methode der Naturwissenschaft und der Methode der Gelehrsamkeit einschließen.

8. Die Entwicklung der Lehren

Ich habe bereits darauf hingewiesen, daß es nicht etwa nur eine Art und Weise, ja nicht einmal einen begrenzten Komplex verschiedener Weisen gibt, wie sich die Lehren entwickeln. Mit anderen Worten, die der Entwicklung von Lehren eigene Intelligibilität ist die in geschichtlichen Prozessen immanente Intelligibilität. Man erkennt sie nicht durch apriorisches Theoretisieren, sondern *a posteriori* durch Forschung, Interpretation, Geschichte, Dialektik und durch die Entscheidung der Fundamente.

Eine Gruppe von Weisen, wie sich Lehren entwickeln, habe ich die fortschreitende Entdeckung des Geistes genannt. Wenn das Bewußtsein seine Welt symbolisch aufbaut, kommt es durch Neu-Interpretation überlieferter Materialien voran. Wenn es der Philosophie zuneigt, dann schließt ein Xenophanes oder ein Klemens von Alexandria den Anthropomorphismus aus der Auffassung des Göttlichen durch den Menschen aus. Die daraus resultierende rein spirituelle Auffassung Gottes ruft eine Spannung hervor zwischen biblischer und späterer Christologie, und die in einer post-systematischen Kultur verfügbaren technischen Hilfsmittel können angewendet werden, um Glaubensaussagen zu klären. Der Gebrauch solch technischer Hilfsmittel eröffnet eine Theologie, in der die systematische Bedeutung vorherrschend wird, und eine derartige Theologie kann ihrerseits den Kirchenlehren eine Präzision, Prägnanz und Ordnung geben, die sie anders nicht hätten. Solch eine allgemeine Verwicklung in die Systematik kann aber durch die Differenzierungen des Bewußtseins nach Art der Methode, der Gelehrsamkeit und der modernen Philosophie von unten her beseitigt werden, so daß sich die Kirche vor das Dilemma gestellt sieht, entweder zu einer vornicänischen Christologie zurückzukehren oder auf eine völlig moderne Position vorzurücken.

Die soeben genannte Gruppe von Entwicklungsweisen betrifft zwar einen nicht geringen Teil der Lehrentwicklung, ist aber nicht als das Ganze anzusehen. Häufig genug vollzieht sich die Entwicklung dialektisch. Die Wahrheit wird erst entdeckt, weil ein entgegenstehender Irrtum behauptet wurde.

Zudem sind Lehren nicht einfach Lehren. Sie sind für den einzelnen Christen und für die christliche Gemeinschaft konstitutiv. Sie können die Treue und Ergebenheit des einzelnen stärken oder belasten. Sie können vereinigen oder spalten. Sie können Autorität und Macht verleihen. Sie können mit dem, was einem bestimmten Gemeinwesen oder einer Kultur geistesverwandt oder fremd ist, in Verbindung gebracht werden. Entwicklungen erfolgen nicht in einem Vakuum des reinen Geistes, sondern unter konkreten geschichtlichen Bedingungen und Umständen, und ein Wissen um solche Bedingungen und Umstände ist für die wertende Geschichtswissenschaft, die über die Legitimität der Entwicklungen befindet, keineswegs bedeutungslos.

Am Ende dieses kurzen Abschnitts möchte ich die Ansicht Geiselmanns zu bedenken geben, daß die Dogmen der Unbefleckten Empfängnis und der Aufnahme unserer Lieben Frau sich von denen unterscheiden, die auf Ökumenischen Konzilien definiert wurden. Letztere regelten umstrittene Fragen. Erstere wiederholten nur, was bereits in der ganzen katholischen Kirche gelehrt und liturgisch gefeiert wurde. Daher bezeichnet er sie als »Akt des Kultes«[20]. Ihre einzige Wirkung besteht darin, daß das Lehramt der Kirche nun feierlich *(ex cathedra)* verkündet, was früher schon vom ordentlichen Lehramt verkündet wurde. Ich würde vorschlagen, daß Humanpsychologie und insbesondere die Verfeinerung menschlichen Fühlens der Bereich ist, der zu untersuchen wäre, wenn man zu einem Verständnis der Entwicklung marianischer Lehren kommen möchte.

9. Die Beständigkeit der Dogmen

Die Beständigkeit des Sinngehalts der Dogmen wurde vom Ersten Vatikanischen Konzil in der dogmatischen Konstitution »Dei Filius« gelehrt, und zwar im letzten Abschnitt des letzten Kapitels der Konstitution (DS 3020 = NR 44;386) sowie im angefügten Canon (DS 3043). Was nun eigentlich in dieser Behauptung der Beständigkeit des Sinngehalts gemeint, vorausgesetzt und impliziert wurde, geht aus einer näheren Untersuchung der Konstitution selbst hervor.

Dem vierten und abschließenden Kapitel wurden drei Canones angefügt. Sie zeigen, daß die Stoßrichtung dieses Kapitels auf einen Rationalismus zielte, der Geheimnisse für nicht-existent hielt, der vorhatte, die

---

[20] *J. R. Geiselmann*, Art. Dogma, in: HThG I, 231, München 1962.

Dogmen zu beweisen, der naturwissenschaftliche Schlußfolgerungen, die der Lehre der Kirche entgegenstanden, verteidigte, der behauptete, die Kirche habe kein Recht, über wissenschaftliche Ansichten ein Urteil zu fällen, und der der Wissenschaft die Kompetenz zugestand, die Dogmen der Kirche neu auszulegen (DS 3041-3043 = NR 55,56,57).

Um sich mit einem solchen Rationalismus auseinanderzusetzen, unterschied das Konzil (1.) das natürliche Licht der Vernunft, (2.) den Glauben, (3.) die vom Glauben erleuchtete Vernunft und (4.) die Vernunft, die ihre Kompetenz überschreitet. Zu jedem dieser Punkte ist nun etwas zu sagen.

Die Vernunft, oder das natürliche Licht der Vernunft, hat einen Gegenstandsbereich innerhalb ihrer Reichweite (DS 3015 = NR 38). Sie kann mit Sicherheit die Existenz Gottes erkennen (DS 3004 = NR 27,28), und sie kann manche, nicht aber alle von Gott geoffenbarten Wahrheiten erkennen (DS 3005 = NR 29,30; DS 3015 = NR 38). Sie soll die göttliche Offenbarung annehmen (DS 3008 = NR 31), und diese Annahme steht in Einklang mit ihrem Wesen (DS 3009 = NR 32). Die Kirche verbietet den Wissenschaften keineswegs, deren eigene Grundsätze und Methoden innerhalb der eigenen Fachgebiete zu gebrauchen (DS 3019 = NR 43).

Der Glaube ist eine übernatürliche Tugend, durch die wir das für wahr halten, was Gott geoffenbart hat, nicht weil wir die innere Wahrheit des Geoffenbarten durchschauten, sondern auf die Autorität des offenbarenden Gottes hin, der weder täuschen noch getäuscht werden kann (DS 3008 = NR 31).»Mit göttlichem und katholischem Glauben ist also all das zu glauben, was im geschriebenen oder überlieferten Wort Gottes enthalten ist und von der Kirche in feierlichem Entscheid oder durch gewöhnliche und allgemeine Lehrverkündigung als von Gott geoffenbart zu glauben vorgelegt wird« (DS 3011 = NR 34,97). Unter den Hauptgegenständen des Glaubens sind vor allem die in Gott verborgenen Geheimnisse zu nennen, »die nie in den Bereich unseres Erkennens kämen, wenn sie uns nicht von Gott geoffenbart wären« (DS 3015 = NR 38, vgl. 3005 = NR 29,30).

Die vom Glauben erleuchtete Vernunft erlangt mit Gottes Hilfe, wenn sie eifrig, fromm und lauter forscht, eine gewisse, überaus fruchtbare Einsicht in die Geheimnisse. Solches Verstehen beruht auf der Entsprechung zu dem, was sie auf natürliche Weise erkennt, wie auch aus dem Zusammenhang der Geheimnisse untereinander und mit dem letzten Ziel des Menschen. Niemals jedoch wird sie die Wahrheiten des Glaubens völlig durchschauen können nach Art der Wahrheiten, die den ihr eigenen Erkenntnisgegenstand ausmachen. Denn die göttlichen Gemeimnisse übersteigen ihrer Natur nach so den geschaffenen Verstand, daß sie auch nach ihrer Übergabe durch die Offenbarung und auch nach ihrer Annahme im

Glauben doch durch den Schleier des Glaubens selbst bedeckt bleiben (DS 3016 = NR 39).

Mit dem Zitat aus Vinzenz von Lerin wird wohl jenes Verständnis gepriesen, das man durch die vom Glauben erleuchtete Vernunft erlangt. Denn solches Verständnis ist ein Verstehen des Geheimnisses und nicht irgendeines menschlichen Ersatzgedankens, und daher muß es sich von der Sache her »... in suo dumtaxat genere, in eodem scilicet dogmate, eodem sensu eodemque sententia« entfalten (DS 3020 = NR 44;386).

Dagegen gibt es aber auch eine Vernunft, die ihre eigenen Grenzen überschreitet und im Bereich des Glaubens Verwirrung stiftet (DS 3019 = NR 43). Denn die Glaubenslehre, die Gott geoffenbart hat, wurde dem menschlichen Geiste nicht wie eine philosophische Entdeckung zur Vervollkommnung vorgelegt, sondern als göttliches Gut der Braut Christi übergeben, damit sie dieselbe treu bewahre und irrtumslos erkläre. Deshalb muß auch immer jener Sinn der heiligen Glaubenswahrheiten beibehalten werden, der einmal von der Kirche dargelegt worden ist. Nie darf man von diesem Sinn unter dem Vorwand einer höheren Erkenntnis abweichen (DS 3020 = NR 44;386).

Der entsprechende Canon verurteilt jeden, der sagt, es sei möglich, daß man den von der Kirche vorgelegten Glaubenssätzen entsprechend dem Fortschritt der Wissenschft gelegentlich einen anderen Sinn beilegen müsse als den, den die Kirche verstanden hat und versteht (DS 3043 = NR 60).

Erstens also wird eine Beständigkeit des Sinngehalts behauptet: »... is sensus perpetuo est retinendus ... nec umquam ab eo recedendum ... in eodem scilicet dogmate, eodem sensu eademque sententia« (DS 3020 = NR 44;386) – »... ne sensus tribuendus sit alius ... « (DS 3043 = NR 57).

Zweitens ist der beständige Sinngehalt der von der Kirche vorgelegte Sinn (DS 3020 = NR 44;386), eben jener Sinn, den die Kirche verstanden hat und versteht (DS 3043 = NR 57).

Drittens ist dieser beständige Sinngehalt eben der Sinn der Dogmen (DS 3020,3043). Sind aber Dogmen nun geoffenbarte Wahrheiten oder geoffenbarte Geheimnisse? Der Unterschied liegt darin, daß geoffenbarte Geheimnisse jenseits der Kompetenz menschlicher Vernunft liegen, manche geoffenbarte Wahrheiten aber nicht (DS 3005 = NR 29,30; DS 3015 = NR 38).

Es scheint, daß sich die Dogmen, von denen in DS 3020 und 3043 die Rede ist, auf die kirchliche Vorlage geoffenbarter Geheimnisse beziehen. Denn der im vierten Kapitel immer wiederkehrende Kontrast ist der zwischen Vernunft und Glaube. Nur im ersten Abschnitt (DS 3015 = NR 38) wird von Wahrheiten gesprochen, die sowohl von der Vernunft als auch vom Glauben erfaßt werden. Die menschlichen Wissenschaften würden ihre eigenen Grenzen nicht überschreiten, wenn sie solche Wahrheiten behandelten (DS 3019). Denselben Wahrheiten kann auch nicht der Status einer philosophischen Entdeckung abgesprochen werden, die durch menschliche Fähigkeit zu vervollkommnen ist (DS 3020). Sodann würden Wahrheiten, die sich im Rahmen der Kompetenz menschlicher Vernunft bewegen, offen dafür erscheinen, mit dem Fortschritt der Wissenschaft genauer verstanden zu werden (DS 3043). Letztlich sind es nur die Geheimnisse, die das Verständnis des menschlichen Geistes übersteigen (DS 3005 = NR 29,30), die jenseits des geschaffenen Verstandes liegen (DS 3016 = NR 39), die einfach auf Gottes Autorität hin angenommen werden (DS 3008), die nie in den Bereich unseres Erkennens kämen, wenn sie uns nicht geoffenbart wären (DS 3015 = NR 38), die nicht mehr als ein analoges und unvollkommenes Verständnis durch die menschliche Vernunft zulassen, und das auch nur, wenn diese durch den Glauben erleuchtet ist (DS 3016 = NR 39), und die demzufolge den Anspruch erheben können, den Status der Produkte menschlicher Geschichte zu übersteigen.

Viertens ist der Sinn des Dogmas nicht von einer verbalen Formulierung zu trennen, denn es handelt sich um eine Bedeutung, die von der Kirche erklärt und verkündet wird. Die Beständigkeit haftet jedoch am Sinngehalt, nicht aber an der Formel. Die gleiche Formel beizubehalten und ihr eine neue Bedeutung beizulegen ist genau das, was der dritte Canon ausschließt (DS 3043).

Fünftens erscheint es besser, von der Beständigkeit des Sinngehalts der Dogmen zu sprechen als von ihrer Unveränderlichkeit. Denn »Beständigkeit« ist der Sinn der Formulierung »...perpetuo retinendus ... numquam recedendum ... (ne) sensus tribuendus sit alius ... «. Zudem ist eher die Beständigkeit als die Unveränderlichkeit gemeint, wenn ein immer besseres Verständnis des gleichen Dogmas, des gleichen Sinngehalts, der gleichen Verkündung gewünscht wird.

Um dieses Thema abzuschließen: es gibt zwei Gründe, die Beständigkeit des Sinngehalts geoffenbarter Geheimnisse zu behaupten. Da ist die *causa cognoscendi*: Was Gott geoffenbart und die Kirche unfehlbar verkündet hat, ist wahr. Was wahr ist, das ist beständig. Der Sinngehalt, den es in seinem eigenen Kontext besitzt, kann niemals in Wahrheit bestritten werden.

Sodann die *causa essendi*: Der Sinngehalt eines Dogmas ist nicht ein Datum, sondern eine Wahrheit, nicht eine menschliche Wahrheit, sondern die Offenbarung eines Geheimnisses, das in Gott verborgen ist. Man würde die göttliche Transzendenz leugnen, wenn man sich einbildete, dem Menschen stünde die Evidenz zur Verfügung, die ihm ermöglichte, den geoffenbarten Sinn durch irgendeine andere Bedeutung zu ersetzen. Meiner Meinung nach ist dies die Lehre des Ersten Vatikanischen Konzils über die Beständigkeit des Sinngehalts der Dogmen. Sie setzt voraus, daß es (1.) in Gott verborgene Geheimnisse gibt, von denen der Mensch nicht wissen kann, es sei denn, sie werden geoffenbart, (2.) daß sie tatsächlich geoffenbart wurden und (3.) daß die Kirche unfehlbar den Sinngehalt des Geoffenbarten vorgelegt und verkündet hat. Diese Voraussetzungen gehören auch zur Lehre der Kirche. Ihre Darlegung und Verteidigung gehört nicht zu den Aufgaben eines Methodologen, sondern zu denen des Theologen.

10. Die Geschichtlichkeit der Dogmen

Die dogmatische Konstitution »Dei Filius« des Ersten Vatikanischen Konzils war durch zwei Strömungen im katholischen Denken des neunzehnten Jahrhunderts veranlaßt worden. Es gab die Traditionalisten, die nur geringes Vertrauen zur menschlichen Vernunft hatten, und die Semi-Rationalisten, die zwar die Glaubenswahrheiten nicht leugneten, doch geneigt waren, sie in den Zuständigkeitsbereich der Vernunft zu verlegen. Unter letzteren befanden sich Anton Günther, dessen Überlegungen, die viele Anhänger fanden, vom Heiligen Stuhl zurückgewiesen wurden (DS 2828ff), und Jakob Frohschammer, dessen Ansichten zur menschlichen Vervollkommnung nicht annehmbarer waren (DS 2850ff = NR 18; vgl. 2908f = NR 25). Solche Ansichten wurden ferner von Kardinal Franzelin sowohl in dem Votum verfolgt, das er dem präkonziliaren Vorbereitungskomitee vorlegte,[21] als auch in dem Schema, das er am Anfang des Ersten Vatikanischen Konzils zur Diskussison stellte.[22]

Doch was wir früher zu Nicäa sagten, das können wir jetzt zum Ersten Vatikanischen Konzil nur wiederholen: Seine Aussagen liegen nicht nur im vorhergehenden früheren Kontext des Denkens von 1870, sondern auch im nachfolgenden Kontext, der jenen Themen Aufmerksamkeit schenkt, von denen das Erste Vatikanische Konzil glaubte absehen zu können. Denn Günther und Frohschammer waren auf jeweils unter-

---

[21] Das Votum wurde von H. J. *Pottmeyer* in seinem Buch veröffentlicht: Der Glaube vor dem Anspruch der Wissenschaft, Freiburg 1968. Vgl. den Anhang, bes. die Seiten 50*, 51*, 54*, 55*. Auf den Seiten 431–456 findet man eine wertvolle Erörterung von DS 3020 und 3043.

[22] Vgl. Kap. V, VI, XI, XII und XIV von Franzelins Schema in J. D. *Mansi, Sacrorum Conciliorum Nova et Amplissima Collectio*, 50, 62–69 und die reichen Anmerkungen, Mansi 50, 83ff.

schiedliche Weise mit der Geschichtlichkeit und besonders mit der Geschichtlichkeit der Kirchenlehren befaßt. Das Erste Vatikanische Konzil begnügte sich, einen Aspekt ihrer Anschauungen herauszugreifen, der unannehmbar war, doch versuchte es nicht, die zugrunde liegende Thematik der Geschichtlichkeit der Dogmen zu behandeln, die seitdem in den Vordergrund getreten ist. Wir haben uns daher zu fragen, ob die Lehre des Ersten Vatikanischen Konzils über die Beständigkeit des Sinngehalts der Dogmen mit der Geschichtlichkeit, die menschliches Denken und Handeln kennzeichnet, vereinbar ist.

Kurz zusammengefaßt sind die theoretischen Prämissen, aus denen die Geschichtlichkeit des menschlichen Denkens und Handelns folgt, (1.) daß menschliche Begriffe, Theorien, Behauptungen und Handlungsweisen Ausdruck menschlichen Verstehens sind, (2.) daß sich menschliches Verstehen im Lauf der Zeit entwickelt, und wie es sich entwickelt, sich auch Begriffe, Theorien, Behauptungen und Handlungsweisen ändern, (3.) daß solche Wandlungen kumulativ sind, und (4.) daß man von den kumulativen Wandlungen an einem bestimmten Ort und zu einer bestimmten Zeit nicht erwarten kann, daß sie mit Wandlungen anderswo koinzidieren.

Zwischen dem vollständigeren Verständnis von Daten und dem vollständigeren Verständnis einer Wahrheit besteht jedoch ein bemerkenswerter Unterschied. Werden Daten vollständiger verstanden, so kommt es zur Entstehung einer neuen Theorie und zur Ablehnung früherer Theorien. So vollzieht sich der fortschreitende Prozeß in den empirischen Wissenschaften. Wenn aber eine Wahrheit vollständiger verstanden wird, ist es immer noch die gleiche Wahrheit, die verstanden wird. Es ist wahr, daß die Summe von zwei und zwei vier ist. Die gleiche Wahrheit wurde in ganz unterschiedlichen Kontexten gewußt, etwa von den alten Babyloniern, von den Griechen der Antike und von heutigen Mathematikern. Aber sie wird von den heutigen Mathematikern besser verstanden, als sie von den Griechen verstanden wurde, und aller Wahrscheinlichkeit nach wurde sie von den griechischen Denken besser verstanden als von den Babyloniern.

Die Dogmen sind nun in ihrem Sinngehalt beständig, weil sie nicht bloß Daten sind, sondern Ausdruck von Wahrheiten, und zwar von Wahrheiten, die vom Menschen nicht gewußt werden könnten, wären sie nicht von Gott geoffenbart. Sind sie erst einmal geoffenbart und werden geglaubt, können sie immer besser verstanden werden. Doch dieses immer bessere Verstehen ist ein Verstehen der geoffenbarten Wahrheit und nicht ein Verstehen von irgend etwas anderem.

Dies steht auch nicht im Gegensatz zur Geschichtlichkeit der Dogmen.

Denn Dogmen sind Aussagen. Aussagen haben Sinn und Bedeutung nur innerhalb ihrer Kontexte. Kontexte sind fortschreitend, und fortschreitende Kontexte sind vor allem durch Ableitung und durch Interaktion aufeinander bezogen. Wahrheiten können in einer bestimmten Kultur geoffenbart und in einer anderen gepredigt werden. Sie können im Stil und nach Art einer bestimmten Bewußtseinsdifferenzierung geoffenbart sein, von der Kirche im Stil und nach Art einer anderen Differenzierung definiert und von Theologen auf eine dritte Weise verstanden werden. Beständig wahr ist der Sinngehalt des Dogmas in dem Kontext, in dem es definiert wurde. Um diesen Sinn zu ermitteln, sind die Hilfsmittel der Forschung, der Interpretation, der Geschichte und der Dialektik aufzubieten. Um diesen Sinngehalt heute auszusagen, geht man von den Fundamenten über die Lehre und Systematik bis zur Kommunikation. Die Kommunikation schließlich wendet sich an jede Schicht der Gesellschaft in jeder Kultur und an jede der verschiedenen Differenzierungen des Bewußtseins.

Die Beständigkeit der Dogmen ergibt sich demnach aus dem Faktum, daß sie geoffenbarte Geheimnisse zum Ausdruck bringen. Andererseits ergibt sich ihre Geschichtlichkeit aus den beiden Tatsachen, daß (1.) Aussagen ihren Sinn nur in ihrem Kontexten haben und (2.) Kontexte fortschreitend und solche fortschreitenden Kontexte mannigfaltig sind.

Der Geschichtlichkeit der Dogmen steht nicht ihre Beständigkeit entgegen, sondern »klassische« Annahmen und Leistungen. Die Klassik nahm an, die Kultur sei nicht empirisch, sondern normativ zu verstehen, und sie tat alles, was in ihrer Macht stand, um eine einzige, universale und permanente Kultur herbeizuführen. Die kritische Geschichtswissenschaft setzte den klassischen Annahmen ein Ende. Eine methodische Theologie baut nun die Brücken zwischen den zahlreichen Ausdrucksweisen, in denen sich der Glaube artikuliert.

11. Pluralismus und die Einheit des Glaubens

Wir haben drei Quellen des Pluralismus. Erstens lassen sprachliche, soziale und kulturelle Unterschiede verschiedene Typen des Allgemeinverstands entstehen. Zweitens kann das Bewußtsein undifferenziert oder derart differenziert sein, daß es sachkundig mit irgendeiner Verbindung der verschiedenen Bereiche der Bedeutung wie etwa Allgemeinverstand, Transzendenz, Schönheit, System, Methode, Gelehrsamkeit und philosophischer Interiorität umzugehen vermag. Drittens kann in jedem Individuum zu jeder gegebenen Zeit entweder nur die abstrakte Möglichkeit oder schon erste Anfänge, größere oder geringere Fortschritte oder gar eine hohe Entwicklungsstufe intellektueller, moralischer oder religiöser Bekehrung vorhanden sein.

Die Einheit des Glaubens läßt sich auf zweifache Weise konzipieren. Unter den klassischen Annahmen gibt es nur eine Kultur. Diese einzige Kultur ist von den einfachen Gläubigen, vom Volk, von den Eingeborenen, von den Barbaren nicht zu erreichen. Nichtsdestoweniger steht die Karriere einem Talent immer offen. Man beginnt solch eine Karriere mit dem fleißigen Studium der alten lateinischen und griechischen Autoren. Man folgt dieser Karriere weiter, indem man scholastische Philosophie und Theologie lernt. Man strebt nach hohen Ämtern, indem man Kirchenrecht beherrscht. Man hat Erfolg, indem man die Zustimmung und Gunst hochgestellter Persönlichkeiten gewinnt. In dieser Szenerie besteht die Einheit des Glaubens einfach darin, daß jeder den korrekten Formeln zustimmt.

Erstens war eine solche »Klassik« jedoch niemals mehr als die armselige Hülse des Katholizismus. Der wirkliche Wurzelgrund der Einheit ist die Liebe zu Gott, ist die Tatsache, daß die Liebe Gottes ins Innerste unserer Herzen ausgegossen ist durch den Heiligen Geist, der uns gegeben ist (Röm 5,5). Die Annahme dieser Gabe ist religiöse Bekehrung und führt auch zur moralischen, ja sogar zur intellektuellen Bekehrung.

Zweitens ist religiöse Bekehrung, wenn es sich um christliche Bekehrung handelt, nicht bloß ein Zustand des Geistes und des Herzens. Sie hat wesentlich auch eine intersubjektive, interpersonale Komponente. Neben der Gabe des Heiligen Geistes im Innern kommt es noch zu einer äußeren Begegnung mit dem christlichen Zeugnis. Dieses Zeugnis bezeugt, daß Gott einst viele Male und auf vielerlei Weise zu uns durch die Propheten gesprochen hat, in dieser Endzeit aber durch seinen Sohn (Hebr 1,1f).

Drittens liegt die Funktion der Kirchenlehren innerhalb der Funktion des christlichen Zeugnisses. Denn das Zeugnis gilt den durch Gott geoffenbarten und – nach katholischem Verständnis – durch die Kirche unfehlbar verkündeten Geheimnissen. Der Sinngehalt solcher Verkündigungen liegt jenseits aller Wechselfälle des menschlichen Geschichtsprozesses. Aber die Kontexte, innerhalb derer dieser Sinngehalt erfaßt, und somit auch die Art und Weise, wie dieser Sinn zum Ausdruck gebracht wird, ändern sich je nach den kulturellen Unterschieden und in dem Maße, wie das menschliche Bewußtsein differenziert wird.

Solche Veränderung ist uns aus der Vergangenheit vertraut. Nach Aussage des Zweiten Vatikanischen Konzils erfolgte die Offenbarung nicht durch Worte allein, sondern durch Worte und Taten.[23] Die apostolische

---

[23] Vat II, Dogm. Konst. De Divina Revelatione I,2.

Predigt erging nicht allein an Juden in den Denkformen des Spätjudentums, sondern auch an Griechen in ihrer Sprache und ihrem Idiom. Während die Schriften des Neuen Testaments mehr das Herz als den Kopf ansprachen, ging es den christologischen Konzilien einzig um die Formulierung jener Wahrheiten, die unseren Geist und unsere Zunge leiten sollten. Als die scholastische Theologie den christlichen Glauben in eine Form goß, die von Aristoteles hergeleitet war, wurde sie weder der göttlichen Offenbarung noch der Heiligen Schrift oder den Konzilien untreu. Und falls heutige Theologen die mittelalterliche Theorie in Kategorien umsetzen sollten, die aus gegenwärtiger Interiorität und deren realen Korrelaten abgeleitet sind, so würden sie für unser Zeitalter eben das tun, was die bedeutenderen Scholastiker für das ihre taten.

In der Vergangenheit gab es bereits einen bemerkenswerten Pluralismus des Ausdrucks. Augenblicklich verschwindet die alte klassische Betonung weltweiter Einförmigkeit sang- und klanglos aus der Kirche, und es entsteht eine Vielfalt verschiedener Weisen, wie christlicher Sinngehalt und chrisltiche Werte mitgeteilt werden. Das Evangelium allen Völkern zu verkünden heißt, es jeder Schicht in jeder Kultur auf die Weise zu verkünden, die mit der Aufnahmefähigkeit jener Schicht und Kultur in Einklang steht.

Größtenteils wird sich eine solche Verkündigung an ein nur wenig differenziertes Bewußtsein wenden. Daher wird sie ebenso vielfältig sein müssen wie die verschiedenen Arten des Allgemeinverstands, die durch die vielen Sprachen, sozialen Formen und durch die kulturellen Sinngehalte und Werte der Menschheit zustande kommen. In jedem Einzelfall wird der Verkündigende den Typ des Allgemeinverstands, zu dem er spricht, kennen müssen, und er darf nie vergessen, daß Menschen mit nur geringfügig differenziertem Bewußtsein nicht unabhängig vom Handeln zur Erkenntnis kommen.

Doch wenn auch der Glaube in jenen, die nur über geringe Ausbildung verfügen, genährt werden muß, so folgt daraus nicht, daß man die Gebildeten vernachlässigen dürfte. Wie nun der einzige Weg zum Verständnis der Eigenart des Allgemeinverstands eines anderen Menschen darin besteht, die Art und Weise zu verstehen, wie er in jeder einzelnen der Situationen, die gewöhnlich in seiner Erfahrung vorkommen, verstehen, sprechen und handeln würde, so ist auch der einzige Weg, die Bewußtseinsdifferenzierung eines anderen Menschen zu verstehen, der, diese Differenzierung in sich selbst herbeizuführen.

Überdies ist ein genaues Erfassen der Mentalität eines anderen nur möglich, wenn man die gleiche Differenzierung und den gleichen Mangel an Differenzierung erlangt. Denn jede Differenzierung des Bewußtseins schließt eine gewisse Umbildung des Allgemeinverstands ein. Ursprünglich hält sich der Allgemeinverstand für alles kompetent, weil er einfach noch nichts Besseres weiß. Sobald sich jedoch aufeinanderfolgende Bewußtseinsdifferenzierungen ereignen, kommen mehr und mehr Bereiche auf angemessene Weise unter Kontrolle und werden dadurch der Kompetenz des Allgemeinverstands entzogen. Klarheit und Angemessenheit nehmen außerordentlich rasch zu. Der eigene ursprüngliche Allgemeinverstand wird von seinen Vereinfachungen, Metaphern, Mythen und Mystifikationen gereinigt. Mit dem Erlangen vollständiger Differenzierung ist der Allgemeinverstand völlig auf seinen ihm zukommenden Bereich des Unmittelbaren, des Besonderen und des Konkreten beschränkt.

Es gibt jedoch viele Wege, die zum vollen Erlangen der Differenzierung führen, und viele Spielarten eines teilweisen Erlangens. Das Evangelium allen zu verkünden bedeutet, es auf eine Weise zu verkünden, die jeder der Spielarten teilweisen Erlangens, nicht weniger aber auch dem vollen Erlangen der Differenzierung angemessen ist. Um den Erfordernissen zu entsprechen, die den Anfängen systematischer Bedeutung eigen sind, bestritt Klemens von Alexandria, daß die Anthropomorphismen der Heiligen Schrift wörtlich zu verstehen seien. Um den Erfordernissen voll ausgebildeter systematischer Bedeutung zu entsprechen, suchte die Scholastik des Mittelalters eine kohärente Darstellung aller Wahrheiten des Glaubens und der Vernunft zu geben. Um den Erfordernissen der gegenwärtigen Gelehrsamkeit zu entsprechen, entschied das Zweite Vatikanische Konzil, daß der Schriftausleger die vom biblischen Autor beabsichtigte Bedeutung zu erforschen habe, und zwar durch das Verständnis der literarischen Gattungen und kulturellen Bedingungen des Ortes und der Zeit jenes Autors.

Dem Beispiel des hl. Paulus folgend wird also die Kirche allen alles. Sie übermittelt das, was Gott geoffenbart hat, sowohl auf die den verschiedenen Bewußtseinsdifferenzierungen angemessene Weise als auch – und vor allem – auf die Weise, die den fast zahllosen Arten des Allgemeinverstands angepaßt ist. Doch schließen diese vielen Redeweisen nichts weiter als einen Kommunikationspluralismus ein, denn obwohl sie zahlreich sind, können sie doch alle *in eodem ... dogmate, eodem sensu eademque sententia* sein.

Allen alles zu werden ist jedoch – selbst wenn es bloß einen Kommunikationspluralismus einschließt – nicht ohne Schwierigkeiten. Einerseits erfordert es eine vielseitige Entwicklung bei denen, die leiten oder lehren. Andererseits wird jede Errungenschaft leicht durch jene in Frage gestellt, die sie selbst nicht zu erringen vermögen. Leute von geringer Kenntnis moderner Gelehrsamkeit mögen geltend machen, daß die Beachtung der literarischen Gattungen biblischer Schriften bloß ein betrügerischer Trick sei, um die klare Bedeutung der Schrift abzulehnen. Wer keinen Geschmack an systematischer Bedeutung findet, wird immer wiederholen, es sei besser, Reue zu empfinden, als zu definieren, selbst wenn der, der sie zu definieren versucht, darauf hinweist, daß man schwerlich definieren könne, was man gar nicht erlebt. Und wessen Bewußtsein von jeder Spur systematischer Bedeutung unbelastet ist, wird unfähig sein, den Sinngehalt von Dogmen wie des Nicänums zu erfassen, und wird unbekümmert daraus folgern, was für ihn keinen Sinn hat, sei schlicht sinnlos.

Wegen dieser Schwierigkeiten empfehlen sich gewisse Regeln. Erstens, weil das Evangelium allen zu verkünden ist, sind die Darstellungs- und Ausdrucksweisen zu suchen, die der Übermittlung geoffenbarter Wahrheit für jede Art von Allgemeinverstand und für jede Bewußtseinsdifferenzierung angemessen sind. Zweitens ist niemand einfach wegen seines Glaubens verpflichtet, ein vollständiger differenziertes Bewußtsein zu erreichen. Drittens ist niemand einfach wegen seines Glaubens verpflichtet, auf das Erlangen eines immer differenzierteren Bewußtseins zu verzichten. Viertens darf sich jeder bemühen, seinen Glauben auf eine Weise auszudrücken, die seiner Bewußtseinsdifferenzierung angemessen ist. Fünftens sollte niemand ein Urteil über Dinge fällen, die er nicht versteht, und niemand mit einem weniger oder andersartig differenzierten Bewußtsein ist fähig, genau zu verstehen, was jemand mit einem vollständiger differenzierten Bewußtsein sagt.

Ein solcher Pluralismus wird Menschen mit einem Hang zu übertriebener Vereinfachung wenig ansprechen. Aber die wirkliche Bedrohung der Einheit des Glaubens liegt weder in den vielen Arten des Allgemeinverstands noch in den vielen Differenzierungen des menschlichen Bewußtseins. Sie liegt im Fehlen intellektueller, moralischer oder religiöser Bekehrung. Der Pluralismus, der sich aus dem Mangel an Bekehrung ergibt, ist in dreifacher Weise besonders gefährlich. Erstens, wenn das Fehlen der Bekehrung bei denen auftritt, die die Kirche leiten oder in ihrem Namen lehren. Zweitens, wenn sich, wie in der Gegenwart, in der Kirche eine Bewegung vollzieht, die von der klassischen zur modernen Kultur übergeht. Drittens, wenn Menschen mit teilweise differenziertem Bewußtsein sich nicht nur gegenseitig nicht verstehen, sondern auch noch das System oder die Methode, oder die Gelehrsamkeit, oder die Interiorität, oder ein leicht fortgeschrittenes Beten so sehr in den Himmel heben, daß sie die jeweiligen Leistungen der vier anderen Gebiete übergehen und deren Entwicklung behindern.

12. Die Eigenständigkeit der Theologie

Was Karl Rahner als Denzingertheologie bezeichnete, nannte Pierre Charles (von Löwen) christlichen Positivismus, der die Funktion des Theologen als die eines Propagandisten für Kirchenlehren versteht. Der Theologe tue seine Pflicht, wenn er das wiederholt, erklärt und verteidigt, was in kirchlichen Dokumenten bereits gesagt wurde. Er habe keinen eigenen Beitrag zu leisten, und so stellt sich nicht die Frage, ob er hierzu irgendwelche Eigenständigkeit besitzt.

Natürlich ist es wahr, daß die Theologie weder eine Quelle göttlicher Offenbarung ist noch ein Zusatz zur inspirierten Schrift, noch eine Autorität, die Kirchenlehren promulgiert. Ebenso wahr ist es, daß ein christlicher Theologe ein authentischer Mensch und authentischer Christ sein sollte und sich daher im Annehmen der Offenbarung, der Schrift und der Kirchenlehren von niemandem übertreffen läßt. Doch diese Prämissen führen nicht zur Konklusion, der Theologe sei bloß ein Papagei, der nur zu wiederholen hat, was schon gesagt worden ist.

Aus der Theologiegeschichte wird deutlich, daß Theologen viele Themen behandeln, die in Kirchenlehren gar nicht angesprochen werden, und daß sie die ersten waren, die theologische Lehren vorlegten, welche insbesondere in der katholischen Kirche den Hintergrund und teils auch den Inhalt späterer Kirchenlehren darstellten. Daher unterschieden wir in unserem Kapitel über Funktionale Spezialisierungen zwischen Religion und Reflexion über Religion, identifizierten diese Reflexion mit Theologie und fanden die Theologie so hoch spezialisiert, daß wir über die Feld- und Fachspezialisierung hinaus noch acht funktionale Spezialisierungen auseinanderhielten.

Der Theologe hat also einen eigenen Beitrag zu leisten. Infolge dessen besitzt er eine gewisse Eigenständigkeit, da er sonst keinen eigenen Beitrag leisten könnte. Zudem wurde bei der vorliegenden Darstellung der theologischen Methode das Kriterium herausgestellt, das den Theologen bei der Ausübung seiner Eigenständigkeit zu leiten hat. Denn die funktionale Spezialisierung Dialektik sammelt, klassifziert und analysiert die widerstreitenden Ansichten derer, die bewerten, der Historiker, der Interpreten, der Forscher. Die funktionale Spezialisierung Fundamente ermittelt, welche Ansichten die Positionen sind, die aus dem Vorhandensein intellektueller, moralischer und religiöser Bekehrung hervorgehen, und welches die Gegen-Positionen sind, die das Fehlen der Bekehrung anzeigen. Mit anderen Worten, jeder Theologe wird die Authentizität der Autoren der verschiedenen Ansichten beurteilen, und er tut dies mit dem Prüfstein seiner eigenen Authentizität. Dies ist natürlich bei weitem keine narrensichere Methode. Aber sie läuft darauf hinaus, die Authentischen zusammenzuführen, wird auch die Nicht-Authentischen zusammenbringen und wirft ein Schlaglicht auf ihre Nicht-Authentizität. Der Kontrast zwischen beiden wird bei Menschen guten Willens nicht unbemerkt bleiben.

Wie die Eigenständigkeit ein Kriterium braucht, so verlangt sie auch Verantwortlichkeit. Theologen sind dafür verantwortlilch, ihr eigenes Haus in Ordnung zu halten, verantwortlich für den Einfluß, den sie auf die Gläubigen ausüben, und für den Einfluß, den theologische Lehre auf die Lehre der Kirche haben kann. Sie werden meiner Meinung nach dieser Verantwortung um so wirksamer gerecht, wenn sie ihr Denken dem Thema Methode zuwenden und wenn sie, statt auf die perfekte Methode zu warten, die man ihnen erst zu geben hätte, die beste gerade verfügbare Methode übernehmen und in ihrem Gebrauch deren Unzulänglichkeiten erkennen und deren Mängel beseitigen.

Man könnte nun denken, man gefährde die Autorität der Kirchenleitung, wenn man anerkenne, daß Theologen einen eigenen Beitrag zu leisten haben, daß sie eine gewisse Eigenständigkeit besitzen, daß ihnen ein streng theologisches Kriterium zur Verfügung steht und daß sie eine schwere Verantwortung tragen, der sie um so wirksamer gerecht werden, indem sie eine Methode übernehmen und schrittweise an deren Verbesserung arbeiten.

Doch ich denke, daß die Autorität der Kirchenleitung durch diesen Vorschlag nichts zu verlieren, wohl aber viel zu gewinnen hat. In der Anerkennung der klaren geschichtlichen Tatsache, daß die Theologie einen Beitrag zu leisten hat, liegt kein Verlust. Durch die Anerkennung der Eigenständigkeit und den Aufweis, daß sie Verantwortung impliziert, ist aber viel zu gewinnen. Denn Verantwortung führt zur Methode, und Methode macht, wenn sie wirksam ist, Überwachungsarbeit überflüssig. Die Kirchenleitung hat die Pflicht, die Religion, über die die Theologen reflektieren, zu schützen, aber es ist Sache der Theologen selbst, die Last zu tragen, die nötig ist, um die theologische Lehre ebenso konsensfähig zu machen wie jede andere gestandene akademische Disziplin.

Die Angelegenheit hat noch einen weiteren Aspekt. Obwohl ich römisch-katholisch bin und recht konservative Ansichten über Glaubens- und Kirchenlehren vertrete, habe ich ein Kapitel über Lehre geschrieben, ohne irgendeiner besonderen Lehre zuzustimmen, ausgenommen der vom Ersten Vatikanischen Konzil aufgestellten Lehre über die Lehre. Ich habe dies wohlüberlegt getan, und meine Absicht war eine ökumenische. Ich möchte es Theologen unterschiedlicher Bindung und Treuepflicht so einfach wie möglich machen, meine Methode ihren Verwendungszwekken anzupassen. Selbst wenn Theologen von verschiedenen Konfessionen ausgehen, selbst wenn ihre Methoden eher analog als gleich sind, so wird diese Analogie doch allen zur Entdeckung verhelfen, wie viel sie gemeinsam haben, und wird erhellen, wie denn noch größere Übereinstimmung erreicht werden könnte.

Schließlich kann eine Unterscheidung zwischen dogmatischer Theologie und einer Theologie der Lehre *(doctrinal theology)* dazu beitragen, wichtige Punkte, die wir schon wiederholt herauszustellen versuchten, nochmals ins Zentrum zu rücken. Dogmatische Theologie ist klassisch. Sie neigt dazu, es für selbstverständlich zu halten, daß es zu jeder Frage eine und nur eine wahre Aussage gibt. Sie ist darauf aus zu bestimmen, welches die einzigen Aussagen sind, die wahr sind. Im Gegensatz hierzu ist eine Theologie der Lehre geschichtlich eingestellt. Sie weiß, daß der Sinn einer Aussage nur innerhalb eines Kontextes bestimmt wird. Sie weiß, daß sich die Kontexte zugleich mit den verschiedenen Arten des Allgemeinverstands, mit der Entwicklung der Kulturen, mit den Differenzierungen des menschlichen Bewußtseins und mit dem Vorhandensein oder dem Fehlen intellektueller, moralischer und religiöser Bekehrung verändern. Infolgedessen unterscheidet sie zwischen der religiösen Auffassung einer Lehre und der theologischen Auffassung der gleichen Lehre. Die religiöse Auffassung erfolgt durch den Kontext der jeweils eigenen Art des Allgemeinverstands, der sich entfaltenden Kultur, der eigenen Undifferenziertheit oder Differenzierung des Bewußtseins, der eigenen unaufhörlichen Mühen um intellektuelle, moralische und religiöse Bekehrung. Im Gegensatz hierzu erfolgt die theologische Auffassung der Lehren geschichtlich und dialektisch; geschichtlich insofern, als sie die vielen verschiedenen Kontexte erfaßt, in denen die gleiche Lehre auf unterschiedliche Weise zum Ausdruck gebracht wurde, und dialektisch insofern, als sie den Unterschied zwischen Positionen und Gegenpositionen erkennt und die Positionen zu entfalten und die Gegenpositionen umzukehren sucht.

XIII.

SYSTEMATIK

In der siebenten funktionalen Spezialisierung, der Systematik, geht es um die Förderung des Verstehens jener Realitäten, die in der vorhergehenden Spezialisierung Lehre behauptet wurden. Wir fassen unsere Ausführungen unter fünf Überschriften zusammen. Erstens ist die Funktion der Systematik zu klären. Zweitens sind jene Optionen aufzulisten, die durch die vorhergehende Erörterung bereits ausgeschlossen wurden. Drittens ist nach der Relevanz zu fragen, die jeder Anstrengung des menschlichen Geistes, das transzendente Geheimnis zu verstehen, zukommt. Viertens sind die Komplikationen anzusprechen, die sich aus dem Faktum ergeben, daß systematische Theologie ein Verständnis von Wahrheiten, nicht von Daten sucht. Den Abschluß bildet ein kurzer Aufweis, wie eine später folgende Systematik die frühere Arbeit fortsetzt, entfaltet und revidiert.

1. Die Funktion der Systematik

Für Kant war Verstand das Vermögen zu urteilen. Das ist eine Ansicht, die ihre Vorläufer in Platon und Scotus hat, und in geringerem Umfang auch bei Aristoteles und Thomas von Aquin zu finden ist; denn bei den letzteren wird eine Unterscheidung zweier Verstandesvollzüge betont. Im ersten werden Fragen vom Typ *Quid sit? Cur ita sit?* beantwortet. Im zweiten werden Fragen vom Typ *An sit? Utrum ita sit?* beantwortet. Diese Darstellung führt dazu, den Verstand als die Quelle nicht nur von Definitionen, sondern auch von Hypothesen aufzufassen, während mittels des Urteils die Existenz dessen, was definiert wurde, und die Verifikation dessen, was eine Hypothese vorbringt, erkannt wird.

Nun scheint diese Unterscheidung zwischen Verstand und Urteil wesentlich für ein Verständnis der augustinischen und anselmischen Vorschrift *Crede ut intelligas*. Das bedeutet nicht, »Glaube, damit du urteilen kannst«, denn Glaube ist schon ein Urteil. Es bedeutet auch nicht, »Glaube, damit du beweisen kannst« denn die Glaubenswahrheiten gestatten keinen menschlichen Beweis. Es bedeutet aber sehr klar und deutlich »Glaube, damit du verstehen kannst«, denn die Glaubenswahrheiten sind für einen Gläubigen sinnvoll, erscheinen aber einem Nicht- Glaubenden als Unsinn.

Trotz der recht massiven Überlagerung durch Konzeptualismus[1], die inzwischen stattgefunden hatte, gewann das Erste Vatikanische Konzil die Lehre vom Verstehen aus der augustinischen, anselmischen und thomistischen Tradition wieder. Es lehrte, daß die vom Glauben erleuchtete Vernunft, wenn sie eifrig, fromm und lauter forscht, mit Gottes Hilfe ein überaus fruchtbares Verständnis der Glaubensgeheimnisse erlangen kann, sowohl aus der Analogie zu dem, was sie auf natürliche Weise erkennt, wie aus dem Zusammenhang der Geheimnisse untereinander und mit dem letzten Ziel des Menschen (DS 3016 = NR 39).

Die Förderung eines solchen Verständnisses der Geheimnisse halten wir für die Hauptfunktion der Systematik. Diese Spezialisierung setzt die Lehre voraus. Ihr Zweck ist es nicht, *ex ratione theologica* noch einen weiteren Beweis der Lehren zu erbringen. Im Gegenteil, die Lehren sind durch Hinzufügung der Fundamente zur Dialektik als erwiesen zu betrachten. Zweck der Systematik ist es nicht, die Gewißheit zu steigern, sondern das Verständnis zu fördern. Sie sucht nicht, die Fakten zu beweisen. Sie strebt nach irgendeinem Hinweis darauf, wie es möglich ist, daß die Fakten so sind, wie sie sind. Ihre Aufgabe besteht darin, die in der Lehre erwiesenen Fakten zu übernehmen und zu versuchen, sie zu einem assimilierbaren Ganzen zu verarbeiten.

Das klassische Beispiel dieser Unterscheidung von Lehre und Systematik liefert das vierte Buch der »Summa contra Gentiles« des Thomas von Aquin. Dort befassen sich die Kapitel zwei bis neun mit der Existenz von Gott Sohn, die Kapitel fünfzehn bis achtzehn mit der Existenz des Heiligen Geistes, Kapitel siebenundzwanzig bis neununddreißig mit der Existenz der Inkarnation. Kapitel zehn bis vierzehn aber kreisen um die Frage, wie eine göttliche Zeugung zu verstehen sei. Ähnlich beschäftigen sich die Kapitel neunzehn bis fünfundzwanzig damit, wie der Heilige Geist aufzufassen ist, und Kapitel vierzig bis neunundvierzig behandeln systematische Fragen der Inkarnation.

An anderer Stelle weist Thomas darauf hin, daß eine Disputatio auf eines der beiden folgenden Ziele gerichtet sein kann: Wenn sie darauf abzielt, einen Zweifel darüber zu beseitigen, ob etwas so ist, dann beruft man sich in der Theologie auf die Autoritäten, die der Hörer anerkennt. Zielt sie aber auf die Unterweisung des Studenten, um ihn zum Verständ-

---

[1] Über Konzeptualisten vgl. mein Buch Verbum: Word and Idea in Aquinas, London 1967, Index, Stichwort »Conceptualist(s)« 228. Die Schlüsselfrage lautet, ob Begriffe sich aus dem Verstehen ergeben oder ob sich das Verstehen aus den Begriffen ergibt.

nis der in Frage stehenden Wahrheit zu bringen, dann muß man sich auf jene Gründe beziehen, die die Grundlage der Wahrheit ans Licht bringen und die Erkenntnis ermöglichen, wieso das wahr ist, was gesagt wurde. Wenn der Lehrer die Frage nur durch Berufung auf die Autoritäten beilegt, gibt er seinem Schüler die Gewißheit, daß etwas so ist; aber er gibt ihm keineswegs irgendein Verständnis oder ein systematisches Wissen, sondern läßt ihn leer ausgehen.[2]

Im Gegensatz zum mittelalterlichen Verfahren haben Katholiken in den letzten Jahrhunderten Philosophie und Theologie nicht bloß unterschieden, sondern sogar voneinander getrennt. Das Ergebnis waren zwei Theologien: eine natürliche Theologie im Philosophie-Kursus, und eine weitere systematische oder spekulative Theologie, die mit einer geordneten Darstellung der Glaubensgeheimnisse befaßt war. Ich halte diese Trennung für wenig glücklich. Sie war erstens irreführend. Immer wieder hielten es Studenten für selbstverständlich, daß systematische Theologie bloß weitergeführte Philosophie und daher ohne religiöse Bedeutung sei. Am entgegengesetzten Pol standen dann jene, die behaupteten, eine natürliche Philosophie erreiche den christlichen Gott gar nicht; zudem sei das, was nicht der christliche Gott ist, nur ein Eindringling und ein Idol. Zweitens aber schwächte diese Trennung sowohl die natürliche wie auch die systematische Theologie. Sie schwächte die natürliche Theologie, denn abstruse philosophische Begriffe verlieren nichts von ihrer Geltung und können ihre Annehmbarkeit noch enorm steigern, wenn man sie mit ihren religiösen Äquivalenten in Verbindung bringt. Sie schwächte die systematische Theologie, denn diese Trennung verhindert die Darstellung der Systematik als einer christlichen Ausweitung dessen, was der Mensch durch seine angeborenen Kräfte anfanghaft bereits erkennen kann. Drittens scheint die Trennung auf einem Irrtum zu beruhen. Solange man annimmt, die Philosophie gehe mit einer derart sublimen Objektivität vor, daß sie von dem menschlichen Geist, der sie denkt, völlig unabhängig sei, dann läßt sich ohne Zweifel der Anspruch auf eine solche Objektivität zugunsten der Präliminarien des Glaubens aufrechterhalten. Die Tatsache ist jedoch die, daß der Beweis nur innerhalb eines systematisch formulierten Horizonts streng wird, daß sich die Formulierung der Horizonte je nach Vorhandensein oder Fehlen der intellektuellen, der moralischen und der religiösen Bekehrung verändert, und daß Bekehrung niemals die logische Folge der eigenen vorhergehenden Position ist, sondern im Gegenteil eine radikale Revision dieser Position.

---

[2] Quodl., IV, q. 9, a.3 (18).

Das Problem ist im Grunde der Übergang von der abstrakten Logik der Klassik zur Konkretheit der Methode. Nach der ersteren Ansicht ist der Beweis das Grundlegende; nach der anderen Ansicht ist grundlegend die Bekehrung. Der Beweis beruft sich auf eine Abstraktion, die man *recta ratio* genannt hat. Die Bekehrung verwandelt das konkrete Individuum, indem sie ihm die Fähigkeit verleiht, nicht bloß Schlußfolgerungen, sondern ebenso Prinzipien zu erfassen.

Nochmals – die Problematik steckt in der eigenen Auffassung von Objektivität. Wenn man den logischen Beweis für grundlegend hält, so verlangt man eine Objektivität, die vom konkret existierenden Subjekt unabhängig ist. Während jedoch die Objektivität das erreicht, was vom konkret existierenden Subjekt unabhängig ist, wird die Objektivität selbst nicht erreicht durch etwas, das vom konkret existierenden Subjekt unabhängig ist. Im Gegenteil, Objektivität wird durch die Selbst-Transzendenz des konkret existierenden Subjekts erreicht, und die grundlegenden Formen der Selbst-Transzendenz sind intellektuelle, moralische und religiöse Bekehrung. Der Versuch, Objektivität abgesehen von der Selbst-Transzendenz sicherzustellen, führt nur zu Illusionen.[3]

Man könnte jedoch den Einwand erheben, daß dieser Übergang vom Abstrakten zum Konkreten, vom Beweis zur Bekehrung, sich nicht mit der Aussage des Ersten Vatikanischen Konzils deckt, Gott könne mit Sicherheit durch das natürliche Licht der menschlichen Vernunft aus den Geschöpfen erkannt werden (DS 3004 = NR 27,28; DS 3026 = NR 45).

Zuerst möchte ich auf die Tatsache aufmerksam machen, daß die vorstehende Definition stillschweigend von der gegenwärtigen Ordnung absieht, in der wir leben. Das dritte Schema von *Dei Filius*, das von Joseph Kleutgen abgefaßt wurde, lautet im Canon: »... *per ea quae facta sunt, naturali ratione ab homine lapso certo cognosci et demonstrari posse* ...«[4] Die endgültige Fassung erwähnt jedoch den gefallenen Menschen nicht und ist in Anbetracht der damals herrschenden abstrakten Klassik vielleicht ganz einfach auf den Zustand der reinen Natur zu beziehen.[5]

---

[3] Die grundlegende Darstellung bietet in diesem Zusammenhang J. H. *Newman*, An Essay in Aid of a Grammer of Assent, London 1870, Kap. VIII und IX; deutsch: Entwurf einer Zustimmungslehre, Mainz 1961, Bd. 7 der Ausgewählten Werke. Vgl. auch sein Buch Discussions and Arguments on Various Subjects, London 1924: »Mit Logik erreicht man rhetorisch nur wenig bei der Masse; bringst du es erst einmal fertig, um die Ecke zu schießen, dann kannst du dir auch zutrauen, die Masse durch einen Syllogismus zu bekehren.« Diese Stelle wird in der »Grammar« S. 90 zitiert, in der deutschen Ausgabe S. 65.

[4] Vgl. J. D. *Mansi*, Sacrorum Conciliorum Nova et Amplissima Collectio 53, 168.

[5] Vgl. meinen Beitrag Natural Knowledge of God: Proceedings of the Catholic Theological Society of America 23 (1968) 54–69.

Als zweites möchte ich im Hinblick auf die tatsächliche Ordnung, in der wir leben, darauf hinweisen, daß normalerweise die religiöse Bekehrung jeder Bemühung vorausgeht, für die Existenz Gottes strenge Beweise zu erbringen. Aber ich halte es auch nicht für unmöglich, daß solche Erweise ein Faktor sein können, der die religiöse Bekehrung erleichtert, so daß im Ausnahmefall eine gewisse Kenntnis der Existenz Gottes der Annahme des Gottesgeschenks seiner Liebe vorausgehen kann.

Ich habe mich für eine Integration der natürlichen und der systematischen Theologie eingesetzt, doch bedeutet das keineswegs eine Verwischung der Unterscheidungen. Trennung ist eines, Unterscheidung etwas ganz anderes. Leib und Seele eines Menschen können unterschieden sein, selbst wenn der Mensch noch lebt. In ähnlicher Weise ist das, was an den Vollzügen eines Theologen natürlich und was übernatürlich ist, unterschieden, selbst wenn der eine Teil nicht einer philosophischen Abteilung und der andere einer theologischen Abteilung zugeschrieben wird. Sodann gibt es die Intelligibilität dessen, was nicht anders sein kann, und die Intelligibilität dessen, was auch anders sein kann; beide sind unterschieden, selbst wenn eine einzige Erklärung teils aus der einen und teils aus der anderen besteht. Und schließlich gibt es die Intelligibilität innerhalb der Reichweite des menschlichen Verstandes und die Intelligibilität jenseits dieser Reichweite, wie auch die dazwischenliegende, unvollkommene, analoge Intelligibilität, die wir in den Glaubensgeheimnissen finden können; diese drei sind unterschieden, aber es besteht kein Anlaß, sie voneinander zu trennen.

Ich möchte dazu anmerken, daß ich hier nichts Neues vorschlage, sondern nur eine Rückkehr zu jener Art systematischer Theologie, wie sie am Beispiel der *Summa contra Gentiles* und der *Summa theologiae* des Thomas von Aquin deutlich wird. Beide Werke sind systematischer Ausdruck eines weitreichenden Verstehens jener Wahrheiten, die Gott und den Menschen betreffen. In beiden Werken ist sich Thomas der oben genannten Unterscheidungen voll bewußt. Keines von beiden leistet der Trennung Vorschub, die später eingeführt wurde.

Wenn das Ziel der Systematik – wie ich behaupte – das Verstehen ist, dann hat sie ein einziges vereintes Ganzes zu bieten, nicht aber zwei getrennte Teile mit der Tendenz, den Primat der Bekehrung zu übersehen und die Bedeutung des Beweises überzubetonen.

H. *Pottmeyer,* Der Glaube vor dem Anspruch der Wissenschaft, Freiburg Br. 1968, 168 bis 204. D. *Coffey,* Natural Knowledge of God: Reflections on Romans I, 18–32: Theological Studies 31 (1970) 674–691.

2. Ausgeschiedene Optionen

Schon vom ersten Kapitel an haben wir uns von einer Psychologie der Seelenvermögen mit ihren Optionen für den Intellektualismus oder Voluntarismus getrennt und gingen zu einer Intentionalitätsanalyse über, die vier Ebenen bewußter und intentionaler Vollzüge unterscheidet, wobei jede folgende Ebene die vorhergehenden Ebenen aufhebt, indem sie über sie hinausgeht, ein höheres Prinzip aufstellt, neue Vollzüge einführt, die Integrität der vorhergehenden Ebenen wahrt und zugleich ihre Reichweite und Bedeutung enorm erweitert.

So ergeben sich einige Folgerungen. Die vierte und höchste Ebene ist die der Überlegung, Bewertung und Entscheidung. Daraus folgt, daß der Vorrang des Verstandes einfach der Vorrang der ersten drei Ebenen des Erfahrens, Verstehens und Urteilens ist.

Zweitens folgt daraus, daß der spekulative Intellekt oder die reine Vernunft nur eine Abstraktion ist. Wissenschaftliches oder philosophisches Erfahren, Verstehen und Urteilen erfolgen nicht in einem Vakuum. Sie sind Vollzüge eines existentiellen Subjekts, das die Entscheidung getroffen hat, sich dem Streben nach Verständnis und Wahrheit zu widmen und seiner Verpflichtung mit mehr oder weniger Erfolg treu bleibt.

Drittens ergibt sich die Möglichkeit zu einer Ausnahme von dem alten Wort: *Nihil amatum nisi praecognitum.* Insbesondere scheint es, daß das Gottesgeschenk seiner Liebe (Röm 5,5) nicht etwas ist, das sich aus der Gotteserkenntnis des Menschen ergibt oder durch sie bedingt ist. Weit plausibler scheint es, daß dieses Geschenk unserer Gotteserkenntnis vorhergeht und in der Tat die Ursache unserer Suche nach Gotteserkenntnis sein kann.[6] In diesem Falle wäre das Geschenk aus sich selbst eine Ausrichtung auf ein Unbekanntes. Doch diese Ausrichtung enthüllt ihr Ziel durch ihre Absolutheit: mit ganzem Herzen und ganzer Seele, mit all deinen Gedanken und all deiner Kraft. Es ist also eine Ausrichtung auf das, was in der Liebenswürdigkeit tranzendent ist, und ist dieses unbekannt, so ist es eine Ausrichtung auf das transzendente Geheimnis.

Nun ist aber eine Ausrichtung auf das transzendente Geheimnis für die systematische Theologie grundlegend. Sie sorgt für die primäre und fundamentale Bedeutung des Namens Gott. Sie kann das Band sein, das alle Menschen trotz kultureller Unterschiede vereint. Aus ihr geht die Untersuchung über Gott hervor, die Suche nach Vergewisserung bezüglich seiner Existenz, die Bemühungen, eine gewisse Einsicht in die Glaubensge-

---

[6] Vgl. *Pascals* Bemerkung: »Sei getrost, du würdest mich nicht suchen, wenn du mich nicht schon gefunden hättest« Pensées VII, 553.

heimnisse zu erlangen. Zugleich aber steht sie durchaus in Einklang mit der Überzeugung, daß kein System, das wir konstruieren können, jenes Geheimnis, durch das wir gehalten sind, je einfangen, ausloten oder beherrschen wird. Wie das vierte Laterankonzil verkündete: »Denn von Schöpfer und Geschöpf kann keine Ähnlichkeit ausgesagt werden, ohne daß sie eine größere Unähnlichkeit zwischen Beiden einschlösse« (DS 806 = NR 280). Und wie das Erste Vatikanische Konzil hinzufügte: »Die göttlichen Geheimnisse übersteigen ihrer Natur nach so den geschaffenen Verstand, daß sie auch nach ihrer Übergabe durch die Offenbarung und auch nach ihrer Annahme im Glauben doch durch den Schleier des Glaubens selbst bedeckt bleiben ...« (DS 3016 = NR 39).

Sodann erleuchtet eine Ausrichtung auf das transzendente Geheimnis die negative oder apophatische Theologie, die sich damit begnügt zu sagen, was Gott nicht ist. Denn solch einer Theologie geht es darum, über ein transzendentes Unbekanntes, über ein transzendentes Geheimnis zu sprechen. Ihre positive Nahrung besteht im Gottesgeschenk seiner Liebe.

Wenn es jedoch eine affirmative oder kataphatische Theologie ebenso wie eine negative oder apophatische geben soll, so muß man sich der Frage stellen, ob Gott ein Objekt ist. Nun ist Gott gewiß kein Objekt im naiv realistischen Sinne dessen, was jetzt bereits da draußen ist, oder jetzt schon dort oben, oder jetzt schon hier drinnen. Außerdem ist er kein Objekt, wenn man vom naiven Realismus auf einen Empirismus, einen Naturalismus, einen Positivismus oder einen Idealismus ausweicht. Wenn aber mit Objekt all das gemeint ist, was in Fragen intendiert und durch richtige Antworten erkannt wird, was also innerhalb der durch Sinn vermittelten Welt liegt, dann ist eine Unterscheidung angebracht.

Bei dem, was ich den primären und fundamentalen Sinn des Namens Gott genannt habe, ist Gott kein Objekt. Denn dieser Sinn ist das Ziel einer Ausrichtung auf das transzendente Geheimnis. Solch eine Ausrichtung ist, obwohl der Höhepunkt des selbsttranszendierenden Prozesses des Fragenstellens, dennoch nicht eigentlich eine Sache des Fragens und Antwortens. Deshalb ist sie, weit davon entfernt, innerhalb der durch Bedeutung vermittelten Welt zu liegen, jenes Prinzip, das die Menschen aus dieser Welt zurück und in die Wolke des Nichtwissens hineinziehen kann.[7]

---

[7] Ich fand *William Johnstons* The Mysticism of the Cloud of Unknowing, New York-Rom-Tournai-Paris 1967, außerordentlich hilfreich. Leser, die meine Bemerkungen auffüllen möchten, werden in seinem Buch eine Position finden, die mit meiner eigenen weitgehend übereinstimmt.

Der Rückzug ist jedoch für Wiederkehr. Nicht nur kann das eigene Gebet darin bestehen, alle Bilder und Gedanken aufzugeben, um sich so von der Gottesgabe Seiner Liebe ganz erfüllen zu lassen, auch können jene, die auf diese alles ausschöpfende Weise beten, das Gebet beenden und an ihr Beten zurückdenken. Dann objektivieren sie in Bildern, Begriffen und Worten sowohl das, was sie taten, als auch Gott, um den es ihnen ging.

Gott aber kommt in die durch Sinn vermittelte Welt auf sehr viel gewöhnlicheren Wegen. Unser fundamentales Anliegen erwächst aus der Gottesgabe Seiner Liebe, aber unsere Fragen beginnen bei der Welt und beim Menschen. Könnte die Welt durch Fragen nach Einsicht vermittelt werden, wenn sie keinen intelligenten Grund hätte? Könnte die Faktizität der Welt mit ihrer Intelligibilität in Einklang gebracht werden, wenn sie nicht einen notwendigen Grund hätte? Taucht die Sittlichkeit erst mit dem Menschen im Universum auf, so daß das Universum a-moralisch und dem Menschen fremd ist, oder ist der Grund des Universums ein sittliches Wesen? Solche Fragen verlangen Antworten, und wie ihn die Fragen intendieren, so können auch die Antworten einen intelligenten, notwendigen und sittlichen Grund des Universums aufzeigen.

Vor allem in einer Religion, der viele Menschen angehören, die in Kulturen eingeht und sie überformt, und die sich über die Zeiten erstreckt, wird Gott benannt, werden Fragen über ihn gestellt und kommt es zu Antworten. Auf noch andere Weise wird Gott ein Objekt: in dem sehr genauen Sinn dessen, was in Fragen intendiert und durch richtige Antworten erkannt wird. Dieser Sinn wird auch keineswegs durch die Tatsache ungültig gemacht, daß der naive Realismus, der Empirismus, der Positivismus, der Idealismus oder die Phänomenologie Gott nicht denken können und infolgedessen ihn auch nicht als Objekt denken können.

Es gibt noch eine weitere Konsequenz, die sich aus dem Wechsel von einer Psychologie der Seelenvermögen zur Intentionalitätsanalyse ergibt. Sie besteht darin, daß die Grundtermini und -relationen der systematischen Theologie nicht mehr metaphysische, wie in der mittelalterlichen Theologie, sondern psychologische sind. Wie wir in den Kapiteln über Methode, über Religion und über Fundamente herausgestellt haben, bezeichnen die allgemeinen Grundtermini bewußte und intentionale Vollzüge. Die allgemeinen Grundbeziehungen bezeichnen Elemente in der dynamischen Struktur, die Vollzüge verbinden und Zustände herbeiführen. Die speziellen Grundtermini bezeichnen Gottes Geschenk Seiner Liebe und christliches Zeugnis. Abgeleitete Termini und Relationen bezeichnen die Objekte, die in Vollzügen erkannt werden und Zuständen korrelativ sind.

Das Entscheidende, metaphysische Termini und Relationen nicht zur Grundlage zu machen, sondern abzuleiten, liegt darin, daß sich daraus eine kritische Metaphysik ergibt. Für jeden Terminus und jede Relation existiert nun ein entsprechendes Element im intentionalen Bewußtsein. Infolgedessen können leere oder irreführende Termini und Relationen beseitigt werden, wärend gültige durch die bewußte Intentionalität, von der sie abgeleitet sind, erhellt werden können. Die Wichtigkeit einer solch kritischen Kontrolle wird jedem einleuchten, der die großen trockenen Wüsten theologischer Kontroverse kennt.

Die positive Funktion einer kritischen Metaphysik ist zweifach. Einerseits liefert sie eine heuristische Grundstruktur, einen bestimmten Horizont, innerhalb dessen Fragen entstehen. Andererseits liefert sie ein Kriterium, um den Unterschied zwischen wörtlicher und metaphorischer Bedeutung festzulegen, sowie den zwischen notionalen und realen Distinktionen.[8]

Da sich das Wissen um das intentionale Bewußtsein entwickeln kann, folgt daraus, daß die ganze vorstehende Struktur Entwicklung zuläßt und dadurch der Starrheit entgeht. Zugleich gewährleistet diese Struktur Kontinuität, denn die Möglichkeit von Entwicklung ist die Möglichkeit einer Revision früherer Ansichten, und die Möglichkeit der Revision früherer Ansichten ist die weiterbestehende Existenz der bereits festgelegten Struktur. Und schließlich beseitigt dieser Ansatz jede autoritäre Grundlage zur Methode. Man kann selbst und in sich selbst herausfinden, welches die eigenen bewußten und intentionalen Vollzüge sind und wie sie aufeinander bezogen sind. Man kann selbst und in sich selbst entdecken, warum das Ausführen dieser und jener Vollzüge auf diese und jene Weise menschliches Erkennen ausmacht. Hat man das erst erreicht, dann ist man bei der Auswahl und Ausführung der eigenen Methode nicht länger von anderen abhängig. Man steht auf eigenen Füßen.

3. Geheimnis und Problem

Die Antwort des Menschen auf das transzendente Geheimnis ist Anbetung. Anbetung schließt aber Worte nicht aus; am allerwenigsten dann, wenn Menschen zusammenkommen, um anzubeten. Doch die Worte haben ihre Bedeutung innerhalb eines kulturellen Kontexts. Kontexte können fortschreitend sein. Ein bestimmter fortschreitender Kontext

---

[8] Über die Bedeutung der heuristischen Struktur, der Wirklichkeit, sowie der realen und notionalen Unterscheidungen vgl. »Insight« Kap. II, XIV und XVI.

kann von einem anderen abgeleitet sein. Zwei fortschreitende Kontexte können interagieren. Dementsprechend stehen die Anbetung Gottes und, noch allgemeiner, die Religionen der Menschheit innerhalb eines sozialen, kulturellen und geschichtlichen Kontexts und schaffen durch diese Verflechtung die Probleme, mit denen die Theologen fertig zu werden versuchen – wenn sich auch das Geheimnis sehr von den Problemen des Allgemeinverstands, der Wissenschaften, der Gelehrsamkeit und eines großen Teils der Philosophie unterscheidet.

Unsere Überlegungen zur Differenzierung des menschlichen Bewußtseins haben einige der allgemeinen Arten von Kontext, in denen der religiöse und theologische Diskurs stattfindet, ins Licht gerückt. Die Art, wie der Mensch seine Auffassung von Gott zum Ausdruck bringt, kann weithin symbolisch sein; dann werden Unzulänglichkeiten des Ausdrucks durch Neu-Interpretation korrigiert, indem das Symbol so modifiziert wird, daß unerwünschte Sinngehalte ausgeschlossen und erwünschte Bedeutungen aufgehellt werden. Sodann gerät in der vorsokratischen Welt eines Xenophanes oder in der post-systematischen Welt des Klemens von Alexandria die anthropomorphe Rede über Gott in Mißkredit. Der biblische Gott, der steht oder sitzt, der eine rechte und eine linke Hand hat, der in Zorn gerät und den etwas reut, wird nicht mehr wörtlich verstanden. Gott wird nun im Sinne der transzendentalen Notionen der Intelligibilität, Wahrheit, Wirklichkeit und Güte konzipiert. Ein solches Neu-Denken Gottes, des Vaters, zieht ein Neu-Denken Seines Sohnes nach sich, und das Neu-Denken des Sohnes schafft eine Spannung zwischen dem Sohn, wie er nun neu gedacht, und dem Sohn, wie er im Neuen Testament geschildert wird. Daraus folgten die Krisen, die durch Arius, Nestorius und Eutyches ausgelöst wurden, sowie die post-systematischen Aussagen von Nicäa, Ephesus und Chalkedon. Die minimale Verwendung von Fachausdrücken auf den griechischen Konzilien und die spätere byzantinische und syrische Bemühung um die Theologie in ihrer Gesamtheit bereiteten den Weg für das völlige Neubedenken der christlichen Lehre in systematischen Begriffen durch die Theologen des Mittelalters. Daraus erwuchs ein Erbe, das mit dem fortschreitenden Kontext der Kirchenlehren bis zum Zweiten Vatikanischen Konzil in Wechselwirkung stand. Inzwischen hatte die moderne Wissenschaft schon viel von der biblischen Auffassung vom Menschen und seiner Welt beseitigt. Die moderne Gelehrsamkeit hat die Auslegung der biblischen, patristischen, mittelalterlichen und der nachfolgenden Quellen einer ständigen Revision unterzogen, und die moderne Philosophie führte zu einem radikalen Wandel im systematischen Denken.

Demzufolge sind die fortschreitenden Kontexte, innerhalb derer das

Geheimnis angebetet und die Anbetung ausgelegt wird, keineswegs frei von Problemen, wenn auch das Geheimnis nicht mit einem Problem zu verwechseln ist. Am allerwenigsten sollte heutzutage die Existenz von Problemen ignoriert werden. Denn jetzt sind die Probleme so zahlreich, daß viele nicht wissen, was sie glauben sollen. Sie weigern sich nicht zu glauben; sie wissen auch, was Kirchenlehren sind, aber sie möchten wissen, was diese Lehren der Kirche bedeuten könnten. Ihre Frage ist jene Frage, die durch die systematische Theologie zu beantworten ist.

Die Antwort auf diese Frage liegt in einem schrittweisen Zuwachs an Verstehen. Ein Anhaltspunkt wird entdeckt, der etwas Licht in die vorliegende Angelegenheit bringt. Doch diese Teilbeleuchtung läßt weitere Fragen entstehen, und die weiteren Fragen führen zu noch weiteren Antworten. Das beleuchtete Gebiet weitet sich eine Zeitlang ständig aus, doch schließlich liefern weitere Fragen immer geringeren Ertrag. Der Erzgang scheint erschöpft zu sein. Doch nachfolgende Denker können die ganze Angelegenheit nochmals anpacken. Jeder kann einen bemerkenswerten Beitrag leisten. Schließlich erscheint auf der Szene womöglich ein Meister, der fähig ist, alle Fragen aufzugreifen und in der richtigen Ordnung zu behandeln.

Diese Ordnung ist nicht die Ordnung, in der die Lösungen gefunden wurden, denn der Verlauf der Entdeckung macht Umwege. Untergeordnete Fragen werden wahrscheinlich als erste gelöst. Schlüsselfragen werden leicht solange übersehen, bis ein Großteil bewältigt ist. Von der Ordnung der Entdeckung unterscheidet sich deutlich die Lehrordnung. Denn ein Lehrer stellt Lösungen zurück, die andere Lösungen voraussetzen, und er beginnt mit jenen Themen, deren Lösung nicht die Lösung anderer Themen voraussetzen.

Das war der *ordo disciplinae*, den Thomas von Aquin in Theologie-Lehrbüchern für Anfänger verlangte.[9] Als kurze Illustration merken wir an, daß es im ersten Buch des *Scriptum super Sententias* keine Trennung der Abhandlung über Gott den Einen und Gott den Dreifaltigen gibt; aufs Geratewohl betreffen die Fragen entweder das erste oder das zweite. Doch in der *Summa contra Gentiles* wird eine systematische Trennung durchgeführt: das erste Buch handelt ausschließlich von Gott dem Einen; die Kapitel Zwei bis Sechsundzwanzig des vierten Buchs behandeln ausschließlich Gott den Dreifaltigen. Im ersten Teil der *Summa theologiae* behandeln die Quästionen 2–26 Gott den Einen, während die Quästionen 27–43 die Dreifaltigkeit betreffen. Was in *Contra Gentiles* in sehr weit getrennten Büchern behandelt wurde, wird in der *Summa theologiae* zu

[9] Vgl. *Thomas von Aquin*, Summa theologiae, Prologus.

einem kontinuierlichen Strom vereinigt. Denn die Quästionen 27-29 befassen sich noch mit Gott, während die Elemente der trinitarischen Theorie schrittweise ausgearbeitet werden. Die Quästio 27 fragt nicht, ob der Sohn vom Vater ausgeht, sondern ob es Hervorgänge *(processiones)* in Gott gibt. Quästio 28 fragt, ob diese Hervorgänge Relationen in Gott entstehen lassen, und Quästio 29 fragt, ob diese Relationen Personen sind.[10]

Die Ordnung des Lehrens oder der Darlegung ist nicht nur von der Ordnung des Entdeckens verschieden, vielmehr bringen auch die Termini und Relationen des systematischen Denkens eine Entwicklung des Verständnisses zum Ausdruck, die über das hinausgeht, was das Verstehen entweder von einer einfachen Untersuchung oder von einer gelehrten Exegese der ursprünglichen Quellen der Lehre erhielt. So haben in der thomistischen Trinitätstheorie Begriffe wie Hervorgang, Relation und Person einen höchst technischen Sinn. Sie verhalten sich zu diesen Begriffen, wie sie in biblischen und patristischen Schriften vorkommen, ähnlich wie in der modernen Physik die Begriffe Masse und Temperatur zu den Adjektiven schwer und kalt.

Das Vorhandensein dieser Divergenz zwischen religiösen Quellen und theologischen Systemen ist eine notwendige Folge der vom Ersten Vatikanischen Konzil geäußerten Sicht, daß das Verständnis – wenn es auch immer das gleiche Dogma, der gleiche Sinngehalt und die gleiche Auffassung ist, die verstanden wird – doch über Jahrhunderte weiter wächst und voranschreitet (DS 3020 = NR 44;386). Im Kapitel über die Lehre ging es uns darum, an der Beständigkeit der Glaubenslehre trotz der geschichtlich sich wandelnden Kontexte, innerhalb derer die Dogmen verstanden und zum Ausdruck gebracht werden, festzuhalten. Im gegenwärtig vorliegenden Kapitel zur Systematik haben wir die Rückseite der Münze zu betrachten und hauptsächlich die systematischen Entwicklungen zu beachten, wobei wir an der Beständigkeit der Dogmen weiterhin festhalten.

Solche Entwicklungen erfolgen in weit voneinander abweichenden Kontexten. Sie begannen in der antiken griechisch-römischen und byzantinischen Welt. Sie erreichten eine hohe Vollendung in den statisch konzipierten Systemen des mittelalterlichen Denkens. Diese Entwicklungen sollten nun auch innerhalb des fortschreitenden Kontexts moderner Wissenschaft, moderner Gelehrsamkeit und moderner Philosophie zustande kommen.

Unglücklicherweise stehen all diese Entwicklungen, was ja sehr menschlich ist, unter dem Zeichen des Widerspruchs. Nicht weniger als

---

[10] Diese Materie habe ich eingehender in meinem Buch Verbum: Word and Idea in Aquinas, 206ff, behandelt.

das Verstehen läßt sich auch das Mißverständnis systematisch zum Ausdruck bringen. Wiederum gilt – während echtes Verstehen auf Einzigkeit hinausläuft, führt das Mißverständnis zu einer Mannigfaltigkeit. Wie es widerstreitende Auslegungen, widerstreitende Geschichtsdarstellungen, widerstreitende Fundamente und widerstreitende Lehren gibt, so hat man auch mit einer Schar widerstreitender Systeme zu rechnen.

Um mit einer solchen Vielfältigkeit fertig zu werden, muß man sich nochmals der Dialektik bedienen. Man muß die Mannigfaltigkeit zusammenstellen, die Unterschiede ermitteln und sie auf ihre Gründe zurückführen. Solche Gründe können in irgendeinem sozialen, kulturellen und geschichtlichen Kontext liegen, in der angeborenen Begabung oder der Bildung bestimmter Autoren, im Vorhandensein oder Fehlen intellektueller, moralischer oder religiöser Bekehrung, in der Art und Weise, wie die Methode und Aufgabe der systematischen Theologie konzipiert wurde. Auf der Grundlage solcher Analyse und im Licht der eigenen Fundamente und der Methode wird man beurteilen, welche Systeme Positionen und welche Gegenpositionen zum Ausdruck bringen.

4. Verstehen und Wahrheit

Wir hatten bereits Gelegenheit, Daten und Fakten zu unterscheiden. Daten sind dem Verstand oder dem Bewußtsein gegeben. Sie sind das Gegebene einfach als Gegebenes. Natürlich werden sie schwerlich bemerkt, wenn sie nicht in unser Verstehen hineinpassen und einen Namen in unserer Sprache haben. Bei angemessener Entwicklung des Verstehens und der Sprache werden sie sogleich bemerkt, und wenn sie unter irgendeinem Gesichtspunkt wichtig sind, wird man auf ihnen bestehen.

Während Daten bloß eine Komponente in der menschlichen Erkenntis darstellen, ergeben sich Fakten aus der Verbindung von drei verschiedenen Ebenen. Fakten besitzen die Unmittelbarkeit des Gegebenen, die Genauigkeit dessen, was irgendwie verstanden, auf den Begriff gebracht und benannt wird, und die Unnachgiebigkeit dessen, was behauptet wird, weil ein virtuell Unbedingtes erreicht wurde.

Man kann Daten verstehen und Fakten verstehen. Das Verständnis der Daten wird in Hypothesen zum Ausdruck gebracht, und die Verifizierung der Hypothesen führt zu wahrscheinlichen Behauptungen. Das Verständnis der Fakten ist eine kompliziertere Angelegenheit, denn es setzt die Existenz zweier Grundformen oder Ordnungen des Erkennens voraus, wobei die Fakten der ersten Grundform die Daten für die zweite Grundform liefern. So unterschieden wir in der kritischen Geschichtswissenschaft zwei Untersuchungen: eine erste Untersuchung zielte darauf herauszufinden, woher unsere Zeugen ihre Information bekamen, wie sie sie überprüften und wie kompetent sie sie verwendeten; dieser Untersuchung folgte eine zweite, die die bewertete Information einsetzte, um eine Darstellung dessen zu geben, was sich in einem gegebenen Milieu zu gegebener Zeit an einem bestimmten Ort ereignet hatte. Auf ähnliche Weise kann man in der Naturwissenschaft von den Fakten des Allgemeinwissens ausgehen und sie als Daten zur Aufstellung wissenschaftlicher Theorien verwenden; und umgekehrt kann man von der wissenschaftlichen Theorie über angewandte Wissenschaft, Ingenieurwesen und Technologie zurückgehen, um die Welt der Alltagserkenntnis umzuformen.

Die Besonderheit eines solchen Faktenverständnisses besteht nun darin, daß zwei Ordnungen oder Grundformen der Erkenntnis auch zwei Anwendungen des Wahrheitsbegriffes verlangen. Es gibt die Wahrheit der Fakten in der ersten Ordnung oder Grundform; es gibt aber auch die Wahrheit der Darstellung oder Erklärung, die in der zweiten Ordnung oder Grundform erlangt wurde. Und während zunächst die zweite von der ersten abhängt, sind letztlich die beiden interdependent, denn die zweite kann zu einer Berichtigung der ersten führen. Die Entdeckung des kritischen Historikers, was eigentlich vor sich ging, kann ihn veranlassen, die Bewertung seiner Zeugen zu revidieren. Die wissenschaftliche Darstellung der physikalischen Wirklichkeit kann eine Revision der Ansichten des Allgemeinverstands nach sich ziehen.

Weitaus komplizierter liegt der Fall unserer acht direkt oder indirekt interdependenten funktionalen Spezialisierungen. Jede von diesen acht ist ein Werk aller vier Ebenen des intentionalen Bewußtseins. Infolgedessen ergibt sich jede von diesen acht aus der Erfahrung, aus Einsichten, aus Tatsachenurteilen und Werturteilen. Zugleich ist jede eine Spezialisierung insofern, als sie damit befaßt ist, eine von acht Aufgaben auszuführen. So befaßt sich die Forschung damit, die Daten zugänglich zu machen; die Interpretation deren Sinngehalt zu bestimmen; die Geschichtswissenschaft vom Sinngehalt zu dem überzugehen, was sich ereignete; die Dialektik bis zu den Wurzeln widerstreitender Geschichtsdarstellungen, Auslegungen und Forschungsergebnissen vorzudringen; die Fundamente Positionen und Gegenpositionen zu unterscheiden; die Lehre sich der Fundamente als Entscheidungskriterium für die von der Dialektik angebotenen Alternativen zu bedienen, und die Systematik ein Verständnis der in der Lehre bejahten Wirklichkeiten zu suchen.

Unser gegenwärtiges Anliegen sind Lehre und Systematik. Beide zielen darauf, die Wahrheit zu verstehen, tun dies aber auf unterschiedliche Weise. Die Lehre zielt auf eine klare und deutliche Bejahung religiöser

Wirklichkeiten: ihr Hauptanliegen ist die Wahrheit einer solchen Aussage; ihr Anliegen, die Aussage zu verstehen, beschränkt sich auf die Klarheit und Deutlichkeit derselben Aussage. Die Systematik dagegen zielt auf ein Verstehen der religiösen Wirklichkeiten, die durch die Lehren bejaht werden. Sie will, daß ihr Verstehen wahr ist, denn sie strebt ja nicht nach einem Mißverständnis. Zugleich ist sie sich völlig bewußt, daß ihr Verstehen unvermeidlich unvollkommen, bloß analog und für gewöhnlich nicht mehr als nur wahrscheinlich ist.

So gibt es also in der Lehre und in der Systematik zwei Fälle von Wahrheit und zwei Fälle von Verstehen. In der Lehre geht es darum, klar und deutlich das Bekenntnis jener Geheimnisse auszusagen, die so in Gott verborgen sind, daß der Mensch sie nicht kennen würde, wären sie nicht von Gott geoffenbart worden.[11] Zustimmung zu solchen Lehren ist Glaubenszustimmung, und diese Zustimmung betrachten religiöse Menschen als fester denn jede andere. Zugleich erachtet man das Ausmaß des Verstehens, das die Glaubenszustimmung begleitet, herkömmlicherweise als äußerst variabel. So anerkannte zum Beispiel Irenäus, daß der eine Gläubige seinen Glauben weit mehr artikulieren könnte als ein anderer, bestritt aber, daß ersterer ein größerer und letzterer ein geringerer Gläubiger sei.[12]

Dagegen betrachtet man die Ansichten, die in einer systematischen Theologie entwickelt werden, im allgemeinen nur als wahrscheinlich, doch das Verständnis, das zu erreichen ist, muß sich auf der Höhe seiner Zeit befinden. In der Periode des Mittelalters war es ein statisches System. In der Welt unserer Gegenwart muß dieses Verstehen in der modernen Wissenschaft, in der modernen Gelehrsamkeit und in der modernen Philosophie zu Hause sein.

Hier sollten wir wohl einige kurze Entgegnungen auf jene Anklagen einfügen, die häufig gegen die systematische Theologie erhoben werden, nämlich daß sie spekulativ, irreligiös, steril, elitär und irrelevant sei. Nun kann eine systematische Theologie allerdings spekulativ sein, was besonders durch den deutschen Idealismus deutlich wurde; doch die systematische Theologie, die wir vertreten, ist wirklich eine recht schlichte Angelegenheit. Sie zielt auf ein Verstehen der Glaubenswahrheiten, auf ein Glaubensverständnis. Die betrachteten Glaubenswahrheiten sind Bekenntnisse der Kirche. Eine systematische Theologie kann aber auch irre-

---

[11] Zu den Glaubensbekenntnissen im Neuen Testament vgl. *V. H. Neufeld*, The Earliest Christian Confessions, Leiden 1963, vol. V of »New Testament Tools and Studies« ed. by *B. M. Metzger*.
[12] Vgl. Adv. haer. I, 10, 3; *Harvey* I, 84–96.

ligiös werden. Dies gilt besonders dann, wenn sie die Hauptbetonung nicht auf die Bekehrung, sondern auf den Beweis legt, oder wenn Positionen aus individuellem oder korporativem Stolz eingenommen und beibehalten werden. Wenn aber Bekehrung die Grundlage der ganzen Theologie ist, wenn religiöse Bekehrung das Ereignis ist, das dem Namen Gott seinen primären und fundamentalen Sinngehalt verleiht, wenn systematische Theologie nicht der Meinung ist, sie könne diesen Sinngehalt ausschöpfen oder ihm gar gerecht werden, dann ist nicht wenig getan, um systematische Theologie im Einklang mit ihren religiösen Ursprüngen und Zielen zu bewahren. Drittens hat systematische Theologie auch ihre sterilen Seiten, denn so wie sich das Verstehen systematisieren läßt, so auch das Mißverstehen. Wie die erstgenannte Form von System für jene anziehend ist, die verstehen, so wird letztere für die gewöhnlich größere Zahl derer attraktiv sein, die nicht verstehen. Dialektik läßt sich nicht einfach austreiben. Man ist ihr jedoch nicht mehr völlig ausgeliefert, wenn man die Existenz solcher Dialektik methodisch anerkennt, Kriterien zur Unterscheidung zwischen Positionen und Gegenpositionen aufstellt und jeden auffordert, die Genauigkeit oder Ungenauigkeit seiner Urteile dadurch zu vergrößern, indem er das, was er für Positionen hält, entwickelt und das umkehrt, was er als Gegenpositionen ansieht. Viertens sei systematische Theologie elitär: Sie ist schwierig, wie auch Mathematik, Wissenschaft, Gelehrsamkeit und Philosophie. Aber es lohnt, dieser Schwierigkeit zu begegnen. Wenn man nicht zu einem auf dem Niveau seiner Zeit liegenden Verstehen der religiösen Wirklichkeiten kommt, an die man glaubt, dann wird man einfach den Psychologen, den Soziologen und den Philosophen ausgeliefert sein, die nicht zögern, den Gläubigen zu sagen, an was sie in Wirklichkeit glauben. Und schließlich ist systematische Theologie irrelevant, wenn sie nicht die Grundlage der achten funktionalen Spezialisierung, der Kommunikation, bildet. Aber um in Kommunikation einzutreten, muß man verstehen, was man mitzuteilen hat. Keine Wiederholung von Formeln kann an die Stelle des Verstehens treten. Denn nur das Verstehen allein kann sagen, was es auf jede der Weisen erfaßt, die durch die fast endlose Reihe verschiedener Hörerkreise erforderlich werden.

5. Kontinuität, Entwicklung und Revision

Vier Faktoren Tragen zur Kontinuität bei. Von diesen kann man, erstens, die normative Struktur unserer bewußten und intentionalen Akte berücksichtigen. Wenn ich sage, daß die Struktur normativ ist, so meine ich natürlich, daß sie auch verletzt werden kann. Denn solche Akte können sich statt auf das, was wahrhaft gut ist, auf die Maximierung des individuellen oder des Gruppenvorteils richten. Sodann können sie sich statt auf die Wahrheit, die bejaht wird, weil ein virtuell Unbedingtes erfaßt wurde, auf jede der falschen Auffassungen von Wahrheit richten, die in verschiedenen Philosophien systematisiert wurden, wie im naiven Realismus, im Empirismus, Rationalismus, Idealismus, Positivismus, Pragmatismus, in der Phänomenologie und im Existentialismus. Und schließlich können sie sich statt auf die Mehrung und Vertiefung des menschlichen Verstehens auf die Befriedigung der »objektiven« oder der »wissenschaftlichen« oder der »bedeutsamen« *(meaningful)* Normen richten, die von einer Logik oder Methode aufgestellt werden, die es bequem findet, menschliches Verstehen in ihre Überlegungen überhaupt nicht einzubeziehen.

Die Struktur unserer bewußten und intentionalen Vollzüge kann also in verschiedener Weise verletzt werden. Daraus ergibt sich die Dialektik der Positionen und Gegenpositionen. Doch die Tatsache dieser Dialektik objektiviert und zeigt allein schon die Notwendigkeit, daß der Mensch authentisch sein sollte. Zugleich fordert sie ihn zu intellektueller und moralischer Bekehrung auf, indem sie auf das soziale und kulturelle Versagen jener Völker verweist, die darauf bestanden haben, sie könnten sehr wohl auch ohne intellektuelle und moralische Bekehrung auskommen.

Ein zweiter Faktor in der Kontinuität ist die Gottesgabe Seiner Liebe. Sie ist ein Geschenk, nichts, was uns von unserer Natur her zukommt, sondern etwas, das Gott frei verleiht. Sie wird in verschiedenem Maß gegeben. Aber es ist immer die gleiche Liebe, und so strebt sie immer in die gleiche Richtung, und eben dadurch ist sie ein weiterer Faktor für die Kontinuität.

Ein dritter Faktor ist die Beständigkeit des Dogmas. Die Geheimnisse, die Gott allein kennt, die er geoffenbart und die die Kirche definiert hat, können im Lauf der Zeit besser verstanden werden. Was aber verstanden werden muß, ist nicht irgendein Gegenstand im Bereich menschlicher Erkenntnis. Es ist ja gerade das, was Gott geoffenbart hat, und so ist das Dogma in diesem Sinne permanent. Menschliches Verstehen der Dogmen hat stets *in eodem dogmate, eodem sensu eademque sententia* zu sein (DS 3020 = NR 44,386).

Ein vierter Faktor, der zur Kontinuität beiträgt, ist das Vorkommen echter Leistung in der Vergangenheit. Ich habe zwei Untersuchungen zu den Schriften des hl. Thomas von Aquin angestellt – eine über »Gnade und Freiheit«, die andere über »Verbum«. Hätte ich heute über diese Themen zu schreiben, so würde die von mir vorgeschlagene Methode zu einigen bedeutsamen Unterschieden von der Darstellung bei Thomas führen. Es gäbe aber auch tiefe Affinitäten. Denn Thomas' Denken über

Gnade und Freiheit und sein Denken über Erkenntnistheorie und über die Dreifaltigkeit waren echte Leistungen des menschlichen Geistes. Eine solche Leistung hat ihre ganz eigene Beständigkeit. Sie kann zwar verbessert werden; sie kann in größere und reichhaltigere Kontexte eingefügt werden; wenn aber ihre Substanz der nachfolgenden Arbeit nicht eingefügt wird, dann bleibt diese folgende Arbeit eine wesentlich ärmere Angelegenheit.

Außer der Kontinuität gibt es auch Entwicklung. Da ist jene weniger auffallende Form von Entwicklung, die entsteht, wenn das Evangelium wirkungsvoll einer anderen Kultur oder einer anderen Schicht in der gleichen Kultur verkündet wird. Sodann gibt es die auffälligere Form von Entwicklung, die sich aus den verschiedenen Differenzierungen des menschlichen Bewußtseins ergibt. Und schließlich gibt es die Früchte wie auch die Übel der Dialektik. Die Wahrheit kann auch ans Licht kommen, nicht weil man sie suchte, sondern weil ein entgegenstehender Irrtum erst behauptet, dann aber zurückgewiesen wurde.

Außer Kontinuität und Entwicklung gibt es noch die Revision. Alle Entwicklung enthält auch etwas von Revision. Weil eine Theologie nicht einfach das Produkt einer Religion, sondern einer Religion innerhalb eines gegebenen kulturellen Kontextes ist, können theologische Revisionen ihren Ursprung nicht primär in theologischen, sondern eher in kulturellen Entwicklungen haben. So ist die theologische Entwicklung der gegenwärtigen Zeit grundlegend eine lange hinausgezögerte Antwort auf die Entwicklung der modernen Wissenschaft, der modernen Gelehrsamkeit und der modernen Philosophie.

Dennoch gibt es ein anderes Problem. Selbst wenn die laufende theologische Revision grundlegend nur eine Anpassung an die kulturelle Veränderung ist, so bleibt doch die Möglichkeit, daß diese Anpassungen nun ihrerseits noch weitere Revisionen einschließen werden. So kann der Übergang von einem hauptsächlich logischen zu einem grundlegend methodischen Gesichtspunkt eine Revision der Ansicht einschließen, daß Lehrentwicklungen »implizit« geoffenbart seien.[13] Und weiter – so wie die alexandrinische Schule sich weigerte, den Anthropomorphismus der Bibel wörtlich zu nehmen, um eine philosophisch begründete Entmythologisierung herbeizuführen, so kann man sich fragen, ob die moderne Gelehrsamkeit nicht zu weiteren Entmythologisierungen aus exegetischen oder geschichtlichen Gründen führen wird. Derartige Fragen sind natürlich sehr weitreichend. Unmißverständlich sind sie theologischer Natur. Demzufolge liegen sie außerhalb der Reichweite dieser vorliegenden Arbeit zur Methode.

[13] Vgl. *J. R. Geiselmann*, Art. Dogma, in: HThG I, 235 (München 1962).

XIV.

KOMMUNIKATION

Wir haben Theologie als Reflexion über Religion verstanden, und zwar als eine heutzutage hoch differenzierte und spezialisierte Reflexion. Nach der *Forschung*, die die für relevant erachteten Daten zusammenstellt, nach *Interpretation*, die deren Sinngehalt ermittelt, nach der *Geschichte*, die Sinngehalte in Taten und Bewegungen verkörpert findet, nach der *Dialektik*, die die widerstreitenden Folgerungen der Historiker, Interpreten und Forscher untersucht, nach den *Fundamenten*, bei denen der durch intellektuelle, moralische und religiöse Bekehrung hervorgebrachte Horizont objektiviert wird, nach der *Lehre*, die die Fundamente als Anleitung nimmt, um unter den von der Dialektik vorgelegten Alternativen die rechte Auswahl zu treffen, und der *Systematik*, die eine letzte Klärung der Bedeutung der Lehre sucht, befassen wir uns nun abschließend mit der achten funktionalen Spezialisierung *Kommunikation*.

Sie ist ein Hauptanliegen, denn gerade in diesem Endstadium trägt die theologische Reflexion ihre Früchte. Ohne die ersten sieben Stadien gäbe es natürlich keine Frucht, die zu ernten wäre, aber ohne das letzte Stadium wären die ersten sieben vergeblich, weil sie nicht zur Reife kämen.

Nachdem ich die große Bedeutung dieser letzten Spezialisierung betont habe, muß ich sofort an den Unterschied erinnern, der zwischen Methodologen und Theologen besteht. Es ist Sache der Theologen, die ersten sieben Spezialisierungen ebenso auszuführen wie auch die achte. Der Methodologe hat die bedeutend leichtere Aufgabe, zu zeigen, welches die verschiedenen Aufgaben der Theologen sind, und wie jede die anderen voraussetzt oder ergänzt.

Konkret gesagt, wenn der Leser den Theologen in unserer achten funktionalen Spezialisierung bei der Arbeit zusehen möchte, würde ich ihn auf das fünfbändige »Handbuch der Pastoraltheologie« hinweisen, das von F. X. Arnold, F. Klostermann, K. Rahner, V. Schurr und L. Weber herausgegeben wird.[1] Dagegen besteht das Anliegen des Methodologen einfach darin, eine Darstellung der zugrundeliegenden Ideen und Weisungen

---

[1] Freiburg-Basel-Wien, Bd. I, 1964; II–1 und II–2, 1966; III, 1968; IV, 1969; V, 1972. Insgesamt 3300 Seiten.

vorzulegen, die für derart monumentale Unternehmen wichtig erscheinen.

1. Bedeutung und Ontologie

In unserem dritten Kapitel unterschieden wir vier Funktionen der Bedeutung: sie ist kognitiv, konstitutiv, kommunikativ und effektiv.

Solche Funktionen haben ihren ontologischen Aspekt. Insoweit die Bedeutung kognitiv ist, ist das, was gemeint ist, real. Insoweit sie konstitutiv ist, konstituiert sie einen Teil der Realität desjenigen, der meint: seinen Horizont, seine Aufnahmefähigkeiten, seine Erkenntnis, seine Werte, seinen Charakter. Insoweit sie kommunikativ ist, gibt sie dem Hörer einigen Anteil an der kognitiven, konstitutiven oder effektiven Bedeutung des Sprechers. Insoweit sie effektiv ist, überzeugt sie die anderen oder gebietet ihnen, oder sie lenkt die Kontrolle, die der Mensch über die Natur ausübt.

Solche ontologischen Aspekte gehören zur Bedeutung, gleich welchen Inhalts oder wer ihr Träger ist. Sie sind in allen verschiedenen Stadien der Bedeutung zu finden, in all den verschiedenen kulturellen Überlieferungen, bei jeder der Bewußtseinsdifferenzierungen sowie beim Vorhandensein oder Fehlen intellektueller, moralischer und religiöser Bekehrung. Nochmals, sie gehören zur Bedeutung, ob nun ihr Träger Intersubjektivität oder Kunst, Symbol, vorbildliches oder verwerfliches Verhalten, alltägliche, literarische oder fachspezifische Sprache ist.

2. Gemeinsame Bedeutung und Ontologie

Gemeinschaft ist nicht bloß eine Ansammlung von Individuen innerhalb einer Grenze, denn das übersieht ihren formalen Bestandteil, nämlich die gemeinsame Bedeutung. Diese gemeinsame Bedeutung verlangt nach einem gemeinsamen Erfahrungsfeld, und wenn dieses fehlt, verlieren die Leute den Kontakt zueinander. Sie verlangt nach gemeinsamen oder ergänzenden Weisen des Verstehens, und wenn diese fehlen, beginnen die Leute mißzuverstehen, zu mißtrauen und einander zu verdächtigen, sich zu fürchten und Gewalt anzuwenden. Sie verlangt gemeinsame Urteile, und wenn diese fehlen, hausen die Menschen in verschiedenen Welten. Sie verlangt gemeinsame Werte, Ziele und Verhaltensweisen, und wenn diese fehlen, dann arbeiten die Leute gegeneinander.

Dieser gemeinsame Sinngehalt ist zweifach konstitutiv. In jedem Individuum ist er konstitutiv für das Individuum als Mitglied der Gemeinschaft. In der Gruppe der Individuen ist er für die Gemeinschaft konstitutiv.

Die Entstehung einer gemeinsamen Bedeutung ist ein fortschreitender Kommunikationsprozeß, ein Prozeß, bei dem Menschen an den gleichen kognitiven, konstitutiven und effektiven Bedeutungen Anteil bekommen. Auf der Grundebene wurde dieser Prozeß als etwas beschrieben, das zwischen dem Ich und dem Anderen entsteht, wenn das Ich auf der Grundlage einer schon vorhandenen Intersubjektivität eine Geste macht, der Andere darauf eine interpretative Antwort gibt und das Ich in der Antwort die effektive Bedeutung seiner Geste entdeckt.² So entsteht aus Intersubjektivität durch Geste und Interpretation gemeinsames Verstehen. Auf dieser spontanen Grundlage kann eine gemeinsame Sprache aufgebaut werden, die Übermittlung erworbenen Wissens und sozialer Verhaltensweisen durch Erziehung und Bildung, die Verbreitung von Information und der gemeinsame Wille zur Gemeinsamkeit, der das Mißverständnis durch gegenseitiges Verstehen zu ersetzen sucht und der die Anlässe des Widerspruchs in Anlässen der Nicht-Übereinstimmung und schließlich der Übereinstimmung verwandeln möchte.³

Wie gemeinsamer Sinn Gemeinsamkeit konstituiert, so wird diese durch divergierende Bedeutung geteilt. Solche Teilung kann nichts mehr sein als eine Verschiedenheit der Kultur und eine Schichtung von Individuen in Klassen größerer und geringerer Kompetenz. Die ernstliche Spaltung aber ist jene, die aus dem Vorhandensein und dem Fehlen intellektueller, moralischer oder religiöser Bekehrung entsteht. Denn ein Mensch ist sein wahres Ich insoweit, als er sich selbst transzendiert. Bekehrung ist der Weg zur Selbst-Transzendenz. Umgekehrt wird der Mensch seinem wahren Ich in dem Maße entfremdet, als er der Selbst-Transzendenz widersteht, und die Grundform der Ideologie ist die Selbst-Rechtfertigung des entfremdeten Menschen.

Man muß nicht eigens betonen, daß die Unbekehrten und besonders jene, die Bekehrung wohlüberlegt ablehnten, irgendeinen anderen Grund für Entfremdung und Ideologie finden möchten. Ja sie werden direkt oder indirekt nahelegen, daß Selbst-Transzendenz ein Fall oder der Fall von Entfremdung ist und daß Ideologie zutiefst der Versuch ist, die Selbst-Transzendenz auch noch zu rechtfertigen. Nochmals begegnet uns hier der radikale dialektische Gegensatz, um den es uns im Kapitel zur vierten funktionalen Spezialisierung ging.

---

² Vgl. *G. Winter*, Elements for a Social Ethic, New York 1966, 99ff.
³ Vgl. *R. G. Collingwood*, The New Leviathan, Oxford 1942, ⁵1966, 181, und *passim* über platonische Dialektik.

Jetzt jedoch richtet sich unser Interesse nicht auf die Dialektik, insofern sie die theologischen Ansichten beeinflußt, sondern auf die Dialektik, insofern sie die Gemeinschaft, das Handeln und die Situation beeinflußt. Sie beeinflußt die Gemeinschaft, denn so wie gemeinsamer Sinn für die Gemeinschaft konstitutiv ist, so spaltet die Dialektik die Gemeinschaft in radikal entgegengesetzte Gruppen. Sie beeinflußt das Handeln, denn wie Bekehrung zu intelligentem, vernünftigem und verantwortlichem Handeln führt, so bringt die Dialektik zusätzliche Spaltungen, Konflikte und Unterdrückungen. Sie beeinflußt die Situation, denn Situationen sind das kumulative Produkt vorhergehender Handlungen, und wenn vorhergehende Handlungen durch das Licht und das Dunkel der Dialektik geleitet wurden, ist die sich daraus ergebene Situation nicht ein intelligibles Ganzes, sondern eher ein Komplex mißgebildeter, schlecht proportionierter und inkohärenter Bruchstücke.[4]

Schließlich führen eine gespaltene Gemeinschaft, ihre widerstreitenden Handlungen und die verworrene Situation geradewegs ins Verderben. Denn die verworrene Situation wird von der gespaltenen Gemeinschaft unterschiedlich diagnostiziert; das Handeln richtet sich immer mehr auf entgegengesetzte Ziele; die Situation wird noch undurchsichtiger und ruft noch schärfere Unterschiede in Diagnose und Verfahrensweise hervor, noch radikalere Kritik an den Handlungen des jeweils anderen, und eine immer tiefere Krise in der Situation.

3. Gesellschaft, Staat, Kirche

Die Gesellschaft wird von Soziologen und Sozialhistorikern untersucht, die Kirche von Ekklesiologen und Kirchenhistorikern, und der Staat von Staatswissenschaftlern und Staatshistorikern.

Was die Historiker untersuchen, ist das Besondere, Konkrete, Fortschreitende. Dies wird zum Teil durch Sinngehalt konstituiert und infolgedessen verändert durch jede Veränderung in seinem konstitutiven Sinn. Sodann unterliegt es der Entstellung und dem Verfall der Entfremdung und Ideologisierung, und es kann durch Spott und Ablehnung geschwächt und zerstört werden.

Nach alter und traditioneller Ansicht wird Gesellschaft als organisierte Zusammenarbeit von Individuen zum Verfolg eines gemeinsamen Ziels oder gemeinsamer Ziele verstanden. Auf der Grundlage dieser sehr allgemeinen Definition unterscheidet man verschiedene Arten von Gesell-

---

[4] Zu dieser Thematik vgl. »Insight« 191–206, 218–232, 619–633, 687–730.

schaft, darunter auch die Kirche und den Staat, die man deswegen »vollkommene« Gesellschaften nennt, weil jede in ihrer eigenen Sphäre letzte Autorität besitzt. Dabei ist zu beachten, daß nach dieser Ansicht Kirche und Staat nicht Teile innerhalb eines größeren Ganzen sind, sondern einfach Fälle innerhalb einer größeren Ordnung.

Der Soziologe oder Sozialhistoriker jedoch betrachtet alles, was zum Zusammensein von Menschen gehört, als sozial. Daraus folgt, daß die Gesellschaft stets konkret zu verstehen ist, und in der Tat, je weniger Gruppen von Menschen es gibt, die in völliger Isolierung von anderen Menschen leben, desto mehr führt das zur Existenz einer einzigen menschlichen Gesellschaft, die weltweit ist.

Man könnte dagegen einwenden, daß dies eine bloß materiale Sicht der Gesellschaft sei, doch diesem Einwand ist leicht zu begegnen, indem man als formale Komponente die Struktur des menschlich Guten hinzufügt, die im zweiten Kapitel beschrieben wurde. Wie sich der Leser erinnern wird, ruht diese Struktur auf drei Ebenen. Auf einer ersten Ebene betrachtet man die Bedürfnisse und Fähigkeiten der Individuen, ihre Handlungen, die innerhalb der Gesellschaft zu Kooperationen werden, und die sich daraus ergebenden wiederkehrenden Fälle des Einzelguts. Auf einer zweiten Ebene betrachtet man die Plastizität und Vervollkommnungsfähigkeit der Individuen, ihre Einübung zwecks Übernahme bestimmter Rollen und Ausführung von Aufgaben innerhalb bereits verstandener und akzeptierter Kooperationsweisen, sowie deren tatsächliche Ausführung, die auf das Funktionieren oder Versagen des Ordnungsguts hinausläuft. Auf einer dritten Ebene betrachtet man die Individuen als frei und verantwortlich, beachtet ihre Grundoptionen für Selbst-Transzendenz oder für Entfremdung, untersucht ihre persönlichen Beziehungen zu anderen Individuen oder Gruppen innerhalb der Gesellschaft, und nimmt die Zielwerte zur Kenntnis, die sie selbst verwirklichen und bei anderen ermutigen.

Da alle Menschen Bedürfnisse haben und Bedürfnisse weit besser durch Kooperation zu befriedigen sind, ist die soziale Struktur des Guten ein universales Phänomen. Eine solche Struktur wird aber durch eine riesige Vielfalt von Stadien in der technologischen, ökonomischen, politischen, kulturellen und religiösen Entwicklung verwirklicht. Das Vorankommen erfolgt zuerst in »Nischen«; sodann überschreitet es die Grenzen; und schließlich, wenn es verallgemeinert wird, wächst die Interdependenz. Die Intensivierung der Interdependenz läßt uns die Gesellschaft als eine internationale denken, wärend kleinere Einheiten wie etwa das Imperium, die Nation, die Region, der städtische Großraum und die Stadt mehr und mehr als Teile der Gesellschaft aufgefaßt werden.

Die ideale Grundlage der Gesellschaft ist Gemeinschaft, und die Gemeinschaft kann auf einem moralischen, einem religiösen oder einem christlichen Prinzip beruhen. Das moralische Prinzip besteht darin, daß Menschen individuell für das verantwortlich sind, was sie aus sich selbst machen, kollektiv aber sind sie für die Welt verantwortlich, in der sie leben. Dies ist die Grundlage des universalen Dialogs. Das religiöse Prinzip ist das Gottesgeschenk seiner Liebe, und dieses bildet die Grundlage des Dialogs zwischen allen Vertretern der Religionen. Das christliche Prinzip verbindet das innere Geschenk der Liebe Gottes mit dessen äußerer Kundgabe in Jesus Christus und in jenen, die ihm nachfolgen. Dies ist die Grundlage des christlichen Ökumenismus.

Wenn auch die ideale Grundlage der Gesellschaft die Gemeinschaft ist und wenn auch die Gesellschaft nicht ohne ein großes Maß an Gemeinschaft überlebt, so bleibt die Gemeinschaft dennoch unvollkommen. Denn je größer und komplexer die Gesellschaft wird, desto länger und anspruchsvoller werden Ausbildung und Einübung, die erforderlich sind, damit eine voll verantwortete Freiheit überhaupt möglich wird. Zur Ignoranz und Inkompetenz kommen noch Entfremdung und Ideologisierung hinzu. Egoisten finden in sozialen Einrichtungen Schlupflöcher und machen von ihnen Gebrauch, um ihren eigenen Anteil zu vergrößern und den Anteil anderer an vorhandenen Fällen des Einzelguts zu mindern. Gruppen übersteigern die Größe und Wichtigkeit ihres Beitrags zur Gesellschaft. Sie schaffen ein Forum für die ideologische Fassade, die ihre Verhaltensweisen vor der Schranke der öffentlichen Meinung rechtfertigen soll. Wenn sie mit ihrem Betrug Erfolg haben, wird der soziale Prozeß verzerrt. Was für diese oder jene Gruppe gut ist, sieht man fälschlich als gut für das Land oder die Menschheit an, während das, was wirklich für das Land oder die Menschheit gut wäre, zurückgestellt oder beschnitten wird. So bilden sich reichere und ärmere Schichten aus, und die reicheren werden immer reicher, während die ärmeren in Elend und Schmutz versinken. Schließlich lassen sich praktisch veranlagte Leute vom Allgemeinverstand leiten. Sie sind ganz ins Besondere und Konkrete vertieft. Sie haben wenig Verständnis für große Bewegungen oder langfristige Tendenzen. Sie sind keineswegs bereit, einen augenblicklichen Vorteil dem unvergleichlich viel größeren gesellschaftlichen Gut in zwei oder drei Jahrzehnten zu opfern.

Um mit dem Problem der unvollkommenen Gemeinschaft fertig zu werden, entwickelt die Gesellschaft zunächst Verfahrensweisen und dann auch Behörden und Einrichtungen, die ihre eigene Geschichte haben. In den modernen pluralistischen Demokratien gibt es zahlreiche Einrichtungen, weitgehend mit Selbstverwaltung, die irgendwelche der spezialisierten Ziele verfolgen, die sich entweder aus den spontanen Fähigkeiten der menschlichen Natur oder aus den Differenzierungen ergeben haben, zu denen es durch die menschliche Entwicklung kam. Solche Einrichtungen bilden Personal aus, bieten Funktionen an und stellen Aufgaben innerhalb bereits verstandener und akzeptierter Kooperationsweisen, leisten ihren Beitrag zum Ordnungsgut, durch welches wiederkehrende Bedürfnisse befriedigt werden und Zielwerte entstehen, und im Licht fortschreitender Ergebnisse revidieren diese Einrichtungen ihre Verfahren.

Alle diese Einrichtungen unterstehen jedoch souveränen Staaten. Solche Staaten sind territoriale Teilgebiete innerhalb der menschlichen Gesellschaft. Sie werden von Regierungen geleitet, die legislative, exekutive, judiziale und administrative Funktionen ausüben. Werden sie gut geleitet, fördern sie das Ordnungsgut innerhalb der Gesellschaft und bestrafen jene, die es verletzen.

Doch wie bereits gesagt ist die ideale Grundlage der Gesellschaft die Gemeinschaft. Ohne ein großes Maß an Gemeinschaft können menschliche Gesellschaft und souveräne Staaten nicht bestehen und tätig werden. Ohne eine ständige Erneuerung der Gemeinschaft wird das Maß an Gemeinschaft, dessen man sich schon erfreute, leicht vergeudet. Daher sind Individuen und Gruppen, und in der modernen Welt auch Organisationen nötig, die daran arbeiten, Menschen zur intellektuellen, moralischen und religiösen Bekehrung zu überzeugen, und die systematisch an der Überwindung des Unheils arbeiten, das durch Entfremdung und Ideologisierung herbeigeführt wurde. Unter diesen Einrichtungen sollte auch die christliche Kirche anzutreffen sein, der wir uns nun in ihrer gegenwärtigen Situation zuwenden.

4. Die christliche Kirche und ihre gegenwärtige Situation

Die christliche Kirche ist jene Gemeinschaft, die aus der äußeren Kommunikation der Botschaft Jesu Christi und aus der inneren Gabe der Liebe Gottes hervorgeht. Da man damit rechnen kann, daß Gott uns seine Gnade schenkt, geht es der praktischen Theologie um die effektive Übermittlung der Botschaft Christi.

Die Botschaft verkündet, was Christen zu glauben haben, was sie werden sollen und was sie zu tun haben. Ihr Sinngehalt ist also zugleich kognitiv, konstitutiv und effektiv. Er ist kognitiv, insofern die Botschaft sagt, was zu glauben ist. Er ist konstitutiv, insofern er das verborgene innere Geschenk der Liebe zu einer offenen christlichen Gemeinschaft konkretisiert. Er ist effektiv, insofern er das christliche Dienen auf die menschliche Gesellschaft hinlenkt, um das Reich Gottes herbeizuführen.

Die christliche Botschaft zu übermitteln heißt, einen anderen Menschen zur Teilhabe am eigenen kognitiven, konstitutiven und effektiven Sinn hinzuführen. Jene also, die den kognitiven Sinn der Botschaft übermitteln möchten, müssen ihn allererst kennen. Zu ihren Diensten stehen hierzu die sieben vorhergehenden funktionalen Spezialisierungen. Sodann müssen jene, die den konstitutiven Sinn der christlichen Botschaft übermitteln möchten, ihn vor allem leben. Denn ohne die christliche Botschaft zu leben, besitzt man ihre konstitutive Bedeutung nicht; und man kann einen anderen nicht zur Teilhabe an dem bringen, was man selbst nicht besitzt. Schließlich müssen jene, die den effektiven Sinn der christlichen Botschaft übermitteln, ihn auch praktizieren. Denn Taten sprechen lauter als Worte, während die Predigt dessen, was man selbst nicht praktiziert, nur an das Wort vom tönenden Erz und der klingenden Schelle erinnert.

Die christliche Botschaft ist allen Völkern zu übermitteln. Eine derartige Kommunikation setzt voraus, daß Prediger und Lehrer ihren Horizont erweitern, um zu einem genauen und innigen Verständnis der Kultur und der Sprache jener Menschen zu gelangen, an die sie sich wenden. Sie müssen die möglichen Mittel und Reichtümer jener Kultur und Sprache erfassen, und sie müssen diese Mittel schöpferisch verwenden, damit die christliche Botschaft nicht diese Kultur zerrüttet oder ihr wie ein fremder Flicken aufgesetzt wird, sondern daß sie zu einer Entwicklungslinie innerhalb dieser Kultur wird.

Die grundlegende Unterscheidung ist hier zwischen der Predigt des Evangeliums und der Predigt des Evangeliums, wie es sich innerhalb der eigenen Kultur entwickelt hat. Sofern man das Evangelium so predigt, wie dies in der eigenen Kultur entwickelt wurde, predigt man nicht nur das Evangelium, sondern auch seine eigene Kultur. Sofern man seine eigene Kultur predigt, fordert man andere auf, nicht nur das Evangelium anzunehmen, sondern auch ihrer Kultur zu entsagen und eine fremde anzunehmen.

Nun meint ein Vertreter der »klassischen« Auffassung *(classicist)*, es sei für ihn völlig legitim, seine Kultur anderen aufzuerlegen. Denn er versteht Kultur normativ, und er versteht seine eigene Kultur eben als die Norm. Demzufolge bedeutet für ihn die Predigt des Evangeliums wie auch seiner eigenen Kultur nur die Übertragung der doppelten Wohltat sowohl der wahren Religion als auch der wahren Kultur. Dagegen anerkennt der Pluralist eine Vielfalt kultureller Überlieferungen. In jeder Überlieferung sieht er die Möglichkeit verschiedener Differenzierungen des Bewußtseins. Aber er betrachtet es weder als seine Aufgabe, die Bewußtseinsdifferenzierung zu fördern noch jene Menschen aufzufordern, ihrer eigenen Kultur zu entsagen. Er möchte vielmehr seinen Ausgangspunkt innerhalb ihrer Kultur nehmen und dann die Mittel und Wege suchen, diese Kultur zu einem Träger für die Übermittlung der christlichen Botschaft zu machen.

Durch Kommunikation wird Gemeinschaft gestiftet, und umgekehrt konstituiert und vervollkommnet sich die Gemeinschaft selbst durch Kommunikation. Demzufolge ist die christliche Kirche ein Prozeß der Selbst-Konstituierung, ein Selbstvollzug. Während die mittelalterliche Bedeutung des Terminus »Gesellschaft« (*societas*) noch immer in Gebrauch ist, so daß man die Kirche als eine Gesellschaft bezeichnen kann, läßt uns doch die moderne Bedeutung, die durch empirische Sozialuntersuchungen geprägt wurde, von der Kirche als einem Prozeß des Selbstvollzugs sprechen, der sich innerhalb der weltweiten menschlichen Gesellschaft ereignet. Das Wesen dieses Prozesses besteht in der christlichen Botschaft, verbunden mit dem inneren Geschenk der Liebe Gottes, woraus sich das christliche Zeugnis, die christliche Gemeinschaft und der christliche Dienst an der Menschheit ergeben.

Sodann ist die Kirche ein strukturierter Prozeß. Wie die menschliche Gesellschaft, bildet auch sie Personal aus. Sie unterscheidet Rollen und teilt Aufgaben zu. Sie hat bereits verstandene und akzeptierte Kooperationsweisen entwickelt. Sie fördert ein Ordnungsgut, nach welchem christlichen Bedürfnissen regelmäßig, hinreichend und wirksam entsprochen wird. Sie erleichtert die geistliche und kulturelle Entwicklung ihrer Mitglieder. Sie fordert sie auf, durch christliche Nächstenliebe ihre persönlichen und ihre Gruppenbeziehungen umzuformen. Sie erfreut sich der Zielwerte, die aus ihrem Leben hervorgehen.

Die Kirche, ist auch ein nach außen wirkender Prozeß. Sie existiert nicht bloß um ihretwillen, sondern für die Menschheit. Ihr Ziel ist die Verwirklichung des Reiches Gottes nicht nur innerhalb der eigenen Institution, sondern im Ganzen der menschlichen Gesellschaft, und nicht nur im Leben nach dem Tode, sondern auch in diesem Leben.

Überdies ist die Kirche ein Erlösungsprozeß. Die christliche Botschaft, verkörpert im gegeißelten und gekreuzigten Christus, der gestorben und auferstanden ist, spricht nicht nur von der Liebe Gottes, sondern auch von der Sünde des Menschen. Sünde ist Entfremdung vom authentischen Sein des Menschen, das Selbst-Tranzendenz ist, und Sünde rechtfertigt sich selbst durch Ideologisierung. Wie Entfremdung und Ideologisierung die Gemeinschaft zerstören, so versöhnt die sich selbst aufopfernde Liebe, die die christliche Liebe ist, den entfremdeten Menschen mit seinem wahren Sein, und nimmt das Unheil zurück, das durch Entfremdung eingeleitet und durch Ideologisierung verfestigt wurde.

Dieser redemptive Prozeß hat sich in der Kirche und in der menschlichen Gesellschaft ganz allgemein zu vollziehen. Er betrifft die Kirche in ihrer Ganzheit, und wiederum jeden ihrer Teile. Ähnlich betrifft er die menschliche Gesellschaft als Ganze wie auch ihre vielen Teile. In jedem Einzelfall sind Ziele auszuwählen und Prioritäten festzulegen. Die Mittel müssen eingeschätzt werden, und wenn sie unzureichend sind, gilt es Pläne für ihren Ausbau zu entwickeln. Die Umstände sind zu untersuchen, unter denen die Hilfsmittel zur Erreichung der Ziele eingesetzt werden sollen. Um die Ziele zu erreichen, sind für den optimalen Einsatz der Mittel unter den gegebenen Umständen Pläne aufzustellen. Schließlich sind die einzelnen Pläne in den einzelnen Gebieten und in der Gesamtkirche zu koordinieren.

Auf vorstehend beschriebene Weise wird die Kirche nicht nur zu einem Prozeß des Selbstvollzugs, sondern auch zu einem vollbewußten Prozeß des Selbstvollzugs. Doch um das zu vollbringen, wird sie erkennen müssen, daß Theologie nicht die ganze Wissenschaft vom Menschen ist, daß Theologie nur bestimmte Aspekte der menschlichen Wirklichkeit beleuchtet und daß die Kirche nur dann ein vollbewußter Prozeß des Selbstvollzugs werden kann, wenn sich die Theologie mit allen anderen relevanten Fachgebieten der Humanwissenschaften vereint.

Die Möglichkeit jeder Integration liegt in einer Methode, die zur Methode in der Theologie parallel verläuft. In der Tat können die funktionalen Spezialisierungen der Forschung, der Interpretation und der Geschichte auf die Daten jeder Sphäre humanwissenschaftlicher Untersuchungen angewandt werden, die die Gelehrsamkeit betreibt. Die gleichen drei Spezialisierungen können, wenn sie nicht als Spezialisierungen, sondern einfach als Erfahrung, Verstehen und Urteil verstanden werden, auf die Daten jeder Sphäre des menschlichen Lebens angewandt werden, um die klassischen Prinzipien und Gesetze oder die statistischen Tendenzen der humanwissenschaftlichen Untersuchungen zu ereichen.

Wie in der Theologie, so stimmen auch in den historischen und empirischen Humanwissenschaften die Gelehrten und die Wissenschaftler nicht immer überein. Also gibt es auch hier einen Raum für die Dialektik, die die Unterschiede zusammenstellt, sie klassifiziert, bis an ihre Wurzeln geht und sie bis zu den Extremen vorantreibt, indem sie angebliche Positionen entwickelt und angebliche Gegenpositionen umkehrt. Die theologischen Fundamente, die den in religiöser, moralischer und intellektueller Bekehrung implizierten Horizont objektivieren, können nun befragt werden, um zu entscheiden, welches nun wirklich die Positionen und welches die Gegenpositionen sind. Auf diese Weise wird jegliches ideologische Eindringen in die Humanstudien nach der Methode der Gelehrsamkeit oder der Wissenschaft ausgefiltert.

Der Begriff der Dialektik kann jedoch noch eine weitere Rolle spielen. Er kann auch ein Instrument zur Analyse des Sozialprozesses und der sozialen Situation sein. Der Sozialhistoriker wird Fälle aufspüren, in denen Ideologisierung am Werk war. Der Sozialwissenschaftler wird ihre Auswirkungen auf die soziale Situation verfolgen. Der Politiker wird Verfahrensweisen ausfindig machen, um schlechte Auswirkungen zu beseitigen, wie auch der Entfremdung abzuhelfen, die deren Ursache ist.

Der Vorteil dieser zweiten Anwendung der Dialektik ist der, daß die Arbeit des Historikers und des Wissenschaftlers direkt zu einer politischen Umsetzung führt. Entfremdung und Ideologisierung wirken auf die Gemeinschaft destruktiv; Gemeinschaft ist aber die eigentliche Grundlage der Gesellschaft; daher bedeutet die Beseitigung der Entfremdung und Ideologisierung eine Förderung des Gutes der Gesellschaft.

Beide Anwendungsformen der Dialektik scheinen aber notwendig zu sein. Die erste Anwendung macht die Sozialwissenschaftler und Historiker unmittelbar mit Entfremdung und Ideologisierung bekannt; die Dialektik wird auf ihre eigene Arbeit angewendet. Wie der Psychiater bei seiner Ausbildung durch Selbstbeobachtung etwas über Neurose lernt, so werden auch der Sozialhistoriker und der Wissenschaftler einen schärferen Blick für Entfremdung und Ideologisierung in den Vorgängen entwickeln, die sie untersuchen, falls ähnliche Phänomene in ihrer eigenen Arbeit Gegenstand der Kritik waren.

Entsprechend der Lehre, Systematik und Kommunikation in theologischer Methode hätten integrierte Untersuchungen zu unterscheiden zwischen praktischer Politik *(policy making)*, Planung und Ausführung der Pläne. In der Politik geht es um Grundhaltungen und Ziele. Die Planung hat den optimalen Gebrauch vorhandener Mittel zur Erreichung der Ziele unter den gegebenen Umständen auszuarbeiten. Die Ausführung erzeugt eine Rückkoppelung *(feedback)*. Diese liefert den Gelehrten und Wissenschaftlern die Daten für Untersuchungen zur Klugheit der Politik und zur Wirksamkeit der Planung. Das Ergebnis dieser Beachtung der Rückkoppelung wird sein, daß die Politik und die Planung zu fortschreitenden Prozessen werden, die im Licht ihrer Folgen kontinuierlich revidiert werden.

Wir haben eine Methode aufgezeigt – parallel zur Methode der Theologie –, um die Theologie mit Humanstudien nach der Methode der Gelehrsamkeit und der Wissenschaft in Verbindung zu bringen. Das Ziel einer solchen Integration ist es, gut informierte und kontinuierlich revidierte Politik und Pläne zwecks Förderung des Guten und Aufhebung des Bösen sowohl in der Kirche als auch in der menschlichen Gesellschaft ganz allgemein herbeizuführen. Man muß nicht eigens betonen, daß derart integrierte Untersuchungen auf vielen Ebenen vorzunehmen sind – auf lokalen, regionalen, nationalen und internationalen Ebenen. Die Grundsätze der Subsidiarität erfordern es, daß die Probleme auf lokaler Ebene definiert und, soweit wie möglich, auch Lösungen erarbeitet werden. Auf den höheren Ebenen werden Austausch-Zentren zur Verfügung stehen, wo die Informationen über erfolgreiche und nicht erfolgreiche Lösungen gesammelt werden, um sie für Untersuchungen zugänglich zu machen und so auch die unnütze Verdopplung von Nachforschungen zu vermeiden. Diese Zentren werden auch an den größeren und komplizierteren Problemen arbeiten, für die es keine Lösung auf den unteren Ebenen gibt, und sie werden die unteren Ebenen zur Zusammenarbeit bei der Anwendung der Lösungen führen, zu denen sie gelangt sind. Und schließlich gibt es eine allgemeine Koordinationsaufgabe, im einzelnen auszuarbeiten, welche Probleme Vorrang haben, auf welcher Ebene sie am besten zu untersuchen sind und wie man alle an einem gegebenen Problem Beteiligten organisatorisch zur Zusammenarbeit bringen kann.

Wir haben hauptsächlich vom Erlösungshandeln der Kirche in der modernen Welt gesprochen; doch nicht weniger wichtig ist ihre konstruktive Tätigkeit. Beides ist in der Tat untrennbar, denn man kann nicht das Böse überwinden, ohne auch das Gute herbeizuführen. Dennoch hätte man eine sehr oberflächliche und sterile Auffassung von der konstruktiven Seite des christlichen Handelns, dächte man hierbei nur an die Ausbildung praktischer Politik sowie an die Planung von Handlungen und deren Ausführung. Da ist noch die weit schwierigere Aufgabe, (1.) einen Fortschritt in wissenschaftlicher Erkenntnis herbeizuführen, (2.) hervorragende und einflußreiche Leute zu bewegen, den Fortschritt sorgfältig und ausgewogen einzuschätzen, und (3.) sie zu veranlassen, die praktischen Politiker und die Planer davon zu überzeugen, daß Fortschritt vorhanden ist und daß er diese und jene Revision praktischer Tagespolitik und Planung mit diesen und jenen Auswirkungen impliziert.

Zum Abschluß möchte ich hervorheben, daß solche integrierten Untersuchungen einem tiefen und dringenden Erfordernis der gegenwärtigen Situation entsprechen. Denn wir leben in einer Zeit immer stärkerer Wandlungen infolge einer ständig zunehmenden Wissensexpansion. Auf der Höhe unserer Zeit tätig zu sein heißt, das beste uns zur Verfügung stehende Wissen und die wirksamsten Verfahrensweisen in koordinierter Gruppenaktion anzuwenden. Um aber diesem Bedürfnis unserer Gegenwart zu entsprechen, muß sich auch die Kirche auf einen Kurs ständiger

Erneuerung begeben. Dieser Kurs wird ihrem Handeln den weitverbreiteten Eindruck selbstgefälliger Belanglosigkeit nehmen. Er wird Theologen mit Fachleuten auf sehr vielen verschiedenen Gebieten in engen Kontakt bringen. Er wird Wissenschaftler und Gelehrte in engen Kontakt mit Politikern und Planern bringen, und durch sie auch mit Klerikern und Laien, die damit befaßt sind, Probleme einer Lösung zuzuführen und Wege zu finden, um den Bedürfnissen der Christen und der ganzen Menschheit zu entsprechen.

5. Die Kirche und die Kirchen

Ich habe etwas vage von der christlichen Kirche gesprochen. Die Kirche ist in der Tat gespalten, und es gibt verschiedene Glaubensbekenntnisse. Man verteidigt unterschiedliche Auffassungen von Kirche. Verschiedene Gruppen kooperieren auf unterschiedliche Weise.

Trotz solcher Unterschiede besteht sowohl eine reale als auch eine ideale Einheit. Die reale Einheit ist die Antwort auf den einen Herrn in dem einen Geist. Die ideale Einheit ist die Frucht des Christusgebets: »Alle sollen eins sein ...« (Joh 17,21). In unserer Gegenwart reift die Frucht des Ökumenismus.

Soweit der Ökumenismus ein Dialog unter Theologen ist, zeigen unsere Kapitel über Dialektik und über Lehre die methodischen Vorstellungen, die wir entwickelt haben. Ökumenismus ist aber auch ein Dialog zwischen den Kirchen und wird dann größtenteils im Rahmen des Weltrates der Kirchen und unter den Weisungen der einzelnen Kirchen tätig. Ein anschauliches Beispiel für eine solche Weisung ist das vom Zweiten Vatikanischen Konzil erlassene Dekret über den Ökumenismus.

Während der Fortbestand der Spaltung und die Langsamkeit bei der Wiederherstellung der Einheit sehr zu bedauern sind, ist dabei nicht zu vergessen, daß die Spaltung hauptsächlich im kognitiven Sinn der christlichen Botschaft liegt. Der konstitutive und der effektive Sinn sind Dinge, in denen sich die meisten Christen weitgehend einig sind. Eine solche Übereinstimmung muß jedoch zum Ausdruck gebracht werden, und während wir auf eine gemeinsame kognitive Übereinstimmung noch warten, ist der schon jetzt mögliche Ausdruck die Zusammenarbeit bei der Erfüllung der redemptiven und konstruktiven Rolle der christlichen Kirche in der menschlichen Gesellschaft.

NACHWORT ZUR DEUTSCHEN AUSGABE

1. Bernard J. F. Lonergan wurde am 17. Dezember 1904 in Buckingham nahe der kanadischen Hauptstadt geboren. 1922 trat er in die Gesellschaft Jesu ein. Von 1926-1929 studierte er Philosophie im Heythrop College bei Oxford und 1929-1930 Sprachen und Mathematik an der Universität London. In die Jahre 1933-1937 und 1938-1940 fällt sein Studium der Theologie an der Gregoriana Universität in Rom. Die folgenden dreizehn Jahre verbrachte Lonergan wieder in Kanada, und zwar zuerst in Montreal und dann in Toronto als Professor der Theologie. Ab 1953 dozierte Lonergan an der Gregoriana Universität, bis er 1965 aus Gesundheitsgründen nach Toronto zurückkehrte. 1971-1972 lehrte er an der Harvard University. Von 1957-1983 war er als Visiting Distinguished Professor im Boston College, Cambridge, Massachusetts. Er starb am 26. November 1984 in Pickering bei Toronto. Das »Lonergan Research Institute« des Regis College, Toronto, wird demnächst anfangen, die *Collected Works auf Bernard Lonergan* bei der University of Toronto Press zu veröffentlichen. Das Gesamtwerk soll etwa zwanzig Bände umfassen.

In diesem Nachwort zur deutschen Ausgabe von *Method in Theology* Lonergans möchte ich die wichtigsten Etappen der Entwicklung seines Denkens nachzeichnen, um dem Leser den Kontext zu vermitteln, aus dem das Werk entstanden ist. Das Denken Lonergans hat sich von Anfang an in Richtung auf eine Methode der Theologie hinbewegt, die dem heutigen geistesgeschichtlichen Kontext angemessen sein soll. Dieses langfristige Projekt hat sich in seinem tragenden Strang als eine Untersuchung des menschlichen Subjekts in seiner Subjektivität konkretisiert. Warum der Verfasser diesen Weg gegangen ist, der sonst in den Veröffentlichungen zum Thema Methode der Theologie nicht üblich ist, hat er folgendermaßen erklärt: »Theologien werden von Theologen hervorgebracht; Theologen haben einen Verstand und benutzen ihn; dieses ihr Tun sollte nicht ignoriert oder übergangen, sondern ausdrücklich in sich selbst und in seinen Implikationen anerkannt werden.«[1]

Methodologische Untersuchung und Reflexion über das Subjekt in der dynamischen Struktur seines Bewußtseins sind somit weitgehend in eins gefallen. Denn die von Lonergan vorgeschlagene Methode der Theologie hat eine anthropologische Komponente in der bewußten Dynamik des menschlichen Geistes. Dementsprechend galt es, diese Subjektivität als sinnliche, intelligente, rationale, verantwortliche und auf das absolut

---
[1] Method in Theology, 25.

transzendente Geheimnis Gottes offene zu erhellen. Erst nachdem Lonergan das Subjekt in all seinen Dimensionen erhellt hatte, konnte er eine Methode für die Theologie ausarbeiten, deren Grundlage und Normen die der Bewußtseinsdynamik innewohnenden und operativen Forderungen sind.

2. Die Dissertation für das Doktorat in der Theologie über die Thomanische Gnadenlehre unter dem Titel »St. Thomas' Thought on gratia operans«[2] brachte Lonergan einen doppelten Gewinn. Erster und unmittelbarer Gewinn war die Klärung einiger Schlüsselideen der Gnadenlehre und überhaupt der Theologie des mittelalterlichen Meisters. Der andere, langfristige Gewinn für den Doktoranden bestand darin, daß er in diesem geschichtlich gut belegten Fall mit dem evolutiven Charakter des theologischen Denkens und der menschlichen Erkenntnis überhaupt konfrontiert wurde. In der Entwicklung der Gnadenlehre des Thomas von Aquin entdeckte Lonergan, daß die treibende Kraft der menschlichen Erkenntnis im Verstehen der relevanten Daten liegt.

3. Genau um die Eigenart der Intelligenz und damit um die intellektuelle Interiorität ging es in der breit angelegten Studie über den Begriff von *Verbum* in den Schriften des Thomas von Aquin, die Lonergan zwischen 1946 und 1949 veröffentlichte.[3] Mit dieser Untersuchung setzte sich Lonergan zum Ziel, Thomas' Lehre über jene herkömmliche Trinitätsanalogie zu ermitteln, die im Geist des Menschen ein Abbild des dreieinigen Gottes sieht. In der Tat lief die textbezogene Untersuchung auf eine Studie in erster Linie über die Erkenntnistheorie, aber auch über die Seelenlehre und Metaphysik Thomas' hinaus.

Wir haben hier Lonergans Wendung zum Subjekt. Denn diese Trinitätsanalogie, gerade weil sie bis auf Augustinus zurückgeht, kann das Abbild Gottes als Eines in drei Personen nicht in der metaphysischen Struktur der menschlichen Erkenntnis- und Willenstätigkeit erblicken. Eine solche metaphysische Struktur lag dem Interesse Augustinus' in seiner Sondierung des menschlichen Geistes mittels einer offenkundig introspektiven Analyse fern. Wenn andererseits Thomas seine Lehre vom *Verbum* im Kontext der Aristotelischen Metaphysik dargelegt hat, ist anzunehmen – dies war die Arbeitshypothese Longergans –, daß er metaphysische Be-

---

[2] In Buchform: Grace and Freedom. Operative Grace in the Thought of St. Thomas Aquinas, London – New York 1971.
[3] »The Concept of *Verbum* in the Writings of St. Thomas Aquinas.« In Buchform: Verbum. Word and Idea in Aquinas, Notre Dame, 1967.

griffe und Lehrstücke benutzt hat, um bewußte Handlungen im Menschen systematisch auszudrücken. Es galt deshalb, diese bewußten Elemente ausfindig zu machen.

Lonergan erläutert den Leitfaden seines Studiums folgendermaßen: »Thomas' Lehre vom inneren Wort ist inhaltsreich und nuanciert: Sie ist nicht bloß eine metaphysische Bedingung einer bestimmten Erkenntnisart; sie will eine Aussage über psychische Fakten sein. Nun aber kann die genaue Natur dieser Fakten nur dadurch ermittelt werden, daß man ermittelt, was Thomas unter *intelligere* verstand.«[4] Das Ergebnis der Untersuchung unter dieser neuen Perspektive erwies sich als bedeutend verschieden von der damals allgemein akzeptierten Thomas-Interpretation, die eher auf die Erkenntnismetaphysik Thomas' abzielte.

Als erstes untersucht Lonergan die »prima mentis operatio«. Ihr Kernmoment liegt im »intelligere in sensibili«: Verstehen heißt Erfassen, wie die Daten der Sinne (oder des Bewußtseins) aufeinander bezogen sind; das Verstehen fügt der Mannigfaltigkeit des Gegebenen einen Komplex von Beziehungen und damit einen Sinn hinzu, der das Mannigfaltige unter einem bestimmten Aspekt zur Einheit führt. Und gerade in dieser Einheit liegt die Intelligibilität des Gegebenen. Wenn dies stattfindet, wenn man verstanden hat, dann vermag unser Geist jenes innere Wort auszusprechen, das herkömmlich Begriff genannt wird. Dies bedeutet, daß das *Verbum* nicht mechanisch oder automatisch gebildet wird, sondern intelligenterweise nach der dem Geist eigenen Kausalität, die Thomas »emanatio intelligibilis« nennt.[5] Solcherart ist der Ursprung all unserer Begriffe: empirisch und einsichtig zugleich, insofern er im *sentire* und *intelligere* gründet.

Die Untersuchung der »secunda mentis operatio«, die mit dem Urteil endet, wird nach demselben Muster angestellt. Auch hier liegt der Kern in einem Verstehensakt, diesmal aber einem reflexiven. Denn die voraufgehende mentale Synthese ist von sich aus bloß hypothetisch: Sie besagt eine *mögliche* Erklärung der Daten. Sie wird deshalb von unserem kritischen Geist auf ihren Absolutheitscharakter hin untersucht; sie weist diesen Absolutheitscharakter auf, wenn sämtliche, für sie relevanten Daten tatsächlich auf der Ebene der Sinneserfahrung oder des Bewußtseins und nur sie vorhanden sind; wenn also die Übereinstimmung zwischen Begriff und Daten festgestellt wurde. Erst dann vermag unser Geist rational zu urteilen, insofern er den notwendigen und zureichenden Grund für jene absolute Setzung (»es *ist* so«) hat, in der das Urteil besteht.

---

[4] Verbum, 45f.
[5] *Thomas von Aquin*, Summa Theologiae I, q.27, a. 1 und 2.

Der Ansatz zum Hervorgehen des Heiligen Geistes in Gott ist ähnlich: Das Hervorgehen unseres sittlich guten Willensaktes vom Werturteil. Die Entscheidung ist subjektiv gut, wenn sie zugunsten dessen gefällt wird, was als gut beurteilt wurde. Die Bildung eines inneren Wortes, weil wir verstanden haben, und der Willensakt im Gefolge eines Werturteils stellen für uns die Erfahrung eines Hervorgehens oder einer Abhängigkeit dar, die, weit entfernt davon eine letzte Dualität miteinzuschließen, eher auf eine Grundeinheit hinweist, nämlich auf die Einheit im Bewußtsein zwischen dem, was das Bewußtsein ist, und dem, wonach es strebt: das Wahre und das Gute.

Die hier skizzierte Entdeckung des Subjektes in seiner Innerlichkeit war nicht nur die Wiedergewinnung dessen, was bei Thomas am wertvollsten ist, sondern ermöglichte außerdem Lonergan, über die *vetera* des mittelalterlichen Denkers hinauszugehen, um sie mit den *novis* zu integrieren, die seitdem die westliche Kultur errungen hat. Das Neue, das das Gültige aus der kulturellen Vergangenheit unseres Mittelalters aufnimmt und entwickelt, hat Lonergan 1957 in *Insight. A Study of Human Understanding* vorgelegt.

4. *Insight* setzt die in der Schule von Thomas gelernte Interioritätsanalyse fort. Lonergan nennt seinen Essay »eine Hilfe zur persönlichen Aneignung des eigenen rationalen Selbstbewußtseins«[6]. *Insight* wurde ursprünglich als ein Werk über die Methode der Theologie geplant. Zu diesem Zweck schickte sich Lonergan an, die Methoden in den verschiedenen Bereichen zu untersuchen, in denen sich heute das Wissen differenziert und spezialisiert hat (die Naturwissenschaft, die Geisteswissenschaften, die Philosophie), weil der Fortschritt in diesen Disziplinen, insbesondere in der Experimentalwissenschaft, es mit sich bringt, daß ihre Methoden entwickelter und exakter sind. Äußere Umstände veranlaßten Lonergan, seinen Plan zu ändern und den nur als Einleitung zur Methode der Theologie gedachten Teil zu einem eigenständigen philosophischen Werk abzurunden.

Da es hier nicht möglich ist, den Inhalt von *Insight* eingehend zu erörtern – einem Werk außerordentlicher Strenge, das dem Leser keine Mühe erspart –, möchte ich die drei zusammenhängenden Themen anschneiden, um die der ganze Essay kreist: die Erkenntnis, die Objektivität, die Wirklichkeit.

[6] Insight, 748.

4.1. Die Fragestellung, mit der Lonergan an das Erkenntnisproblem herangeht, lautet: »Welche Handlungen führen wir aus, wenn wir erkennen?« Die Frage zielt auf eine introspektive Untersuchung des im Bereich des Bewußtseins stattfindenden Erkenntnisvollzugs ab, und damit auf eine im selben Vollzug verifizierbare Antwort. Lonergan will zuerst die Natur der Erkenntnis klären: Darin liegt das eigentliche Erkenntnisproblem, insofern die übliche Frage nach der objektiven Gültigkeit unserer Erkenntnis vielfach von einer falschen Auffassung von der Erkenntnis vorbelastet ist, die sich dann in der Antwort auf die Gültigkeitsfrage auswirkt.

Es gibt im Menschen zwei verschiedene Erkenntnisarten, die leicht verwechselt werden: eine Erkenntnis, die auf der Ebene der Erfahrung schon abgeschlossen ist – diese Erkenntnis teilt der Mensch mit den höheren Tieren –, aber auch eine Erkenntnis, für die die Erfahrung nur die erste Komponente ausmacht, nämlich die Vorstellung der Daten (nicht der Wirklichkeit!), welche durch intelligente Untersuchung und kritische Reflexion zur eigentlichen menschlichen Erkenntnis erhoben werden muß.

Erkennen im vollen Sinne des Wortes, nämlich ein Objekt als Wirklichkeit erkennen, findet nicht ohne Erfahrung statt; aber es schließt andere Momente mit ein, deren jedes mit einer eigenen Gesetzlichkeit ausgestattet ist: fragen, untersuchen, verstehen, den Begriff bilden, zweifeln, reflektieren, das Für und Wider abwägen, den zureichenden Grund für die unbedingte Setzung der Verstandessynthese erfassen, urteilen. Diese Momente, die sich auf drei wesentlich verschiedene Stufen verteilen – Erfahrung, Einsicht und Urteil – können in ihrer Eigenart, in ihren gegenseitigen Beziehungen und in den ihnen innewohnenden Gesetzen durch die Aufmerksamkeit auf den Vollzug der Erkenntnis selbst erhellt werden.

Als Gesamtresultat dieser Erhellung der Erkenntnistätigkeit gilt also, daß die menschliche Erkenntnis eine dynamische Struktur aus Erfahrung, Einsicht und Urteil ist, derart, daß erst aus der Zusammensetzung aller drei Momente die Erkenntnis als Erkenntnis der Wirklichkeit stattfindet. M. a. W. um eine Wirklichkeit zu erkennen, muß man Daten haben. Aber die bloße Erfahrung genügt nicht. Man muß außerdem die geeigneten Fragen stellen, um die intelligible (formale) Komponente der Wirklichkeit zu erkennen, deren Träger die Daten sind. Aber nicht jede Interpretation der Daten stimmt; daraus ergibt sich die Notwendigkeit, weiter zur Wahrheit voranzugehen, die erst in der absoluten Setzung der Interpretation stattfindet. Auf die Daten aufmerksam sein, seine Intelligenz üben, kraft eines zureichenden Grundes urteilen, ist das, was jeder Erwachsene spontan, aber nichtsdestoweniger intelligent und vernünftig tut, wenn er wissen will, was der Fall ist.

4.2. Die Untersuchung der Handlungen, die wir im Erkenntnisprozeß vollziehen, liefert die Elemente, um auf die Frage zu antworten, ob unsere Erkenntnis objektive Geltung hat. Die seit der Neuzeit als Anfang der Philosophie geltende Frage nach der Objektivität der Erkenntnis wird von Lonergan folgendermaßen formuliert: »Warum erkennen wir [die Wirklichkeit], wenn wir diese Handlungen vollziehen?« Die Antwort lautet: Weil die herausgestellte Erkenntnisstruktur der Vollzug einer Intentionalität ist, deren Tragweite unbegrenzt und die deshalb der Erkenntnis der Wirklichkeit fähig ist, dessen nämlich, was »ist« – wobei das »ist« unbedingt gilt. Die Unbegrenztheit unserer intelligenten und rationalen Dynamik ist die notwendige und hinreichende Bedingung, daß wir das Objekt als Sein erkennen. Das rationale Urteil als absolute Setzung ist nun die Antwort auf die Frage nach dem Transzendenten, d. h. nach der Wirklichkeit in sich selbst; es hat also dieselbe transzendente Tragweite wie die Frage.

4.3. Auf derselben Linie der Intentionalitätsanalyse greift Lonergan das Seinsproblem auf: »Was erkennen wir, wenn wir die oben herausgestellten Handlungen vollziehen?« und antwortet: die Wirklichkeit oder das Sein. Das Sein ist das Zielobjekt der Erkenntnisdynamik des Subjekts; es ist das, wonach es sucht, wenn es Fragen nach Einsicht (quid sit) und Fragen nach Reflexion (an sit) stellt. Das Sein ist also das, was durch Verstehen und Urteilen zu erkennen ist. Diese operative Definition vom Sein impliziert eine intelligente und rationale Auffassung von der Wirklichkeit.

Hier liegt der Stein des Anstoßes für viele Leser von *Insight*. Die Lehre von der inneren Intelligibilität der Wirklichkeit kommt der Lehre gleich, daß wir die Wirklichkeit nicht durch eine problemlose Erfahrung erkennen, sondern erst im Urteil als abschließende Antwort auf unsere einsichtigen und vernünftigen Fragen. »Der gleichsam ungreifbare Akt der rationalen Bejahung ist die notwendige und zureichende Bedingung für die Erkenntnis der Wirklichkeit.«[7] Es ist dies eine Entdeckung, warnt Lonergan, die einer noch nicht gemacht hat, wenn er sich nicht ihrer überraschenden Merkwürdigkeit entsinnt.[8] Es ist wahrhaftig keine Übertreibung, wenn Lonergan in seinen späteren Schriften, vor allem in *Method in Theology*[9], von einer intellektuellen Bekehrung spricht, um von der Auffassung der Wirklichkeit als dem Zielobjekt einer extravertierten Tendenz

---

[7] Insight, 538.
[8] Insight, xxviii.
[9] Method in Theology, 238ff u. ö.

nach dem Modell der sinnlichen Extraversion (die Wirklichkeit als das »Schon-draußen-dort-jetzt«) zur Auffassung der Wirklichkeit als dem, was durch ein richtiges Verstehen der Daten erkannt wird (die Wirklichkeit als Sein), überzugehen.

5. Die Periode nach *Insight* wurde durch die Reflexion auf die Welt des Menschen und auf die existentielle Komponente des Subjektes gekennzeichnet. Dies fehlte zwar auch nicht in *Insight*; aber in ihm hatte sich Lonergan auf das erkenntnismäßige Moment der Dynamik des Subjekts konzentriert. Schaffung einer menschlichen Welt und Freiheit und Verantwortung im Vollzug der Intentionalität sind zwei weitere Aspekte jener Subjektivitätserhellung, der die lebenslange Forschung Lonergans gegolten hat

5.1. In den Jahren nach der Veröffentlichung von *Insight* begann das Thema der Bedeutung oder des Sinnes (meaning) eine größere Rolle zu spielen. Während Lonergan vorher die Intentionalität hauptsächlich als Vermittlerin der Wirklichkeit in der Erkenntnis der Natur untersucht hatte, betrachtete er sie jetzt als konstitutives Prinzip einer von der Natur verschiedenen Welt: die menschliche Welt oder Kulturwelt. Es ist dies die Wirklichkeit, die z. T. durch Sinngehalte und durch Werte (die Bedeutung auf der Ebene der Moralität) konstituiert wird, da ja das Leben als menschliches von Bedeutung geprägt und von Wertvorstellungen geleitet wird. Die menschliche Welt umfaßt »die Ordnungen des Lebens in Staat, Gesellschaft, Recht, Sitte, Erziehung, Wirtschaft, Technik und die Deutungen der Welt in Sprachen, Mythus, Kunst, Religion und Wirtschaft«[10]. Keine dieser Wirklichkeiten liegt schon als Naturprodukt vor, da sie alle als formale Bestimmung einen Sinngehalt und einen Wert haben, die von Menschen entworfen und verwirklicht worden sind. Die neuere Unterscheidung der Wissenschaft in Natur- und Geisteswissenschaften wurde vom verschiedenen ontologischen Status von Natur und Kultur erfordert. Die Untersuchung Lonergans auf diesem Gebiet galt dem Ursprung der Bedeutung im menschlichen Bewußtsein, ihren vielfältigen Funktionen hinsichtlich der Welt des Menschen, ihrer Differenzierung an verschiedenen Orten und im Laufe der Zeit.

Aber die Bedeutung als Bestandteil der menschlichen Welt ist auch eine geschichtliche Wirklichkeit. Denn sie wandelt sich im Verlauf des Lebens eines Menschen, einer Klasse, einer Gesellschaft, eines Volkes,

---

[10] *Erich Rothacker,* »Logik und Systematik der Geisteswissenschaften« in: Handbuch der Philosophie, Abt. III, Beitrag C, München und Berlin 1927, 3.

eines Staates. Die Thematisierung der Welt der Bedeutung führte somit zur Untersuchung jener Geisteswissenschaften, die nicht eine allgemeine Erkenntnis nach dem Modell der Naturwissenschaft anstreben (allgemeine Prinzipien und Gesetze), sondern die die menschliche Welt in dem betrachten, was einzeln und geschichtlich ist. Aus diesem Grund führte Lonergan im Bereich der Geisteswissenschaften eine weitere Unterscheidung ein zwischen den *Human Sciences* einerseits und den *Human Studies* oder *Scholarship* andererseits. Zur letzteren gehören beispielsweise Literaturwissenschaft, Exegese, Geschichte, Theologie.

5.2. Die Studie des Menschen als eines intentionalen Wesens hat auch zum existentiellen Moment derjenigen Intentionalität geführt, die *Insight* vorwiegend in ihrer erkenntnismäßigen Eigengesetzlichkeit untersucht hatte. Denn der Mensch ist keine reine Vernunft; er strebt nach dem Sein auf dem Weg des Wahren, ist aber zugleich aufgefordert, frei und verantwortlich zum Sein Stellung zu nehmen. Die Frage, in der sich die weitere Operativität unserer Intentionalität ausdrückt, ist die Frage nach der Entscheidung: »Was soll ich tun?« In ihr liegt die Notion des Wertes, daß nämlich das Sein der Anerkennung und Förderung in dem Maße würdig ist, in dem es Sein ist; die Notion der Verpflichtung als unbedingte Aufforderung, den Wert zu wählen und zu verwirklichen; und die Notion der Freiheit, insofern die Durchführung des moralischen Imperativs unserer versagen könnenden Verantwortung anvertraut ist.

Wenn nun Erkennen und Wollen zwei verschiedene aber zusammenhängende Vollzugsweisen der einen und selben Dynamik sind, dann folgt daraus, daß zwischen ihnen eine gegenseitige Abhängigkeit herrscht, d. h. also: Nicht nur das Gute setzt das Wahre voraus, sondern auch das Wahre erweist sich als etwas Gutes und infolgedessen als einen möglichen Gegenstand freier Wahl. Es gibt auch eine Freiheit und Moralität der Erkenntnis, so daß unsere Erkenntnis der Wirklichkeit nicht unabhängig von unserer freien Stellungnahme zum Guten ist. Die moralische Bekehrung, der existentielle Übergang von dem, was gefällt, zu dem, was wahrer Wert ist, hat Folgen auch für die Erkenntnis, da diese kein unausbleibliches Resultat einer reinen Vernunft, die nach einer unpersönlichen Logik handelt, sondern die Errungenschaft eines aufmerksamen, einsichtigen, vernünftigen und verantwortlichen Subjekts ist.

Durch die Wahrheit transzendiert das Subjekt intentional sich selbst, indem es zu dem gelangt, was vom Subjekt, von dessen Zeit, Ort und psychologischen, gesellschaftlichen, historischen Bedingungen unabhängig ist. Aber »die Frucht der Wahrheit muß auf dem Baum des Subjekts wachsen und reifen, ehe sie gepflückt und in ihr absolutes Reich eingebracht werden kann«.[11] »Echte Objektivität ist die Frucht authentischer Subjektivität« lautet die Kurzformel, auf die Lonergan mehrmals das Ergebnis seiner Intentionalitätsanalyse bringt.[12] Ein solcher Zusammenhang zwischen objektiver Geltung der Erkenntnis und Subjektivität ist eine Schlüsselidee von *Method in Theology* und liegt auf der Linie jener Subjektserhellung, die der Leitfaden des Denkens Lonergans von Anfang an gewesen ist.

6. Es möchte scheinen, daß mit der Analyse des existentiellen Moments unseres Geistes Lonergan alle Voraussetzungen gewonnen hatte, die für eine theologische Methode nötig sind, welche dem »Verstand« der Theologen Rechnung trägt. In der Tat war es nicht so. Die Untersuchung des Subjekts zwecks der Methode in Theologie hat dazu geführt, auch die religiöse Dimension des Menschen in Betracht zu ziehen als unverzichtbar für einen christlichen theologischen Diskurs. In diesem Kontext spricht Lonergan von einer religiösen Bekehrung. Wie die intellektuelle Bekehrung in der Zustimmung zur Wahrheit besteht, die durch die kognitive Selbsttranszendenz erreicht wird, und wie die moralische Bekehrung in der Zustimmung zu den Werten besteht, die durch die reale Selbsttranszendenz erreicht werden, so besteht die religiöse Bekehrung in der Selbsthingabe ohne Vorbehalte an einen personalen Wert, der absolut transzendent ist. Eine solche Bekehrung, erinnert Lonergan in Anlehnung an Paulus, ist die Frucht der Liebe Gottes, die in unsere Herzen ausgegossen ist durch den Heiligen Geist, der uns gegeben ist.[13]

Im Laufe seines *Method in Theology* erwähnt Lonergan mehrmals vier Vorschriften, die die normativen Forderungen unseres intentionalen Bewußtseins ausdrücken: »Sei aufmerksam; sei intelligent; sei vernünftig; sei verantwortlich« die jeweils das Erfahren, das Verstehen, das Urteilen und das Sich-Entscheiden betreffen. Eine weitere Vorschrift kommt hinzu: »Sei verliebt [be in love]«[14], die die religiöse Dimension im Menschen angeht. Die religiöse Bekehrung stiftet ins Subjekt ein neues Handlungsprinzip ein, das als eigentümliches Fundament der Theologie fungiert, während es die vier oben genannten transzendentalen Vorschriften, die prinzipiell eine Ausstattung des Menschen in seiner Natur sind, in all ihrer Geltung aufbewahrt.

---

[11] B. *Lonergan*, »The Subject« in: A Second Collection, London 1974, 70f. Deutsche Übersetzung in: B. *Lonergan*, Theologie im Pluralismus heutiger Kulturen, Freiburg/Br. 1975, 34.
[12] Method in Theology, 292.
[13] Method in Theology, 240 ff.
[14] Method in Theology, 53, 268. Die paradoxe Formulierung spiegelt den unverdienten und zugleich verbindlichen Charakter der göttlichen Gnade wider.

Was ist aber die Theologie, die die religiöse Bekehrung des Subjekts schließlich zu begründen hat? Die Frage stellt sich um so mehr, da die Theologie heute ein vielschichtiges Unternehmen geworden ist, in dem verschiedene Bereiche oder Momente je anderen Gesetzen unterstehen.

7. Die bisher verfolgte Untersuchung des Verstandes der Theologen auf dem Weg einer Subjektserhellung lief bei Lonergan parallel zu seiner Lehrtätigkeit, die in zwei Bereichen stattfand. Erstens in den Traktaten der dogmatischen Theologie. Vor allem sind hier der *De Deo Trino* und der *De Verbo Incarnato* zu erwähnen, auf die sich Lonergan in seiner römischen Periode konzentrieren konnte. Zweitens in den speziellen Vorlesungen und Seminaren derselben Jahre, die sich direkt mit der Problematik der theologischen Methode befaßten. Lonergan hat also über den »Verstand« der Theologen reflektiert mitten in seiner Lehrtätigkeit und in einem kulturellen Kontext, dessen tragende Komponenten er zu klären suchte: Die neue Auffassung von der Wissenschaft und der Philosophie und die moderne »Scholarship« d. h. die hermeneutisch-historischen Studien.

Der entscheidende Durchbruch geschah in der ersten Hälfte von 1965. Die hier oben skizzierte Analyse der Subjektivität lieferte ihm den Schlüssel, um die verschiedenen Bereiche, in denen sich heute die theologische Arbeit artikuliert, unter einem einheitlichen Gesichtspunkt zu erfassen. Wenn Theologie eine geistige Leistung der Theologen ist, liegt es nahe, die Struktur der menschlichen Subjektivität als Prinzip der Differenzierung und zugleich der Einheit der theologischen Arbeit zu nehmen.

Die vier Stufen des intentionalen Bewußtseins geben das Prinzip der Einteilung und zugleich der Verknüpfung für sämtliche Spezialisierungen der Theologie her. In ihr unterscheidet Lonergan zunächst zwei Phasen: die Begegnung mit der Vergangenheit der christlichen Gemeinde und die persönliche Stellungnahme zu derselben, um die christliche Gemeinde jetzt auf ihr Ziel hin zu leiten. Daraus ergeben sich acht »funktionale Spezialisierungen« in deren jeder der Theologen, indem er auf allen vier Ebenen tätig ist (er handelt ja menschlich: wissend und wollend!), das Ziel verfolgt, das *einer* der vier Ebenen der Intentionalität eigen ist.

Die Einteilung entspricht, zumindest teilweise, Disziplinen, die in der Theologie eine lange Tradition haben. Neu in der Methode Lonergans ist, daß diese acht Teile als ebensoviele miteinander verknüpfte Prozesse gelten, die fortschreitend und kumulativ sind. Sie schöpfen das Prinzip ihrer Unterscheidung und ihre Normen nicht aus bloßen Zweckmäßigkeitsgründen oder aus willkürlichen Vereinbarungen, sondern aus der der Intentionalität innewohnenden Struktur. Sie sind acht verschiedene Aufgaben, die acht verschiedene unmittelbare Zwecke verfolgen und die gemäß verschiedenen Normen auszuführen sind. Deshalb faßt Lonergan jede dieser Aufgaben als eine *funktionale* Spezialisierung auf, d. h. als eine komplexe Handlung, die sich mit anderen komplexen Handlungen zu jenem übergeordneten dynamischen Ganzen zusammensetzt, was den heutigen Theologie-Betrieb ausmacht. Erst durch die gesamte theologische Arbeit mit all ihren Mitteln wird das eigentlich theologische Objekt, nämlich die Heilswahrheit, erreicht, die uns als unbedingte Herausforderung angeht.

Von *Method in Theology* gilt, was F. Crowe vor dreißig Jahren von *Insight* geschrieben hat, indem er auf die Bedeutung hinwies, die Lonergans Untersuchung über das Verstehen als Kernmoment in der Erkenntnisstruktur haben könnte: »In diesem Bereich ist die Folge des Verstehens nicht notwendig eine Umwerfung herkömmlicher Verfahren; es kann auch einfach das sein, daß wir intelligenterweise von den Verfahren sprechen können, die wir schon praktizieren.«[15] Und dies ist beileibe nicht wenig!

8. Nach der Beurteilung K. Rahners, der allerdings nur das fünfte Kapitel des Werkes zu Gesicht bekommen hatte, ist »die theologische Methode Lonergans ... so generisch, ... daß sie eigentlich auf jede Wissenschaft paßt, also keine Methodologie der Theologie als solcher ist, sondern nur eine allgemeinste Methodologie von Wissenschaft überhaupt, mit Beispielen aus der Theologie illustriert«[16]. Nun stimmt zwar, daß Lonergan einen strikt methodologischen Diskurs führt und deshalb sämtliche theologischen Fragen den Theologen überläßt, die in den verschiedenen funktionalen Spezialisierungen arbeiten. Dies hindert ihn aber nicht daran, den methodologischen Diskurs ausdrücklich im Hinblick auf eine christliche Theologie zu entwickeln. Es ist die religiöse Bekehrung, die die Theologie als Reflexion über das Heilsereignis in Jesus Christus, nä-

---

[15] *Frederick E. Crowe SJ*, »The Origin and Scope of Bernard Lonergan's«: 'Insigh' ScEc 9 (1957) 292.
[16] *K. Rahner*, Kritische Bemerkungen zu B. J. F. Lonergans Aufsatz: »Functional Specialties in Theology«: Gr 51 (1970) 537. Etwas weiter wirft Rahner der Methode Lonergans vor, daß sie »von der fundamentalen Tatsache abstrahiert, daß alle theologischen Aussagen *als theologisch* ... auf Gott ALS das unbegreifliche *Geheimnis* bezogen sind, das nie unter die Gegenstände der übrigen Wissenschaften in einer gleichen Methode subsumiert werden kann«: 538f. Aus dem oben Ausgeführten über den Denkweg Lonergans bis zur Methode in Theologie erhellt, daß Lonergan gerade das Ziel verfolgt, von einer bloßen Analogie (*a fortiori* von einer Gleichheit!) mit den anderen Wissenschaften abzurücken und eine eigene Methode der *Human Studies* auszuarbeiten, die aber dann kraft eines eigenen Fundaments zur Methode der Theologie wird.

herhin die letzten drei funktionalen Spezialisierungen begründet, in denen die Theologie, über die hermeneutisch-historische Untersuchung der Vergangenheit hinaus, zu diesem Heilsereignis Stellung nimmt, nämlich: welche seine Wahrheiten und Werte sind, was sie eigentlich bedeuten, wie sie allen Menschen zu vermitteln sind.

Die Echtheit der religiösen Bekehrung, d. h. der eigenen Antwort auf das innere Wirken der Gnade, liefert das Kriterium, demzufolge einer die christliche Botschaft anzuerkennen vermag in dem Maße, wie Gott es ihm persönlich bestimmt hat. Was jeder Gläubige spontan tut, tut der Theologe in der zweiten Phase der Theologie auf der Ebene einer wissenschaftlichen Reflexion: Er anerkennt und formuliert den gelebten Glauben. Deswegen muß er selbst die Bekehrung vollzogen haben; sonst hat er nichts, was er durch Reflexion zur Sprache bringen kann. Dies bedeutet weiter, daß keine christliche Theologie möglich ist, wenn man sie von einer neutralen oder gar entgegengesetzten Position aus betreibt. In der Theologie spielt die persönliche Bekehrung und die Bemühung um die christliche Heiligkeit eine unersetzbare Rolle. Dies deswegen, weil der Schlüssel zur Methode einer sich entwickelnden Disziplin das konkrete Subjekt ist, das den fortschreitenden und kumulativen Prozeß begründet, vollzieht und unter Kontrolle hält. Nun aber ist das authentisch christliche Subjekt allein das adäquate Prinzip der theologischen Reflexion, insofern es allein mit jenem Verstehenshorizont ausgestattet ist, der den Wahrheiten und den Werten der christlichen Offenbarung entspricht.

Die Rolle, die Lonergan der religiösen Bekehrung in der Theologie zuweist, paßt zu dem, was in der Fundamentaltheologie wohl bekannt ist, daß nämlich die Kirche als Institution, die die Heilige Schrift aufbewahrt, die Sakramente spendet, mit einem autoritativen Lehramt ausgestattet ist, die Dogmen verkündet, usw. nicht die letzte Begründung unserer christlichen Existenz darstellt. Diese Begründung besteht eher in der Gnade Gottes und in unserer Glaubenszustimmung; sie besteht also in einer unmittelbaren Beziehung zu Gott und Jesus Christus, kraft deren wir der Kirche beitreten bzw. in ihr bleiben als dem Ort, in dem die religiöse Grunderfahrung ihre authentische Auslegung findet und sich in ein christliches Leben umsetzt.

Ähnliches gilt für die Begründung der Theologie: Allein die religiöse Bekehrung verbürgt im Prinzip eine Theologie, die die Heilswirklichkeit wahrheitsgetreu zur Sprache bringt. In welchem Maße, bei welcher Glaubensgemeinschaft und bei welchen Theologen dies der Fall ist, ist aber keine notwendige Folge. Es gilt dennoch, daß je mehr die religiöse Bekehrung in der Kirche verbreitet ist, desto eher sie dazu führen wird, das Unechte in der Tradition der Kirche auszuscheiden.

In seiner Bemühung um eine angemessene Methode hat Lonergan eine tiefgehende Analyse unseres gegenwärtigen geistesgeschichtlichen Kontextes angestellt in den für die Theologie relevanten Komponenten: die neue Auffassung von der Wissenschaft und der Philosophie, und der besondere erkenntnistheoretische Status der hermeneutisch-historischen Studien. Er hat die Struktur der menschlichen Erkenntnis untersucht, die allen Erkenntnisarten als transzendentale Methode zugrunde liegt; er hat die Bedeutung in ihrem Ursprung, ihren Ausformungen und Funktionen analysiert; Hermeneutik, Geschichtswissenschaft und Dialektik wurden herangezogen als Momente der theologischen Arbeit.

Aber ähnlich wie das Wahrheitsproblem schließlich auf das konkrete Subjekt im Vollzug seiner intelligenten, rationalen und verantwortlichen Subjektivität verweist, so ergeht auch in der Frage nach der geeigneten Methode der Theologie die Frage letztlich an das Subjekt selbst, das Theologie betreibt. Die funktionale Spezialisierung der Fundamente hat die Aufgabe, die religiöse – und in deren Folge –, die moralische und die intellektuelle Bekehrung zu thematisieren und damit den entsprechenden Horizont zu erhellen, der es dem Theologen ermöglicht, auf die Heilswahrheiten aufmerksam zu sein, sie richtig zu interpretieren, wahrheitsmäßig auszudrücken und wirksam mitzuteilen. Das konkrete, gesellschaftlich und historisch verfaßte Subjekt, das sich ständig zum Evangelium bekehren muß, ist in der Reflexion über die Methode der Theologie nicht auszuschalten. Lonergans jahrzehntelange Untersuchung zur Methode der Theologie ist zu einem Fundament und Kriterium vorgestoßen, das allen Gläubigen, ob Theologen oder nicht, zuteil wird und das eine Gottesgabe und zugleich eine existentielle Aufgabe ist. Christliches Leben und Theologie erweisen somit ihre radikale Einheit.

München im August 1987 *Giovanni B. Sala SJ*

NAMENSREGISTER

Abaelard, 282, 298
Abraham, 123
Acton, Lord, 171
Adler, Alfred, 77
Aigrisse, G., 78
Angel, E., 79
Anselm v. Canterbury, 282, 310
Aresteh, A. R., 40
Aristoteles, 15, 18, 41, 51, 84, 92, 101, 104f, 129, 181, 262, 264, 277, 279, 283, 312, 317f, 329, 335
Arius, 344
Arnold, F. X., 353
Aron, R., 211, 213
Athanasius, 280, 309, 314
Augustinus, 50, 142, 244, 265

Bañez, 284
Barth, K., 319
Baudouin, C., 77f
Baur, F. C., 152
Becker, C., 198, 200, 208f, 220f, 225 bis 236, 249
Becker, E., 287
Benz, E., 98, 117
Berger, P., 228
Bergounioux, F. M., 119
Bergson, Henri, 268
Berkeley, George, 267
Bernard, Claude, 212
Bernheim, E., 204, 206, 225
Berry, G., 205
Bertalanffy, L. von, 252, 287
Betti, E., 160
Billuart, Charles-Réné, 284
Binswanger, L., 79
Blondel, Maurice, 106, 268, 317
Boeckh, A., 214
Bohr, Niels, 252
Borsch, F. H., 99
Brentano, Franz, 106
Brown, D. M., 115
Buckle, H. T., 206
Bultmann, R., 165, 175, 191, 201, 319f
Burckhardt, J., 253f
Butterfield, H., 198

Cajetan, 284
Cano, Melchior, 284
Capreolus, 284
Cassirer, E., 96f, 102, 106, 179, 259
Castelli, E., 121
Charles, P., 332
Coffey, D., 339
Collingwood, R. G., 171f, 180, 193, 209ff, 212, 222, 230f, 355
Comte, A., 206
Copleston, F., 101, 104
Crowe, F. E., 19

Damascenus, Johannes, 298
Daniélou, J., 302
Darwin, Ch., 316
De Chardin, Teilhard, 316
De Coulanges, Fustel, 232
De Finance, J., 50, 241
De la Potterie, 191
Denzinger, 176, 298
Descamps, A., 177f
Descartes, R., 106, 228, 264f, 317
Dilthey W., 211, 214f, 216f, 268, 319
Dirlmeier, F., 51
Donagan, A., 180
Don Juan, 83
Droysen, J. G., 203ff, 213f, 319
Durand, G., 78f

Ebeling, G., 180
Eddington, A., 94, 262, 277
Einstein, A., 181
Eliade, M., 79, 98, 117, 277
Ellenberger, H. F., 79
Empedokles, 108
Euklid, 160, 217
Eutyches, 344
Evans, David B., 310
Evans, Donald, 84
Evans-Pritchard, E. E., 102

Fessard, G., 61
Forder, H., 217
Fortman, E. J., 313
Foucault, M., 79

Frankl, V. E., 79
Franzelin, J. B., 325
Freud, S., 77f, 233, 316
Friedrich Wilhelm III. von Preußen, 197
Frings, M., 42, 44, 50, 67
Frohschammer, J., 325
Fromm, E., 78
Frör, K., 308, 319
Frye, N., 79

Gadamer, H. G., 160f, 171, 175, 187, 214ff, 227f, 295, 319
Galilei, 106, 262
Gardiner, P., 185, 206, 233
Geiselmann, J. K., 321, 352
Georg, hl., 75
Georg III., 193
Geyl, P., 212, 233
Goethe, J. W., 214
Goetz, J., 119
Gonet, J. B., 284
Gooch, G. P., 190, 202, 254
Günther, A., 325

Hamlet, 83, 214
Harvey, W., 297, 298, 349
Haughton, R., 61
Heelan, P., 252, 319
Hegel, G. W. F., 18, 61, 106, 213, 215, 245, 254, 268
Heidegger, M., 175, 217
Heiler, F., 117, 119
Heisenberg, W., 316
Hekataios, 100
Heraklit, 101, 108
Herodot, 101
Hesiod, 100
Heussi, K., 197f, 200, 218ff, 224
Hildebrand, D., 41f
Homer, 97f, 100
Horney, K., 44, 45, 78
Hostie, R., 44
Huber, W., 77
Hübner, R., 203
Hünermann, P., 203, 214
Hume, D., 28, 33, 227, 267
Husserl, E., 90, 106, 217, 268

Ignatius von Loyola, 115
Irenaeus, 297f, 349

Isaak, 123
Isokrates, 107

Jakob, 117, 123
Janov, A., 78, 287
Jaspers, K., 266, 268
Jesaja, 168
Jesus, 114, 143, 298, 303, 315f, 358
Johannes XXIII., 301
Johannes von St. Thomas, 284
Johnston, W., 40, 281, 341
Jona, 76
Jung, C. G., 77f

Kallimachos, 108
Kant, I., 106, 215, 267, 317, 335
Keller, H., 80
Keynes, J. M., 316
Kierkegaard, S., 89, 106, 268, 317
Kitagawa, J., 79, 98, 117
Klemens von Alexandrien, 298, 309, 320, 330, 344
Kleutgen, J., 338
Klostermann, F., 353
Koetschau, P., 297
Kopernikus, 316

Laban, 117
Lake, F., 78
Langer, S., 71, 74
Langlois, C., 205ff
Laplace, P. S., 231
Leontius von Byzanz, 310
Lévi-Strauss, C., 23
Lévy-Bruhl, L., 102
Lightfoot, J. B., 152
Lohfink, L., 98, 117
Lonergan, B., 19, 33f, 46, 60f, 81, 85f, 116, 126, 132, 245
Luckmann, T., 228
Luther, Martin, 197

McKay, David, 42
MacKinnon, E., 258
Malinowski, B., 99
Mansi, J. D., 325, 338
Maria, 281, 315, 321
Marrou, H. I., 206, 211ff, 220f, 222, 224, 231ff
Matson, F. W., 252

Maslow, A., 40, 49, 50, 62, 79, 287
Maxwell, J. C., 92
May, R., 79, 120
Mazlish, B., 206, 233
Meinecke, F., 237, 249
Menander, 107
Mendelbaum, M., 200
Metzger, B. M., 298, 349
Mill, J. S., 206, 212
Mills, C. W., 252
Minear, P., 319
Mose, 90
Mowrer, O. H., 79
Muck, O., 26

Namier, L., 225
Neill, St., 152
Nero, 197
Nestorius, 344
Neufeld, V. H., 298, 349
Newman, J. H., 175, 228, 264f, 317, 338
Newton, Isaac, 181, 316
Niebuhr, B., 202
Niebuhr, R., 175
Nietzsche, F., 44, 106, 268, 317

Odysseus, 101
Origenes, 297
Otto, Rudolf, 115

Palmer, R. E., 214f
Papin, Joseph, 10
Parmenides, 101
Parsons, T., 252
Pascal, B., 123f, 264f, 340
Paulus, 114, 142, 168, 287, 330
Pawlow, I. P., 78
Petrus Lombardus, 283f, 311
Philipp der Kanzler, 311
Piaget, J., 38f
Piron, H., 77
Pius IX., 158
Platon, 91f, 101, 104, 108, 279, 335
Plautus, 107
Pottmeyer, H., 321, 339
Proclus, 193
Pseudo-Dionysius, 193

Rabut, O., 131, 293
Rahner, K., 115, 245, 281, 332, 353

Ranke, L. von, 190, 202, 254, 319
Richardson, A., 131
Rickert, H., 211
Rickman, H. P., 216
Ricoeur, P., 78, 98
Rogers, C., 45, 61, 78
Ross, W. D., 15
Rothacker, E., 200
Russo, J., 97f

Sala, G., 16, 33, 126
Sarason, I. G., 78
Scheler, M., 42, 44, 50, 67f, 277
Schlegel, F., 168
Schleiermacher, F., 172, 197, 214, 319
Schopenhauer, A., 106, 317
Schurr, V., 353
Scotus, 335
Seignobos, C., 205f
Shakespeare, W., 214
Simmel, G., 148, 211
Simon, B., 97f
Smith, C. W., 200, 220ff, 236, 249
Snell, B., 100, 107f, 179, 264, 305
Snyder, P. L., 198, 208
Sokrates, 80, 91f, 101, 108, 305
Spinoza, B., 106
Stählin, O., 298, 309
Stekel, W., 44
Stephanus, Papst, 298
Stern, F., 202, 206, 225, 249
Stinette, C. R., 175
Symeon Stylites, 227

Tartuffe, 83
Terenz, 107
Tertullian, 297
Theresa von Ávila, 277
Thomas von Aquin, 41, 105, 125, 142, 169, 171f, 176, 245, 262, 283f, 310, 312, 335f, 339, 345, 351
Thukydides, 210
Tillich, P., 115
Toynbee, A., 233
Tracy, D., 10

Vergil, 108
Vergote, A., 77, 119, 121, 293
Vico, 83, 210, 233
Vinzenz von Lerin, 323

Voegelin, E., 99

Weber, L., 353
Weber, M., 211, 231f, 235, 253
Wilkins, B. T., 209
Winter, G., 96, 121, 252f, 355

Wittgenstein, L., 258
Wolf, F., 214

Xenophanes, 100, 308, 320, 344

Zeno, 101

SACHREGISTER

Abhandlung folgt den Gesetzen der Logik, 82
Absolute, das, und Objektivität, 267
- und das Urteil, 28, 46
- u. Wahrheit, Wirklichkeit, Güte, Heiligkeit, 124
Abstrakt und Begriffsbildung, 23
- abstrakte Logik der Klassik, 338
- erfahrungsmäßige Struktur kann abstrakt sein, 71
- transzendentale Notionen nicht abstrakt, 35, 46
Absurd, Situationen, 65
- Universum und Verzweiflung, 114
Abweichungen (Verirrungen), Entwicklung der Affekte, 75
- Gefühle, Gefühlsverirrungen, 44
- Umwertung der Symbole, 76
Achten auf (aufmerksam sein), Objekte und Subjekte, 93
- Präsenz von Objekt und Subjekt im A., 20f
Affekt, Affektivität (Gefühlsleben),
- Abweichungen und Entwicklung der Affekte, 75
- Erfüllung der Affektivität, 50, 63
- affektive Selbst-Transzendenz, 292
Agnostiker, Untersuchungen des A. zur Gottesfrage, 112
Akademisch, Theologie als ak. Disziplin, 15
- ak. Theologie notwendig, 145
Akkulturation, Historiker von A. nicht ausgenommen, 228
- und gemeinsame Sinngehalte, 89
Akt (Tat), agens ist agens, weil im A., 105
- Bewegung ist unvollständiger Akt, 105
- A. des Empfindens und Verstehens haben potentielle Bedeutung, 84
- Sinngebungsakte, 84f, 88, 95f, 102, 249
- Taten zeigen Zustand der Liebe, 114

- A. des Verstehens und Urteilens, 87, 335f
Akte, geistige, 258-265
- als logisch Erstes, 265
- als neuer sprachlicher Gebrauch, 259ff
- in genetisch verschiedenen Horizonten, 261f
- private g. A., 258f
»Alétheia« 308
Allgemein, allgem. Bedeutung, siehe: Bedeutung.
- Allgemeinverstand (=Av): Analyse der Vollzüge des Av und transzendentale Methode, 94f
- Arbeiten in der Welt vom Av getan, 105f
- Arten von Av, 280
- Bereiche des Av, 91-95, 123, 129, 261, 269f, 276
- Av blind für Langzeitkosten, 64
- Av und Forschung, 157
- Av und Gelehrsamkeit, 238, 306
- Av von Gruppen, 81f
- Humanismus des Av aus philos. Theorie, 107f
- Interiorität als Grundlage, die sich vom Av unterscheidet, 95
- Av und Interpretation, 167f
- Arten kognitiver Vollzüge im Av., 161f, 305f
- Av als spontaner Vorgang, 304
- Av und Sprichworte, 234
- Av als Stil der Intelligenzentfaltung, 305f
- Verallgemeinerung des Av, 235
- Av und volle Bewußtseinsdifferenzierung, 103, 329f
- Welt des Av, 104, 116, 263, 305
- Av und wissenschaftliches Urteilen, 340
- Zusammenstoß des Av mit Theorie, 93
Allgemeine Systemtheorie u. Reduktionismus, 252

Alphabet(e), als visuelle Zeichen, 39
- machen Wörter sichtbar, 102
Altes Testament, Studium des AT, 196
- und symbolische Auffassung, 308
Ambivalenz der Verschmelzung von Theorie und Allgemeinverstand, 107f
Amnesie und Geschichte, 186
Anachronismus und Lehren, 313
Analogie, historisch angewendet, 230
- Analoge Methode der Theologie, 334
- Übergang von Mimesis zu A., 96
- A. der Wissenschaft, 16
Analytiker, siehe: linguistische A.
Anbetung, 125, 343
Aneignung (siehe auch: Selbstfindung)
- der eigenen Interiorität, 93
- der Überlieferung auf unechte Weise, 90
Angst, Gegenstände der A., 182
Anhypostasia, 310
Anpassung, Assimilation und Angleichung, 38
Anthropomorphe Götter, 100
Anthropomorphismus, der Bibel, 352
- Philosophische Läuterung des biblischen A., 307ff, 320, 330
Antike, Sinngebung in der A., 178f
Antwort, in der Liebe sein, 127
- intentionale A., 41f, 43, 48, 68
Aphasie, u. motorische Störungen, 96
- verknüpft mit Agnosie u. Apraxie, 259
Apokalyptik, jüdische, 316
Apologetik, Dialektik als verallgemeinerte A., 139
- Wesen christlicher A., 131
Apophatische Theologie, 281
Apostel, Lehre der A., 158
Apostolische Überlieferung, u. ursprüngliche Botschaft, 297
A priori, Dialekt. Entwicklung nicht a.p. zu definieren, 120
- Überlieferung der Sinne durch a.p. vorgefaßte Theorie, 72
Arbeitsteilung, 54, 55, 82, 134
Archaismus und Lehren, 313
Arithmetik, 99
Asketischer Ausdruck der Religion, 127

Astronomie, 99
Aszese, mittelalterliche, 227
Atheist, und Gottesfrage, 112
- kann Gott lieben, 282
Auffassung (im Original deutsch)
- Interpretation, bei Bernheim Auffassung, 204
Auffassung und Interpretation, 204
- von Erkennen u. Wirklichkeit, 218
- historische A., 219
- irrige A., 200
- naive A. von Geschichte, 209
- reduktionistische A., 260
- religiöse A., 282
- religiöse u. theol. A. einer Lehre, 334
- A. wissenschaftl. Geschichte, 187
Aufgabe(n), des Apologeten, 131
- der Dialektik, 248–251
- des Erkenntnistheoretikers, 167
- des Exegeten, 162f, 183
- und Gemeinschaft, 357
- des Historikers, 183, 189, 199, 203
- und humanes Gut, 58ff
- der intentionalen Antwort, 249
- des Methodologen, 285, 313, 353
- moderner Theologie, 328f
- der Textkritik, 142, 174, 203
- der Theologie, 145f, 175, 285, 353
- siehe auch: Theologen und Methode
Aufhebung, in Bekehrungen, 245ff
- in Bewußtseinsebenen, 317f, 340
Aufnahme BMV, 321
Aufklärung, destruktiver Aspekt der A., 187
- Ideale der A., 227
Aufstiegs-Symbolik, 75
Ausdruck, Ausdrucksweisen,
- wie Deutung kann verkehrt sein, 84f
- Entwicklung des A., 96
- A. des Gefühls, 82
- als Gegenstand des Verstehens, 214
- und geistige Akte, 258
- und Gemeinschaft, 127
- und Gottesfrage, 111f
- des historischen Verstehens, 195
- und Interpretation, 161
- Kunstwerk als A. elementarer Bedeutung, 73

385

- A. religiöser Erfahrung, 116–118, 120, 122f
- Sinnlicher A., 96
- A. und universaler Gesichtspunkt, 291
- Verlangen nach A., 96
- A. geht aus Verstehen hervor, 217
- Vielfältige A., 30, 67
- Wert als A. des Gewissens, 51
- Werte als A. der Liebe Gottes, 50
- Worte und A., 86, 120

Ausdrücken der Textbedeutung, ein grundlegend exegetischer Vollzug:
- auf erklärende Weise, 178
- für Exegeten, 176
- durch Exegeten qua Exegeten, 175, 176ff
- und Lehren und Systematik, 175f
- für Studenten, 176
- für die theologische Gemeinschaft, 177f

Authentizität, Anfang menschlicher A., 130
- A. wird Apostolat, 128
- A. der Autoren, 332
- A. und Bekehrung, 62f, 272
- A. des Christseins, 294
- Dialektik der A., 120
- A. und Fortschritt, 291
- Geringere und große A., 89
- A. und Glaube, 125
- A. als Rückzug aus der Unechtheit, 118, 256, 287
- A. durch Selbst-Transzendenz, 62f, 112f, 120, 125
- A. nie sicherer Besitz, 118, 256, 287
- A. und Subjektivität, 269, 300
- Thematik der A. grundlegend für Methode, 258
- A. oder Unechtheit der Überlieferung, 90, 168, 300
- A. und Werturteil, 47
- A. u. Ziel- und Ursprungswerte, 62

Autobiographie u. Geschichte, 187ff
Autorität der Kirchenleitung, 333

Barbaren, 11, 328
Bedeutung (meaning), siehe Sinn, Sinngebung, Sinngehalt
Bedeutungsträger, 71

- kombiniert in verkörperter Bedeutung, 83
- des Wortes, 120
- B.u. Invarianten der Bedeutung, 183
- verschiedene B., 74

Bedürfnis, Verlangen, 93
- Forderung nach Transzendenz, 93
- und das Gute, 62
- kritisches B., 93
- nach Methode, 93
- nach Ordnungsgut, 61
- nach Systematik, 93

Begegnung, Dialektik der B., 174, 251
- ökumenische Aspekte, 128
- personale B., 144, 174
- Theologie der B., 176

Begriffe, siehe auch: Termini,
- gehören zu Antworten, 111f
- transzendentale B., 24
- u. Verständnis, 336

Behaviorismus u. kognitive Mythe, 218
Behavioristen u. Existenz von Wahrnehmungen, 29
Bejahung des Erfahrens, Verstehens, etc. 27
- rationale B. u. reflexives Verstehen, 85

Bekehrung, u. Authentizität, 272, 351
- ermöglicht Begreifen von Prinzipien, 338
- u. christl. Horizonte, 139, 140, 144, 151, 337
- u. Dialektik, 228f, 239, 241–247, 251, 255f, 314, 356
- echte oder unechte, 140, 273
- Eigenschaften der B., 271ff
- B. u. Exegese, 162
- B. existentiell, innerlich, 139
- Fehlen der B., 123, 158, 251, 257, 300, 318, 331, 355
- B. u. Gemeinschaft, 140
- B. als grundlegend, 271, 338, 350
- B. von grundlegender Bedeutung, 139, 271, 275
- B. u. das Gute, 60
- B. u. Hermeneutik, 168
- Intellektuelle B. u. Erkenntnismythe, 242f
- u. Fideismus u. Säkularismus, 319
- u. religiöse Ausdrucksweise, 123

- gegen Unheil u. Entfremdung, 359
- Intellektuelle, moralische, religiöse Bekehrung: »Aufhebung« der B. 245
- Früchte der B., 246
- B. u. der Historiker, 221
- u. Kontroverse, 123
- Prioritäten bei der B., 132, 247
- B. u. Interpretation, 167, 249
- Lebenslange B., 132
- B. als Lernprozeß, 162
- B. u. Liebe zu Gott, 115f
- Moralische B.: intellektuelle Aufhebung durch m. B., 243f
- moralische u. religiöse B., 319
- u. Veränderung des Entscheidungskriteriums, 243
- u. Vorurteil, 244, 274
- Objektivierung der B. in Fundamenten, 140, 152, 174, 362
- u. Beweis, 339
- u. Pluralismus, 279, 327f, 331
- Positionen u. Gegenpositionen, 253ff, 332, 337, 362f
- u. psychologische Kontinuität, 116
- B. u. Objektivität, 337f
- Religiöse Bekehrung:
- – als Aufhebung moralischer B., 245
- – dialektische Erlangung, 287
- – als Erweis der Existenz Gottes, 339
- – und Führung, 132
- – als höchstes Anliegen, 244
- – als Kriterium, durch das alles andere bestimmt wird, 287
- – als mitwirkende Gnade, 116, 244f
- – als wirksamer Grund der Selbst-Transzendenz, 245
- siehe auch: »Geschenk der Liebe Gottes« und »Selbst-Transzendenz«
- B. als Richtungswechsel, 62, 139
- B. u. Selbst-Transzendenz, 245, 355
- Sich zeigen der B., 275, 287
- B. u. vermittelnde Theologie, 271f
- B. als Verwandlung des Subjekts, 139
- führt auch zur moralischen u. intellektuellen B., 328
- B. als Übergang v. erster zu zweiter Phase der Theologie, 176

- B. u. Zusammenbruch, 241f, 247f

Bereich(e) der Bedeutung: Funktion der Philosophie, 104
- B. der Gelehrsamkeit, 276
- B. religiöser Äußerungen, 122
- B. der Transzendenz, 269, 276
- siehe auch: Allgemeinverstand, Interiorität u. Theorie

Beschreibung, Idealtypus, keine B., 231
- intentionaler Vollzüge unvollständig, 31
- Modell ist keine B., 11
- B. der Wirklichkeit in Lehre, Systematik u. Kommunikation, 295

Bewegung(en), christliche, 138
- Ortsbewegung, 181
- ist ein unvollständiger Akt, 105

Beweis, vom B. zur Bekehrung, 338
- der Existenz Gottes, 111f, 124, 338f
- logischer B., 338
- Primat der Bekehrung über den B., 339, 350

Beweismaterial, siehe auch: Evidenz
- Auffindung von Belegen, 195
- Abwägen des B., 19, 27, 110, 115
- Belege sammeln, 188
- Daten als Beleg für Urteil, 206
- Fehlen von Belegen, 174
- B. früherer Darstellungen, 197
- Glaube u. Belege, 191
- Indirekter Prozeß liefert B., 53
- Konvergenz von B., 170
- Neues Belegmaterial, 194
- Ordnen des Belegmaterials, 21
- Verstehen des Belegmaterials, 96

Bewußte Intentionalität, bewußtes Indendieren,
- Antrieb der b. I., 41
- B. I. und Art des Allgemeinverstands, 109
- Dynamik des b. I., 24, 45, 83
- Erfüllung der b. I., 114, 118, 119f
- Gottesfrage und b. I., 111f
- B. I. macht Objekte gegenwärtig, 20, 217
- B. I. und Selbst-Transzendenz, 48
- Sinnlicher Ausdruck der b. I., 96
- B. I. von Sprache geprägt, 80
- B. I. und transzendentale Notionen, 25, 45, 83

– B. I. durch Worte in Brennpunkt gebracht, 80, 93
– siehe auch: Ebenen der bewußten Intentionalität
Bewußtsein, als Gewissen, 272
– Klassisches B., 94
– B. als kognitives Ereignis, 20
– Differenziertes Bewußtsein:
– – und akademische Theologie, 148
– – viele Arten des d. B., 276
– – Bereiche v. Welten d. Bedeutung des d. B., 261
– – Einheit des d. B., 94
– – lange Entwicklung des d. B., 261ff
– – d. B. und Forschung, 158
– – d. B. von Gelehrten, 278, 284, 307
– – innerlich, 278
– – m. größerer Kompetenz, 276
– – u. kritisches Bedürfnis, 94
– – künstlerisch, 277
– – künstlerisch u. m. relig. Sensibilität, 282
– – religiös d. B., 282
– – theoretisch d. B., 277f
– und Verpflichtungen im Glauben, 331
– siehe auch: Differenzierung des Bewußtseins
– Ebenen des B., siehe: Ebenen bewußter Intentionalität
– Empirisches B.: nur Erfahrung, 115
– und höhere Tiere, 22
– eine vierfache Erfahrung, 26f
– Erhöhung des B.:
– u. Bedeutung, 95
– u. Religiosität, 293
– Schwierigkeiten, 27
– u. transzendentale Methode, 37, 93
– Bewußtes Handeln bleibt peripher, 27
– B. der Liebe Gottes, 131
– B. des Mysteriums, 115
– B. und mystische Weise der Erfahrung, 277
– Mythisches B., 102
– Natürliche Spontaneität des B., 30
– Polymorphismus des B., 272
– Symbolbewußtsein: Pathologie des, 96
– Struktur des S., 96

– Undifferenziertes B.: und Allgemeinverstand, 94, 276
– – u. Gottesgeschenk der Liebe, 269f
– – u. Pluralismus, 279f
– – u. Predigt, 329
– – u. spätere Stadien der Bedeutung, 106ff
– Sprachen des undiff. B., 261
– u. Transzendenz, 269
– Verwirrtes Bewußtsein, 94
Bewußt-sein, sich, Künstler ist sich elementarer Bedeutung b., 73
– Subjekt ist sich des Tätigseins bewußt, 20ff
Bibeltheologie, 177
Bild, in der Geschichte zwischen Vermutung und Frage, 192
– Einsicht auf der Grundlage des B., 96
– Gottesfrage u. bildhafte Vorstellung, 111
– Bild der Zeit, 97
Biographie und Geschichte, 187, 188
Biologe, 92
Blickpunkt(e), höhere, 291
– umfassende, 138
– universale, 291
Böse, das, u. die Frage nach dem Universum, 110
– und der Glaube, 125
– Liebe zum B., 50
Botschaft, christliche, 360f, 365
Buddhismus, 117
Byzantinische Theologen, u. Christologie, 310
– u. systematisches Denken, 344

Causa cognoscendi et essendi, u. geoffenbarte Geheimnisse, 324f
Chalkedon, siehe: Konzilien
Christen, Bild von sich angegriffen durch moderne Naturwissenschaft, 316
– gespalten im kognitiven Sinn, 365
– übereinstimmend im konstitutiven und effektiven Sinn der christlichen Botschaft, 365
Christentum und Authentizität, 294
– Chr. u. d. Eintritt Gottes in die Geschichte, 127f

- Frühes Chr. u. Identifizierung von Theologie und Religion, 148
- Chr. gespiegelt in Theologie, 148
- Chr. Horizonte u. Bekehrung, 140
- Konflikte in christl. Bewegungen, 138
- Notwendigkeit transkultureller Grundlage der Sendung des Chr. 285f

Christliche Botschaft, 359f, 365
Christliche Studien, 157
Christologie, 315f, 320
Communicatio idiomatum, 310
»Compréhension« (R. Aron), 211
»Crede ut intelligas«, 335

Dämonische, das, 120
»Das, was uns unbedingt angeht« (P. Tillich), 115, 244
Daten, als Belegmaterial, 191f
- D. des Bewußtseins, 83, 206–208
- D. von Fakten unterschieden, 206f, 347
- Prozeß v. Daten zu Ergebnissen i. d. Theologie, 157f
- Relevanz der Daten f. d. Theologie, 157f
- Sinnesdaten: Erfüllung d. Bedingungen durch Bejahung, 85
- - Erklärung durch Wissenschaft, 104
- - fordern Untersuchung heraus, 22
- - potentiell intelligibel, 84
- - Untersuchung von S., 96, 206f
Definition, Namen u. sokratische Anliegen, 80, 92
Demagoge u. verkörperte Bedeutung, 83
Demokratien, moderne, 358f
Denzinger-Theologie, 176, 274, 298, 332
Determinismus, u. Naturwissenschaft, 251f
- u. Niedergang, 125f
Deutsche historische Schule, 214, 284
Deutsche Idealisten, 317, 349
Dialektik, Aufgabe der D., 248–251
- Ausführung der D., 255f
- D. und Bekehrung, 228f, 241–248, 254–257, 290

- Bekehrung u. dial. Unterschiede, 251f
- D. u. dynamische Einheit, 137
- D. u. Forschung, 158f, 251f
- Dial. Funktion der transzendentalen Methode, 33
- D. als funktionale Spezialisierung, 120, 137ff
- Gebrauch der D., 363f
- D. u. Gemeinschaft, 356
- D. u. Geschichte, 231, 347
- D. u. Geschichtsauffassungen, 231
- D. u. heuristische Strukturen, 150
- D. u. Humanwissenschaften, 253
- Inhalte der D., 138f, 231, 239
- Inhaltliche Bedeutung der D., 138ff
- D. u. Interpretation, 231
- D. u. Konflikte, 138, 149, 239
- D. läutert theol. Kategorien, 295f
- D. als Methode, 254–257
- D. der Methoden, 257–269
- D. objektiviert Unterschiede, 239
- Ökumenische D., 139, 145
- D. Operator entwickelt Positionen, 253
- D. u. Polymorphismus d. menschl. Bewußtseins, 272
- Das Problem der D., 251–253
- D. Standpunkt u. Symbol, 76
- Strukturen der D., 253f
- D. u. soziale Strukturen, 363
- Theologische D. beweist nicht, 257
- D. u. unaufhebbare Unterschiede, 138
- D. u. Unterschiede im Horizont, 228f, 240, 251
- Dial. Vergleichung widersprechender Geschichtsauffassungen, 231
- D. u. widerstreitende Lehren, 257, 347
- Zweck/Ziel der D., 137f
Dialog der Katholiken, 282
Dichtung, u. Erinnerung, 100
- Prioritäten der D., 83
- Vor- u. nach-philosophische D., 108
Diffenrenzierung des Bewußtseins: u. Allgemeinverstand, 304–307
- zehn Arten von D., 304ff
- D. u. durch Bedeutung vermittelte Welt, 40f

- D. u. Entwicklung, 147
- D. u. Haupteinteilung der Theologie, 149
- D. u. kulturelle Entwicklung, 307ff
- D. u. Lehren, 304-307
- D. u. systematische Bedeutung, 305
- D. u. Wachstum des Kindes, 304f
- D. zeigt sich, 262ff
- D. von Tätigkeiten: u. Anpassung, 38
- u. Analyse, 29f
- Rückzug von der D., 68
- D. der Wissenschaften, 93
Diskussion, ökumenische, 132
- theologische, 344
Divina Commedia, 214
Dogma, als beständige Lehren, 303
- Beständige Wahrheit der D., 326
- Dauer der D. (Beständigkeit), 303, 321-324
- Geschichtlichkeit der D., 325ff
- Sinn der D. (Bedeutung), 321-327
Drama, 108
Dynamik, u. Dialektik, 24, 137
- u. Struktur des kognitiven Seins, 12, 31
- Struktur der Vollzüge, 16-19, 27-32
- D. Zustand des In-Liebe-seins, 115, 127, 131, 244
- dynamische Einheit, 146-153
- D. bewußten Intendierens:
- - und Produkt des kulturellen Fortschritts, 24
- - und transzendentale Notionen, 24, 45, 83

Ebenen, vier E. bewußter Intentionalität, 21, 26ff, 31, 83f, 129f, 237, 340
- in Beziehung stehen, 129
- u. funktionale Spezialisierung, 142ff
- Hervortreten der vier Ebenen, 130, 248-251, 317
- u. Quellen des Sinngehalts, 83f
- u. Revision, 31
- u. transzendentale Meinungen, 23f, 45f
Egoismus, Abschaffung des E., 22
- individuell u. Gruppen, 65, 236, 358
- Widerspruch zum Ordnungsgut u. Verfall, 64

Ehre Gottes, 125
Ehrfurcht, durch Mysterium hervorgerufen, 115
- Mysterium der Liebe und E., 119, 121ff, 124, 128
Einheit, der Fragen und Antworten über d. Universum, 110
- funktionaler Spezialisierungen, 134, 146-153
- des Glaubens unterschiedlich konzipiert, 328f
- der Glaubensüberzeugungen in rel. Erfahrung, 128
- u. Unterteilungen der Theol., 149
- als Ziel der Entwicklung, 147
Einsfühlung, Identifikation, 68
- u. Hypnose, archaisch ursprüngliche Mentalität, Geschlechtsverkehr, 68f
Einsicht, als akkumul., 221, 234, 276
- und Bild, 96
- Definitionen der E., 22, 217
- direkte E., 193
- als Entdeckung, 194
- u. die Entwicklung der Sprache, 101f
- reflektive E., 84f, 218
- u. sprachliche Rückkopplung, 98
- umgekehrte E., 193
- Unangreifbarkeit der E., 169
- ursprüngliche E., 184
- u. Vermutung, 192
- u. Verstehen, 217f
- vorbegriffliche E., 184, 217
- »Insight« b. Lonergan: Bedeutung von I. für Methode, 19, 29, 264
Einteilung, d. funktionalen Spezialisierungen, 134, 136ff
- der Wissenschaften, 153
Ekstase, 193-198, 221
- u. Schamanismus, 277
Emotion, in der Kunst, 73f
- und Sprache, 80
Empirisch(e) Bewußtseinsebene, 21
- Humanwissenschaften, 302
- Kulturbegriff, 11, 133, 302f
- Methode, 253
- Empirische Wissenschaft: u. vollständige Erklärung, 138
- u. fortschreitender Prozeß, 103, 326
- siehe auch: Geschichte, Wissenschaft, Theorie usw.

Empirismus u. Ebenen kognitiver Tätigkeit, 218, 242f
Empirist und Mythos, 243
- u. Sinngebungsakte, 86
Enhypostasia, 310
Entdeckung, und Entwicklung der Sprache, 96ff
- und Fortschritt der Wissenschaft, 17
- des Geistes, 26-32, 99-109, 307-314, 316-320
- in der Geschichte, 221
- kumulativer Reihen, 194
- in der Methode, 16f
- Ordnung der E., 345
- des Selbst und Anderer, 257
Entfremdung, und Ideologie, 66, 355, 359, 361f
- als Nichtbeachtung d. transz. Vorschriften, 66
- verfehlte Gegenmittel, 45
Entmythologisierung, u. moderne Gelehrsamkeit, 352
- u. transzendentale Methode, 33
Entscheidung, u. aktive Sinngebung, 83f
- u. Authentizität, 130
- über Erfahren, Verstehen usw., 27
- und Fundamente, 272
- u. Unterschied zwischen Wissen u. Entscheiden, 100
- u. Verantwortung, 130
Entwicklung, affektive, 75f
- akademische, 147
- Definition von E., 147
- dialektische E. der Religion, 118
- Ende der E. in der Integration, 148
- Fakten der E., 352f
- Grade der E., 40
- kumulative E., 90
- Legitimität der E., siehe: Geschichte, wertende
- E. der Lehre, 307ff, 352ff
- Möglichkeit der E., 343
- systematische E., 346
- E. der Theologie, 147-153
- Übergang zu theoretischer E., 82
- umwälzende Entwicklungen, 291
- Veränderung des Stadiums der Bedeutung und E., 103f

- E. und Vorurteil, 235f
- Ziel der E., 189f
Epik und Geschichte, 108
Epistemologie, beantwortet Fragen: Warum ist Erfahren, Verstehen, Urteilen u. Wissen notwendig? 37, 93, 265, 290, 317
- E., Erkenntnistheorie u. Metaphysik, 37, 93, 265, 290, 317
- (siehe auch diese Begriffe)
- Gründe der E., 33
- E. und Interpretation, 136-161
- Sinne durch E. aufgespalten, 72
- E. u. transzendentale Methode, 33
Erfahrung, u. Bewußtsein, 20ff, 115
- E. des Erfahrens, Verstehens usw., 27
- u. Glaubensüberzeugung, 52
- historische E., 185ff, 191, 208f, 220
- und Kunst, 72f
- Unmittelbare E.: und Raum und Zeit, 113
- - u. durch Bedeutung vermittelte Welt, 87
- E. und Gottesfrage, 49, 123f
- E. der Liebe, 114, 118, 121, 293
- Mögliche E., 118
- E. des Mysteriums, 115, 118, 121ff, 246, 341f
- E. seiner selbst, 20
- Religiöse E.: als In-Liebe-sein, 114ff
- - u. Kategorien, 293
- - r. E. nicht einsam, 127
- - Objektivierungen rel. E., 269
- - u. Ökumenismus, 128
- - u. Ritual, 98
- Zeiterfahrung, 182
Erfahrungsmäßige Strukturen, in der Kunst: Idealisierung, 74
- Objektivierung der erfahrungsm. Struktur, 71
- Erfahrungsschemata, 40, 289
Erfassung, mystische Modi, 277
- Neu-Interpretation symbolischer E., 308f, 344
- Notionale und reale E., 175, 255, 300
- des transzendentalen Wertes, 124
- E. von Werten: in Gefühlen gegeben, 48, 77
- - erfolgt in intentionalen Antworten, 77, 249

- Zwischen Tatsachen und Werturteilen, 48
- Wahrnehmung (E.) in Welten des Allgemeinverstands und der Theorie, 261f

Erfüllung, Affektivität der E., 49f
- des Gefühlslebens, 63
- grundlegende E., 114
- letzte E., 119

Erinnerung, jedes einzelnen, 182f
- und Geschichte, 186
- von Gruppen, 182, 187

Erkenntnis, Erkennen, u. Glauben, 123
- immanent erzeugte E., 53
- und Objektivität, 32
- und Selbsttranszendenz, 242f. (siehe: Wissen)

Erkenntnistheorie, beantwortet Fragen: Was tue ich, wenn ich erkenne? 37, 93, 265, 290, 317
- Grundtermini u. Beziehungen, 33, 129, 342
- und Interpretation, 136, 161
- Quelle der Grundunterschiede in Geschichtstheorien, 184f, 202
- u. Realität, Wissen, Objektivität, 32f, 218
- Revision der E., 31, 34
- Unterschiede in der E., 32f, 86
- siehe auch: Geist, Frage, Selbst-Transzendenz

Erklären (im Original deutsch), 234
Eros des menschlichen Geistes, 25
Erotik u. ungenügende Selbst-Transzendenz, 119
Erwartung über das Grab hinaus, 125
Erziehung, und gemeinsame Sinngebung, 88
- und Gefühl, 43
- und Humanismus, 108f
- und Niedergang, 66
- u. institutioneller Rahmen, 59
- Sprachliche E., 107
- E. im dritten Stadium des Sinngehalts, 109

Esse est percipi, 267
Ethik und Soziologie, 252
Euklidische Geometrie, 217
Evangelium, und Bultmann, 164
- und Interpretation, 160
- und Kommunikation, 301, 331

Evidenz (siehe auch: Beweismaterial u. Zeugnisse), aktuelle E., 191f, 196, 222
- Argument stellt E. der Sinne in Frage, 101
- empirische E., 237
- und Erkenntnisbericht, 93
- historische E., 211
- objektive E. und Notwendigkeit, 268
- E. und Offenbarung, 325
- potentielle, formale E. siehe: aktuelle E.
- für Urteil über eigene Selbst-Transzendenz, 257
- E. der jeweiligen Spezialisierung, 146
- Suche nach E., 27
- Urteils-Interesse an E., 22, 29
- Werturteile konstituieren keine empirische E. siehe: empirische E.
- Zweifel bei unzureichender E., 46

Evolution, 111
Exegese und Hermeneutik, 160
Exeget, Aufgabe des E., 162f, 183
- Beitrag des E. zur Theologie, 146
- u. gelehrte Bewußtseinsdifferenzierung des E., 278
- u. theologische Gemeinschaft, 178
- qua E., 176ff

Existentialisten, 243, 317
Existenz, Ebene der, 129
- durch Verifikation erkannt, 317
Existenzerhellung, (im Original deutsch) 266
Existentiell, Bekehrung ist e., 139
- E.e Entdeckung des Selbst, 49, 257
- E.e Haltung und Freiheit, 50f
- E.e Psychologie, 79
- E.e Strukturen in der Kunst, 72
- E.es Subjekt und Ruf Gottes, 124
Existentiell, (im Original deutsch)
- und Antwort auf Kerygma, 319
- Gegensatz zu »existential« 187

Fachspezialisierung, 134, 135, 149, 153
Fähigkeit, individuelle, 58
- u. transzendentale Notionen, 113
- zur Selbst-Transzendenz, 113
Feldspezialisierung, 134, 135, 149, 153

Fertigkeiten, 38–41, 59
Fideismus u. intellektuelle Bekehrung, 319
Form, oder Idee, 22
- in der Kunst, 73f
- und Materie, 105, 262
Forschend verstehen (im Original deutsch), 204, 213
Forschung, 157ff
- allg. u. besondere F., 136f, 149, 157
- F. und der Biograph, 188f
- u. Daten zur Theologie, 157f
- Droysens Einteilung der F., 203f
- F. und Hermeneutik, 136f
- F. und Horizont, 250f
Fortschritt und Authentizität, 111, 291, 294
- u. Glaube, 125
- u. Kategorien, 294
- u. Niedergang, 63–66, 111
Frage(n) u. Antworten: in Hermeneutik, 169f, 173f
- Logik der F. u. A., 211
- Prioritäten in F. u. A., 210
- Grundfragen der Erkenntnistheorie, der Epistemologie, der Metaphysik, 37, 93, 265, 290, 317
- F. u. Fähigkeit zur Selbst-Transzendenz, 114
- Gottesfrage, 49, 110–112, 124f, 290, 342
- F. der Historiker, 221ff
- F. nach historischem Verstehen, 192
- methodologische oder theologische F., 128, 257, 313, 353
- F.: quid sit? an sit? 335
Fragestellung (im Original deutsch), 169, 199, 201
Freiheit (freedom) u. vierte Ebene d. Intentionalität, 129f
- derer, die Gott lieben, 115
- als Drang nach Authentizität, 244
Freiheit (liberty) und Gefühle, 61
- u. göttliche Gnade, 311
- u. das Gute, 58ff
- Horizontale u. vertikale F., 50f, 131, 241f, 244, 273
- u. Liebe, 50, 131
- als Selbstbestimmung, 60
Freunde und religiöse Bekehrung, 132

Friede, 50, 114, 241, 269
Fundament(e) der Fundamentaltheologie, 140, 144f
- als Gesamt von Prämissen, 273
- Interiorität als F. des Allgemeinverstands der Theorie u. Philosophie, 95
- in methodischem Kontext, 273
- Lehren und F., 141
- F. objektivieren die Bekehrung, 139, 152, 174, 362
- F. u. religiöse Äußerungen, 122
Funktion(en) der Aussage, 81
- der Bedeutung, 86–91, 98f, 183, 307f, 354
- der Kirchenlehren, 328
- der Philosophie, 104
- der transzendentalen Methode, 32–37
- der Worte, 91
Funktionale Spezialisierungen, 134

Gattung nicht unmittelbar wahrzunehmen, 97
Gebet, und Bekehrung, 244f, 270
- u. Gottesgeschenk, siehe: Gottesgeschenk
- u. Mysterium, 121, 342
- u. Schweigen, 261, 270, 342
Gefühle, Ausdruck der G., 82f
- u. Dialektik, 249
- u. »Gründe des Herzens«, 123
- u. intentionale Antwort, 41, 48, 68
- u. Interpretation, 172f, 177
- u. kognitive Funktion der Bedeutung, 100
- u. literarische Sprache, 82f
- u. Mariologie, 321
- u. Mitgefühl, 68
- auf Objekte, aufeinander u. auf ihr Subjekt bezogen, 74
- u. Schuld, 79
- u. Substanz der Gemeinschaft, 61, 68
- u. Symbole, 74
- u. theoretische Erfassung, 123
- u. Tun, 100
- u. Verfall, 49
- Verfeinerung der G., 321
- u. Werte, 48, 77, 249
- u. Werterfassung, 48, 77

Gefühlsansteckung, 68
- u. Distanz, 73
- u. Vitalität, 77
Gefühlsleben, siehe: Affekt, Affektivität
Gegenpositionen, Aussagen, die mit Bekehrung unvereinbar sind, 253
- u. Darstellung der Vergangenheit, 255
- u. Systematik, 347
- siehe auch: Positionen
Gegenwart, und existentieller Ansatz der Psychologie, 79
- u. literarische Sprache, ein psychologisches Ereignis, 19ff
- und Traum, 80
Geheimnis, Bewußtsein von G., 115
- Erfahrung des G., 121f
- u. Liebe, 118, 122, 128, 246
- u. Problem, 343-347
- Transzendentes G.:
- - u. Anbetung, 343
- - u. erste Bedeutung des Gottesnamens, 340
- - u. transzendentale Notion des Seins, 119
- das Ungekannte (Nichts), 119
- Verstehen des G., 322ff, 336
Geist (im Original deutsch), idealistischer G., 215 (überformt von Dilthey)
Geist, siehe: Heiliger Geist, menschlicher Geist
Geist (mind), fortschreitende Entdeckung des G., 307-320
- frühzeitlicher G., 102
- griechische Entdeckung des G., 99 bis 103
- G. und Methode, 16
Geisteswissenschaften (im Original deutsch), 215
Geistliche Leitung, u. religiöse Bekehrung, 132
Gelehrsamkeit, u. Allgemeinverstand, 238, 306f
- Definition der G., 238
- Entwicklung der G., 306
- u. Humanwissenschaften, 362f
- Ziel der G., 278
Gemeinschaft, und Bekehrung, 139
- u. Dialektik, 356

- u. Entwicklung der Sprache, 96
- formaler Bestandteil der G., 354
- u. gemeinsame Sinngebung, 88
- u. ideale Grundlage der G., 358f
- religiöse G. u. Ausdruck, 127
- u. sozialer Wert, 42
- Subjekt in der G., 294
- Substanz der G., 61
- Überlieferung der G., 90
Geometrie, Anfänge der G., 99
- Euklidische G., 217
- Nichteuklidische G., 283
- Zeit als geometrisches Bild, 97
Gerechtigkeit, und Niedergang, 64f
Gesamt kumulativer Vollzüge, 134
Geschichte, Anliegen der G. als funktionale Spezialisierung, 136
- autonome G., 210f
- Entrückung aus der G., 121
- u. epische Sagen, 108
- existentielle G., 186f
- Gegenstände der G., 223
- Geschichtstheoretiker, 199
- geschriebene G., 180
- G., über die geschrieben wird, 180 bis 189
- siehe auch: Historiker, historisch
- grundlegende G., 136f
- Gruppenerinnerung, 187
- Handbücher zur Methode der G., 203-206
- Heilsgeschichte, 145
- u. Human- u. Geisteswissenschaften, 185, 216
- Ideengeschichte, 172
- Kausalverbindungen in der G., 249
- konstruktive G., 209
- Kontexte in der G., 188
- eine Kunst? 223
- Kunstgeschichte, 73
- in militärischer Terminologie, 184
- als moralische, 249
- als »Nach-spielen« der Vergangenheit, 171f
- u. Natur, 90, 180-185
- u. Naturwissensch., 180, 184f, 223
- u. Philosophie, 137, 180, 221f, 229f
- als fortschreitender Prozeß, 197
- »Schere- u. Klebstoff«-Geschichte, 209, 224

394

- als eine Spezialisierung, 145, 189, 353
- spezielle u. allgemeine G., 136f, 149
- in der Theologie, 137
- Theorie der G., 233f
- voraussetzungslose G., 228
- als Vorgang, 183, 191, 207f
- vorkritische Geschichtsschreibung, 190
- u. Werte, 236f
- wertende G., 304, 313f, 321
- als eine Wissenschaft, 187, 223
- u. Zeit, 180ff

Geschichtlichkeit, der Dogmen, 325 bis 327
- des Menschen, 90
- theoretische Voraussetzungen der G., 326
- u. Verstehen, 326

Gesellschaft, Grundlage der G., 358
- u. kosmologischer Mythos, 99
- u. Ordnungsgut, 59, 357
- untersucht durch Soziologen, 252f, 356f

Gesetze, u. existentielle Entscheidung, 130
- u. d. Historiker, 234f
- klassische, 231, 291
- u. Ordnungsgut, 59
- statistische, 18, 291
- Zivilgesetze (Zivilrecht), 293

Gestalt, (im Original deutsch), Lächeln als eine G., 69
- Synthese der Umrisse, 182

Gewalt und Wertqualität, 44

Gewissen, Bewußtsein als G., 272
- Entscheidung ist Tat eines guten G., 272
- gutes oder unfrohes G., 46
- gutes oder schlechtes G., 51
- schlechtes G., 129

Gewißheit, nicht Zweck der Systematik, 336

Glaube (faith), und das Böse, 125
- u. göttliche Geheimnisse, 341
- u. Glaubensüberzeugung, 132
- u. Liebe, 124
- u. Vatikanum I, 321f

Glauben(süberzeugungen) (belief)
- u. Aneignung des eigenen Erbes, 52
- als Bestandteil menschl. Erkenntnis, 52–58

- falsche G., 55
- fördert Fortschritt, wehrt dem Niedergang, 54
- Glaube u. religiöse Glaubensüberzeugungen, 132
- rel. Glaubensüberzeug., 126–128
- u. Historiker, 221–238
- irriger Glaube, 57f
- u. Landkarten, 53
- in einer durch Sinngehalt vermittelten Welt, 242f
- universaler G., 228
- u. Verstehen, 335f
- u. Entstehen von Wissen, 54
- u. Wissenschaft, 53
- Zusammenbruch von G., 248

Glaubensverständnis (im Original deutsch), 349

Glaubenszustimmung, 349

Gnade, als Befreiung, 311
- und Bekehrung, 132
- und Freiheit, 352
- und mittelalterliche Freiheitsproblematik, 311f
- u. Gottesgeschenk der Liebe, 115, 244f, 291
- u. heiligmachende Gnade, 292
- u. menschliche Entwicklung, 50
- u. metaphysische Kategorien, 291f
- Thomas v. A., Theologie der Gnade, 171f, 351f
- Wirken u. Mitwirken der G., 116, 245, 291f

Gnostizismus, 196
- symbolische Darstellung, 308

Gott, u. Analogie, 308f
- u. apophatische Theologie, 281, 341
- u. Atheist, 112
- u. Bekehrung, 116, 244f, 328f, 350
- Beweis der Existenz G's., 111, 124, 339
- dämonischer Gotteskult, 120
- Eintritt Gottes in die Geschichte, 127
- Existenz Gottes, 111f, 124, 339
- ferner Gott, 119
- als Gegenstand, 341ff
- als Geheimnis, 341
- Gottesfrage, 49, 110–112, 124, 290, 342

395

- Grund des Universums, 110, 342
- Grundbedeutung des Namens, 340, 350
- Herrlichkeit Gottes, 125
- Hierophanien offenbaren Gott, 117
- kataphatische Theologie, 341
- u. Kultur, 40
- Liebe Gottes, 50, 93, 124
- der Personen, 117
- u. religiöses Streben, 128
- Selbsterschließung Gottes, 128
- selbsttranszendierend, 125
- durch Subjektivität erreicht, 40
- bei Thomas von Aquin, 345
- u. transzendentale Notionen, 344
- innerhalb einer durch Fragen vermittelten Welt, 342
- u. Werte, 114, 124

Gottesgeschenk Seiner Liebe, Absolutheit, 340
- äußere Manifestation, 120f, 127
- Beginn des Glaubens, 131
- u. Bekehrung, 115, 244ff, 328
- Erkenntnis geht d. Liebe voraus, 131, 281, 286, 340
- Frage nach Gott, 124, 339, 341
- Früchte des G., 50, 246, 269
- das ganz erfüllt, 342
- u. Gebet, 121, 244, 270, 342
- als Geheimnis, 115, 118, 121, 246, 341
- als Gabe der Gnade, 115, 244, 291
- Grundlage spez. theol. Kategorien, 286f, 342
- und innere Determinanten, 292
- und Kontinuität, 351
- u. letzte Erfüllung unbegrenzten Fragens, 114, 118, 119
- offenbart in Christus, 122
- Offenbarungsereignis, 286
- als Opfer, 126, 294, 361
- als Orientierung für Unwissenheit, und Transzendenz, 340–343
- Quelle der Gemeinschaft, 359
- Ruf zur Heiligkeit, 121, 244
- und Selbst-Transzendenz, 114, 118, 119, 245, 341
- transkultureller Kern, 286
- und Umwertung unserer Werte, 114
- und »das, was uns unbedingt angeht« 115, 244

- Wurzelgrund der Einheit, 328
Gottheit Christi, 280
Göttlich, das Göttliche, Liebe als Ursprungswert, 124
- und universeller Prozeß, 119
- als Gegenstand der transzendentalen Notionen, 98
- Wesen und kosmologischer Mythos, 99
Grammatik, u. aristotelische Kategorien u. Logik, 81
- u. Jugend, 131
- u. d. Untersuchung von Wörtern, 102
Gründende Funktion, der Realität, 273–275, 301
- der transzendentalen Methode, 34
Grund, für achtfache Einteilung der Theologie, 141–144
- des Universums, 111, 342
Grundsätze, notwendige u. selbstevidente, 317
- der Subsidiarität, 364
Gruppe, Aktivität von Gruppen, 216
- Analyse der technischen Fertigkeiten, 40
- und Bekehrung, 242
- u. erste Stadien der Funktion, 98
- Gruppenegoismus, 65
- Gruppengeist und emotionale Identifikation, 69
- Gott der Gruppe, 117
- mathematischer Gruppenbegriff (Menge), 38
- und Porträt der Welt, 120f
- Verhalten von G., 235
- u. verkörperte Bedeutung, 83
- von Vollzügen (Handlungen), 39
Gut, konkretes, 38, 47, 103
- u. Kritizismus, 47
- durch Verantwortlichkeit wahrgenommen, 24
- Menschliches Gut: angenehmes u. unangenehmes, 42
- - individuelles u. soziales, 58, 62, 357
- - u. moralische Bekehrung, 113, 244
- - Struktur des m. G., 58–63, 357
- Ordnungsgut: gegenwärtige Funktion des O., 186

- – Intelligibilität, 234
- – Unterscheidung von Daten, 206–208
- – Untersuchung, 180
- Exakte historische Untersuchung:
- – Gebrauch von Idealtypen u. Modellen, 231f
- – Gegenstand konstituiert durch Bedeutung und Wert, 223, 356
- – kritisches Vorgehen, 211
- – um besondere Lehrentwicklung festzustellen, 304
- – Philosophie als Komplex der Möglichkeitsbedingungen der Untersuchung, 229
- – spiralförmig und empirisch, 212f
- – Untersuchungsfeld, 183
- – Urteil, 196
- – Vorgang als extatischer, 193
- – wissenschaftlich, da methodisch, 223ff
- Historisches Wissen:
- – besonderer Unterschied von historischem und philosophischem Wissen, 221
- – Eigenart des h. W., 202
- – und Erfahrung, 185–189, 191, 209, 220
- – gegenwärtiges h. W., als Kontext für Fortschritt, 210
- – seine Verbindungen, 229
- – spiralförmiger Fortschritt im h. W., 212
- verfeinerte Ausdehnung des Allgemeinverstands, 234
- Charakteristika der historischen Erzählung, 223
- historische Fragen setzen hist. Wissen voraus, 192, 198
- Mangel an kritischer Darstellung der historischen Methode, 180
- historische Religion, 127
- hist. Verstehen gestattet keine systematische Objektivierung, 220

Historismus, 319
Historismus (im Original deutsch), 218
Historizisten, 243
Hoffnung widersteht dem Verfall, 126
Homogenität, und differenziertes Bewußtsein, 94
- u. Theorie, 108
Homologie, 23
Horizont, und Bedeutungsbereiche, 261–265
- u. Begegnung, 251
- u. Bekehrung, 140
- u. Definition, 239ff
- in der Dialektik, 228f, 239ff
- entgegengesetzte H., 251
- u. Freiheit, 50f
- u. Gefühle, 43
- u. Geschichte, 225–229
- u. Gottesfrage, 112
- und Grenzen der Erkenntnis und des Interesses, 239f
- gründender Horizont, 150
- und Heiligkeit, 112
- u. Interpretation, 167, 169f
- u. Lehren, 141
- u. Liebe, 114
- der Metaphysik, 343
- Objektivierung der Horizonte, 254
- und Rede über geistige Akte, 261
- als strukturiertes Ergebnis der Vergangenheit auf Zukunft hin, 241
- Unterschiede im H., 240
- Vielfältigkeit der H., 272f
- u. Werturteile, 251
- widerstreitende philosophische H., 243

Humanismus, 107–109, 279
- H. und die Frage nach Gott, 112
Hypnose, 68
Hypothesen, und Glauben, 53
- u. Idealtypen (Modelle), 11f, 231, 288f, 295
- in der Naturwissenschaft, 16f
- u. Seinssphäre, 85

»Ich« und »Du« umgeformt in »Wir« 44
»Ich« und »Du« und zuvor »Wir« 67
Idealgebilde, 95
Idealtypen, 233
- u. Logik, 146, 262
- u. transzendentale Methode, 231f
- Idealtyp (Modell): u. Historiker, 229, 231
- – u. Hypothese, 231, 288
- – u. Kategorien, 286–288, 291f, 295

– – u. Geschichte, 187
– – in Institutionen, 60
– – u. soziale Werte, 42
– – keine Utopie, 60
– – Verfall des O., 64
– – als Zielwert, 61
– transzendentaler Begriff des G., 24
– transzendentale Notion des G., 47
Güte, jenseits der Kritik, 47
– als Qualität des höchsten Seins, 117
– sittliches Streben nach G., 25
– transzendentale Notion der G., 344

Habitus, und Akt, 262, 291
– übernatürliche H. u. Akte, 292
Handlung, u. aktive Sinngebung, 84
– Handlungsweise von Individuen u. Gruppen, 182, 214, 364
Haß, auf das wahrhaft Gute, 50
– gegen Werte, 44
Hebräisches Denken, 178
– u. der Schuldgedanke, 98
Heil, 49
Heiliger Geist, 114, 244, 281, 294, 302, 328, 336
Heiligkeit, höchste H. innerhalb d. menschl. Horizonts, 112
– Ruf zur H., 121, 244
Hellenismus, 178
Hellenistische Gesellschaft, 280
Hermeneutik, und Bedeutung, 39
– u. dialekt. Funktion d. transz. Methode, 33
– u. Exegese, 160
– als Grundlage für Humanwissenschaften, 91
– als intellektuelle u. wertende, 249
– u. Interpretation, 136, 160, 162, 166, 172
– Materialien für H., 84f
– u. Probleme der Modernität, 162
– u. Sprachanalyse, 104
– hermeneutische Struktur, 217
Hermeneutischer Zirkel, bezüglich d. Richtigkeit des Urteils
– der Interpretation, 162, 213
– überstiegen durch selbstkorrigierenden Lernprozeß, 166, 213
Hervorgänge, in trinitarischer Theorie, 346

Heuristische, Funktion d. transzendentalen Methode, 34
– Kontexte, 170, 315
– Strukturen: Dialektik liefert Material für Geschichte und Interpretation, 150
– – entwickelt u. erläutert, 290f
– – in der Geschichte, 194, 229–238
– – Mathematik sorgt für Naturwissenschaften, 150
– h. Notionen, 290
Hierophanien, und das Göttliche, 98
– und religiöse Erfahrung, 117
Hinduismus, 117
Historiker, autonome Methoden, 106
– Autorität des H., 211
– u. Bekehrung, 222
– Einflüsse auf den H., 220
– und Exeget, 183
– Freisein von Objektivität, 226
– gelehrte Bewußtseinsdifferenzierung, 278
– und Geschichtstheorie, 233
– Grenzen des H., 222
– Illusionen des H., 208
– interpretative Kraft des H., 185
– konstruktive Tätigkeit des H., 211
– u. narrative Sicht, 135
– u. Philosophie, 229, 319
– Selbstoffenbarung des H., 225
– u. soziale Ziele, 235
– Theologie, Beitrag zur, 146
– u. Ursachen u. Gesetze, 234
– Urteile des H., 197
– Entwicklung des Verstehens des H., 197, 220, 222f
– Voraussetzungen des H., 227
– u. vorgefaßte Meinungen, 225
Historisch, Bewußtsein und Interpretation, 161
– Möglichkeit historischer Entwicklung, 304–307
– Erfahrung und Wissen, 185–189, 191, 209, 220
– Erklärung, 234, 235
– Evidenz, 180, 191, 211
– Historische Fakten: 2 Arten von h. F., 347f
– – Einsicht als extatische, 192
– – Imagination, 180, 210

397

– – u. Toynbee, 233
Idealisierung, und Kunst, 74
Idealismus, 180, 211
- u. Begriffe der Bedeutung, 86
- als Benennung eines Horizonts, 243
- als Komplikation bei Collingwood (behebbar), 180, 211
- Deutscher I., 317, 349
- u. Dialektik, 266
- u. Empirismus, 218
- entgegenstehend der Aneignung auf der dritten kognitiven Ebene, 218
- u. Interiorität, 317
- moralischer I., 49
Idee, die durch Untersuchung gesucht wird, 22
Identität, u. Bewußtsein, 182
- Gruppenidentität, 187
- I.-Krise der Gemeinschaft, 174f
- Subjekt u. I., 186
Ideologisierung, u. Bekehrung, 359
- u. das Böse, 50
- u. Entfremdung, 66, 355, 359, 361f
- u. Glaube, 126
- Grundform der I., 355
- u. Soziologie, 252
- u. Verfall (Niedergang), 125f
Idol, u. Überbetonung der Immanenz, 119
Imagination, historische I., 180, 211
- repräsentative, oder kreative I./Phantasie, 22
- Vollzug der I., 39
Immanenz, 119
Indeterminismus, ist nicht Freiheit, 60
Individualität, in der Kunst, 214
Individuum, u. Gemeinschaft, 63
- u. Lebensläufe, 120
- u. Unechtheit, 90
Inhalt(e), der Sinngehalte, der Entwicklung unterworfen, 90
- der Sphären des Seins, 85
- der transzendentalen Arten, 23
- unveränderlicher Strukturen, 90
- in Urteilen, 47
Inneres Freisein/Loslösung, in der Kunst, 73f
- im Subjekt, 22
»Insight« Bedeutung für Methode, 19, 29, 264

Institutionen, Bewegungen von I., 137
- Grundlage des Ordnungsgutes, 60
- Kooperation, Rollen u. Aufgaben, 58f
- soziale I., 88, 359f
Instrumentale Sinngebungsakte, 84f
Integration, als Terminus der Entwicklung, 148
- der Theologie u. Humanwissenschaften, 362–365
Intellekt, (auch Verstand), Priorität über den Willen, 129
- reiner Verstand, 130
- Spekulativer Intellekt:
- – u. Abstraktion, 340
- – u. bewußte Intentionalität, 318
Intellektualismus, u. Psychologie der Seelenvermögen, 340
Intellektuelle Ebene, des Bewußtseins, 21
- I. Bekehrung, siehe: Bekehrung
Intelligenz, die sich in Individuen entwickelt, 39–41
- in der Kultur, 95ff, 275ff
Intelligibilität, im Akt u. Intelligenz im Akt, 84
- des Individuums und d. Gruppe, 216
- von Lehren, 320
- u. transzendente Forderung, 93
- verschiedene Arten von I., 234, 339
Intelligible, das, und die Gottesfrage, 110, 112
- Transzendentaler Begriff des I., 23f
Intendieren, Arten des I., 23
- u. Bewußtsein, 20
- Dynamik des I., 24, 45
- und erreichen, 112
- I. von Gegenständen, 217
- u. heuristische Funktion d. transz. Methode, 34
- psychologischer Sinn des I., 19
- die transzendentalen Arten des radikalen I., 23
- I. des Wertes, 45
Intentionale Akte, u. historische Untersuchung, 182, 229
- u. das Subjekt, 186
- u. Zeit, 182
- Intentionale Antwort: und Gefühle, 41, 48f, 68

399

- – und Werte, 49, 249f
- – u. Ziel, 41
- Intentionales Bewußtsein: u. d. Frage nach Gott, 111f, 114
- – u. Gefühle, 68, 123
- – normative Struktur des i. B., 350
- – u. Philosophie, 104
- – steigern des i. B., 27, 37, 93, 293
- – Vollzüge des i. B., 19–25
- – Vollzüge als Prinzip der funktionalen Spezialisierung, 142f
- – Wahrnehmung der Werte, 77, 124
- – Wissen um das i. B., 343
- Intentionale Selbst-Transzend., 48
Intentionalitätsanalyse, und Husserl, 217
- u. Psychologie der Seelenvermögen, 106, 340ff
- u. Übergang zur methodischen Theologie, 292
Interdependenz der funktionalen Spezialisierungen, 150
Interdisziplinäre Probleme, 35, 141, 363f
Interesse, u. Horizont, 240f
- u. Sprache, 80
Interiorität, Aneignung der I., 93
- Bereich der I. 122f, 261, 269, 276
- als Fundament des Allgemeinverstandes, der Theorie und der Philosophie, 95
- als Grund der Unterscheidung zwischen Welten, 116
- u. kritisches Bedürfnis, 94
- als unveränderliche Grundlage weitgehender Systeme, 307
- Religiöse Interiorität:
- – beseitigt Kontroversen, 123
- – Notwendigkeit des Studiums des r. I., 293
- – Übergang zur r. I., 317, 329
- Welt der Interiorität:
- – Eintritt in, 265
- – u. geistige Akte, 265
- – u. Gottesliebe, 116
- – Sprache der Welt der I., 261–266
- – Verifikation in der W., 263
- Voraussetzungen der I., 265
Interpretation, u. Allgemeinverstand, 166f

- u. Ausdruck, 84f, 161, 217
- u. Bedeutung, 135, 136
- u. Bekehrung, 250
- u. Erkenntnistheorie, 136, 161
- u. Hermeneutik, 136, 160, 166
- historische I., 204, 219
- u. Humanwissenschaften, 161
- u. Kontexte, 188
- u. Kontroverse, 165
- u. potentiell universaler Gesichtspunkt, 291
- u. Problem der I., 160–162
- u. Rekonstruktion, 208
- System der I. in der Psychologie, 77f
- Vermittlung der I., 164
- I. u. das Verstehen der Worte des Autors und das Ich, 165–169, 194
Intersubjektivität, u. Bekehrung, 328
- u. Kommunikation, 69, 258, 355
- Träger des Wortes, 120
- I. u. Verkörperung der Bedeutung, 71, 80, 84
Introspektion, u. Erhöhung der Bewußtheit, 27
- als objektivierendes Bewußtsein, 20f
- Phantom der I., 20
Intuitionismus, in der Interpret., 164
Irrtum, u. Bekehrung, 62
- u. gemeinsamer Wissensbestand, 54
- u. Glaubensüberzeugung, 55, 57f
- u. Voranschreiten in der Wahrheit, 118
- u. Welt vermittelt durch Bedeutung, 87
Islam, 117
Isomorphismus, 33

Jesus Christus, 298, 300, 303
- Person und Natur in J. C., 309f
Judenchristen, 302
Judentum, 117

Kalkül, von Freuden u. Leiden, 61
Kantsche Tradition, identifiziert verstehen u. Urteil, 164f
Kategorial, kategoriale Quellen des Sinngehalts, 83
- kategoriales Intendieren unterscheidet sich vom transzendentalen, 23

- Metaphysik ist nicht k. Spekulation, 37
- kategoriale Vorschriften, 32
Kategorien, Ableitung theol. Kategorien, 289
- Anwendung von Kategorien, 287, 295f
- Begrenzung u. Veranschaulichung der K., 23
- in Fundamenten, 285-294
- Grundlagen der K., 285-288
- Allgem. theol. K.:
- - Differenzierungen, 289f
- - Grundgeflecht von Termini u. Relationen, 289
- - Modelle der Veränderung, 290f
- - u. religiöse Erfahrung, 293
- Spezielle theol. K.:
- - und Daten, 296
- - Grundlage der, 285, 291f
- - Vater, Sohn und Geist, 294
- Fünf Komplexe von K.: 293f
- - Fortschritt u. Niedergang, 294
- - Genese, 295
- Modell mittelalterl. theoret. Theologie, 291
- theoretische K., 116
- transkulturelle Aspekte der K., 286ff
Katholiken, u. Protestanten: u. Methode, 299
- im soziologischen Sinn, 300
Katholizismus, und »Klassik« 328
Kausale Verbindungen, 249
Kenoboskion, Schriften, 196
Kerygma, 319
Kind, Auftauchen der vierten Ebene des Bewußtseins, 130
Kirche, christliche:
- als erlösender Prozeß, 361f
- Gemeinschaft, die aus der äußeren Kommunikation der Botschaft Christi entsteht, 359
- gespalten, 365f
- Identität und Einheit, 365f
- institutionelles Rahmenwerk, 59
- konstruktives Tun der K., 364f
- Lehren, 158
- Probleme der K. des 20. Jahrhunderts, 148f

- Selbstkonstitution der K., 361
- als vollendete Gesellschaft, 357
Klassifizierung, in der Dialektik, 254
- durch Fachspezialisierung, 149
- mittelalterliche K., 298
Klassik, »Klassik«, Klassizismus,
- u. abstrakte Logik, 338
- entgegengesetzt der Geschichtlichkeit d. Dogmas, 327
- in Religion, Literatur usw., gründet Traditionen, verlangt Bekehrung, 167
- verkehrte Sicht der Kultur, 132f, 303f, 327, 360
Klassiker, klassisch
- u. Allgemeinverstand, 94
- u. Gegensatz der Theorie, 302f
- u. Kontrolle der Bedeutung, 40
- Kulturbegriff als Normativ, 11, 133
- weicht niemals von angenommener Terminologie ab, 132f
Kognitiv, Funktion der Bedeutung: 86
- Kommunikation der Gefühle, 100
- konstitutive Funktion, 100
- moralische Selbst-Transzendenz, 113
- K. Prozeß: Objektivierung des, 23-32, 87
- - u. Selbst-Transzendenz, 56, 113, 130, 237, 256
- - u. transzendentale Methode, 16, 87
- K.es Sein: dynamische Struktur, 12, 23-25
- kognitive Mythe, 218, 242f
- Kognitive Theorie, siehe: Erkenntnistheorie
Kommunikation, und christliche Botschaft, 360
- differenziert nach Medien, 144
- u. Evangelium, 301, 331
- als funktionale Spezialisierung, 141, 175
- der Gefühle, 100
- und Geschichte, 199
- Inhaltliche Bedeutung der K. in Theologie, 141
- Innere K., 77f, 84
- K. und Kunst, 141
- Pluralismus in der K., 280, 330
- K. u. Predigt, 329

401

- Probleme der K. für die Kirche, 148
- K. der Spezialisten, 365
- Transkulturelle Grundlage der K., 285
- K. setzt Verstehen voraus, 350
- Verwendung von Modellen in der K. 288
- K. u. vorkritische Geschichtsschreibung, 190

Kommunikative Funktion der Bedeutung, 88, 354, 359f

Komplementäre Unterschiede im Horizont, 240

Komplementarität (N. Bohr), 252

Konflikte, u. Dialektik, 138, 149f, 239, 347
- Grund von K., 150

Konkret, Das K. in der Dialektik, 137
- Erfahrungsmäßige Struktur des K., 71
- Transzendentale Notionen als k., 35

Konstruktion, imaginative, 210

Konsubstantialität von Vater, Sohn, Geist, 310

Kontext, ableitend u. Interaktion, 315, 327
- Außersprachlicher K., 258
- Definition von K., 310
- Formaler K., 314
- Fortschreitender K., 314f, 325ff, 343f
- Fragen u. Antworten, 170, 188
- Frühere u. nachfolgende Stadien, 314, 325
- u. Glaubenssachen, 52
- u. hermeneutischer Zirkel, 162
- heuristisch u. formal, 314f
- heuristische Bedeutung, 170
- Logischer K., 310
- Metaphysischer K., 310
- K. u. systematisches Bedürfnis, 92
- Theologischer K., 315f

Kontinuität, Faktoren der K., 350ff
- Psychologische K. u. Bekehrung, 116
- K. durch transzendentale Methode, 33

Konventionelle Zeichen, 80

Konzeptualismus u. Vaticanum I, 336

Konzilien, Chalkedon, 147, 280, 282, 309, 344
- christologische K., 315
- Ephesus, 252, 315, 344
- Griechische K., 309, 315
- Konstantinopel I, 314
- Konstantinopel III, 252, 315
- Nicea, 147, 158, 282, 314, 315, 325, 331, 344
- Trient, 158
- Vaticanum I, 281, 310, 321, 325, 333, 336, 338, 346
- Vaticanum II, 283, 301, 313, 315, 328f, 330

Konzipieren und Einsicht, 22f

Kooperation u. Institutionen, Rollen, Aufgaben, 59

Kopernikanische Wende. i. d. Geschichtswissenschaft, 210
- bei Kant, 267
- K. Theorie, 181

Kosmogenese, 111

Kosmogonien, 108

Kreativität, Denker selten, 107
- in der Kunst, 277, 278
- Methode als kreative Zusammenarbeit, 11
- in der Phantasie, 22

Kriterien, Forderung nach Transzendenz u. K. in der überlegten Entscheidung, 93
- Kritisches Subjekt liefert sich den K. aus, 13
- K. u. transzendentale Notionen, 45f

Kritik, des Autors u. d. Tradition, 169
- als Funktion der Dialektik, 138
- und das Gute, 47
- historische K., 203
- innere u. äußere K., 204
- Kunstkritik, 73
- u. Philosophie, 137
- Textkritik, 135, 142

Kritisch, Allgemeinverstand u. Theorie kritisch begründet, 95
- Kritisches Bedürfnis, 93
- k. Funktion der Methode, 32
- Kritische Geschichtswissenschaft:
- - Daten u. Fakten, 207, 347
- - glaubwürdige Zeugnisse, 200
- - heuristisch, ekstatisch, selektiv, kritisch, 192f, 194, 197
- - setzt klassischen Annahmen ein Ende, 327

– – u. objektive Erkenntnis d. Vergangenheit, 200
– – Verfahren d. kr. Gw., 200
– – kr. Verstehen, 197
– – zweiten Grades, 198f
– Kritische Geschichtswissenschaft als Verstehen:
– – zwei Ansichten über, 193
– – der Quellen, 194
– – Rationalität, 22
– – was vor sich geht, 194
Kultur, Bedeutung des Lächelns in der K., 70
– Empirischer Kulturbegriff, 11, 302f
– Funktion der K., 43
– Gott u. Konstrukte der K., 40
– Klassische u. moderne Kulturen, 11, 40
– Pluralist anerkennt Vielfalt der K., 360
– Sicht der K. durch Klassiker, 11, 132f, 302, 327, 360
– Sinngehalte als innere Komponenten der K., 88
Kulturell, Bedingungen k. Fortschritts, 24
– K. Bewegungen, 137
– Niedergang der k. Leistungen, 247
– Kulturelle Entwicklung:
– – u. Piaget's Analyse, 40f
– – Stadien, 307–320
– K. Veränderungen, 23f
Kunst, als Ausdruck elementarer Bedeutung, 73
– Definition v. Kunst, 71
– u. differenziertes Bewußtsein, 276
– gehört zum Fortschritt, 305
– u. Kommunikation, 141
– u. Raum u. Zeit, 73
– als Träger des Wortes, 120
– als verkörperte Bedeutung, 83
– wahrer als die Erfahrung, 74
Künstler, u. Bewußtsein elementarer Bedeutung, 73
– u. das Universale, 213
Kurialstil, 313

Lächeln, Phänomenologie des L's., 69–71
Landkarten, 53

Leben, u. akademische Theologie, 147f
– Objektivierung des L's., 215
– L. u. reine Vernunft, 131
Leben (im Original deutsch) Dilthey über L., 215
Lebensphilosophie (im Original deutsch) 216
Lehre, Ausdruck der L., 301
– L. und Bekehrung, 151
– Beitrag der L. f. d. Theologie, 146
– Beständigkeit der L.:
– – u. Kontinuität, 351
– – u. offene Struktur des menschlichen Geistes, 303
– – u. systematische Entwicklung, 346
– Entwicklung der L., 307–321, 352
– Fundamentaltheologie, 140
– Funktion der L., 300f
– Grundlegende Realität der L., 300f
– als Grundlage der Theologie, 158
– Kirchenlehre: Funktion der K., 328
– – in der Geschichte wechseln, 298
– Kontext der K., 310f, 315f, 325f
– – u. systematische Bedeutung, 307, 312, 315
– – u. theol. Lehren, 312, 315
– Marianische L., 321
– Methodologische L., 299
– Normativer Charakter der L., 300
– Primärquellen der L., 297
– Sinngehalt der L., 313
– L. u. Systematik, 336
– Theologische L., 298ff
– L. u. Tradition, 300
– Variationen der L., 301ff
– Verschiedenartigkeit der L., 297 bis 299
– Ziel der L., 140f, 348f
Lehren u. Ordnung der Entdeckung, 346
Lehrer in der Kirche, 330
Lernprozeß, u. Bekehrung, 162, 168
– in der Forschung, 157
– u. Hermeneutik, 213
– selbstkorrigierender L., 157, 166, 213, 305
– L.-Theorie f. d. Exegese, 162f
– L. beim Wortverständnis, 165
Liebe (Nächstenliebe)

403

- bedarf keiner kritischen Rechtfertigung, 287
- Religiöse Liebe u. menschlicher Stolz, 126
- verhindert durch Vorurteil, 287
Liebe, als Antwort, 127
- Arten der L., 292
- u. Bekehrung, 244, 246f, 274, 286f
- L. zum Bösen, 50
- u. Erkenntnis, 123, 131, 282, 286, 340f
- L. als geoffenbarte, 122
- u. Gefühl, 41, 123
- u. Glaube, 123f
- Gottesliebe, 50, 93, 114, 117, 122, 124, 246, 274
- L. und ich–du und wir, 41, 67
- u. Mysterium, 118, 121, 128, 246, 340f
- Religiöse Liebe, 123, 246
- u. Schweigen, 121
- Selbstaufopfernde L., 66, 126, 294, 361f
- u. Selbst-Transzendenz, 48, 66, 113, 114, 118, 125, 245
- sich verlieben, 41, 47, 114, 131, 244
- Unanfechtbare Tatsache der L., 293
- Uneingeschränkte L., 114, 292
- Vorbehaltlose L., 246
- u. Wege (Reinigungsweg usw.), 292
- u. Werte, 114, 124, 131, 247
- Zustand des In-Liebe-seins, 43, 114, 127, 131, 244, 286f, 292
Linguistik, siehe: Sprachanalytik
Literatur, der post-Gelehrsamkeit, 306
- post-systematische L., 306
- post-wissenschaftliche L., 306
Logik, u. Aussage, 81
- u. Kontrolle, 95, 102
- u. literarische Sprache, 82
- u. Methode, 18, 104, 306
- u. sprachliche Rückkopplung, 106
- u. Symbole, 76
- u. Theorie, 95
Logisch, Abhandlung, 76
- Beweis, 338
- Deduktion, 166
- Geistige Akte als logisch erste, 265
- Ideal der L., 146, 262
- Klassifizierung, 281
- Kontext, 310
- logische Sphäre des Seins, 85
- Übergang vom logischen zum methodologischen Gesichtspunkt, 352
- Unterscheidungen, 23
- Vollzüge, 18
Logos, 101
LSD, 78
Lyrik, 108

Maria, Jungfrau, 281, 309, 315
Massenerregung, 68
Materialismus und Erkenntnismythe, 218
Materie, und Form, 105, 262
- ist reine Potenz, 105
Mathematik, u. heuristische Strukturen, 150
- nicht notwendige Wahrheiten der M., 283, 316
- verwendet nur anerkannte Wahrheiten, 220
Mathematische Sphäre des Seins, 85
Mechanistischer Determinismus, 252, 318
Medien, Massenmedien, 65, 109
- u. Kommunikation, 141, 144
Mensch als historisches Wesen, 186f
menschlich, Ausdruck religiöser Erfahrung, 117
- m. Entwicklung: durch Lösung v. Konflikten, 256
- - in Heiligkeit, 125
- m. Erkenntnis: historische Fakten, 206f
- - hist. Charakter, 54
- - sozialer Charakter, 52, 54
- - eine zusammengesetzte, 25, 185, 348
- Erwartungen über das Grab hinaus, 125
- m. Geist, siehe: Geist
- Humanwissenschaften (Geisteswissenschaften):
- - u. Dialektik, 253
- - u. Geschichte, 185, 216
- - u. Methode, 15, 35, 253
- - u. Sinngehalt, 161
- Humanstudien: Daten, 215
- - empirische H., 302

– – Unterscheidung v. d. Naturwissenschaften, 216
– – unterschieden v. Religionswissenschaften, 157
– m. Kultur, 133
– m. Leben, siehe: Leben
– Menschengeist:
– – Konstruktionen des M., 214
– – offene Struktur des M., 303
– – Philologie als interpretative Nachkonstruktion, 214
– m. Untersuchung u. funktionale Spezialisierungen, 143
– m. Werden, 107
Metapher, 308
Metaphysik, definiert, 37, 264, 290
– Funktionen der M., 343
– u. Interiorität, 129
– als Kontext von Lehren, 310f, 317
– Systematische M., 105
– u. transzendentale Methode, 33
Meta-Sprachen, 260
Methode, als Ausbeutung d. bewußten Intendierens, 34
– Definition von M., 16
– Dialektik u. M., 254–257
– Dialektik der M., 257
– Entdeckung der M., 12, 343
– Entgegengesetzte M., 257
– Empirische M., 253
– Erfordernis/Notwendigkeit der M., 306f
– Funktionen der M., 32–37
– u. d. Gottesfrage, 110
– Grundlage der M. nicht autoritär, 343
– Grundlegende Idee von M., 15 bis 18, 257
– historische M., 229f
– u. Historiker, 229ff
– u. Humanwissenschaften, 15, 34f, 253
– u. Integration der Untersuchungen, 363
– u. intellektuelle Bekehrung, 319f
– u. Kants a priori, 26
– M. kein Regelwerk, 11, 18, 26
– Klassische M., 264
– Konkret gefaßte M., 26
– M. u. Logik, 18, 104, 306

– M. u. d. Möglichkeit der Revision, 31, 34
– u. Naturwissenschaft, 16
– Nicht unfehlbar, 258
– Spezielle M., 34
– Statistische M., 264
– Theologische M., 279
– M. u. theoretische Entwicklung, 82
– M. u. transkulturelle Einstellung, 285
– Transzendentale M., 16, 26–37, 87, 93, 110, 285, 292
– M. u. Vereinigung der Wissenschaften, 36, 104
Methodischer Zweifel, 228
Methodologe, 30, 285, 313, 353
Methodologisch,
– method. Bedürfnis, 93
– Lehren, 299
– m. Probleme in der Theologie, 299
– theologische Fragen jenseits des M., 128, 313
Mimesis, 96
Mißverständnis, systematisches, 347–350
Mittelalterliche Schulen, u. theol. Kontext, 315
Modell(e), Beschreibung der M., 288
– Dialektisch entgegengesetzte M., 290
– u. Kategorien, 288, 291
– u. Mathematik, 288
– Methode als M., 11f
– in theoretischer Theologie, 291
– in trinitarischer Theorie, 217
– der Veränderung, 290
Modern, Kirche und Welt, 359–365
– Kultur u. ihre Kontrollen, 40
– Wissenschaft, Gelehrsamkeit usw. u. M., 11, 352
Molinismus, 169
Moralisch (ethisch, sittlich)
– moralische Entwicklung, 118
– u. Gefühl, 49
– u. Idealismus, 49
– u. Sein, 12, 49
– u. Selbst-Transzendenz, 49, 55, 113, 130, 237, 245, 256, 292, 338, 355
– als Strang d. Humanismus, 107
Moralismus, 72

Moralität, 161
Musen, 100
Mysterien, geoffenbarte, 323
– des Glaubens (Glaubensgeheimnisse), 339, 341
Mystik/Mystiker, und das Göttliche, 69
– u. letzte Einsamkeit, 40
– u. religiöser Ausdruck, 127
– u. Rückzug v. d. Objektivierung, 87
– u. Weisen des Ergreifens, 277
Mythisches Bewußtsein, Grenzen des, 99
Mythos, Mythe, antike, 99
– u. Immanenz, 119
– Kognitive M., 218, 242
– als symbolische Erfassung, 307
– u. Urvölker, 130f
– Verschmelzung d. Funktionen von Bedeutungen, die sich aus d. M. ergeben, 98f
– u. Zusammenbruch, 247

Namen, ist Brennpunkt bewußter Intentionalität, 80
– Erzeugung von N., 98
– gemeinsame N., 290
Narrativ, narrativer Ausdruck der Religion, 127
– historisch, 220, 223f
Natur, u. Geschichte, 90, 180–185
– u. Gnade, 291, 311
– u. Person in Christus, 280, 309
– Reine Natur, 338
Naturgesetz, u. Notwendigkeit, 231
– Naturwissenschaft:
– – als Datum für die Erkenntnistheorie, 215
– – u. Dialektik, 253
– – u. Geschichte, 180, 184
– – u. kritische Geschichtswissenschaft, 196
– – Objekt der N., 223
– – u. Sicht des 19. Jh., 205f
– – u. Werturteile, 251
Neues Testament, Kanon des N.T., materialer Kontext, 314
– N.T. und Lehren, 298
– Neue Interpretation symbolischer Erfassung, 308

– N.T. u. Qumran, 196
Neuner-Roos, siehe: Denzinger
Neurose, u. Psychiater, 363
– Psychotische Zustände u. bewußte Kontrolle, 182
Nicäa, siehe: Konzilien
Nicht-Authentizität (Unechtheit), Rückzug aus der N., 118, 256
Nichteuklidische Geometrie, 283
Nichtintentionale Zustände, 41
Nichts, als Name des transzendenten Geheimnisses, 119
Niedergang (Verfallserscheinung),
– u. Bekehrung, 246
– Erziehung u. N., 65
– Fortschritt u. N., 63–66
– Gefühl u. N., 50
– Kumulativer N., 66, 90
– Massenmedien u. N., 65, 248
– N. u. Nichtauthentizität, 291
– N. der Zivilisation, 65
Normativ(e), Funktion der Lehren, 300
– N. Funktion der transzendentalen Methode, 32
– N. Objektivität, 267
– N. Struktur unserer bewußten und intentionalen Akte, 350
– Vollzugsstrukturen (Muster), 16, 26, 36
Normen, des Allgemeinverstands, 106
– der Wissenschaften u. interdisziplinäre Probleme, 35
Notion(en), heuristische, 290
– Transzendentale N.: aktive Potenzen, 129
– – u. Dynamik, 24f, 45
– – u. Fähigkeit zur Selbst-Transzendenz, 113
– – d. Göttliche ist Ziel der T.N., 98
– – Grund des Fragens, 83, 285
– – nicht abstrakt, 35, 46
Notional, notionales Erfassen, 175, 255
– Notionale Unterscheidung, 102f, 310, 343
Notwendigkeit, Ideal der N., 283

Objekte, Aristoteles' Ansatz, 104f
– Definition von O., 341f
– Elementare u. zusammengesetzte Objekte, 24

- O. und Gefühle, 41
- Gott als O., 341f
- O. und methodologisches Erfordernis, 91
- O. und systematisches Erfordernis, 91f
- Trost ohne ein Objekt, 115
- O. und Unterteilung d. Wissenschaft, 153
- Zwei Bedeutungen des Terminus O., 266f

Objektivierung, der Bekehrung, 139
- O. in der didaktischen Methode, 257
- O. und funktionale Einheit im Bewußtsein, 29f
- O. in der Kunst, 73
- O. des Subjekts und der Vollzüge: 20f, 26
- - Subjekt und Revision, 31
- Rückzug aus der O. im Geschlechtsverkehr und im Gebet, 87
- O. der transzendentalen Notionen, 23f

Objektivität, absolute, 267
- als Frucht authentischer Subjektivität, 269, 295
- Bedeutungen der O., 267
- O. und Bekehrung, 338
- Erfahrungsmäßige O., 333
- O. und Erkenntnistheorie, 32
- O. und Geschichte, 211
- O. und logische Beweise, 338
- normative O., 267
- O. und Selbst-Transzendenz, 47, 338
- O. in der Sicht der Empiristen, 236
- O. und Wissen (Erkennen), 32

Obskurantismus, 24
Ökumenismus, christlicher Ö., 358
- Dekret über Ö., 365
- Ö. als Dialog, 365
- Grundlage des Ö., 128, 358
Offenbarung, Christi, 298
- O. und historische Entwicklung, 304
- Implizite O., 352
- O. u. Normativität der Lehren, 301
- Theologie als Reflexion über O., 298
- O. im Vaticanum I, 325
Ontischer Wert, 42, 61
Ontologie, u. allgemeine Bedeutung, 354ff

Ontologische Struktur u. Isomorphie, 33
Operator(en), geführt durch ‚wenn-dann'-Beziehungen, 60
- Subjekt als O., 20
- O. und Vollzüge, 38f
- O. und Welt der Interiorität, 261
Opposition u. Dialektik, 139
- siehe: Dialektik, Konflikte, Differenzen
Ordnung, der Entdeckung, u. Lehre, 345
- Kosmische O., 99
Organische Vitalität, 77
Orgiastisch, 119
Orientierung (Ausrichtung), auf das Göttliche, 112
- O. und das Gute, 58ff
- O. durch Namen, 80
- O. auf das transzendente Geheimnis, 340-343
- O. der Wahrnehmung, 69
Ortsbewegung, als unvollständiger Akt, 105
- O. und Zeit, 181

Pantheist, 69
Päpstliche Enzykliken, 12
Pathologie, 227
- P. des Symbolbewußtseins, 96
Performative Bedeutung, 84
Person, authentische P., 62
- P. und Bekehrung, 139
- Lehre von Chalcedon über P., 280f
- P. und moralische Selbst-Transzendenz, 113
- P. und Natur in Christus, 280f, 310
- P. taucht auf der vierten Ebene der Intentionalität auf, 22
- P. in der trinitarischen Theol., 346
- P. und verkörperte Bedeutung, 83
Personale Beziehungen, 58, 61
Personalisten, 317
Perspektive, 192, 196f
Perspektivismus, bringt verschiedene Geschichtsauffassungen mit sich, 228
- Definition des P., 221f
- P. und Individualität des Historikers, 250

- P. und Relativismus, 221
Phänomenalismus, u. Erkenntnismythe, 218
Phänomenologie des Lächelns, 69–71
Philanthropia, 107
Philologen, 106
Philologie, 214, 312, 317
Philosophie, Aristotelische P., 312f, 317
- P. und Bedeutung, 88
- Daten der P., 104, 263
- P. und historische Forschung, 229
- u. Humanismus, 109
- u. Humanwissenschaft, 263
- u. Interiorität, 95, 279, 317
- u. Methode, 11, 36
- u. Niedergang, 65
- P. reflektiert über die Welt, 102
- Rolle der P., 36, 104
- P. und selbstevidente Prinzipien, 317
- P. und sprachliche Rückkopplung, 106
- P. und Theologie, 36, 337f
- P. in der Welt der Theorie, 263
- P. und Wissenschaften, 104, 105, 278, 317
Philosophien, entgegengesetzte P. gegründet in Gegenwart oder Abwesenheit von Bekehrung, 257
Philosophisch, Probleme sind nicht nur im sprachlichen Ausdruck, 260
- P. Reinigung des biblischen Anthropomorphismus, 307, 308f
- P. Theorie und Humanismus, 109
Physik, und funktionale Spezialisierung, 135
- und Kategorien 23
- und Neuformung der Sinne, 72
Pluralismus, und Ausdruck, 275–279, 329
- u. Bekehrung, 279, 327, 331
- Entwicklungsmäßiger P., 158
- P. der Gesellschaft u. Historiker, 228
- P. u. Glauben, 327–331
- u. klassische Kultur, 302f
- u. Kommunikation, 280, 330
- u. kulturelle Überlieferung, 360
- Quellen des P., 327

- radikaler P., 279
- P. in religiöser Sprache, 279–285
Politik, 235, 363
Polymorphismus, des menschl. Bewußtseins, 272
Positionen, u. Bekehrung, 253
- P. u. Funktionen d. transzendentalen Methode, 32f
- Gegenpositionen: in der Dialektik, 255f
- - dialektische G., 253, 274, 332f, 334, 350, 351
- - widerstreitende Momente im fortlaufenden Prozeß, 256
- P. u. idealisierte Version der Vergangenheit, 255
Positivismus, christlicher, 332
- P. u. Erkenntnismythe, 218
- P. im 19. Jahrhundert, 206, 319
Positivisten, u. Erkenntnisvollzüge, 29
- P. u. Funktion der Philosophie, 104
Post-Gelehrsamkeit, in Literatur, 306
Post-systematische Literatur, 306
- P. u. Modus von Gedanken und Ausdruck, 315
- P. u. Sinngehalt von Lehren, 313
Post-Wissenschaft in Literatur, 306
Potentielle Sinngebungsakte, 84
- u. Evidenz in der Geschichte, 191, 192
Potenz, aktive u. transzendentale Notionen, 129
- Passive P., 129
- Reine P., 105
- P. in systematischer Philosophie, 262
Pragmatiker, 106
Pragmatismus, u. Erkenntnismythe, 218
Praktisch, Entwicklung des p. Verstehens, 99
- P. Erkenntnis und Magie, 99
- P. Forschung, 157
- P. Methode, 11
Predigt, und Differenzierung des Bewußtseins, 329f
- P. und Evangelium, 360f
- P. u. Kultur, 360
Primärquellen, 297
Primär- u. Sekundärqualitäten, 262

Primitivismus, u. akademische Theologie, 148
- u. Glaube, 56
- u. Mythos u. Magie, 130f
- u. Symbole, 79
- u. Unterscheidungen, 102
Primum mobile, 181
Prinzip, vom ausgeschlossenen Dritten:
- - u. Identität, 101
- - u. Symbol, 76
- Grundsätze der Subsidiarität, 364
- P. des hohlen Kopfes: angegriffen, 209
- - bei Historikern, 227f
- - u. Interpretation, 163
Priorität, im Verstand u. Willen, 129
Probleme, u. Geheimnis, 343-347
Projektion, 98, 116f
Pronomen, possessiv - personal, 97
Propositionen, analytisch, 317
- in der Logik, 81
- als Objekt der Reflexion, 280
Prozeß, des Bedürfnisses nach innerer Kommunikation, 77
- P. von Daten zu Ergebnissen i. d. Theologie, 134f
- Fortlaufender P., 40
- P. Zum Glauben zu kommen, 55ff
- Universaler Wachstumsprozeß, 119
- P. der Vermittlung d. sprachl. Vorgangs, 101
Psychagogie, 77
Psychisch, psychische Ansteckung, 68
- P.e Distanz, 73
- P.e Vitalität, 77
Psychoanalyse, 77
Psychologie, Aristoteles u. P., 105, 264
- P. u. Bekehrung, 116
- P. u. Interpretation, 214
- P. u. Naturwissenschaft, 185
- Sinne der P. untergeordnet, 72
- System der P., 77f
Psychologie der Seelenvermögen,
- ihre Optionen zwischen Intellektualismus und Voluntarismus, 340
- Wechsel von P. zur Intentionalitätsanalyse, 106, 342
- Der Wille in der P., 272
Psychotherapie, 87

Psychotische Zustände, u. bewußte Kontrolle, 182
Ptolemäisches System, 181, 316

Quaestio, 283, 299, 345f
Quantentheorie, u. notwendige Naturgesetze, 283, 316, 318
- Q. u. verschiedene Philosophien, 243
Quellen, Geschichte beginnt mit der Rückkehr zu den Q., 210f
- Q. in der Geschichte unvollkommen, 205
- Kritischer Gebrauch von Q., 197
- Q. religiösen Ausdrucks, 122
- Religiöse Q. u. theologisches System, 346
Qumran, 196

Rational, r.e Bewußtseinsebene, 21
- R.e Vollzüge: Auftauchen von, 21
- - Erkenntnis der Transzendenz virtuell unbedingt, 86
Rationalisierung, u. Bekehrung, 62
- u. Liebe zum Bösen, 50
- u. sittliches Wesen, 48
Raum, d. absolute R., 181
- R. u. Erfahrung, 113
- R. u. früher Ausdruck, 116
- R. u. Kunst, 73
Real, »schon jetzt«, »da draußen«, »wirklich« 266f
- Transzendentaler Begriff des R., 24
- reale Unterscheidungen, 102, 307, 310
- reales Wissen, 25, 86, 242f
Realismus
- kritischer: und Hegel, 268
- - und Selbst-Transzendenz, 243
- - und volle Begriffsbedeutung, 86
- Naiver R.: und Geschichte, 211
- - und Gott als Objekt, 341
- - und Welt als Bedeutung vermittelt, 242, 267
Realität, Beschreibung der R., 232
- Erkenntnis der R., 32, 49, 103
- Grundlegende, begründende R., 271-275
- Historische R., 204, 221f, 233

- Kindheitsvorstellungen von R., 218
- Sphäre der R., 85
- Vermittelte R. (Welt), 87

Rechte Vernunft, eine Abstraktion, 338
Reduktionismus, und Humanwissenschaften, 252f
- und Mythen, 243
- und Sprachen, 260

Reflektiv, reflektives Erfassen, 218
- R. überlegend, kritisch, 22, 27
- R. Verstehen, 85, 96

Reflexe, dominierende, 79
Reformation, 284
Regeln, u. Methode, 11, 18, 26
Reich Gottes, 294
Reife, religiöse, 293
Rekonstruktion, imaginative, 189
- R. interpretative, 208

Relationen, persönliche R., 59, 61
- R. in der trinitarischen Theologie, 346
- R. »wenn – dann«, 60, 81

Relativismus, angegriffen, 236
- Historischer R., 199
- R. u. Perspektivismus, 221
- R. als Problem in der Philosophie, 263

Religion, Entwicklung der R., 120
- Gemeinsamkeiten in der R., 117
- Geschichtliche R., 127
- R. u. Niedergang, 291
- Spekulative Darstellungen der R., 78
- Symbole der Urreligionen, 79
- R. u. Theologie, 11f, 148f, 176, 271, 332f, 353
- R. im Zusammenbruch, 247ff

Religiös, r. Antworten auf Fragen nach Gott, 112, 124
- R. Ausdruck, 116, 120, 122, 127, 344
- Religiöse Äußerungen, 122
- R. Begreifen der Lehren, 334
- R. Entwicklung, 118f
- R. Erfahrung, 98, 114–116, 121, 127f, 269, 293
- R. Fürbitte, 99
- R. Gemeinschaft, 127
- R. Glaubensüberzeugung und Glauben, 126, 132
- R. Sinngehalt, 120
- R. Studien, 157f

- R. Umwandlung, 302
- R. Werte, 43, 120

Ressentiment, 44, 277
Reue, 126
Revision, und erkenntnismäßige Struktur, 12, 31, 34
- R. von Idealen, 51

Rolle(n), 59
- R. = Funktionen, 359

Roman, und Geschichte, 223
Römisch-katholisch, und Methode, 12
- R.-k. Studien und Forschung, 157

Rückzug, aus dem gewöhnlichen Leben, 25
- R. in die Interiorität, 93
- R. aus der Nichtauthentizität, 118, 256
- R. aus der Objektivierung, 87
- R. aus der Welt, die durch Bedeutung vermittelt wird, 121
- R. und Wiederkehr in der Theologie, 149

Sakramente, 311
Salmantizenser, 284
Seele, aristotelische Darstellung, 105, 264f
- Mittelalterliche Analyse der S., 291, 316

Sein, Bedingungen zur Bejahung von Seiendem, 85
- In-Liebe-sein (siehe auch: Liebe), 114–116, 118f, 121, 294
- Kontingentes u. notwendiges Sein, 111
- Kosmologischer Mythos und göttliches Sein, 99
- Parmenides u. S., 101
- Sphären des S., 85
- Transzendentale Notion des S. u. transz. Geheimnis, 119

Selbstaufopfernde Liebe, 66, 126, 294, 361
Selbstbestimmung, 60
Selbstbewußtheit, 21f
Selbstdestruktivität, 120
Selbsterkenntnis, und differenziertes Bewußtsein, 94
- Erlangung von S., 365
- S. u. Gefühle, 44

410

- S. u. Interpretation, 167f
- S. u. Revision, 30
- Rudimentäre S., 94
Selbsterschließung Gottes, 128
Selbstfindung, als erste Funktion der Philosophie, 104
- S. und d. Buch »Insight«, 19, 29, 264
- Mühsame S., 173
- Prozeß der S., 19, 266, 269
- S. u. religiöse Erfahrung, 269
- S. u. Therapie, 45
- S. u. transzendentale Methode, 93–95
Selbstkorrigierender Lernprozeß, 166, 213, 305
Selbsthingabe, 114, 244
Selbstoffenbarung, des Historikers, 225
- S. des Subjekts, 289
Selbst-Transzendenz, affektive, 292
- S. u. Bekehrung, 245, 247, 286f, 338, 355
- S. u. Entfremdung, 357
- Erkenntnismäßig S., 55, 56, 130, 237, 242f, 243, 245, 247, 256, 292
- S. als Errungenschaft, 46, 51, 62, 113
- S. u. Glaube, 125
- S. Gottes, 125
- Grund der S., 245
- S. als Grundlage d. Kategorien, 286
- S. interpersonal, 256
- S. moralisch, 48, 55, 113, 129f, 245, 256, 292, 338, 355
- S. u. Niedergang, 66
- S. u. Objektivität, 47, 338
- S. offenbart das Subjekt, 289
- S. u. relig. Bekehrung, 245, 355, 338
- S. u. theol. Konflikte, 256
- S. u. Ursprungswert, 62, 125, 245
- Urteil über die S., 257
- S. u. Wert, 42, 48
Selbstverständnis, wird in Begegnung geprüft, 251
Selbstvollzug (im Original deutsch), Kirche als S., 361
Seminar, Wert des S., 176
Semi-Rationalisten, 325
Sensualismus, u. kognitive Mythe, 218
Sexuelle, das, u. emotionale Identifikation, 68

- u. Gottesliebe, 119
- u. Unmittelbarkeit, 87
Shintoismus, 117
Sic-et-non, 282, 298
Sich-gleichbleiben, der Natur, 230
Sinne, als Apparat, 72
- u. aufmerksames Beachten, 22
- u. erfahrendes Subjekt, 72
- u. Parmenides, 101
- u. Wissenschaft, 72
Sinneswahrnehmungen, willentlich hervorgebracht, 27
Sinn, Sinngebung/Bedeutung,
- S. Akte, 84, 88, 95, 102, 249
- Äußere Sinngebung, 215
- Aktive S., 84
- Allgemeine S., 183
- Antike Sinngebungsweisen, 178f
- Ausdrücken des S., 174ff
- S. von Bedeutung u. Bedeutetem, 84
- Bedeutungen der S., 183
- Bedeutung des Lächelns, 70f
- Bedeutungsträger der S., 183
- Bereich der S., 91–95, 129
- Beständigkeit des Sinngehalts, 321 bis 325
- S. des Dogmas, 321–325
- Effektive S., 84, 87, 249, 307f, 354, 359
- Elementare S., 73, 77
- Elemente der S., 83–86, 178, 182f
- Funktionen der S., 86f, 183, 307f, 354
- S. u. Gefühle, 41f, 100
- Gemeinsamer S., 88, 354f
- S. u. Gemeinschaft, 84, 183
- S. u. historische Untersuchung, 184f
- S. u. Humanwissenschaften, 143
- Innere S., 215
- Intersubjektive S., 69–71
- S. u. das Konkrete, 183, 215
- S. als kognitive, 86, 354, 359
- S. als konstitutive, 88, 183, 185, 307f, 354, 359
- S. als Kommunikative, 88, 354, 360
- S. u. Lehren, 300, 313, 315
- S. u. menschliches Leben, 148, 215
- Metaphorische S., 343
- S. u. Mythos, 99
- S. u. Ontologie, 354
- Performative S., 84

- S. u. Philosophie, 104
- Potentielle S., 84
- Quellen der Bedeutung, 83f
- Religiöse S./Bedeutung, 88, 120
- Sinngebungsweisen, 178
- S. u. Sprache, 258-260
- Sprachliche S., 70, 77, 80-83
- Stadien der B., 95-109, 179, 183
- Systematische B., 307ff, 331
- B. eines Textes, 174, 175
- S. u. das Universale, 183
- Verkörperte S., 83, 173
- Wandel der B., 88
- Welt durch B., vermittelt, 39, 42, 46, 86, 99, 102ff, 104f, 120, 226, 242, 266ff, 304
- Welten der B., 261-265
- Wirksame S., 98
- Wörtliche S., 343

»Sitz im Leben« (im Original deutsch), 188

Skalen, Prioritätenskalen: u. Gefühle, 61
- - ständig überprüfen, 244
- - Verschiebungen der P., 62

Skeptizismus, des 13./14. Jahrhunderts, 278, 283
- S. der Sophisten, 101

Skotistische Schule, 299

Sophisten, 101

Sozial, sozialer Charakter d. menschl. Wissens, 54
- S. Fortschritt u. Niedergang, 63-66
- S. Institutionen, 58f, 88
- S.-Wissenschaft, 235
- S.-Struktur, 361

Sozialisation, Historiker sind nicht v. d. S. ausgenommen, 227f
- als Wachstum durch gemeinsamen Sinngehalt, 89

Soziologie, Arten der S., 252f
- S. u. Ethik, 252
- S. u. Naturwissenschaften, 185
- Wissens-Soziologie, 52

Sphären des Seins, 85

Spätjudentum (im Original deutsch), 302

Spezialisierungen, Arten von Sp., 134ff siehe: Fachspezialisierung u. Feldspezialisierung

Spontaneität, und Intersubjektivität, 67, 80
- Sp. der Vollzüge, 29f

Sprachanalytiker siehe: Sprachwissenschaft

Sprache, und Allgemeinverstand, 235, 261-265
- Sp. als Ausdruck, 22, 122, 260
- Sp. u. Bereiche der Bedeutung, 261-265
- Sp. u. Bedeutung, 80-83, 88, 120, 258, 265
- Sp. u. Daten, 347f
- Entwicklung der Sp., 95f, 102
- Frühe Sp., 95-99, 101
- Gebrauch der Sp., 86
- Sp. d. Heiligen Schrift, 147
- Sp. der historischen Erklärung, 235
- Literarische Sp., 82f, 183f
- Normale Sp., 82, 91, 94, 235, 259 bis 265
- Spezialisierung der Sp., 82
- Technische, fachspezifische Sp./Begriffe, 82, 259, 263f, 306
- Sp. u. Überlieferung, 90
- Sp. u. der Unbekehrte, 300
- Sp. u. Vermittlung, 39

Sprachwissenschaft,
- Sprachanalytiker: u. Funktion d. Philosophie, 104
- - u. geistige Akte, 258-260
- - u. literarische Bedeutung, 102
- - u. performative Bedeutung, 84
- - u. undifferenziertes Bewußtsein, 278ff
- Sp. Argument, 101
- Sp. Bedeutung, 70, 77, 80-83
- Sp. Kategorien, 220
- Sp. Rückkopplung, 98, 106
- Sp. Vorgang, 102

Sünde, und Entfremdung, 361
- Menschliche S., 126

Sündhaftigkeit, 246

Subjekt, und Bekehrung, 139
- und Gemeinschaft, 294
- und Kunst, 73
- als Operator, 20
- und Sprache, 81, 98
- dem Ich gegenwärtig, 20
- S. wird geoffenbart, 289

Struktur(en) (structures) des menschlichen Geistes, 303
- St. des menschlich Guten, 58–63, 357
- St. des menschlichen Untersuchens, 143
- Ontologische St., 33
- St. d. Welt durch Sinngebung vermittelt, 87
- Strukturierte Welt des Subjekts, 81

Tagebuch u. Geschichte, 187
Taoismus, 117
Tatsache(n), kognitive T., 218
- T. u. Lehren, 140
- Zusammenhang von T., 203, 204
Technischer Fortschritt, 99
- Technische Sprache, 81ff
Technologie u. Wissenschaft, 109
Teilhabe an der Kunst, 74
Termini Beschreibung in der Interiorität, 129
- T., gemeinte Bedeutung, 85
- Termini u. Relationen:
- - allgem. theol. Kategorien, 289
- - der Erkenntnistheorie, 33, 129, 343
- - grundlegende (allgemeine u. besondere) 289ff, 342
- - Isomorphismus des Kognitiven u. Ontologischen, 33
- - u. Modelle, 288ff
- - des systematischen Denkens, 278, 342
Text, grammatische Auslegung des T., 214
- Verstehen des Textes, 162–166, 174ff
Textkritik, Aufgabe der T., 143, 174, 203f
Thema, interpretative Untersuchung des einzelnen T., 170f
Thematik u. Bekehrung, 140
Theologe(n), Authentizität der T., 332f
- Autonomie der T., 332f
- T. u. Bekehrung, 274
- T. u. Methode, 12, 35, 36, 256, 274, 342f, 353
Theologie, ältere Th. u. Bedeutungsbereiche, 129
- Apophatische Th., 281, 341
- Th. der Begegnung, 176
- Biblische Th., 177f
- Daten der Th., 158
- Dynamische Einheit der Th., 146 bis 153
- Eigenständigkeit der Th., 332–334
- Entwicklung der Th., 146–153, 352
- Th. als fortschreitender Prozeß, 11, 296
- Fundamentaltheologie, 140
- Gegenstände der Th., 35
- Gnoseologische Fragen der Th., 298
- Th. u. Humanwissenschaften, 362ff
- kataphatische Th., 341
- Th. u. Klassizismen, 11
- Korrespondenz der funktionalen Spezialisierungen mit Teilen der gegenwärtigen Th., 145
- Lehrmäßige u. dogmatische Th., 334
- Methodische Th., 291ff, 327
- Mittelalterliche Th., 298f
- Moderne Th., 328f
- Natürliche Th., 337f
- Praktische Th., 359f
- Th. u. Philosophie, 36ff, 337ff
- Vermittelte u. vermittelnde Th., 144, 153, 271
- Th. als Reflexion: auf Offenbarung, 299
- - auf Religion, 148f, 176, 271, 332, 353
- Spekulative Th., 337, 349
- Systematische Th.; Anklagen gegen, 349
- - als elitäre, 349
- - Grundtermini der s. Th., 342
- - u. natürliche Th., 337
- Theoretische Th., 291
- Zwei Phasen der Th., 142ff, 145ff, 235, 271
- Theologie in der Welt der Theorie, 262
Theologien, entgegengesetzte Th., 257
- Vielfalt der Th., 275
Theologisch, Anmerkungen (Zensuren), 313
- Th. Fragen u. methodologische Fragen, 128, 257, 313, 353
- Th. Lehren, 298

- Subjekt-Spezialisierung siehe: »Fachspezialisierung«
Subjektivität, langt nach Gott aus, 40
- S. u. objektives Wissen, 268, 295
- Objektivierung der S., 257, 262, 266
- S. der Philosophen, 268
- S. u. Wert, 237
Substratum (im Original lateinisch) bei Aristoteles, 181
Symbiose von Mutter und Kind, 130
Symbole, S. u. ältere Theologie, 129
- aufsteigend u. zusammengefügt, 75
- Bedeutung von S., 84
- S. definiert, 74
- Gesetze der S., 82f
- S. u. innere Kommunikation, 76f
- Interpretation der S., 77–79
- S. u. Logik, 76
- Pathologie des Symbolbewußtseins, 96
- S. Träger des Wortes, 120
Symbolisch, s. Darstellungen, 308
- Erfassung u. Neuinterpretation von S., 307f, 344
Syrische Theologie, 344
Systematisch, s. Bedeutung, 305–312, 331
- s. Bedürfnis/Erfordernis, 93
- s. Funktion der transzendentalen Methode, 33
- s. Grundsätze i. d. Theologie, 146
- s. Modus von Erkenntnisvollzügen, 161
Systematik, Ausgeschlossene Optionen in der S., 430–435
- Bedürfnis nach S., 93, 105
- Funktion der S., 335–339
- S. u. Konflikte, 442
- Kontinuität u. Entwicklung der S., 350–352
- S. u. Kommunikation, 184
- S. von Lehren unterschieden, 336
- Zweck u. Ziel der S., 336f, 348f
Schamanismus, 277
Schemata der Wiederkehr, 231
Scherenbewegung, Bewegungen mit Kategorien i. d. Theologie, 296
Scholastik, Geist der Sch., 178
- Mängel der Sch., 312
- Sch. u. metaphysischer Kontext, 310

- Sch. u. systematische Bedeutung, 330
- Theologie der Sch.:
- - Entwicklung der Sch., 147
- - heute aufgegeben, 283
- Sch. u. theoretisch differenziertes Bewußtsein, 281
»Schon da – außerhalb – dort – jetzt – wirklich« 266f
Schönheit (das Schöne) u. künstlerisch differenziertes Bewußtsein, 277
- Künstlerisches Streben nach Sch., 25
Schöpfung, Fragen zur Sch., 308
- Zweck der Sch., 125
Schuld, Begriff der Sch., 97f
- Erkenntnis wirklicher Sch., 126
- Irrige Schuldgefühle, 79
Schematisches Bild/Vorstellung, 96
Schulmeisterei, 72
Schrift, (Hl.), Anachronismus u. Archaismus der Hl. Schr., 313
- Sch. u. Daten der Theologie, 158
- Sch. als inspirierte, 297f, 301
- Sch. von Lonergan selten zitiert, 12
- Sch. u. Religionsgeschichte, 161
- Sprache der Sch. (biblische Sprache), 147
Schriften, aszetische, 287
Schweigen, siehe: Stille
Staat, als Institution, 59, 88
- St. u. »vollkommene« Gesellschaft, 357
Stadien, der Bedeutung, 95–109, 116
- St. kultureller Entwicklung, 40
Stadtstaat, als Idealtyp, 232
Statistische Häufigkeiten, 231
- St. heuristische Struktur, 290
Stellungnahme (verpflichtende), und das Gute, 60
- St. u. Kategorien, 296
- St. beruht auf Werturteilen, 248
Stille/Schweigen, und Gebet, 261, 269f, 341f
- St. u. Liebe, 121
Struktur(en) (pattern), Bewegung der St., 72f
- St.-Erfahrungsschemata, 40, 289
- Fremde St., 72
- St. in der Kunst, 71, 73
- St. u. Vollzüge, 16, 17, 19, 26, 29

413

- Th. Probleme des 20. Jh. 148
- Th. Verstehen in der Systematik, 322, 336, 344
Theorie, bei Aristoteles, 105
- Art der Th., 95, 103
- Entstehung von Th., 91f
- Th. u. Humanismus, 108
- Bereiche der Th. u. des Allgemeinverstands: 91
- - und Interiorität, 93, 122, 128f, 261, 269, 276
- Welt der Theorie:
- - ihr Ausdruck, 261
- - u. heiligmachende Gnade, 115f
- - ihr Inhalt, 261-263
- - und 3. Stufe der Bedeutung, 104f
Therapeuten, 78
Therapie, 45, 78
Thermodynamische Gesetze, 73
Thomistische Schule, 299
- thomasische Dreifaltigkeitstheorie:
- - unterschiedliche Behandlung d. Trinitätslehre in den Werken des Thomas, 346
- - menschliche Modelle, 217
Tiefenpsychologie und Vorurteil, 236, 287
Totalitäre Ambitionen in der Theologie, 146
Totemismus, 23
Tradition, ältere T. identifiziert Glaube und Glaubensüberzeugung, 132
- Authentische oder nichtauthentische T., 90, 168
- T. als existentielle Geschichte, 186f
- T. als Grundlage der Theologie? 158
- T. u. theologische Entwicklung, 147
Traditionalisten im Vat.I, 325
Transkultureller Kern, 286
Transzendent(e), Liebenswürdigkeit, 281
- Transzendentes Sein, 85, 119
- Transzendenter Wert, 124
Transzendentale Begriffe, 23f
- Connotation u. t. Denotation, 23
- Transzendentale Gebote:
- - Anwendung gegen (Vorurteil) 236
- - und Grund für Entfremdung, 66
- - Liste der, 66

- - und menschlicher Geist, 303
- - und Relativismus, 303
- - Spezifizierung von t. G., 32
Transzendenz, Forderung nach T., 93
- T. überbetont, Immanenz übersehen, 119
- Welt (Bereich) der T., 261, 269f
Traum, Träume, T. u. existentieller Ansatz, 79
- Quellen der Sinnghalte von T., 83
- T. u. Wachbewußtsein, 102
Trinitarische Theologie, Behandlung der tr. Th. bei Thomas, 345f
- Tr. Th. auf früheren Konzilien, 314f
- Humanes Modell der tr. Th., 217
- Tr. Th. im Neuen Testament u. danach, 344
Trost, 115
Tugendhafter Mensch, 46, 51

Überblick, in Interpretation, 169f
Überlegung, Ü. u. Frage nach Gott, 110
- u. Freiheit, 60
- u. Forderung nach Transzendenz, 93
- auf vier Ebenen, 19, 21, 340
Überlieferung, siehe: Tradition
Übernatürlich - natürlich, mittelalterl. Unterscheidung, 311
Übersetzung u. genaue Bedeutung des Originals, 81
Überzeugung u. Zusammenbrüche, 248
Umfang, U. der Kategorien begrenzt; U. d. transzendentalen Arten des Intendierens uneingeschränkt, 23
Umwandlung, des Subjekts, 139
- der Symbole, 76
- durch Wissen der Liebe, 114
Umwertung, der Symbole, 76
- der Werte, 114
Unbedingte, das virtuell U., 85, 93, 111, 207, 218, 347, 351
Unbefleckte Empfängnis, 321
Unbegrenzte Liebe, 128
- u. Fragen, 114
- u. Güte, 124
Unbekannte, das, radikales Intendieren, 23
Unbewußte, das, u. Aspekte des menschl. Vorgangs, 185
- U. in Gruppentätigkeit, 182

- U. u. Motivation, 236
- U. u. d. Zwielicht des Bewußtseins, 44

Undifferenziertes Bewußtsein, siehe: Bewußtsein

Universal, U. Definition, 80
- U. Gesichtspunkt wird dialektisch, 160
- U. Systeme in der Wissenschaft, 184

Universum, u. Absurdität, 114
- Charakter des U., 110
- Ein einziges U., 24
- Grund des U., 111, 342
- U. als Zielwert, 124

Unmittelbarkeit und Bedeutung, 86, 98f
- U. der Massenmedien, 109
- Vermittelte Rückkehr zur U., 87
- U. der Vollzüge, 39
- Das vorhergehende Wort in d. Welt d. U., 121

Unsinn, und Allgemeinverstand, 64
- U. u. Theorie, 107

Unterscheidungen, zwischen Allgemeinen Namen u. Fachausdrücken, 312
- Logische U., 23
- U. u. mythisches Bewußtsein, 102
- Notionale u. reale U., 343
- U. und primitiver Geist, 102
- U. der Sinnbereiche, 93
- U. der theologischen Aufgaben, 146
- U. und Unterteilung in Spezialisierungen, 146
- Verbale, notionale, reale U., 102f, 307f, 310

Unterschiede, siehe: Dialektik

Untersuchung, setzt Daten voraus, 96
- U. führt zu Einsicht, 25
- U. und Forderung nach Transzendenz, 93
- U. und Gottesfrage, 110
- Struktur d. U. und der funktionalen Spezialisierungen, 143

Urreligion, siehe: Primitivismus

Ursachen, Aristotelische U., 23
- U. und der Historiker, 234
- U. und moderne Wissenschaft, 316
- U. und nicht-intentionale Zustände, 41
- Nicht wahrgenommene U., 28

- Wirk- und Final-U., 48, 262

Ursprungswert, und Fortschritt, 63
- U. und Glauben, 124
- Gott als U., 124, 125
- U. und Wählen, 62

Urteil, und die durch Bedeutung vermittelte Welt, 87
- U. und Fehlen weiterer relevanter Fragen, 172
- U. und Glauben, 52, 248
- Historisches U., 196
- U. und Husserl, 217
- U. und Interpretation, 169-174
- Lehren als U., 140
- U. als voller Sinngebungsakt, 84
- Tatsachenurteil, 21, 56
- U. und das Unbedingte, 85, 93, 111, 218
- Werturteil: und aktive Bedeutung, 84
- - u. Authentizität in moralischer Selbst-Transzendenz, 47-51
- - u. Gefühle, 48, 173
- - u. Gemeinschaft, 60f
- - vom Glauben her, 128
- - u. Hingabe, 248
- - und Lehren, 140
- - u. Naturwissenschaft, 251
- - W. eine Realität in d. sittl. Ordnung, 48
- - W. u. Sozialpolitik, 253
- - Wahre u. falsche W. U., 47, 51, 237

Utilitarismus, u. Überfremdung des Denkens, 72

Utopia, 60

Verallgemeinerung, 96

Veränderung, Modelle der V., 290

Vereinigung, soziale V., 117
- V. der Wissenschaften, 36, 104

Vergangenheit, Ähnlichkeit der V. mit der Gegenwart, 230
- Idealistische Version der V., 255
- Objektive Erkenntnis der V., 200
- V. und Perspektivismus, 224
- Rekonstruktion der V., 188

Verifikation, in der Geschichte, 185
- Indirekte V., 52f
- V. in der Welt der Interiorität, 262f

Verirrungen, siehe: Abweichungen
Vermittlung, Begriff der V., 39
- V. der Unmittelbarkeit, 87
- V. und Welt, 86f
Vernunft, gemäß Vat. I, 322-325
- Reine V., 130
Verpflichtungen, beruhen auf Werturteilen, 248
- V. und das Gute, 61
- siehe auch: Stellungnahme (verpflichtende)
Versehen, 54
Verstand (im Original deutsch), Kantische Tradition, 165, 335
Verstand, reiner V., 130f. siehe auch: Intellekt, Vernunft
Verstehen, V. des Autors: und Allgemeinverstand, 166ff
- - Prozeß von Bewußtsein u. Wissen, 173
- - verglichen mit dem Interpreten, 172
- - um Gelehrter zu werden, 167
- Entfaltung des Verstehens nach dem Allgemeinverstand, 99, 222f, 234
- Fortschritt im V., 103, 118
- V. des Gegenstands, 162ff
- V. und Geheimnis, 322, 336
- V. und Geschichtlichkeit, 326
- V. und Interpretation, 160f, 170ff
- Reflektives V., 19, 21, 28, 85, 96
- V. des Textes, 162-169, 174ff
- Theologisches V., 344
- Unterschied von Verstehen u. Urteil, 21, 28, 335
- Vorbegriffliches Verstehen, 184, 217
- V. und Wahrheit, 347-350
- V. der Wahrheit u. Daten der Dogmen, 326f
- V. der Worte in der Interpretation, 165f
Verstehen (im Original deutsch)
- V. und Bultmann, 319
- V. als Dasein, 217
- Heussi's Sicht von V., 220
- Verstehen unterschieden von erklären, 234
- Weiterentwicklung von V. durch R. Aron, 211
Vitale Grundlage, 68

Vollzüge (Verfahren), kritische, 211
- konstruktive, 211
Vollzüge (Handlungen), siehe auch: Handlungen, Operationen,
- Aneignung der H., 93
- Erkenntnismäßige Vollzüge: Systematischer Modus des Allgemeinverstandes der V., 161
- - transitiv im psychologischen Sinn, 19
- Bewußtsein und Vollzüge, 20, 27
- Differenzierung der V., 38
- Exegetische V., 162
- Grundstruktur der V., 16, 19, 26, 29
- Intentionale Vollzüge: Grundtermini, 342
- - normative Struktur, 350
- - unmittelbare u. vermittelte, 39
- logische u. nichtlogische V., 18
- Piaget's Analyse der V., 38-41
- Tätigkeit u. Einzelgut der V., 58f
- Theologische V., 289
- Vollzugsebenen voraussetzen, 31
Voluntarismus, u. Psychologie der Seelenvermögen, 340
Voraussage, Grundlagen der V., 231
Voraussetzungslose Geschichte, 228
- Ideal der Aufklärung, 227
Vorgang, siehe: Prozeß
Vorschriften, methodologische, 30, 82, 145
Vorsokratiker, 279
Vorübergehende Disposition u. Konversion, 116
Vorurteil, Definition des V., 235f
- u. gemeinsamer Fundus des Wissens, 54f
- als Hindernis intellektueller Entfaltung, 235f
- V. und Historiker, 271f, 287ff
- Individuelle V., Gruppen V., allgemeine V., 64, 244, 274
- V. u. Liebe zum Bösen, 50
- V. u. moralische Bekehrung, 245f, 274
- Subjektives V. in der Geschichte, 218f
- V. als Verhinderung der Liebe, 287
Vorverständnis (im Original deutsch), 168

417

Wahrheit, und durch Bedeutung vermittelte Welt, 87
- und Bekehrung, 245–248
- und Fortschritt, 118
- in der Geschichte, 348
- griechische u. hebräische Konzeption, 308
- u. Humanismus, 107f
- u. Lächeln, 70
- in der Philosophie, 25
- selbstevident und notwendig, 318
- und Verstehen, 347–350
- und Welt, 87
- und Wissenschaft, 103f
- Zusammenbruch der Wahrheit, 247
Wahrer transzendentaler Begriff, 24
Wahrnehmung, hat eine eigene Ausrichtung, 69
- und Erfahrung, 71
- und frühe Sprache, 95f
Wege, der Läuterung, Erleuchtung, Einigung, 292
Weisheit, Weisheits-Literatur, Anfang der Philosophie, 278
Welt(en), W. der Bedeutung, 261–265
- »Fertige Welt«, 72
- W. der Kinder, 40
- W. und Kunst, 73
- künstliche Welt, 88
- W. durch Liebe verändert, 131
- W. und Mystiker, 40
- Platos zwei Welten, 104, 262
- W. u. Psychologie, 79
- Welt(Bereich) d. Transzendenz, 261, 269f
- Umwandlung des Subjekts u. seiner Welt, 139
- W. der Unmittelbarkeit, 39, 87, 98f, 121, 242, 266, 304
- W. als Zielwert, 125
- Weltsicht: Aufbau einer W., 113
- – veränderbar, 316
- »Weltarbeit«, Alltagsarbeit durch Allgemeinverstand, 106
Weltanschauung (im Original deutsch), 199, 200
Werte, u. Dialektik, 248–251
- W.-Erfassung, 48, 77
- W. u. Gefühle, 48, 77, 249
- gemeinsame W., 216

- W. des Glaubens, 56, 126
- Herabsetzung des W., 44
- W. u. Kultur, 42f, 49, 302
- W. u. Liebe, 114, 124f, 131, 247
- Notion der W., 42ff, 45f
- Ontischer W., 42, 61
- Personale u. religiöse W., 42
- Qualitative W., 42, 61
- W. eines Seminars, 176
- Soziale W., 42f
- Transzendentale W., 124
- Transzendentaler Begriff des W., 24
- Umwertung des W., 114
- Ursprungswert, 60f, 124f, 245
- Vitalwerte, 42f, 49
- Werturteil wahr oder falsch, 47ff, 51, 237
- W. der Wissenschaft, 252
- W. und Wort der Religion, 120
- Zusammenbrüche der W., 247
Wesenheiten, 80
Widersprüchliches, in der Dialektik behandelt, 137
- siehe: Dialektik
Wiederkehr, von Einzelgütern, 60
- W. u. freier Antrieb des Subjekts, 50
- W. u. Methode, 16
- W. aus der Wahrscheinlichkeit hervorgehend, 60
Wille, Willensakt, 272
- W. u. Authentizität, 130
- W. hat Priorität über den Intellekt, 129
- W. als willkürliche Kraft, 130
Willkür u. Nicht-Authentizität, 130, 272
»Wir« »Ich« u. »Du«, siehe: »Ich«
Wirtschaft, eherne Gesetze der W., 283, 316
- Institutioneller Rahmen der Ökonomie, 59
Wissen/Erkennen, elementares u. zusammengesetztes W., 24, 185
- W. u. Idealismus, 242
- u. Objektivität, 32
- u. Selbst-Transzendenz, 242f
- W. überformt durch Gottesliebe, 114
- siehe: Gottesgeschenk
- W. u. das Unbedingte, 110
- siehe: das Unbedingte

418

– W. u. Welt der Theorie, 262f
– W. u. Wert, 93, 252
– Wort(e), äußerlich gesprochenes W., 121
– Bezeichnen der W., 86
– W. u. Erfahrungsdaten, 97
– Fehlen von W., 96f
– Innere Worte, 128
– W. u. Interpretation, 164f, 201
– W. u. Magie, 99
– W. als Bezeichnung (Ausdruck) der Religion, 120, 127f
– W. der Überlieferung, 122
– Das vorhergehende Wort, 121
– W. als Zielstellung, 91
– »Wolke des Nichtwissens«, 87, 270, 342
– Wunder, Möglichkeit von, 226, 231
– Würdigung von Werken der Kunst, 74
– Zeichen, konventionelles, 80
– Zeige-Bedeutung, 96
– Zeigegesten, 86
– Zeit, absolute, 181
– Aristotelische Definition von Z., 181
– Z. u. das »Jetzt«, 181, 186
– Z. nicht unmittelbar wahrnehmbar, 97
– Standardzeit, 181
– Zeiterfahrung, 182
– Zeuge, 226
– Zeugnisse, siehe: Beweismaterial u. Evidenz
– Zielwerte, 58, 61f, 124f, 359
– Zivilisation, u. d. Welt des Allgemeinverstands, 261
– Z. u. antike Hochkulturen, 99
– Niedergang der Z., 65
– Z. u. spekulative Erklärungen, 78
– Zoroastrischer Mazdaismus, 117
– Zusammenarbeit, schöpferische, 11
– Z. u. Selbst-Transzendenz, 46, 113
– Zusammenbrüche u. Bekehrung, 247f
– Zusammenhang (im Original deutsch) von Ereignissen, 203, 204
– Zustand, In-Liebe-sein, siehe: Gabe, Liebe
– Nicht-intentionaler Z., 41, 48
– Zweifel, 228

Wissen/Erkenntnis, Evidenz für die Darstellung des W., 93
– in der Exegese, 163f
– W. u. Glauben, 124
– Historischer Charakter des W., 54
– Immanent erzeugtes W., 53
– W. u. Interesse, 240f
– W. u. Liebe, 131f
– Möglichkeit des W., 215
– Sozialer Charakter des W., 54
– Soziologie des W., 52
– W. u. Wert, 49
Wissenschaftlich(en), Aristoteles' Sicht, siehe: Aristoteles
– Allgemein- u. spezielle W., 317
– W. u. Alltagssprache, 94
– Autonome W., 104
– W. u. durch Bedeutung vermittelte Welt, 87
– W. u. Daten, 103f, 143, 317
– W. u. Dialektik, 256
– W. als Erklärung, 104, 138
– W. als fortschreitender Prozeß, 103, 326
– Geisteswissenschaften, 15, 35, 161, 185, 215ff, 253
– W. u. Gelehrsamkeit, 238
– W. u. Glaube, 53
– Klassische u. empirische Ideen der W., 317
– W. u. Kommunikation, 141
– Moderne Wissenschaft: u. außerwissenschaftliche Meinungen, 318
– u. Autonomie, 105
– u. Humanismus, 109
– u. Korrelation, 316
– u. Methode, 11, 262ff
– u. mittelalterliche Vorwegnahme, 310
– bringt nicht Sicherheit, nur Wahrscheinlichkeit, 316
– u. menschlicher Geist, 16
– Naturwissenschaft, 15, 35, 104, 150, 185, 262f
– Naturwissenschaftliche Methode und Erkenntnistheorie, 215
– W. u. Philosophie, 94f, 104ff, 278
– Science fiction, 109
– W. u. Ursachen, 316
– Vereinigung der W., 36, 104

Lonergans Hauptwerke

Grace and Freedom. Operative Grace in the Thought of St. Thomas Aquinas, London 1971.
Verbum. Word and Idea in Aquinas, Notre Dame, Indiana, 1967.
Insight. A Study of Human Understanding, London – New York 1957.
Method in Theology, London 1972.
Philosophy of God, and Theology. The Relationship between Philosophy of God and the Functional Specialty, Systematics, London 1973.
De Constitutione Christi ontologica et psychologica, Roma 1956.
De Verbo Incarnato, Roma 1960, ³1964.
De Deo Trino. I. Pars dogmatica, Roma ³1964.
De Deo Trino. II. Pars systematica, Roma ³1964.
Collection. Papers by B. Lonergan, New York 1967.
A Second Collection, London 1974.
A Third Collection, New York 1985.

ISBN 3-7462-0361-9

1. Auflage 1991
Lektor: Hubertus Staudacher
Printed in the Germany
Gesamtherstellung: Union-Druck, Halle GmbH
Einbandgestaltung und Schutzumschlag: Angelika Pohler, Leipzig